I0876098

CLASSIQUES JAUNES

Littératures francophones

Romans et nouvelles

Tome II

Prosper Mérimée

Romans et nouvelles

Tome II

Édition critique par Maurice Parturier

PARIS
CLASSIQUES GARNIER

Homme de lettres, historien et érudit, Maurice Parturier a plus particulièrement consacré ses travaux littéraires à Prosper Mérimée. Il est l'éditeur scientifique, avec Pierre Josserand et Jean Mallion, de la magistrale *Correspondance générale* en dix-sept volumes de l'écrivain romantique. Il éclaira l'amitié littéraire unissant Mérimée et Ivan Tourgueniev. Il fut également l'auteur d'études biographiques et critiques sur Louis Edmond Duranty.

© 2019. Classiques Garnier, Paris.
Reproduction et traduction, même partielles, interdites.
Tous droits réservés pour tous les pays.

Réimpression de l'édition de Paris, 1980.

ISBN 978-2-8124-1634-7
ISSN 2417-6400

LES AMES
DU PURGATOIRE

NOTICE

NÉE en Espagne, en Andalousie, la légende de don Juan commence véritablement au XVIIe siècle avec le drame de Tirso de Molina, *le Séducteur de Séville et le Convive de pierre,* promis à une si illustre carrière. Il serait superflu de reprendre l'histoire de don Juan, type littéraire; elle a été faite dans son détail par Gendarme de Bévotte (*la Légende de Don Juan,* Hachette, 1929) qui suit l'évolution du type de don Juan Tenorio, débauché, athée, héros de l'amour infidèle, peu à peu transformé par le chef-d'œuvre de Molière, par Byron, par Pouchkine et tant d'autres.

D'étape en étape, avec Byron, Hoffmann, Musset, Blaze de Bury, le cynique « burlador » se métamorphose en « enfant du siècle », la passion devenant le but suprême de l'individu en lutte contre la société tout entière. La mode littéraire s'empare de ce caractère et le sujet devait tenter Mérimée, curieux des âmes passionnées et violentes; mais il fallait y apporter un élément de nouveauté que devait lui fournir le souvenir du comte Miguel de Mañara, à la Caridad de Séville. « L'histoire moitié réelle, moitié fantaisiste du comte de Mañara, écrit Gendarme de Bévotte (*l. c.*, t. II, p. 26) a été pour la première fois répandue dans la littérature par Prosper Mérimée avec maints embellissements, dus les uns à des récits antérieurs, les autres à l'imagination mélodramatique de l'auteur. » Sa véritable originalité est d'avoir, en introduisant dans la vie de Miguel de Mañara, (de qui le nom a été transformé en don Juan de Maraña), des aventures de la vie de Juan Tenorio, « en mêlant aussi certains traits de caractère des deux personnages et en associant le prénom de l'un au nom de l'autre, donné à ses imitateurs l'idée de réunir en une seule, deux légendes. » (Gendarme de Bévotte, *l. c.*, t. II, p. 33). C'est ce que fera, deux ans plus tard, Alexandre Dumas dans son *Don Juan de Maraña ou la Chute d'un ange*, mystère en 5 actes et 7 tableaux, représenté sur le théâtre de la Porte-Saint-Martin, le 30 avril 1836.

Quoique Mérimée déclare (cf. p. 10) qu'il s'est « appliqué à ne conter de don Juan de Maraña [...] que des aventures qui n'appartinssent pas par droit de prescription à don Juan de Tenorio », il y a, dans sa nouvelle, combinaison de deux légendes, celle de don Juan Tenorio, et celle du comte de Mañara, qui a un fond historique.

Don Miguel Mañara Vicentelo de Leca, chevalier de l'ordre de Calatrava, est né à Séville, le 3 mars 1627. Le 31 août 1648, il avait épousé doña Geronima Carrillo de Mendoza. Devenu, en 1664, supérieur de l'hôpital de la Charité à Séville, il mourut le 9 mai 1679; il demanda, dans son testament, que son corps fût enterré sous le portail de l'église et qu'on y mît cette inscription : « *Aqui yacen los huesos y cenizas del peor hombre que ha habido en el mundo. Rueguen à Dios por él.* »

Il était le fils de don Tomas Mañara, de Calvi, qui mourut le 29 avril 1648 et de Geronima Anfriano Vicentelo, morte à Séville le 11 juin 1651.

Sur sa jeunesse on ne sait en réalité presque rien, et Mérimée avait beau jeu d'inventer. On connaît ses origines, sa généalogie, son existence d' « Hermano mayor » à l'hôpital de la Charité, mais les aventures qu'on lui prête n'ont aucun fondement sérieux. Mme Esther Van Loo (*Le Vrai Don Juan, Don Miguel de Mañara,* Paris, Sfelt, [1950]) a délibérément, à ce sujet, mêlé le vrai et le faux. Un petit livre, publié à Séville en 1679, intitulé *Breve relacion de la muerte, vida y virtutes del venerable caballero don Miguel Mañara*... par le père Juan de Cardenas a été deux fois réimprimé (1732 et 1874). Antoine de Latour en a donné une traduction chez Michel Lévy, en 1857, à laquelle il a ajouté une série de faits légendaires qui font de Miguel Mañara un véritable don Juan Tenorio. Le récit du père de Cardenas ne fait l'histoire de Mañara qu'après sa conversion et Mérimée, qui altère le nom de son héros, n'a peut-être pas connu cette relation. Il ne pouvait pas connaître les nombreux documents publiés à Séville en 1903, dans une réimpression de la *Breve relacion* par Gomez Imaz et J.-M. Valdenebro.

Il n'a probablement pas consulté davantage les procès-verbaux consécutifs à une demande de béatification et de canonisation introduite à Rome l'année qui suivit la mort de don Miguel Mañara.

Sur les scandales, adultères et crimes dont on a chargé sa jeunesse, il semble que Mérimée, après sa visite à la *Caridad* de Séville en septembre 1830, a été renseigné par les récits fantaisistes des guides andalous, par ceux de la comtesse de Montijo, peut-être aussi à Paris par les réfugiés espagnols qu'il a connus par ses fonctions de chef de Cabinet du ministre de l'Intérieur. A tout cela il a mêlé ses lectures.

L'histoire du libertin qui assiste à ses propres funérailles est fort ancienne et on la trouve par exemple dans *las Floras curiosas* de Antonio de Torquemada (1570), dans Cristobal Bravo (1572) et, en 1663, dans les *Soledades de la vida y desengaños del mundo* de Gaspar Lozano. La légende était connue des romantiques; Mérimée l'a utilisée dans *la Guzla* (Le Seigneur Mercure), et Stendhal dans « San Francisco à Ripa (1831) ».

La source la plus importante des *Ames du Purgatoire* paraît se trouver dans l'histoire contée par Gaspar Lozano. Un étudiant de Salamanque, Lisardo de Cordoue, est épris de la sœur d'un de ses camarades, doña Téodora. Celle-ci déclare qu'elle ne peut l'épouser, car elle doit entrer en religion. Lisardo lui obéit d'abord, puis va plusieurs fois la voir à son couvent. La religieuse, embrasée d'amour, consent à se faire enlever par lui. Ils conviennent d'une nuit et Lisardo se dirige, à l'heure dite, au lieu du rendez-vous. En route, il rencontre un cortège funèbre. Il s'informe à plusieurs reprises du nom du défunt, et chaque fois on lui répond : « C'est Lisardo, l'étudiant. » Finalement l'officiant lui donne un soufflet en lui disant : « Chevalier, tous ceux que tu vois là sont les âmes du Purgatoire que Lisardo a secourues par ses prières et ses offrandes; elles viennent prier Dieu pour son âme qui est en grand péril. » Sur ces paroles, les lumières s'éteignent et Lisardo s'évanouit. Revenu à lui, il fait part à Téodora de sa vision, lui recommande de ne vivre que pour Dieu, et lui-même se retire loin du monde pour faire pénitence.

Pour la scène du duel de don Juan Maraña converti, faut-il croire que Mérimée a connu, avant sa publication, la pièce d'Angel de Saavedra, duc de Rivas, *Don Alvaro o la fuerza del sino,* qui ne fut jouée à Madrid que le 22 mars 1835? L.-A. Cueto, duc de Valmar, est formel et soutient que le duc de Rivas a trouvé dans la nouvelle française le germe et le mouvement général de sa pièce. (*Corr. gén.*, t. XIII, p. 21, n. 1). Pour don Manuel Canete (*Escritores españoles e hispano-americanes,* Madrid, 1884, pp. 143-148) Rivas pouvait avoir trouvé l'idée du duel dans Gonzalo Fernandez de Oviedo y Valdès (1478-1557). Pour Juan Valera (*El Ateneo,* II, 127), le drame, traduit par Alcala Galiano, aurait été écrit par Rivas, à Tours, dès 1832 et soumis plus tard à P. Mérimée [1].

Soit que Mérimée ait imité *Don Alvaro,* soit que Rivas, après la lecture des *Ames du Purgatoire,* ait fait subir des modifications à son drame, rien ne permet de sortir du domaine de l'hypothèse et la seule affirmation précise est la lettre où Mérimée déclare à Cueto que le duel a eu lieu en France, et qu'il en a trouvé l'idée dans un vieux mémoire de l'époque (*Corr. gén.*, t. XIII, p. 21).

Quoi qu'il en soit, il est évident que Mérimée n'avait pas, sur la vie et les aventures de Miguel de Mañara des données chronologiques certaines; il se montre d'ailleurs, sur ce point, tout à fait prudent, faute des renseignements qui lui manquaient.

Les *Ames du Purgatoire,* d'après les dates portées sur le manuscrit qui a été conservé [2], ont été commencées, le

---

1. Cf. E. Allison Peers. « *Angel de Saavadra, duc de Rivas; a critical study.* » *Revue hispanique,* t. LVIII, pp. 1-601, 1923; — Gabriel Boussagol. *Angel de Saavedra, duc de Rivas, sa vie, son œuvre poétique,* Toulouse, E. Privat, 1926.

2. Bibliothèque nationale. Nouv. acq. fr, 25071.

6 janvier 1834, et terminées en mai de la même année. Mérimée est triste, il fait l'amour « sans aimer ni être aimé et il s'ennuie » (*Corr. gén.*, t. I, p. 255). Au cours de l'année 1833, il a connu une succession de malheurs grands et petits, dont la plus grande part est d'ordre amoureux. Sous le ton railleur ou sombre, on sent dans sa nouvelle la pointe d'un regret, d'un remords peut-être de ce qu'il a appelé lui-même son existence de vaurien. Augustin Filon ne s'y est pas trompé [1] !

« La couleur espagnole a bien servi Mérimée et son scepticisme s'est gardé d'intervenir dans la scène de la conversion où don Juan assiste à ses propres funérailles, non plus qu'en ce soudain et dernier jet de passion qui lui fait commettre encore un homicide sous le saint habit du pénitent. Il a respecté, rendu sans sourire le dénouement, si étrangement mêlé de terreur et de pitié... »

Le scepticisme en effet de ce libéral, sans doute plus anticlérical qu'antireligieux, ne l'a pas empêché d'introduire dans la légende l'idée de la réconciliation avec Dieu d'un don Juan pénitent, la notion de la pénitence et de la grâce miséricordieuse. Son don Juan arrivera à une fin plus consolante, parce que, comme écrit Désiré Laverdant [2] : « son poète, doué au suprême degré d'impartialité, de précision, d'exactitude, a tout bonnement idéalisé la légende catholique, dans sa réalité même. »

La nouvelle a paru, dans la *Revue des Deux Mondes*, le 15 août 1834. Nommé inspecteur des monuments historiques le 27 mai 1834, Mérimée était parti, depuis le 3 juillet, pour sa première tournée d'inspection dans le Midi de la France. De passage à Avignon, en septembre, il lira sa nouvelle chez son ami Requien [3].

---

1. A. Filon. *Mérimée et ses amis*. Paris, Hachette, 1894, p. 95.
2. Désiré Laverdant. *Les Renaissances de Don Juan*. Paris, J. Hetzel, s. d. p. 585.
3. A. de Pontmartin raconte cette lecture à laquelle il assistait (*Mes mémoires*, Paris, Calmann-Lévy, 1886, t. II, pp. 62-79), mais la date qu'il donne du 1er septembre 1834 est impossible, Mérimée étant alors à Lyon.

Jointe à *Colomba* et à *la Vénus d'Ille* la nouvelle sera insérée dans un volume paru à la fin de juin 1841, chez Magen et Comon. Elle accompagnera la *Mosaïque* en 1842 dans les éditions Charpentier.

M. P.

Les notes de bas de page, appelées par des lettres, sont de Mérimée. Les variantes, appelées par des numéros, et les notes appelées par des astérisques, se trouvent en fin de volume.

LES AMES
DU PURGATOIRE
1834

Cicéron dit quelque part, c'est, je crois, dans son traité *De la nature des dieux**, qu'il y a eu plusieurs Jupiters, — un Jupiter en Crète, — un autre à Olympie, — un autre ailleurs; — si bien qu'il n'y a pas une ville de Grèce un peu célèbre qui n'ait eu son Jupiter à elle. De tous ces Jupiters on en a fait un seul à qui l'on a attribué toutes les aventures de chacun de ses homonymes. C'est ce qui explique la prodigieuse quantité de bonnes fortunes qu'on prête à ce dieu.

La même confusion est arrivée à l'égard de don Juan, personnage qui approche de bien près de la célébrité de Jupiter. Séville seule a possédé plusieurs don Juans [1]; mainte autre ville cite le sien. Chacun avait autrefois sa légende séparée. Avec le temps, toutes se sont fondues en une seule [2].

Pourtant, en y regardant de près, il est facile de faire la part de chacun, ou du moins de distinguer deux de ces héros, savoir : don Juan Tenorio*, qui, comme chacun sait, a été emporté par une statue de pierre; et don Juan* de Maraña [3], dont la fin a été toute différente.

On conte de la même manière la vie de l'un et de l'autre : le dénouement seul les distingue. Il y en a pour tous les goûts, comme dans les pièces de Ducis*, qui finissent bien ou mal, suivant la sensibilité des lecteurs.

Quant à la vérité de cette histoire ou de ces deux histoires, elle est incontestable, et on offenserait grandement le patriotisme provincial [4] des Sévillans si l'on révoquait en doute l'existence de ces garnements qui ont rendu suspecte la généalogie de leurs plus nobles familles. On montre aux étrangers la maison de don Juan Tenorio, et tout homme, ami des arts, n'a pu passer à Séville sans visiter l'église de la Charité. Il y aura vu le tombeau du chevalier de Maraña [5] avec cette inscription dictée par son humilité, ou si l'on veut par son orgueil [6] : *Aqui yace el peor hombre que fué en el mundo**. Le moyen de douter après cela? Il est vrai qu'après vous avoir conduit à ces deux monuments, votre cicerone vous racontera encore [7] comment don Juan (on ne sait lequel) fit des propositions étranges à la Giralda, cette figure de bronze qui surmonte la tour moresque de la cathédrale, et comment la Giralda les accepta; — comment don Juan, se promenant, chaud de vin*, sur la rive gauche du Guadalquivir, demanda du feu à un homme qui passait sur la rive droite en fumant un cigare, et comment le bras du fumeur (qui n'était autre que le diable en personne) s'allongea tant et tant qu'il traversa le fleuve et vint présenter son cigare à don Juan, lequel [8] alluma le sien sans sourciller et sans profiter de l'avertissement tant il était endurci...

J'ai tâché de faire à chaque don Juan la part qui lui revient dans leur fonds commun de méchancetés et de crimes. Faute de meilleure méthode, je me suis appliqué à ne conter de don Juan de Maraña [9], mon héros, que des aventures qui n'appartinssent pas par droit de prescription à don Juan de Tenorio [10], si connu parmi nous par les chefs-d'œuvre de Molière* et de Mozart*.

Le comte don Carlos de Maraña* [11] était l'un des seigneurs les plus riches et les plus considérés qu'il y eût à Séville . Sa naissance était illustre, et, dans la guerre contre les Morisques* révoltés, il avait prouvé qu'il n'avait pas dégénéré du courage de ses aïeux. Après la soumission des Alpuxarres*, il revint à Séville avec une balafre [12] sur le front et un grand nombre d'enfants [13] pris sur les infidèles, qu'il prit soin de faire baptiser [14] et qu'il vendit avantageusement dans des maisons chrétiennes. Ses blessures, qui ne le défiguraient point, ne l'empêchèrent pas de plaire à une demoiselle de bonne maison, qui lui donna la préférence sur un grand nombre de prétendants à sa main*. De ce mariage naquirent d'abord plusieurs filles, dont les unes se marièrent par la suite, et les autres entrèrent en religion*. Don Carlos de Maraña [15] se désespérait de n'avoir pas d'héritier de son nom*, lorsque la naissance d'un fils vint le combler de joie et lui fit espérer que son antique majorat ne passerait pas à une ligne collatérale.

Don Juan, ce fils tant désiré, et le héros de cette véridique histoire, fut gâté par son père et par sa mère, comme devait l'être l'unique héritier d'un grand nom et d'une grande fortune. Tout enfant, il était maître à peu près absolu de ses actions, et dans le palais de son père personne n'aurait eu la hardiesse de le contrarier. Seulement, sa mère voulait qu'il fût dévot comme elle, son père voulait que son fils fût brave comme lui. Celle-ci [16], à force de caresses et de friandises, obligeait l'enfant à apprendre les litanies, les rosaires*, enfin toutes les prières obligatoires et non obligatoires. Elle l'endormait en lui lisant la légende [17]. D'un autre côté, le père apprenait à son fils [18] les romances du Cid et de Bernard del Carpio* [19], lui contait la révolte des Morisques, et l'encourageait à s'exercer toute la journée à lancer le javelot, à tirer de l'arbalète ou même de l'arquebuse contre un mannequin vêtu en Maure qu'il avait fait fabriquer [20] au bout de son jardin.

Il y avait dans l'oratoire de la comtesse de Maraña un tableau dans le style dur et sec de Moralès*, qui représentait les tourments du purgatoire. Tous les genres de supplices dont le peintre avait pu s'aviser [21] s'y trouvaient représentés avec tant d'exactitude [22], que le tortionnaire de l'Inquisition n'y aurait rien trouvé à reprendre [23]. Les âmes en purgatoire étaient dans une espèce de grande caverne au haut de laquelle on voyait un soupirail. Placé sur le bord de cette ouverture, un ange [24] tendait la main à une âme qui sortait du séjour de douleurs, tandis qu'à côté de lui un homme âgé, tenant un chapelet dans ses mains jointes, paraissait prier avec beaucoup de ferveur. Cet homme, c'était le donataire du tableau, qui l'avait fait faire pour une église de Huescar* [25]. Dans leur révolte [26], les Morisques mirent le feu à la ville ; l'église fut détruite; mais, par miracle, le tableau fut conservé. Le comte de Maraña [27] l'avait rapporté et en avait décoré l'oratoire de sa femme. D'ordinaire, le petit Juan [28], toutes les fois qu'il entrait chez sa mère, demeurait longtemps immobile en contemplation devant ce tableau, qui l'effrayait et le captivait à la fois. Surtout il ne pouvait [29] détacher ses yeux d'un homme dont un serpent paraissait ronger les entrailles pendant qu'il était suspendu au-dessus d'un brasier [30] ardent au moyen d'hameçons de fer qui l'accrochaient par les côtes [31]. Tournant les yeux [32] avec anxiété du côté du soupirail, le patient semblait [33] demander au donataire des prières qui l'arrachassent [34] à tant de souffrances. La comtesse ne manquait jamais d'expliquer à son fils que ce malheureux subissait ce supplice parce qu'il n'avait pas bien su son catéchisme, parce qu'il s'était moqué d'un prêtre, ou qu'il avait été distrait à l'église. L'âme qui s'envolait vers le paradis, c'était l'âme d'un parent de la famille de Maraña, qui avait sans doute quelques peccadilles à se reprocher; mais le comte de Maraña [35] avait prié pour lui, il avait beaucoup donné au clergé pour le racheter du feu et des tourments, et il avait eu la satisfaction d'envoyer au paradis l'âme de son parent sans lui laisser le temps de beaucoup s'ennuyer en purgatoire. « Pourtant, Juanito, ajoutait la comtesse, je souffrirai peut-être un jour comme cela, et je resterais des millions d'années en purgatoire si tu ne pensais pas à faire dire des messes pour m'en tirer ! comme il serait mal de laisser dans la peine la mère [36] qui t'a nourri ! »

Alors l'enfant pleurait; et s'il avait quelques réaux dans sa poche, il s'empressait de les donner au premier quêteur qu'il rencontrait porteur d'une tirelire pour les âmes du purgatoire.

S'il entrait dans le cabinet de son père, il voyait des cuirasses faussées par des balles d'arquebuse, un casque que le comte de Maraña [37] portait à l'assaut d'Alméria*, et qui gardait l'empreinte du tranchant d'une hache [38] musulmane; des lances, des sabres mauresques, des étendards pris sur les infidèles décoraient cet appartement.

« Ce cimeterre, disait le comte, je l'ai enlevé au cadi de Vejer, qui m'en frappa trois fois avant que je lui [39] ôtasse la vie. — Cet étendard était porté par les rebelles de la montagne d'Elvire*. Ils venaient de saccager un village chrétien; j'accourus avec vingt cavaliers. Quatre fois j'essayai de pénétrer au milieu de leur bataillon pour enlever cet étendard; quatre fois je fus repoussé. A la cinquième, je fis le signe de la croix; je criai : « Saint Jacques ! » et j'enfonçai les rangs de ces païens. — Et vois-tu ce calice d'or que je porte dans mes armes [40]? Un alfaqui* des Morisques l'avait volé dans une église, où il avait commis mille horreurs. Ses chevaux avaient mangé de l'orge sur l'autel, et ses soldats avaient dispersé les ossements des saints. L'alfaqui se servait de ce calice pour boire du sorbet à la neige. Je le surpris dans sa tente comme il portait à ses lèvres le vase sacré. Avant qu'il eût dit : « Allah ! » pendant que le breuvage était encore dans sa gorge, de cette bonne épée je frappai la tête rasée de ce chien, et la lame y entra [41] jusqu'aux dents. Pour rappeler cette sainte vengeance, le roi [42] m'a permis de porter un calice d'or dans mes armes. Je te dis cela, Juanito, pour que tu le racontes à tes enfants et qu'ils sachent pourquoi tes armes ne sont pas exactement celles de ton grand-père, don Diego, que tu vois peintes au-dessous de son portrait. »

Partagé entre la guerre et la dévotion, l'enfant passait ses journées à fabriquer de petites croix avec des lattes, ou bien, armé d'un sabre de bois, à s'escrimer dans le potager contre des citrouilles de Rota*, dont la forme ressemblait beaucoup, suivant lui, à des têtes de Maures couvertes de leurs turbans.

A dix-huit ans, don Juan expliquait assez mal le latin, servait fort bien la messe, et maniait la rapière, ou l'épée à deux mains, mieux que ne faisait [43] le Cid. Son père, jugeant qu'un gentilhomme de la maison de Maraña devait encore acquérir d'autres talents, résolut de l'envoyer à Salamanque. Les apprêts du voyage furent bientôt faits. Sa mère lui donna force chapelets, scapulaires et médailles bénites. Elle lui apprit aussi plusieurs oraisons d'un grand secours dans une foule de circonstances de la vie. Don Carlos lui donna une épée dont la poignée, damasquinée d'argent, était ornée des armes de sa famille; il lui dit : « Jusqu'à présent tu n'as vécu qu'avec des enfants; tu vas maintenant vivre avec des hommes. Souviens-toi que le bien le plus précieux d'un gentilhomme, c'est son honneur*; et ton honneur, c'est celui des Maraña. Périsse le dernier rejeton de notre maison [44] plutôt qu'une tache soit faite à son honneur! Prends cette épée; elle te défendra si l'on t'attaque. Ne sois jamais le premier à la tirer; mais rappelle-toi que tes ancêtres n'ont jamais remis la leur dans le fourreau que lorsqu'ils étaient vainqueurs et vengés. » Ainsi muni d'armes spirituelles et temporelles, le descendant des Maraña monta à cheval et quitta la demeure de ses pères.

L'université de Salamanque était alors dans toute sa gloire. Ses étudiants n'avaient jamais été plus nombreux, ses professeurs plus doctes; mais aussi jamais les bourgeois n'avaient eu tant à souffrir des insolences de la jeunesse indisciplinée [45] qui demeurait, ou plutôt régnait dans leur ville. Les sérénades, les charivaris, toute espèce de tapage nocturne, tel était leur train de vie ordinaire, dont la monotonie était de temps en temps diversifiée par des enlèvements de femmes ou de filles, par des vols ou des bastonnades. Don Juan, arrivé à Salamanque, passa quelques jours à remettre des lettres de recommandation aux amis de son père, à visiter ses professeurs, à parcourir les églises, et à se faire montrer les reliques qu'elles renfermaient. D'après la volonté de son père, il remit à un des professeurs [46] une somme assez considérable pour être distribuée entre les étudiants pauvres. Cette libéralité eut le plus grand succès, et lui valut aussitôt [47] de nombreux amis.

Don Juan avait un grand désir d'apprendre. Il se proposait bien d'écouter comme paroles d'Évangile tout ce qui sortirait de la bouche de ses professeurs; et pour n'en rien perdre, il voulut se placer aussi près que possible de la chaire. Lorsqu'il entra dans la salle où devait se faire la leçon, il vit qu'une place était vide aussi près du professeur qu'il eût pu le désirer. Il s'y assit. Un étudiant sale, mal peigné, vêtu de haillons, comme il y en a tant dans les universités, détourna un instant les yeux de son livre pour les porter sur don Juan avec un air d'étonnement stupide. « Vous vous mettez à cette place, dit-il d'un ton presque effrayé; ignorez-vous que c'est là que s'assied d'ordinaire don Garcia Navarro? »

Don Juan répondit qu'il avait toujours entendu dire que les places appartenaient au premier occupant, et que, trouvant celle-là [48] vide, il croyait pouvoir la prendre, surtout si le seigneur don Garcia n'avait pas chargé son voisin de la lui garder.

« Vous êtes étranger, ici, à ce que je vois, dit l'étudiant, et arrivé depuis bien peu de temps, puisque vous ne connaissez pas don Garcia. Sachez donc que c'est un des hommes les plus... » Ici l'étudiant baissa la voix et parut éprouver la crainte d'être entendu des autres étudiants. « Don Garcia est un homme terrible. Malheur à qui l'offense! Il a la patience courte et l'épée longue; et soyez sûr que, si quelqu'un s'assied à une place où don Garcia s'est assis deux fois, c'en est assez pour qu'une querelle s'ensuive, car il est fort chatouilleux et susceptible. Quand il querelle, il frappe, et quand il frappe, il tue. Or donc je vous ai averti ; vous ferez ce qui vous semblera bon. »

Don Juan trouvait fort extraordinaire que ce don Garcia prétendît se réserver les meilleures places sans se donner la peine de les mériter [49] par son exactitude. En même temps il voyait que plusieurs étudiants avaient les yeux fixés sur lui [50], et il sentait combien il serait mortifiant de quitter cette place [51] après s'y être assis. D'un autre côté, il ne se souciait nullement [52] d'avoir une querelle dès son arrivée, et surtout avec un homme aussi dangereux que paraissait l'être don Garcia. Il était dans cette perplexité, ne sachant à quoi se déterminer et restant toujours machinalement à la même place, lorsqu'un étudiant entra et s'avança droit vers lui. « Voici don Garcia, » lui dit son voisin.

Ce Garcia [53] était un jeune homme large d'épaules, bien découplé, le teint hâlé, l'œil fier et la bouche méprisante. Il avait un pourpoint râpé, qui avait pu être noir [54], et un manteau troué ; par-dessus tout cela pendait une longue chaîne d'or. On sait que de tout temps les étudiants de Salamanque et des autres universités d'Espagne ont mis une espèce de point d'honneur à paraître déguenillés, voulant probablement montrer par là que le véritable mérite sait se passer des ornements empruntés à la fortune.

Don Garcia s'approcha du banc où don Juan était encore assis, et le saluant avec beaucoup de courtoisie : « Seigneur étudiant, dit-il, vous êtes nouveau venu parmi nous ; pourtant votre nom m'est bien connu. Nos pères ont été grands amis, et, si vous voulez bien le permettre [55], leurs fils ne le seront pas moins. » En parlant ainsi il tendait la main à don Juan de l'air le plus cordial. Don Juan, qui s'attendait à un tout autre début, reçut avec beaucoup d'empressement les politesses de don Garcia et lui répondit qu'il se tiendrait pour très honoré de l'amitié d'un cavalier tel que lui.

« Vous ne connaissez point encore Salamanque, poursuivit don Garcia ; si vous voulez bien m'accepter pour votre guide, je serai charmé de vous faire tout voir, depuis le cèdre jusqu'à l'hysope*, dans le pays où vous allez vivre. » Ensuite s'adressant à l'étudiant assis à côté de don Juan : « Allons, Périco, tire-toi de là. Crois-tu qu'un butor comme toi doive faire compagnie au seigneur don Juan de Maraña [56] ? » En parlant ainsi, il le poussa rudement et se mit à sa place, que l'étudiant se hâta d'abandonner.

Lorsque la leçon [57] fut finie, don Garcia donna son adresse à son nouvel ami et lui fit promettre de venir le voir. Puis, l'ayant salué de la main d'un air gracieux et familier, il sortit en se drapant avec grâce de son manteau troué comme une écumoire [58].

Don Juan, tenant ses livres sous son bras, s'était arrêté dans une galerie du collège pour examiner les vieilles inscriptions qui couvraient les murs, lorsqu'il s'aperçut que l'étudiant qui lui avait d'abord parlé s'approchait de lui comme s'il voulait examiner les mêmes objets. Don Juan, après lui avoir fait une inclination de tête pour lui montrer qu'il le reconnaissait, se disposait à sortir, mais l'étudiant l'arrêta par son manteau. « Seigneur don Juan, dit-il, si rien ne vous presse, seriez-vous assez bon pour m'accorder un moment d'entretien ? — Volontiers, répondit don Juan, et il s'appuya contre un pilier, je vous écoute. » Périco regarda de tous côtés d'un air d'inquiétude, comme s'il craignait d'être observé, et se rapprocha de don Juan pour lui parler à l'oreille, ce qui paraissait une précaution inutile, car il n'y avait personne qu'eux [59] dans la vaste galerie gothique où ils se trouvaient. Après un moment de silence : « Pourriez-vous me dire, seigneur don Juan, demanda l'étudiant d'une voix basse et presque tremblante, pourriez-vous me dire si votre père a réellement connu le père de don Garcia Navarro ? »

Don Juan fit un mouvement de surprise. « Vous avez entendu don Garcia le dire à l'instant même.

— Oui, répondit l'étudiant, baissant encore plus la voix; mais enfin avez-vous jamais entendu dire à votre père qu'il connût le seigneur Navarro ?

— Oui sans doute, et il était avec lui à la guerre contre les Morisques.

— Fort bien; mais avez-vous entendu dire de ce gentilhomme qu'il eût... un fils?

— En vérité, je n'ai jamais fait beaucoup d'attention à ce que mon père pouvait en dire... Mais à quoi bon ces questions? Don Garcia n'est-il pas le fils du seigneur Navarro?... Serait-il bâtard?

— J'atteste le ciel que je n'ai rien dit de semblable, s'écria l'étudiant effrayé en regardant derrière le pilier contre lequel s'appuyait don Juan; je voulais vous demander seulement si vous n'aviez pas connaissance d'une histoire étrange que bien des gens racontent sur ce don Garcia?

— Je n'en sais pas un mot.

— On dit..., remarquez bien que je ne fais que répéter ce que j'ai entendu dire,... on dit que don Diego Navarro avait un fils qui, à l'âge de six ou sept ans, tomba malade d'une maladie grave et si étrange que les médecins ne savaient quel remède y apporter. Sur quoi le père, qui n'avait pas d'autre enfant, envoya de nombreuses offrandes à plusieurs chapelles, fit toucher des reliques au malade, le tout en vain. Désespéré, il dit un jour, m'a-t-on assuré..., il dit un jour en regardant une image de saint Michel : — Puisque tu ne peux pas sauver mon fils, je veux voir si celui qui est là sous tes pieds n'aura pas plus de pouvoir.

— C'était un blasphème abominable! s'écria don Juan, scandalisé au dernier point.

— Peu après l'enfant guérit..., et cet enfant..., c'est don Garcia!

— Si bien que don Garcia a le diable au corps depuis ce temps-là, dit en éclatant de rire don Garcia, qui se montra au même instant et qui paraissait avoir écouté cette conversation caché derrière un pilier voisin. — En vérité, Périco, dit-il d'un ton froid et méprisant à l'étudiant stupéfait, si vous n'étiez pas un poltron, je vous ferais repentir de l'audace que vous avez eue de parler de moi. — Seigneur don Juan, poursuivit-il en s'adressant à Maraña, quand vous nous connaîtrez mieux, vous ne perdrez pas votre temps à écouter ce bavard. Et tenez, pour vous prouver que je ne suis pas un méchant diable, faites-moi l'honneur de m'accompagner de ce pas à l'église de Saint-Pierre; lorsque nous y aurons fait nos dévotions, je vous demanderai la permission de vous faire faire un mauvais dîner avec quelques camarades. »

En parlant ainsi, il prenait le bras de don Juan, qui, honteux d'avoir été surpris à écouter l'étrange histoire de Périco, se hâta d'accepter l'offre de son nouvel ami pour lui prouver le peu de cas qu'il faisait des médisances qu'il venait d'entendre [60].

En entrant dans l'église de Saint-Pierre, don Juan et don Garcia s'agenouillèrent devant une chapelle autour de laquelle il y avait un grand concours de fidèles. Don Juan fit sa prière à voix basse; et, bien qu'il demeurât un temps convenable dans cette pieuse occupation, il trouva, lorsqu'il releva la tête, que son camarade paraissait encore plongé dans une extase dévote : il remuait doucement les lèvres; on eût dit [61] qu'il n'était pas à la moitié de ses méditations. Un peu honteux d'avoir sitôt fini, il se mit à réciter tout bas les litanies qui lui revinrent en mémoire. Les litanies dépêchées, don Garcia ne bougeait pas davantage. Don Juan expédia encore avec distraction quelques menus suffrages*; puis, voyant son camarade toujours immobile, il crut pouvoir regarder un peu autour de lui pour passer le temps et attendre la fin de cette éternelle oraison. Trois femmes agenouillées sur des tapis de Turquie attirèrent son attention tout d'abord. L'une, à son âge, à ses lunettes et à l'ampleur vénérable de ses coiffes, ne pouvait être autre qu'une duègne. Les deux autres étaient jeunes et jolies, et ne tenaient pas leurs yeux tellement baissés sur leurs chapelets qu'on ne pût voir qu'ils étaient grands, vifs et bien fendus. Don Juan éprouva beaucoup de plaisir à regarder l'une d'elles, plus de plaisir même qu'il n'aurait dû en avoir dans un saint lieu. Oubliant la prière de son camarade, il le tira par la manche et lui demanda tout bas quelle était cette demoiselle qui tenait un chapelet d'ambre jaune.

« C'est, répondit Garcia sans paraître scandalisé [62] de son interruption, c'est doña Teresa de Ojeda; et celle-ci, c'est doña Fausta, sa sœur aînée, toutes les deux filles d'un auditeur au conseil de Castille. Je suis amoureux de l'aînée; tâchez de le devenir de la cadette. Tenez, ajouta-t-il, elles se lèvent et vont sortir de l'église; hâtons-nous, afin de les voir monter en voiture; peut-être que le vent soulèvera leurs basquines [63] et que nous apercevrons une jolie jambe ou deux. »

Don Juan était tellement ému par la beauté de doña Teresa, que, sans faire attention à l'indécence de ce langage, il suivit don Garcia jusqu'à la porte de l'église, et vit les deux nobles demoiselles monter dans leur carrosse et quitter la place de l'église pour entrer dans une des rues les plus fréquentées. Lorsqu'elles furent parties, don Garcia, enfonçant son chapeau de travers sur sa tête, s'écria gaiement :

« Voilà de charmantes filles! Je veux que le diable m'emporte si l'aînée n'est pas à moi avant qu'il soit dix jours! Et vous, avez-vous avancé vos affaires avec la cadette?

— Comment! avancé mes affaires? répondit don Juan d'un air naïf, mais voilà la première fois que je la vois!

— Bonne raison, vraiment! s'écria don Garcia. Croyez-vous qu'il y ait beaucoup plus longtemps que je connais la Fausta [64]? Aujourd'hui pourtant je lui ai remis un billet qu'elle a fort bien pris.

— Un billet? Mais je ne vous ai pas vu écrire!

— J'en ai toujours de tout écrits sur moi, et, pourvu qu'on n'y mette pas de nom, ils peuvent servir pour toutes. Ayez seulement l'attention de ne pas employer d'épithètes compromettantes sur la couleur des yeux ou des cheveux. Quant aux soupirs, aux larmes et aux alarmes, brunes ou blondes, filles ou femmes, les prendront également en bonne part.

Tout en causant [65] de la sorte, don Garcia et don Juan se trouvèrent à la porte de la maison où le dîner les attendait. C'était chère [66] d'étudiants, plus copieuse qu'élégante et variée : force ragoûts épicés, viandes salées, toutes choses provoquant à la soif [67]. D'ailleurs il y avait abondance de vins de la Manche et d'Andalousie [68]. Quelques étudiants, amis de don Garcia, attendaient son arrivée. On se mit immédiatement à table, et pendant quelque temps on n'entendit d'autre bruit que celui des mâchoires et des verres heurtant les flacons. Bientôt, le vin mettant les convives en belle humeur, la conversation commença et devint des plus bruyantes. Il ne fut question que de duels, d'amourettes et de tours d'écoliers. L'un racontait comment il avait dupé son hôtesse en déménageant la veille du jour qu'il devait payer son loyer. L'autre avait envoyé demander chez un marchand de vin quelques jarres de *valdepeñas** de la part d'un des plus graves professeurs de théologie, et il avait eu l'adresse de détourner les jarres, laissant le professeur payer le mémoire, s'il voulait. Celui-ci avait battu le guet; celui-là, au moyen d'une échelle de corde, était entré chez sa maîtresse malgré les précautions d'un jaloux. D'abord don Juan écoutait avec une espèce de consternation le récit de tous ces désordres. Peu à peu, le vin qu'il buvait et la gaieté [69] des convives désarmèrent [70] sa pruderie. Les histoires que l'on racontait le firent rire, et même il en vint à envier la réputation que donnaient à quelques-uns leurs tours d'adresse ou d'escroquerie. Il commença à oublier les sages principes qu'il avait apportés à l'université, pour admirer [71] la règle de conduite des étudiants; règle simple et facile à suivre, qui consiste à tout se permettre envers les *pillos**, c'est-à-dire toute la partie de l'espèce humaine qui n'est pas immatriculée sur les registres de l'université. L'étudiant au milieu des pillos est en pays ennemi, et il a le droit d'agir à leur égard comme les Hébreux à l'égard des Cananéens*. Seulement M. le corrégidor ayant malheureusement peu de respect pour les saintes lois de l'université et ne cherchant que l'occasion de nuire à ses initiés [72], ils doivent être unis comme frères, s'entraider et surtout se garder un secret inviolable.

Cette édifiante conversation dura aussi longtemps que les bouteilles. Lorsqu'elles furent vides, toutes les judiciaires* étaient singulièrement embrouillées, et chacun éprouvait une violente envie de dormir. Le soleil étant encore dans toute sa force, on se sépara [73] pour aller faire la sieste; mais don Juan accepta [74] un lit chez don Garcia. Il ne se fut pas plus tôt étendu sur un matelas de cuir, que la fatigue et les fumées du vin le plongèrent dans un profond sommeil. Pendant longtemps ses rêves furent si bizarres et si confus qu'il n'éprouvait d'autre sentiment que celui d'un malaise vague, sans avoir la perception d'une image ou d'une idée qui pût en être la cause. Peu à peu il commença à voir plus clair dans son rêve [75], si l'on peut s'exprimer [76] ainsi, et il songea avec suite [77]. Il lui semblait qu'il était dans une barque sur un grand fleuve plus large et plus troublé [78] qu'il n'avait jamais vu le Guadalquivir en hiver. Il n'y avait ni voiles, ni rames, ni gouvernail, et la rive du fleuve était déserte. La barque était tellement ballottée par le courant, qu'au malaise qu'il éprouvait il se crut à l'embouchure du Guadalquivir, au moment où les badauds de Séville qui vont à Cadix commencent à ressentir les premières atteintes du mal de mer. Bientôt il se trouva dans une partie de la rivière beaucoup plus resserrée, en sorte qu'il pouvait facilement voir et même se faire entendre sur les deux bords. Alors parurent en même temps, sur les deux rives, deux figures lumineuses qui s'approchèrent, chacune de son côté, comme pour lui porter secours. Il tourna d'abord la tête à droite, et vit un vieillard d'une figure grave et austère, pieds nus, n'ayant pour vêtement qu'un sayon épineux. Il semblait tendre la main à don Juan. A gauche, où il regarda ensuite, il vit une femme, d'une taille élevée et de la figure la plus noble et la plus attrayante, tenant à la main une couronne de fleurs qu'elle lui présentait. En même temps il remarqua que sa barque se dirigeait à son gré, sans rames, mais par le seul fait de sa volonté. Il allait prendre terre du côté de la femme, lorsqu'un cri, parti de la rive droite, lui fit tourner la tête et se rapprocher de ce côté. Le vieillard avait l'air encore plus austère qu'auparavant [79]. Tout ce que l'on voyait de son corps était couvert de meurtrissures, livide et teint de sang caillé [80]. D'une main il tenait une couronne d'épines, de l'autre un fouet garni de pointes de fer. A ce spectacle, don Juan fut saisi d'horreur [81]; il revint bien vite à la rive gauche. L'apparition qui l'avait tant charmé s'y trouvait encore; les cheveux de la femme flottaient au vent, ses yeux étaient animés d'un feu surnaturel, et au lieu de la couronne elle tenait en main une épée. Don Juan s'arrêta un instant avant de prendre terre, et alors, regardant avec plus d'attention, il s'aperçut que la lame de l'épée était rouge de sang, et que la main de la nymphe était rouge aussi. Épouvanté, il se réveilla en sursaut [82]. En ouvrant les yeux, il ne put retenir un cri à la vue d'une épée nue qui brillait à deux pieds du lit. Mais ce n'était pas une belle nymphe qui tenait cette épée. Don Garcia allait réveiller son ami, et voyant auprès de son lit une épée d'un travail curieux, il l'examinait de l'air d'un connaisseur. Sur la lame était cette inscription : « Garde loyauté. » Et la poignée, comme nous l'avons déjà dit, portait les armes, le nom et la devise des Maraña [83].

« Vous avez là une belle épée, mon camarade, dit don Garcia. — Vous devez être reposé maintenant. — La nuit est venue, promenons-nous un peu; et quand les honnêtes gens de cette ville seront rentrés chez eux, nous irons, s'il vous plaît, donner une sérénade à nos divinités. »

Don Juan et don Garcia se promenèrent quelque temps au bord de la Tormes*, regardant passer les femmes qui venaient respirer le frais ou lorgner leurs amants. Peu à peu les promeneurs devinrent plus rares; ils disparurent tout à fait.

« Voici le moment, dit don Garcia, voici le moment où la ville tout entière appartient aux étudiants. Les pillos n'oseraient nous troubler dans nos innocentes récréations. Quant au guet, si par aventure nous avions quelque démêlé avec lui, je n'ai pas besoin de vous dire que c'est une canaille qu'il ne faut pas ménager. Mais si les drôles étaient trop nombreux, et qu'il fallût jouer des jambes, n'ayez aucune inquiétude : je connais tous les détours, ne vous mettez en peine que de me suivre, et soyez sûr que tout ira bien. »

En parlant ainsi, il jeta son manteau sur son épaule gauche de manière à se couvrir la plus grande partie de la figure, mais à se laisser le bras droit libre. Don Juan en fit autant, et tous les deux se dirigèrent vers la rue qu'habitaient doña Fausta et sa sœur. En passant devant le porche d'une église, don Garcia siffla, et son page [84] parut tenant une guitare à la main. Don Garcia la prit et le congédia.

« Je vois, dit don Juan en entrant dans la rue de Valladolid*, je vois que vous voulez m'employer à protéger votre sérénade; soyez sûr que je me conduirai de manière à mériter votre approbation. Je serais renié par Séville, ma patrie, si je ne savais pas garder une rue contre les fâcheux!

— Je ne prétends pas vous poser en sentinelle, répondit don Garcia. J'ai mes amours ici, mais vous y avez aussi les vôtres [85]. A chacun son gibier. Chut! voici la maison. Vous à cette jalousie, moi à celle-ci, et alerte ! »

Don Garcia, ayant accordé la guitare, se mit à chanter d'une voix assez agréable une romance où, comme à l'ordinaire, il était question de larmes, de soupirs et de tout ce qui s'ensuit. Je ne sais s'il en était l'auteur [86].

A la troisième ou quatrième [87] séguidille* les jalousies de deux fenêtres [88] se soulevèrent légèrement, et une petite toux se fit entendre. Cela voulait dire qu'on écoutait. Les musiciens, dit-on, ne jouent jamais lorsqu'on les en prie ou qu'on les écoute*. Don Garcia déposa sa guitare sur une borne et entama la conversation à voix basse avec une des femmes qui l'écoutaient.

Don Juan, en levant les yeux, vit à la fenêtre [89] au-dessus de lui une femme qui paraissait le considérer attentivement. Il ne doutait pas que ce ne fût la sœur de doña Fausta, que son goût et le choix de son ami lui donnaient [90] pour dame de ses pensées. Mais il était timide encore, sans expérience, et il ne savait par où commencer. Tout à coup un mouchoir tomba de la fenêtre, et une petite voix douce s'écria : « Ah! Jésus! mon mouchoir est tombé! » Don Juan le ramassa aussitôt, le plaça sur la pointe de son épée et le porta à la hauteur de la fenêtre. C'était un moyen d'entrer en matière. La voix commença par des remerciements, puis demanda si le seigneur cavalier qui avait tant de courtoisie n'avait pas été dans la matinée à l'église de Saint-Pierre. Don Juan répondit qu'il y était allé [91], et qu'il y avait perdu le repos. « Comment? — En vous voyant. » La glace était brisée. Don Juan était de Séville, et savait par cœur toutes les romances morisques dont la langue amoureuse est si riche. Il ne pouvait manquer d'être éloquent. La conversation dura environ une heure. Enfin Teresa [92] s'écria qu'elle entendait son père, et qu'il fallait se retirer. Les deux galants ne quittèrent la rue qu'après avoir vu deux petites mains blanches sortir de la jalousie et leur jeter à chacun une branche de jasmin. Don Juan alla se coucher la tête remplie d'images délicieuses. Pour don Garcia, il entra dans un cabaret où il passa la plus grande partie de la nuit.

Le lendemain, les soupirs et les sérénades recommencèrent. Il en fut de même les nuits suivantes. Après une résistance convenable, les deux dames consentirent à donner et à recevoir des boucles de cheveux, opération qui se fit au moyen d'un fil qui descendit, et rapporta les gages échangés. Don Gärcia, qui n'était pas homme à se contenter de bagatelles, parla d'une échelle de corde [93] ou bien de fausses clefs; mais on le trouva hardi, et sa proposition fut sinon rejetée, du moins indéfiniment ajournée.

Depuis un mois à peu près, don Juan et don Garcia roucoulaient assez inutilement sous les fenêtres de leurs maîtresses. Par une nuit très sombre [94], ils étaient à leur faction ordinaire, et la conversation durait depuis quelque temps à la satisfaction de tous les interlocuteurs, lorsqu'à l'extrémité de la rue parurent sept à huit hommes en manteau [95], dont la moitié portait des instruments de musique.

« Juste ciel! s'écria Teresa [96], voici don Cristoval qui vient nous donner une sérénade. Éloignez-vous pour l'amour de Dieu, ou il arrivera quelque malheur.

— Nous ne cédons à personne une si belle place », s'écria don Garcia; et élevant la voix : « Cavalier, dit-il au premier qui s'avançait, la place est prise, et ces dames ne se soucient guère de votre musique; donc, s'il vous plaît, cherchez fortune ailleurs.

— C'est un de ces faquins d'étudiants qui prétend nous empêcher de passer! s'écria don Cristoval. Je vais lui apprendre ce qu'il en coûte pour s'adresser à mes [97] amours! » A ces mots, il met l'épée à la main. En même temps, celles de deux de ses compagnons brillèrent hors du fourreau. Don Garcia, avec une prestesse admirable, roulant son manteau autour de son bras, mit flamberge au vent, et s'écria : « A moi les étudiants! » Mais il n'y en avait pas un seul aux environs. Les musiciens, craignant sans doute de voir leurs instruments brisés dans la bagarre, prirent la fuite en appelant la justice, pendant que les deux femmes à la fenêtre invoquaient à leur aide tous les saints du paradis.

Don Juan, qui se trouvait au-dessous de la fenêtre la plus proche de don Cristoval, eut d'abord à se défendre contre lui. Son adversaire était adroit et, en outre, il avait à la main gauche une targe* de fer [98] dont il se servait par parer, tandis que don Juan n'avait que son épée et son manteau. Vivement pressé par don Cristoval, il se rappela fort à propos une botte du seigneur Uberti, son maître d'armes. Il se laissa tomber sur sa main gauche, et de la droite, glissant son épée sous la targe de don Cristoval, il la lui enfonça au défaut des côtes avec tant de force que le fer se brisa après avoir pénétré de la longueur d'une palme*. Don Cristoval poussa un cri et tomba baigné dans son sang. Pendant cette opération, qui dura moins à faire qu'à raconter, don Garcia se défendait avec succès contre ses deux adversaires, qui n'eurent pas plutôt vu leur chef sur le carreau qu'ils prirent la fuite à toutes jambes.

« Sauvons-nous maintenant, dit don Garcia; ce n'est pas le moment de s'amuser. Adieu, mes belles! » Et il entraîna avec lui don Juan tout effaré de son exploit. A vingt pas de la maison, don Garcia s'arrêta pour demander à son compagnon ce qu'il avait fait de son épée [99].

« Mon épée? dit don Juan, s'apercevant alors seulement qu'il ne la tenait plus à la main... Je ne sais... je l'aurai probablement laissée tomber.

— Malédiction! s'écria don Garcia, et votre nom qui est gravé sur la garde! »

Dans ce moment on voyait des hommes avec des flambeaux sortir des maisons voisines et s'empresser autour du mourant. A l'autre bout de la rue [100], une troupe d'hommes armés s'avançaient rapidement. C'était évidemment une patrouille attirée par les cris des musiciens et par le bruit du combat.

Don Garcia, rabattant son chapeau sur ses yeux, et se couvrant de son manteau le bas du visage pour n'être pas reconnu, s'élança, malgré le danger, au milieu de tous ces hommes rassemblés, espérant retrouver cette épée qui aurait indubitablement fait reconnaître le coupable. Don Juan le vit frapper de droite et de gauche, éteignant les lumières et culbutant tout ce qui se trouvait sur son passage. Il reparut bientôt courant de toutes ses forces et tenant une épée de chaque main : toute la patrouille le poursuivait.

« Ah ! don Garcia, s'écria don Juan en prenant l'épée qu'il lui tendait, que de remerciements je vous dois !

— Fuyons ! fuyons ! s'écria Garcia. Suivez-moi, et si quelqu'un de ces coquins vous serre de trop près, piquez-le comme vous venez le faire à l'autre. »

Tous deux se mirent alors à courir [101] avec toute la vitesse que pouvait leur prêter leur vigueur naturelle, augmentée de la peur de M. le corrégidor, magistrat qui passait pour encore [102] plus redoutable aux étudiants qu'aux voleurs.

Don Garcia, qui connaissait Salamanque comme son *Deus det**, était fort habile à tourner rapidement les coins de rues et à se jeter dans les allées étroites, tandis que son compagnon, plus novice, avait grand-peine à le suivre. L'haleine commençait à leur manquer, lorsqu'au bout d'une rue ils rencontrèrent un groupe d'étudiants qui se promenaient en chantant et jouant de la guitare. Aussitôt que ceux-ci se furent aperçus que deux de leurs camarades étaient poursuivis, ils se saisirent de pierres, de bâtons et de toutes les armes possibles. Les archers, tout essoufflés, ne jugèrent pas à propos d'entamer l'escarmouche. Ils se retirèrent prudemment, et les deux coupables allèrent se réfugier et se reposer un instant dans une église voisine.

Sous le portail, don Juan voulut remettre son épée dans le fourreau, ne trouvant pas convenable ni chrétien d'entrer dans la maison de Dieu une arme à la main. Mais le fourreau résistait, la lame n'entrait qu'avec peine; bref, il reconnut que l'épée qu'il tenait n'était pas la sienne : don Garcia, dans sa précipitation, avait saisi la première épée qu'il avait trouvée à terre, et c'était celle du mort ou d'un de ses acolytes. Le cas était grave; don Juan en avertit son ami, qu'il avait appris à regarder comme de bon conseil.

Don Garcia fronça le sourcil, se mordit les lèvres,

tordit les bords de son chapeau, se promena quelques pas, pendant que don Juan, tout étourdi de la fâcheuse découverte qu'il venait de faire, était en proie à l'inquiétude autant qu'aux remords. Après un quart d'heure de réflexions [103] pendant lequel don Garcia eut le bon goût de ne pas dire une seule fois : Pourquoi laissiez-vous tomber votre épée? celui-ci [104] prit don Juan par le bras et lui dit : « Venez avec moi, je tiens votre affaire. »

Dans ce moment un prêtre sortait de la sacristie de l'église et se disposait à gagner la rue; don Garcia l'arrêta.

« N'est-ce pas au savant licencié Gomez que j'ai l'honneur de parler? lui dit-il en s'inclinant profondément.

— Je ne suis pas encore licencié, répondit le prêtre, évidemment flatté de passer pour un licencié. Je m'appelle Manuel Tordoya, fort à votre service.

— Mon père, dit don Garcia, vous êtes précisément la personne à qui je désirais parler; c'est d'un cas de conscience qu'il s'agit, et si la renommée ne m'a pas trompé, vous êtes l'auteur [105] de ce fameux traité *De casibus conscientiæ* qui a fait tant de bruit à Madrid? »

Le prêtre, se laissant aller au péché de vanité, répondit en balbutiant qu'il n'était pas l'auteur de ce livre (lequel, à vrai dire, n'avait jamais existé), mais qu'il s'était fort occupé de semblables matières. Don Garcia, qui avait ses raisons pour ne pas l'écouter, poursuivit de la sorte : « Voici, mon père, en trois mots, l'affaire sur laquelle je désirais vous consulter. Un de mes amis, aujourd'hui même, il y a moins d'une heure, est abordé dans la rue par un homme qui lui dit : Cavalier, je vais me battre à deux pas d'ici, mon adversaire a une épée plus longue que la mienne; veuillez me prêter la vôtre pour que les armes soient égales. Et mon ami a changé d'épée avec lui. Il attend quelque temps au coin de la rue que l'affaire soit terminée. N'entendant plus le cliquetis des épées, il s'approche; que voit-il? un homme mort percé [106], par l'épée même qu'il venait de prêter. Depuis ce moment il est désespéré, il se reproche sa complaisance, et il craint d'avoir fait un péché mortel. Moi, j'essaye de le rassurer; je crois le péché véniel, en ce que, s'il n'avait pas prêté son épée, il aurait été la cause que deux hommes se seraient battus à armes inégales. Qu'en pensez-vous, mon père? n'êtes-vous pas de mon sentiment? »

Le prêtre, qui était apprenti casuite, dressa les oreilles à cette histoire et se frotta quelque temps le front comme un homme qui cherche une citation. Don Juan ne savait où voulait en venir don Garcia [107]; mais il n'ajouta rien, craignant de faire quelque gaucherie.

« Mon père, poursuivit Garcia, la question est fort ardue, puisqu'un aussi grand savant que vous hésite à la résoudre. Demain, si vous le permettez, nous reviendrons savoir votre sentiment. En attendant, veuillez, je vous prie, dire ou faire dire quelques messes pour l'âme du mort. » Il déposa, en disant ces mots, deux ou trois ducats dans la main du prêtre, ce qui acheva de le disposer favorablement pour des jeunes gens si dévots, si scrupuleux et surtout si généreux. Il leur assura [108] que le lendemain, au même lieu, il leur donnerait son opinion par écrit. Don Garcia fut prodigue de remerciements; puis il ajouta d'un ton dégagé, et comme une observation de peu d'importance : « Pourvu que la justice n'aille pas nous rendre responsables de cette mort! Nous espérons en vous pour nous réconcilier avec Dieu.

— Quant à la justice, dit le prêtre, vous n'avez rien à en craindre. Votre ami, n'ayant fait que prêter son épée, n'est point légalement complice.

— Oui, mon père, mais le meurtrier a pris la fuite. On examinera la blessure, on trouvera peut-être l'épée ensanglantée... que sais-je? Les gens de loi sont terribles, dit-on.

— Mais, dit le prêtre, vous étiez témoin que l'épée a été empruntée?

— Certainement, dit don Garcia; je l'affirmerais

devant toutes les cours du royaume. D'ailleurs, poursuivit-il du ton le plus insinuant, vous, mon père, vous seriez là pour rendre témoignage de la vérité. Nous nous sommes présentés à vous longtemps avant que l'affaire fût connue [109] pour vous demander vos conseils spirituels. Vous pourriez même attester l'échange.... En voici la preuve. » Il prit alors l'épée de don Juan. « Voyez plutôt cette épée, dit-il, quelle figure elle fait dans ce fourreau! »

Le prêtre inclina la tête comme un homme convaincu de la vérité de l'histoire qu'on lui racontait. Il soupesait sans parler les ducats qu'il avait dans la main, et il y trouvait toujours un argument sans réplique en faveur des jeunes gens [110].

« Au surplus, mon père, dit don Garcia d'un ton fort dévot, que nous importe la justice? c'est avec le ciel que nous voulons être réconciliés.

— A demain, mes enfants, dit le prêtre en se retirant.

— A demain, répondit don Garcia; nous vous baisons les mains et nous comptons sur vous. »

Le prêtre parti [111], don Garcia fit un saut de joie. « Vive la simonie! s'écria-t-il, nous voilà dans une meilleure position, je l'espère. Si la justice s'inquiète de vous, ce bon père, pour les ducats qu'il a reçus et ceux qu'il espère tirer de nous, est prêt à attester que nous sommes aussi étrangers à la mort du cavalier que vous venez d'expédier, que l'enfant qui vient de naître. Rentrez chez vous maintenant, soyez toujours sur le qui-vive, et n'ouvrez votre porte qu'à bonnes enseignes; moi, je vais courir la ville et savoir un peu les nouvelles. »

Don Juan, rentré [112] dans sa chambre, se jeta [113] tout habillé sur son lit. Il passa la nuit sans dormir, ne pensant qu'au meurtre qu'il venait de commettre, et surtout à ses conséquences. Chaque fois qu'il entendait dans la rue le bruit des pas d'un homme, il s'imaginait que la justice venait l'arrêter. Cependant, comme il était fatigué et qu'il avait encore la tête lourde par suite d'un dîner d'étudiants auquel il avait assisté, il s'endormit au moment où le soleil se levait.

Il reposait déjà depuis quelques heures, quand son domestique l'éveilla en lui disant qu'une dame voilée demandait à lui parler. Au même moment une femme entra dans la chambre. Elle était enveloppée de la tête aux pieds d'un grand manteau noir qui ne lui laissait qu'un œil découvert. Cet œil, elle le tourna vers le domestique, puis vers don Juan, comme pour demander à lui parler sans témoins. Le domestique sortit aussitôt. La dame s'assit regardant don Juan de tout son œil avec la plus grande attention. Après un moment de silence, elle commença de la sorte :

« Seigneur cavalier, ma démarche a de quoi surprendre, et vous devez, sans doute, concevoir de moi une médiocre opinion; mais si l'on connaissait les motifs qui m'amènent ici, sans doute on ne me blâmerait pas. Vous vous êtes battu hier avec un cavalier de cette ville...

— Moi, madame! s'écria don Juan en pâlissant; je ne suis pas sorti de cette chambre...

— Il est inutile de feindre avec moi, et je dois vous donner l'exemple de la franchise. » En parlant ainsi, elle écarta son manteau, et don Juan reconnut doña Teresa. « Seigneur don Juan, poursuivit-elle en rougissant, je dois vous avouer que votre bravoure m'a intéressée pour vous au dernier point. J'ai remarqué, malgré le trouble où j'étais, que votre épée s'était brisée, et que vous l'aviez jetée à terre auprès de notre porte. Au moment où l'on s'empressait autour du blessé, je suis descendue et j'ai ramassé la poignée de cette épée. En la considérant j'ai lu votre nom, et j'ai compris combien vous seriez exposé si elle tombait entre les mains de vos ennemis. La voici, je suis bien heureuse de pouvoir vous la rendre. »

Comme de raison, don Juan tomba [114] à ses genoux, lui dit qu'il lui devait la vie, mais que c'était un présent inutile, puisqu'elle allait le faire mourir d'amour. Doña Teresa était pressée et voulait se retirer sur-le-champ; cependant elle écoutait don Juan avec tant de plaisir qu'elle ne pouvait se décider à s'en retourner. Une heure à peu près se passa de la sorte, toute remplie de serments d'amour éternel, de baisements de main, prières d'une part, faibles refus de l'autre. Don Garcia, entrant [115] tout à coup, interrompit le tête-à-tête. Il n'était pas homme à se scandaliser. Son premier soin fut de rassurer Teresa [116]. Il loua beaucoup son courage, sa présence d'esprit, et finit par la prier de s'entremettre auprès de sa sœur [117] afin de lui ménager un accueil plus humain. Doña Teresa promit tout ce qu'il voulut, s'enveloppa hermétiquement dans son manteau et partit après avoir promis de se trouver le soir même avec sa sœur dans une partie de la promenade qu'elle désigna.

« Nos affaires vont bien, dit don Garcia aussitôt que les deux jeunes gens furent seuls. Personne ne vous soupçonne. Le corrégidor, qui ne me veut nul bien [118] m'avait d'abord fait l'honneur de penser à moi. Il était persuadé, disait-il, que c'était moi qui avais tué don Cristoval. Savez-vous ce qui lui a fait changer d'opinion? c'est qu'on lui a dit que j'avais passé toute la soirée avec vous; et vous avez, mon cher, une si grande réputation de sainteté que vous en avez à revendre pour les autres. Quoi qu'il en soit, on ne pense pas à nous. L'espièglerie de cette brave petite Teresa nous rassure pour l'avenir : ainsi n'y pensons plus et ne songeons qu'à nous amuser.

— Ah! Garcia [119], s'écria tristement don Juan, c'est une bien triste chose que de tuer un de ses semblables!

— Il y a quelque chose de plus triste, répondit don Garcia, c'est qu'un de nos semblables nous tue, et une troisième chose qui surpasse les deux autres en tristesse, c'est un jour passé sans dîner. C'est pourquoi je vous invite à dîner aujourd'hui avec quelques bons vivants, qui seront charmés de vous voir. » En disant ces mots, il sortit.

L'amour faisait déjà une puissante diversion aux remords de notre héros [120]. La vanité acheva de les étouffer. Les étudiants avec lesquels il dîna chez

Garcia [121] avaient appris par lui quel était le véritable meurtrier de don Cristoval. Ce Cristoval était un cavalier fameux [122] par son courage et par son adresse, redouté [123] des étudiants : aussi sa mort ne pouvait qu'exciter leur gaieté, et son heureux adversaire fut accablé de compliments. A les entendre [124], il était l'honneur, la fleur, le bras de l'université. Sa santé fut bue avec enthousiasme, et un étudiant de Murcie improvisa un sonnet à sa louange, dans lequel il le comparait au Cid et à Bernard del Carpio* [125]. En se levant de table, don Juan se sentait bien encore quelque poids sur le cœur [126]; mais, s'il avait eu le pouvoir de ressusciter don Cristoval, il est douteux qu'il en eût fait usage [127], de peur de perdre [128] la considération et la renommée que cette mort [129] lui avait acquises dans toute l'université de Salamanque.

Le soir venu, des deux côtés on fut exact au rendez-vous qui eut lieu sur les bords de la Tormes. Doña Teresa prit la main de don Juan (on ne donnait pas encore le bras aux femmes) [130], et doña Fausta celle de don Garcia. Après quelques tours de promenade, les deux couples se séparèrent fort contents, avec la promesse de ne pas laisser échapper une seule occasion de se revoir.

En quittant les deux sœurs, ils rencontrèrent quelques bohémiennes qui dansaient avec des tambours de basque au milieu d'un groupe d'étudiants. Ils se mêlèrent à eux. Les danseuses plurent à don Garcia, qui résolut de les emmener souper. La proposition fut aussitôt faite et aussitôt acceptée. En sa qualité de *fidus Achates**, don Juan [131] était de la partie. Piqué de ce qu'une des bohémiennes lui avait dit qu'il avait l'air d'un moine novice, il s'étudia à faire tout ce qu'il fallait pour prouver que ce surnom était mal appliqué : il jura, dansa, joua et but autant à lui seul que deux étudiants de seconde année auraient pu le faire [132].

On eut beaucoup de peine à le ramener chez lui après minuit, un peu plus qu'ivre et dans un tel état de fureur qu'il voulait mettre le feu à Salamanque et boire toute la Tormes pour empêcher [133] d'éteindre l'incendie.

C'est ainsi que don Juan perdait, l'une après l'autre, toutes les heureuses qualités que la nature et son éducation lui avaient données. Au bout de trois mois de séjour à Salamanque sous la direction de don Garcia, il avait tout à fait séduit la pauvre Teresa [134]; son camarade avait réussi de son côté huit à dix jours plus tôt. D'abord don Juan aima sa maîtresse avec tout l'amour qu'un enfant de son âge a pour la première femme [135] qui se donne à lui; mais don Garcia lui démontra sans peine que la constance était une vertu chimérique; de plus, que, s'il se conduisait [136] autrement que ses camarades dans les orgies universitaires [137], il serait cause que la réputation de la Teresa [138] en recevrait des atteintes. « Car, disait-il, il n'y a qu'un amour très violent et satisfait qui se contente d'une seule femme. » En outre, la mauvaise compagnie dans laquelle don Juan était plongé ne lui laissait pas un moment de repos. Il paraissait à peine dans les classes, ou bien, affaibli par les veilles et la débauche, il s'assoupissait aux doctes leçons des plus illustres professeurs. En revanche, il était toujours le premier et le dernier à la promenade; et, quant à ses nuits, il passait régulièrement au cabaret ou en pire lieu celles que doña Teresa ne pouvait lui consacrer.

Un matin il avait reçu un billet de cette dame, qui lui exprimait le regret de manquer à un rendez-vous promis pour la nuit [139]. Une vieille parente venait d'arriver à Salamanque, et on lui donnait la chambre de Teresa [140], qui devait coucher [141] dans celle de sa mère. Ce désappointement affecta très médiocrement don Juan, qui trouva [142] le moyen d'employer sa soirée. Au moment qu'il sortait dans la rue, préoccupé de ses projets, une femme voilée lui remit un billet; il était de doña Teresa. Elle avait trouvé moyen d'avoir une autre chambre, et avait tout arrangé avec sa sœur pour le rendez-vous [143]. Don Juan montra la lettre à don Garcia. Ils hésitèrent quelque temps; puis enfin, machinalement et comme par habitude, ils escaladèrent le balcon de leurs maîtresses [144].

Doña Teresa avait à la gorge un signe assez apparent. Ce fut une immense faveur que reçut don Juan la première fois qu'il eut la permission de le regarder. Pendant quelque temps il continua [145] à le considérer comme la plus ravissante chose du monde. Tantôt il le comparait [146] à une violette, tantôt à une anémone, tantôt à la fleur de l'alfalfa. Mais bientôt ce signe, qui était réellement fort joli, cessa par la satiété de lui paraître tel. — C'est une grande tache noire, voilà tout, se disait-il en soupirant. C'est dommage qu'elle se trouve là. Parbleu, c'est que cela ressemble à une couenne de lard. Le diable emporte le signe ! — Un jour même il demanda à Teresa si elle n'avait pas consulté un médecin sur les moyens de le faire disparaître. A quoi la pauvre fille répondit, en rougissant jusqu'au blanc des yeux, qu'il n'y avait pas un seul homme, excepté lui, qui eût vu cette tache; qu'au surplus sa nourrice avait coutume de lui dire que de tels signes portaient bonheur.

Le soir que j'ai dit, don Juan, étant venu au rendez-vous d'assez mauvaise humeur, revit le signe en question, qui lui parut encore plus grand que les autres fois. — Parbleu, c'est la représentation [147] d'un gros rat, se dit-il à lui-même en le considérant. En vérité, c'est une monstruosité ! C'est un signe de réprobation comme celui dont fut marqué Caïn. Il faut avoir le diable au corps pour faire sa maîtresse d'une pareille femme. — Il fut maussade au dernier point. Il querella sans sujet la pauvre Teresa, la fit pleurer, et la quitta vers l'aube [148] sans vouloir l'embrasser. Don Garcia, qui sortait avec lui, marcha quelque temps sans parler; puis, s'arrêtant tout d'un coup :

« Convenez, don Juan, dit-il, que nous nous sommes bien ennuyés cette nuit. Pour moi, j'en suis encore excédé, et j'ai bien envie d'envoyer une bonne fois la princesse* à tous les diables !

— Vous avez tort, dit don Juan; la Fausta [149] est

une charmante personne, blanche comme un cygne, et elle est toujours de bonne humeur. Et puis elle vous aime tant ! En vérité, vous êtes bien heureux.

— Blanche, à la bonne heure; je conviens qu'elle est blanche; mais elle n'a pas de couleurs; et à côté de sa sœur elle semble un hibou auprès d'une colombe. C'est vous qui êtes bien heureux.

— Comme cela, répondit don Juan. La petite est assez gentille, mais c'est une enfant [150]. Il n'y a pas à causer [151] raisonnablement avec elle. Elle a la tête farcie de romans de chevalerie, et elle s'est fait sur l'amour les opinions les plus extravagantes. Vous ne vous faites pas une idée [152] de son exigence.

— C'est que vous êtes trop jeune, don Juan, et vous ne savez pas dresser vos maîtresses. Une femme, voyez-vous, est comme un cheval : si vous lui laissez prendre de mauvaises habitudes, si vous ne lui persuadez pas que vous ne lui pardonnerez [153] aucun caprice, jamais vous n'en pourrez rien obtenir.

— Dites-moi, don Garcia, traitez-vous vos maîtresses comme vos chevaux? Employez-vous souvent la gaule pour leur faire passer leurs caprices?

— Rarement; mais je suis trop bon. Tenez, don Juan, voulez-vous me céder votre Teresa [154]? je vous promets qu'au bout de quinze jours elle sera souple comme un gant. Je vous offre Fausta en échange. Vous faut-il du retour*?

— Le marché serait assez de mon goût, dit don Juan en souriant, si ces dames de leur côté y consentaient. Mais doña Fausta ne voudrait jamais vous céder. Elle perdrait trop au change [155].

— Vous êtes trop modeste; mais rassurez-vous. Je l'ai tant fait enrager hier, que le premier venu lui semblerait auprès de moi comme un ange de lumière pour un damné. Savez-vous, don Juan, poursuivit don Garcia, que je parle très sérieusement? » Et don Juan rit plus fort du sérieux avec lequel son ami débitait ces extravagances.

Cette édifiante conversation fut interrompue par

l'arrivée de plusieurs étudiants qui donnèrent un autre cours à leurs idées. Mais, le soir venu, les deux amis étant assis devant une bouteille de vin de Montilla* accompagnée d'une petite corbeille remplie de glands de Valence, don Garcia se remit à se plaindre de sa maîtresse. Il venait de recevoir une lettre de Fausta [156], pleine d'expressions tendres et de doux reproches, au milieu desquels on voyait percer son esprit enjoué et son habitude de saisir le côté ridicule de chaque chose.

« Tenez, dit don Garcia tendant la lettre à don Juan et bâillant outre mesure, lisez ce beau morceau. Encore un rendez-vous pour ce soir ! mais le diable m'emporte si j'y vais. »

Don Juan lut la lettre, qui lui parut charmante.

« En vérité, dit-il, si j'avais une maîtresse comme la vôtre, toute mon étude serait de la rendre heureuse.

— Prenez-la donc, mon cher, s'écria don Garcia, prenez-la, passez-vous-en la fantaisie [157]. Je vous abandonne mes droits. Faisons mieux, ajouta-t-il en se levant, comme éclairé par une inspiration soudaine, jouons nos maîtresses. Voici des cartes. Faisons une partie d'hombre*. Doña Fausta est mon enjeu ; vous, mettez sur table doña Teresa. »

Don Juan, riant aux larmes de la folie de son camarade, prit les cartes et les mêla. Quoiqu'il ne mit presque aucune attention à son jeu, il gagna. Don Garcia, sans paraître chagrin [158] de la perte de sa partie, demanda ce qu'il fallait pour écrire, et fit une espèce de billet à ordre, tiré sur doña Fausta, à laquelle il enjoignait de se mettre à la disposition du porteur, absolument comme il eût écrit à son intendant de compter cent ducats à un de ses créanciers.

Don Juan, riant toujours, offrait [159] à don Garcia de lui donner sa revanche [160]. Mais celui-ci refusa. « Si vous avez un peu de courage, dit-il, prenez mon manteau*, allez à la petite porte que bien vous connaissez. Vous ne trouverez que Fausta [161] puisque la Teresa [162] ne vous attend pas. Suivez-la sans dire un mot ; une fois dans sa chambre, il se peut fort bien qu'elle éprouve un moment de surprise, qu'elle verse même une larme ou deux; mais que cela ne vous arrête pas. Soyez sûr qu'elle n'osera crier [163]. Montrez-lui alors ma lettre; dites-lui que je suis un horrible scélérat, un monstre, tout ce que vous voudrez; qu'elle a une vengeance facile et prompte, et cette vengeance, soyez certain qu'elle la trouvera bien douce. »

A chacune des paroles de Garcia le diable entrait plus avant dans le cœur de don Juan, et lui disait [164] que ce qu'il n'avait jusqu'à présent regardé que comme une plaisanterie sans but pouvait se terminer pour lui de la manière la plus agréable. Il cessa de rire, et le rouge du plaisir commença à lui monter au front.

« Si j'étais assuré, dit-il, que Fausta [165] consentît à cet échange...

— Si elle consentira [166]! s'écria le libertin. Quel blanc-bec êtes-vous, mon camarade, pour croire qu'une femme puisse hésiter entre un amant de six mois et un amant d'un jour! Allez, vous me remercierez tous les deux demain, je n'en doute pas, et la seule récompense que je vous demande, c'est de me permettre de faire la cour à Teresita [167] pour me dédommager. » Puis, voyant que don Juan était plus qu'à moitié convaincu, il lui dit : « Décidez-vous, car pour moi je ne veux pas voir Fausta ce soir; si vous n'en voulez pas, je donne ce billet au gros Fadrique, et c'est lui qui en aura l'aubaine.

— Ma foi, arrive que pourra! » s'écria don Juan, saisissant le billet; et pour se donner du courage, il avala d'un trait un grand verre de Montilla.

L'heure approchait. Don Juan, qu'un reste de conscience retenait encore, buvait coup sur coup pour s'étourdir. Enfin l'horloge sonna. Don Garcia jeta son manteau sur les épaules de don Juan, et le conduisit jusqu'à la porte de sa maîtresse; puis, ayant fait le signal convenu, il lui souhaita une bonne nuit, et s'éloigna sans le moindre remords de la mauvaise action qu'il venait de commettre.

Aussitôt la porte s'ouvrit. Doña Fausta attendait depuis quelque temps.

« Est-ce vous, don Garcia? » demanda-t-elle à voix basse.

« Oui, » répondit don Juan encore plus bas, et la figure cachée sous les plis d'un large manteau. Il entra, et la porte s'étant refermée, don Juan [168] commença à monter un escalier obscur avec son guide.

« Prenez le bout de ma mantille, dit-elle, et suivez-moi le plus doucement que vous pourrez. »

En peu d'instants il se trouva dans la chambre de Fausta. Une lampe seule y jetait une médiocre clarté. D'abord don Juan, sans ôter son manteau ni son chapeau [169], se tint debout, le dos près de la porte, n'osant encore se découvrir. Doña Fausta le considéra quelque temps sans rien dire; puis tout d'un coup elle s'avança vers lui en lui tendant les bras [170]. Don Juan, laissant alors tomber son manteau, imita son mouvement [171].

« Quoi! c'est vous, seigneur don Juan? s'écria-t-elle. Est-ce que don Garcia est malade?

— Malade? Non, dit don Juan... Mais il ne peut venir. Il m'a envoyé auprès de vous.

— Oh! que j'en suis fâchée! Mais, dites-moi, ce n'est pas une autre femme qui l'empêche de venir?

— Vous le savez donc bien libertin?...

— Que ma sœur va être contente de vous voir! La pauvre enfant! elle croyait que vous ne viendriez pas?... Laissez-moi passer, je vais l'avertir.

— C'est inutile.

— Votre air est singulier [172], don Juan... Vous avez une mauvaise nouvelle à m'apprendre... Parlez, il est arrivé quelque malheur à don Garcia? »

Pour s'épargner une réponse embarrassante, don Juan [173] tendit à la pauvre fille l'infâme billet de don Garcia. Elle le lut avec précipitation, et ne le comprit pas d'abord. Elle le relut, et n'en put croire ses yeux. Don Juan l'observait avec attention, et la voyait [174] tour à tour s'essuyer le front, se frotter les yeux; ses lèvres tremblaient, une pâleur mortelle couvrait son visage, et elle était obligée de tenir à deux mains le papier pour qu'il ne tombât pas à terre [175]. Enfin, se levant [176] par un effort désespéré, elle s'écria : « Tout cela est faux ! c'est une horrible fausseté ! Don Garcia n'a jamais écrit cela ! »

Don Juan répondit : « Vous connaissez son écriture. Il ne savait pas le prix du trésor qu'il possédait... et moi j'ai accepté parce que je vous adore. »

Elle jeta sur lui un regard du plus profond mépris, et se mit à relire la lettre avec l'attention d'un avocat qui soupçonne une falsification dans un acte. Ses yeux étaient démesurément ouverts et fixés sur le papier. De temps en temps une grosse larme s'en échappait sans qu'elle clignât la paupière, et tombait en glissant sur ses joues. Tout à coup elle sourit d'un sourire de fou, et s'écria : « C'est une plaisanterie, n'est-ce pas? C'est une plaisanterie? don Garcia est là, il va venir !...

— Ce n'est point une plaisanterie, doña Fausta. Il n'y a rien de plus vrai que l'amour que j'ai pour vous. Je serais bien malheureux si vous ne me croyiez pas.

— Misérable ! s'écria doña Fausta; mais si tu dis vrai, tu es un plus grand scélérat encore que don Garcia.

— L'amour excuse tout*, belle Faustita. Don Garcia vous abandonne; prenez-moi pour vous consoler. Je vois peints sur ce panneau Bacchus et Ariane; laissez-moi être votre Bacchus*. »

Sans répondre un mot, elle saisit un couteau sur la table [177], et s'avança vers don Juan en le tenant élevé au-dessus de sa tête. Mais il avait vu le mouvement; il lui saisit le bras, la désarma sans peine, et, se croyant autorisé à la punir de ce commencement d'hostilités [178], il l'embrassa trois ou quatre fois, et voulut l'entraîner vers un petit lit de repos. Doña Fausta était une femme faible et délicate; mais la colère lui donnait des forces, elle résistait à don Juan, tantôt se cramponnant [179] aux meubles, tantôt se défendant des mains, des pieds et des dents. D'abord don Juan [180] avait reçu quelques coups en souriant, mais bientôt la colère fut chez lui aussi forte que l'amour. Il étreignit fortement Fausta [181] sans craindre de froisser sa peau délicate. C'était un lutteur irrité qui voulait à tout prix triompher de son adversaire, prêt à l'étouffer, s'il fallait [182], pour le vaincre. Fausta eut alors recours à la dernière ressource qui lui restait. Jusque-là [183] un sentiment de pudeur féminine l'avait empêchée d'appeler à son aide; mais, se voyant sur le point d'être vaincue, elle fit retentir la maison de ses cris.

Don Juan sentit qu'il ne s'agissait plus pour lui de posséder sa victime, et qu'il devait avant tout songer à sa sûreté. Il voulut repousser Fausta et gagner la porte, mais elle s'attachait à ses habits, et il ne pouvait s'en débarrasser. En même temps se faisait entendre le bruit alarmant de portes qui s'ouvraient [184]; des pas et des voix d'hommes s'approchaient; il n'y avait pas un instant à perdre. Il fit un effort pour rejeter loin de lui doña Fausta; mais elle l'avait saisi par le pourpoint [185] avec tant de force, qu'il tourna sur lui-même avec elle sans avoir gagné autre chose que de changer de position. Fausta était alors du côté de la porte qui s'ouvrait en dedans. Elle continuait ses cris. En même temps [186] la porte s'ouvre [187], un homme tenant une arquebuse à la main paraît à l'entrée. Il laisse échapper une exclamation de surprise, et une détonation suit aussitôt. La lampe s'éteignit, et don Juan sentit que les mains de doña Fausta se desserraient, et que quelque chose de chaud et de liquide coulait sur les siennes. Elle tomba ou plutôt glissa [188] sur le plancher, la balle venait de lui fracasser l'épine du dos; son père l'avait tuée au lieu de son ravisseur*. Don Juan, se sentant libre, s'élança vers l'escalier au milieu de la fumée de l'arquebuse. D'abord il reçut [189] un coup de crosse du père et un coup d'épée d'un laquais qui le suivait. Mais ni l'un ni l'autre ne lui firent [190] beaucoup de mal. Mettant l'épée à la main, il chercha [191] à se frayer un passage et à éteindre le flambeau que portait le laquais [192]. Effrayé de son air résolu, celui-ci se retira [193] en arrière. Pour don Alonso [194] de Ojeda*, homme ardent et intrépide, il se précipita sur don Juan sans hésiter : celui-ci para quelques bottes [195], et sans doute il n'avait d'abord que l'intention de se défendre; mais l'habitude de l'escrime fait qu'une riposte, après une parade, n'est plus qu'un mouvement machinal et presque involontaire. Au bout d'un instant, le père de doña Fausta poussa un grand soupir et tomba mortellement blessé. Don Juan, trouvant le passage libre, s'élança comme un trait sur l'escalier, de là vers la porte, et en un clin d'œil [196] il fut dans la rue sans être poursuivi des domestiques, qui s'empressaient autour de leur maître expirant. Doña Teresa, accourue au bruit du coup d'arquebuse, avait vu cette horrible scène et était tombée évanouie à côté de son père. Elle ne connaissait encore que la moitié de son malheur.

Don Garcia achevait la dernière bouteille de Montilla [197] lorsque don Juan, pâle, couvert de sang, les yeux égarés, son pourpoint déchiré et son rabat sortant d'un demi-pied de ses limites ordinaires, entra précipitamment dans sa chambre et se jeta tout haletant sur un fauteuil sans pouvoir parler. L'autre comprit à l'instant que quelque accident grave venait d'arriver. Il laissa don Juan respirer péniblement deux ou trois fois, puis il lui demanda des détails; en deux mots il fut au fait. Don Garcia, qui ne perdait pas [198] facilement son flegme habituel, écouta [199] sans sourciller le récit entrecoupé que lui fit son ami. Puis, remplissant un verre et le lui présentant : « Buvez, dit-il, vous en avez besoin. C'est une mauvaise affaire, ajouta-t-il après avoir bu lui-même. Tuer un père est grave... Il y a bien des exemples pourtant, à commencer par le Cid. Le pire, c'est que vous n'avez pas cinq cents hommes, tout habillés de blanc*, tous vos cousins, pour vous défendre des archers de Salamanque et des parents du défunt... Occupons-nous d'abord du plus pressé... » Il fit deux ou trois tours dans la chambre comme pour recueillir ses idées.

« Rester à Salamanque, reprit-il, après une semblable esclandre*, ce serait folie. Ce n'est pas un hobereau que don Alonso de Ojeda, et d'ailleurs les domestiques ont dû vous reconnaître. Admettons pour un moment que vous n'ayez pas été reconnu; vous vous êtes acquis maintenant à l'Université une réputation si avantageuse, qu'on ne manquera pas de vous imputer un méfait anonyme. Tenez, croyez-moi, il faut partir, et le plus tôt, c'est le mieux. Vous êtes devenu ici trois fois plus savant qu'il ne sied à un gentilhomme de bonne maison. Laissez là Minerve, et essayez un peu de Mars; cela vous réussira mieux, car vous avez des dispositions. On se bat en Flandre *. Allons tuer des hérétiques [200]; rien n'est plus propre à racheter nos peccadilles en ce monde. Amen! Je finis comme au sermon. »

Le mot de Flandre opéra comme un talisman sur don Juan. Quitter l'Espagne, il croyait que c'était s'échapper à lui-même. Au milieu des fatigues et des dangers de la guerre, il n'aurait pas de loisir pour ses remords! « En Flandre, en Flandre! s'écria-t-il, allons nous faire tuer en Flandre!

— De Salamanque à Bruxelles il y a loin, reprit gravement don Garcia, et dans votre position vous ne pouvez partir trop tôt. Songez que si M. le corrégidor vous attrape, il vous sera bien difficile de faire une campagne ailleurs [201] que sur les galères de Sa Majesté. »

Après s'être concerté quelques instants avec son ami, don Juan [202] se dépouilla promptement de son habit d'étudiant. Il prit une veste de cuir brodé telle qu'en portaient alors les militaires, un grand chapeau rabattu, et n'oublia pas de garnir sa ceinture d'autant de doublons que don Garcia put la charger. Tous ces apprêts ne durèrent que quelques minutes. Il se mit en route à pied, sortit de la ville sans être reconnu, et marcha toute la nuit et toute la matinée suivante, jusqu'à ce que la chaleur du soleil l'obligeât à s'arrêter. A la première ville où il arriva, il s'acheta [203] un cheval, et s'étant joint à une caravane de voyageurs, il parvint sans obstacle à Saragosse. Là il demeura quelques jours sous le nom de don Juan Carrasco [204]. Don Garcia, qui avait quitté Salamanque le lendemain de son départ, prit un autre chemin et le rejoignit [205] à Saragosse. Ils n'y firent pas un long séjour. Après avoir accompli fort à la hâte leurs dévotions à Notre-Dame du pilier *, non sans lorgner les beautés aragonaises [206], pourvus [207] chacun d'un bon domestique, ils se rendirent à Barcelone, où ils s'embarquèrent pour Civita-Vecchia. La fatigue, le mal de mer, la nouveauté des sites et la légèreté naturelle de don Juan, tout se réunissait pour qu'il oubliât vite les horribles scènes qu'il laissait derrière lui. Pendant quelques mois, les plaisirs que les deux amis trouvèrent en Italie leur firent négliger [208] le but principal de leur voyage; mais, les fonds [209] commençant à leur manquer, ils se joignirent à un certain nombre de leurs compatriotes, braves comme eux et légers d'argent, et se mirent en route pour l'Allemagne.

Arrivés à Bruxelles, chacun s'enrôla dans la compagnie du capitaine qui lui plut. Les deux amis voulurent faire leurs premières armes dans celle du capitaine don Manuel Gomare, d'abord parce qu'il était Andalou, ensuite parce qu'il passait pour n'exiger de ses soldats que du courage et des armes bien polies et en bon état, fort accommodant d'ailleurs sur la discipline [210].

Charmé de leur bonne mine, celui-ci [211] les traita bien et selon leurs goûts, c'est-à-dire qu'il les employa dans toutes les occasions périlleuses. La fortune leur fut favorable, et là où beaucoup de leurs camarades trouvèrent la mort, ils ne reçurent pas une blessure et se firent remarquer des généraux. Ils obtinrent chacun une enseigne le même jour. Dès ce moment, se croyant sûrs de l'estime et de l'amitié de leurs chefs, ils avouèrent leurs véritables noms et reprirent leur train de vie ordinaire, c'est-à-dire qu'ils passaient le jour à jouer ou à boire, et la nuit à donner des sérénades aux plus jolies femmes [212] des villes où ils se trouvaient en garnison pendant l'hiver. Ils avaient reçu de leurs parents leur pardon, ce qui les toucha médiocrement, et des lettres de crédit sur des banquiers d'Anvers. Ils en firent bon usage. Jeunes, riches, braves et entreprenants, leurs conquêtes furent nombreuses et rapides. Je ne m'arrêterai pas à les raconter [213] qu'il suffise au lecteur de savoir que, lorsqu'ils voyaient une jolie femme, tous les moyens leur étaient bons pour l'obtenir. Promesses, serments n'étaient qu'un jeu pour ces indignes libertins; et si des frères ou des maris trouvaient à redire à leur conduite, ils avaient pour leur répondre de bonnes épées et des cœurs impitoyables.

La guerre recommença avec le printemps.

Dans une escarmouche qui fut malheureuse pour les Espagnols, le capitaine Gomare fut mortellement blessé. Don Juan, qui le vit tomber, courut à lui [214] et appela quelques soldats pour l'emporter; mais le brave capitaine, rassemblant ce qui lui restait de forces, lui dit : « Laissez-moi mourir ici, je sens que c'est fait de moi [215]. Autant vaut mourir ici qu'une demi-lieue plus loin. Gardez vos soldats; ils vont être assez occupés, car je vois les Hollandais qui s'avancent en force. — Enfants, ajoutait-il [216] en s'adressant aux soldats qui s'empressaient autour de lui, serrez-vous autour de vos enseignes et ne vous inquiétez pas de moi. »

Don Garcia survint en ce moment [217], et lui demanda s'il n'avait pas quelque dernière volonté qui pût être exécutée après sa mort.

« Que diable voulez-vous que je veuille dans un moment comme celui-ci?... » Il parut se recueillir quelques instants. « Je n'ai jamais beaucoup songé à la mort, reprit-il, et je ne la croyais pas si prochaine... Je ne serais pas fâché d'avoir auprès de moi quelque prêtre... Mais tous nos moines sont aux bagages... Il est dur pourtant de mourir sans confession!

— Voici mon livre d'heures, dit don Garcia en lui présentant un flacon de vin. Prenez courage*. »

Les yeux du vieux soldat devenaient de plus en plus troubles. La plaisanterie de don Garcia ne fut pas remarquée par lui, mais les vieux soldats qui l'entouraient en furent scandalisés.

« Don Juan, dit le moribond, approchez, mon enfant. Venez [218], je vous fais mon héritier. Prenez cette bourse, elle contient tout ce que je possède; il vaut mieux qu'elle soit à vous qu'à ces excommuniés. La seule chose que je vous demande, c'est de faire dire quelques messes pour le repos de mon âme. »

Don Juan promit en lui serrant la main, tandis que don Garcia lui faisait observer tout bas quelle différence il y avait entre les opinions d'un homme faible quand il meurt et celles qu'il professe assis devant une table couverte de bouteilles. Quelques balles venant à siffler à leurs oreilles leur annoncèrent l'approche des Hollandais. Les soldats reprirent leurs rangs. Chacun dit adieu à la hâte au capitaine Gomare, et on ne s'occupa plus que de faire retraite en bon ordre. Cela était assez difficile avec un ennemi nombreux, un chemin défoncé par les pluies [219], et des soldats fatigués d'une longue marche. Pourtant les Hollandais ne purent les entamer, et abandonnèrent la poursuite à la nuit sans avoir pris un drapeau ou fait un seul prisonnier qui ne fût blessé.

Le soir, les deux amis, assis dans une tente [220] avec quelques officiers, devisaient de l'affaire à laquelle ils venaient d'assister. On blâma les dispositions [221] du commandant du jour, et l'on trouva après coup tout ce qu'il aurait fallu faire. Puis on en vint à parler des morts et des blessés.

« Pour le capitaine Gomare, dit don Juan, je le regretterai longtemps. C'était un brave officier, bon camarade, un véritable père pour ses soldats.

— Oui, dit don Garcia; mais je vous avouerai que jamais je n'ai été si surpris que lorsque je l'ai vu tant en peine pour n'avoir pas une robe noire à ses côtés.

Cela ne prouve qu'une chose, c'est qu'il est plus facile d'être brave en paroles qu'en actions. Tel se moque d'un danger éloigné qui pâlit quand il s'approche. A propos, don Juan, puisque vous êtes son héritier, dites-nous ce qu'il y a dans la bourse qu'il vous a laissée? » Don Juan l'ouvrit alors pour la première fois, et vit qu'elle contenait environ soixante pièces d'or.

« Puisque nous sommes en fonds, dit don Garcia, habitué à regarder la bourse de son ami comme la sienne, pourquoi ne ferions-nous pas une partie de pharaon * au lieu de pleurnicher ainsi en pensant à nos amis morts? »

La proposition fut goûtée de tous; on apporta quelques tambours que l'on couvrit d'un manteau. Ils servirent de table de jeu. Don Juan joua le premier, conseillé par don Garcia; mais avant de ponter il tira de sa bourse dix pièces d'or qu'il enveloppa dans son mouchoir et qu'il mit dans sa poche.

« Que diable voulez-vous en faire? s'écria don Garcia. Un soldat thésauriser! et la veille d'une affaire!

— Vous savez, don Garcia, que tout cet argent n'est pas à moi. Don Manuel m'a fait un legs *sub pœnæ nomine**, comme nous disions à Salamanque.

— La peste soit du fat! s'écria don Garcia. Je crois, le diable m'emporte, qu'il a l'intention de donner ces dix écus au premier curé que nous rencontrerons.

— Pourquoi pas? Je l'ai promis.

— Taisez-vous; par la barbe de Mahomet! vous me faites honte, et je ne vous reconnais pas. »

Le jeu commença; les chances furent d'abord variées; bientôt elles tournèrent décidément contre don Juan. En vain, pour rompre la veine, don Garcia prit les cartes; au bout d'une heure, tout l'argent qu'ils possédaient, et de plus les cinquante écus [222] du capitaine Gomare, étaient passés dans les mains du banquier. Don Juan voulait aller dormir; mais don Garcia était échauffé, il prétendit avoir sa revanche et regagner ce qu'il avait perdu.

« Allons, monsieur Prudent, dit-il, voyons ces derniers écus que vous avez si bien serrés. Je suis sûr qu'ils nous [223] porteront bonheur.

— Songez, don Garcia, que j'ai promis !...

— Allons, allons, enfant que vous êtes ! il s'agit bien de messes à présent. Le capitaine, s'il était ici, aurait plutôt pillé une église que de laisser passer une carte sans ponter.

— Voilà cinq écus, dit don Juan. Ne les exposez pas d'un seul coup.

— Point de faiblesse ! » dit don Garcia. Et il mit les cinq écus sur un roi. Il gagna, fit paroli, mais perdit le second coup. « Voyons les cinq derniers ! » s'écria-t-il pâlissant de colère. Don Juan fit quelques objections facilement surmontées [224]; il céda et donna quatre écus qui aussitôt suivirent les premiers [225]. Don Garcia, jetant [226] les cartes au nez du banquier, se leva furieux. Il dit à don Juan : « Vous avez toujours été heureux, vous, et j'ai entendu dire qu'un dernier écu a un grand pouvoir pour conjurer le sort. »

Don Juan était pour le moins aussi furieux que lui. Il ne pensa plus aux messes ni à son serment. Il mit sur un as [227] le seul écu restant, et le perdit aussitôt.

« Au diable l'âme du capitaine Gomare ! s'écria-t-il. Je crois que son argent était ensorcelé !... »

Le banquier leur demanda s'ils voulaient jouer encore; mais, comme ils n'avaient plus d'argent et qu'on fait difficilement crédit à des gens qui s'exposent tous les jours à se faire casser la tête, force leur fut de quitter le jeu et de chercher à se consoler avec les buveurs. L'âme du pauvre capitaine fut tout à fait oubliée.

Quelques jours après [228], les Espagnols, ayant reçu des renforts, reprirent l'offensive et marchèrent en avant. Ils traversèrent les lieux où l'on s'était battu. Les morts n'étaient pas encore enterrés. Don Garcia et don Juan pressaient leurs chevaux [229] pour échapper à ces cadavres qui choquaient à la fois la vue et l'odorat, lorsqu'un soldat qui les précédait fit un grand cri à la vue d'un corps gisant dans un fossé. Ils s'approchèrent et reconnurent le capitaine Gomare. Il était pourtant presque défiguré. Ses traits déformés [230] et roidis [231] dans d'horribles convulsions prouvaient que ses [232] derniers moments avaient été accompagnés de douleurs atroces. Bien que déjà familiarisé avec de tels spectacles [233], don Juan ne put s'empêcher de frémir en voyant ce cadavre, dont les yeux ternes et remplis de sang caillé semblaient dirigés [234] vers lui d'un air [235] de menace. Il se rappela les dernières recommandations du pauvre capitaine, et comment il avait négligé de les exécuter. Pourtant [236], la dureté factice dont il était parvenu à remplir son cœur le délivra bientôt de ces remords; il fit promptement creuser une fosse pour ensevelir le capitaine. Par hasard, un capucin se trouvait là, qui récita quelques prières à la hâte [237]. Le cadavre, aspergé d'eau bénite, fut recouvert de pierres et de terre, et les soldats poursuivirent leur route plus silencieux que de coutume : mais don Juan remarqua un vieil arquebusier qui, après avoir longtemps fouillé dans ses poches, y trouva enfin un écu, qu'il donna au capucin en lui disant : « Voilà pour dire des messes au capitaine Gomare. » Ce jour-là, don Juan donna des preuves d'une bravoure extraordinaire, et s'exposa au feu de l'ennemi avec si peu de ménagement qu'on eût dit qu'il voulait se faire tuer. « On est brave quand on n'a plus le sou, » disaient ses camarades [238].

Peu de temps après la mort du capitaine Gomare, un jeune soldat fut admis comme recrue dans la compagnie où servaient don Juan et don Garcia; il paraissait décidé et intrépide, mais d'un caractère sournois et mystérieux. Jamais on ne le voyait boire ni jouer avec ses camarades; il passait des heures entières assis sur un banc dans le corps de garde, occupé à regarder voler les mouches, ou bien à faire jouer la détente de son arquebuse. Les soldats, qui le raillaient de sa réserve, lui avaient donné le sobriquet de *Modesto*. C'était sous ce nom qu'il était connu dans la compagnie, et ses chefs mêmes ne lui en donnaient pas d'autre.

La campagne finit par le siège de Berg-op-Zoom *, qui fut, comme on le sait, un des plus meurtriers de cette guerre, les assiégés s'étant défendus avec le dernier acharnement. Une nuit les deux amis se trouvaient ensemble de service à la tranchée, alors tellement rapprochée [239] des murailles de la place que le poste était des plus dangereux. Les sorties des assiégés étaient fréquentes, et leur feu vif et bien dirigé.

La première partie de la nuit se passa en alertes continuelles; ensuite assiégés et assiégeants parurent céder également à la fatigue. De part et d'autre on cessa de tirer, et un profond silence s'établit dans toute la plaine, ou s'il était interrompu, ce n'était que par de rares décharges, qui n'avaient d'autre but que de prouver que si on avait cessé de combattre on continuait néanmoins à faire bonne garde. Il était environ quatre heures du matin; c'est le moment où l'homme qui a veillé éprouve une sensation de froid pénible, accompagnée d'une espèce d'accablement moral, produit par la lassitude physique et l'envie de dormir. Il n'est aucun militaire [240] de bonne foi qui ne convienne qu'en de pareilles dispositions d'esprit et de corps il s'est senti capable de faiblesses dont il a rougi après le lever du soleil.

« Morbleu ! s'écria don Garcia en piétinant pour se réchauffer, et serrant son manteau autour de son corps, je sens ma moelle se figer dans mes os; je crois qu'un enfant hollandais me battrait avec une cruche à bière pour toute arme. En vérité, je ne me reconnais plus. Voilà une arquebusade qui vient de me faire tressaillir. Ma foi ! si j'était dévot, il ne tiendrait qu'à moi de prendre l'étrange état où je me trouve pour un avertissement d'en haut *. »

Tous ceux qui étaient présents, et don Juan surtout, furent extrêmement surpris de l'entendre parler du ciel, car il ne s'en occupait guère; ou s'il en parlait, c'était pour s'en moquer. S'apercevant [241] que plusieurs souriaient à ces paroles [242], ranimé par un sentiment de vanité, il s'écria:

« Que personne, au moins, n'aille s'aviser de croire que j'ai peur des Hollandais, de Dieu ou du diable, car nous aurions à la garde montante nos comptes à régler ensemble !

— Passe pour les Hollandais, mais pour Dieu et l'Autre, il est bien permis de les craindre, dit un vieux capitaine à moustaches grises, qui portait un chapelet suspendu à côté de son épée.

— Quel mal peuvent-ils me faire? demanda-t-il; le tonnerre ne porte pas aussi juste qu'une arquebuse protestante.

— Et votre âme? dit le vieux capitaine en se signant à cet horrible blasphème.

— Ah! pour mon âme... il faudrait, avant tout, que je fusse bien sûr d'en avoir une. Qui m'a jamais dit que j'eusse une âme? Les prêtres. Or l'invention de l'âme leur rapporte de si beaux revenus *, qu'il n'est pas douteux qu'ils n'en soient les auteurs, de même que les pâtissiers ont inventé les tartes pour les vendre.

— Don Garcia, vous finirez mal, dit le vieux capitaine. Ces propos-là ne doivent pas se tenir à la tranchée.

— A la tranchée comme ailleurs, je dis ce que je pense. Mais je me tais, car voici mon camarade don Juan dont le chapeau va tomber, tant ses cheveux se dressent sur sa tête. Lui ne croit pas seulement à l'âme; il croit encore aux âmes du purgatoire.

— Je ne suis point un esprit fort, dit don Juan en riant [243], et j'envie parfois votre sublime indifférence pour les choses de l'autre monde; car, je vous l'avouerai, dussiez-vous vous moquer de moi, il y a des instants où ce que l'on raconte des damnés me donne des rêveries désagréables.

— La meilleure preuve du peu de pouvoir du diable, c'est que vous êtes aujourd'hui debout dans cette tranchée. Sur ma parole, messieurs, ajouta don Garcia en frappant sur l'épaule de don Juan, s'il y avait un diable, il aurait déjà emporté ce garçon-là. Tout jeune qu'il est, je vous le donne pour un véritable excommunié. Il a mis plus de femmes à mal et plus d'hommes en bière que deux cordeliers et deux braves * de Valence n'auraient pu faire. »

Il parlait encore quand un coup d'arquebuse partit du côté de la tranchée qui touchait au camp [244] espagnol. Don Garcia porta la main sur sa poitrine, et s'écria : « Je suis blessé ! » Il chancela, et tomba presque aussitôt. En même temps on vit un homme prendre la fuite, mais l'obscurité le déroba bientôt à ceux qui le poursuivaient.

La blessure de don Garcia parut mortelle. Le coup avait été tiré de très près, et l'arme était chargée de plusieurs balles. Mais la fermeté de ce libertin endurci ne se démentit pas un instant. Il renvoya bien loin ceux qui lui parlaient de se confesser. Il disait à don Juan : « Une seule chose me fâche après ma mort, c'est que les capucins vous persuaderont que c'est un jugement de Dieu contre moi. Convenez avec moi qu'il n'y a rien de plus naturel qu'une arquebusade tue [245] un soldat. Ils disent que le coup a été tiré de notre côté : c'est sans doute quelque jaloux rancunier [246] qui m'a fait assassiner [247]. Faites-le pendre haut et court, si vous l'attrapez. Écoutez, don Juan, j'ai deux maîtresses à Anvers, trois à Bruxelles, et d'autres ailleurs que je ne me rappelle guère... ma mémoire se trouble... Je vous les lègue... faute de mieux... Prenez encore mon épée... et surtout n'oubliez pas la botte que je vous ai apprise... Adieu.., et, au lieu de messes, que mes camarades se réunissent dans une glorieuse orgie après mon enterrement. »

Telles furent à peu près ses dernières paroles. De Dieu, de l'autre monde, il se s'en soucia pas plus qu'il ne l'avait fait étant plein de vie et de force. Il mourut le sourire sur les lèvres, la vanité lui donnant la force de soutenir jusqu'au bout le rôle détestable qu'il avait si longtemps joué. Modesto ne reparut plus. Toute l'armée fut persuadée qu'il était l'assassin de don Garcia; mais on se perdait en vaines conjectures sur les motifs qui l'avaient poussé à ce meurtre [248].

Don Juan regretta don Garcia plus qu'il n'aurait fait son frère. Il se disait, l'insensé! qu'il lui devait tout. C'était lui qui l'avait initié aux mystères de la vie, qui avait détaché de ses yeux l'écaille épaisse qui les couvrait. Qu'étais-je avant de le connaître? se demandait-il, et son amour-propre lui disait qu'il était devenu un être supérieur aux autres hommes. Enfin tout le mal qu'en réalité lui avait fait la connaissance de cet athée, il le changeait en bien, et il en était [249] aussi reconnaissant qu'un disciple doit l'être à l'égard de son maître*.

Les tristes impressions que lui laissa cette mort si soudaine demeurèrent assez longtemps dans son esprit pour l'obliger à changer pendant plusieurs mois son genre de vie. Mais à peu peu il revint à ses anciennes habitudes, maintenant [250] trop enracinées en lui pour qu'un accident pût les changer [251]. Il se remit à jouer, à boire, à courtiser les femmes et à se battre avec les maris. Tous les jours il avait de nouvelles aventures. Aujourd'hui montant à une brèche [252], le lendemain escaladant un balcon; le matin ferraillant avec un mari, le soir buvant avec des courtisanes.

Au milieu de ses débauches [253] il apprit que son père venait de mourir; sa mère ne lui avait survécu que de quelques jours*, en sorte qu'il reçut les deux nouvelles à la fois. Les hommes d'affaires, d'accord avec son propre goût, lui conseillaient de retourner en Espagne et de prendre possession du majorat et des grands biens dont il venait d'hériter. Depuis longtemps il avait obtenu [254] sa grâce pour la mort de don Alonso de Ojeda [255], le père de doña Fausta, et il regardait cette affaire comme entièrement terminée. D'ailleurs, il avait envie de s'exercer sur un plus grand théâtre. Il pensait aux délices de Séville et aux nombreuses beautés qui n'attendaient, sans doute, que son arrivée pour se rendre à discrétion. Quittant donc la cuirasse, il partit pour l'Espagne. Il séjourna quelque temps à Madrid; se fit remarquer dans une course de taureaux par la richesse de son costume et son adresse à piquer*;

il y fit quelques conquêtes, mais ne s'y arrêta [256] pas longtemps. Arrivé à Séville, il éblouit petits et grands par son faste et sa magnificence. Tous les jours il donnait des fêtes nouvelles où il invitait les plus belles dames de l'Andalousie. Tous les jours nouveaux plaisirs, nouvelles orgies dans son magnifique palais [257]. Il était devenu le roi d'une foule de libertins qui, désordonnés et indisciplinables avec tout le monde, lui obéissaient avec cette docilité qui se trouve trop souvent dans les associations des méchants. Enfin il n'y avait pas de débauche dans laquelle il ne se plongeât, et comme un riche vicieux n'est pas seulement dangereux pour lui-même, son exemple pervertissait la jeunesse andalouse, qui l'élevait aux nues et le prenait pour modèle. Nul doute que, si la Providence eût souffert plus longtemps son libertinage, il n'eût fallu une pluie de feu* pour faire justice des désordres et des crimes de Séville. Une maladie, qui retint don Juan dans son lit pendant quelques jours, ne lui inspira pas de retour sur lui-même; au contraire, il ne demandait à son médecin de lui rendre la santé qu'afin de courir à de nouveaux excès.

Pendant sa convalescence, il s'amusa à dresser une liste de toutes les femmes qu'il avait séduites* et de tous les maris qu'il avait trompés. La liste était divisée méthodiquement [258] en deux colonnes. Dans l'une étaient les noms des femmes et leur signalement sommaire; à côté, le nom de leurs maris et leur profession. Il eut beaucoup de peine à retrouver dans sa mémoire les noms de toutes ces malheureuses, et il est à croire que ce catalogue était loin d'être complet. Un jour, il le montra [259] à un de ses amis qui était venu lui rendre visite; et comme en Italie il avait eu les faveurs d'une femme qui osait se vanter d'avoir été la maîtresse d'un pape, la liste commençait par son nom, et celui du pape figurait dans la liste des maris. Venait ensuite un prince régnant, puis des ducs, des marquis, enfin jusqu'à des artisans.

« Vois, mon cher, dit-il à son ami; vois, nul n'a

pu m'échapper, depuis le pape jusqu'au cordonnier : il n'y a pas une classe qui ne m'ait fourni sa quote-part. »

Don Torribio, c'était le nom de cet ami, examina le catalogue*, et le lui rendit en disant d'un ton de triomphe : « Il n'est pas complet !

— Comment ! pas complet ? Qui manque donc à ma liste de maris ?

— DIEU, répondit don Torribio.

— Dieu ? c'est vrai, il n'y a pas de religieuse. Morbleu ! je te remercie de m'avoir averti. Eh bien ! je te jure ma foi de gentilhomme qu'avant qu'il soit un mois il sera sur ma liste, avant monseigneur le pape [260], et que je te ferai souper ici avec une religieuse. Dans quel couvent de Séville y a-t-il de jolies nonnes ? »

Quelques jours après, don Juan était en campagne. Il se mit à fréquenter les églises des couvents de femmes, s'agenouillant [261] fort près des grilles qui séparent les épouses du Seigneur du reste des fidèles [262]. Là il jetait ses regards effrontés sur ces vierges timides, comme un loup entré dans une bergerie cherche la brebis la plus grasse pour l'immoler la première. Il eut bientôt remarqué, dans l'église de Notre-Dame du rosaire, une jeune religieuse d'une beauté ravissante, que relevait encore un air de mélancolie répandu sur tous ses traits. Jamais elle ne levait les yeux, ni ne les tournait à droite ou à gauche ; elle paraissait entièrement absorbée par le divin mystère qu'on célébrait devant elle. Ses lèvres remuaient doucement, et il était facile de voir qu'elle priait avec plus de ferveur et d'onction que toutes ses compagnes. Sa vue rappela à don Juan d'anciens souvenirs. Il lui sembla qu'il avait vu cette femme ailleurs, mais il lui était impossible de se rappeler en quel temps et en quel lieu [263]. Tant de portraits étaient plus ou moins bien gravés dans sa mémoire, qu'il lui était impossible de ne pas faire de confusion. Deux jours de suite il revint dans l'église, se plaçant toujours près de la grille [264], sans pouvoir parvenir à faire lever les yeux à la sœur Agathe. Il avait appris [265] que tel était son nom.

La difficulté de triompher d'une personne si bien gardée par sa position et sa modestie ne servait qu'à irriter les désirs de don Juan. Le point le plus important, et aussi le plus difficile [266], c'était d'être remarqué. Sa vanité lui persuadait que s'il pouvait seulement attirer l'attention de la sœur Agathe, la victoire était plus qu'à demi gagnée. Voici l'expédient dont il s'avisa pour obliger cette belle personne à lever les yeux [267]. Il se plaça aussi près d'elle qu'il lui fut possible, et, profitant du moment de l'élévation, où tout le monde se prosterne [268], il passa la main entre les barreaux de la grille et répandit devant la sœur Agathe le contenu d'une fiole d'essence qu'il avait apportée. L'odeur pénétrante qui se développa subitement obligea la jeune religieuse à lever la tête; et comme don Juan était placé précisément en face d'elle, elle ne put manquer de l'apercevoir. D'abord un vif étonnement se peignit sur tous ses traits, puis elle devint d'une pâleur mortelle; elle poussa un faible cri et tomba évanouie sur les dalles. Ses compagnes s'empressèrent autour d'elle et l'emportèrent dans sa cellule. Don Juan, en se retirant très content de lui-même, se disait : Cette religieuse est vraiment charmante; mais plus je la vois, plus il me semble qu'elle doit figurer déjà dans mon catalogue [269] !

Le lendemain, il fut exact à se trouver auprès de la grille à l'heure de la messe. Mais la sœur Agathe n'était pas à sa place ordinaire, sur le premier rang des religieuses; elle était, au contraire, presque cachée derrière ses compagnes. Néanmoins, don Juan remarqua qu'elle regardait [270] souvent à la dérobée. Il en tira un augure favorable pour sa passion. La petite me craint, pensait-il... elle [271] s'apprivoisera bientôt. La messe finie, il observa qu'elle entrait dans un confessionnal; mais, pour y arriver, elle passa près de la grille, et laissa tomber son chapelet comme par mégarde. Don Juan avait trop d'expérience pour se laisser prendre à cette prétendue distraction. D'abord il pensa [272] qu'il était important pour lui d'avoir ce chapelet; mais il était de l'autre côté de la grille, et il sentit que pour le ramasser il fallait attendre que tout le monde fût sorti de l'église. Pour attendre ce moment, il s'adossa contre un pilier, dans une attitude méditative, une main placée sur ses yeux, mais les doigts légèrement écartés, en sorte qu'il ne perdait rien des mouvements de la sœur Agathe. Quiconque l'eût vu dans cette posture l'eût pris pour un bon chrétien absorbé dans une pieuse rêverie.

La religieuse sortit du confessionnal et fit quelques pas pour rentrer dans l'intérieur du couvent; mais elle s'aperçut bientôt ou plutôt elle feignit de s'apercevoir que son chapelet lui manquait. Elle jeta les yeux de tous côtés, et vit qu'il était près de la grille [273]. Elle revint et se baissa pour le ramasser. Dans le moment même [274], don Juan observa quelque chose de blanc qui passait sous la grille. C'était un très petit papier plié en quatre. Aussitôt la religieuse se retira.

Le libertin, surpris de réussir plus vite qu'il ne s'y était attendu, éprouva une espèce de regret de ne pas rencontrer plus d'obstacles. Tel est à peu près le regret d'un chasseur qui poursuit un cerf, comptant sur une longue et pénible course : tout à coup l'animal tombe, à peine lancé, enlevant ainsi au chasseur le plaisir et le mérite qu'il s'était promis de la poursuite. Toutefois il ramassa promptement le billet, et sortit de l'église pour le lire à son aise. Voici ce qu'il contenait :

« C'est vous, don Juan! Est-il donc vrai que vous ne m'ayez [275] point oubliée? J'étais bien malheureuse, mais je commençais à m'habituer à mon sort. Je vais être maintenant cent fois [276] plus malheureuse. Je devrais vous haïr...; vous avez versé le sang de mon père...; mais je ne puis vous haïr ni vous oublier. Ayez pitié de moi. Ne revenez plus dans cette église; vous me faites trop de mal. Adieu, adieu, je suis morte au monde.

TERESA [277]. »

« Ah! c'est la Teresita! se dit don Juan. Je savais bien que je l'avais vue quelque part. » Puis il relut encore le billet. « Je devrais vous haïr. » C'est-à-dire je vous adore. « Vous avez versé le sang de mon père !... » Chimène en disait autant à Rodrigue... « Ne revenez plus dans cette église. » C'est-à-dire je vous attends demain. Fort bien ! elle est à moi. » Il alla dîner là-dessus.

Le lendemain, il fut ponctuel à se trouver à l'église avec une lettre toute prête dans sa poche ; mais sa surprise fut grande de ne pas voir paraître la sœur Agathe. Jamais messe ne lui sembla plus longue. Il était furieux. Après avoir maudit cent fois les scrupules de Teresa, il alla se promener sur les bords du Guadalquivir, pour chercher quelque expédient, et voici celui auquel il s'arrêta.

Le couvent de Notre-Dame du rosaire était renommé parmi ceux de Séville [278] pour les excellentes confitures que les sœurs y préparaient. Il alla au parloir, demanda la tourière, et se fit donner la liste de toutes les confitures qu'elle avait à vendre. « N'auriez-vous pas des citrons à la Maraña ? » demanda-t-il de l'air le plus naturel du monde.

« Des citrons à la Maraña, seigneur cavalier ? Voici la première fois que j'entends parler de ces confitures-là.

— Rien n'est plus à la mode pourtant, et je m'étonne que dans une maison comme la vôtre on n'en fasse pas beaucoup.

— Citrons à la Maraña ?

— A la Maraña, répéta don Juan en pesant sur chaque syllabe. Il est impossible que quelqu'une de vos religieuses ne sache pas la recette pour les faire. Demandez, je vous prie, à ces dames si elles ne connaissent pas ces confitures-là. Demain je repasserai. »

Quelques minutes après il n'était question dans tout le couvent que des citrons à la Maraña. Les meilleures confiseuses n'en avaient jamais entendu parler. La sœur Agathe seule savait le procédé. Il fallait ajouter de l'eau de rose, des violettes, etc., à des citrons ordinaires, puis... Elle se chargeait [279] de tout. Don Juan, lorsqu'il revint, trouva un pot de citrons à la Maraña ; c'était, à la vérité, un mélange abominable au goût; mais, sous l'enveloppe du pot, se trouvait un billet de la main de Teresa. C'était de nouvelles prières de renoncer à elle et de l'oublier. La pauvre fille cherchait à se tromper elle-même. La religion, la piété filiale et l'amour se disputaient le cœur de cette infortunée; mais il était aisé de s'apercevoir que l'amour était le plus puissant. Le lendemain [280], don Juan envoya un de ses pages au couvent avec une caisse contenant des citrons qu'il voulait faire confire, et qu'il recommandait particulièrement à la religieuse qui avait préparé les confitures achetées la veille. Au fond de la caisse était adroitement cachée une réponse aux lettres de Teresa. Il lui disait : « J'ai été bien malheureux. C'est une fatalité qui a conduit mon bras. Depuis cette nuit funeste je n'ai cessé de penser à toi. Je n'osais espérer que tu ne me haïrais pas. Enfin je t'ai retrouvée. Cesse de me parler des serments que tu as prononcés. Avant de t'engager au pied des autels, tu m'appartenais. Tu n'as pu disposer de ton cœur qui était à moi... Je viens réclamer un bien que je préfère à la vie. Je périrai ou tu me seras rendue. Demain j'irai te demander au parloir. Je n'ai pas osé m'y présenter avant de t'avoir prévenue. J'ai craint que ton trouble ne nous trahît. Arme-toi de courage. Dis-moi si la tourière peut être gagnée. » Deux gouttes d'eau adroitement jetées sur le papier figuraient des larmes répandues en écrivant.

Quelques heures après, le jardinier du couvent lui apporta une réponse et lui fit offre de ses services. La tourière était incorruptible; la sœur Agathe consentait à descendre au parloir, mais à condition que ce serait pour dire et recevoir un adieu éternel.

La malheureuse Teresa parut au parloir plus morte que vive. Il fallut qu'elle tînt la grille à deux mains pour se soutenir. Don Juan, calme et impassible, savourait avec délices le trouble où il la jetait. D'abord, et pour donner le change à la tourière, il parla d'un air dégagé des amis que Teresa avait laissés à Salamanque, et qui l'avaient chargé de lui porter leurs compliments. Puis, profitant d'un moment où la tourière s'était éloignée, il dit très bas et très vite à Teresa :

« Je suis résolu à tout tenter pour te tirer d'ici. S'il faut mettre le feu au couvent, je le brûlerai. Je ne veux rien entendre. Tu m'appartiens. Dans quelques jours tu seras à moi, ou je périrai; mais bien d'autres périront avec moi. »

La tourière se rapprocha [281]. Doña Teresa suffoquait et ne pouvait articuler un mot. Don Juan cependant, d'un ton d'indifférence, parlait de confitures [282], des travaux d'aiguille qui occupaient les religieuses, promettait à la tourière de lui envoyer des chapelets bénits à Rome, et de donner [283] une robe de brocart pour habiller la sainte patronne de la communauté [284] le jour de sa fête. Après une demi-heure de semblable conversation, il salua Teresa d'un air respectueux et grave la laissant [285] dans un état d'agitation et de désespoir impossible à décrire. Elle courut s'enfermer dans sa cellule, et sa main, plus obéissante que sa langue, traça une longue lettre de reproches, de prières et de lamentations. Mais elle ne pouvait s'empêcher d'avouer son amour, et elle s'excusait de cette faute par la pensée qu'elle l'expiait bien en refusant de se rendre aux prières de son amant. Le jardinier, qui se chargeait de cette correspondance criminelle, apporta bientôt une réponse. Don Juan menaçait toujours de se porter aux dernières extrémités. Il avait cent braves* à son service. Le sacrilège ne l'effrayait pas. Il serait heureux de mourir, pourvu qu'il eût serré encore une fois son amie entre ses bras. Que pouvait faire cette faible enfant habituée à céder à un homme qu'elle adorait? Elle passait les nuits à pleurer, et le jour elle ne pouvait prier, l'image de don Juan la suivait partout; et même, quand elle accompagnait ses compagnes dans leurs exercices de piété, son corps faisait machinalement les gestes d'une personne qui prie, mais son cœur était tout entier à sa funeste passion.

Au bout de quelques jours elle n'eut plus la force de résister. Elle annonça à don Juan qu'elle était prête à tout. Elle se voyait perdue de toute manière, et elle s'était dit que, mourir [286] pour mourir, il valait mieux avoir auparavant un instant de bonheur. Don Juan, au comble de la joie, prépara tout pour l'enlever. Il choisit une nuit sans lune. Le jardinier porta à Teresa une échelle de soie qui devait lui servir à franchir les murs du couvent. Un paquet contenant un costume de ville [287] serait caché dans un endroit convenu du jardin, car il ne fallait pas songer à sortir dans la rue avec des vêtements de religieuse. Don Juan l'attendrait au pied du mur. A quelque distance, une litière attelée de mules vigoureuses serait préparée [288] pour la mener [289] rapidement dans une maison de campagne. Là elle serait soustraite à toutes les poursuites, elle vivrait tranquille et heureuse avec son amant. Tel était le plan que don Juan traça lui-même. Il fit faire des habits convenables, essaya l'échelle de corde [290], joignit une instruction sur la manière de l'attacher; enfin il ne négligea rien de ce qui pouvait assurer le succès de son entreprise. Le jardinier était sûr, et il avait trop à gagner à être fidèle pour qu'on pût douter de lui. Au surplus, des mesures étaient prises pour qu'il fût assassiné la nuit d'après l'enlèvement. Enfin il semblait que cette trame était si habilement ourdie que rien ne pût la rompre [291].

Afin d'éviter [292] les soupçons, don Juan partit pour le château de Maraña [293] deux jours avant celui qu'il avait fixé pour l'enlèvement. C'était dans ce château qu'il avait passé la plus grande partie de son enfance; mais depuis son retour à Séville il n'y était pas entré. Il y arriva à la nuit tombante, et son premier soin fut de bien souper. Ensuite il se fit déshabiller et se mit au lit. Il avait fait allumer dans sa chambre deux grands flambeaux de cire, et sur la table [294] était un livre de contes libertins. Après avoir lu quelques pages, se [295] sentant sur le point de s'endormir, il ferma le livre et éteignit un des flambeaux. Avant d'éteindre le second, il promena avec distraction ses regards par toute la chambre, et tout d'un coup il avisa dans son alcôve le tableau qui représentait les tourments du purgatoire, tableau qu'il avait si souvent considéré dans son enfance. Involontairement ses yeux se reportèrent sur l'homme dont un serpent dévorait les entrailles, et, bien que cette représentation lui inspirât alors encore plus d'horreur qu'autrefois, ils ne pouvaient [296] s'en détacher. En même temps il se rappela la figure du capitaine Gomare et les effroyables contorsions que la mort avait gravées sur ses traits. Cette idée le fit tressaillir, et il sentit ses cheveux se hérisser sur sa tête. Cependant, rappelant son courage, il éteignit la dernière bougie, espérant que l'obscurité le délivrerait des images hideuses qui le persécutaient. L'obscurité augmenta encore sa terreur. Ses yeux se dirigeaient toujours vers le tableau qu'il ne pouvait voir; mais il lui était tellement familier qu'il se peignait à son imagination aussi nettement que s'il eût été grand jour. Parfois même il lui semblait que les figures s'éclairaient et devenaient lumineuses, comme si le feu du purgatoire, que l'artiste avait peint [297] eût été une flamme réelle. Enfin son agitation fut si grande qu'il appela à grands cris ses domestiques pour faire enlever le tableau qui lui causait tant de frayeur. Eux entrés dans sa chambre, il eut honte de sa faiblesse. Il pensa que ses gens se moqueraient de lui s'ils venaient à savoir qu'il avait peur d'une peinture. Il se contenta de dire, du son [298] de voix le plus naturel qu'il put prendre, que l'on rallumât les bougies et qu'on le laissât seul. Puis il se remit alors [299] à lire; mais ses yeux seuls parcouraient le livre, et, son esprit était au tableau. En proie à une agitation indicible, il passa ainsi une nuit sans sommeil [300].

Aussitôt que le jour parut il se leva à la hâte et sortit pour aller chasser. L'exercice et l'air frais du matin le calmèrent peu à peu, et les impressions excitées par la vue du tableau avaient disparu lorsqu'il rentra dans son château. Il se mit à table et but beaucoup. Déjà il était un peu étourdi [301] lorsqu'il alla se coucher. Par son ordre un lit lui avait été préparé dans une autre chambre, et l'on pense bien qu'il n'eut garde d'y faire porter le tableau; mais il en avait gardé le souvenir, qui fut [302] assez puissant pour le tenir encore éveillé pendant une partie de la nuit.

Au reste, ces terreurs ne lui inspirèrent pas le repentir de [303] sa vie passée. Il s'occupait toujours de l'enlèvement qu'il avait projeté; et, après avoir donné tous les ordres nécessaires à ses domestiques, il partit seul pour Séville par la grande chaleur du jour afin de n'y arriver qu'à la nuit. Effectivement il était nuit noire quand il passa près de la tour del Lloro*, où un de ses domestiques l'attendait. Il lui remit son cheval, s'informa si la litière et les mules étaient prêtes. Suivant ses ordres, elles devaient l'attendre [304] dans une rue assez voisine du couvent pour qu'il pût s'y rendre promptement à pied avec Teresa, et cependant pas assez près pour exciter les soupçons de la ronde, si elle venait à les rencontrer. Tout était prêt, ses instructions avaient été exécutées à la lettre. Il vit qu'il avait encore une heure à attendre avant de pouvoir donner le signal convenu à Teresa. Son domestique lui jeta un grand manteau brun sur les épaules, et il entra seul dans Séville par la porte de Triana*, se cachant la figure de manière à n'être pas reconnu. La chaleur et la fatigue le forcèrent de s'asseoir sur un banc dans une rue déserte. Là il se mit à siffler et à fredonner les airs qui lui revinrent à la mémoire. De temps en temps il consultait sa montre et voyait avec chagrin que l'aiguille n'avançait pas au gré de son impatience... Tout à coup une musique lugubre et solennelle vint frapper son oreille. Il distingua d'abord [305] les chants que l'Église a consacrés aux enterrements. Bientôt une procession tourna le coin de la rue et s'avança vers lui. Deux longues files de pénitents portant des cierges allumés précédaient une bière couverte de velours noir et portée par plusieurs figures habillées à la mode antique, la barbe blanche et l'épée au côté. La marche était fermée par deux files [306] de pénitents en deuil et portant des cierges comme les premiers.

Tout ce convoi s'avançait lentement et gravement. On n'entendait pas le bruit des pas sur le pavé, et l'on eût dit [307] que chaque figure glissait plutôt qu'elle ne marchait. Les plis longs et roides [308] des robes et des manteaux semblaient aussi immobiles que les vêtements de marbre des statues.

A ce spectacle, don Juan [309] éprouva d'abord cette espèce de dégoût que l'idée de la mort inspire à un épicurien. Il se leva et voulut s'éloigner, mais le nombre des pénitents et la pompe du cortège le surprirent et piquèrent [310] sa curiosité. La procession [311] se dirigeant vers une église voisine dont les portes venaient de s'ouvrir avec bruit, don Juan arrêta par la manche une des figures qui portaient des cierges et lui demanda poliment quelle était la personne qu'on allait enterrer. Le pénitent leva la tête : sa figure était pâle et décharnée comme celle d'un homme qui sort d'une longue et douloureuse maladie. Il répondit d'une voix sépulcrale : « C'est le comte* don Juan de Maraña [312]. »

Cette étrange réponse fit dresser les cheveux sur la tête [313] de don Juan; mais l'instant d'après il reprit son sang-froid et se mit à sourire. « J'aurai mal entendu, se dit-il, ou [314] ce vieillard se sera trompé. » Il entra dans l'église en même temps que la procession. Les chants funèbres recommencèrent, accompagnés par le son éclatant de l'orgue; et des prêtres vêtus de chapes de deuil entonnèrent le *De profundis*. Malgré ses efforts pour paraître calme, don Juan [315] sentit son sang se figer. S'approchant d'un autre pénitent, il lui dit : « Quel est donc le mort que l'on enterre? — Le comte don Juan de Maraña [316] », répondit le pénitent d'une voix creuse et effrayante. Don Juan s'appuya contre une colonne pour ne pas tomber. Il se sentait défaillir, et tout son courage l'avait abandonné. Cependant le service continuait, et les voûtes de l'église grossissaient encore les éclats de l'orgue et des voix qui chantaient le terrible *Dies irae*. Il lui semblait entendre les chœurs des anges au jugement dernier. Enfin, faisant un effort, il saisit la main d'un prêtre qui passait près de lui. Cette main était froide comme du marbre.

« Au nom du ciel ! mon père, s'écria-t-il, pour qui priez-vous ici, et qui êtes-vous ?

— Nous prions pour le comte don Juan de Maraña [317], répondit le prêtre en le regardant fixement avec une expression de douleur. Nous prions pour son âme, qui est en péché mortel, et nous sommes des âmes que les messes et les prières de sa mère ont tirées des flammes du purgatoire. Nous payons au fils la dette de la mère ; mais cette messe, c'est la dernière qu'il nous est permis de dire pour l'âme du comte don Juan de Maraña [318]. »

En ce moment l'horloge de l'église sonna un coup : c'était l'heure fixée pour l'enlèvement de Teresa.

« Le temps est venu ! s'écria une voix qui partait d'un angle obscur de l'église, le temps est venu ! est-il à nous ? »

Don Juan tourna la tête et vit une apparition horrible. Don Garcia, pâle et sanglant, s'avançait avec le capitaine Gomare, dont les traits étaient encore agités d'horribles convulsions. Ils se dirigèrent tous deux vers la bière, et don Garcia, en jetant le couvercle à terre avec violence, répéta : « Est-il à nous ? » En même temps un serpent gigantesque s'éleva derrière lui, et, le dépassant de plusieurs pieds, semblait prêt à s'élancer dans la bière... Don Juan s'écria : « Jésus ! » et tomba évanoui sur le pavé.

La nuit était fort avancée lorsque la ronde qui passait aperçut un homme étendu sans mouvement à la porte d'une église. Les archers s'approchèrent, croyant que c'était le cadavre d'un homme assassiné. Ils reconnurent aussitôt le comte de Maraña [319], et ils essayèrent de le ranimer en lui jetant de l'eau fraîche au visage ; mais, voyant qu'il ne reprenait pas connaissance, ils le portèrent à sa maison. Les uns disaient qu'il était ivre, d'autres qu'il avait reçu quelque bastonnade d'un mari jaloux. Personne, ou du moins pas un homme honnête ne l'aimait [320] à Séville, et chacun disait son mot [321]. L'un bénissait le bâton qui l'avait si bien étourdi l'autre demandait combien de bouteilles pouvaient tenir dans cette carcasse sans mouvement. Les domestiques de don Juan reçurent leur maître des mains des archers [322] et coururent chercher un chirurgien. On lui fit une abondante saignée, et il ne tarda pas à reprendre ses sens. D'abord il ne fit entendre que des mots sans suite, des cris inarticulés, des sanglots et des gémissements. Peu à peu il parut considérer avec attention tous les objets qui l'environnaient. Il demanda où il était, puis ce qu'étaient devenus [323] le capitaine Gomare, don Garcia et la procession. Ses gens le crurent fou. Cependant, après avoir pris un cordial, il se fit apporter un crucifix et le baisa quelque temps en répandant un torrent de larmes. Ensuite il ordonna qu'on lui amenât un confesseur.

La surprise fut générale, tant son impiété était connue. Plusieurs prêtres, appelés par ses gens, refusèrent de se rendre auprès de lui, persuadés qu'il leur préparait quelque méchante plaisanterie. Enfin, un moine dominicain consentit à le voir. On les laissa seuls, et don Juan, s'étant jeté à ses pieds, lui raconta la vision qu'il avait eue; puis il se confessa. En faisant le récit [324] de chacun de ses crimes, il s'interrompait pour demander s'il était possible qu'un aussi grand pécheur que lui obtînt jamais le pardon céleste. Le religieux répondait que la miséricorde de Dieu était infinie*. Après l'avoir exhorté à persévérer dans son repentir et lui avoir donné les consolations que la religion ne refuse pas aux plus grands criminels*, le dominicain se retira, en lui promettant de revenir le soir. Don Juan passa toute la journée en prières. Lorsque le dominicain revint, il lui déclara que sa résolution était prise de se retirer d'un monde où il avait donné tant de scandale, et de chercher à expier dans les exercices de la pénitence les crimes énormes dont il s'était souillé. Le moine, touché de ses larmes, l'encouragea de son mieux, et, pour reconnaître s'il aurait le courage de suivre sa détermination, il lui fit un tableau effrayant des austérités du cloître. Mais, à chaque mortification [325] qu'il décrivait, don Juan s'écriait que ce n'était rien, et qu'il méritait des traitements bien plus rigoureux.

Dès le lendemain il fit don de la moitié de sa fortune à ses parents, qui étaient pauvres; il en consacra une autre partie à fonder un hôpital et à bâtir une chapelle*; il distribua des sommes considérables aux pauvres, et fit dire un grand nombre de messes pour les âmes du purgatoire, surtout pour celles du capitaine Gomare et des malheureux qui avaient succombé en se battant en duel contre lui. Enfin il assembla tous ses amis, et s'accusa devant eux des mauvais exemples qu'il leur avait donnés si longtemps; il leur peignit d'une manière pathétique les remords que lui causait sa conduite passée, et les espérances qu'il osait concevoir pour l'avenir. Plusieurs de ces libertins furent touchés, et s'amendèrent; d'autres, incorrigibles, le quittèrent avec de froides railleries.

Avant d'entrer dans le couvent qu'il avait choisi pour retraite, don Juan écrivit à doña Teresa. Il lui avouait ses projets honteux, lui racontait sa vie, sa conversion, et lui demandait son pardon, l'engageant à profiter de son exemple et à chercher son salut dans le repentir. Il confia cette lettre au dominicain après lui en avoir montré le contenu.

La pauvre Teresa avait longtemps attendu dans le jardin du couvent le signal convenu; après avoir passé plusieurs heures dans une indicible [326] agitation, voyant que l'aube allait paraître, elle rentra dans sa cellule, en proie à la plus vive douleur. Elle attribuait l'absence de don Juan à mille causes toutes bien éloignées de la vérité. Plusieurs jours se passèrent de la sorte, sans qu'elle reçût de ses nouvelles et sans qu'aucun message vînt adoucir son désespoir. Enfin le moine, après avoir conféré avec la supérieure [327], obtint la permission de la voir, et lui remit la lettre de son séducteur repentant. Tandis qu'elle la lisait, on voyait son front se couvrir de grosses gouttes de sueur : tantôt elle devenait rouge comme le feu, tantôt pâle comme la mort. Elle eut pourtant le courage d'achever cette lecture. Le dominicain alors essaya de lui peindre le repentir de don Juan, et de la féliciter d'avoir échappé au danger épouvantable qui les attendait tous les deux, si leur projet n'eût pas avorté par une intervention évidente de la Providence. Mais, à toutes ces exhortations, doña Teresa s'écriait : « Il ne m'a jamais aimée ! » Une fièvre ardente s'empara de cette malheureuse; en vain les secours de l'art et de la religion lui furent prodigués [328] : elle repoussa les uns et parut insensible aux autres. Elle expira au bout de quelques jours en répétant toujours : « Il ne m'a jamais aimée ! »

Don Juan, ayant pris l'habit de novice, montra que sa conversion était sincère. Il n'y avait pas de mortifications ou de pénitences qu'il ne trouvât trop douces; et le supérieur du couvent était souvent obligé de lui ordonner de mettre des bornes aux macérations dont il tourmentait son corps. Il lui représentait qu'ainsi il abrégerait ses jours, et qu'en réalité il y avait plus de courage à souffrir longtemps des mortifications modérées qu'à finir tout d'un coup sa pénitence en s'ôtant la vie. Le temps du noviciat expiré, don Juan prononça ses vœux, et continua, sous le nom de frère Ambroise, à édifier toute la maison par son austérité [329]. Il portait une haire de crin de cheval pardessous sa robe de bure; une espèce de boîte étroite, moins longue que son corps, lui servait de lit. Des légumes cuits à l'eau composaient toute sa nourriture, et ce n'était que les jours de fête, et sur l'ordre exprès de son supérieur, qu'il consentait à manger du pain. Il passait la plus grande partie des nuits à veiller et à prier, les bras étendus en croix; enfin il était l'exemple de cette dévote communauté, comme autrefois il avait été le modèle des libertins de son âge. Une maladie épidémique, qui s'était déclarée à Séville, lui fournit l'occasion d'exercer les vertus nouvelles que sa conversion lui avait données. Les malades étaient reçus dans l'hôpital qu'il avait fondé; il soignait les pauvres, passait les journées auprès de leurs lits, les exhortant, les encourageant, les consolant. Tel était le danger de la contagion [330], que l'on ne pouvait trouver, à prix d'argent, des hommes qui voulussent ensevelir les morts*. Don Juan remplissait ce ministère; il allait dans les maisons abandonnées, et donnait la sépulture aux cadavres en dissolution, qui souvent s'y trouvaient depuis plusieurs jours. Partout on le bénissait, et comme pendant cette terrible épidémie il ne fut jamais malade, quelques gens crédules assurèrent que Dieu avait fait un nouveau miracle en sa faveur [331].

Déjà, depuis plusieurs années, don Juan ou frère Ambroise habitait le cloître, et sa vie n'était qu'une suite non interrompue d'exercices de piété et de mortifications. Le souvenir de sa vie passée était toujours présent à sa mémoire, mais ses remords étaient déjà tempérés par la satisfaction de conscience que lui donnait son changement.

Un jour, après midi, au moment où la chaleur se fait sentir avec le plus de force, tous les frères du couvent goûtaient quelque repos, suivant l'usage. Le seul frère Ambroise travaillait dans le jardin, tête nue, au soleil; c'était une des pénitences qu'il s'était imposées. Courbé sur sa bêche, il vit l'ombre d'un homme qui s'arrêtait auprès de lui. Il crut que c'était un des moines qui était descendu au jardin, et, tout en continuant sa tâche, il le salua d'un *Ave Maria.* Mais on ne répondit pas. Surpris de voir cette ombre immobile, il leva les yeux et aperçut debout, devant lui, un grand jeune homme couvert d'un manteau qui tombait jusqu'à terre, et la figure à demi cachée par un chapeau ombragé d'une plume blanche et noire. Cet homme le contemplait en silence avec une expression de joie maligne et de profond mépris. Ils se regardèrent fixement tous les deux pendant quelques minutes. Enfin l'inconnu, avançant d'un pas et relevant son chapeau pour montrer ses traits, lui dit : « Me reconnaissez-vous? »

Don Juan le considéra avec plus d'attention, mais ne le reconnut pas.

« Vous souvenez-vous du siège de Berg-op-Zoom? demanda l'inconnu. Avez-vous oublié un soldat nommé Modesto?... »

Don Juan tressaillit. L'inconnu poursuivit froidement...

« Un soldat nommé Modesto, qui tua d'un coup d'arquebuse votre digne ami don Garcia, au lieu de vous qu'il visait?... Modesto! c'est moi. J'ai encore un autre nom, don Juan : je me nomme don Pedro de Ojeda [332]; je suis le fils de don Alfonso de Ojeda [333] que vous avez tué; — je suis le frère de doña Fausta de Ojeda que vous avez tuée*; — je suis le frère de doña Teresa de Ojeda que vous avez tuée.

— Mon frère, dit don Juan en s'agenouillant devant lui, je suis un misérable couvert de crimes. C'est pour les expier que je porte cet habit et que j'ai renoncé au monde. S'il est quelque moyen d'obtenir de vous mon pardon, indiquez-le-moi. La plus rude pénitence ne m'effrayera pas si je puis obtenir que vous ne me maudissiez point. »

Don Pedro sourit amèrement. « Laissons là l'hypocrisie, seigneur de Maraña; je ne pardonne pas. Quant à mes malédictions, elles vous sont acquises [334]. Mais je suis trop impatient pour en attendre l'effet. Je porte sur moi quelque chose de plus efficace que des malédictions. »

A ces mots, il jeta son manteau et montra qu'il tenait [335] deux longues rapières de combat. Il les tira du fourreau et les planta en terre toutes les deux. « Choisissez, don Juan, dit-il. On dit que vous êtes un grand spadassin, je me pique [336] d'être adroit à l'escrime. Voyons ce que vous savez faire. »

Don Juan fit le signe de la croix et dit : « Mon frère, vous oubliez les vœux que j'ai prononcés. Je ne suis plus le don Juan que vous avez connu, je suis le frère Ambroise.

— Eh bien! frère Ambroise, vous êtes mon ennemi,

et sous quelque nom que vous portiez [337] je vous hais, et je veux me venger de vous. »

Don Juan se remit [338] devant lui à genoux.

« Si c'est ma vie que vous voulez prendre, mon frère, elle est à vous. Châtiez-moi comme vous le désirez.

— Lâche hypocrite ! me crois-tu ta dupe [339] ? Si je voulais te tuer comme un chien enragé, me serais-je donné la peine d'apporter ces armes ? Allons, choisis promptement et défends ta vie.

— Je vous le répète, mon frère, je ne puis combattre, mais je puis mourir.

— Misérable ! s'écria don Pedro en fureur, on m'avait dit que tu avais du courage. Je vois que tu n'es qu'un vil poltron !

— Du courage, mon frère ? je demande à Dieu qu'il m'en donne pour ne pas m'abandonner au désespoir où me jetterait, sans son secours, le souvenir de mes crimes. Adieu, mon frère ; je me retire, car je vois bien que ma vue vous aigrit. Puisse mon repentir vous paraître un jour aussi sincère qu'il l'est en réalité ! »

Il faisait quelques pas pour quitter le jardin, lorsque don Pedro l'arrêta par la manche. « Vous ou moi, s'écria-t-il, nous ne sortirons pas vivants d'ici. Prenez une de ces épées, car le diable m'emporte si je crois un mot de toutes vos jérémiades ! »

Don Juan lui jeta un regard suppliant, et fit encore un pas pour s'éloigner ; mais don Pedro le saisissant avec force et le tenant par le collet : « Tu crois donc, meurtrier infâme, que tu pourras te tirer de mes mains ! Non ! je vais mettre en pièces ta robe hypocrite qui cache le pied fourchu du diable [340], et alors, peut-être, te sentiras-tu assez de cœur pour te battre avec moi. » En parlant ainsi, il le poussait rudement contre la muraille [341].

« Seigneur Pedro de Ojeda, s'écria don Juan, tuez-moi si vous le voulez, je ne me battrai pas [342] ! » et il croisa les bras, regardant fixement don Pedro d'un air calme, quoique assez fier.

« Oui, je te tuerai, misérable! mais avant je te traiterai comme un lâche que tu es. »

Et il lui donna un soufflet, le premier que don Juan eût jamais reçu. Le visage [343] de don Juan devint d'un rouge pourpre. La fierté et la fureur de sa jeunesse rentrèrent dans son âme. Sans dire un mot, il s'élança vers une des épées et s'en saisit. Don Pedro prit l'autre et se mit en garde. Tous les deux s'attaquèrent avec fureur et se fendirent [344] l'un sur l'autre à la fois et avec la même impétuosité. L'épée de don Pedro se perdit dans la robe de laine de don Juan et glissa à côté du corps sans le blesser, tandis que celle de don Juan s'enfonça jusqu'à la garde dans la poitrine de son adversaire. Don Pedro expira sur-le-champ. Don Juan, voyant son ennemi étendu à ses pieds, demeura quelque temps immobile à le contempler d'un air stupide. Peu à peu, il revint à lui et reconnut la grandeur de son nouveau crime. Il se précipita sur le cadavre et essaya de le rappeler à la vie. Mais il avait vu trop de blessures pour douter un moment que celle-là ne fût mortelle. L'épée sanglante était à ses pieds et semblait s'offrir à lui pour qu'il se punît lui-même; mais, écartant [345] bien vite cette nouvelle tentation du démon, il courut chez le supérieur et se précipita tout effaré dans sa cellule. Là, prosterné à ses pieds, il lui raconta cette terrible scène en versant un torrent de larmes. D'abord le supérieur ne voulut pas le croire, et sa première idée fut que les grandes macérations que s'imposait le frère Ambroise lui avaient fait perdre la raison. Mais le sang qui couvrait la robe et les mains de don Juan ne lui permit pas de douter plus longtemps de l'horrible vérité. C'était un homme rempli de présence d'esprit. Il comprit aussitôt tout le scandale qui rejaillirait sur le couvent si cette aventure venait à se répandre dans le public [346]. Personne n'avait vu le duel. Il s'occupa de le cacher aux habitants mêmes du couvent. Il ordonna à don Juan de le suivre, et, aidé par lui, transporta le cadavre dans une salle basse dont il prit la clef. Ensuite, enfermant [347] don Juan dans sa cellule, il sortit pour aller prévenir le corrégidor.

On s'étonnera peut-être que don Pedro, qui avait déjà essayé de tuer don Juan en trahison, ait rejeté la pensée d'un second assassinat, et cherché à se défaire de son ennemi dans un combat à armes égales; mais ce n'était de sa part qu'un calcul de vengeance infernale. Il avait entendu parler des austérités de don Juan, et sa réputation de sainteté était si répandue, que don Pedro ne doutait point que, s'il l'assassinait, il ne l'envoyât tout droit dans le ciel. Il espéra qu'en le provoquant et l'obligeant à se battre, il le tuerait en péché mortel, et perdrait ainsi son corps et son âme. On a vu comment ce dessein diabolique tourna contre son auteur.

Il ne fut pas difficile d'assoupir l'affaire. Le corrégidor s'entendit avec le supérieur du couvent pour détourner les soupçons. Les autres moines crurent que le mort avait succombé dans un duel avec un cavalier inconnu, et qu'il avait été porté blessé dans le couvent, où il n'avait pas tardé à expirer. Quant à don Juan, je n'essayerai de peindre ni ses remords ni son repentir. Il accomplit avec joie toutes les pénitences que le supérieur lui imposa. Pendant toute sa vie, il conserva, suspendue au pied de son lit, l'épée dont il avait percé don Pedro, et jamais il ne la regardait sans prier pour son âme et pour celles de sa famille. Afin de mater le reste d'orgueil mondain qui demeurait encore dans son cœur, l'abbé lui avait ordonné de se présenter chaque matin au cuisinier du couvent, qui devait lui donner un soufflet. Après l'avoir reçu, le frère Ambroise ne manquait jamais de tendre l'autre joue*, en remerciant le cuisinier de l'humilier ainsi. Il vécut encore dix années dans ce cloître, et jamais sa pénitence ne fut interrompue [348] par un retour [349] aux passions de sa jeunesse. Il mourut vénéré comme un saint, même par ceux qui avaient connu ses premiers déportements.

Sur son lit de mort, il demanda comme une grâce qu'on l'enterrât sous le seuil de l'église, afin qu'en y entrant chacun le foulât [350] aux pieds. Il voulut encore que sur son tombeau on gravât cette inscription : *Ci gît le pire homme qui fût au monde*. Mais on ne jugea pas à propos d'exécuter toutes les dispositions dictées par son excessive humilité [351]. Il fut enseveli auprès du maître-autel de la chapelle qu'il avait fondée. On consentit, il est vrai, à graver sur la pierre qui couvre sa dépouille mortelle l'inscription qu'il avait composée; mais on y ajouta un récit et un éloge de sa conversion*. Son hôpital, et surtout la chapelle où il est enterré, sont visités par tous les étrangers qui passent à Séville. Murillo a décoré la chapelle de plusieurs de ses chefs-d'œuvre. Le Retour de l'Enfant prodigue et la Piscine de Jéricho*, qu'on admire maintenant dans la galerie de M. le maréchal Soult*, ornaient autrefois les murailles de l'hôpital de la Charité.

LA VÉNUS D'ILLE

NOTICE

NOMMÉ inspecteur général des Monuments historiques le 27 mai 1834, Mérimée quitte Paris le 31 juillet suivant pour accomplir sa première inspection dans le Midi de la France. Par Nevers, Vézelay, Lyon, Marseille et Nîmes (*Corr. gén.*, I, 304, n. 2), il est le 12 novembre à Montpellier où il est accueilli par l'érudit Jaubert de Passa qui l'accompagne à Ille-sur-la-Têt, à Boulternère et à Serrabona. Mérimée parcourt ainsi la région où il situera l'action de *la Vénus d'Ille*.

La légende italienne [1] qui a fourni à Mérimée la trame de sa nouvelle se trouve pour la première fois dans l'historien anglais Guillaume de Malmesbury (vers 1125) [2] qui la raconte ainsi : « Il arriva à Rome qu'un jeune homme fortuné le jour même de son mariage, après le repas de noces, voulut, avec d'autres jeunes gens, jouer une partie de balle. Pour ne pas risquer d'endommager ou de perdre l'anneau de mariage qu'il venait de recevoir de sa fiancée, il l'ôta, avant de commencer le jeu, et le fixa au doigt d'une statue de femme en bronze, qui se trouvait placée près de là. Ayant fini sa partie, il voulut reprendre l'anneau, mais il s'aperçut avec

---

1. Cf. *Roma nella memoria e nelle immaginazioni del medio evo* di Arturo Graf, Torino, 1883, vol. II, pp. 388-402; — « La légende de la statue de Vénus », par G. Huet, *Revue de l'histoire des religions,* t. LXVIII, n° 2, septembre-octobre 1913, pp. 193-217; — « Prosper Mérimée et la Vénus d'Ille », par Joseph de Copons, *Ruscino,* janvier-décembre 1918, pp. 37-49; — Ch. Baudry : « Une nouvelle roussillonnaise de Prosper Mérimée, *la Vénus d'Ille* », *la Tramontane,* Perpignan, 1927, p. 198.

2. *De gestibus regum anglorum,* édit. Stubbs, I, 256-258, (De annulo statuae commendato.)

étonnement que le doigt de bronze auquel il l'avait attaché était recourbé jusqu'à la paume de la main, de sorte que, malgré ses efforts, il ne put reprendre le bijou. Il se tut sur cet événement étrange; dans la nuit, après la fin de la fête, il passa de nouveau devant la statue; le doigt n'était plus recourbé, mais l'anneau avait disparu. Se conduisant comme s'il se souciait peu de cette perte, il se rendit à la chambre nuptiale et se coucha à côté de la mariée; mais lorsqu'il voulut l'embrasser, quelque chose qui était à la fois solide et obscur se glissa entre lui et elle et il entendit une voix qui disait : « Couche avec moi, tu es mon fiancé, c'est moi la Vénus, au doigt de laquelle tu as attaché ton anneau, je l'ai et je le garde... »

Cette légende fort ancienne et fort répandue a été souvent reproduite par les nombreux chroniqueurs ou compilateurs qui ont recueilli le récit de Malmesbury. Maurice Verne [1] l'a retrouvée dans Hermann Corner, citée par Villemain dans son *Histoire de Grégoire VII,* et par Augustin Filon, en appendice à son *Mérimée et ses amis;* Arthur de la Borderie [2] dans les *Disquisitiones magicae* de Martin Delrio au chapitre de ce « nouement de l'aiguillette » auquel Mérimée fait allusion en songeant à son propre « fiasco » ou à celui de son ami Stendhal; en 1931, Robert Bossuat a publié *Bérinus* [3] où l'on trouve (§ 435-441) l'aventure d'un chevalier qui confia son anneau à une statue.

Reprise, développée ou réduite, déformée souvent, la légende de la statue de Vénus a été imitée dans tous les pays, de Vincent de Beauvais à Henri Heine et à Gabriele d'Annunzio. C'est ainsi qu'on la retrouve en Espagne sous la plume de F. Bartolomé de las Casas [4] (1470?-1566) qui reproduit Vincent de Beauvais (de la manera que cuenta el Vincentio en el Speculo historial, libro 26, capitulo 29).

---

1. *Revue Bleue,* 23 octobre 1875, p. 399.
2. *Archives historiques, artistiques et littéraires,* t. I, 1889-1890, p. 492.
3. *Bérinus,* roman en prose du XIVe siècle, publié par Robert Bossuat. Paris. Société des anciens textes français, 1931. Voir l'introduction, pp. XXVII-XXIX.
4. *Historia apologética de las Indias.* Tome 13 de la *Nueva Biblioteca de Autores Españoles,* publié seulement en 1909, p. 246.

Francisque-Michel, en 1851, crut avoir trouvé la source de *la Vénus d'Ille* dans la chronique de Jean Brompton et il en fit part à son ami Mérimée qui objecta un certain Pontanus [1]. Quatre ans auparavant il avait indiqué à Éloi Johanneau une source différente : « Je suis bien fier, écrivait-il, que ma petite drôlerie ait été prise un instant au sérieux par un savant tel que vous. La Vénus d'Ille n'a jamais existé, et les inscriptions ont été fabriquées *secundum artem* avec Muratori et Orelli. L'idée de ce conte m'est venue en lisant une légende du moyen âge rapportée par Freher. J'ai pris aussi quelques traits à Lucien qui dans son Φιλοψευδής nous parle d'une statue qui rossait les gens. J'ai entrelardé mon plagiat de petites allusions à des amis à moi, et de plaisanteries intelligibles dans une coterie où je vivais lorsque cette nouvelle a été écrite [...] [2] ».

Les emprunts de Mérimée à Lucien ont été commentés par Maurice Levaillant qui, dans son édition de *la Vénus d'Ille* (Larousse, *s. d.*), traduit les passages où l'écrivain grec parle de la « statue merveilleuse, qui descend chaque nuit de son socle, et qui a les animosités d'un être humain ». Mais aucun des auteurs qui ont étudié les origines de la légende n'a signalé un récit de Marquard Freher ou d'un quelconque Pontanus; j'ai compulsé leurs gros ouvrages sans trouver trace de cette légende, et il se peut que Mérimée ait brouillé les cartes, soit par malice, soit par défaut de mémoire.

Il était homme, en tout cas, à découvrir les vieilles légendes, à fureter dans les chroniqueurs du Moyen Age. N'était-il pas devenu « cuistre » avec un plaisir indicible [3]? Nous le trouvons, en 1835, de retour de son voyage en Bretagne, ayant passé trois mois au coin de son feu le nez dans des in-folio latins [4]. Au cours de ses inspections, il a rencontré souvent la déesse de l'amour; dans le Midi, la Vénus de Vienne dont le réalisme le frappe (le statuaire,

1. *Corr. gén.*, t. VI, p. 233, n. 3.
2. *Ibid.*, VI, 200.
3. *Ibid.*, I, 330.
4. *Ibid.*, I, 415.

dit-il, a fait respirer le marbre); en Bretagne, la Vénus de Quinipili dont l'inscription met au désespoir des antiquaires qui en ont voulu faire une déesse arabe ou phénicienne. En Roussillon, comment n'aurait-il pas songé à la « Vénus pyrénéenne » de qui les navigateurs saluaient de loin le temple célèbre dans l'antiquité. L'archevêque Pierre de Marca place au cap Creus le promontoire *Aphrodisium* sur lequel il s'élevait anciennement [1]. On convient en général que Port-Vendres représente le *Portus Veneris* dont le temple était sans doute peu éloigné. Les antiquaires roussillonnais ont cherché avec ardeur, dans leur contrée, les souvenirs de Vénus (du Mège, *Archéologie pyrénéenne...*, t. III) et Mérimée n'a pas manqué de les imiter lors de son voyage aux Pyrénées.

En octobre 1835, à son retour de Bretagne, il a déjà sans doute l'idée de sa nouvelle, mais il a fallu les critiques publiées sur ses *Notes d'un voyage dans le Midi de la France* (1835) par le *Publicateur du département des Pyrénées-Orientales* [2] pour donner corps à un projet encore incertain, en fournissant à l'écrivain l'occasion de « multiplier les détails de réalité matérielle », ce qui est nécessaire « lorsqu'on raconte quelque chose de surnaturel » (*Corr. gén.*, t. V, p. 238) [3], tout en se moquant de l'antiquaire qui a vertement relevé ses erreurs.

Cet antiquaire n'a pas signé ses articles mais Jaubert de Passa désigne clairement Pierre Puigarri (voir p. 90) dans une lettre à Mérimée, le 9 février 1836 [4] : « ... Il s'est levé sur le sol roussillonnais un critique acerbe, autrefois bénédictin, depuis rimeur catalan, maître d'école, rhéteur,

---

1. *Marca hispanica sive limes hispanicus...* Paris, 1688, liv. I, chap. x.

2. « Examen critique du chapitre sur le Roussillon que renferment les *Notes d'un voyage dans le Midi de la France*, par Prosper Mérimée, inspecteur des monuments historiques de la France, in-8°, Paris, 1835 ». *Le Publicateur*, 5e année, n° 4, samedi 23 janvier 1836, pp. 15-16; n° 5, 30 janvier 1836, pp. 17-18.

3. Mérimée écrira à Ivan Tourguéniev (*Corr. gén.*, t. X, p.102) : « Hoffmann, dans ses contes fantastiques, amène les merveilleux, après une peinture exacte et minutieuse de la vie réelle. »

4. *Revue d'histoire littéraire de la France*, 1922, p. 35.

ex-principal du collège, professeur au cachet et toujours hargneux quelque chose qu'il fasse. Cet homme s'est emparé des colonnes d'un petit journal publié chez son imprimeur, et en a chassé tous ceux qui avaient eu la bonhomie d'y insérer des articles [...] Nous savions ce que valait l'homme et ses critiques; mais on lui supposait aujourd'hui la pudeur de son âge, et quelle n'a pas été la surprise de certains salons en recevant *le Publicateur* du 23 et du 30 janvier dernier [...] Que dire en effet d'un homme dont les premiers écrits sont obscènes et les derniers si impertinents... » Jaubert de Passa prit la défense de Mérimée et dans une lettre à Alzine, directeur du *Publicateur,* revendiqua la responsabilité de l'interprétation d'une inscription du cloître d'Elne, adoptée dans les *Notes d'un voyage dans le Midi* (p. 414) [1].

A la suite d'Horace Chauvet [2] on a parfois désigné François Campagne-Fossa comme l'auteur des articles du *Publicateur,* mais celui-ci, né en 1803, mort en 1889 [3], avait alors trente-trois ans et ne peut être l'original que Jaubert de Passa dépeint à Mérimée. Avec Pierre Puigarri, au contraire, âgé de soixante-huit ans, la ressemblance est parfaite. C'est lui qui a fourni avec le nom de Mlle de Puygarrig, beaucoup de traits au portrait de M. de Peyrehorade « petit vieillard vert encore et dispos, poudré, le nez rouge, jovial et goguenard », citant du latin à propos, parfois même hors de propos, accumulant les pédanteries et qui « rimeur Catalan », improvise quelques vers, précisément catalans, au repas de noces.

Mérimée s'en est donné à cœur joie et raille en outre les essais de Pierre Puigarri sur l'étymologie phénicienne des noms de lieu du Roussillon, qu'il a connus soit dans la *Statistique générale des départements pyrénéens,* par Alexandre

---

1. La lettre de Jaubert de Passa, du 2 février 1836, a paru dans *le Publicateur du département des Pyrénées-Orientales,* 5e année, n° 6, samedi 6 février 1836, p. 24.

2. « La Vénus d'Ille » par Horace Chauvet, *Indépendant des Pyrénées-Orientales,* 27 février 1927.

3. *Dictionnaire des biographies roussillonnaises,* par l'abbé J. Capeille. Perpignan, 1914, p. 100.

du Mège (Paris, 1829, t. II, pp. 86-92), soit plutôt dans *Notices sur la ville d'Elne,* par M. Puigarri (Perpignan, 1836), petite brochure où l'auteur étudie l'étymologie d'Illiberis, nom latin de Elne (voir la note de la p. 90). Ainsi Mérimée accumule dans sa nouvelle les détails de réalité matérielle. Allusions, plaisanteries jadis intelligibles seulement pour les amis, tout s'éclaire dans la légende renouvelée avec tant d'adresse, où le fantastique tempéré par l'ironie garde de la mesure. Tout est clair sauf ce qui est et qui doit rester mystère. Le jeune Marcel Bertrand, petit-neveu de Roulin, bibliothécaire de l'Institut, demandait un jour à l'auteur de *la Vénus d'Ille :* « Monsieur, la Vénus est-ce que c'est elle qui l'a tué? » Mérimée un peu surpris répondit : « Ma foi, mon enfant, je n'en sais rien [1]. »

La Vénus d'Ille, terminée le 18 avril 1837, a paru dans la *Revue des Deux Mondes,* le 15 mai 1837. Le même jour Stendhal a pu la lire et dans les marges du manuscrit du *Rose et vert* il a noté ses critiques [2]. Elle fut réimprimée avec *Colomba* et *les Ames du Purgatoire,* chez Magen et Comon, le 29 mai 1841 [3]; on la retrouve ensuite chez Charpentier dans toutes les réimpressions de *Colomba,* et de la *Mosaïque* depuis 1842. Le *Journal de Valenciennes* l'a publiée en feuilleton du 25 février au 4 mars 1845.

Les critiques ont souligné l'ironie de la nouvelle et Forgues (Old Nick) a remarqué que Mérimée n'avait pas grande foi dans la puissance du surnaturel [4]. « C'est suivant moi mon chef-d'œuvre », écrira l'écrivain [5] en parlant de *la Vénus d'Ille,* à quoi Augustin Filon a répondu : « Mérimée la considérait comme son chef-d'œuvre, parce qu'il y avait consciencieusement observé toutes les règles qui constituent, en littérature, l'art de faire peur. Mais il y a en pareil cas, quelque chose de meilleur que les recettes :

1. Cf. Marguerite Combes, *Roulin et ses amis,* 1796-1871. Paris, 1929, p. 191.
2. Cf. « La Vénus d'Ille appréciée par Stendhal », par Louis Royer. *Le Divan,* février-mars 1932.
3. Cf. *Feuilleton du Journal de la librairie,* nº 22, 29 mai 1841.
4. *Le National,* 23 juillet 1841.
5. *Corr. gén.,* t. VIII, p. 244.

c'est d'éprouver soi-même l'impression qu'on veut produire. Mérimée a vraiment trop de sang-froid et de là vient que *la Vénus d'Ille,* aujourd'hui, nous charme bien plus qu'elle ne nous épouvante [1]. »

---

1. *Mérimée,* par Augustin Filon, Paris, Hachette, 1922, p. 64.

LA VÉNUS D'ILLE

1837

Ἱλεὼς ἠν δ' ἐγὼ, ἔστω ὁ ἀνδριας
και ἤπιος, ουτως ἀνδρεῖος ὤν.
ΛΟΥΚΙΑΝΟΥ ΦΙΛΟΨΕΥΔΗΣ*.

Je descendais le dernier coteau du Canigou, et, bien que le soleil fût déjà couché, je distinguais dans la plaine les maisons de la petite ville d'Ille [1], vers laquelle je me dirigeais*.

« Vous savez, dis-je au Catalan qui me servait de guide depuis la veille, vous savez sans doute où demeure M. de Peyrehorade?*

— Si je le sais! s'écria-t-il, je connais sa maison comme la mienne; et s'il ne faisait pas si noir, je vous la montrerais. C'est la plus belle d'Ille. Il a de l'argent, oui, M. de Peyrehorade; et il marie son fils à plus riche que lui encore.

— Et ce mariage se fera-t-il bientôt? lui demandai-je.

— Bientôt! il se peut que déjà les violons soient commandés pour la noce. Ce soir, peut-être, demain, après-demain, que sais-je! C'est à Puygarrig* que ça se fera; car c'est mademoiselle de Puygarrig que monsieur le fils épouse. Ce sera beau, oui! »

J'étais recommandé à M. de Peyrehorade par mon ami M. de P.*[2] C'était, m'avait-il dit, un antiquaire fort instruit et d'une complaisance à toute épreuve. Il se ferait un plaisir de me montrer toutes les ruines à dix lieues à la ronde. Or je comptais sur lui pour visiter les environs d'Ille, que je savais riches en monuments antiques et du moyen âge. Ce mariage, dont on me parlait alors pour la première fois, dérangeait tous mes plans.

Je vais être un trouble-fête, me dis-je [3]. Mais j'étais attendu; annoncé par M. de P., il fallait bien me présenter.

« Gageons, monsieur, me dit mon guide, comme nous étions déjà dans la plaine, gageons un cigare que je devine ce que vous allez faire chez M. de Peyrehorade?

— Mais, répondis-je en lui tendant un cigare, cela n'est pas bien difficile à deviner. A l'heure qu'il est, quand on a fait six lieues dans le Canigou, la grande affaire, c'est de souper.

— Oui, mais demain?... Tenez, je parierais que vous venez à Ille pour voir l'idole? j'ai deviné cela à vous voir tirer en portrait les saints de Serrabona*.

— L'idole! quelle idole? » Ce mot avait excité [4] ma curiosité.

« Comment! on [5] ne vous a pas conté, à Perpignan, comment M. de Peyrehorade avait trouvé une idole en terre?

— Vous voulez dire une statue en terre cuite, en argile?

— Non pas. Oui, bien en cuivre, il y en a de quoi faire des gros sous. Elle vous pèse autant qu'une cloche d'église. C'est bien avant dans la terre, au pied d'un olivier, que nous l'avons eue.

— Vous étiez donc présent à la découverte?

— Oui, monsieur. M. de Peyrehorade nous dit, il y a quinze jours, à Jean Coll* et à moi, de déraciner un vieil olivier qui était gelé de l'année dernière, car elle a été bien mauvaise, comme vous savez. Voilà donc qu'en travaillant Jean Coll qui y allait de tout cœur, il donne un coup de pioche, et j'entends bimm... comme s'il avait tapé sur une cloche. Qu'est-ce que c'est? que je dis. Nous piochons toujours, nous piochons, et voilà qu'il paraît une main noire, qui semblait la main d'un mort qui sortait de terre. Moi, la peur me prend. Je m'en vais à monsieur, et je lui dis : — Des morts, notre maître, qui sont sous l'olivier! Faut appeler le curé. — Quels morts? qu'il me dit. Il vient, et il n'a pas plus tôt vu la main qu'il s'écrie : — Un antique! un antique! — Vous auriez cru qu'il avait trouvé un trésor. Et le voilà, avec la pioche, avec les mains, qui [6] se démène et qui [7] faisait quasiment autant d'ouvrage que nous deux.

— Et enfin que trouvâtes-vous?

— Une grande femme noire plus qu'à moitié nue, révérence parler, monsieur, toute en cuivre, et M. de Peyrehorade nous a dit que c'était une idole du temps des païens... du temps de Charlemagne, quoi!

— Je vois ce que c'est... Quelque bonne Vierge en bronze d'un couvent détruit.

— Une bonne Vierge! ah bien oui!... Je l'aurais bien reconnue, si ç'avait été une bonne Vierge. C'est une idole, vous dis-je; on le voit bien à son air. Elle vous fixe avec ses grands yeux blancs... On dirait qu'elle vous dévisage. On baisse les yeux, oui, en la regardant.

— Des yeux blancs? Sans doute ils sont incrustés dans le bronze. Ce sera peut-être [8] quelque statue romaine.

— Romaine! c'est cela. M. de Peyrehorade dit que c'est une Romaine. Ah! je vois bien que vous êtes un savant comme lui.

— Est-elle entière, bien conservée?

— Oh! monsieur, il ne lui manque rien. C'est encore plus beau et mieux fini [9] que le buste de Louis-Philippe, qui est à la mairie, en plâtre peint. Mais avec tout cela, la figure de cette idole ne me revient pas. Elle a l'air méchante... et elle l'est aussi.

— Méchante! Quelle méchanceté vous a-t-elle faite?

— Pas à moi précisément; mais vous allez voir. Nous nous étions mis à quatre pour la dresser debout, et M. de Peyrehorade, qui lui aussi tirait à la corde, bien qu'il n'ait guère plus de force qu'un poulet, le digne homme! Avec bien de la peine nous la mettons droite. J'amassais* un tuileau pour la caler, quand, patatras [10]! la voilà qui tombe à la renverse tout d'une masse. Je dis : Gare dessous! Pas assez vite pourtant, car Jean Coll n'a pas eu le temps de tirer sa jambe...

— Et il a été blessé?

— Cassée net comme un échalas, sa pauvre jambe.

Pécaïre! quand j'ai vu cela, moi, j'étais furieux. Je voulais défoncer l'idole à coups de pioche, mais M. de Peyrehorade m'a retenu. Il a donné de l'argent à Jean Coll, qui tout de même est encore au lit depuis quinze jours que cela lui est arrivé, et le médecin dit qu'il ne marchera jamais de cette jambe-là comme de l'autre. C'est dommage, lui qui était notre meilleur coureur et, après monsieur le fils, le plus malin joueur de paume. C'est que M. Alphonse de Peyrehorade en a été triste, car c'est Coll qui faisait sa partie. Voilà qui était beau à voir comme ils se renvoyaient les balles. Paf! paf! Jamais elles ne touchaient terre. »

Devisant de la sorte, nous entrâmes à Ille, et je me trouvai bientôt en présence de M. de Peyrehorade. C'était un petit vieillard vert encore et dispos, poudré, le nez rouge, l'air jovial et goguenard*. Avant d'avoir ouvert la lettre de M. de P., il m'avait installé devant une table bien servie, et m'avait présenté à sa femme et à son fils comme un archéologue illustre, qui devait tirer le Roussillon de l'oubli où le laissait l'indifférence des savants.

Tout en mangeant de bon appétit, car rien ne dispose mieux que l'air vif des montagnes, j'examinais mes hôtes. J'ai dit un mot de M. de Peyrehorade; je dois ajouter que c'était la vivacité même. Il parlait, mangeait, se levait, courait à sa bibliothèque, m'apportait des livres, me montrait des estampes, me versait à boire; il n'était jamais deux minutes en repos. Sa femme, un peu trop grasse, comme la plupart des Catalanes lorsqu'elles ont passé quarante ans, me parut une provinciale renforcée, uniquement occupée des soins de son ménage [11]. Bien que le souper fût suffisant pour six personnes au moins, elle courut à la cuisine, fit tuer des pigeons, frire des miliasses*, ouvrit [12] je ne sais combien de pots de confitures. En un instant la table fut encombrée de plats et de bouteilles, et je serais certainement mort d'indigestion si j'avais goûté seulement à tout ce qu'on m'offrait. Cependant, à chaque plat que je refusais, c'étaient de nouvelles excuses. On craignait que je ne me trouvasse bien mal à Ille. Dans la province on a si peu de ressources, et les Parisiens sont si difficiles!

Au milieu des allées et venues de ses parents, M. Alphonse de Peyrehorade ne bougeait pas plus qu'un Terme* [13]. C'était un grand jeune homme de vingt-six ans, d'une physionomie belle et régulière, mais manquant d'expression. Sa taille et ses formes athlétiques justifiaient bien la réputation d'infatigable joueur de paume qu'on lui faisait dans le pays. Il était ce soir-là habillé avec élégance, exactement d'après la gravure du dernier numéro du Journal des modes* [14]. Mais il me semblait gêné dans ses vêtements; il était roide [15] comme un piquet dans son col de velours, et ne se tournait que tout d'une pièce. Ses mains grosses et hâlées, ses ongles courts, contrastaient singulièrement avec son costume. C'étaient des mains de laboureur sortant des manches d'un dandy. D'ailleurs, bien qu'il me considérât de la tête aux pieds fort curieusement, en ma qualité de Parisien, il ne m'adressa qu'une seule fois la parole dans toute la soirée, ce fut pour me demander où j'avais acheté la chaîne de ma montre.

« Ah çà! mon cher hôte, me dit M. de Peyrehorade, le souper tirant à sa fin, vous m'appartenez, vous êtes chez moi [16]. Je ne vous lâche plus, sinon quand vous aurez vu tout ce que nous avons de curieux dans nos montagnes. Il faut que vous appreniez à connaître notre Roussillon, et que vous lui rendiez justice. Vous ne vous doutez pas de tout ce que nous allons vous montrer. Monuments phéniciens, celtiques, romains, arabes, byzantins, vous verrez tout, depuis le cèdre jusqu'à l'hysope*. Je vous mènerai partout et ne vous ferai pas grâce d'une brique. »

Un accès de toux l'obligea de s'arrêter. J'en profitai pour lui dire que je serais désolé de le déranger dans une circonstance aussi intéressante pour sa famille. S'il voulait bien me donner ses excellents conseils sur les excursions que j'aurais à faire, je pourrais, sans qu'il prît la peine de m'accompagner. ..

« Ah! vous voulez parler du mariage de ce garçon-là.

s'écria-t-il en m'interrompant. Bagatelle ! ce sera fait après-demain. Vous ferez la noce avec nous, en famille, car la future est en deuil d'une tante dont elle hérite. Ainsi point de fête, point de bal... C'est dommage... vous auriez vu danser nos Catalanes... Elles sont jolies, et peut-être l'envie vous aurait-elle pris d'imiter mon Alphonse. Un mariage, dit-on, en amène d'autres... Samedi, les jeunes gens mariés, je suis libre, et nous nous mettons en course. Je vous demande pardon de vous donner l'ennui d'une noce de province. Pour un Parisien blasé sur les fêtes... et une noce sans bal encore ! Pourtant, vous verrez une mariée... une mariée.. vous m'en direz des nouvelles... Mais vous êtes un homme grave et vous ne regardez plus les femmes. J'ai mieux que cela à vous montrer. Je vous ferai voir quelque chose !... Je vous réserve une fière surprise pour demain.

— Mon Dieu ! lui dis-je, il est difficile d'avoir un trésor dans sa maison sans que le public en soit instruit. Je crois deviner la surprise que vous me préparez. Mais si c'est de votre statue qu'il s'agit, la description que mon guide m'en a faite n'a servi qu'à exciter ma curiosité et à me disposer à l'admiration.

— Ah ! il vous a parlé de l'idole, car c'est ainsi qu'ils appellent ma belle Vénus Tur... mais je ne veux rien vous dire. Demain, au grand jour, vous la verrez, et vous me direz si j'ai raison de la croire un chef-d'œuvre. Parbleu ! vous ne pouviez arriver plus à propos ! Il y a des inscriptions que moi, pauvre ignorant, j'explique à ma manière... mais un savant de Paris !... Vous vous moquerez peut-être de mon interprétation... car j'ai fait un mémoire... moi qui vous parle... vieil antiquaire de province, je me suis lancé... Je veux faire gémir la presse... Si vous vouliez bien me lire et me corriger, je pourrais espérer... Par exemple, je suis bien curieux de savoir comment vous traduirez cette inscription sur le socle : *CAVE*... Mais je ne veux rien vous demander encore ! A demain, à demain ! Pas un mot sur la Vénus [17] aujourd'hui !

— Tu as raison, Peyrehorade, dit sa femme, de laisser là ton idole. Tu devrais voir que tu empêches monsieur de manger. Va, monsieur a vu à Paris de bien plus belles statues que la tienne. Aux Tuileries, il y en a des douzaines, et en bronze aussi.

— Voilà bien l'ignorance, la sainte ignorance de la province ! interrompit M. de Peyrehorade. Comparer un antique admirable aux plates figures de Coustou !*

Comme avec irrévérence
Parle des dieux ma ménagère !*

Savez-vous que ma femme voulait que je fondisse ma statue pour en faire une cloche à notre église. C'est qu'elle en eût été la marraine. Un chef-d'œuvre de Myron*, monsieur !

— Chef-d'œuvre, chef-d'œuvre ! un beau chef-d'œuvre qu'elle a fait ! casser la jambe d'un homme !

— Ma femme, vois-tu ? dit M. de Peyrehorade d'un ton résolu, et tendant vers elle sa jambe droite dans un bas de soie chinée, si ma Vénus m'avait cassé cette jambe-là, je ne la regretterais pas.

— Bon Dieu ! Peyrehorade, comment peux-tu dire cela ! Heureusement que l'homme va mieux... Et encore je ne peux pas prendre sur moi de regarder la statue qui fait des malheurs comme celui-là. Pauvre Jean Coll !

— Blessé par Vénus, monsieur, dit M. de Peyrehorade riant d'un gros rire, blessé par Vénus, le maraud se plaint.

Veneris nec præmia noris*.

Qui n'a été blessé par Vénus ?

M. Alphonse, qui comprenait le français mieux que le latin, cligna de l'œil d'un air d'intelligence, et me regarda comme pour me demander : Et vous, Parisien, comprenez-vous ?

Le souper finit. Il y avait une heure que je ne mangeais plus. J'étais fatigué, et je ne pouvais parvenir à cacher les fréquents bâillements qui m'échappaient. Madame de Peyrehorade s'en aperçut la première, et remarqua [18] qu'il était temps d'aller dormir. Alors commencèrent de nouvelles excuses sur le mauvais gîte que j'allais avoir. Je ne serais pas comme à Paris. En province on est si mal! Il fallait de l'indulgence pour les Roussillonnais. J'avais beau protester qu'après une course dans les montagnes une botte de paille me serait un coucher délicieux, on me priait toujours de pardonner à de pauvres campagnards s'ils ne me traitaient pas aussi bien qu'ils l'eussent désiré. Je montai enfin à la chambre qui m'était destinée, accompagné de M. de Peyrehorade. L'escalier, dont les marches supérieures étaient en bois, aboutissait au milieu d'un corridor, sur lequel donnaient plusieurs chambres.

« A droite, me dit mon hôte, c'est l'appartement que je destine à la future madame Alphonse. Votre chambre est au bout du corridor opposé. Vous sentez bien, ajouta-t-il d'un air qu'il voulait rendre fin, vous sentez bien qu'il faut isoler de nouveaux mariés. Vous êtes à un bout de la maison, eux à l'autre. »

Nous entrâmes dans une chambre bien meublée, où le premier objet sur lequel je portai la vue fut un lit long de sept pieds, large de six, et si haut qu'il fallait un escabeau pour s'y guinder. Mon hôte m'ayant indiqué la position de la sonnette, et s'étant assuré par lui-même que le sucrier était plein, les flacons d'eau de Cologne dûment placés sur la toilette, après m'avoir demandé plusieurs fois si rien ne me manquait, me souhaita une bonne nuit et me laissa seul.

Les fenêtres étaient fermées. Avant de me déshabiller, j'en ouvris une pour respirer l'air frais de la nuit, délicieux après un long souper. En face était le Canigou, d'un aspect admirable en tout temps, mais qui me parut ce soir-là la plus belle montagne du monde, éclairé qu'il était par une lune resplendissante. Je demeurai quelques minutes à contempler [19] sa silhouette merveilleuse, et j'allais fermer ma fenêtre, lorsque, baissant les yeux, j'aperçus la statue sur un piédestal à une vingtaine de toises de la maison. Elle était placée à l'angle d'une haie vive qui séparait un petit jardin d'un vaste carré parfaitement uni, qui, je l'appris plus tard, était le jeu de paume de la ville. Ce terrain, propriété de M. de Peyrehorade, avait été cédé par lui à la commune, sur les pressantes sollicitations de son fils.

A la distance où j'étais, il m'était difficile de distinguer l'attitude de la statue; je ne pouvais juger que de sa hauteur, qui me parut de six pieds environ. En ce moment, deux polissons de la ville passaient sur le jeu de paume, assez près de la haie, sifflant le joli air du Roussillon : *Montagnes régalades**. Ils s'arrêtèrent pour regarder la statue; un d'eux l'apostropha même à haute voix. Il parlait catalan; mais j'étais dans le Roussillon depuis assez longtemps [20] pour pouvoir comprendre à peu près ce qu'il disait [21].

« Te voilà donc, coquine! (Le terme catalan était plus énergique.) Te voilà! disait-il. C'est donc toi qui as cassé la jambe à Jean Coll! Si tu étais à moi, je te casserais [22] le cou.

— Bah! avec quoi? dit l'autre. Elle est de cuivre, et si dure qu'Étienne a cassé sa lime dessus, essayant de l'entamer. C'est du cuivre du temps des païens; c'est plus dur que je ne sais quoi.

— Si j'avais mon ciseau à froid (il paraît que c'était un apprenti serrurier), je lui ferais bientôt sauter ses grands yeux blancs, comme je tirerais une amande de sa coquille. Il y a pour plus de cent sous d'argent. »

Ils firent quelques pas en s'éloignant.

« Il faut que je souhaite le bonsoir à l'idole, » dit le plus grand des apprentis, s'arrêtant tout à coup.

Il se baissa, et probablement ramassa une pierre. Je le vis déployer le bras, lancer quelque chose, et aussitôt un coup sonore retentit sur le bronze. Au même instant l'apprenti porta la main à sa tête en poussant un cri de douleur.

« Elle me l'a rejetée! » s'écria-t-il.

Et mes deux polissons prirent la fuite [23] à toutes

jambes. Il était évident que la pierre avait rebondi sur le métal, et avait puni ce drôle de l'outrage qu'il faisait à la déesse.

Je fermai la fenêtre en riant de bon cœur.

« Encore un Vandale puni par Vénus ! Puissent tous les destructeurs de nos vieux monuments avoir ainsi la tête cassée !* » Sur ce souhait charitable, je m'endormis.

Il était grand jour quand je me réveillai. Auprès de mon lit étaient, d'un côté, M. de Peyrehorade, en robe de chambre ; de l'autre, un domestique envoyé par sa femme, une tasse de chocolat à la main.

« Allons, debout, Parisien ! Voilà bien mes paresseux de la capitale ! disait mon hôte pendant que je m'habillais à la hâte. Il est huit heures, et encore au lit ! Je suis levé, moi, depuis six heures. Voilà trois fois que je monte ; je me suis approché de votre porte sur la pointe du pied : personne, nul signe de vie [24]. Cela vous fera mal de trop dormir à votre âge. Et ma Vénus que vous n'avez pas encore vue ! Allons, prenez-moi vite cette tasse de chocolat de Barcelone... Vraie contrebande*... Du chocolat comme on n'en a pas à Paris. Prenez des forces, car lorsque vous serez devant ma Vénus, on ne pourra plus vous en arracher. »

En cinq minutes je fus prêt, c'est-à-dire à moitié rasé, mal boutonné, et brûlé par le chocolat que j'avalai bouillant. Je descendis dans le jardin, et me trouvai devant une admirable statue.

C'était bien une Vénus, et d'une merveilleuse beauté. Elle avait le haut du corps nu, comme les anciens représentaient d'ordinaire les grandes divinités ; la main droite, levée à la hauteur du sein, était tournée, la paume en dedans, le pouce et les deux premiers doigts étendus, les deux autres légèrement ployés. L'autre main, rapprochée de la hanche, soutenait la draperie qui couvrait la partie inférieure du corps. L'attitude de cette statue rappelait celle du Joueur de mourre qu'on désigne, je ne sais trop pourquoi, sous le nom de Germanicus* [25]. Peut-être avait-on voulu représenter la déesse jouant au jeu de mourre.

Quoi qu'il en soit, il est impossible de voir quelque chose de plus parfait que le corps de cette Vénus; rien de plus suave, de plus voluptueux que ses contours; rien de plus élégant et de plus noble que sa draperie. Je m'attendais à quelque ouvrage du Bas-Empire; je voyais un chef-d'œuvre du meilleur temps de la statuaire. Ce qui me frappait surtout, c'était l'exquise vérité des formes, en sorte qu'on aurait pu les croire moulées sur nature, si la nature produisait d'aussi parfaits modèles.

La chevelure, relevée sur le front, paraissait avoir été dorée autrefois. La tête, petite comme celle de presque toutes les statues grecques, était légèrement inclinée en avant. Quant à la figure, jamais je ne parviendrai à exprimer son caractère étrange, et dont le type ne se rapprochait de celui d'aucune statue antique dont il me souvienne. Ce n'était point cette beauté calme et sévère des sculpteurs grecs, qui, par système, donnaient [26] à tous les traits une majestueuse immobilité. Ici, au contraire, j'observais avec surprise l'intention marquée de l'artiste de rendre la malice arrivant jusqu'à la méchanceté. Tous les traits étaient contractés légèrement : les yeux un peu obliques, la bouche relevée des coins, les narines quelque peu gonflées. Dédain, ironie, cruauté, se lisaient sur ce visage d'une incroyable beauté cependant. En vérité, plus on regardait cette admirable statue, et plus on éprouvait le sentiment [27] pénible qu'une si merveilleuse beauté pût s'allier à l'absence de toute sensibilité*.

« Si le modèle a jamais existé, dis-je à M. de Peyrehorade, et je doute que le ciel ait jamais produit une telle femme, que je plains ses amants ! Elle a dû se complaire à les faire mourir de désespoir. Il y a dans son expression quelque chose de féroce, et pourtant je n'ai jamais vu rien de si beau.

— C'est Vénus tout entière à sa proie attachée ! * »

s'écria M. de Peyrehorade [28], satisfait de mon enthousiasme.

Cette expression d'ironie infernale était augmentée peut-être par le contraste de ses yeux incrustés d'argent et très brillants avec la patine d'un vert noirâtre que le temps avait donnée à toute la statue. Ces yeux brillants produisaient une certaine illusion qui rappelait la réalité, la vie. Je me souvins de ce que m'avait dit mon guide, qu'elle faisait baisser les yeux à ceux qui la regardaient. Cela était presque vrai, et je ne pus me défendre d'un mouvement de colère contre moi-même en me sentant un peu mal à mon aise devant cette figure de bronze.

« Maintenant que vous avez tout admiré en détail, mon cher collègue en antiquaillerie, dit mon hôte, ouvrons, s'il vous plaît, une conférence scientifique. Que dites-vous de cette inscription, à laquelle vous n'avez point pris garde encore? »

Il me montrait le socle de la statue, et j'y lus ces mots :

CAVE AMANTEM

« *Quid dicis, doctissime ?** me demanda-t-il en se frottant les mains. Voyons si nous nous rencontrerons sur le sens de ce *cave amantem* [29] !

— Mais, répondis-je, il y a deux sens. On peut traduire : « Prends garde à celui qui t'aime, défie-toi des amants. » Mais, dans ce sens, je ne sais si *cave amantem* serait d'une bonne latinité*. En voyant l'expression diabolique de la dame, je croirais plutôt que l'artiste a voulu mettre en garde le spectateur contre cette terrible beauté. Je traduirais donc : « Prends garde à toi si *elle* [30] t'aime. »

— Humph! dit M. de Peyrehorade, oui, c'est un sens admirable; mais, ne vous en déplaise, je préfère la première traduction, que je développerai pourtant. Vous connaissez l'amant de Vénus?

— Il y en a plusieurs [31].

— Oui, mais le premier, c'est Vulcain. N'a-t-on pas voulu dire : « Malgré toute ta beauté, ton air dédaigneux, tu auras un forgeron, un vilain boiteux pour amant? » Leçon profonde, monsieur, pour les coquettes ! »

Je ne pus m'empêcher de sourire, tant l'explication me parut tirée par les cheveux.

« C'est une terrible langue que le latin avec sa concision, observai-je pour éviter de contredire formellement mon antiquaire », et je reculai de quelques pas afin de mieux contempler la statue.

« Un instant, collègue ! dit M. de Peyrehorade en m'arrêtant par le bras, vous n'avez pas tout vu. Il y a encore une autre inscription. Montez sur le socle et regardez au bras droit. » En parlant ainsi il m'aidait à monter*.

Je m'accrochai sans trop de façons au cou de la Vénus, avec laquelle je commençais à me familiariser. Je la regardai même un instant *sous le nez*, et la trouvai de près encore plus méchante et encore plus belle. Puis je reconnus qu'il y avait, gravés sur le bras, quelques caractères d'écriture cursive antique, à ce qu'il me sembla. A grand renfort de besicles * j'épelai ce qui suit, et cependant M. de Peyrehorade répétait chaque mot à mesure que je le prononçais, approuvant du geste et de la voix. Je lus donc :

VENERI TVRBVL...
EVTYCHES MYRO
*IMPERIO FECIT**

Après ce mot *TVRBVL* de la première ligne, il me sembla qu'il y avait quelques lettres effacées ; mais *TVRBVL* était parfaitement lisible.

« Ce qui veut dire?... » me demanda mon hôte radieux et souriant avec malice, car il pensait bien que je ne me tirerais pas facilement de ce *TVRBVL*.

« Il y a un mot que je ne m'explique pas encore, lui dis-je ; tout le reste est facile. Eutychès Myron a fait cette offrande à Vénus par son ordre.

— A merveille. Mais *TVRBVL*, qu'en faites-vous? Qu'est-ce que *TVRBVL?*

— *TVRBVL* m'embarrasse fort. Je cherche en vain quelque épithète connue de Vénus qui puisse m'aider. Voyons, que diriez-vous de *TVRBVLENTA?* Vénus qui trouble, qui agite... Vous vous apercevrez que je suis toujours préoccupé de son expression méchante. *TVRBVLENTA*, ce n'est point une trop mauvaise épithète pour Vénus », ajoutai-je d'un ton modeste, car je n'étais pas moi-même fort satisfait de mon explication.

« Vénus turbulente! Vénus la tapageuse! Ah! vous croyez donc que ma Vénus est une Vénus de cabaret [32]? Point du tout, monsieur; c'est une Vénus de bonne compagnie. Mais je vais vous expliquer ce *TVRBVL*... Au moins vous me promettez de ne point divulguer ma découverte avant l'impression de mon mémoire. C'est que, voyez-vous, je m'en fais gloire, de cette trouvaille-là... Il faut bien que vous nous laissiez quelques épis à glaner, à nous autres pauvres diables de provinciaux. Vous êtes si riches, messieurs les savants de Paris! »

Du haut du piédestal, où j'étais toujours perché, je lui promis solennellement que je n'aurais jamais l'indignité de lui voler sa découverte.

« *TVRBVL*..., monsieur, dit-il en se rapprochant et baissant la voix de peur qu'un autre que moi ne pût l'entendre, lisez *TVRBVLNERÆ.*

— Je ne comprends pas davantage.

— Écoutez bien. A une lieue d'ici, au pied de la montagne, il y a un village qui s'appelle Boulternère. C'est une corruption du mot latin *TVRBVLNERA*. Rien de plus commun que ces inversions. Boulternère, monsieur, a été une ville romaine. Je m'en étais toujours douté, mais jamais je n'en avais eu la preuve. La preuve, la voilà. Cette Vénus était la divinité topique de la cité de Boulternère; et ce mot de Boulternère, que je viens de démontrer d'origine antique, prouve une chose bien plus curieuse, c'est que Boulternère, avant d'être une ville romaine, a été une ville phénicienne ! »

Il s'arrêta un moment pour respirer et jouir de ma surprise. Je parvins à réprimer une forte envie de rire.

« En effet, poursuivit-il, *TVRBVLNERA* est pur phénicien, *TVR,* prononcez *TOUR*... *TOUR* et *SOUR* même mot, n'est-ce pas? *SOUR* est le nom phénicien de Tyr; je n'ai pas besoin de vous en rappeler le sens. *BVL*, c'est Baal; Bâl, Bel, Bul, légères différences de prononciation *. Quant à *NERA,* cela me donne un peu de peine [33]. Je suis tenté de croire, faute de trouver un mot phénicien, que cela vient du grec νηρός, humide, marécageux. Ce serait donc un mot hybride. Pour justifier νηρός, je vous montrerai à Boulternère comment les ruisseaux de la montagne y forment des mares infectes. D'autre part, la terminaison *NERA* aurait pu être ajoutée beaucoup plus tard en l'honneur de Nera Pivesuvia*, femme de Tétricus, laquelle aurait fait quelque bien à la cité de Turbul. Mais, à cause des mares, je préfère l'étymologie de νηρός. »

Il prit une prise de tabac d'un air satisfait.

« Mais laissons les Phéniciens, et revenons à l'inscription. Je traduis donc : « A Vénus de Boulternère Myron dédie par son ordre cette statue, son ouvrage. »

Je me gardai bien de critiquer son étymologie, mais je voulus à mon tour faire preuve de pénétration, et je lui dis : « Halte-là, monsieur. Myron a consacré quelque chose, mais je ne vois nullement que ce soit cette statue.

— Comment ! s'écria-t-il, Myron n'était-il pas un fameux sculpteur grec? Le talent se sera perpétué dans sa famille : c'est un de ses descendants qui aura fait cette statue. Il n'y a rien de plus sûr.

— Mais, répliquai-je, je vois sur le bras un petit trou. Je pense qu'il a servi à fixer quelque chose, un bracelet, par exemple, que ce Myron donna à Vénus en offrande expiatoire. Myron était un amant malheureux. Vénus était irritée contre lui : il l'apaisa en lui consacrant un bracelet d'or. Remarquez que *fecit* se prend fort souvent pour *consecravit*. Ce sont termes synonymes. Je vous en montrerais plus d'un exemple si j'avais sous la main Gruter ou bien Orelli* [34]. Il est naturel qu'un amoureux voit Vénus en rêve, qu'il s'imagine qu'elle lui commande de donner un bracelet d'or à sa statue. Myron lui consacra un bracelet... Puis les barbares ou bien quelque voleur sacrilège...

— Ah ! qu'on voit bien que vous avez fait des romans ! s'écria mon hôte en me donnant la main pour descendre. Non, monsieur, c'est un ouvrage de l'école de Myron. Regardez seulement le travail, et vous en conviendrez. »

M'étant fait une loi de ne jamais contredire à outrance les antiquaires entêtés, je baissai la tête d'un air convaincu en disant : « C'est un admirable morceau.

— Ah ! mon Dieu, s'écria M. de Peyrehorade, encore un trait de vandalisme ! On aura jeté une pierre à ma statue ! »

Il venait d'apercevoir une marque blanche un peu au-dessus du sein de la Vénus. Je remarquai une trace semblable sur les doigts de la main droite, qui, je le supposai alors, avaient été touchés dans le trajet de la pierre, ou bien un fragment s'en était détaché par le choc et avait ricoché sur la main. Je contai à mon hôte l'insulte dont j'avais été témoin et la prompte punition qui s'en était suivie. Il en rit beaucoup, et, comparant l'apprenti à Diomède, il lui souhaita de voir, comme le héros grec, tous ses compagnons changés en oiseaux blancs*.

La cloche du déjeuner interrompit cet entretien classique, et, de même que la veille, je fus obligé de manger comme quatre. Puis vinrent des fermiers de M. de Peyrehorade ; et pendant qu'il leur donnait audience, son fils me mena voir une calèche qu'il avait achetée à Toulouse pour sa fiancée, et que j'admirai, cela va sans dire. Ensuite j'entrai avec lui dans l'écurie, où il me tint une demi-heure à me vanter ses chevaux, à me faire leur généalogie, à me conter les prix qu'ils avaient gagnés aux courses du département. Enfin il en vint à me parler de sa future, par la transition d'une jument grise qu'il lui destinait.

« Nous la verrons aujourd'hui, dit-il. Je ne sais si vous la trouverez jolie. Vous êtes difficiles, à Paris; mais tout le monde, ici et à Perpignan, la trouve charmante. Le bon, c'est qu'elle est fort riche. Sa tante de Prades lui a laissé son bien. Oh! je vais être fort heureux. »

Je fus profondément choqué de voir un jeune homme paraître plus touché de la dot que des beaux yeux de sa future.

« Vous vous connaissez en bijoux, poursuivit M. Alphonse, comment trouvez-vous ceci? Voici l'anneau que je lui donnerai demain. »

En parlant ainsi, il tirait de la première phalange de son petit doigt une grosse bague enrichie de diamants, et formée de deux mains entrelacées; allusion qui me parut infiniment poétique. Le travail en était ancien, mais je jugeai qu'on l'avait retouchée pour enchâsser les diamants. Dans l'intérieur de la bague se lisaient ces mots en lettres gothiques : *Sempr' ab ti,* c'est-à-dire toujours avec toi.

« C'est une jolie bague, lui dis-je; mais ces diamants ajoutés lui ont fait perdre un peu de son caractère.

— Oh! elle est bien plus belle comme cela, répondit-il en souriant. Il y a là pour douze cents francs de diamants. C'est ma mère qui me l'a donnée [35]. C'était une bague de famille, très ancienne... du temps de la chevalerie. Elle avait servi à ma grand-mère, qui la tenait de la sienne. Dieu sait quand cela a été fait.

— L'usage à Paris, lui dis-je, est de donner un anneau tout simple, ordinairement composé de deux métaux différents, comme de l'or et du platine. Tenez, cette autre bague, que vous avez à ce doigt, serait fort convenable. Celle-ci, avec ses diamants et ses mains en relief, est si grosse, qu'on ne pourrait mettre un gant par-dessus.

— Oh! madame Alphonse s'arrangera comme elle voudra. Je crois qu'elle sera toujours bien contente de l'avoir. Douze cents francs au doigt, c'est agréable. Cette petite bague-là, ajouta-t-il en regardant d'un air de satisfaction l'anneau tout uni qu'il portait à la main, celle-là, c'est une femme à Paris qui me l'a donnée un jour de mardi gras. Ah! comme je m'en suis donné quand j'étais à Paris, il y a deux ans! C'est là qu'on s'amuse!... » Et il soupira de regret.

Nous devions dîner ce jour-là à Puygarrig, chez les parents de la future; nous montâmes en calèche, et nous nous rendîmes au château, éloigné d'Ille d'environ une lieue et demie. Je fus présenté et accueilli comme l'ami de la famille. Je ne parlerai pas du dîner ni de la conversation qui s'ensuivit, et à laquelle je pris peu de part [36]. M. Alphonse, placé à côté de sa future, lui disait un mot à l'oreille tous les quarts d'heure. Pour elle, elle ne levait guère les yeux, et, chaque fois que son prétendu lui parlait, elle rougissait avec modestie, mais lui répondait sans embarras.

Mademoiselle de Puygarrig avait dix-huit ans [37]; sa taille souple et délicate contrastait avec les formes osseuses de son robuste fiancé. Elle était non seulement belle, mais séduisante. J'admirais le naturel parfait de toutes ses réponses [38]; et son air de bonté, qui pourtant n'était pas exempt d'une légère teinte de malice, me rappela, malgré moi, la Vénus de mon hôte. Dans cette comparaison que je fis en moi-même, je me demandais si la supériorité de beauté qu'il fallait bien accorder à la statue ne tenait pas, en grande partie, à son expression de tigresse; car l'énergie, même dans les mauvaises passions, excite toujours en nous un étonnement et une espèce d'admiration involontaire.

« Quel dommage, me dis-je en quittant Puygarrig, qu'une si aimable personne soit riche, et que sa dot la fasse rechercher par un homme indigne d'elle! »

En revenant à Ille, et ne sachant trop que dire à

madame de Peyrehorade, à qui je croyais convenable d'adresser quelquefois la parole :

« Vous êtes bien esprits forts en Roussillon ! m'écriai-je; comment, madame, vous faites un mariage un vendredi*. A Paris nous aurions plus de superstition; personne n'oserait prendre femme un tel jour.

— Mon Dieu ! ne m'en parlez pas, me dit-elle, si cela n'avait dépendu que de moi, certes on eût choisi un autre jour [39]. Mais Peyrehorade l'a voulu, et il a fallu lui céder. Cela me fait de la peine pourtant. S'il arrivait quelque malheur? il faut bien qu'il y ait une raison, car enfin pourquoi tout le monde a-t-il peur du vendredi?

— Vendredi ! s'écria son mari, c'est le jour de Vénus ! Bon jour pour un mariage ! Vous le voyez, mon cher collègue, je ne pense qu'à ma Vénus. D'honneur ! c'est à cause d'elle que j'ai choisi le vendredi. Demain, si vous voulez, avant la noce, nous lui ferons un petit sacrifice; nous sacrifierons deux palombes, et si je savais où trouver de l'encens...

— Fi donc, Peyrehorade ! interrompit sa femme scandalisée au dernier point. Encenser une idole ! Ce serait une abomination ! Que dirait-on de nous dans le pays?

— Au moins, dit M. de Peyrehorade, tu me permettras de lui mettre sur la tête une couronne de roses et de lis :

Manibus date lilia plenis*.

Vous le voyez, monsieur, la charte est un vain mot*. Nous n'avons pas la liberté des cultes ! »

Les arrangements du lendemain furent réglés de la manière suivante. Tout le monde devait être prêt et en toilette à dix heures précises. Le chocolat pris, on se rendrait en voiture à Puygarrig. Le mariage civil devait se faire à la mairie du village, et la cérémonie religieuse dans la chapelle du château. Viendrait ensuite un déjeuner. Après le déjeuner on passerait le temps comme l'on pourrait jusqu'à sept heures. A sept heures, on retournerait à Ille, chez M. de Peyrehorade, où devaient souper les deux familles réunies. Le reste s'ensuit naturellement. Ne pouvant danser, on avait voulu manger le plus possible.

Dès huit heures j'étais assis devant la Vénus, un crayon à la main, recommençant pour la vingtième fois la tête de la statue, sans pouvoir parvenir à en saisir l'expression. M. de Peyrehorade allait et venait autour de moi, me donnait des conseils, me répétait ses étymologies phéniciennes; puis disposait des roses du Bengale sur le piédestal de la statue, et d'un ton tragi-comique lui adressait des vœux pour le couple qui allait vivre sous son toit. Vers neuf heures il rentra pour songer à sa toilette, et en même temps parut M. Alphonse, bien serré dans un habit neuf, en gants blancs, souliers vernis, boutons ciselés, une rose à la boutonnière.

« Vous ferez le portrait de ma femme? me dit-il en se penchant sur mon dessin. Elle est jolie aussi. »

En ce moment commençait, sur le jeu de paume dont j'ai parlé, une partie qui, sur-le-champ, attira [40] l'attention de M. Alphonse. Et moi, fatigué, et désespérant de rendre cette diabolique figure, je quittai bientôt mon dessin pour regarder les joueurs. Il y avait parmi eux quelques muletiers espagnols arrivés de la veille. C'étaient des Aragonais et des Navarrois, presque tous d'une adresse merveilleuse. Aussi les Illois, bien qu'encouragés par la présence et les conseils de M. Alphonse, furent-ils assez promptement battus par ces nouveaux champions. Les spectateurs nationaux étaient consternés. M. Alphonse regarda à sa montre. Il n'était que neuf heures et demie. Sa mère n'était pas coiffée. Il n'hésita plus : il ôta son habit, demanda une veste, et défia les Espagnols. Je le regardais faire en souriant, et un peu surpris.

« Il faut soutenir l'honneur du pays », dit-il.

Alors je le trouvai vraiment beau. Il était passionné. Sa toilette, qui l'occupait si fort tout à l'heure, n'était plus rien pour lui. Quelques minutes avant il eût craint de tourner la tête de peur de déranger sa cravate. Maintenant il ne pensait plus à ses cheveux frisés ni à son jabot si bien plissé. Et sa fiancée?... Ma foi, si cela eût été nécessaire, il aurait, je crois, fait ajourner le mariage. Je le vis chausser à la hâte une paire de sandales, retrousser ses manches, et, d'un air assuré, se mettre à la tête du parti vaincu, comme César ralliant ses soldats à Dyrrachium*. Je sautai la haie, et me plaçai commodément à l'ombre d'un micocoulier*, de façon à bien voir les deux camps.

Contre l'attente générale, M. Alphonse manqua la première balle; il est vrai qu'elle vint rasant la terre et lancée avec une force surprenante par un Aragonais qui paraissait être le chef des Espagnols.

C'était un homme d'une quarantaine d'années, sec et nerveux, haut de six pieds, et sa peau olivâtre avait une teinte presque aussi foncée que le bronze de la Vénus.

M. Alphonse jeta sa raquette à terre avec fureur.

« C'est cette maudite bague, s'écria-t-il, qui me serre le doigt, et me fait manquer une balle sûre ! »

Il ôta, non sans peine, sa bague de diamants : je m'approchais pour la recevoir; mais il me prévint, courut à la Vénus, lui passa la bague au doigt annulaire, et reprit son poste à la tête des Illois.

Il était pâle, mais calme et résolu. Dès lors il ne fit plus une seule faute, et les Espagnols furent battus complètement. Ce fut un beau spectacle que l'enthousiasme des spectateurs : les uns poussaient mille cris de joie en jetant leurs bonnets en l'air; d'autres lui serraient les mains, l'appelant l'honneur du pays. S'il eût repoussé une invasion, je doute qu'il eût reçu des félicitations plus vives et plus sincères [41]. Le chagrin des vaincus ajoutait encore à l'éclat de sa victoire.

« Nous ferons d'autres parties, mon brave, dit-il à l'Aragonais d'un ton de supériorité; mais je vous rendrai des points. »

J'aurais désiré que M. Alphonse fût plus modeste, et je fus presque peiné de l'humiliation de son rival.

Le géant espagnol ressentit profondément cette insulte. Je le vis pâlir sous sa peau basanée. Il regardait d'un air morne sa raquette en serrant les dents; puis, d'une voix étouffée, il dit tout bas : *Me lo pagarás*.

La voix de M. de Peyrehorade troubla le triomphe de son fils [42] ; mon hôte, fort étonné de ne point le trouver présidant aux apprêts de la calèche neuve, le fut bien plus encore en le voyant tout en sueur, la raquette à la main. M. Alphonse courut à la maison, se lava la figure et les mains, remit son habit neuf et ses souliers vernis, et cinq minutes après nous étions au grand trot sur la route de Puygarrig. Tous les joueurs de paume de la ville [43] et grand nombre de spectateurs nous suivirent avec des cris de joie. A peine les chevaux vigoureux qui nous traînaient pouvaient-ils maintenir leur avance sur ces intrépides Catalans.

Nous étions à Puygarrig, et le cortège allait se mettre en marche pour la mairie, lorsque M. Alphonse, se frappant le front, me dit tout bas :

« Quelle brioche!* J'ai oublié la bague! Elle est au doigt de la Vénus, que le diable puisse emporter! Ne le dites pas à ma mère au moins. Peut-être qu'elle ne s'apercevra de rien.

— Vous pourriez envoyer quelqu'un, lui dis-je.

— Bah! mon domestique est resté à Ille. Ceux-ci, je ne m'y fie guère. Douze cents francs de diamants! cela pourrait en tenter plus d'un. D'ailleurs que penserait-on ici de ma distraction? Ils se moqueraient trop de moi. Ils m'appelleraient le mari de la statue... Pourvu qu'on ne me la vole pas! Heureusement que l'idole fait peur à mes coquins. Ils n'osent l'approcher à longueur de bras [44]. Bah! ce n'est rien; j'ai une autre bague. »

Les deux cérémonies civile et religieuse s'accomplirent avec la pompe convenable; et mademoiselle de Puygarrig reçut l'anneau d'une modiste de Paris, sans se douter que son fiancé lui faisait le sacrifice d'un gage amoureux. Puis on se mit à table, où l'on but, mangea, chanta même, le tout fort longuement. Je souffrais pour la mariée de la grosse joie qui éclatait autour d'elle; pourtant elle faisait meilleure contenance que je ne l'aurais espéré, et son embarras n'était ni de la gaucherie ni de l'affectation [45].

Peut-être le courage vient-il avec les situations difficiles.

Le déjeuner terminé quand il plut à Dieu, il était quatre heures ; les hommes allèrent se promener dans le parc, qui était magnifique, ou regardèrent danser sur la pelouse du château les paysannes de Puygarrig, parées de leurs habits de fête. De la sorte, nous employâmes quelques heures. Cependant les femmes étaient fort empressées autour de la mariée, qui leur faisait admirer sa corbeille. Puis elle changea de toilette, et je remarquai qu'elle couvrit ses beaux cheveux d'un bonnet et d'un chapeau à plumes, car les femmes n'ont rien de plus pressé que de prendre, aussitôt qu'elles le peuvent, les parures que l'usage leur défend de porter quand elles sont encore demoiselles.

Il était près de huit heures quand on se disposa à partir pour Ille. Mais d'abord eut lieu une scène pathétique. La tante de mademoiselle de Puygarrig, qui lui servait de mère, femme très âgée et fort dévote, ne devait point aller avec nous à la ville. Au départ, elle fit à sa nièce un sermon touchant sur ses devoirs d'épouse, duquel sermon résulta un torrent de larmes et des embrassements sans fin. M. de Peyrehorade comparait cette séparation à l'enlèvement des Sabines. Nous partîmes pourtant, et, pendant la route, chacun s'évertua pour distraire la mariée et la faire rire ; mais ce fut en vain.

A Ille, le souper nous attendait, et quel souper ! Si la grosse joie du matin m'avait choqué, je le fus bien davantage des équivoques et des plaisanteries dont le marié et la mariée surtout furent l'objet. Le marié, qui avait disparu un instant avant de se mettre à table, était pâle et d'un sérieux de glace. Il buvait à chaque instant du vieux vin de Collioure* presque aussi fort que de l'eau-de-vie. J'étais à côté de lui, et me crus obligé de l'avertir :

« Prenez garde ! on dit que le vin... »

Je ne sais quelle sottise je lui dis pour me mettre à l'unisson des convives.

Il me poussa le genou, et très bas il me dit :

« Quand on se lèvera de table..., que je puisse vous dire deux mots. »

Son ton solennel me surprit. Je le regardai plus attentivement, et je remarquai l'étrange altération de ses traits.

« Vous sentez-vous indisposé? lui demandai-je.

— Non. »

Et il se remit à boire.

Cependant, au milieu des cris et des battements de mains, un enfant de onze ans, qui s'était glissé sous la table, montrait aux assistants un joli ruban blanc et rose qu'il venait de détacher de la cheville de la mariée. On appelle cela sa jarretière. Elle fut aussitôt coupée par morceaux et distribuée aux jeunes gens, qui en ornèrent leur boutonnière, suivant un antique usage qui se conserve encore dans quelques familles patriarcales. Ce fut pour la mariée une occasion de rougir jusqu'au blanc des yeux... Mais son trouble fut au comble lorsque M. de Peyrehorade, ayant réclamé le silence, lui chanta quelques vers catalans, impromptu, disait-il. En voici le sens, si je l'ai bien compris :

« Qu'est-ce donc, mes amis? Le vin que j'ai bu me « fait-il voir double? Il y a deux Vénus ici... »

Le marié tourna brusquement la tête d'un air effaré, qui fit rire tout le monde.

« Oui, poursuivit M. de Peyrehorade, il y a deux « Vénus sous mon toit. L'une, je l'ai trouvée dans la « terre comme une truffe; l'autre, descendue des cieux, « vient de nous partager sa ceinture. »

Il voulait dire sa jarretière.

« Mon fils, choisis de la Vénus romaine ou de la « catalane celle que tu préfères. Le maraud prend la « catalane, et sa part est la meilleure. La romaine est « noire, la catalane est blanche. La romaine est froide, « la catalane enflamme tout ce qui l'approche. »

Cette chute excita un tel hourra, des applaudissements si bruyants et des rires si sonores, que je crus que le plafond allait nous tomber sur la tête. Autour de la table il n'y avait que trois visages sérieux, ceux des mariés et le mien. J'avais un grand mal de tête; et puis, je ne sais pourquoi, un mariage m'attriste toujours*. Celui-là, en outre, me dégoûtait un peu.

Les derniers couplets ayant été chantés par l'adjoint du maire, et ils étaient fort lestes, je dois le dire, on passa dans le salon pour jouir du départ de la mariée, qui devait être bientôt conduite à sa chambre, car il était près de minuit.

M. Alphonse me tira dans l'embrasure d'une fenêtre, et me dit en détournant les yeux :

« Vous allez vous moquer de moi... Mais je ne sais ce que j'ai... je suis ensorcelé! le diable m'emporte! »

La première pensée qui me vint fut qu'il se croyait menacé de quelque malheur du genre de ceux dont parlent Montaigne* et madame de Sévigné :

« Tout l'empire amoureux est plein d'histoires tragiques* », etc.

Je croyais que ces sortes d'accidents n'arrivaient qu'aux gens d'esprit, me dis-je à moi-même*.

« Vous avez trop bu de vin de Collioure, mon cher monsieur Alphonse, lui dis-je. Je vous avais prévenu.

— Oui, peut-être. Mais c'est quelque chose de bien plus terrible. »

Il avait la voix entrecoupée. Je le crus tout à fait ivre.

« Vous savez bien mon anneau? poursuivit-il après un silence.

— Eh bien! on l'a pris?

— Non.

— En ce cas, vous l'avez?

— Non... je... je ne puis l'ôter du doigt de cette diable de Vénus.

— Bon! vous n'avez pas tiré assez fort.

— Si fait... Mais la Vénus... elle a serré le doigt. »

Il me regardait fixement d'un air hagard, s'appuyant à l'espagnolette pour ne pas tomber.

« Quel conte! lui dis-je. Vous avez trop enfoncé l'anneau. Demain vous l'aurez avec des tenailles. Mais prenez garde de gâter la statue.

— Non, vous dis-je. Le doigt de la Vénus est retiré, reployé; elle serre la main, m'entendez-vous?... C'est ma femme, apparemment, puisque je lui ai donné mon anneau... Elle ne veut plus le rendre. »

J'éprouvai un frisson subit, et j'eus un instant la chair de poule. Puis, un grand soupir qu'il fit m'envoya une bouffée de vin, et toute émotion disparut.

Le misérable, pensai-je, est complètement ivre.

« Vous êtes antiquaire, monsieur, ajouta le marié d'un ton lamentable; vous connaissez ces statues-là... il y a peut-être quelque ressort, quelque diablerie, que je ne connais point... Si vous alliez voir?

— Volontiers, dis-je. Venez avec moi.

— Non, j'aime mieux que vous y alliez seul. »

Je sortis du salon.

Le temps avait changé pendant le souper, et la pluie commençait à tomber avec force. J'allais demander un parapluie, lorsqu'une réflexion m'arrêta. Je serais un bien grand sot, me dis-je, d'aller vérifier ce que m'a dit un homme ivre! Peut-être, d'ailleurs, a-t-il voulu me faire quelque méchante plaisanterie pour apprêter à rire à ces honnêtes provinciaux; et le moins qu'il puisse m'en arriver, c'est d'être trempé jusqu'aux os et d'attraper un bon rhume.

De la porte je jetai un coup d'œil sur la statue ruisselante d'eau, et je montai dans ma chambre sans rentrer dans le salon. Je me couchai; mais le sommeil fut long à venir. Toutes les scènes de la journée se représentaient à mon esprit. Je pensais à cette jeune fille si belle et si pure abandonnée à un ivrogne brutal. Quelle odieuse chose, me disais-je, qu'un mariage de convenance!* Un maire revêt une écharpe tricolore, un curé une étole, et voilà la plus honnête fille du monde livrée au Minotaure! Deux êtres qui ne s'aiment pas, que peuvent-ils se dire dans un pareil moment, que deux amants achèteraient au prix de leur existence? Une femme peut-elle jamais aimer un homme qu'elle aura vu grossier une fois? Les premières impressions ne s'effacent pas, et j'en suis sûr, ce M. Alphonse méritera bien d'être haï...

Durant mon monologue, que j'abrège beaucoup, j'avais entendu force allées et venues dans la maison, les portes s'ouvrir et se fermer, des voitures partir; puis il me semblait avoir entendu sur l'escalier les pas légers de plusieurs femmes se dirigeant vers l'extrémité du corridor opposé à ma chambre. C'était probablement le cortège de la mariée qu'on menait au lit. Ensuite on avait redescendu l'escalier. La porte de madame de Peyrehorade s'était fermée. Que cette pauvre fille, me dis-je, doit être troublée et mal à l'aise! Je me tournais dans mon lit de mauvaise humeur. Un garçon joue un sot rôle dans une maison où s'accomplit un mariage.

Le silence régnait depuis quelque temps lorsqu'il fut troublé par des pas lourds qui montaient l'escalier. Les marches de bois craquèrent fortement.

« Quel butor! m'écriai-je. Je parie qu'il va tomber dans l'escalier. »

Tout redevint tranquille. Je pris un livre pour changer le cours de mes idées. C'était une statistique du département, ornée d'un mémoire de M. de Peyrehorade sur les monuments druidiques [46] de l'arrondissement de Prades*. Je m'assoupis à la troisième page.

Je dormis mal et me réveillai plusieurs fois. Il pouvait être cinq heures du matin, et j'étais éveillé depuis plus de vingt minutes lorsque le coq chanta [47]. Le jour allait se lever. Alors j'entendis distinctement les mêmes pas lourds, le même craquement de l'escalier que j'avais entendus avant de m'endormir. Cela me parut singulier. J'essayai, en bâillant, de deviner pourquoi M. Alphonse se levait si matin. Je n'imaginais rien de vraisemblable. J'allais refermer les yeux lorsque mon attention fut de nouveau excitée par des trépignements étranges auxquels se mêlèrent bientôt le tintement des sonnettes et le bruit de portes qui s'ouvraient avec fracas, puis je distinguai des cris confus [48].

Mon ivrogne aura mis le feu quelque part ! pensais-je en sautant à bas de mon lit.

Je m'habillai rapidement et j'entrai [49] dans le corridor. De l'extrémité opposée partaient des cris et des lamentations, et une voix déchirante dominait toutes les autres : « Mon fils, mon fils ! » Il était évident qu'un malheur était arrivé à M. Alphonse. Je courus à la chambre nuptiale : elle était pleine de monde. Le premier spectacle qui frappa ma vue fut le jeune homme à demi-vêtu, étendu en travers sur le lit dont le bois était brisé. Il était livide, sans mouvement. Sa mère pleurait et criait à côté de lui. M. de Peyrehorade s'agitait, lui frottait les tempes avec de l'eau de Cologne [50] ou lui mettait des sels sous le nez. Hélas ! depuis longtemps son fils était mort. Sur un canapé, à l'autre bout de la chambre, était la mariée, en proie à d'horribles convulsions [51]. Elle poussait des cris inarticulés, et deux robustes servantes avaient toutes les peines du monde à la contenir.

« Mon Dieu [52] ! m'écriai-je, qu'est-il donc arrivé ? »

Je m'approchai du lit et soulevai le corps du malheureux jeune homme ; il était déjà raide et froid. Ses dents serrées et sa figure noircie [53] exprimaient les plus affreuses angoisses [54]. Il paraissait assez que sa mort avait été violente et son agonie terrible. Nulle trace de sang cependant sur ses habits. J'écartai sa chemise et vis sur sa poitrine une empreinte livide qui se prolongeait sur les côtes et le dos. On eût dit qu'il avait été étreint dans un cercle de fer. Mon pied posa sur quelque chose de dur qui se trouvait sur le tapis ; je me baissai et vis la bague de diamants.

J'entraînai M. de Peyrehorade et sa femme dans leur chambre ; puis j'y fis porter la mariée. « Vous avez encore une fille, leur dis-je, vous lui devez vos soins. » Alors je les laissai seuls.

Il ne me paraissait pas douteux que M. Alphonse n'eût été victime d'un assassinat dont les auteurs avaient trouvé moyen de s'introduire la nuit dans la chambre de la mariée. Ces meurtrissures à la poitrine, leur direction circulaire m'embarrassaient beaucoup pourtant, car un bâton ou une barre de fer n'aurait pu les produire. Tout d'un coup je me souvins d'avoir entendu dire qu'à Valence des braves* se servaient de longs sacs de cuir remplis de sable fin pour assommer les gens dont on leur avait payé la mort. Aussitôt je me rappelai le muletier aragonais et sa menace; toutefois j'osais à peine penser qu'il eût tiré une si terrible vengeance d'une plaisanterie légère.

J'allais dans la maison, cherchant partout des traces d'effraction, et n'en trouvant nulle part. Je descendis dans le jardin pour voir si les assassins avaient pu s'introduire [55] de ce côté; mais je ne trouvai aucun indice certain. La pluie de la veille avait d'ailleurs tellement détrempé le sol, qu'il n'aurait pu garder d'empreinte bien nette. J'observai pourtant quelques pas profondément imprimés dans la terre; il y en avait dans deux directions contraires, mais sur une même ligne, partant de l'angle de la haie contiguë au jeu de paume et aboutissant à la porte de la maison. Ce pouvaient être les pas de M. Alphonse lorsqu'il était allé chercher son anneau au doigt de la statue. D'un autre côté, la haie, en cet endroit, étant moins fourrée qu'ailleurs, ce devait être sur ce point que les meurtriers l'auraient franchie. Passant et repassant devant la statue, je m'arrêtai un instant pour la considérer. Cette fois, je l'avouerai, je ne pus contempler sans effroi son expression de méchanceté ironique; et, la tête toute pleine des scènes horribles dont je venais d'être le témoin, il me sembla voir une divinité infernale applaudissant au malheur qui frappait cette maison.

Je regagnai ma chambre et j'y restai jusqu'à midi. Alors je sortis et demandai des nouvelles de mes hôtes. Ils étaient un peu plus calmes. Mademoiselle de Puygarrig, je devrais dire la veuve de M. Alphonse, avait repris connaissance. Elle avait même parlé au procureur du roi de Perpignan, alors en tournée à Ille, et ce magistrat avait reçu sa déposition. Il me demanda la mienne. Je lui dis ce que je savais, et ne lui cachai pas mes soupçons contre le muletier aragonais. Il ordonna qu'il fût arrêté sur-le-champ.

« Avez-vous appris quelque chose de madame Alphonse? » demandai-je au procureur du roi, lorsque ma déposition fut écrite et signée.

« Cette malheureuse jeune personne est devenue folle, me dit-il en souriant tristement. Folle! tout à fait folle. Voici ce qu'elle conte :

« Elle était couchée, dit-elle depuis quelques minutes, les rideaux tirés, lorsque la porte de sa chambre s'ouvrit, et quelqu'un entra. Alors madame Alphonse était dans la ruelle du lit, la figure tournée vers la muraille. Elle ne fit pas un mouvement, persuadée que c'était son mari. Au bout d'un instant, le lit cria comme s'il était chargé d'un poids énorme. Elle eut grand-peur, mais n'osa pas tourner la tête. Cinq minutes, dix minutes peut-être... elle ne peut se rendre compte du temps, se passèrent de la sorte. Puis elle fit un mouvement involontaire, ou bien la personne qui était dans le lit en fit un, et elle sentit le contact de quelque chose de froid [56] comme la glace, ce sont ses expressions. Elle s'enfonça dans la ruelle tremblant de tous ses membres. Peu après, la porte s'ouvrit une seconde fois, et quelqu'un entra, qui dit : Bonsoir, ma petite femme. Bientôt après on tira les rideaux. Elle entendit un cri étouffé. La personne qui était dans le lit, à côté d'elle, se leva sur son séant et parut étendre les bras en avant. Elle tourna la tête alors... et vit, dit-elle, son mari à genoux auprès du lit, la tête à la hauteur de l'oreiller, entre les bras d'un espèce de géant verdâtre qui l'étreignait avec force. Elle dit, et m'a répété vingt fois, pauvre femme!... elle dit qu'elle a reconnu... devinez-vous? La Vénus de bronze, la statue de M. de Peyrehorade... Depuis qu'elle est dans le pays, tout le monde en rêve. Mais je reprends le récit de la malheureuse folle. A ce spectacle, elle perdit connaissance, et probablement depuis quelques instants elle avait perdu la raison. Elle ne peut en aucune façon dire combien de temps elle demeura évanouie. Revenue à elle, elle revit le fantôme, ou la statue, comme elle dit toujours, immobile, les jambes et le bas du corps dans le lit, le buste et les bras étendus en avant, et entre ses bras son mari, sans mouvement. Un coq chanta. Alors la statue sortit du lit, laissa tomber le cadavre et sortit. Madame Alphonse se pendit à la sonnette, et vous savez le reste. »

On amena l'Espagnol; il était calme, et se défendit avec beaucoup de sang-froid et de présence d'esprit. Du reste, il ne nia pas le propos que j'avais entendu; mais il l'expliquait, prétendant qu'il n'avait voulu dire autre chose, sinon que le lendemain, reposé qu'il serait, il aurait gagné une partie de paume à son vainqueur. Je me rappelle qu'il ajouta :

« Un Aragonais, lorsqu'il est outragé, n'attend pas au lendemain pour se venger. Si j'avais cru que M. Alphonse eût voulu m'insulter, je lui aurais sur-le-champ donné de mon couteau dans le ventre. »

On compara ses souliers avec les empreintes de pas dans le jardin; ses souliers étaient beaucoup plus grands.

Enfin l'hôtelier chez qui cet homme était logé assura qu'il avait passé toute la nuit à frotter et à médicamenter un de ses mulets qui était malade.

D'ailleurs cet Aragonais était un homme bien famé*, fort connu dans le pays, où il venait tous les ans pour son commerce. On le relâcha donc en lui faisant des excuses.

J'oubliais la déposition d'un domestique qui le dernier avait vu M. Alphonse vivant. C'était au moment qu'il allait monter [57] chez sa femme, et, appelant cet homme, il lui demanda d'un air d'inquiétude s'il savait où j'étais. Le domestique répondit qu'il ne m'avait point vu. Alors M. Alphonse fit un soupir et resta plus d'une minute sans parler [58], puis il dit : *Allons ! le diable l'aura emporté aussi!*

Je demandai à cet homme si M. Alphonse avait sa bague de diamants [59] lorsqu'il lui parla. Le domestique hésita pour répondre; enfin il dit qu'il ne le croyait pas, qu'il n'y avait fait au reste aucune attention. « S'il avait eu cette bague au doigt, ajouta-t-il en se reprenant, je l'aurais sans doute remarquée, car je croyais qu'il l'avait donnée à madame Alphonse. »

En questionnant cet homme je ressentais un peu de la terreur superstitieuse que la déposition de madame Alphonse avait répandue dans toute la maison. Le procureur du roi me regarda en souriant, et je me gardai bien d'insister.

Quelques heures après les funérailles de M. Alphonse, je me disposai à quitter Ille. La voiture de M. de Peyrehorade devait me conduire à Perpignan. Malgré son état de faiblesse, le pauvre vieillard voulut m'accompagner jusqu'à la porte de son jardin. Nous le traversâmes en silence, lui se traînant à peine, appuyé sur mon bras. Au moment de nous séparer, je jetai un dernier regard sur la Vénus. Je prévoyais bien que mon hôte, quoiqu'il ne partageât point les terreurs et les haines [60] qu'elle inspirait à une partie de sa famille, voudrait se défaire d'un objet qui lui rappellerait sans cesse un malheur affreux. Mon intention était de l'engager à la placer dans un musée. J'hésitais pour entrer en matière, quand M. de Peyrehorade tourna machinalement la tête du côté où il me voyait regarder fixement. Il aperçut la statue et aussitôt fondit en larmes. Je l'embrassai, et, sans oser lui dire un seul mot, je montai dans la voiture.

Depuis mon départ je n'ai point appris que quelque jour nouveau soit venu éclairer cette mystérieuse catastrophe.

M. de Peyrehorade mourut quelques mois après son fils. Par son testament il m'a légué ses manuscrits, que je publierai peut-être un jour. Je n'y ai point trouvé le mémoire relatif aux inscriptions de la Vénus.

P. S. Mon ami M. de P. vient de m'écrire de Perpignan que la statue n'existe plus [61]. Après la mort de son mari, le premier soin de madame de Peyrehorade fut de la faire fondre en cloche, et sous cette nouvelle forme elle sert à l'église d'Ille. Mais, ajoute M. de P., il semble qu'un mauvais sort poursuive ceux qui possèdent ce bronze. Depuis que cette cloche sonne à Ille, les vignes ont gelé deux fois*.

COLOMBA

NOTICE

Le 27 mai 1834, Mérimée avait été nommé inspecteur général des Monuments historiques. En 1839, il avait déjà inspecté le Midi (1834), l'Ouest de la France (1835) et l'Auvergne. Depuis le 16 février 1836, il est l'amant de Valentine Delessert.

L'esprit libre, la chair paisible, il travaille plongé jusqu'aux oreilles dans une histoire de Jules César et il se rassasie de carnage en piochant la « Guerre sociale ». Cependant le temps approchait de sa tournée annuelle et il n'eût pas été fâché, sous le prétexte de quelques clochers à conserver, d'aller vérifier la couleur locale dont il avait, dix ans auparavant, paré la Corse et le maquis. L'occasion était bonne puisque la Corse réclamait les secours de la Commission des Monuments historiques et que son préfet avait adressé un rapport à la direction des Beaux-Arts, accompagné de la copie du travail présenté par Pierangeli, dès 1822, à l'Académie royale des Inscriptions.

Le 24 juin 1839, le ministre de l'Intérieur, T. Duchâtel, autorise la tournée en Corse et le 29 Mérimée quitte Paris. Après six semaines d'une longue inspection par Lyon, où il se documente auprès de J.-C. Gregorj, conseiller à la cour royale, par Grenoble, et Orange, où Adrien de Gasparin lui remet une lettre de recommandation pour le sous-préfet de Bastia, Tiburce Morati, il arrive à Marseille (11 août) et le 15 août il s'embarque à Toulon pour son voyage en Corse.

Mérimée part déjà bien renseigné sur le pays qu'il va visiter [1]. Outre les ouvrages qu'il connaît déjà et qu'il a lus pour *Mateo Falcone* (cf. t. I, p. 235, il a certainement

1. Voir Starace (Carmine). *Bibliografia della Corsica,* Ispi, 1943. — G. Roger. *Prosper Mérimée et la Corse,* Alger, 1945.

étudié les *Voyages en Corse, à l'Ile d'Elbe et en Sardaigne*, par M. Valéry (Libr. Bourgeois-Maze, Paris, 1837-1838), dont le tome premier avait déjà paru en juin 1837 [1]. Il y avait trouvé le récit de la vendetta de Fozzano qui ne pouvait manquer d'attirer son attention :

« J'ai visité, écrit Valéry (t. I, p. 203) madame Colomba Bartoli qui, malgré la douceur de son nom, fut jadis une véritable amazone, et tirait fort joliment des coups de fusil. Madame Bartoli, âgée de soixante ans [2], mais verte encore, propriétaire de champs d'oliviers et de blé et appartenant à l'une des familles qui mènent un des deux partis, perdit son unique fils à une rencontre arrivée le trente décembre 1833, dans laquelle quatre hommes périrent et un fut blessé. Le jeune homme paraît avoir été l'un des agresseurs, puisque ses adversaires furent acquittés, arrêt que la douleur de la mère accusait à tort de vénalité : « La justice se vend à Bastia comme tout le reste », me disait madame Bartoli. Elle a consacré, à ce fils regretté, une petite chapelle où elle voulut bien me faire conduire par sa fille Catherine, jeune personne belle, blanche, forte, qui fait aussi bien le coup de fusil que madame sa mère, et dont les habits de deuil rappelaient la funeste rencontre où son frère avait péri. »

Mérimée arrive à Bastia le 16 août 1839 [3], accueilli par Tiburce Morati, par Sigaudy, substitut du procureur de la cour royale, par les conseillers à la cour, Casabianca, Capelle, Stéfanini. Après une excursion à Aléria, accompagné de Vogin, ingénieur des Ponts-et-Chaussées, il part le 26 août pour Ajaccio où il arrive le 28 et fait la connaissance d'Étienne Conti [4] qui lui donne sur la Corse d'importants renseignements. Le 2 septembre, il quitte Ajaccio, passe par Sollacaro et, par Olmeto et Propriano, il monte

1. Le tome premier a été enregistré à la *Bibliographie de la France* le 5 juin 1837; le tome second, le 14 avril 1838.

2. Valéry a voyagé en Corse, en 1835.

3. « Itinéraire de Mérimée en Corse. » *Mercure de France*, 1er mars 1936, pp. 280-299.

4. Voir « Pour le centenaire de Colomba », Paris, le Divan, 1941.

à Sartène où il passe plusieurs jours chez un homme illustre, M. Jérôme Roccaserra, qui le même jour fit coup double d'une seule main sur deux de ses ennemis dans des circonstances exactement les mêmes que celles décrites dans *Colomba (Corr. gén.*, t. XVI, p. 279).

C'est probablement de Sartène, environ le 15 septembre, que Mérimée a gagné Fozzano, par Arbellera. Il y rencontra Colomba Bartoli [1], « une héroïne qui excelle dans la fabrication des cartouches et qui s'entend même fort bien à les envoyer aux personnes qui ont le malheur de lui déplaire. J'ai fait, dit-il, la conquête de cette illustre dame qui n'a que soixante-cinq ans [2] et en nous quittant nous nous sommes embrassés à la Corse, *id est* sur la bouche. » (*Corr. gén.*, t. II, p. 289 [3]).

Mérimée ne manqua certainement pas de l'interroger sur la vendetta dont elle fut l'animatrice [4]. Depuis cinquante ans un conflit oppose, à Fozzano, les Carabelli et les Durazzo. Le 30 décembre 1833, deux des fils Durazzo ont été tués et un autre blessé, mais les agresseurs, Michel Bernadini et François Bartoli, fils de Colomba, née Carabelli, ont

1. Selon G. Roger (*l. c.*, p. 162, n. 4) Colomba Bartoli aurait quitté Fozzano, après le traité de paix, en 1834, entre les Carabelli et les Durazzo et c'est à Olmeto que Mérimée l'aurait rencontrée. M. G. Roger s'appuie sur des traditions orales, sans aucune preuve véritable, et il reconnaît lui-même (p. 184) le peu de confiance qu'on peut leur accorder dans un pays « où l'on aime communément à donner au *pinzutu*, une idée avantageuse des mœurs insulaires ».

2. Le catalogue de l'exposition Mérimée (Bibliothèque nationale, 1953, nº 264, p. 97) indique un extrait d'acte de décès à Olmeto, le 6 décembre 1861, à l'âge de 93 ans. Max Kuttner la fait naître en 1768. Il est plus probable qu'il faut la faire naître, avec Paoli, le 7 mai 1775, et qu'elle avait en effet l'âge indiqué par Valéry et par Mérimée.

3. Gustave Flaubert écrit (*Corr.*, t. I, p. 74) le 6 octobre 1840 : « On ne paye jamais, et la coutume est seulement d'embrasser ses hôtes qui vous demandent votre nom en partant [...] Nous passerons par un village où nous verrons la véritable Colomba, qui n'est pas devenue une grande dame, comme dans la nouvelle de Mérimée, mais une vieille bonne femme grossie et raccourcie. »

4. « Les Sources de Colomba », par J.-B. Marcaggi. *Revue de Paris*, 15 juillet 1928, pp. 446-470.

succombé. Un traité de paix fut signé le 13 décembre 1834; cependant Colomba, mère inconsolable n'avait pas pardonné aux meurtriers de son fils.

Mérimée dut enregistrer avec complaisance le récit dramatique de Colomba. Avec ce récit, où se mêla sans doute la passion et la vanité, avec celui de Jérôme Roccaserra à Sartène, Mérimée avait déjà formé le thème principal de sa nouvelle.

De Sartène il revient à Bastia avant le 30 septembre et il y complète sa documentation. Il ne se lasse pas de se faire raconter des histoires de vendettes (*Corr. gén.*, t. II, p. 288), et grâce à ses relations avec les conseillers, il fouille dans les dossiers de la cour royale et « se repaît d'assassinats ». (*Corr. gén.*, t. II, p. 287.)

Il y trouve une infinité d'histoires de vendettes et de bandits qui lui fourniront plus d'un trait pour son récit. J.-C. Gregorj lui a communiqué plusieurs documents, qui seront utilisés dans les *Notes d'un voyage en Corse* et le conseiller Capelle lui a fourni le texte de deux lamentations (*Notes d'un voyage en Corse,* p. 217, n. 1), dont le *Vocero di Niolo* qui servira d'épigraphe à la nouvelle.

Après un court voyage en Italie (vingt jours à Naples avec Stendhal), voyage dont le souvenir paraît dans les premières pages de *Colomba,* Mérimée est de retour à Paris dès la première semaine de décembre 1839. Il se hâte de classer ses notes de voyage et de rédiger le rapport que lui a demandé Duchâtel. Le 31 décembre il emprunte les *Recherches historiques et statistiques* de Robiquet à la Bibliothèque royale, par l'entremise de Charles Lenormant, alors conservateur du département des médailles et antiques. (*Corr. gén.*, t. II, p. 306.)

L'ouvrage de Robiquet est utilisé et cité dans les *Notes d'un voyage en Corse* (pp. 10, 41, n. 1, 83) et sera mis à contribution dans *Colomba.* La rédaction du mémoire doit être déjà fort avancée, sinon achevée, quand le 20 janvier 1840, Mérimée, pour des précisions et des retouches, emprunte à la Bibliothèque royale l'*Istoria di Corsica* de Filippini (citée dans *Colomba,* p. 179, n. c) et le lendemain 21 janvier le *de Rebus Corsicis* de Petrus Cyrneus. Il utilise les éditions publiées aux frais du comte Pozzo di Borgo, par son ami J.-C. Gregorj.

Mérimée ne plaisante donc pas quand il assure qu'il « travaille comme un âne rouge » (*Corr. gén.*, t. II, p. 315). Le 5 février 1840 il annonce qu'il a rédigé et copié son mémoire sur la Corse (*Corr. gén.*, t. II, p. 315) qui est annoncé, comme mis en vente, le 28 mars 1840, dans le feuilleton du *Journal de la Librairie* (n° 13, p. 4) mais qui ne sera enregistré à la *Bibliographie de la France* que le 5 avril suivant.

Cependant, entre les *Notes d'un voyage en Corse* et son *Essai sur la Guerre sociale* (1841), qu'il lui faut encore « limer », le plan de *Colomba* s'organise et sans doute à partir d'avril 1840, la première ébauche est écrite, assez vite, comme par délassement, en marge des travaux d'érudition auxquels elle fait un discret et malicieux écho; car si Mérimée historien ou archéologue entend bien que le lecteur n'oublie pas qu'il est « un faiseur de contes », il ne veut pas, par ses contes, faire oublier à messieurs des Inscriptions qu'il reste archéologue et candidat. C'est ce que, le premier, Armand de Pontmartin, dans une chronique de la *Quotidienne* (15 août 1841) a très finement souligné : « Peu à peu, écrit-il, à son insu, malgré lui peut-être, saisi par le côté pittoresque et poétique de son sujet, il a laissé là, ou mis à part, la description pure et simple, le procès-verbal journalier et successif pour mettre en relief ses impressions personnelles dans un tableau complet et animé. Abstraction faite de la différence des genres et de celle qui sépare des génies bien divers, ceux-là aussi expansifs que celui-ci est contenu, celui-là sera aux notes de voyage ce qu'*Atala* est au *Génie du Christianisme* et *Paul et Virginie* aux *Études de la nature*. »

Le 7 juin 1840, son « roman ou plutôt sa nouvelle est finie ». (*Corr. gén.*, t. XVI, p. 455.) Il ne manque plus que quelques détails, sur le « rimbecco », le prénom de « Chilina », et surtout « un nom gentil pour son héros », détails pour lesquels Mérimée se renseigne auprès de Gregorj.

Tandis que *Colomba* s'achève, le temps est venu, pour l'auteur, de sa tournée d'inspection qui se terminera en Espagne. Le 5 juillet il est parti. La nouvelle a paru dans la

Revue des Deux Mondes le 1er juillet et tout de suite le succès fut éclatant. « Qui aujourd'hui n'a pas lu *Colomba ?* demande la *Revue de Paris* (t. XIX, 12 juillet 1840, p. 144). On en parle partout, dans les salons, dans les ateliers, dans les écoles [...] » Le 3 août, Sainte-Beuve écrivait à Mme Juste Olivier : « La *Colomba* de Mérimée est un chef-d'œuvre qui a réuni ici tous les suffrages. On n'a parlé que de cela durant quinze jours en tous lieux. Je ne connais rien de lui de si beau, de si parfait, de si fin, n'en pensez-vous pas ainsi. » (*Corr. gén.* de Ste-Beuve, t. III, p. 332.) Les circonstances politiques étaient pourtant peu favorables à un succès littéraire. La fâcheuse position de la France, mise hors du concert européen, dans la question d'Orient, le fameux traité de Londres du 15 juillet, tout irrite et préoccupe le gouvernement qui fait des préparatifs de guerre. *Colomba* tint pourtant tête au traité et disait Sainte-Beuve, « elle y a fait une diversion charmante et, si on a tant parlé du traité, ce n'est pas assurément de sa faute à elle, car on ne parlait que d'elle en même temps ». (*Revue des Deux Mondes,* 1er octobre 1841.)

Indifférent au sort de ses œuvres, Mérimée continue sa tournée d'inspection. A L. Vitet qui lui fait compliment de sa nouvelle, il répond de Poitiers, le 15 juillet 1840 : « Je suis bien content que Mlle Colomba vous ait plu. Si je n'avais craint de déplaire à trois ou quatre bandits de mes amis, j'aurais pu vous donner encore quelques touches de couleur locale, mais ici on ne m'aurait pas cru, et quand je serais retourné en Corse, on m'aurait fait périr *della mala morte.* » (*Corr. gén.,* t. II, p. 378.) Même son de cloche, de Saintes, le 28 juillet, à Charles Lenormant : « Je suis bien content que Mlle Colomba ne vous ait pas trop déplu. J'aurais pu ajouter à son portrait quelques touches qui l'auraient peut-être rendu plus ressemblant, mais j'ai craint l'*offensionem gentium.* »

Mais c'est surtout dans une lettre à Étienne Conti, de Toulon, le 12 novembre 1840 (*Corr. gén.,* t. II, p. 463), que Mérimée, en général discret sur ses œuvres d'imagination, s'explique sur l'intention de sa nouvelle et sur la façon dont elle a été composée : « J'ai tâché de faire une mosaïque avec les récits que j'ai recueillis à droite et à gauche sur votre pays, et dans toutes les pièces de rapport embrassées tellement quellement, vous avez pu en reconnaître plus d'une que je vous devais. Il faut que je vous avoue une chose. Dans la fin de l'histoire je n'ai pas suivi le plan que je m'étais tracé d'abord. J'avais l'intention de peindre dans Colomba l'amour de la famille si puissant dans votre île. Son père vengé, je voulais la montrer occupée d'assurer la fortune de son frère et je lui faisais organiser une espèce de guet-apens pour obliger l'héritière anglaise à l'épouser. Peut-être était-ce plus vrai de la sorte. Une dame à qui je montrai cette fin me dit : « Jusqu'ici j'ai compris votre héroïne, maintenant je ne la comprends plus. L'alliance de sentiments si nobles avec des vues intéressées me semble impossible. »

« J'ai beaucoup de respect pour le goût de cette dame et j'ai fait le changement que vous avez vu, laissant dans le vague les desseins de Mlle Colomba. Cependant j'ai eu quelque inquiétude contre ce reproche de bassesse et de vues intéressées et c'est pour cela que j'ai outré dans la scène de la fin la passion de la vendetta. Toutefois rappelez-vous qu'à ses yeux le vieillard est le plus grand coupable, et il me semble qu'on ne pardonne guère chez vous. Je regrette bien d'avoir jeté au feu ma première fin, je vous l'aurais envoyée pour en avoir votre avis. »

La femme de qui Mérimée respecte le goût ne peut être que Valentine Delessert. Son pouvoir sur l'esprit de celui-ci est tout-puissant au moment où il écrit *Colomba* et c'est bien elle qui a poussé son amant à outrer la passion de la vendetta. Il semble d'ailleurs que dans la famille Delessert on n'ait pas partagé l'enthousiasme général pour *Colomba* et Léon de Laborde, frère de Valentine, écrivait à Mme Odier, sa sœur : « Et que dites-vous de *Colomba ?* En général on trouve que c'est inférieur à *Mateo Falcone.* De fait l'intrigue pèche de plusieurs côtés et la matière n'est pas neuve. »

Le 18 janvier 1841, il écrivait de nouveau à Étienne Conti [1] : « J'ai bien des remercîments à vous faire pour un

1. *Revue des sciences humaines,* octobre-décembre 1965, p. 573.

article beaucoup trop louangeur du *Journal de la Corse* [1]. Je vous avoue qu'il m'a fait grand plaisir et que le suffrage de vos compatriotes me touche bien plus que celui de tous les salons de Paris. »

Mérimée reprendra sa nouvelle dans un ouvrage imprimé par Maulde et Renou, pour Magen et Comon. Le 12 février 1841, il écrit à Mme de Montijo (*Corr. gén.*, t. III, p. 22) : « Je vais avoir dans quelques jours à revoir les épreuves de *Colomba* que l'on réimprime avec quelques vieilleries miennes. » L'ouvrage fut mis en vente le 29 mai 1841 (feuilleton 22 du *Journal de la Librairie*) et fut enregistré à la *Bibliographie de la France*, le 3 juillet.

La *Revue de Paris* annonce la publication, le 27 juin 1841 (p. 307) : « Le beau roman de M. P. Mérimée *Colomba* [...] vient de paraître chez l'éditeur Magen, accompagné de *la Vénus d'Ille* et des *Ames du Purgatoire* [...] Nulle part peut-être M. Mérimée ne s'est élevé à une vérité aussi émouvante, aussi complète, nulle part il n'a déployé avec plus d'ampleur les précieuses qualités de son style et de son esprit. »

Les critiques sont d'ailleurs d'accord pour louer en *Colomba* le meilleur roman de l'année et parmi les articles les plus importants il faut signaler ceux du *National* (23 juillet 1841), de *la Presse,* (25 juillet 1841), de *la Quotidienne* (15 août 1841), de la *Revue des Deux Mondes* (1er octobre 1841) [2].

Lorsqu'en 1844, Mérimée sera candidat à l'Académie française, Sainte-Beuve écrira (*Corr. gén.* de Ste-Beuve,

1. Un article sur *Colomba,* par Étienne Conti a paru dans le *Journal de la Corse* du 26 août 1840.

On y lit : « Ce petit roman est, sans contredit, ce qui a jamais été écrit de plus parfait et de plus exact sur la Corse. Il est douteux qu'un indigène, à lui supposer le talent voulu, eût pu apporter autant de vérité [...] On sait le mépris qu'ont en général les Corses pour tout ce qui s'imprime sur leur compte. Cela tient à ce qu'on a fait tomber sur leurs mœurs les jours les plus faux. Ils ont fini par tout prendre en pitié. M. Mérimée est peut-être le premier qui se soit fait lire par eux avec intérêt [...]. »

2. Ajoutons, à titre de curiosité, le *Journal des Demoiselles,* 9e année, décembre 1841, p. 354.

t. V, deuxième partie, p. 471) : « Romancier distingué et surtout conteur accompli, il remplacerait et pourrait célébrer avec toute sorte de convenance le plus gracieux et le plus fantastique des conteurs [Nodier] : il est de la famille. Il en est même à un rang plus élevé, en ce sens que plus d'une de ses petites histoires, telles que *Mateo Falcone, la Prise d'une redoute* etc. sont des chefs-d'œuvre. *Colomba,* plus développée est certainement ce qui se peut lire, dans ce genre de nouvelles, de plus intéressant, de plus profond, de plus ferme, en un mot de plus parfait. Bien qu'il ne se soit exercé le plus souvent que dans des cadres de moyenne dimension, M. Mérimée est un maître. »

Ce n'est pas dire que, malgré la grande faveur avec laquelle elle fut accueillie en France, *Colomba* n'ait pas été parfois critiquée. C'est ainsi que, par exemple, la *Revue anecdotique* (1er au 10 mars 1858, p. 128) reproduisant les commentaires d'un « petit catalogue raisonné d'une bibliothèque de romans qui se publie simultanément à Bruxelles, chez Schnée, et à Madrid, chez Baillière », donne cette appréciation « la plus drôlatique du monde » : « M. Mérimée comprend à merveille la Corse, et cette *Colomba* est justement une histoire de vendetta, très correctement racontée. On y met le doigt *dans des trous de balles qui percent la chair*. L'auteur a quelque chose du talent d'un procureur impérial. Il semble qu'il vous fasse avaler du vinaigre à la glace. Son style est froid comme un serpent. Sa phrase est taillée en biseau et accusée par méplats, comme les traits du sardonique romancier lui-même, à qui l'on trouve quelque ressemblance avec le Méphistophélès de Gœthe. »

Saisie, dès son apparition, par la contrefaçon belge, ce qui produisit des curiosités bibliographiques sans intérêt littéraire, *Colomba* a été traduite, à Milan, à Athènes [1], à Londres (par Andrew R. Scoble) et peu à peu presque dans tous les pays.

Les sources de *Colomba* ont fait couler beaucoup d'encre, faites surtout de traditions orales, de légendes et par suite

1. *Bulletin du Bibliophile,* 20 décembre 1936, p. 547.

entachées d'erreurs. « Les Corses, dit J. Busquet [1], sont souvent de très bon conteurs... on peut utiliser certaines anecdotes. Mais dans la plupart, la recherche scientifique trouve en général moins à glaner que la préoccupation du pittoresque. » (Pp. 330-331.)

Max Kuttner [2], en 1903, Pierre Thibault [3], en 1911, ont publié les résultats de leurs enquêtes en Corse, accumulant des erreurs que M. Lorenzi de Bradi a reproduites, avec la plus grande fantaisie, dans sa *Vraie Colomba.* M. J.-B. Marcaggi, dans un excellent article de la *Revue de Paris* (15 juillet 1928), sur les « Sources de *Colomba* » a rectifié la plupart de ces erreurs. Une étude sérieuse [4] de M. G. Roger fait le point de la question en 1945, accordant peut-être, ce me semble, trop d'importance aux traditions orales.

Réimprimée en 1842 dans la collection Charpentier, où elle eut de nombreuses éditions, *Colomba* a poursuivi sa carrière, comme l'avait prédit Gustave Planche, en 1854 : « Il est facile de comprendre pourquoi la popularité de *Colomba* n'a pas vieilli. Comme le succès de ce beau livre n'avait rien à démêler avec la mode, il n'avait rien à redouter de l'inconstance de goût de la foule. Le caractère de Colomba sera toujours un sujet d'étude pour les penseurs, un objet d'émulation pour les écrivains [...] Une œuvre comme *Colomba,* dont chaque page rend témoignage à la vérité, mérite de vivre longtemps. La foule s'est rangée à notre avis, puisqu'elle admire *Colomba* comme au premier jour : ce n'est pas engouement, c'est justice [5]. »

---

1. J. Busquet. *Le Droit de la vendetta et les Paci corses.* Paris, A. Pedone 1920.
2. « Eine neuphilologenfahrt nach Korsika », von Max Kuttner. *Deutsche Rundschau,* août 1903, pp. 227-246.
3. « Le Vrai roman de Colomba », *Illustration,* 10 juin 1911.
4. G. Roger, *Prosper Mérimée et la Corse,* Alger. Éditions Baconnier, 1945.
5. Voir aussi Paul Arrighi. *Centenaire et jeunesse de* « Colomba », Gap. 1943.

COLOMBA

1840

Pè far la to vendetta,
Sta sigur', vasta anche ella *[1].
VOCERO DU NIOLO.

I

Dans les premiers jours du mois d'octobre 181.*, le colonel sir Thomas Nevil, Irlandais, officier distingué de l'armée anglaise*, descendit avec sa fille à l'hôtel Beauveau*, à Marseille, au retour [2] d'un voyage en Italie. L'admiration continue des voyageurs enthousiastes a produit une réaction, et, pour se singulariser, beaucoup de *touristes* aujourd'hui prennent pour devise le *nil admirari* d'Horace*. C'est à cette classe de voyageurs mécontents qu'appartenait miss Lydia, fille unique du colonel. *La Transfiguration** lui avait paru médiocre, le Vésuve en éruption à peine supérieur aux cheminées des usines de Birmingham. En somme, sa grande objection contre l'Italie était que ce pays manquait de couleur locale, de caractère. Explique qui pourra le sens de ces mots, que je comprenais fort bien il y a quelques années, et que je n'entends plus aujourd'hui*. D'abord, miss Lydia s'était flattée de trouver au-delà des Alpes des choses que personne n'aurait vues avant elle, et dont elle pourrait parler « *avec les honnêtes gens* », comme dit M. Jourdain*. Mais bientôt, partout devancée par ses compatriotes, et désespérant de rencontrer rien d'inconnu, elle se jeta dans le parti de l'opposition. Il est bien désagréable, en effet, de ne pouvoir parler des merveilles de l'Italie sans que quelqu'un ne vous dise : « Vous connaissez sans doute ce Raphaël du palais***, à***? C'est ce qu'il y a de plus beau en Italie. » — Et c'est justement ce qu'on a négligé de voir. Comme il est trop long de tout voir, le plus simple c'est de tout condamner de parti pris.

A l'hôtel Beauveau, miss Lydia eut un amer désappointement. Elle rapportait un joli croquis de la porte pélasgique ou cyclopéenne de Segni*, qu'elle croyait oubliée par les dessinateurs. Or lady Frances Fenwich [3], la rencontrant à Marseille, lui montra son album, où, entre un sonnet et une fleur desséchée, figurait la porte en question, enluminée à grand renfort de terre de Sienne. Miss Lydia donna la porte de Segni à sa femme de chambre, et perdit toute estime pour les constructions pélasgiques.

Ces tristes dispositions étaient partagées par le colonel Nevil, qui, depuis la mort de sa femme, ne voyait les choses que par les yeux de miss Lydia. Pour lui, l'Italie avait le tort immense d'avoir ennuyé sa fille, et par conséquent c'était le plus ennuyeux pays du monde. Il n'avait rien à dire, il est vrai, contre les tableaux et les statues; mais ce qu'il pouvait assurer, c'est que la chasse était misérable dans ce pays-là, et qu'il fallait faire dix lieues au grand soleil dans la campagne de Rome pour tuer quelques méchantes perdrix rouges.

Le lendemain de son arrivée à Marseille, il invita à dîner le capitaine Ellis, son ancien adjudant, qui venait de passer six semaines en Corse. Le capitaine raconta fort bien à miss Lydia une histoire de bandits qui avait le mérite de ne ressembler nullement aux histoires de voleurs dont on l'avait si souvent entretenue sur la route de Rome à Naples. Au dessert, les deux hommes, restés seuls avec des bouteilles de vin de Bordeaux, parlèrent chasse, et le colonel apprit qu'il n'y a pas de pays où elle soit plus belle qu'en Corse, plus variée, plus abondante. « On y voit force sangliers, disait le capitaine Ellis, et il faut apprendre [4] à les distinguer des cochons domestiques, qui leur ressemblent d'une manière étonnante; car, en tuant des cochons [5], l'on se fait une mauvaise affaire avec leurs gardiens. Ils sortent d'un taillis qu'ils nomment *maquis,* armés jusqu'aux dents, se font payer leurs bêtes et se moquent de vous. Vous avez encore le mouflon, fort étrange animal qu'on ne trouve pas ailleurs, fameux gibier, mais difficile. Cerfs, daims, faisans, perdreaux, jamais on ne pourrait nombrer toutes les espèces de gibier qui fourmillent en Corse. Si vous aimez à tirer, allez en Corse, colonel; là, comme disait un de mes hôtes, vous pourrez tirer sur tous les gibiers possibles, depuis la grive jusqu'à l'homme. »

Au thé, le capitaine charma de nouveau miss Lydia par une histoire de vendette *transversale* [a]*, encore plus bizarre que la première, et il acheva de l'enthousiasmer pour la Corse en lui décrivant l'aspect étrange [6], sauvage du pays, le caractère original de ses habitants, leur hospitalité et leurs mœurs primitives. Enfin, il mit à ses pieds un joli petit stylet, moins remarquable par sa forme et sa monture en cuivre que par son origine. Un fameux bandit l'avait cédé au capitaine Ellis, garanti pour s'être enfoncé dans quatre corps humains. Miss Lydia le passa dans sa ceinture, le mit sur sa table de nuit, et le tira deux fois de son fourreau avant de s'endormir. De son côté, le colonel rêva qu'il tuait un mouflon et que le propriétaire lui en faisait payer le prix, à quoi il consentait volontiers, car c'était un animal très curieux, qui ressemblait à un sanglier [7], avec des cornes de cerf et une queue de faisan.

« Ellis conte qu'il y a une chasse admirable en Corse, dit le colonel, déjeunant tête à tête avec sa fille; si ce n'était pas si loin, j'aimerais à y passer une quinzaine.

— Eh bien ! répondit miss Lydia, pourquoi n'irions-nous pas en Corse ? Pendant que vous chasseriez, je des-

---

a. C'est la vengeance que l'on fait tomber sur un parent plus ou moins éloigné de l'auteur de l'offense.

sinerais ; je serais charmée d'avoir dans mon album la grotte dont parlait le capitaine Ellis, où Bonaparte allait étudier quand il était enfant. »

C'était peut-être la première fois qu'un désir manifesté par le colonel eût obtenu l'approbation de sa fille. Enchanté de cette rencontre inattendue, il eut pourtant le bon sens de faire quelques objections pour irriter l'heureux caprice de miss Lydia. En vain il parla de la sauvagerie du pays et de la difficulté pour une femme d'y voyager : elle ne craignait rien ; elle aimait par-dessus tout à voyager à cheval ; elle se faisait une fête de coucher au bivac [8] ; elle menaçait d'aller en Asie Mineure. Bref, elle avait réponse à tout, car jamais Anglaise n'avait été en Corse ; donc elle devait y aller. Et quel bonheur, de retour dans Saint-James's-place, de montrer son album ! « Pourquoi donc, ma chère, passez-vous ce charmant dessin ? — Oh ! ce n'est rien. C'est un croquis que j'ai fait d'après un fameux bandit corse qui nous a servi de guide. — Comment ! vous avez été en Corse ?... »

Les bateaux à vapeur n'existant point encore entre la France et la Corse*, on s'enquit d'un navire en partance pour l'île que miss Lydia se proposait de découvrir. Dès le jour même, le colonel écrivit à Paris pour décommander l'appartement qui devait le recevoir, et fit marché avec le patron d'une goélette corse qui allait faire voile pour Ajaccio. Il y avait deux chambres telles quelles. On embarqua des provisions ; le patron jura qu'un vieux sien matelot était un cuisinier estimable et n'avait pas son pareil pour la bouillabaisse ; il promit que mademoiselle serait convenablement, qu'elle aurait bon vent, belle mer.

En outre, d'après les volontés de sa fille, le colonel stipula que le capitaine ne prendrait aucun passager, et qu'il s'arrangerait pour raser les côtes de l'île de façon qu'on pût jouir de la vue des montagnes.

II

Au jour fixé pour le départ, tout était emballé, embarqué dès le matin : la goélette devait partir avec la brise du soir. En attendant, le colonel se promenait avec sa fille sur la Canebière [9], lorsque le patron l'aborda pour lui demander la permission de prendre à son bord un de ses parents, c'est-à-dire le petit-cousin du parrain de son fils aîné, lequel retournant en Corse, son pays natal, pour affaires pressantes, ne pouvait trouver de navire pour le passer. « C'est un charmant garçon, ajouta le capitaine Matei, militaire, officier aux chasseurs à pied de la garde, et qui serait déjà colonel si l'Autre* était encore empereur.

— Puisque c'est un militaire », dit le colonel... il allait ajouter : Je consens volontiers à ce qu'il vienne avec nous... mais miss Lydia s'écria en anglais : « Un officier d'infanterie !... (son père ayant servi dans la cavalerie, elle avait du mépris pour toute autre arme) un homme sans éducation peut-être, qui aura le mal de mer, et qui nous gâtera tout le plaisir de la traversée ! »

Le patron n'entendait pas un mot d'anglais, mais il parut comprendre ce que disait miss Lydia à la petite moue de sa jolie bouche, et il commença un éloge en trois points de son parent, qu'il termina en assurant que c'était un homme très comme il faut, d'une famille de *caporaux,* et qu'il ne gênerait en rien monsieur le colonel, car lui, patron, se chargeait de le loger dans un coin où l'on ne s'apercevrait pas de sa présence.

Le colonel et miss Nevil trouvèrent singulier qu'il y eût en Corse des familles où l'on fût ainsi caporal de père en fils; mais, comme ils pensaient pieusement qu'il s'agissait d'un caporal d'infanterie, ils conclurent que c'était quelque pauvre diable que le patron voulait emmener par charité. S'il se fût agi d'un officier, on eût été obligé de lui parler, de vivre avec lui; mais, avec un caporal, il n'y a pas à se gêner, et c'est un être sans conséquence, lorsque son escouade n'est pas là, baïonnette au bout du fusil, pour vous mener où vous n'avez pas envie d'aller.

« Votre parent a-t-il le mal de mer? demanda miss Nevil d'un ton sec.

— Jamais, mademoiselle; le cœur ferme comme un roc, sur mer comme sur terre.

— Eh bien! vous pouvez l'emmener, dit-elle.

— Vous pouvez l'emmener », répéta le colonel, et ils continuèrent leur promenade.

Vers cinq heures du soir, le capitaine Matei vint les chercher pour monter à bord de la goélette. Sur le port, près de la yole du capitaine, ils trouvèrent un grand jeune homme vêtu d'une redingote bleue boutonnée jusqu'au menton, le teint basané, les yeux noirs, vifs, bien fendus, l'air franc et spirituel. A la manière dont il effaçait les épaules, à sa petite moustache frisée, on reconnaissait facilement un militaire; car, à cette époque, les moustaches ne couraient pas les rues, et la garde nationale n'avait pas encore introduit dans toutes les familles la tenue avec les habitudes de corps de garde.

Le jeune homme ôta sa casquette en voyant le colonel, et le remercia sans embarras et en bons termes du service qu'il lui rendait.

« Charmé de vous être utile, mon garçon », dit le colonel en lui faisant un signe de tête amical; et il entra dans la yole.

« Il est sans gêne, votre Anglais », dit tout bas en italien le jeune homme au patron.

Celui-ci plaça son index sous son œil gauche et abaissa les deux coins de sa bouche. Pour qui comprend le langage des signes, cela voulait dire que l'Anglais entendait l'italien et que c'était un homme bizarre. Le jeune homme sourit légèrement, toucha son front en réponse au signe de Matei, comme pour lui dire que tous les Anglais avaient quelque chose de travers dans la tête, puis il s'assit auprès du patron, et considéra avec beaucoup d'attention, mais sans impertinence, sa jolie compagne de voyage.

« Ils ont bonne tournure, ces soldats français, dit le colonel à sa fille en anglais ; aussi en fait-on facilement des officiers. »

Puis, s'adressant en français au jeune homme :

« Dites-moi, mon brave, dans quel régiment avez-vous servi ? »

Celui-ci donna un léger coup de coude au père du filleul de son petit-cousin, et, comprimant un sourire ironique, répondit qu'il avait été dans les chasseurs à pied de la garde, et que présentement il sortait du 7ᵉ léger.

« Est-ce que vous avez été à Waterloo ? Vous êtes bien jeune.

— Pardon mon colonel ; c'est ma seule campagne.

— Elle compte double », dit le colonel.

Le jeune Corse se mordit les lèvres.

« Papa », dit miss Lydia en anglais, « demandez-lui donc si les Corses aiment beaucoup leur Bonaparte ? »

Avant que le colonel eût traduit la question en français, le jeune homme répondit en assez bon anglais, quoique avec un accent prononcé :

« Vous savez, mademoiselle, que nul n'est prophète en son pays. Nous autres compatriotes de Napoléon, nous l'aimons peut-être moins que les Français. Quant à moi, bien que ma famille ait été autrefois l'ennemie de la sienne, je l'aime et l'admire*.

— Vous parlez anglais ! s'écria le colonel.

— Fort mal, comme vous pouvez vous en apercevoir. »

Bien qu'un peu choquée de son ton dégagé, miss Lydia ne put s'empêcher de rire en pensant à une inimitié personnelle entre un caporal et un empereur. Ce lui fut comme un avant-goût des singularités de la Corse, et elle se promit de noter le trait sur son journal.

« Peut-être avez-vous été prisonnier en Angleterre ? demanda le colonel.

— Non, mon colonel. J'ai appris l'anglais en France, tout jeune, d'un prisonnier de votre nation. »

Puis, s'adressant à miss Nevil :

« Matei m'a dit que vous reveniez d'Italie. Vous parlez sans doute le pur toscan, mademoiselle; vous serez un peu embarrassée, je le crains, pour comprendre notre patois.

— Ma fille entend tous les patois italiens, répondit le colonel; elle a le don des langues. Ce n'est pas comme moi.

— Mademoiselle comprendrait-elle, par exemple, ces vers d'une de nos chansons corses? C'est un berger qui dit à une bergère :

S'entrassi' ndru paradisu santu, santu,
Et nun truvassi a tia, mi n' esciria [a]. »

Miss Lydia comprit, et trouvant la citation audacieuse, et plus encore le regard qui l'accompagnait, elle répondit en rougissant : « *Capisco.*

— Et vous retournez dans votre pays en semestre*? demanda le colonel.

— Non, mon colonel. Ils m'ont mis en demi-solde*, probablement parce que j'ai été à Waterloo et que je suis compatriote de Napoléon. Je retourne chez moi, léger d'espoir, léger d'argent, comme dit la chanson. »

Et il soupira en regardant le ciel.

Le colonel mit la main à sa poche, et, retournant entre ses doigts une pièce d'or, il cherchait une phrase pour la glisser poliment dans la main de son ennemi malheureux.

« Et moi aussi, dit-il d'un ton de bonne humeur, on m'a mis en demi-solde; mais... Avec votre demi-solde vous n'avez pas de quoi vous acheter du tabac. Tenez, caporal. »

Et il essaya de faire entrer la pièce d'or dans la main

a. « Si j'entrais dans le paradis saint, saint, et si je ne t'y trouvais pas, j'en sortirais*. » *(Serenata di Zicavo.)*

fermée que le jeune homme appuyait sur le bord de la yole.

Le jeune Corse rougit, se redressa, se mordit les lèvres, et paraissait disposé à répondre avec emportement, quand tout à coup, changeant d'expression, il éclata de rire. Le colonel, sa pièce [10] à la main, demeurait tout ébahi.

« Colonel, dit le jeune homme reprenant son sérieux, permettez-moi de vous donner deux avis : Le premier, c'est de ne jamais offrir de l'argent à un Corse, car il y a de mes compatriotes assez impolis pour vous le jeter à la tête*; le second, c'est de ne pas donner aux gens des titres qu'ils ne réclament point. Vous m'appelez caporal et je suis lieutenant. Sans doute, la différence n'est pas bien grande, mais...

— Lieutenant, s'écria sir Thomas, lieutenant! mais le patron m'a dit que vous étiez caporal, ainsi que votre père et tous les hommes de votre famille. »

A ces mots le jeune homme, se laissant aller à la renverse, se mit à rire de plus belle, et de si bonne grâce, que le patron et ses deux matelots éclatèrent en chœur.

« Pardon, colonel, dit enfin le jeune homme; mais le quiproquo est admirable, je ne l'ai compris qu'à l'instant. En effet, ma famille se glorifie de compter des caporaux parmi ses ancêtres; mais nos caporaux corses n'ont jamais eu de galons sur leurs habits. Vers l'an de grâce 1100, quelques communes, s'étant révoltées contre la tyrannie des seigneurs montagnards, se choisirent des chefs qu'elles nommèrent *caporaux**. Dans notre île, nous tenons à honneur de descendre de ces espèces de tribuns.

— Pardon, monsieur! s'écria le colonel, mille fois pardon. Puisque vous comprenez la cause de ma méprise, j'espère que vous voudrez bien l'excuser. »

Et il lui tendit la main.

« C'est la juste punition de mon petit orgueil, colonel, dit le jeune homme riant toujours et serrant cordialement la main de l'Anglais; je ne vous en veux pas le moins du monde. Puisque mon ami Matei m'a si mal présenté, permettez-moi de me présenter moi-même : je m'appelle Orso della Rebbia*, lieutenant en demi-solde, et, si, comme je le présume en voyant ces deux beaux chiens, vous venez en Corse pour chasser, je serai très flatté de vous faire les honneurs de nos maquis et de nos montagnes... si toutefois je ne les ai pas oubliés », ajouta-t-il en soupirant.

En ce moment la yole touchait la goélette. Le lieutenant offrit la main à miss Lydia, puis aida le colonel à se guinder sur le pont. Là, sir Thomas, toujours fort penaud de sa méprise, et ne sachant comment faire oublier son impertinence à un homme qui datait de l'an 1100, sans attendre l'assentiment de sa fille, le pria à soûper en lui renouvelant ses excuses et ses poignées de main. Miss Lydia fronçait bien un peu le sourcil, mais, après tout, elle n'était pas fâchée de savoir ce que c'était qu'un caporal; son hôte ne lui avait pas déplu, elle commençait même à lui trouver un certain je ne sais quoi aristocratique; seulement il avait l'air trop franc et trop gai pour un héros de roman.

« Lieutenant della Rebbia, dit le colonel en le saluant à la manière anglaise, un verre de vin de Madère à la main, j'ai vu en Espagne beaucoup de vos compatriotes : c'était de la fameuse infanterie en tirailleurs.

— Oui, beaucoup sont restés en Espagne, dit le jeune lieutenant d'un air sérieux.

— Je n'oublierai jamais la conduite d'un bataillon corse à la bataille de Vittoria*, poursuivit le colonel. Il doit m'en souvenir, ajouta-t-il en se frottant la poitrine. Toute la journée ils avaient été en tirailleurs dans les jardins, derrière les haies, et nous avaient tué je ne sais combien d'hommes et de chevaux. La retraite décidée, ils se rallièrent et se mirent à filer grand train. En plaine, nous espérions prendre notre revanche, mais mes drôles... excusez, lieutenant, — ces braves gens, dis-je s'étaient formés [11] en carré, et il n'y avait pas moyen de les rompre. Au milieu du carré, je crois le voir encore, il y avait un officier monté sur un petit cheval noir; il se tenait à côté de l'aigle, fumant son cigare comme s'il eût été au café. Parfois, comme pour nous braver, leur musique nous jouait des fanfares... Je lance sur eux mes deux premiers escadrons... Bah! au lieu de mordre sur le front du carré, voilà mes dragons qui passent à côté, puis font demi-tour, et reviennent fort en désordre et plus d'un cheval sans maître... et toujours la diable de musique! Quand la fumée qui enveloppait le bataillon se dissipa, je revis l'officier à côté de l'aigle, fumant encore son cigare. Enragé, je me mis moi-même à la tête d'une dernière charge. Leurs fusils, crassés à force de tirer, ne partaient plus, mais les soldats étaient formés sur six rangs, la baïonnette au nez des chevaux; on eût dit un mur. Je criais, j'exhortais mes dragons, je serrais la botte pour faire avancer mon cheval, quand l'officier dont je vous parlais, ôtant enfin son cigare, me montra de la main à un de ses hommes. J'entendis quelque chose comme : *Al capello bianco !** J'avais un plumet blanc. Je n'en entendis pas davantage, car une balle me traversa la poitrine. — C'était un beau bataillon, monsieur della Rebbia, le premier du 18e léger, tous Corses, à ce qu'on me dit depuis.

— Oui, dit Orso dont les yeux brillaient pendant ce récit, ils soutinrent la retraite et rapportèrent leur aigle; mais les deux tiers de ces braves gens dorment aujourd'hui dans la plaine de Vittoria.

— Et par hasard! sauriez-vous le nom de l'officier qui les commandait?

— C'était mon père. Il était alors major au 18e, et fut fait colonel pour sa conduite dans cette triste journée.

— Votre père! Par ma foi, c'était un brave! J'aurais du plaisir à le revoir, et je le reconnaîtrais, j'en suis sûr. Vit-il encore?

— Non, colonel, dit le jeune homme pâlissant légèrement.

— Était-il à Waterloo?

— Oui, colonel, mais il n'a pas eu le bonheur de tomber sur un champ de bataille... Il est mort en Corse... il y a deux ans... Mon Dieu! que cette mer est belle! il y a dix ans que je n'ai vu la Méditerranée.

— Ne trouvez-vous pas la Méditerranée plus belle que l'Océan, mademoiselle?

— Je la trouve trop bleue... et les vagues manquent de grandeur.

— Vous aimez la beauté sauvage, mademoiselle? A ce compte je crois que la Corse vous plaira.

— Ma fille, dit le colonel, aime tout ce qui est extraordinaire; c'est pourquoi l'Italie ne lui a guère plu.

— Je ne connais de l'Italie, dit Orso, que Pise, où j'ai passé quelque temps au collège; mais je ne puis penser sans admiration au Campo-Santo, au Dôme, à la Tour penchée... au Campo-Santo surtout. Vous vous rappelez la Mort, d'Orcagna [12]... Je crois que je pourrais la dessiner, tant elle est restée gravée dans ma mémoire*. »

Miss Lydia craignit que monsieur le lieutenant ne s'engageât dans une tirade d'enthousiasme.

« C'est très joli, dit-elle en bâillant. Pardon, mon père, j'ai un peu mal à la tête, je vais descendre dans ma chambre. »

Elle baisa son père sur le front, fit un signe de tête majestueux à Orso et disparut. Les deux hommes causèrent alors chasse et guerre.

Ils apprirent qu'à Waterloo ils étaient en face l'un de l'autre, et qu'ils avaient dû échanger bien des balles. Leur bonne intelligence en redoubla. Tour à tour ils critiquèrent Napoléon, Wellington et Blücher, puis ils chassèrent ensemble le daim, le sanglier et le mouflon. Enfin la nuit étant déjà très avancée, et la dernière bouteille de bordeaux finie, le colonel serra de nouveau la main au lieutenant [13] et lui souhaita le bonsoir, en exprimant l'espoir de cultiver une connaissance commencée d'une façon si ridicule. Ils se séparèrent, et chacun fut se coucher.

III

La nuit était belle, la lune se jouait sur les flots*, le navire voguait doucement au gré d'une brise légère. Miss Lydia n'avait point envie de dormir, et ce n'était que la présence d'un profane qui l'avait empêchée de goûter ces émotions qu'en mer et par un clair de lune tout être humain éprouve quand il a deux grains de poésie dans le cœur. Lorsqu'elle jugea que le jeune lieutenant dormait sur les deux oreilles, comme un être prosaïque qu'il était, elle se leva, prit une pelisse, éveilla sa femme de chambre et monta sur le pont. Il n'y avait personne, qu'un matelot au gouvernail, lequel chantait une espèce de complainte dans le dialecte corse, sur un air sauvage et monotone. Dans le calme de la nuit, cette musique étrange avait son charme. Malheureusement miss Lydia ne comprenait pas parfaitement ce que chantait le matelot. Au milieu de beaucoup de lieux communs, un vers énergique excitait vivement sa curiosité; mais bientôt, au plus beau moment, arrivaient quelques mots de patois dont le sens lui échappait. Elle comprit pourtant qu'il était question d'un meurtre. Des imprécations [14] contre les assassins, des menaces [15] de vengeance, l'éloge du mort, tout cela était confondu pêle-mêle. Elle retint quelques vers; je vais essayer de les traduire [16] :

« ... Ni les canons, ni les baïonnettes — n'ont fait pâlir son front, — serein sur un champ de bataille — comme un ciel d'été. — Il était le faucon ami de l'aigle, — miel des sables* pour ses amis, — pour ses ennemis la mer en courroux. — Plus haut que le soleil, — plus doux que la lune. — Lui que les ennemis de la France n'attendirent jamais, — des assassins de son pays — l'ont frappé par derrière, — comme Vittolo tua Sampiero Corso [a]. — Jamais ils n'eussent osé le regarder en face. — ... Placez sur la muraille, devant mon lit, — ma croix d'honneur bien gagnée. — Rouge en est le ruban. — Plus rouge ma chemise. — A mon fils, mon fils en lointain pays, — gardez ma croix et ma chemise sanglante*. — Il y verra deux trous. — Pour chaque trou, un trou dans une autre chemise. — Mais la vengeance sera-t-elle faite alors? — Il me faut la main qui a tiré, — l'œil qui a visé, — le cœur qui a pensé*... »

Le matelot s'arrêta tout à coup. « Pourquoi ne continuez-vous pas, mon ami? » demanda miss Nevil.

Le matelot, d'un mouvement de tête, lui montra une figure qui sortait du grand panneau de la goélette : c'était Orso qui venait jouir du clair de lune.

« Achevez donc votre complainte, dit miss Lydia, elle me faisait grand plaisir. »

Le matelot se pencha vers elle et dit fort bas : « Je ne donne le *rimbecco* [17] à personne.

— Comment? le...? »

Le matelot, sans répondre, se mit à siffler.

« Je vous prends à admirer notre Méditerannée, miss Nevil, dit Orso s'avançant vers elle [18]. Convenez qu'on ne voit point ailleurs cette lune-ci.

— Je ne la regardais pas. J'étais tout occupée à étudier le corse. Ce matelot, qui chantait une complainte des plus tragiques, s'est arrêté au plus beau moment. »

Le matelot se baissa comme pour mieux lire sur la boussole, et tira rudement la pelisse de miss Nevil. Il était évident que sa complainte ne pouvait [19] être chantée devant le lieutenant Orso.

« Que chantais-tu là, Paolo Francè ? dit Orso; est-ce une *ballata ?* un *vocero* [b] *?* Mademoiselle te comprend et voudrait entendre la fin.

a. Voyez Filippini, liv. XI. — Le nom de Vittolo est encore en exécration parmi les Corses. C'est aujourd'hui un synonyme de traître*.

b. Lorsqu'un homme est mort, particulièrement lorsqu'il a été assassiné, on place son corps sur une table, et les femmes de sa famille, à leur défaut, des amies, ou même des femmes étrangères connues pour [20]

« Je l'ai oubliée, Ors' Anton', dit le matelot. » Et sur-le-champ il se mit à entonner à tue-tête un cantique à la Vierge*.

Miss Lydia écouta le cantique avec distraction et ne pressa pas davantage le chanteur, se promettant bien toutefois de savoir plus tard le mot de l'énigme. Mais sa femme de chambre, qui, étant de Florence, ne comprenait pas mieux que sa maîtresse le dialecte corse, était aussi curieuse de s'instruire; et, s'adressant à Orso avant que celle-ci pût l'avertir par un coup de coude : « Monsieur le capitaine, dit-elle, que veut dire *donner le rimbecco* [a] ?

— Le rimbecco! dit Orso; mais c'est faire la plus mortelle injure à un Corse : c'est lui reprocher de ne pas s'être vengé. Qui vous a parlé de rimbecco?

— C'est hier à Marseille, répondit miss Lydia avec empressement, que le patron de la goélette s'est servi de ce mot.

— Et de qui parlait-il? demanda Orso avec vivacité.

— Oh! il nous contait une vieille histoire... du temps de..., oui, je crois que c'était à propos de Vannina d'Ornano.

— La mort de Vannina, je le suppose, mademoiselle,

---

leur talent poétique, improvisent devant un auditoire nombreux des complaintes en vers dans le dialecte du pays. On nomme ces femmes *voceratrici,* ou, suivant la prononciation corse, *buceratrici,* et la complainte s'appelle *vocero, buceru, buceratu,* sur la côte orientale; *ballata* sur la côte opposée. Le mot *vocero,* ainsi que ses dérivés *vocerar, voceratrice,* vient du latin *vociferare.* Quelquefois, plusieurs femmes improvisent tour à tour, et souvent [21] la femme ou la fille du mort chante elle-même la complainte funèbre*.

a. *Rimbeccare,* en italien, signifie renvoyer, riposter, rejeter. Dans le dialecte corse, cela veut dire : adresser un reproche offensant et public. — On donne le *rimbecco* [22] au fils d'un homme assassiné en lui disant que son père n'est pas vengé. Le *rimbecco* [23] est une espèce de mise en demeure pour l'homme qui n'a pas encore lavé une injure dans le sang. — La loi génoise punissait très sévèrement l'auteur d'un *rimbecco** [24].

ne vous a pas fait beaucoup aimer notre héros, le brave Sampiero?

— Mais trouvez-vous que ce soit bien héroïque?

— Son crime a pour excuse les mœurs sauvages du temps; et puis Sampiero faisait une guerre à mort aux Génois : quelle confiance auraient pu avoir en lui ses compatriotes, s'il n'avait pas puni celle qui cherchait à traiter avec Gênes?

— Vannina, dit le matelot, était partie sans la permission de son mari; Sampiero a bien fait de lui tordre le cou.

— Mais, dit miss Lydia, c'était pour sauver son mari, c'était par amour [25] pour lui, qu'elle allait demander sa grâce aux Génois.

— Demander sa grâce, c'était l'avilir! s'écria Orso.

— Et la tuer lui-même! poursuivit miss Nevil. Quel monstre ce devait être!

— Vous savez qu'elle lui demanda comme une faveur de périr de sa main. Othello, mademoiselle, le regardez-vous aussi comme un monstre?

— Quelle différence! il était jaloux; Sampiero n'avait que de la vanité.

— Et la jalousie, n'est-ce pas aussi de la vanité? C'est la vanité de l'amour, et vous l'excuserez [26] peut-être en faveur du motif? »

Miss Lydia lui jeta un regard plein de dignité, et, s'adressant au matelot, lui demanda quand la goélette arriverait au port.

« Après-demain, dit-il, si le vent continue.

— Je voudrais déjà voir Ajaccio, car ce navire m'excède. »

Elle se leva, prit le bras de sa femme de chambre et fit quelques pas sur le tillac. Orso demeura immobile auprès du gouvernail, ne sachant s'il devait se promener avec elle ou bien cesser une conversation qui paraissait l'importuner.

« Belle fille, par le sang de la Madone! dit le matelot; si toutes les puces de mon lit lui ressemblaient, je ne me plaindrais pas d'en être mordu*! »

Miss Lydia entendit peut-être cet éloge naïf de sa beauté et s'en effaroucha, car elle descendit presque aussitôt dans sa chambre. Bientôt après Orso se retira de son côté. Dès qu'il eut quitté le tillac, la femme de chambre remonta, et, après avoir fait subir un interrogatoire au matelot, rapporta les renseignements suivants à sa maîtresse : la ballata interrompue par la présence d'Orso avait été composée à l'occasion de la mort du colonel della Rebbia, père du susdit, assassiné il y avait deux ans. Le matelot ne doutait pas qu'Orso ne revînt en Corse *pour faire la vengeance,* c'était son expression, et affirmait qu'avant peu on verrait *de la viande fraîche** dans le village de Pietranera. Traduction faite de ce terme national, il résultait que le seigneur Orso se proposait d'assassiner deux ou trois personnes soupçonnées d'avoir assassiné son père, lesquelles, à la vérité, avaient été recherchées en justice pour ce fait, mais s'étaient trouvées blanches comme neige, attendu qu'elles avaient dans leur manche juges, avocats, préfet et gendarmes. « Il n'y a pas de justice en Corse*, ajoutait le matelot, et je fais plus de cas d'un bon fusil que d'un conseiller à la cour royale. Quand on a un ennemi, il faut choisir entre les trois S[a]*. »

Ces renseignements intéressants changèrent d'une façon notable les manières et les dispositions de miss Lydia à l'égard du lieutenant della Rebbia. Dès ce moment il était devenu un personnage aux yeux de la romanesque Anglaise. Maintenant cet air d'insouciance, ce ton de franchise et de bonne humeur, qui d'abord l'avaient prévenue défavorablement, devenaient pour elle un mérite de plus, car c'était la profonde dissimulation d'une âme énergique, qui ne laisse percer à l'extérieur aucun des sentiments qu'elle renferme*. Orso lui parut une espèce de Fiesque,

---

a. Expression nationale, c'est-à-dire *schiopetto, stiletto, strada,* fusil, stylet, fuite.

cachant de vastes desseins sous une apparence de légèreté ; et, quoiqu'il soit moins beau de tuer quelques coquins que de délivrer sa patrie, cependant une belle vengeance est belle ; et d'ailleurs les femmes aiment assez qu'un héros ne soit pas homme politique. Alors seulement miss Nevil remarqua que le jeune lieutenant avait de fort grands yeux, des dents blanches, une taille élégante, de l'éducation et quelque usage du monde. Elle lui parla souvent dans la journée suivante, et sa conversation l'intéressa. Il fut longuement questionné sur son pays, et il en parlait bien. La Corse, qu'il avait quittée fort jeune, d'abord pour aller au collège, puis à l'école militaire, était restée dans son esprit parée de couleurs poétiques. Il s'animait en parlant de ses montagnes, de ses forêts, des coutumes originales de ses habitants. Comme on peut le penser, le mot de vengeance se présenta plus d'une fois dans ses récits, car il est impossible de parler des Corses sans attaquer ou sans justifier leur passion proverbiale. Orso surprit un peu miss Nevil en condamnant d'une manière générale les haines interminables de ses compatriotes. Chez les paysans, toutefois, il cherchait à les excuser, et prétendait [27] que la vendette est le duel des pauvres*. « Cela est si vrai, disait-il, qu'on ne s'assassine qu'après un défi en règle. « Garde-toi, je me garde* », telles sont les paroles sacramentelles qu'échangent des ennemis [28] avant de se tendre des embuscades l'un à l'autre. Il y a plus d'assassinats chez nous, ajoutait-il, que partout ailleurs ; mais jamais vous ne trouverez une cause ignoble à ces crimes. Nous avons, il est vrai, beaucoup de meurtriers, mais pas un voleur. »

Lorsqu'il prononçait les mots de vengeance et de meurtre, miss Lydia le regardait attentivement, mais sans découvrir sur ses traits la moindre trace d'émotion. Comme elle avait décidé qu'il avait la force d'âme nécessaire pour se rendre impénétrable à tous les yeux, les siens exceptés, bien entendu, elle continua de croire fermement que les mânes du colonel della Rebbia n'attendraient pas longtemps la satisfaction qu'elles* réclamaient.

Déjà la goélette était en vue de la Corse. Le patron nommait les points principaux de la côte, et, bien qu'ils fussent tous parfaitement inconnus à miss Lydia, elle trouvait quelque plaisir à savoir leurs noms. Rien de plus ennuyeux qu'un paysage anonyme. Parfois la longue-vue [29] du colonel faisait apercevoir quelque insulaire, vêtu de drap brun, armé d'un fusil [30], monté sur un petit cheval, et galopant sur des pentes rapides. Miss Lydia, dans chacun, croyait voir un bandit, ou bien un fils allant venger la mort de son père; mais Orso assurait que c'était quelque paisible habitant du bourg voisin voyageant pour ses affaires; qu'il portait un fusil moins par nécessité que par *galanterie**, par mode, de même qu'un dandy ne sort qu'avec une canne élégante. Bien qu'un fusil soit une arme moins noble et moins poétique qu'un stylet, miss Lydia trouvait que, pour un homme, cela était plus élégant [31] qu'une canne, et elle se rappelait que tous les héros de lord Byron meurent d'une balle et non d'un classique poignard.

Après trois jours de navigation, on se trouva devant les Sanguinaires, et le magnifique paronama du golfe d'Ajaccio se développa aux yeux de nos voyageurs. C'est avec raison qu'on le compare à la baie de Naples* [32]; et au moment où la goélette entrait dans le port, un maquis en feu, couvrant de fumée la Punta di Girato*, rappelait le Vésuve et ajoutait à la ressemblance. Pour qu'elle fût complète, il faudrait qu'une armée d'Attila vînt s'abattre sur les environs de Naples; car tout est mort et désert autour d'Ajaccio. Au lieu de ces élégantes fabriques* qu'on découvre de tous côtés depuis Castellamare jusqu'au cap Misène, on ne voit, autour du golfe d'Ajaccio, que de sombres maquis, et derrière, des montagnes pelées. Pas une villa, pas une habitation. Seulement, çà et là, sur les hauteurs autour de la ville, quelques constructions blanches se détachent isolées sur un fond de verdure; ce sont des chapelles funéraires, des tombeaux de famille*. Tout, dans ce paysage, est d'une beauté grave et triste.

L'aspect de la ville, surtout à cette époque, augmentait encore l'impression causée par la solitude de ses alentours. Nul mouvement dans les rues, où l'on ne rencontre qu'un petit nombre de figures oisives, et toujours les mêmes. Point de femmes, sinon quelques paysannes qui viennent vendre leurs denrées. On n'entend point parler haut, rire, chanter, comme dans les villes italiennes. Quelquefois, à l'ombre d'un arbre de la promenade, une douzaine de paysans armés jouent aux cartes ou regardent jouer. Ils ne crient pas, ne se disputent jamais; si le jeu s'anime, on entend alors des coups de pistolet, qui toujours précèdent la menace. Le Corse est naturellement grave et silencieux. Le soir quelques figures paraissent pour jouir de la fraîcheur, mais les promeneurs du Cours sont presque tous des étrangers. Les insulaires restent devant leurs portes; chacun semble aux aguets comme un faucon sur son nid.

IV

Après avoir visité la maison où Napoléon est né, après s'être procuré par des moyens plus ou moins catholiques un peu du papier de la tenture, miss Lydia, deux jours après être débarquée en Corse [33], se sentit saisir d'une tristesse profonde, comme il doit arriver à tout étranger qui se trouve dans un pays dont les habitudes insociables semblent le condamner à un isolement complet. Elle regretta son coup de tête; mais partir sur-le-champ, c'eût été compromettre sa réputation de voyageuse intrépide; miss Lydia se résigna donc à prendre patience et à tuer le temps de son mieux. Dans cette généreuse résolution, elle prépara crayons et couleurs, esquissa des vues du golfe, et fit le portrait d'un paysan basané, qui vendait des melons, comme un maraîcher du continent, mais qui avait une barbe blanche et l'air du plus féroce coquin qui se pût voir. Tout cela ne suffisant point à l'amuser, elle résolut de faire tourner la tête au descendant des caporaux, et la chose n'était pas difficile, car, loin de se presser pour revoir son village, Orso semblait se plaire fort à Ajaccio, bien qu'il n'y vît personne. D'ailleurs miss Lydia s'était proposé une noble tâche, celle de civiliser cet ours des montagnes, et de le faire renoncer aux sinistres desseins qui le ramenaient dans son île. Depuis qu'elle avait pris la peine de l'étudier, elle s'était dit qu'il serait dommage de laisser ce jeune homme courir à sa perte, et que pour elle il serait glorieux de convertir un Corse.

Les journées pour nos voyageurs se passaient comme il suit : le matin, le colonel et Orso allaient à la chasse; miss Lydia dessinait ou écrivait à ses amies, afin de pouvoir dater ses lettres d'Ajaccio. Vers six heures, les hommes revenaient chargés de gibier; on dînait, miss Lydia chantait, le colonel s'endormait, et les jeunes gens demeuraient fort tard à causer.

Je ne sais quelle formalité de passeport avait obligé le colonel Nevil à faire une visite au préfet*; celui-ci, qui s'ennuyait fort, ainsi que la plupart de ses collègues, avait été ravi d'apprendre l'arrivée d'un Anglais, riche, homme du monde et père d'une jolie fille; aussi il l'avait parfaitement reçu et accablé d'offres de services; de plus, fort peu de jours après, il vint [34] lui rendre sa visite. Le colonel, qui venait de sortir de table, était confortablement étendu sur le sofa [35], tout près de s'endormir; sa fille chantait devant un piano délabré; Orso tournait les feuillets de son cahier de musique, et regardait les épaules et les cheveux blonds de la virtuose. On annonça M. le préfet; le piano se tut, le colonel se leva, se frotta les yeux, et présenta le préfet à sa fille : « Je ne vous présente pas monsieur della Rebbia, dit-il, car vous le connaissez sans doute?

— Monsieur est le fils du colonel della Rebbia?

demanda le préfet d'un air légèrement embarrassé.

— Oui, monsieur, répondit Orso.

— J'ai eu l'honneur de connaître monsieur votre père. »

Les lieux communs de conversation s'épuisèrent bientôt. Malgré lui, le colonel bâillait assez fréquemment; en sa qualité de libéral, Orso ne voulait point parler à un satellite du pouvoir; miss Lydia soutenait seule la conversation. De son côté, le préfet ne la laissait pas languir, et il était évident qu'il avait un vif plaisir à parler de Paris et du monde à une femme qui connaissait toutes les notabilités de la société européenne. De temps en temps, et tout en parlant, il observait Orso avec une curiosité singulière.

« C'est sur le continent que vous avez connu monsieur della Rebbia? » demanda-t-il à miss Lydia.

Miss Lydia répondit avec quelque embarras qu'elle avait fait sa connaissance sur le navire qui les avait amenés en Corse.

« C'est un jeune homme très comme il faut, dit le préfet à demi-voix. Et vous a-t-il dit, continua-t-il encore plus bas, dans quelle intention il revient en Corse? »

Miss Lydia prit son air majestueux : « Je ne le lui ai point demandé, dit-elle; vous pouvez l'interroger. »

Le préfet garda le silence; mais, un moment après, entendant Orso adresser au colonel quelques mots en anglais : « Vous avez beaucoup voyagé monsieur, dit-il, à ce qu'il paraît. Vous devez avoir oublié la Corse... et ses coutumes.

— Il est vrai, j'étais bien jeune quand je l'ai quittée.

— Vous appartenez toujours à l'armée?

— Je suis en demi-solde, monsieur.

— Vous avez été trop longtemps dans l'armée française, pour ne pas devenir tout à fait Français, je n'en doute pas, monsieur. »

Il prononça ces derniers mots avec une emphase marquée.

Ce n'est pas flatter prodigieusement les Corses, que

leur rappeler [36] qu'ils appartiennent à la grande nation. Ils veulent être un peuple à part, et cette prétention, ils la justifient assez bien pour qu'on la leur accorde. Orso, un peu piqué, répliqua : « Pensez-vous, monsieur le préfet, qu'un Corse, pour être homme d'honneur, ait besoin de servir dans l'armée française?

— Non, certes, dit le préfet, ce n'est nullement ma pensée : je parle seulement de certaines coutumes de ce pays-ci, dont quelques-unes ne sont pas telles qu'un administrateur voudrait les voir [37]. » Il appuya sur ce mot de coutumes, et prit l'expression la plus grave que sa figure comportait. Bientôt après, il se leva et sortit, emportant la promesse que miss Lydia irait voir sa femme à la préfecture.

Quand il fut parti : « Il fallait, dit miss Lydia, que j'allasse en Corse pour apprendre ce que c'est qu'un préfet. Celui-ci me paraît assez aimable.

— Pour moi, dit Orso, je n'en saurais dire autant, et je le trouve bien singulier avec son air emphatique et mystérieux. »

Le colonel était plus qu'assoupi; miss Lydia jeta un coup d'œil de son côté, et baissant la voix : « Et moi, je trouve, dit-elle, qu'il n'est pas si mystérieux que vous le prétendez, car je crois l'avoir compris.

— Vous êtes, assurément, bien perspicace, miss Nevil; et, si vous voyez quelque esprit dans ce qu'il vient de dire, il faut assurément que vous l'y ayez mis*.

— C'est une phrase du marquis [38] de Mascarille, monsieur della Rebbia, je crois; mais,... voulez-vous que je vous donne une preuve de ma pénétration? Je suis un peu sorcière, et je sais ce que pensent les gens que j'ai vus deux fois.

— Mon Dieu! vous m'effrayez. Si vous saviez lire dans ma pensée [39], je ne sais si je devrais en être content ou affligé...

— Monsieur della Rebbia, continua miss Lydia en rougissant, nous ne nous connaissons que depuis quelques jours; mais en mer, et dans les pays barbares, —

vous m'excuserez, je l'espère..., — dans les pays barbares, on devient ami plus vite [40] que dans le monde... Ainsi ne vous étonnez pas si je vous parle en amie de choses un peu bien intimes, et dont peut-être un étranger ne devrait pas se mêler.

— Oh ! ne dites pas ce mot-là, miss Nevil; l'autre me plaisait bien mieux.

— Eh bien ! monsieur, je dois vous dire que, sans avoir cherché à savoir vos secrets, je me trouve les avoir appris en partie, et il y en a qui m'affligent. Je sais, monsieur, le malheur qui a frappé votre famille, on m'a beaucoup parlé du caractère vindicatif de vos compatriotes et de leur manière de se venger... N'est-ce pas à cela que le préfet faisait allusion?

— Miss Lydia peut-elle penser !... » Et Orso devint pâle comme la mort.

« Non, monsieur della Rebbia, dit-elle en l'interrompant; je sais que vous êtes un gentleman plein d'honneur. Vous m'avez dit vous-même qu'il n'y avait plus dans votre pays que les gens du peuple qui connussent la *vendette*... qu'il vous plaît d'appeler une forme du duel*...

— Me croiriez-vous donc capable de devenir jamais un assassin?

— Puisque je vous parle de cela, monsieur Orso, vous devez bien voir que je ne doute pas de vous, et si je vous ai parlé, poursuivit-elle en baissant les yeux, c'est que j'ai compris que de retour dans votre pays, entouré peut-être de préjugés barbares, vous seriez bien aise de savoir qu'il y a quelqu'un qui vous estime pour votre courage à leur résister. — Allons, dit-elle en se levant, ne parlons plus de ces vilaines choses-là : elles me font mal à la tête, et d'ailleurs il est bien tard. Vous ne m'en voulez pas? Bonsoir, à l'anglaise. Et elle lui tendit la main. »

Orso la pressa d'un air grave et pénétré.

« Mademoiselle, dit-il, savez-vous qu'il y a des moments où l'instinct du pays se réveille en moi. Quelquefois, lorsque je songe à mon pauvre père..., alors d'affreuses idées m'obsèdent. Grâce à vous, j'en suis à jamais délivré. Merci, merci ! »

Il allait poursuivre; mais miss Lydia fit tomber une cuiller à thé, et le bruit réveilla le colonel.

« Della Rebbia, demain à cinq heures en chasse ! Soyez exact.

— Oui, mon colonel. »

V

Le lendemain, un peu avant le retour des chasseurs, miss Nevil, revenant d'une promenade au bord de la mer, regagnait l'auberge avec sa femme de chambre [41], lorsqu'elle remarqua une jeune femme vêtue de noir, montée sur un cheval de petite taille, mais vigoureux, qui entrait dans la ville. Elle était suivie [42] d'une espèce de paysan, à cheval aussi, en veste de drap brun trouée aux coudes, une gourde en bandoulière, un pistolet pendant à la ceinture; à la main, un fusil, dont la crosse reposait dans une poche de cuir attachée à l'arçon de la selle; bref, en costume complet de brigand de mélodrame ou de bourgeois corse en voyage. La beauté remarquable de la femme attira d'abord l'attention de miss Nevil. Elle paraissait avoir une vingtaine d'années. Elle était grande, blanche, les yeux bleu foncé, la bouche rose, les dents comme de l'émail*. Dans son expression on lisait à la fois l'orgueil, l'inquiétude et la tristesse. Sur la tête, elle portait ce voile de soie noire nommé *mezzaro,* que les Génois ont introduit en Corse, et qui sied si bien aux femmes. De longues nattes de cheveux châtains* lui formaient comme un turban autour de la tête. Son costume était propre, mais de la plus grande simplicité.

Miss Nevil eut tout le temps de la considérer, car la dame au mezzaro s'était arrêtée dans la rue à questionner quelqu'un avec beaucoup d'intérêt, comme il semblait à l'expression de ses yeux; puis, sur la réponse qui lui fut faite, elle donna un coup de houssine à sa monture, et, prenant le grand trot, ne s'arrêta qu'à la porte de l'hôtel où logeaient sir Thomas Nevil et Orso. Là, après avoir échangé quelques mots avec l'hôte, la jeune femme sauta lestement à bas de son cheval et s'assit sur un banc de pierre à côté de la porte d'entrée, tandis que son écuyer conduisait les chevaux à l'écurie. Miss Lydia passa avec son costume parisien devant l'étrangère sans qu'elle levât les yeux. Un quart d'heure après, ouvrant sa fenêtre, elle vit encore la dame au mezzaro assise à la même place et dans la même attitude. Bientôt parurent le colonel et Orso, revenant de la chasse. Alors l'hôte dit quelques mots à la demoiselle en deuil et lui désigna du doigt le jeune della Rebbia. Celle-ci rougit, se leva avec vivacité, fit quelques pas en avant, puis s'arrêta immobile et comme interdite. Orso était tout près d'elle, la considérant avec curiosité.

« Vous êtes, dit-elle d'une voix émue, Orso Antonio della Rebbia? Moi, je suis Colomba.

— Colomba ! » s'écria Orso.

Et, la prenant dans ses bras, il l'embrassa tendrement, ce qui étonna un peu le colonel et sa fille; car en Angleterre on ne s'embrasse pas dans la rue.

« Mon frère, dit Colomba, vous me pardonnerez si je suis venue sans votre ordre; mais j'ai appris par nos amis que vous étiez arrivé, et c'était pour moi une si grande consolation de vous voir... »

Orso l'embrassa encore; puis, se tournant vers le colonel :

« C'est ma sœur, dit-il, que je n'aurais jamais reconnue si elle ne s'était nommée. — Colomba, le colonel sir Thomas Nevil. — Colonel, vous voudrez bien m'excuser, mais je ne pourrai avoir l'honneur de dîner avec vous aujourd'hui... Ma sœur...

— Eh! où diable voulez-vous dîner, mon cher? s'écria le colonel; vous savez bien qu'il n'y a qu'un dîner dans cette maudite auberge, et il est pour nous. Mademoiselle fera grand plaisir à ma fille de se joindre à nous. »

Colomba regarda son frère, qui ne se fit pas trop

prier, et tous ensemble entrèrent dans la plus grande pièce de l'auberge, qui servait au colonel de salon et de salle à manger. Mademoiselle della Rebbia, présentée à miss Nevil, lui fit une profonde révérence, mais ne dit pas une parole. On voyait qu'elle était très effarouchée et que, pour la première fois de sa vie peut-être, elle se trouvait en présence d'étrangers gens du monde. Cependant dans ses manières il n'y avait rien qui sentît la province. Chez elle l'étrangeté sauvait la gaucherie. Elle plut à miss Nevil par cela même; et, comme il n'y avait pas de chambre disponible dans l'hôtel que le colonel et sa suite avaient envahi, miss Lydia poussa la condescendance ou la curiosité jusqu'à offrir à mademoiselle della Rebbia de lui faire dresser un lit dans sa propre chambre.

Colomba balbutia quelques mots de remerciement et s'empressa de suivre la femme de chambre de miss Nevil pour faire à sa toilette les petits arrangements que rend nécessaires un voyage à cheval par la poussière et le soleil.

En rentrant dans le salon, elle s'arrêta devant les fusils du colonel, que les chasseurs venaient de déposer dans un coin. « Les belles armes ! dit-elle; sont-elles à vous, mon frère?

— Non, ce sont des fusils anglais au colonel. Ils sont aussi bons qu'ils sont beaux.

— Je voudrais bien, dit Colomba, que vous en eussiez un semblable.

— Il y en a certainement un dans ces trois-là qui appartient à della Rebbia, s'écria le colonel. Il s'en sert trop bien. Aujourd'hui quatorze coups de fusil, quatorze pièces ! »

Aussitôt s'établit un combat de générosité, dans lequel Orso fut vaincu, à la grande satisfaction de sa sœur, comme il était facile de s'en apercevoir à l'expression de joie enfantine qui brilla tout d'un coup sur son visage, tout à l'heure si sérieux. « Choisissez, mon cher », disait le colonel. Orso refusait. « Eh bien ! mademoiselle votre sœur choisira pour vous. » Colomba ne se le fit pas dire deux fois : elle prit le moins orné des fusils, mais c'était un excellent Manton* de gros calibre. « Celui-ci, dit-elle, doit bien porter la balle. »

Son frère s'embarrassait de ses remerciements, lorsque le dîner parut fort à propos pour le tirer d'affaire. Miss Lydia fut charmée de voir que Colomba, qui avait fait quelque résistance pour se mettre à table, et qui n'avait cédé que sur un regard de son frère, faisait en bonne catholique le signe de la croix avant de manger. « Bon, se dit-elle, voilà qui est primitif. » Et elle se promit de faire plus d'une observation intéressante sur ce jeune représentant des vieilles mœurs de la Corse. Pour Orso, il était évidemment un peu mal à son aise, par la crainte sans doute que sa sœur ne dît ou ne fît quelque chose qui sentît trop son village. Mais Colomba l'observait sans cesse et réglait tous ses mouvements sur ceux de son frère. Quelquefois elle le considérait fixement avec une étrange expression de tristesse; et alors, si les yeux d'Orso rencontraient les siens, il était le premier à détourner ses regards, comme s'il eût voulu se soustraire à une question que sa sœur lui adressait mentalement et qu'il comprenait trop bien. On parlait français, car le colonel s'exprimait fort mal en italien. Colomba entendait le français, et prononçait même assez bien le peu de mots qu'elle était forcée d'échanger avec ses hôtes.

Après le dîner, le colonel, qui avait remarqué l'espèce de contrainte qui régnait entre le frère et la sœur, demanda avec sa franchise ordinaire à Orso s'il ne désirait point causer seul avec mademoiselle Colomba, offrant dans ce cas de passer avec sa fille dans la pièce voisine. Mais Orso se hâta de le remercier et de dire qu'ils auraient bien le temps de causer à Pietranera. C'était le nom du village où il devait faire sa résidence.

Le colonel prit donc sa place accoutumée sur le sofa, et miss Nevil, après avoir essayé plusieurs sujets de conversation, désespérant de faire parler la belle Colomba, pria Orso de lui lire un chant du Dante; c'était son poète favori. Orso choisit le chant de l'enfer où se trouve l'épisode de Francesca da Rimini*, et se mit à lire, accentuant de son mieux ces sublimes tercets, qui expriment si bien le danger de lire à deux un livre d'amour. A mesure qu'il lisait, Colomba se rapprochait de la table, relevait la tête, qu'elle avait tenue baissée; ses prunelles dilatées brillaient d'un feu extraordinaire; elle rougissait et pâlissait tour à tour, elle s'agitait convulsivement sur sa chaise. Admirable organisation italienne, qui, pour comprendre la poésie, n'a pas besoin qu'un pédant lui en démontre les beautés!

Quand la lecture fut terminée : « Que cela est beau! s'écria-t-elle. Qui a fait cela, mon frère? »

Orso fut un peu déconcerté, et miss Lydia répondit en souriant que c'était un poète florentin mort depuis plusieurs siècles.

« Je te ferai lire le Dante, dit Orso, quand nous serons à Pietranera.

— Mon Dieu, que cela est beau! » répétait Colomba; et elle dit trois ou quatre tercets qu'elle avait retenus, d'abord à voix basse; puis, s'animant, elle les déclama tout haut avec plus d'expression que son frère n'en avait mis à les lire.

Miss Lydia très étonnée : « Vous paraissez aimer beaucoup la poésie, dit-elle. Que je vous envie le bonheur que vous aurez à lire le Dante comme un livre nouveau!

— Vous voyez, miss Nevil, disait Orso, quel pouvoir ont les vers du Dante, pour émouvoir ainsi une petite sauvagesse qui ne sait que son *Pater*... Mais je me trompe; je me rappelle que Colomba est du métier. Tout enfant, elle s'escrimait à faire des vers, et mon père m'écrivait qu'elle était la plus grande *voceratrice* de Pietranera et de deux lieues à la ronde. »

Colomba jeta un coup d'œil suppliant à son frère. Miss Nevil avait ouï parler des improvisatrices corses et mourait d'envie d'en entendre une. Aussi elle s'empressa de prier Colomba de lui donner un échantillon de son talent. Orso s'interposa alors, fort contrarié de s'être si bien rappelé les dispositions poétiques de sa sœur. Il eut beau jurer que rien n'était plus plat qu'une ballata corse, protester que réciter [43] des vers corses après ceux du Dante, c'était trahir son pays, il ne fit qu'irriter le caprice de miss Nevil, et se vit obligé à la fin de dire à sa sœur : « Eh bien ! improvise quelque chose, mais que cela soit court. »

Colomba poussa un soupir, regarda attentivement pendant une minute le tapis de la table, puis les poutres du plafond ; enfin, mettant la main sur ses yeux, comme ces oiseaux qui se rassurent et croient n'être point vus quand ils ne voient point eux-mêmes*, chanta, ou plutôt déclama d'une voix mal assurée la *serenata* qu'on va lire :

LA JEUNE FILLE ET LA PALOMBE

« Dans la vallée, bien loin derrière les montagnes, — le soleil n'y vient qu'une fois [44] tous les jours ; — il y a dans la vallée une maison sombre, — et l'herbe y croît sur le seuil. — Portes, fenêtres sont toujours fermées. — Nulle fumée ne s'échappe du toit. — Mais à midi, lorsque vient le soleil, une fenêtre s'ouvre alors, — et l'orpheline s'assied, filant à son rouet : — elle file et chante en travaillant — un chant de tristesse ; — mais nul autre chant ne répond au sien. — Un jour, un jour de printemps, — une palombe se posa sur un arbre voisin, — et entendit le chant de la jeune fille. — Jeune fille, dit-elle, tu ne pleures pas seule : — un cruel épervier m'a ravi ma compagne. — Palombe, montre-moi l'épervier ravisseur : — fût-il aussi haut que les nuages, — je l'aurai bientôt abattu en terre. — Mais moi, pauvre fille, qui me rendra mon frère, — mon frère maintenant en lointain pays ? — Jeune fille, dis-moi où est ton frère, — et mes ailes me porteront près de lui. »

« Voilà une palombe bien élevée ! » s'écria Orso en embrassant sa sœur avec une émotion qui contrastait avec le ton de plaisanterie qu'il affectait.

« Votre chanson est charmante, dit miss Lydia. Je

veux que vous me l'écriviez dans mon album. Je la traduirai en anglais et je la ferai mettre en musique. »

Le brave colonel, qui n'avait pas compris un mot, joignit ses compliments à ceux de sa fille. Puis il ajouta : « Cette palombe dont vous parlez, mademoiselle, c'est cet oiseau que nous avons mangé aujourd'hui à la crapaudine*? »

Miss Nevil apporta son album et ne fut pas peu surprise de voir l'improvisatrice écrire sa chanson en ménageant le papier d'une façon singulière. Au lieu d'être en vedette, les vers se suivaient sur la même ligne, tant que la largeur de la feuille le permettait, en sorte qu'ils ne convenaient plus à la définition connue des compositions poétiques : « De petites lignes, d'inégale longueur, avec une marge de chaque côté. » Il y avait bien encore quelques observations à faire sur l'orthographe un peu capricieuse de mademoiselle Colomba, qui, plus d'une fois, fit sourire miss Nevil, tandis que la vanité fraternelle d'Orso était au supplice.

L'heure de dormir étant arrivée, les deux jeunes filles se retirèrent dans leur chambre. Là, tandis que miss Lydia détachait collier, boucles, bracelets, elle observa sa compagne qui retirait de sa robe quelque chose de long comme un busc, mais de forme bien différente pourtant. Colomba mit cela avec soin et presque furtivement sous son mezzaro déposé sur une table; puis elle s'agenouilla et fit dévotement sa prière. Deux minutes après, elle était dans son lit. Très curieuse de son naturel et lente comme une Anglaise à se déshabiller, miss Lydia s'approcha de la table, et, feignant de chercher une épingle, souleva le mezzaro et aperçut un stylet assez long, curieusement monté en nacre et en argent; le travail en était remarquable, et c'était une arme ancienne et de grand prix pour un amateur.

« Est-ce l'usage ici, dit miss Nevil en souriant, que les demoiselles portent ce petit instrument dans leur corset?

— Il le faut bien, répondit Colomba en soupirant. Il y a tant de méchantes gens !

— Et auriez-vous vraiment le courage d'en donner un coup comme cela ? »

Et miss Nevil, le stylet à la main, faisait le geste de frapper, comme on frappe au théâtre, de haut en bas.

« Oui, si cela était nécessaire, dit Colomba de sa voix douce et musicale, pour me défendre ou défendre mes amis... Mais ce n'est pas comme cela qu'il faut le tenir ; vous pourriez vous blesser, si la personne que vous voulez frapper se retirait. » Et se levant sur son séant : « Tenez, c'est ainsi, en remontant le coup. Comme cela il est mortel, dit-on. Heureux les gens qui n'ont pas besoin de telles armes ! »

Elle soupira, abandonna sa tête sur l'oreiller et ferma les yeux. On n'aurait pu voir une tête plus belle, plus noble, plus virginale. Phidias, pour sculpter sa Minerve, n'aurait pas désiré un autre modèle.

VI

C'est pour me conformer au précepte d'Horace que je me suis lancé d'abord *in medias res**. Maintenant que tout dort, et la belle Colomba, et le colonel, et sa fille, je saisirai ce moment pour instruire mon lecteur de certaines particularités qu'il ne doit pas ignorer, s'il veut pénétrer davantage dans cette véridique histoire. Il sait déjà que le colonel della Rebbia, père d'Orso, est mort [45] assassiné : or on n'est pas assassiné en Corse, comme on l'est en France, par le premier échappé des galères qui ne trouve pas de meilleur moyen pour vous voler votre argenterie : on est assassiné par ses ennemis ; mais le motif pour lequel on a des ennemis, il est souvent fort difficile de le dire. Bien des familles se haïssent par vieille habitude, et la tradition de la cause originelle de leur haine s'est perdue complètement.

La famille à laquelle appartenait le colonel della Rebbia haïssait plusieurs autres familles, mais singulièrement celle des Barricini*; quelques-uns disaient que, dans le seizième siècle, un della Rebbia avait séduit une Barricini, et avait été poignardé ensuite par un parent de la demoiselle outragée. A la vérité, d'autres racontaient l'affaire différemment, prétendant que c'était une della Rebbia qui avait été séduite, et un Barricini poignardé. Tant il y a que, pour me servir d'une expression consacrée, il y avait du sang entre les deux maisons. Toutefois, contre l'usage, ce meurtre n'en avait pas produit d'autres; c'est que les della Rebbia et les Barricini avaient été également persécutés par le gouvernement génois, et les jeunes gens s'étant expatriés, les deux familles furent privées, pendant plusieurs générations, de leurs représentants énergiques. A la fin du siècle dernier, un della Rebbia, officier au service de Naples*, se trouvant dans un tripot, eut une querelle avec des militaires qui, entre autres injures, l'appelèrent chevrier corse; il mit l'épée à la main; mais, seul contre trois, il eût mal passé son temps, si un étranger, qui jouait dans le même lieu, ne se fût écrié : « Je suis Corse aussi ! » et n'eût pris sa défense. Cet étranger était un Barricini, qui d'ailleurs ne connaissait pas son compatriote. Lorsqu'on s'expliqua, de part et d'autre ce furent de grandes politesses et des serments d'amitié éternelle; car, sur le continent, les Corses se lient facilement; c'est tout le contraire dans leur île. On le vit bien dans cette circonstance : della Rebbia et Barricini furent amis intimes tant qu'ils demeurèrent en Italie; mais, de retour en Corse, ils ne se virent plus que rarement*, bien qu'habitant tous les deux le même village, et, quand ils moururent, on disait qu'il y avait bien cinq ou six ans qu'ils ne s'étaient parlé [46]. Leurs fils vécurent de même *en étiquette,* comme on dit dans l'île*. L'un, Ghilfuccio, le père d'Orso, fut militaire; l'autre, Giudice Barricini, fut avocat. Devenus l'un et l'autre chefs de famille, et séparés par leur profession, ils n'eurent presque aucune occasion de se voir ou d'entendre parler l'un de l'autre.

Cependant, un jour, vers 1809, Giudice lisant à

Bastia, dans un journal, que le capitaine Ghilfuccio venait d'être décoré, dit, devant témoins, qu'il n'en était pas surpris, attendu que le général*** protégeait sa famille. Ce mot fut rapporté à Ghilfuccio à Vienne, lequel dit à un compatriote qu'à son retour en Corse il trouverait Giudice bien riche, parce qu'il tirait plus d'argent de ses causes perdues que de celles qu'il gagnait. On n'a jamais su s'il insinuait par là que l'avocat trahissait ses clients, ou s'il se bornait à émettre cette vérité triviale, qu'une mauvaise affaire rapporte plus à un homme de loi qu'une bonne cause. Quoi qu'il en soit, l'avocat Barricini eut connaissance de l'épigramme et ne l'oublia pas. En 1812, il demandait à être nommé maire de sa commune et avait tout espoir de le devenir, lorsque le général*** écrivit au préfet pour lui recommander un parent de la femme de Ghilfuccio; le préfet s'empressa de se conformer aux désirs du général, et Barricini ne douta point qu'il ne dût sa déconvenue aux intrigues de Ghilfuccio. Après la chute [47] de l'empereur, en 1814*, le protégé du général fut dénoncé comme bonapartiste, et remplacé par Barricini. A son tour, ce dernier fut destitué dans les cent jours [48]; mais, après cette tempête, il reprit possession en grande pompe [49] du cachet de la mairie et des registres de l'état civil.

De ce moment son étoile devint plus brillante que jamais. Le colonel della Rebbia, mis en demi-solde et retiré à Pietranera, eut à soutenir contre lui une guerre sourde de chicanes sans cesse renouvelées : tantôt il était assigné en réparation de dommages commis par son cheval dans les clôtures de M. le maire; tantôt celui-ci, sous prétexte de restaurer le pavé de l'église, faisait enlever une dalle brisée qui portait les armes des della Rebbia, et qui couvrait le tombeau d'un membre de cette famille. Si les chèvres mangeaient les jeunes plantes du colonel, les propriétaires de ces animaux trouvaient protection auprès du maire; successivement, l'épicier qui tenait le bureau de poste de Pietranera, et le garde champêtre, vieux soldat mutilé, tous les deux clients de della Rebbia, furent destitués et remplacés par des créatures des Barricini.

La femme du colonel mourut exprimant le désir d'être enterrée au milieu d'un petit bois où elle aimait à se promener; aussitôt le maire déclara qu'elle serait inhumée dans le cimetière de la commune, attendu qu'il n'avait pas reçu d'autorisation pour permettre une sépulture isolée. Le colonel furieux déclara qu'en attendant cette autorisation, sa femme serait enterrée au lieu qu'elle avait choisi, et il y fit creuser une fosse. De son côté, le maire en fit faire une dans le cimetière, et manda la gendarmerie, afin, disait-il, que force restât à la loi. Le jour de l'enterrement, les deux partis se trouvèrent en présence, et l'on put craindre un moment qu'un combat ne s'engageât pour la possession des restes de madame della Rebbia. Une quarantaine de paysans bien armés, amenés par les parents de la défunte, obligèrent le curé, en sortant de l'église, à prendre le chemin du bois; d'autre part, le maire avec ses deux fils [50], ses clients et les gendarmes, se présenta [51] pour faire opposition. Lorsqu'il parut et somma le convoi de rétrograder, il fut accueilli par des huées et des menaces; l'avantage du nombre était pour ses adversaires, et ils semblaient déterminés. A sa vue, plusieurs fusils furent armés; on dit même qu'un berger le coucha en joue; mais le colonel releva le fusil en disant : « Que personne ne tire sans mon ordre! » Le maire « craignait les coups naturellement » comme Panurge*, et, refusant la bataille, il se retira avec son escorte : alors la procession funèbre se mit en marche, en ayant soin de prendre le plus long, afin de passer devant la mairie. En défilant, un idiot, qui s'était joint au cortège, s'avisa de crier *vive l'empereur !* Deux ou trois voix lui répondirent, et les rebbianistes, s'animant de plus en plus, proposèrent de tuer un bœuf du maire, qui, d'aventure, leur barrait le chemin. Heureusement le colonel empêcha cette violence.

On pense bien qu'un procès-verbal fut dressé, et que le maire fit au préfet un rapport de son style le plus sublime, dans lequel il peignait les lois divines et humaines foulées aux pieds, — la majesté de lui, maire, celle du curé, méconnues et insultées, — le colonel della Rebbia se mettant à la tête d'un complot buonapartiste pour changer l'ordre de successibilité au trône, et exciter les citoyens à s'armer les uns contre les autres, crimes prévus par les articles 86 et 91 du Code pénal*.

L'exagération de cette plainte nuisit à son effet. Le colonel écrivit au préfet, au procureur du roi : un parent de sa femme était allié à un des députés de l'île, un autre cousin du président de la cour royale. Grâce à ces protections, le complot s'évanouit, madame della Rebbia resta dans le bois, et l'idiot seul fut condamné à quinze jours de prison.

L'avocat Barricini, mal satisfait du résultat de cette affaire, tourna ses batteries d'un autre côté. Il exhuma un vieux titre, d'après lequel il entreprit de contester au colonel la propriété d'un certain cours d'eau qui faisait tourner un moulin. Un procès s'engagea qui dura longtemps. Au bout d'une année, la cour allait rendre son arrêt, et suivant toute apparence en faveur du colonel, lorsque M. Barricini déposa entre les mains du procureur du roi une lettre signée par un certain Agostini, bandit célèbre, qui le menaçait, lui maire, d'incendie et de mort s'il ne se désistait de ses prétentions. On sait qu'en Corse la protection des bandits [52] est très recherchée, et que pour obliger leurs amis ils interviennent fréquemment dans les querelles particulières. Le maire tirait parti de cette lettre, lorsqu'un nouvel incident vint compliquer l'affaire. Le bandit Agostini écrivit au procureur du roi pour se plaindre qu'on eût contrefait son écriture, et jeté des doutes sur son caractère, en le faisant passer pour un homme qui trafiquait de son influence : « Si je découvre le faussaire, disait-il en terminant sa lettre, je le punirai exemplairement. »

Il était clair qu'Agostini n'avait point écrit la lettre menaçante au maire; les della Rebbia en accusaient les Barricini et *vice versa*. De part et d'autre on éclatait en menaces, et la justice ne savait de quel côté trouver les coupables.

Sur ces entrefaites, le colonel Ghilfuccio fut assassiné. Voici les faits tels qu'ils furent établis en justice : Le 2 août 18.., le jour tombant déjà, la femme[53] Madeleine Pietri, qui portait du grain à Pietranera, entendit deux coups de feu très rapprochés, tirés, comme il lui semblait, dans un chemin creux menant au village, à environ cent cinquante pas de l'endroit où elle se trouvait. Presque aussitôt elle vit un homme qui courait, en se baissant, dans un sentier des vignes, et se dirigeait vers le village. Cet homme s'arrêta un instant et se retourna; mais la distance empêcha la femme Pietri de distinguer ses traits, et d'ailleurs il avait à la bouche une feuille de vigne qui lui cachait presque tout le visage. Il fit de la main un signe à un camarade que le témoin ne vit pas, puis disparut dans les vignes.

La femme Pietri, ayant laissé son fardeau, monta le sentier en courant, et trouva le colonel della Rebbia baigné dans son sang, percé de deux coups de feu, mais respirant encore. Près de lui était son fusil chargé et armé, comme s'il s'était mis en défense contre une personne qui l'attaquait en face au moment où une autre le frappait par derrière. Il râlait et se débattait contre la mort, mais ne pouvait prononcer une parole, ce que les médecins expliquèrent par la nature de ses blessures qui avaient traversé le poumon. Le sang l'étouffait; il coulait lentement et comme une mousse rouge. En vain la femme Pietri le souleva et lui adressa quelques questions. Elle voyait bien qu'il voulait parler, mais il ne pouvait se faire comprendre. Ayant remarqué qu'il essayait de porter la main à sa poche, elle s'empressa d'en tirer un petit portefeuille qu'elle lui présenta ouvert. Le blessé prit le crayon du portefeuille et chercha à écrire. De fait, le témoin le vit former avec peine plusieurs caractères; mais, ne sachant pas lire, elle ne put en comprendre le sens. Épuisé par cet effort, le colonel laissa le portefeuille dans la main de la femme Pietri, qu'il serra avec force en la regardant d'un air singulier, comme s'il voulait lui dire, ce sont les paroles du témoin : « C'est important, c'est le nom de mon assassin ! »

La femme Pietri montait au village lorsqu'elle rencontra M. le maire Barricini avec son fils Vincentello. Alors il était presque nuit. Elle conta ce qu'elle avait vu. Le maire prit le portefeuille, et courut à la mairie ceindre son écharpe et appeler son secrétaire et la gendarmerie. Restée seule avec le jeune Vincentello, Madeleine Pietri lui proposa d'aller porter secours au colonel, dans le cas où il serait encore vivant ; mais Vincentello répondit que s'il approchait d'un homme qui avait été l'ennemi acharné de sa famille, on ne manquerait pas de l'accuser de l'avoir tué. Peu après le maire arriva, trouva le colonel mort, fit enlever le cadavre, et dressa procès-verbal.

Malgré son trouble, naturel dans cette occasion, M. Barricini s'était empressé de mettre sous les scellés le portefeuille du colonel, et de faire toutes les recherches en son pouvoir ; mais aucune n'amena de découverte importante. Lorsque vint le juge d'instruction, on ouvrit le portefeuille, et sur une page souillée de sang on vit quelques lettres tracées par une main défaillante, bien lisibles pourtant. Il y avait écrit : *Agosti...*, et le juge ne douta pas que le colonel n'eût voulu désigner Agostini comme son assassin. Cependant Colomba della Rebbia, appelée par le juge, demanda à examiner le portefeuille. Après l'avoir longtemps feuilleté, elle étendit la main vers le maire et s'écria : « Voilà l'assassin ! » Alors, avec une précision et une clarté surprenantes [54] dans le transport de douleur où elle était plongée, elle raconta que son père, ayant reçu peu de jours auparavant une lettre de son fils, l'avait brûlée, mais qu'avant de le faire, il avait écrit au crayon, sur son portefeuille, l'adresse d'Orso, qui venait de changer de garnison. Or cette adresse ne se trouvait plus dans le portefeuille, et Colomba concluait que le maire avait arraché le feuillet où elle était écrite, qui aurait été celui-là même [55] sur lequel son père avait tracé le nom du meurtrier [56]; et à ce nom, le maire, au dire de Colomba, aurait substitué celui d'Agostini. Le juge vit en effet qu'un feuillet manquait au cahier de papier sur lequel le nom était écrit; mais bientôt il remarqua que des feuillets manquaient également dans les autres cahiers du même portefeuille, et des témoins déclarèrent que le colonel avait l'habitude de déchirer ainsi des pages de son portefeuille lorsqu'il voulait allumer un cigare [57]; rien de plus probable donc qu'il eût brûlé par mégarde l'adresse qu'il avait copiée. En outre, on constata que le maire, après avoir reçu le portefeuille de la femme Pietri, n'aurait pu lire à cause de l'obscurité; il fut prouvé qu'il ne s'était pas arrêté un instant avant d'entrer à la mairie, que le brigadier de gendarmerie l'y avait accompagné, l'avait vu allumer une lampe, mettre le portefeuille dans une enveloppe et le cacheter [58] sous ses yeux.

Lorsque le brigadier eut terminé sa déposition, Colomba, hors d'elle-même, se jeta à ses genoux et le supplia, par tout ce qu'il avait de plus sacré, de déclarer s'il n'avait pas laissé le maire seul un instant. Le brigadier, après quelque hésitation, visiblement ému par l'exaltation de la jeune fille, avoua qu'il était allé [59] chercher dans une pièce voisine une feuille de grand papier, mais qu'il n'était pas resté une minute, et que le maire lui avait toujours parlé tandis qu'il cherchait à tâtons ce papier dans un tiroir. Au reste, il attestait qu'à son retour le portefeuille sanglant était à la même place sur la table où le maire l'avait jeté en entrant.

M. Barricini déposa avec le plus grand calme. Il excusait, disait-il, l'emportement de mademoiselle della Rebbia, et voulait bien condescendre à se justifier. Il prouva qu'il était resté toute la soirée au village; que son fils Vincentello était avec lui devant la mairie au moment du crime; enfin que son fils Orlanduccio, pris de la fièvre ce jour-là même, n'avait pas bougé de son lit. Il produisit tous les fusils de sa maison, dont aucun n'avait fait feu récemment. Il ajouta qu'à l'égard du portefeuille il en avait tout de suite compris l'importance; qu'il l'avait mis sous le scellé et l'avait déposé entre les mains de son adjoint, prévoyant qu'en raison de son inimitié avec le colonel il pourrait être soupçonné. Enfin il rappela qu'Agostini avait menacé de mort celui qui avait écrit une lettre en son nom, et insinua que ce misérable, ayant probablement soupçonné le colonel, l'avait assassiné. Dans les mœurs des bandits, une pareille vengeance pour un motif analogue n'est pas sans exemple.

Cinq jours après la mort du colonel della Rebbia, Agostini, surpris par un détachement de voltigeurs, fut tué, se battant [60] en désespéré. On trouva sur lui une lettre de Colomba qui l'adjurait de déclarer s'il était ou non coupable du meurtre qu'on lui imputait. Le bandit n'ayant point fait de réponse, on en conclut assez généralement qu'il n'avait pas eu le courage de dire à une fille qu'il avait tué son père. Toutefois, les personnes qui prétendaient connaître bien le caractère d'Agostini, disaient tout bas que, s'il eût tué le colonel, il s'en serait vanté. Un autre bandit, connu sous le nom de Brandolaccio, remit à Colomba une déclaration dans laquelle il attestait *sur l'honneur* l'innocence de son camarade; mais la seule preuve qu'il alléguait, c'était qu'Agostini ne lui avait jamais dit qu'il soupçonnât le colonel.

Conclusions, les Barricini ne furent pas inquiétés; le juge d'instruction combla le maire d'éloges, et celui-ci couronna sa belle conduite en se désistant de toutes ses prétentions sur le ruisseau pour lequel il était en procès avec le colonel della Rebbia.

Colomba improvisa, suivant l'usage du pays, une *ballata* devant le cadavre de son père, en présence de ses amis assemblés. Elle y exhala toute sa haine contre les Barricini et les accusa formellement de l'assassinat, les menaçant aussi de la vengeance de son frère. C'était cette *ballata*, devenue très populaire, que le matelot chantait devant miss Lydia. En apprenant la mort de son père, Orso, alors dans le nord de la France, demanda un congé, mais ne put l'obtenir. D'abord, sur une lettre de sa sœur, il avait cru les Barricini coupables, mais bientôt il reçut copie de toutes les pièces de l'instruction, et une lettre particulière du juge lui donna à peu près la conviction que le bandit Agostini était le seul coupable. Une fois tous les trois mois Colomba lui écrivait pour lui répéter ses soupçons, qu'elle appelait des preuves. Malgré lui, ces accusations faisaient bouillonner son sang corse, et parfois il n'était pas éloigné de partager les préjugés de sa sœur. Cependant, toutes les fois qu'il lui écrivait, il lui répétait que ses allégations n'avaient aucun fondement solide et ne méritaient aucune créance. Il lui défendait même, mais toujours en vain, de lui en parler davantage. Deux années se passèrent de la sorte, au bout desquelles il fut mis en demi-solde, et alors il pensa à revoir son pays, non point pour se venger sur des gens qu'il croyait innocents, mais pour marier sa sœur et vendre ses petites propriétés, si elles avaient assez de valeur pour lui permettre de vivre sur le continent.

VII

Soit que l'arrivée de sa sœur eût rappelé à Orso avec plus de force le souvenir du toit paternel, soit qu'il souffrît un peu devant ses amis civilisés du costume et des manières sauvages de Colomba, il annonça dès le lendemain le projet de quitter Ajaccio et de retourner à Pietranera. Mais cependant il fit promettre au colonel de venir prendre un gîte dans son humble manoir, lorsqu'il se rendrait à Bastia, et en revanche il s'engagea à lui faire tirer daims, faisans, sangliers et le reste.

La veille de son départ, au lieu d'aller à la chasse, Orso proposa une promenade au bord du golfe. Donnant le bras à miss Lydia, il pouvait causer en toute liberté, car Colomba était restée à la ville pour faire ses emplettes, et le colonel les quittait à chaque instant pour tirer des goélands et des fous*, à la grande surprise des passants qui ne comprenaient pas qu'on perdît sa poudre pour un pareil gibier.

Ils suivaient le chemin qui mène à la chapelle des Grecs*, d'où l'on a la plus belle vue de la baie; mais ils n'y faisaient aucune attention.

« Miss Lydia... dit Orso après un silence assez long pour être devenu embarrassant; franchement, que pensez-vous de ma sœur?

— Elle me plaît beaucoup, répondit miss Nevil. Plus que vous, ajouta-t-elle en souriant, car elle est vraiment Corse, et vous êtes un sauvage trop civilisé.

— Trop civilisé!... Eh bien! malgré moi, je me sens redevenir sauvage depuis que j'ai mis le pied dans cette île. Mille affreuses pensées m'agitent, me tourmentent,... et j'avais besoin de causer un peu avec vous avant de m'enfoncer dans mon désert.

— Il faut avoir du courage, monsieur; voyez la résignation de votre sœur, elle vous donne l'exemple.

— Ah! détrompez-vous. Ne croyez pas à sa résignation. Elle ne m'a pas dit un seul mot encore, mais dans chacun de ses regards j'ai lu ce qu'elle attend de moi.

— Que veut-elle de vous enfin?

— Oh! rien..., seulement que j'essaie si le fusil de monsieur votre père est aussi bon pour l'homme que pour la perdrix.

— Quelle idée! Et vous pouvez supposer cela! quand vous venez d'avouer qu'elle ne vous a [61] encore rien dit. Mais c'est affreux de votre part.

— Si elle ne pensait pas à la vengeance, elle m'aurait tout d'abord parlé de notre père; elle n'en a rien fait. Elle aurait prononcé le nom de ceux qu'elle regarde... à tort, je le sais, comme ses meurtriers. Eh bien! non, pas un mot. C'est que, voyez-vous, nous autres Corses, nous sommes une race rusée. Ma sœur comprend [62] qu'elle ne me tient pas complètement en sa puissance, et ne veut pas m'effrayer, lorsque je puis m'échapper encore. Une fois qu'elle m'aura conduit au bord du précipice, lorsque la tête me tournera, elle me poussera dans l'abîme. » Alors Orso donna à miss Nevil quelques détails sur la mort de son père, et rapporta les principales preuves qui se réunissaient pour lui faire regarder Agostini comme le meurtrier. « Rien, ajouta-t-il, n'a pu convaincre Colomba. Je l'ai vu par sa dernière lettre. Elle a juré la mort des Barricini; et... miss Nevil, voyez quelle confiance j'ai en vous... peut-être ne seraient-ils plus de ce monde, si, par un de ces préjugés qu'excuse son éducation sauvage, elle ne se persuadait que l'exécution de la vengeance m'appartient en ma qualité de chef de famille, et que mon honneur y est engagé.

— En vérité, monsieur della Rebbia, dit miss Nevil, vous calomniez votre sœur.

— Non, vous l'avez dit vous-même,... elle est Corse,... elle pense ce qu'ils pensent tous. Savez-vous pourquoi j'étais si triste hier?

— Non, mais depuis quelque temps vous êtes sujet à ces accès d'humeur noire... Vous étiez plus aimable aux premiers jours de notre connaissance.

— Hier, au contraire, j'étais plus gai, plus heureux qu'à l'ordinaire. Je vous avais vue si bonne, si indulgente pour ma sœur!... Nous revenions, le colonel et moi, en bateau. Savez-vous ce que me dit un des bateliers dans son infernal patois : « Vous avez tué « bien du gibier, Ors' Anton', mais vous trouverez « Orlanduccio Barricini plus grand chasseur que « vous.

— Eh bien! quoi de si terrible dans ces paroles? Avez-vous donc tant de prétentions à être un adroit chasseur [63]?

— Mais vous ne voyez pas que ce misérable disait que je n'aurais pas le courage de tuer Orlanduccio?

— Savez-vous, monsieur della Rebbia, que vous me faites peur. Il paraît que l'air de votre île ne donne pas seulement la fièvre, mais qu'il rend fou. Heureusement que nous allons bientôt la quitter.

— Pas avant d'avoir été à Pietranera. Vous l'avez promis à ma sœur.

— Et si nous manquions à cette promesse, nous devrions sans doute nous attendre à quelque vengeance [64]?

— Vous rappelez-vous ce que [65] nous contait l'autre jour monsieur votre père de ces Indiens qui menacent les gouverneurs de la compagnie de se laisser mourir de faim s'ils ne font droit à leurs requêtes?

— C'est-à-dire que vous vous laisseriez mourir de faim? J'en doute. Vous resteriez un jour sans manger, et puis mademoiselle Colomba vous apporterait [66] un *bruccio* [a] si appétissant que vous renonceriez à votre projet.

— Vous êtes cruelle dans vos railleries, miss Nevil; vous devriez me ménager. Voyez, je suis seul ici. Je n'avais que vous pour m'empêcher de devenir fou, comme vous dites; vous étiez mon ange gardien, et maintenant...

— Maintenant, dit miss Lydia d'un ton sérieux, vous avez, pour soutenir cette raison si facile à ébranler, votre honneur d'homme et de militaire, et..., poursuit-elle [67] en se détournant pour cueillir une fleur, si cela peut quelque chose pour vous, le souvenir de votre ange gardien.

— Ah! miss Nevil, si je pouvais penser que vous prenez réellement quelque intérêt...

— Écoutez, monsieur della Rebbia, dit miss Nevil un peu émue, puisque vous êtes un enfant, je vous traiterai en enfant. Lorsque j'étais petite fille, ma mère me donna un beau collier que je désirais ardemment; mais elle me dit : « Chaque fois que tu mettras ce « collier, souviens-toi que tu ne sais pas encore le « français. » Le collier perdit à mes yeux un peu de

---

a. Espèce de fromage à la crème cuit. C'est un mets national en Corse.

son mérite. Il était devenu pour moi comme un remords; mais je le portai, et je sus le français. Voyez-vous cette bague? c'est un scarabée égyptien trouvé, s'il vous plaît, dans une pyramide. Cette figure bizarre, que vous prenez peut-être pour une bouteille, cela veut dire *la vie humaine*. Il y a dans mon pays des gens qui trouveraient l'hiéroglyphe très bien approprié. Celui-ci, qui vient après, c'est un bouclier avec un bras tenant une lance : cela veut dire *combat, bataille*. Donc la réunion des deux caractères forme cette devise, que je trouve assez belle : *La vie est un combat**. Ne vous avisez pas de croire que je traduis les hiéroglyphes couramment; c'est un savant en *us* qui m'a expliqué ceux-là*. Tenez, je vous donne mon scarabée. Quand vous aurez quelque mauvaise pensée corse, regardez mon talisman et dites-vous qu'il faut sortir vainqueur de la bataille que nous livrent les mauvaises passions. — Mais, en vérité, je ne prêche pas mal.

— Je penserai à vous, miss Nevil, et je me dirai...

— Dites-vous que vous avez une amie qui serait désolée... de... vous savoir pendu. Cela ferait d'ailleurs trop de peine à messieurs les caporaux vos ancêtres. »

A ces mots elle quitta en riant le bras d'Orso, et, courant vers son père : « Papa, dit-elle, laissez là ces pauvres oiseaux, et venez avec nous faire de la poésie dans la grotte de Napoléon. »

VIII

Il y a toujours quelque chose de solennel dans un départ, même quand on se quitte pour peu de temps. Orso devait partir avec sa sœur de très bon matin, et la veille au soir il avait pris congé de miss Lydia, car il n'espérait pas qu'en sa faveur elle fît exception à ses habitudes de paresse. Leurs adieux avaient été froids et graves. Depuis leur conversation au bord de la mer, miss Lydia craignait d'avoir montré à Orso un intérêt peut-être trop vif, et Orso, de son côté, avait sur le cœur ses railleries et surtout son ton de légèreté. Un moment il avait cru démêler dans les manières de la jeune Anglaise un sentiment d'affection naissante; maintenant, déconcerté par ses plaisanteries, il se disait qu'il n'était à ses yeux qu'une simple connaissance, qui bientôt serait oubliée. Grande fut donc sa surprise lorsque le matin, assis à prendre du café avec le colonel, il vit entrer miss Lydia suivie de sa sœur. Elle s'était levée à cinq heures, et, pour une Anglaise, pour miss Nevil surtout, l'effort était assez grand pour qu'il en tirât quelque vanité.

« Je suis désolé que vous vous soyez dérangée si matin, dit Orso. C'est ma sœur sans doute qui vous aura réveillée malgré mes recommandations, et vous devez bien nous maudire. Vous me souhaitez déjà *pendu* peut-être?

— Non, dit miss Lydia fort bas et en italien, évidemment pour que son père ne l'entendît pas. Mais vous m'avez boudée hier pour mes innocentes plaisanteries, et je ne voulais pas vous laisser emporter un souvenir mauvais de votre servante. Quelles terribles gens vous êtes, vous autres Corses! Adieu donc; à bientôt, j'espère. » Et elle lui tendit la main.

Orso ne trouva qu'un soupir pour réponse. Colomba s'approcha de lui, le mena dans l'embrasure d'une fenêtre, et, en lui montrant quelque chose qu'elle tenait sous son mezzaro, lui parla un moment à voix basse.

« Ma sœur, dit Orso à miss Nevil, veut vous faire un singulier cadeau, mademoiselle; mais nous autres Corses, nous n'avons pas grand-chose à donner..., excepté notre affection..., que le temps n'efface pas. Ma sœur me dit que vous avez regardé avec curiosité ce stylet. C'est une antiquité dans la famille. Probablement il pendait autrefois à la ceinture d'un de ces caporaux à qui je dois l'honneur de votre connaissance. Colomba le croit si précieux qu'elle m'a demandé ma permission pour vous le donner, et moi je ne sais trop si je dois l'accorder, car j'ai peur que vous ne vous moquiez de nous.

— Ce stylet est charmant, dit miss Lydia; mais c'est une arme de famille, je ne puis l'accepter.

— Ce n'est pas le stylet de mon père, s'écria vivement Colomba. Il a été donné à un des grands-parents de ma mère par le roi Théodore*. Si mademoiselle l'accepte, elle nous fera bien plaisir.

— Voyez, miss Lydia, dit Orso, ne dédaignez pas le stylet d'un roi. »

Pour un amateur, les reliques du roi Théodore sont infiniment plus précieuses que celles du plus puissant monarque*. La tentation était forte, et miss Lydia voyait déjà l'effet que produirait cette arme posée sur une table en laque dans son appartement de Saint-James's place. « Mais, dit-elle en prenant le stylet avec l'hésitation de quelqu'un qui veut accepter, et adressant le plus aimable de ses sourires à Colomba : « Chère mademoiselle Colomba..., je ne puis..., je n'oserais vous laisser ainsi partir désarmée.

— Mon frère est avec moi, dit Colomba d'un ton fier, et nous avons le bon fusil que votre père nous a donné. Orso, vous l'avez chargé à balle? »

Miss Nevil garda le stylet, et Colomba, pour conjurer le danger qu'on court à *donner* des armes coupantes ou perçantes à ses amis, exigea un sou en payement.

Il fallut partir enfin. Orso serra encore une fois la main de miss Nevil; Colomba l'embrassa, puis après vint offrir ses lèvres de rose au colonel, tout émerveillé de la politesse corse*. De la fenêtre du salon, miss Lydia vit le frère et la sœur monter à cheval. Les yeux de Colomba brillaient d'une joie maligne qu'elle n'y avait point encore remarquée. Cette grande et forte femme, fanatique de ses idées d'honneur barbare, l'orgueil sur le front, les lèvres courbées par un sourire sardonique, emmenant ce jeune homme armé comme pour une expédition sinistre, lui rappela les craintes d'Orso, et elle crut voir son mauvais génie l'entraînant à sa perte. Orso, déjà à cheval, leva la tête et l'aperçut.

Soit qu'il eût deviné sa pensée, soit pour lui dire un dernier adieu, il prit l'anneau égyptien, qu'il avait suspendu à un cordon, et le porta à ses lèvres. Miss Lydia quitta la fenêtre en rougissant; puis, s'y remettant presque aussitôt, elle vit les deux Corses s'éloigner rapidement au galop de leurs petits ponies*, se dirigeant vers les montagnes. Une demi-heure après, le colonel, au moyen de sa lunette, les lui montra longeant le fond du golfe, et elle vit qu'Orso tournait fréquemment la tête vers la ville. Il disparut enfin derrière les marécages remplacés aujourd'hui par une belle pépinière.

Miss Lydia, en se regardant dans sa glace, se trouva pâle.

« Que doit penser de moi ce jeune homme? dit-elle, et moi que pensé-je de lui? et pourquoi y pensé-je?... Une connaissance de voyage!... Que suis-je venue faire en Corse?... Oh! je ne l'aime point... Non, non; d'ailleurs cela est impossible... Et Colomba... Moi la belle-sœur d'une vocératrice! qui porte un grand stylet! » Et elle s'aperçut qu'elle tenait à la main celui du roi Théodore. Elle le jeta sur sa toilette. « Colomba à Londres dansant à Almack's!... Quel *lion* [a], grand Dieu! à montrer!... C'est qu'elle ferait fureur peut-être... Il m'aime, j'en suis sûre... C'est un héros de roman dont j'ai interrompu la carrière aventureuse... Mais avait-il réellement envie de venger son père à la corse?... C'était quelque chose entre un Conrad* et un dandy... J'en ai fait un pur dandy, et un dandy qui a un tailleur corse!... »

Elle se jeta sur son lit et voulut dormir, mais cela lui fut impossible; et je n'entreprendrai pas de continuer son monologue [68], dans lequel elle se dit plus de cent fois que M. della Rebbia n'avait été, n'était et ne serait jamais rien pour elle.

---

a. A cette époque, on donnait ce nom en Angleterre aux personnes à la mode qui se faisaient remarquer par quelque chose d'extraordinaire.

IX

Cependant Orso cheminait avec sa sœur. Le mouvement rapide de leurs chevaux les empêcha d'abord de se parler; mais, lorsque les montées trop rudes les obligeaient d'aller au pas, ils échangeaient quelques mots sur les amis qu'ils venaient de quitter. Colomba parlait avec enthousiasme de la beauté de miss Nevil, de ses blonds cheveux, de ses gracieuses manières. Puis elle demandait si le colonel était aussi riche qu'il le paraissait, si mademoiselle Lydia était fille unique. « Ce doit être un bon parti, disait-elle. Son père a, comme il semble, beaucoup d'amitié pour vous... » Et, comme Orso ne répondait rien, elle continuait : « Notre famille a été riche autrefois, elle est encore des plus considérées de l'île. Tous ces *signori* [a] sont des bâtards. Il n'y a plus de noblesse que dans les familles caporales, et vous savez, Orso, que vous descendez des premiers caporaux de l'île. Vous savez que notre famille est originaire d'au-delà des monts [b] et ce sont les guerres civiles qui nous ont obligés à passer de ce côté-ci. Si j'étais à votre place, Orso, je n'hésiterais pas, je demanderais miss Nevil à son père... (Orso levait les épaules.) De sa dot j'achèterais les bois de la Falsetta et les vignes en bas de chez nous; je bâtirais une belle maison en pierres de taille, et j'élèverais d'un étage la vieille tour où Sambucuccio* a tué tant de Maures au temps du comte Henri le *bel Missere* [c]*.

---

a. On appelle *signori* les descendants des seigneurs féodaux de la Corse. Entre les familles des *signori* et celles des *caporali* il y a rivalité pour la noblesse.

b. C'est-à-dire de la côte orientale. Cette expression très usitée, *di là dei monti,* change de sens suivant la position de celui qui l'emploie. — La Corse est divisée du nord au sud par une chaîne de montagnes*.

c. V. Filippini, lib. II. — Le comte *Arrigo bel Missere* mourut vers l'an 1000; on dit qu'à sa mort une voix s'entendit dans l'air, qui chantait ces paroles prophétiques :

E morto il conte Arrigo bel Missere.
E Corsica sarà di male in peggio.

— Colomba, tu es une folle, répondait Orso en galopant.

— Vous êtes homme, Ors' Anton', et vous savez sans doute mieux qu'une femme ce que vous avez à faire. Mais je voudrais bien savoir ce que cet Anglais pourrait objecter contre notre alliance. Y a-t-il des caporaux en Angleterre?... »

Après une assez longue traite, devisant de la sorte, le frère et la sœur arrivèrent à un petit village, non loin de Bocognano, où ils s'arrêtèrent pour dîner et passer la nuit chez un ami de leur famille. Ils y furent reçus avec cette hospitalité corse qu'on ne peut apprécier que lorsqu'on l'a connue. Le lendemain leur hôte, qui avait été compère* de madame della Rebbia, les accompagna jusqu'à une lieue de sa demeure.

« Voyez-vous ces bois et ces maquis, dit-il à Orso au moment de se séparer : un homme qui aurait *fait un malheur** y vivrait dix ans en paix sans que gendarmes ou voltigeurs vinssent le chercher. Ces bois touchent à la forêt de Vizzavona; et, lorsqu'on a des amis à Bocognano ou aux environs, on n'y manque de rien. Vous avez là un beau fusil, il doit porter loin. Sang de la Madone ! quel calibre ! On peut tuer avec cela mieux que des sangliers. »

Orso répondit froidement que son fusil était anglais et portait *le plomb* très loin. On s'embrassa, et chacun continua sa route.

Déjà nos voyageurs n'étaient plus qu'à une petite distance de Pietranera, lorsque, à l'entrée d'une gorge qu'il fallait traverser, ils découvrirent sept ou huit hommes [69] armés de fusils, les uns assis sur des pierres, les autres couchés sur l'herbe, quelques-uns debout et semblant faire le guet. Leurs chevaux paissaient à peu de distance. Colomba les examina un instant avec une lunette d'approche*, qu'elle tira d'une des grandes poches [70] de cuir que tous les Corses portent en voyage.

« Ce sont nos gens ! s'écria-t-elle d'un air joyeux. Pieruccio a bien fait sa commission.

— Quelles gens ? demanda Orso.

— Nos bergers, répondit-elle. Avant-hier soir, j'ai fait partir Pieruccio, afin qu'il réunît ces braves gens pour vous accompagner à votre maison. Il ne convient pas que vous entriez à Pietranera sans escorte, et vous devez savoir d'ailleurs que les Barricini sont capables de tout.

— Colomba, dit Orso d'un ton sévère, je t'avais priée bien des fois de ne plus me parler des Barricini ni de tes soupçons [71] sans fondement. Je ne me donnerai certainement pas le ridicule de rentrer chez moi avec cette troupe de fainéants, et je suis très mécontent que tu les aies rassemblés sans m'en prévenir.

— Mon frère, vous avez oublié votre pays. C'est à moi qu'il appartient de vous garder lorsque votre imprudence vous expose. J'ai dû faire ce que j'ai fait. »

En ce moment, les bergers, les ayant aperçus, coururent à leurs chevaux et descendirent au galop à leur rencontre.

« Evviva Ors'Anton' ! s'écria un vieillard robuste à barbe blanche, couvert, malgré la chaleur, d'une casaque à capuchon, de drap corse*, plus épais que la toison de ses chèvres. C'est le vrai portrait de son père, seulement plus grand et plus fort. Quel beau fusil ! On en parlera de ce fusil, Ors' Anton'.

— Evviva Ors' Anton' ! répétèrent en chœur tous les bergers. Nous savions bien qu'il reviendrait à la fin !

— Ah ! Ors' Anton', disait un grand gaillard au teint couleur de brique, que votre père aurait de joie s'il était ici pour vous recevoir ! Le cher homme ! vous le verriez, s'il avait voulu me croire, s'il m'avait laissé faire l'affaire de Giudice... Le brave homme ! il ne m'a pas cru ; il sait bien maintenant que j'avais raison.

— Bon ! reprit le vieillard, Giudice ne perdra rien pour attendre.

— Evviva Ors' Anton' ! » Et une douzaine de coups de fusil accompagnèrent cette acclamation.

Orso, de très mauvaise humeur au centre de ce groupe d'hommes à cheval parlant tous ensemble et se pressant pour lui donner la main, demeura quelque temps sans pouvoir se faire entendre. Enfin, prenant l'air qu'il avait en tête de son peloton lorsqu'il lui distribuait les réprimandes et les jours de salle de police :

« Mes amis, dit-il, je vous remercie de l'affection que vous me montrez, de celle que vous portiez à mon père; mais j'entends, je veux, que personne ne me donne de conseils. Je sais ce que j'ai à faire.

— Il a raison, il a raison! s'écrièrent les bergers. Vous savez bien que vous pouvez compter sur nous.

— Oui, j'y compte; mais je n'ai besoin de personne maintenant, et nul danger ne menace ma maison. Commencez par faire [72] demi-tour, et allez-vous-en à vos chèvres. Je sais le chemin de Pietranera, et je n'ai pas besoin de guides.

— N'ayez peur de rien, Ors' Anton', dit le vieillard; *ils* n'oseraient se montrer aujourd'hui. La souris rentre dans son trou lorsque revient le matou.

— Matou toi-même, vieille barbe blanche! dit Orso. Comment t'appelles-tu?

— Eh quoi! vous ne me connaissez pas, Ors' Anton', moi qui vous ai porté en croupe si souvent sur mon mulet qui mord? Vous ne connaissez pas Polo Griffo? Brave homme, voyez-vous, qui est aux della Rebbia corps et âme. Dites un mot, et quand votre gros fusil parlera, ce vieux mousquet, vieux comme son maître, ne se taira pas. Comptez-y, Ors' Anton'.

— Bien, bien; mais, de par tous les diables [73]! allez-vous-en et laissez-nous continuer notre route. »

Les bergers s'éloignèrent enfin, se dirigeant au grand trot vers le village; mais de temps en temps ils s'arrêtaient sur tous les points élevés de la route, comme pour examiner s'il n'y avait point quelque embuscade cachée, et toujours ils se tenaient assez rapprochés d'Orso et de sa sœur pour être en mesure de leur porter secours au besoin. Et le vieux Polo Griffo disait à ses compagnons : « Je le comprends, je le comprends! Il ne dit pas ce qu'il veut faire, mais il le fait. C'est le vrai portrait de son père. Bien! dis que tu n'en veux à personne ! tu as fait un vœu à sainte Nega[a]. Bravo ! Moi je ne donnerais pas une figue de la peau du maire. Avant un mois on n'en pourra plus [74] faire une outre. »

Ainsi précédé par cette troupe d'éclaireurs, le descendant des della Rebbia entra dans son village et gagna le vieux manoir des caporaux, ses aïeux. Les rebbianistes, longtemps privés de chefs, s'étaient portés en masse à sa rencontre, et les habitants du village, qui observaient la neutralité, étaient tous sur le pas de leurs portes pour le voir passer. Les barricinistes se tenaient dans leurs maisons et regardaient par les fentes de leurs volets.

Le bourg de Pietranera est très irrégulièrement bâti, comme tous les villages de la Corse*, car, pour voir une rue, il faut aller à Cargèse, bâti par M. de Marbœuf * [75]. Les maisons, dispersées au hasard et sans le moindre alignement, occupent le sommet d'un petit plateau, ou plutôt d'un palier de la montagne. Vers le milieu du bourg s'élève un grand chêne vert, et auprès on voit une auge en granit où un tuyau en bois apporte l'eau d'une source voisine. Ce monument d'utilité publique fut construit à frais communs par les della Rebbia et les Barricini ; mais on se tromperait fort si l'on y cherchait un indice de l'ancienne concorde des deux familles. Au contraire, c'est une œuvre de leur jalousie. Autrefois, le colonel della Rebbia ayant envoyé au conseil municipal de sa commune une petite somme pour contribuer à l'érection d'une fontaine, l'avocat Barricini se hâta d'offrir un don semblable, et c'est à ce combat de générosité que Pietranera doit son eau. Autour du chêne vert et de la fontaine, il y a un espace vide qu'on appelle la place, et où les oisifs se rassemblent le soir. Quelquefois on y joue aux cartes, et, une fois l'an, dans le carnaval, on y danse. Aux deux extrémités de la place s'élèvent des bâtiments plus hauts que larges, construits en granit et en schiste. Ce sont

a. Cette sainte ne se trouve pas dans le calendrier. Se vouer à sainte Nega, c'est nier tout de parti pris.

les tours ennemies des della Rebbia et des Barricini. Leur architecture est uniforme, leur hauteur est la même, et l'on voit que la rivalité des deux familles s'est toujours maintenue sans que la fortune décidât entre elles.

Il est peut-être à propos d'expliquer ce qu'il faut entendre par ce mot *tour*. C'est un bâtiment carré d'environ quarante pieds de haut, qu'en un autre pays on nommerait tout bonnement un colombier. La porte, étroite, s'ouvre à huit pieds du sol, et l'on y arrive 76
par un escalier fort roide*. Au-dessus de la porte est une fenêtre avec une espèce de balcon percé en dessous comme un mâchecoulis*, qui permet d'assommer sans risque un visiteur indiscret. Entre la fenêtre et la porte, on voit deux écussons grossièrement sculptés. L'un portait autrefois la croix de Gênes ; mais, tout martelé aujourd'hui, il n'est plus intelligible que pour les antiquaires. Sur l'autre écusson sont sculptées les armoiries de la famille qui possède la tour. Ajoutez, pour compléter la décoration, quelques traces de balles sur les écussons et les chambranles de la fenêtre, et vous pouvez vous faire une idée d'un manoir du moyen âge en Corse*. J'oubliais de dire que les bâtiments d'habitation touchent à la tour, et souvent s'y rattachent par une communication intérieure.

La tour et la maison des della Rebbia occupent le côté nord de la place de Pietranera ; la tour et la maison des Barricini, le côté sud. De la tour du nord jusqu'à la fontaine, c'est la promenade des della Rebbia, celle des Barricini est du côté opposé. Depuis l'enterrement de la femme du colonel, on n'avait jamais vu un membre de l'une de ces deux familles paraître sur un autre côté de la place que celui qui lui était assigné par une espèce de convention tacite. Pour éviter un détour, Orso allait passer devant la maison du maire, lorsque sa sœur l'avertit et l'engagea à prendre une ruelle qui les conduirait à leur maison sans traverser la place.

« Pourquoi se déranger ? dit Orso ; la place n'est-elle pas à tout le monde ? » Et il poussa son cheval.

« Brave cœur ! dit tout bas Colomba... Mon père, tu seras vengé ! »

En arrivant sur la place, Colomba se plaça entre la maison des Barricini et son frère, et toujours elle eut l'œil fixé sur les fenêtres de ses ennemis. Elle remarqua qu'elles étaient barricadées depuis peu, et qu'on y avait pratiqué des *archere**. On appelle *archere* d'étroites ouvertures en forme de meurtrières, ménagées entre de grosses bûches avec lesquelles on bouche la partie inférieure d'une fenêtre. Lorsqu'on craint quelque attaque, on se barricade de la sorte, et l'on peut, à l'abri des bûches, tirer à couvert sur les assaillants.

« Les lâches ! dit Colomba. Voyez, mon frère, déjà ils commencent à se garder ; ils se barricadent ! mais il faudra bien sortir un jour ! »

La présence d'Orso sur le côté sud de la place produisit une grande sensation à Pietranera, et fut considérée comme une preuve d'audace approchant de la témérité. Pour les neutres rassemblés le soir autour du chêne vert, ce fut le texte de commentaires sans fin. « Il est heureux, disait-on, que les fils Barricini ne soient pas encore revenus, car ils sont moins endurants que l'avocat, et peut-être n'eussent-ils point laissé passer leur ennemi sur leur terrain sans lui faire payer la bravade. — Souvenez-vous de ce que je vais vous dire, voisin, ajouta un vieillard qui était l'oracle du bourg. J'ai observé la figure de la Colomba aujourd'hui, elle a quelque chose dans la tête. Je sens de la poudre en l'air. Avant peu, il y aura de la viande de boucherie à bon marché dans Pietranera*.

X

Séparé fort jeune de son père, Orso n'avait guère eu le temps de le connaître. Il avait quitté Pietranera à quinze ans pour étudier à Pise, et de là était entré à l'École militaire pendant que Ghilfuccio promenait en Europe les aigles impériales. Sur le continent, Orso l'avait vu à de rares intervalles, et en 1815 seulement il s'était trouvé dans le régiment que son père commandait. Mais le colonel, inflexible sur la discipline, traitait son fils comme tous les autres jeunes lieutenants, c'est-à-dire avec beaucoup de sévérité. Les souvenirs qu'Orso en avait conservés étaient de deux sortes. Il se le rappelait à Pietranera, lui confiant son sabre, lui laissant décharger son fusil quand il revenait de la chasse, ou le faisant asseoir pour la première fois, lui bambin, à la table de famille. Puis il se représentait le colonel della Rebbia l'envoyant aux arrêts pour quelque étourderie, et ne l'appelant jamais que lieutenant della Rebbia : « Lieutenant della Rebbia, vous n'êtes pas à votre place de bataille, trois jours d'arrêts. — Vos tirailleurs sont à cinq mètres trop loin de la réserve, cinq jours d'arrêts. — Vous êtes en bonnet de police à midi cinq minutes, huit jours d'arrêts. » Une seule fois, aux Quatre-Bras*, il lui avait dit : « Très bien, Orso; mais de la prudence. » Au reste, ces derniers souvenirs n'étaient point ceux que lui rappelait Pietranera. La vue des lieux familiers à son enfance, les meubles dont se servait sa mère, qu'il avait tendrement aimée, excitaient en son âme une foule d'émotions douces et pénibles; puis, l'avenir sombre qui se préparait pour lui, l'inquiétude vague que sa sœur lui inspirait, et par-dessus tout, l'idée que miss Nevil allait venir dans sa maison, qui lui paraissait aujourd'hui si petite, si pauvre, si peu convenable pour une personne habituée au luxe, le mépris qu'elle en concevrait peut-être, toutes ces pensées formaient un chaos dans sa tête et lui inspiraient un profond découragement.

Il s'assit, pour souper, dans un grand fauteuil de chêne noirci, où son père présidait les repas de famille, et sourit en voyant Colomba hésiter à se mettre à table avec lui. Il lui sut bon gré d'ailleurs du silence qu'elle observa pendant le souper et de la prompte retraite qu'elle fit ensuite, car il se sentait trop ému pour résister aux attaques qu'elle lui préparait sans doute; mais Colomba le ménageait et voulait lui laisser le temps de se reconnaître. La tête appuyée sur sa main, il demeura longtemps immobile, repassant dans son esprit les scènes des quinze derniers jours qu'il avait vécu [77]. Il voyait avec effroi cette attente où chacun semblait être de sa conduite à l'égard des Barricini. Déjà il s'apercevait que l'opinion de Pietranera commençait à être pour lui celle du monde. Il devait se venger sous peine de passer pour un lâche. Mais sur qui se venger? Il ne pouvait croire les Barricini coupables de meurtre. A la vérité ils étaient les ennemis de sa famille, mais il fallait les préjugés grossiers de ses compatriotes pour leur attribuer un assassinat. Quelquefois il considérait le talisman de miss Nevil, et en répétait tout bas la devise : « La vie est un combat!* » Enfin il se dit d'un ton ferme : « J'en sortirai vainqueur! » Sur cette bonne pensée il se leva, et, prenant la lampe, il allait monter dans sa chambre, lorsqu'on frappa à la porte de la maison. L'heure était indue pour recevoir une visite. Colomba parut aussitôt, suivie de la femme qui les servait. « Ce n'est rien, » dit-elle en courant à la porte. Cependant avant d'ouvrir, elle demanda qui frappait. Une voix douce répondit : « C'est moi. » Aussitôt la barre de bois placée en travers de la porte fut enlevée, et Colomba reparut dans la salle à manger suivie d'une petite fille de dix ans à peu près, pieds nus, en haillons, la tête couverte d'un mauvais mouchoir, de dessous lequel s'échappaient de longues mèches de cheveux noirs comme l'aile d'un corbeau. L'enfant était maigre, pâle, la peau brûlée par le soleil; mais dans ses yeux brillait le feu de l'intelligence. En voyant Orso, elle s'arrêta timidement et lui fit une révérence à la paysanne; puis elle parla bas à Colomba, et lui remit [78] entre les mains un faisan nouvellement tué.

« Merci, Chili, dit Colomba, Remercie ton oncle. Il se porte bien?

— Fort bien, mademoiselle, à vous servir. Je n'ai pu venir plus tôt parce qu'il a bien tardé. Je suis restée trois heures dans le maquis à l'attendre.

— Et tu n'as pas soupé?

— Dame! non, mademoiselle, je n'ai pas eu le temps.

— On va te donner à souper. Ton oncle a-t-il du pain encore?

— Peu, mademoiselle; mais c'est de la poudre surtout qui lui manque. Voilà les châtaignes venues, et maintenant il n'a plus besoin que de poudre.

— Je vais te donner un pain pour lui et de la poudre. Dis-lui qu'il la ménage, elle est chère.

— Colomba, dit Orso en français, à qui donc fais-tu ainsi la charité?

— A un pauvre bandit de ce village, répondit Colomba dans la même langue. Cette petite est sa nièce.

— Il me semble que tu pourrais mieux placer tes dons. Pourquoi envoyer de la poudre à un coquin qui s'en servira pour commettre des crimes? Sans cette déplorable faiblesse que tout le monde paraît avoir ici pour les bandits, il y a longtemps qu'ils auraient disparu de la Corse.

— Les plus méchants de notre pays ne sont pas ceux qui sont à la campagne [a].

— Donne-leur du pain si tu veux, on n'en doit refuser à personne; mais je n'entends pas qu'on leur fournisse des munitions.

— Mon frère, dit Colomba d'un ton grave, vous êtes le maître ici, et tout vous appartient dans cette maison : mais, je vous en préviens, je donnerai mon mezzaro à cette petite fille pour qu'elle le vende, plutôt que de refuser de la poudre à un bandit. Lui refuser de la poudre! mais autant vaut le livrer aux gendarmes. Quelle protection a-t-il contre eux, sinon ses cartouches? »

La petite fille cependant dévorait avec avidité un morceau de pain, et regardait attentivement tour à tour

---

a. Être *alla campagna,* c'est-à-dire être bandit. Bandit n'est point un terme odieux; il se prend dans le sens de banni; c'est l'*outlaw* des ballades anglaises*.

Colomba et son frère, cherchant à comprendre dans leurs yeux le sens de ce qu'ils disaient.

« Et qu'a-t-il fait enfin ton bandit? Pour quel crime s'est-il jeté dans le maquis?

— Brandolaccio n'a point commis de crime, s'écria Colomba. Il a tué Giovan' Opizzo, qui avait assassiné son père pendant que lui était à l'armée. »

Orso détourna la tête, prit la lampe, et, sans répondre, monta dans sa chambre. Alors Colomba donna poudre et provisions à l'enfant, et la reconduisit jusqu'à la porte en lui répétant : « Surtout que ton oncle veille bien sur Orso! »

XI

Orso fut longtemps à s'endormir, et par conséquent s'éveilla fort tard, du moins pour un Corse. A peine levé, le premier objet qui frappa ses yeux, ce fut la maison de ses ennemis et les *archere* qu'ils venaient d'y établir. Il descendit et demanda sa sœur. « Elle est à la cuisine qui fond des balles, » lui répondit la servante Saveria. Ainsi, il ne pouvait faire un pas sans être poursuivi par l'image de la guerre.

Il trouva Colomba assise sur un escabeau, entourée de balles nouvellement fondues, coupant les jets de plomb.

« Que diable fais-tu là? lui demanda son frère.

— Vous n'aviez point de balles pour le fusil du colonel, répondit-elle de sa voix douce; j'ai trouvé un moule de calibre, et vous aurez aujourd'hui vingt-quatre cartouches, mon frère.

— Je n'en ai pas besoin, Dieu merci!

— Il ne faut pas être pris au dépourvu, Ors' Anton'. Vous avez oublié votre pays et les gens qui vous entourent.

— Je l'aurais oublié que tu me le rappellerais bien vite. Dis-moi, n'est-il pas arrivé une grosse malle il y a quelques jours?

— Oui, mon frère. Voulez-vous que je la monte dans votre chambre?

— Toi, la monter! mais tu n'aurais jamais la force de la soulever... N'y a-t-il pas ici quelque homme pour le faire?

— Je ne suis pas si faible que vous le pensez, dit Colomba, en retroussant ses manches et découvrant un bras blanc et rond, parfaitement formé, mais qui annonçait une force peu commune. Allons, Saveria, dit-elle à la servante, aide-moi. » Déjà elle enlevait seule la lourde malle, quand Orso s'empressa de l'aider.

« Il y a dans cette malle, ma chère Colomba, dit-il, quelque chose pour toi. Tu m'excuseras si je te fais de si pauvres cadeaux, mais la bourse d'un lieutenant en demi-solde n'est pas trop bien garnie. » En parlant, il ouvrit la malle et en retirait quelques robes, un châle et d'autres objets à l'usage d'une jeune personne.

« Que de belles choses! s'écria Colomba. Je vais bien vite les serrer de peur qu'elles ne se gâtent. Je les garderai pour ma noce, ajouta-t-elle avec un sourire triste, car maintenant je suis en deuil. » Et elle baisa la main de son frère.

« Il y a de l'affectation, ma sœur, à garder le deuil si longtemps.

— Je l'ai juré, dit Colomba d'un ton ferme. Je ne quitterai le deuil... » Et elle regardait par la fenêtre la maison des Barricini.

« Que le jour où te marieras? » dit Orso cherchant à éviter la fin de la phrase.

« Je ne me marierai, dit Colomba, qu'à un homme qui aura fait trois choses... » Et elle contemplait toujours d'un air sinistre la maison ennemie.

« Jolie comme tu es, Colomba, je m'étonne que tu ne sois pas déjà mariée. Allons, tu me diras qui te fait la cour. D'ailleurs j'entendrai bien les sérénades. Il faut qu'elles soient belles pour plaire à une grande voceratrice comme toi.

— Qui voudrait d'une pauvre orpheline?... Et puis

l'homme qui me fera quitter mes habits de deuil fera prendre le deuil aux femmes de là-bas.

— Cela devient de la folie, » se dit Orso. Mais il ne répondit rien pour éviter toute discussion.

« Mon frère, dit Colomba, d'un ton de câlinerie, j'ai aussi quelque chose à vous offrir. Les habits que vous avez là sont trop beaux pour ce pays-ci. Votre jolie redingote serait en pièces au bout de deux jours si vous la portiez dans le maquis*. Il faut la garder pour quand viendra miss Nevil. » Puis, ouvrant une armoire, elle en tira un costume complet de chasseur. « Je vous ai fait une veste de velours [79], et voici un bonnet comme en portent nos élégants; je l'ai brodé pour vous il y a bien longtemps. Voulez-vous essayer cela? »

Et elle lui faisait endosser une large veste de velours vert ayant dans le dos une énorme poche. Elle lui mettait sur la tête un bonnet pointu de velours noir brodé en jais et en soie de la même couleur, et terminé par une espèce de houppe.

« Voici la cartouchière [a] de notre père, dit-elle, son stylet est dans la poche de votre veste. Je vais vous chercher le pistolet.

— J'ai l'air d'un vrai brigand de l'Ambigu-Comique, disait Orso en se regardant dans un petit miroir que lui présentait Saveria.

— C'est que vous avez tout à fait bonne façon comme cela, Ors' Anton', disait la vieille servante, et le plus beau *pointu* [b] de Bocognano ou de Bastelica n'est pas plus brave*.

Orso déjeuna dans son nouveau costume, et pendant le repas il dit à sa sœur que sa malle contenait un certain nombre de livres; que son intention était d'en faire venir de France et d'Italie, et de la faire travailler beaucoup. « Car il est honteux, Colomba, ajouta-t-il, qu'une

---

a. *Carchera,* ceinture où l'on met des cartouches. On y attache un pistolet à gauche*.

b. *Pinsuto.* On appelle ainsi ceux qui portent le bonnet pointu, *barreta pinsuta**.

grande fille comme toi ne sache pas encore des choses que, sur le continent, les enfants apprennent en sortant de nourrice.

— Vous avez raison, mon frère, disait Colomba; je sais bien ce qui me manque, et je ne demande pas mieux que d'étudier, surtout si vous voulez bien me donner des leçons. »

Quelques jours se passèrent sans que Colomba prononçât le nom des Barricini. Elle était toujours aux petits soins pour son frère, et lui parlait souvent de miss Nevil. Orso lui faisait lire des ouvrages français et italiens, et il était surpris tantôt de la justesse et du bon sens de ses observations, tantôt de son ignorance profonde des choses les plus vulgaires.

Un matin, après déjeuner, Colomba sortit un instant, et, au lieu de revenir avec un livre et du papier, parut avec son mezzaro sur la tête. Son air était plus sérieux encore que de coutume. « Mon frère, dit-elle, je vous prierai de sortir avec moi.

— Où veux-tu que je t'accompagne? » dit Orso en lui offrant son bras.

« Je n'ai pas besoin de votre bras, mon frère, mais prenez votre fusil et votre boîte à cartouches. Un homme ne doit jamais sortir sans ses armes.

— A la bonne heure! il faut se conformer à la mode. Où allons-nous? »

Colomba, sans répondre, serra le mezzaro autour de sa tête, appela le chien de garde, et sortit suivie de son frère. S'éloignant à grands pas du village, elle prit un chemin creux qui serpentait dans les vignes, après avoir envoyé devant elle le chien, à qui elle fit un signe qu'il semblait bien connaître; car aussitôt il se mit à courir en zigzag, passant dans les vignes, tantôt d'un côté, tantôt de l'autre, toujours à cinquante pas de sa maîtresse, et quelquefois s'arrêtant au milieu du chemin pour la regarder en remuant la queue. Il paraissait s'acquitter parfaitement de ses fonctions d'éclaireur.

« Si Muschetto aboie, dit Colomba, armez votre fusil, mon frère, et tenez-vous immobile. »

A un demi-mille du village, après bien des détours, Colomba s'arrêta tout à coup dans un endroit où le chemin faisait un coude. Là s'élevait une petite pyramide de branchages, les uns verts, les autres desséchés, amoncelés à la hauteur de trois pieds environ. Du sommet on voyait percer l'extrémité d'une croix de bois peinte en noir. Dans plusieurs cantons de la Corse, surtout dans les montagnes, un usage extrêmement ancien, et qui se rattache peut-être à des superstitions du paganisme, oblige les passants à jeter une pierre ou un rameau d'arbre sur le lieu où un homme a péri de mort violente. Pendant de longues années, aussi longtemps que le souvenir de sa fin tragique demeure dans la mémoire des hommes, cette offrande singulière s'accumule ainsi de jour en jour. On appelle cela l'*amas*, le *mucchio* d'un tel*.

Colomba s'arrêta devant ce tas de feuillage, et, arrachant une branche d'arbousier, l'ajouta à la pyramide. « Orso, dit-elle, c'est ici que notre père est mort. Prions pour son âme, mon frère ! » Et elle se mit à genoux. Orso l'imita aussitôt. En ce moment la cloche du village tinta lentement, car un homme était mort dans la nuit. Orso fondit en larmes.

Au bout de quelques minutes, Colomba se leva, l'œil sec, mais la figure animée. Elle fit du pouce à la hâte le signe de croix familier à ses compatriotes et qui accompagne d'ordinaire leurs serments solennels ; puis, entraînant son frère, elle reprit le chemin du village. Ils rentrèrent en silence dans leur maison. Orso monta dans sa chambre. Un instant après, Colomba l'y suivit, portant une petite cassette, qu'elle posa sur la table. Elle l'ouvrit et en tira une chemise couverte de larges taches de sang. « Voici la chemise de votre père, Orso. » Et elle la jeta sur ses genoux*. « Voici le plomb qui l'a frappé. » Et elle posa sur la chemise deux balles oxydées. « Orso, mon frère ! cria-t-elle en se précipitant dans ses bras et l'étreignant avec force, Orso ! tu le vengeras ! » Elle l'embrassa avec une espèce de fureur, baisa les balles et la chemise, et sortit de la chambre, laissant son frère comme pétrifié sur sa chaise.

Orso resta quelque temps immobile, n'osant éloigner de lui ces épouvantables reliques. Enfin, faisant un effort, il les remit dans la cassette et courut à l'autre bout de la chambre se jeter sur son lit, la tête tournée vers la muraille, enfoncée dans l'oreiller, comme s'il eût voulu se dérober à la vue d'un spectre. Les dernières paroles de sa sœur retentissaient sans cesse à ses oreilles [80], et il lui semblait entendre un oracle fatal, inévitable, qui lui demandait du sang, et du sang innocent. Je n'essaierai pas de rendre les sensations du malheureux jeune homme, aussi confuses que celles qui bouleversent la tête d'un fou. Longtemps il demeura dans la même position, sans oser détourner la tête. Enfin il se leva, ferma la cassette, et sortit précipitamment de sa maison, courant la campagne et marchant devant lui sans savoir où il allait.

Peu à peu, le grand air le soulagea ; il devint plus calme et examina avec quelque sang-froid sa position et les moyens d'en sortir. Il ne soupçonnait point les Barricini de meurtre, on le sait déjà ; mais il les accusait d'avoir supposé la lettre du bandit Agostini; et cette lettre, il le croyait du moins, avait causé la mort de son père. Les poursuivre comme faussaires, il sentait que cela était impossible. Parfois, si les préjugés ou les instincts de son pays revenaient l'assaillir et lui montraient une vengeance facile au détour d'un sentier, il les écartait avec horreur en pensant à ses camarades de régiment, aux salons de Paris, surtout à miss Nevil. Puis il songeait aux reproches de sa sœur, et ce qui restait de corse dans son caractère justifiait ces reproches et les rendait plus poignants. Un seul espoir lui restait dans ce combat entre sa conscience et ses préjugés, c'était d'entamer, sous un prétexte quelconque, une querelle avec un des fils de l'avocat et de se battre en duel avec lui. Le tuer d'une balle ou d'un coup d'épée conciliait ses idées corses et ses idées françaises. L'expédient accepté, et méditant les moyens d'exécution, il se sentait déjà soulagé d'un grand poids, lorsque d'autres pensées plus douces contribuèrent encore à calmer son agitation fébrile. Cicéron, désespéré de la mort de sa fille Tullia, oublia sa douleur en repassant dans son esprit toutes les belles choses qu'il pourrait dire à ce sujet. En discourant de la sorte sur la vie et la mort, M. Shandy se consola [81] de la perte de son fils*. Orso se rafraîchit le sang en pensant qu'il pourrait faire à miss Nevil un tableau de l'état de son âme, tableau qui ne pourrait manquer d'intéresser puissamment cette belle personne.

Il se rapprochait du village, dont il s'était fort éloigné sans s'en apercevoir, lorsqu'il entendit la voix d'une petite fille qui chantait, se croyant seule sans doute, dans un sentier au bord du maquis. C'était cet air lent et monotone consacré aux lamentations funèbres, et l'enfant chantait : « A mon fils [82], mon fils, en lointain pays — gardez ma croix et ma chemise sanglante... »

— Que chantes-tu là, petite? dit Orso d'un ton de colère, en paraissant [83] tout à coup.

— C'est vous, Ors' Anton'! s'écria l'enfant un peu effrayée... C'est une chanson de mademoiselle Colomba.

— Je te défends de la chanter », dit Orso d'une voix terrible.

L'enfant, tournant la tête à droite et à gauche, semblait chercher de quel côté elle pourrait se sauver, et sans doute elle se serait enfuie si elle n'eût été retenue par le soin de conserver un gros paquet qu'on voyait sur l'herbe à ses pieds.

Orso eut honte de sa violence.

« Que portes-tu là, ma petite? » lui demanda-t-il le plus doucement qu'il put.

Et comme Chilina* hésitait à répondre, il souleva le linge qui enveloppait le paquet, et vit qu'il contenait un pain et d'autres provisions.

« A qui portes-tu ce pain, ma mignonne? lui demanda-t-il.

— Vous le savez bien, monsieur; à mon oncle.

— Et ton oncle n'est-il pas bandit?

— Pour vous servir, monsieur Ors' Anton'.

— Si les gendarmes te rencontraient, ils te demanderaient où tu vas...

— Je leur dirais, répondit l'enfant sans hésiter, que je porte à manger aux Lucquois qui coupent le maquis*.

— Et si tu trouvais quelque chasseur affamé qui voulût dîner à tes dépens et te prendre tes provisions?...

— On n'oserait. Je dirais que c'est pour mon oncle.

— En effet, il n'est point homme à se laisser prendre son dîner... Il t'aime bien, ton oncle?

— Oh! oui, Ors' Anton'. Depuis que mon papa est mort, il a soin de la famille : de ma mère, de moi et de ma petite sœur. Avant que maman fût malade, il la recommandait aux riches pour qu'on lui donnât de l'ouvrage. Le maire me donne une robe tous les ans, et le curé me montre le catéchisme et à lire depuis que mon oncle leur a parlé. Mais c'est votre sœur surtout qui est bonne pour nous. »

En ce moment un chien parut dans le sentier. La petite fille, portant deux doigts à sa bouche, fit entendre un sifflement aigu : aussitôt le chien vint à elle et la caressa, puis s'enfonça brusquement dans le maquis. Bientôt deux hommes mal vêtus, mais bien armés, se levèrent derrière une cépée à quelques pas d'Orso. On eût dit qu'ils s'étaient avancés en rampant comme des couleuvres au milieu du fourré de cystes et de myrtes qui couvrait le terrain.

« Oh! Ors' Anton', soyez le bienvenu, dit le plus âgé de ces deux hommes. Eh quoi! vous ne me reconnaissez pas?

— Non, dit Orso le regardant fixement.

— C'est drôle comme une barbe et un bonnet pointu vous changent un homme! Allons, mon lieutenant, regardez bien. Avez-vous donc oublié [84] les anciens de Waterloo? Vous ne vous souvenez plus de Brando Savelli, qui a déchiré plus d'une cartouche à côté de vous dans ce jour de malheur?

— Quoi! c'est toi? dit Orso. Et tu as déserté en 1816!

— Comme vous dites, mon lieutenant. Dam [85], le service ennuie, et puis j'avais un compte à régler dans ce pays-ci. Ha! ha! Chili, tu es une brave fille. Sers-nous vite, car nous avons faim. Vous n'avez pas d'idée, mon lieutenant, comme on a d'appétit dans le maquis. Qu'est-ce qui nous envoie cela, mademoiselle Colomba ou le maire?

— Non, mon oncle; c'est la meunière qui m'a donné cela pour vous et une couverture pour maman.

— Qu'est-ce qu'elle me veut?

— Elle dit que ses Lucquois, qu'elle a pris pour défricher, lui demandent maintenant trente-cinq sous et les châtaignes, à cause de la fièvre qui est dans le bas de Pietranera.

— Les fainéants!... Je verrai. — Sans façon, mon lieutenant, voulez-vous partager notre dîner? Nous avons fait de plus mauvais repas ensemble du temps de notre pauvre compatriote qu'on a réformé.

— Grand merci. — On m'a réformé aussi, moi.

— Oui, je l'ai entendu dire; mais vous n'en avez pas été bien fâché, je gage. Histoire de régler votre compte à vous. — Allons, curé, dit le bandit à son camarade, à table. Monsieur Orso, je vous présente monsieur le curé, c'est-à-dire, je ne sais pas trop [86] s'il est curé, mais il en a la science.

— Un pauvre étudiant en théologie, monsieur, dit le second bandit, qu'on a empêché de suivre sa vocation. Qui sait? J'aurais pu être pape, Brandolaccio.

— Quelle cause a donc privé l'Église de vos lumières? demanda Orso.

— Un rien, un compte à régler, comme dit mon ami Brandolaccio, une sœur à moi qui avait fait des folies pendant que je dévorais les bouquins à l'université de Pise. Il me fallut retourner au pays pour la marier. Mais le futur, trop pressé, meurt de la fièvre trois jours avant mon arrivée. Je m'adresse alors, comme vous eussiez fait à ma place, au frère du défunt. On me dit qu'il était marié. Que faire?

— En effet, cela était embarrassant. Que fîtes-vous?

— Ce sont de ces cas où il faut en venir à la pierre à fusils [a].

— C'est-à-dire que...

— Je lui mis une balle dans la tête, » dit froidement le bandit.

Orso fit un mouvement d'horreur. Cependant la curiosité, et peut-être aussi le désir de retarder le moment où il faudrait rentrer chez lui, le firent rester à sa place et continuer la conversation avec ces deux hommes, dont chacun avait au moins un assassinat sur la conscience.

Pendant que son camarade parlait, Brandolaccio mettait devant lui du pain et de la viande; il se servit lui-même [87], puis il fit la part de son chien, qu'il présenta à Orso sous le nom de Brusco*, comme doué du merveilleux instinct de reconnaître un voltigeur sous quelque déguisement que ce fût. Enfin il coupa un morceau de pain et une tranche de jambon cru qu'il donna à sa nièce.

« La belle vie que celle de bandit! s'écria l'étudiant en théologie après avoir mangé quelques bouchées. Vous en tâterez peut-être un jour, monsieur della Rebbia, et vous verrez combien il est doux de ne connaître d'autre maître que son caprice. » Jusque-là, le bandit s'était exprimé en italien; il poursuivit en français : « La Corse n'est pas un pays bien amusant pour un jeune homme*; mais pour un bandit, quelle différence! Les femmes sont folles de nous. Tel que vous me voyez, j'ai trois maîtresses dans trois cantons différents. Je suis partout chez moi. Et il y en a une qui est la femme d'un gendarme.

— Vous savez bien des langues, monsieur, dit Orso d'un ton grave.

— Si je parle français, c'est que, voyez-vous, *maxima debetur pueris reverentia**. Nous entendons, Brandolaccio et moi, que la petite tourne bien et marche droit.

---

a. *La scaglia,* expression très usitée*.

— Quand viendront ses quinze ans, dit l'oncle de Chilina, je la marierai bien. J'ai déjà un parti en vue.

— C'est toi qui feras la demande? dit Orso.

— Sans doute. Croyez-vous que si je dis à un richard du pays : « Moi, Brando Savelli, je verrais avec plaisir que votre fils épousât Michelina Savelli, » croyez-vous qu'il se fera [88] tirer les oreilles?

— Je ne le lui conseillerais pas, dit l'autre bandit. Le camarade a la main un peu lourde [89].

— Si j'étais un coquin, poursuivit Brandolaccio, une canaille, un supposé*, je n'aurais qu'à ouvrir ma besace, les pièces de cent sous y pleuvraient.

— Il y a donc dans ta besace, dit Orso, quelque chose qui les attire?

— Rien; mais si j'écrivais, comme il y en a qui l'ont fait, à un riche : « J'ai besoin de cent francs, » il se dépêcherait de me les envoyer. Mais je suis un homme d'honneur, mon lieutenant.

— Savez-vous, monsieur della Rebbia, dit le bandit que son camarade appelait le curé, savez-vous que, dans ce pays de mœurs simples [90], il y a pourtant quelques misérables qui profitent de l'estime que nous inspirons au moyen de nos passeports (il montrait son fusil), pour tirer des lettres de change en contrefaisant notre écriture?

— Je le sais, dit Orso d'un ton brusque. Mais quelles lettres de change?

— Il y a six mois, continua le bandit, que je me promenais du côté d'Orezza*, quand vient à moi un manant qui de loin m'ôte son bonnet et me dit : « Ah! monsieur le curé (ils m'appellent toujours ainsi), excusez-moi, donnez-moi du temps; je n'ai pu trouver que cinquante-cinq francs; mais, vrai, c'est tout ce que j'ai pu amasser. Moi, tout surpris : — Qu'est-ce à dire, maroufle! cinquante-cinq francs? lui dis-je. — Je veux dire soixante-cinq, me répondit-il [91]; mais pour cent que vous me demandez, c'est impossible. — Comment, drôle! je te demande cent francs? Je ne te connais pas. — Alors il me remit [92] une lettre, ou plutôt un chiffon tout sale, par lequel on l'invitait à déposer cent francs dans un lieu qu'on indiquait, sous peine de voir sa maison brûlée et ses vaches tuées par Giocanto Castriconi, c'est mon nom. Et l'on avait eu l'infamie de contrefaire ma signature ! Ce qui me piqua le plus, c'est que la lettre était écrite en patois, pleine de fautes d'orthographe... Moi faire des fautes d'orthographe ! moi qui avais tous les prix à l'université ! Je commence par donner à mon vilain un soufflet qui le fait tourner deux fois sur lui-même. — Ah ! tu me prends pour un voleur, coquin que tu es ! lui dis-je, et je lui donne un bon coup de pied où vous savez. Un peu soulagé, je lui dis : — Quand dois-tu porter cet argent au lieu désigné ? — Aujourd'hui même. — Bien ! va le porter. — C'était au pied d'un pin, et le lieu était parfaitement indiqué. Il porte l'argent, l'enterre au pied de l'arbre et revient me trouver. Je m'étais embusqué aux environs. Je demeurai là avec mon homme six mortelles heures. Monsieur della Rebbia, je serais resté trois jours s'il eût fallu. Au bout de six heures paraît un *Bastiaccio* [a], un infâme usurier. Il se baisse pour prendre l'argent, je fais feu, et je l'avais si bien ajusté que sa tête porta en tombant sur les écus qu'il déterrait. — Maintenant, drôle ! dis-je au paysan, reprends ton argent, et ne t'avise plus de soupçonner d'une bassesse Giocanto Castriconi. — Le pauvre diable, tout tremblant, ramassa ses soixante-cinq francs sans prendre la peine de les essuyer. Il me dit merci, je lui allonge un bon coup de pied d'adieu, et il court encore.

— Ah ! curé, dit Brandolaccio, je t'envie ce coup de fusil-là. Tu as dû bien rire ?

— J'avais attrapé le *Bastiaccio* à la tempe, continua le bandit, et cela me rappela ces vers de Virgile :

........Liquefacto tempora plumbo
Diffidit, ac multa porrectum extendit arena*.

---

a. Les Corses montagnards détestent les habitants de Bastia, qu'ils ne regardent pas comme des compatriotes. Jamais ils ne disent *Bastiese*,

Liquefacto ! Croyez-vous, monsieur Orso, qu'une balle de plomb se fonde par la rapidité de son trajet dans l'air? Vous qui avez étudié la balistique, vous devriez bien me dire si c'est une erreur ou une vérité? »

Orso aimait mieux discuter cette question de physique que d'argumenter avec le licencié sur la moralité de son action. Brandolaccio, que cette dissertation scientifique n'amusait guère, l'interrompit pour remarquer que le soleil allait se coucher : « Puisque vous n'avez pas voulu dîner avec nous, Ors' Anton', lui dit-il, je vous conseille de ne pas faire attendre plus longtemps mademoiselle Colomba. Et puis il ne fait pas toujours bon à courir les chemins quand le soleil est couché. Pourquoi donc sortez-vous sans fusil? Il y a de mauvaises gens dans ces environs; prenez-y garde. Aujourd'hui vous n'avez rien à craindre; les Barricini amènent le préfet chez eux; ils l'ont rencontré sur la route, et il s'arrête un jour à Pietranera avant d'aller poser à Corte une première pierre, comme on dit..., une bêtise ! Il couche ce soir chez les Barricini; mais demain ils seront libres. Il y a Vincentello, qui est un mauvais garnement, et Orlanduccio, qui ne vaut guère mieux... Tâchez de les trouver séparés, aujourd'hui l'un, demain l'autre; mais méfiez-vous, je ne vous dis que cela.

— Merci du conseil, dit Orso; mais nous n'avons rien à démêler ensemble; jusqu'à ce qu'ils viennent me chercher, je n'ai rien à leur dire. »

Le bandit tira la langue de côté et la fit claquer contre sa joue d'un air ironique, mais il ne répondit rien. Orso se levait pour partir : « A propos, dit Brandolaccio, je ne vous ai pas remercié de votre poudre; elle m'est venue bien à propos. Maintenant rien ne me manque..., c'est-à-dire il me manque encore des souliers..., mais je m'en ferai de la peau d'un mouflon un de ces jours. »

---

mais *Bastiaccio :* on sait que la terminaison en *accio* se prend d'ordinaire dans un sens de mépris*.

Orso glissa deux pièces de cinq francs dans la main du bandit.

« C'est Colomba qui t'envoyait la poudre; voici pour t'acheter des souliers.

— Pas de bêtises, mon lieutenant, s'écria Brandolaccio en lui rendant les deux pièces. Est-ce que vous me prenez pour un mendiant? J'accepte le pain et la poudre, mais je ne veux rien autre chose*.

— Entre vieux soldats, j'ai cru qu'on pouvait s'aider. Allons, adieu ! »

Mais, avant de partir, il avait mis l'argent dans la besace du bandit sans qu'il s'en fût aperçu.

« Adieu, Ors' Anton' ! dit le théologien. Nous nous retrouverons peut-être au maquis un de ces jours, et nous continuerons nos études sur Virgile. »

Orso avait quitté ses honnêtes compagnons depuis un quart d'heure, lorsqu'il entendit un homme qui courait derrière lui de toutes ses forces. C'était Brandolaccio.

« C'est un peu fort, mon lieutenant, s'écria-t-il hors d'haleine, un peu trop fort ! voilà vos dix francs. De la part d'un autre, je ne passerais pas l'espièglerie. Bien des choses de ma part à mademoiselle Colomba. Vous m'avez tout essoufflé ! Bonsoir. »

XII

Orso trouva Colomba un peu alarmée de sa longue absence; mais, en le voyant, elle reprit cet air de sérénité triste qui était son expression habituelle. Pendant le repas du soir, ils ne parlèrent que de choses indifférentes, et Orso, enhardi par l'air calme de sa sœur, lui raconta sa rencontre avec les bandits, et hasarda même quelques plaisanteries sur l'éducation morale et religieuse [93] que recevait la petite Chilina par les soins de son oncle et de son honorable collègue, le sieur Castriconi.

« Brandolaccio est un honnête homme, dit Colomba

mais, pour Castriconi, j'ai entendu dire que c'était un homme sans principes.

— Je crois, dit Orso, qu'il vaut tout autant que Brandolaccio, et Brandolaccio autant que lui. L'un et l'autre sont en guerre ouverte avec la société. Un premier crime les entraîne chaque jour à d'autres crimes; et pourtant ils ne sont peut-être pas aussi coupables que bien des gens qui n'habitent pas le maquis. »

Un éclair de joie brilla sur le front de sa sœur.

« Oui, poursuivit Orso; ces misérables ont de l'honneur à leur manière. C'est un préjugé cruel et non une basse cupidité qui les a jetés dans la vie qu'ils mènent. »

Il y eut un moment de silence.

« Mon frère, dit Colomba en lui versant du café, vous savez peut-être que Charles-Baptiste Pietri est mort la nuit passée? Oui, il est mort de la fièvre des marais.

— Qui est ce Pietri?

— C'est un homme de ce bourg, mari de Madeleine, qui a reçu le portefeuille de notre père mourant. Sa veuve est venue me prier de paraître à sa veillée et d'y chanter quelque chose. Il convient que vous veniez aussi. Ce sont nos voisins, et c'est une politesse dont on ne peut se dispenser [94] dans un petit endroit comme le nôtre.

— Au diable ta veillée, Colomba! Je n'aime point à voir ma sœur se donner ainsi en spectacle au public.

— Orso, répondit Colomba, chacun honore ses morts à sa manière. La *ballata* nous vient de nos aïeux, et nous devons la respecter comme un usage antique. Madeleine n'a pas le *don,* et la vieille Fiordispina, qui est la meilleure voceratrice du pays, est malade. Il faut bien quelqu'un pour la ballata.

— Crois-tu que Charles-Baptiste ne trouvera pas son chemin dans l'autre monde si l'on ne chante de mauvais vers sur sa bière? Va à la veillée si tu veux, Colomba; j'irai avec toi, si tu crois que je le doive, mais n'improvise pas; cela est inconvenant à ton âge, et... je t'en prie, ma sœur.

— Mon frère, j'ai promis. C'est la coutume ici, vous le savez, et, je vous le répète, il n'y a que moi pour improviser.

— Sotte coutume!

— Je souffre beaucoup de chanter ainsi. Cela me rappelle tous nos malheurs. Demain j'en serai malade; mais il le faut. Permettez-le-moi, mon frère. Souvenez-vous qu'à Ajaccio vous m'avez dit d'improviser pour amuser cette demoiselle anglaise qui se moque de nos vieux usages. Ne pourrai-je donc improviser aujourd'hui pour de pauvres gens qui m'en sauront gré, et que cela aidera à supporter leur chagrin?

— Allons, fais comme tu voudras. Je gage que tu as déjà composé ta ballata, et tu ne veux pas la perdre.

— Non, je ne pourrais pas composer cela d'avance, mon frère. Je me mets devant le mort, et je pense à ceux qui restent. Les larmes me viennent aux yeux, et alors je chante ce qui me vient à l'esprit*. »

Tout cela était dit avec une simplicité telle qu'il était impossible de supposer le moindre amour-propre poétique chez la signora Colomba [95]. Orso se laissa fléchir et se rendit avec sa sœur à la maison de Pietri. Le mort était couché sur une table, la figure découverte, dans la plus grande pièce de la maison. Portes et fenêtres étaient ouvertes, et plusieurs cierges brûlaient autour de la table. A la tête du mort se tenait sa veuve, et derrière elle un grand nombre de femmes occupaient tout un côté de la chambre; de l'autre étaient rangés les hommes, debout, tête nue, l'œil fixé sur le cadavre, observant un profond silence. Chaque nouveau visiteur s'approchait de la table, embrassait le mort [a], faisait un signe de tête à sa veuve et à son fils, puis prenait place dans le cercle sans proférer une parole. De temps en temps, néanmoins, un des assis-

a. Cet usage subsiste encore à Bocognano (1840) [96].

tants rompait le silence solennel pour adresser quelques mots au défunt. « Pourquoi as-tu quitté ta bonne femme? disait une commère. N'avait-elle pas bien soin de toi? Que te manquait-il? Pourquoi ne pas attendre un mois encore? ta bru t'aurait donné un fils. »

Un grand jeune homme, fils de Pietri, serrant la main froide de son père, s'écria : « Oh! pourquoi n'es-tu pas mort de la *malemort* [a] ? Nous t'aurions vengé!* »

Ce furent les premières paroles qu'Orso entendit en entrant. A sa vue le cercle s'ouvrit, et un faible murmure de curiosité annonça l'attente de l'assemblée excitée par la présence de la voceratrice. Colomba embrassa la veuve, prit une de ses mains et demeura quelques minutes recueillie et les yeux baissés. Puis elle rejeta son mezzaro en arrière, regarda fixement le mort, et, penchée sur ce cadavre, presque aussi pâle que lui, elle commença de la sorte :

« Charles-Baptiste! le Christ reçoive ton âme! — Vivre, c'est souffrir. — Tu vas dans un lieu — où il n'y a ni soleil ni froidure. — Tu n'as plus besoin de ta serpe, — ni de ta lourde pioche. — Plus de travail pour toi. — Désormais tous tes jours sont des dimanches. — Charles-Baptiste, le Christ ait ton âme! — Ton fils gouverne ta maison. — J'ai vu tomber le chêne — desséché par le Libeccio. — J'ai cru qu'il était mort. — Je suis repassée [97], — et sa racine avait poussé un rejeton. — Le rejeton est devenu un chêne, — au vaste ombrage. — Sous ses fortes branches, Maddelè, repose-toi, et pense au chêne qui n'est plus. »

Ici Madeleine commença à sangloter tout haut, et deux ou trois hommes qui, dans l'occasion, auraient tiré sur des chrétiens avec autant de sang-froid que sur des perdrix, se mirent à essuyer de grosses larmes sur leurs joues basanées.

a. *La mala morte,* mort violente.

Colomba continua de la sorte pendant quelque temps, s'adressant tantôt au défunt, tantôt à sa famille, quelquefois, par une prosopopée fréquente dans les *ballate,* faisant parler le mort lui-même pour consoler ses amis ou leur donner des conseils. A mesure qu'elle improvisait, sa figure prenait une expression sublime; son teint se colorait d'un rose transparent qui faisait ressortir davantage l'éclat de ses dents et le feu de ses prunelles dilatées. C'était la pythonisse sur son trépied. Sauf quelques soupirs, quelques sanglots étouffés, on n'eût pas entendu le plus léger murmure dans la foule qui se pressait autour d'elle. Bien que moins accessible qu'un autre à cette poésie sauvage, Orso se sentit bientôt atteint par l'émotion générale. Retiré dans un coin obscur de la salle, il pleura comme pleurait le fils de Pietri.

Tout à coup un léger mouvement se fit dans l'auditoire : le cercle s'ouvrit, et plusieurs étrangers entrèrent. Au respect qu'on leur montra, à l'empressement qu'on mit à leur faire place, il était évident que c'étaient des gens d'importance dont la visite honorait singulièrement la maison. Cependant, par respect pour la ballata, personne ne leur adressa la parole. Celui qui était entré le premier paraissait avoir une quarantaine d'années. Son habit noir, son ruban rouge à rosette, l'air d'autorité et de confiance qu'il portait sur sa figure, faisaient d'abord deviner le préfet. Derrière lui venait un vieillard voûté, au teint bilieux, cachant mal sous des lunettes vertes un regard timide et inquiet. Il avait un habit noir trop large pour lui, et qui, bien que tout neuf encore, avait été évidemment fait plusieurs années auparavant. Toujours à côté du préfet, on eût dit qu'il voulait se cacher dans son ombre. Enfin, après lui, entrèrent deux jeunes gens de haute taille, le teint brûlé par le soleil, les joues enterrées sous d'épais favoris, l'œil fier, arrogant, montrant une impertinente curiosité. Orso avait eu le temps d'oublier les physionomies des gens de son village; mais la vue du vieillard en lunettes vertes réveilla sur-le-champ en son esprit de vieux souvenirs. Sa présence à la suite du préfet suffisait [98] pour le faire reconnaître. C'était l'avocat Barricini, le maire de Pietranera, qui venait avec ses deux fils donner au préfet la représentation d'une ballata. Il serait difficile de définir ce qui se passa en ce moment dans l'âme d'Orso; mais la présence de l'ennemi de son père lui causa une espèce d'horreur, et, plus que jamais, il se sentit accessible aux soupçons qu'il avait longtemps combattus.

Pour Colomba, à la vue de l'homme à qui elle avait voué une haine mortelle, sa physionomie mobile prit aussitôt une expression sinistre. Elle pâlit; sa voix devint rauque, le vers commencé expira sur ses lèvres... Mais bientôt, reprenant sa ballata, elle poursuivit avec une nouvelle véhémence :

« Quand l'épervier se lamente — devant son nid vide, — les étourneaux voltigent alentour, — insultant à sa douleur.

Ici on entendit un rire étouffé; c'étaient les deux jeunes gens nouvellement arrivés qui trouvaient sans doute la métaphore trop hardie [99].

« L'épervier se réveillera; il déploiera ses ailes, — il lavera son bec dans le sang ! — Et toi, Charles-Baptiste, que tes amis — t'adressent leur dernier adieu. — Leurs larmes ont assez coulé. — La pauvre orpheline seule ne te pleurera pas. — Pourquoi te pleurerait-elle? — Tu t'es endormi plein de jours — au milieu de ta famille, — préparé à comparaître — devant le Tout-Puissant. — L'orpheline pleure son père, — surpris par de lâches assassins, — frappé par derrière; — son père dont le sang est rouge — sous l'amas de feuilles vertes*. — Mais elle a recueilli son sang, — ce sang noble et innocent; — elle l'a répandu sur Pietranera, — pour qu'il devînt un poison mortel. — Et Pietranera restera marquée — jusqu'à ce qu'un sang coupable — ait effacé la trace du sang innocent. »

En achevant ces mots, Colomba se laissa tomber sur une chaise, elle rabattit son mezzaro sur sa figure, et on l'entendit sangloter. Les femmes en pleurs s'empressèrent [100] autour de l'improvisatrice; plusieurs hommes jetaient des regards farouches sur le maire et ses fils; quelques vieillards murmuraient contre le scandale qu'ils avaient occasionné par leur présence. Le fils du défunt fendit la presse et se disposait à prier le maire de vider la place au plus vite; mais celui-ci n'avait pas attendu cette invitation. Il gagnait la porte, et déjà ses deux fils étaient dans la rue. Le préfet adressa quelques compliments de condoléance au jeune Pietri, et les suivit presque aussitôt. Pour Orso, il s'approcha de sa sœur, lui prit le bras et l'entraîna hors de la salle. « Accompagnez-les, dit le jeune Pietri à quelques-uns de ses amis. Ayez soin que rien ne leur arrive! » Deux ou trois jeunes gens mirent précipitamment leur stylet dans la manche gauche de leur veste, et escortèrent Orso et sa sœur jusqu'à la porte de leur maison.

XIII

Colomba, haletante, épuisée, était hors d'état de prononcer une parole. Sa tête était appuyée sur l'épaule de son frère, et elle tenait une de ses mains serrée entre les siennes. Bien qu'il lui sût intérieurement assez mauvais gré de sa péroraison, Orso était trop alarmé pour lui adresser le moindre reproche. Il attendait en silence la fin de la crise nerveuse à laquelle elle semblait en proie, lorsqu'on frappa à la porte, et Saveria entra tout effarée annonçant : « Monsieur le préfet! » A ce nom, Colomba se releva comme honteuse de sa faiblesse, et se tint debout s'appuyant sur une chaise qui tremblait visiblement sous sa main.

Le préfet débuta par quelques excuses banales sur l'heure indue de sa visite, plaignit mademoiselle Colomba, parla du danger des émotions fortes, blâma la coutume des lamentations funèbres que le talent même de la voceratrice rendait encore plus pénibles pour les assistants; il glissa avec adresse un léger reproche sur la tendance de la dernière improvisation. Puis, changeant de ton : « Monsieur della Rebbia, dit-il, je suis chargé de bien des compliments pour vous par vos amis anglais : miss Nevil fait mille amitiés à mademoiselle votre sœur. J'ai pour vous une lettre d'elle à vous remettre.

— Une lettre de miss Nevil? s'écria Orso.

— Malheureusement je ne l'ai pas sur moi, mais vous l'aurez dans cinq minutes. Son père a été souffrant. Nous avons craint un moment qu'il n'eût gagné nos terribles fièvres. Heureusement, le voilà hors d'affaire, et vous en jugerez par vous-même, car vous le verrez bientôt, j'imagine.

— Miss Nevil a dû être bien inquiète?

— Par bonheur, elle n'a connu le danger que lorsqu'il était déjà loin. Monsieur della Rebbia, miss Nevil m'a beaucoup parlé de vous et de mademoiselle votre sœur. » Orso s'inclina. « Elle a beaucoup d'amitié pour vous deux. Sous un extérieur plein de grâce, sous une apparence de légèreté, elle cache une raison parfaite.

— C'est une charmante personne, dit Orso.

— C'est presque à sa prière que je viens ici, monsieur. Personne ne connaît mieux que moi une fatale histoire que je voudrais bien n'être pas obligé de vous rappeler. Puisque M. Barricini est encore maire de Pietranera, et moi, préfet de ce département, je n'ai pas besoin de vous dire le cas que je fais de certains soupçons, dont, si je suis bien informé, quelques personnes imprudentes vous ont fait part, et que vous avez repoussées, je le sais, avec l'indignation qu'on devait attendre de votre position et de votre caractère.

— Colomba, dit Orso s'agitant sur sa chaise, tu es bien fatiguée. Tu devrais aller te coucher ».

Colomba fit un signe de tête négatif. Elle avait repris son calme habituel et fixait des yeux ardents sur le préfet.

« M. Barricini, continua le préfet, désirerait vivement voir cesser cette espèce d'inimitié, ... c'est-à-dire cet état d'incertitude où vous vous trouvez l'un vis-à-vis de l'autre... Pour ma part, je serais enchanté de vous voir établir avec lui les rapports que doivent avoir ensemble des gens faits pour s'estimer...

— Monsieur, interrompit Orso d'une voix émue, je n'ai jamais accusé l'avocat Barricini d'avoir assassiné mon père, mais il a fait une action qui m'empêchera toujours d'avoir aucune relation avec lui. Il a supposé une lettre menaçante, au nom d'un certain bandit,... du moins il l'a sourdement attribuée à mon père. Cette lettre enfin, monsieur, a probablement été la cause indirecte de sa mort. »

Le préfet se recueillit un instant. « Que monsieur votre père l'ait cru, lorsque, emporté par la vivacité de son caractère, il plaidait contre M. Barricini, la chose est excusable; mais, de votre part, un semblable aveuglement n'est plus permis. Réfléchissez donc que Barricini n'avait point intérêt à supposer cette lettre... Je ne vous parle pas de son caractère,... vous ne le connaissez point, vous êtes prévenu contre lui,... mais vous ne supposez pas qu'un homme connaissant les lois [101]...

— Mais, monsieur, dit Orso en se levant, veuillez songer que me dire que cette lettre n'est pas l'ouvrage de M. Barricini, c'est l'attribuer à mon père. Son honneur, monsieur, est le mien.

— Personne plus que moi, monsieur, poursuivit le préfet, n'est convaincu de l'honneur du colonel della Rebbia... mais... l'auteur de cette lettre est connu maintenant.

— Qui? s'écria Colomba s'avançant vers le préfet.

— Un misérable, coupable de plusieurs crimes,... de ces crimes que vous ne pardonnez pas, vous autres Corses, un voleur, un certain Tomaso Bianchi, à présent détenu dans les prisons de Bastia, a révélé qu'il était l'auteur de cette fatale lettre.

— Je ne connais pas cet homme, dit Orso. Quel aurait pu être son but?

— C'est un homme de ce pays, dit Colomba, frère d'un ancien meunier à nous. C'est un méchant et un menteur, indigne qu'on le croie.

— Vous allez voir, continua le préfet, l'intérêt qu'il avait dans l'affaire. Le meunier dont parle mademoiselle votre sœur, il se nommait, je crois, Théodore, tenait à loyer du colonel un moulin sur le cours d'eau dont M. Barricini contestait la possession à monsieur votre père. Le colonel, généreux à son habitude, ne tirait presque aucun profit de son moulin. Or, Tomaso a cru que si M. Barricini obtenait le cours d'eau, il aurait un loyer considérable à lui payer, car on sait que M. Barricini aime assez l'argent. Bref, pour obliger son frère, Tomaso a contrefait la lettre du bandit, et voilà toute l'histoire. Vous savez que les liens de famille sont si puissants en Corse*, qu'ils entraînent quelquefois au crime... Veuillez prendre connaissance de cette lettre que m'écrit le procureur général [102], elle vous confirmera ce que je viens de vous dire. »

Orso parcourut la lettre qui relatait en détail les aveux de Tomaso, et Colomba lisait en même temps par-dessus l'épaule de son frère.

Lorsqu'elle eut fini, elle s'écria : « Orlanduccio Barricini est allé à Bastia il y a un mois, lorsqu'on a su que mon frère allait revenir. Il aura vu Tomaso et lui aura acheté ce mensonge.

— Mademoiselle, dit le préfet avec impatience, vous expliquez tout par des suppositions odieuses; est-ce là le moyen de découvrir la vérité [103]? Vous, monsieur, vous êtes de sang-froid; dites-moi, que pensez-vous maintenant? Croyez-vous, comme mademoiselle, qu'un homme qui n'a qu'une condamnation assez légère à redouter [104] se charge de gaieté de cœur d'un crime de faux pour obliger quelqu'un qu'il ne connaît pas? »

Orso relut la lettre du procureur général [105], pesant

chaque mot avec une attention extraordinaire; car, depuis qu'il avait vu l'avocat Barricini, il se sentait plus difficile à convaincre qu'il ne l'eût été quelques jours auparavant. Enfin il se vit contraint d'avouer que l'explication lui paraissait satisfaisante. — Mais Colomba s'écria avec force :

« Tomaso Bianchi est un fourbe. Il ne sera pas condamné, ou il s'échappera de prison, j'en suis sûre. »

Le préfet haussa les épaules.

« Je vous ai fait part, monsieur, dit-il, des renseignements que j'ai reçus. Je me retire, et je vous abandonne à vos réflexions. J'attendrai que votre raison vous ait éclairé, et j'espère qu'elle sera plus puissante que les... suppositions de votre sœur. »

Orso, après quelques paroles pour excuser Colomba, répéta qu'il croyait maintenant que Tomaso était le seul coupable.

Le préfet s'était levé pour sortir.

« S'il n'était pas si tard, dit-il, je vous proposerais de venir avec moi prendre la lettre de miss Nevil... Par la même occasion, vous pourriez dire à M. Barricini ce que vous venez de me dire, et tout serait fini.

— Jamais Orso della Rebbia n'entrera chez un Barricini ! s'écria Colomba avec impétuosité.

— Mademoiselle est le *tintinajo* [a] de la famille à ce qu'il paraît, dit le préfet d'un air de raillerie.

— Monsieur, dit Colomba d'une voix ferme, on vous trompe. Vous ne connaissez pas l'avocat. C'est le plus rusé, le plus fourbe des hommes. Je vous en conjure, ne faites pas faire à Orso une action qui le couvrirait de honte.

— Colomba ! s'écria Orso, la passion te fait déraisonner.

— Orso ! Orso ! par la cassette que je vous ai remise,

---

a. On appelle ainsi le bélier porteur d'une sonnette qui conduit le troupeau, et par métaphore, on donne le même nom au membre d'une famille qui la dirige dans toutes les affaires importantes.

je vous en supplie, écoutez-moi. Entre vous et les Barricini il y a du sang; vous n'irez pas chez eux!

— Ma sœur!

— Non, mon frère, vous n'irez point, ou je quitterai cette maison, et vous ne me reverrez plus... Orso, ayez pitié de moi. »

Et elle tomba à genoux.

« Je suis désolé, dit le préfet, de voir mademoiselle della Rebbia si peu raisonnable. Vous la convaincrez, j'en suis sûr. » Il entrouvrit la porte et s'arrêta, paraissant attendre qu'Orso le suivît.

« Je ne puis la quitter maintenant, dit Orso... Demain, si...

— Je pars de bonne heure, dit le préfet.

— Au moins, mon frère, s'écria Colomba les mains jointes, attendez jusqu'à demain matin. Laissez-moi revoir les papiers de mon père... Vous ne pouvez me refuser cela.

— Eh bien! tu les verras ce soir, mais au moins tu ne me tourmenteras plus ensuite avec cette haine extravagante... Mille pardons, monsieur le préfet... Je me sens moi-même si mal à mon aise... Il vaut mieux que ce soit demain.

— La nuit porte conseil, dit le préfet en se retirant, j'espère que demain toutes vos irrésolutions auront cessé.

— Saveria, s'écria Colomba, prends la lanterne et accompagne monsieur le préfet. Il te remettra une lettre pour mon frère. »

Elle ajouta quelques mots que Saveria seule entendit.

« Colomba, dit Orso lorsque le préfet fut parti, tu m'as fait beaucoup de peine [106]. Te refuseras-tu donc toujours à l'évidence?

— Vous m'avez donné jusqu'à demain, répondit-elle. J'ai bien peu de temps, mais j'espère encore. »

Puis elle prit un trousseau de clefs et courut dans une chambre de l'étage supérieur. Là, on l'entendit ouvrir précipitamment des tiroirs et fouiller dans un secrétaire où le colonel della Rebbia enfermait autrefois ses papiers importants.

XIV

Saveria fut longtemps absente, et l'impatience d'Orso était à son comble lorsqu'elle reparut enfin, tenant une lettre, et suivie de la petite Chilina, qui se frottait les yeux, car elle avait été réveillée de son premier somme.

« Enfant, dit Orso, que viens-tu faire ici à cette heure?

— Mademoiselle me demande, répondit Chilina.

— Que diable lui veut-elle? » pensa Orso; mais il se hâta de décacheter la lettre de miss Lydia, et, pendant qu'il lisait, Chilina montait auprès de sa sœur.

« Mon père a été un peu malade, monsieur, disait miss Nevil, et il est d'ailleurs si paresseux pour écrire, que je suis obligée de lui servir de secrétaire. L'autre jour, vous savez qu'il s'est mouillé les pieds sur le bord de la mer, au lieu d'admirer le paysage avec nous, et il n'en faut pas davantage pour donner la fièvre dans votre charmante île. Je vois d'ici la mine que vous faites; vous cherchez sans doute votre stylet, mais j'espère que vous n'en avez plus. Donc, mon père a eu un peu de fièvre, et moi beaucoup de frayeur; le préfet, que je persiste à trouver très aimable, nous a donné un médecin fort aimable aussi, qui, en deux jours, nous a tirés de peine : l'accès n'a pas reparu, et mon père veut retourner à la chasse; mais je la lui défends encore. — Comment avez-vous trouvé votre château des montagnes? Votre tour du nord est-elle toujours à la même place? Y a-t-il bien des fantômes? Je vous demande tout cela, parce que mon père se souvient que vous lui avez promis daims, sangliers, mouflons... Est-ce bien là le nom de cette bête étrange? En allant nous embarquer à Bastia, nous comptons vous demander l'hospitalité, et j'espère que le château della Rebbia, que vous dites si vieux et si délabré, ne s'écroulera pas sur nos têtes. Quoique le préfet soit si aimable qu'avec lui on ne manque jamais de sujet de conversation, *by the bye**, je me flatte de lui avoir fait tourner la tête. — Nous avons parlé de votre seigneurie. Les gens de loi de Bastia lui ont envoyé certaines révélations d'un coquin qu'ils tiennent sous les verrous, et qui sont de nature à détruire vos derniers soupçons; votre inimitié, qui parfois m'inquiétait, doit cesser dès lors. Vous n'avez pas d'idée comme cela m'a fait plaisir. Quand vous êtes parti avec la belle voceratrice, le fusil [107] à la main, le regard [108] sombre, vous m'avez paru plus Corse qu'à l'ordinaire... trop Corse même. *Basta !* je vous en écris si long, parce que je m'ennuie. Le préfet va partir, hélas! Nous vous enverrons un message [109] lorsque nous nous mettrons en route pour vos montagnes, et je prendrai la liberté d'écrire à mademoiselle Colomba pour lui demander un bruccio, *ma solenne**. En attendant, dites-lui mille tendresses. Je fais grand usage de son stylet, j'en coupe les feuillets d'un roman que j'ai apporté; mais ce fer terrible s'indigne de cet usage et me déchire mon livre d'une façon pitoyable. Adieu, monsieur; mon père vous envoie *his best love**. Écoutez le préfet, il est homme de bon conseil, et se détourne de sa route, je crois, à cause de vous; il va poser une première pierre à Corte; je m'imagine que ce doit être une cérémonie bien imposante, et je regrette fort de n'y pas assister. Un monsieur en habit brodé, bas de soie, écharpe blanche*, tenant une truelle!... et un discours; la cérémonie se terminera par les cris mille fois répétés de *vive le roi !* — Vous allez être bien fat de m'avoir fait remplir les quatre pages; mais je m'ennuie, monsieur, je vous le répète, et, par cette raison, je vous permets de m'écrire très longuement. A propos, je trouve extraordinaire que vous ne m'ayez pas encore mandé votre heureuse arrivée dans Pietranera-Castle.

LYDIA.

« *P. S.* Je vous demande d'écouter le préfet, et de

faire ce qu'il vous dira. Nous avons arrêté ensemble que vous deviez en agir ainsi, et cela me fera plaisir. »

Orso lut trois ou quatre fois cette lettre, accompagnant mentalement chaque lecture [110] de commentaires sans nombre; puis il fit [111] une longue réponse, qu'il chargea Saveria de porter à un homme du village qui partait la nuit même pour Ajaccio. Déjà il ne pensait guère à discuter avec sa sœur les griefs vrais ou faux des Barricini, la lettre de miss Lydia lui faisait tout voir en couleur de rose; il n'avait plus ni soupçons [112] ni haine. Après avoir attendu quelque temps que sa sœur redescendît, et ne la voyant pas reparaître, il alla se coucher, le cœur plus léger qu'il ne se l'était senti depuis longtemps. Chilina ayant été congédiée avec des instructions secrètes, Colomba passa la plus grande partie de la nuit à lire de vieilles paperasses. Un peu avant le jour, quelques petits cailloux furent lancés contre sa fenêtre; à ce signal, elle descendit au jardin, ouvrit une porte dérobée, et introduisit dans la maison deux hommes de fort mauvaise mine; son premier soin fut de les mener à la cuisine et de leur donner à manger. Ce qu'étaient ces hommes, on le saura tout à l'heure.

XV

Le matin, vers six heures, un domestique du préfet frappait à la maison d'Orso. Reçu par Colomba, il lui dit que le préfet allait partir, et qu'il attendait son frère. Colomba répondit sans hésiter que son frère venait de tomber dans l'escalier et de se fouler le pied; qu'étant hors d'état de faire un pas, il suppliait monsieur le préfet de l'excuser, et serait très reconnaissant s'il daignait prendre la peine de passer chez lui. Peu après ce message, Orso descendit et demanda à sa sœur si le préfet ne l'avait pas envoyé chercher. « Il vous prie de l'attendre ici », dit-elle [113] avec la plus grande assurance. Une demi-heure s'écoula sans qu'on aperçût le moindre mouvement du côté de la maison des Barricini; cependant Orso demandait à Colomba si elle avait fait quelque découverte; elle répondit qu'elle s'expliquerait devant le préfet. Elle affectait un grand calme, mais son teint et ses yeux annonçaient une agitation fébrile.

Enfin, on vit s'ouvrir la porte de la maison Barricini; le préfet, en habit de voyage, sortit le premier, suivi du maire et de ses deux fils. Quelle fut la stupéfaction des habitants de Pietranera, aux aguets depuis le lever du soleil, pour assister au départ du premier magistrat du département, lorsqu'ils le virent, accompagné des trois Barricini, traverser la place en droite ligne et entrer dans la maison della Rebbia. « Ils font la paix ! » s'écrièrent les politiques du village.

— Je vous le disais bien, ajouta un vieillard, Orso Antonio [114] a trop vécu sur le continent pour faire les choses comme un homme de cœur.

— Pourtant, répondit un rebbianiste, remarquez que ce sont les Barricini qui viennent le trouver. Ils demandent grâce.

— C'est le préfet qui les a tous embobelinés, répliqua le vieillard; on n'a plus de courage aujourd'hui, et les jeunes gens se soucient du sang de leur père comme s'ils étaient tous des bâtards. »

Le préfet ne fut pas médiocrement surpris de trouver Orso debout et marchant sans peine. En deux mots, Colomba s'accusa de son mensonge et lui en demanda pardon : « Si vous aviez demeuré ailleurs, monsieur le préfet, dit-elle, mon frère serait allé dès hier vous présenter ses respects. »

Orso se confondait en excuses, protestant qu'il n'était pour rien dans cette ruse ridicule, dont il était profondément mortifié. Le préfet et le vieux Barricini parurent croire à la sincérité de ses regrets, justifiés d'ailleurs par sa confusion et les reproches qu'il adressait à sa sœur; mais les fils du maire ne parurent pas satisfaits : « On se moque de nous, dit Orlanduccio, assez haut pour être entendu.

— Si ma sœur me jouait de ces tours, dit Vincentello, je lui ôterais bien vite l'envie de recommencer. »

Ces paroles, et le ton dont elles furent prononcées, déplurent à Orso et lui firent perdre un peu de sa bonne volonté. Il échangea avec les jeunes Barricini des regards où ne se peignait nulle bienveillance.

Cependant tout le monde était assis [115], à l'exception de Colomba, qui se tenait debout près de la porte de la cuisine; le préfet prit la parole, et, après quelques lieux communs sur les préjugés du pays, rappela que la plupart des inimitiés les plus invétérées n'avaient pour cause que des malentendus. Puis, s'adressant au maire, il lui dit que M. della Rebbia n'avait jamais cru que la famille Barricini eût pris une part directe ou indirecte dans l'événement déplorable qui l'avait privé de son père; qu'à la vérité il avait conservé quelques doutes relatifs à une particularité du procès qui avait existé entre les deux familles; que ce doute s'excusait par la longue absence de M. Orso et la nature des renseignements qu'il avait reçus; qu'éclairé maintenant par des révélations récentes, il se tenait pour complètement satisfait, et désirait établir avec M. Barricini et ses fils [116] des relations d'amitié et de bon voisinage.

Orso s'inclina d'un air contraint; M. Barricini balbutia quelques mots que personne n'entendit; ses fils regardèrent les poutres du plafond. Le préfet, continuant sa harangue, allait adresser à Orso la contrepartie de ce qu'il venait de débiter à M. Barricini, lorsque Colomba, tirant de dessous son fichu quelques papiers, s'avança gravement entre les parties contractantes :

« Ce serait [117] avec un bien vif plaisir, dit-elle, que je verrais [118] finir la guerre entre nos deux familles; mais pour que la réconciliation soit sincère, il faut s'expliquer et ne rien laisser dans le doute... — Monsieur le préfet, la déclaration de Tomaso Bianchi m'était à bon droit suspecte, venant d'un homme aussi mal famé. — J'ai dit que vos fils peut-être avaient vu cet homme dans la prison de Bastia...

— Cela est faux, interrompit Orlanduccio, je ne l'ai point vu. »

Colomba lui jeta un regard de mépris, et poursuivit avec beaucoup de calme en apparence :

« Vous avez expliqué l'intérêt que pouvait avoir Tomaso à menacer M. Barricini au nom d'un bandit redoutable, par le désir qu'il avait de conserver à son frère Théodore le moulin que mon père lui louait à bas prix ?...

— Cela est évident, dit le préfet.

— De la part d'un misérable comme paraît être ce Bianchi, tout s'explique, dit Orso, trompé par l'air de modération de sa sœur.

— La lettre contrefaite, continua Colomba, dont les yeux commençaient à briller d'un éclat plus vif, est datée du 11 juillet. Tomaso était alors chez son frère, au moulin.

— Oui, dit le maire un peu inquiet.

— Quel intérêt avait donc Tomaso Bianchi ? s'écria Colomba d'un air de triomphe. Le bail de son frère était expiré ; mon père lui avait donné congé le 1er juillet. Voici le registre de mon père, la minute du congé, la lettre d'un homme d'affaires d'Ajaccio qui nous proposait un nouveau meunier. »

En parlant ainsi, elle remit au préfet les papiers qu'elle tenait à la main.

Il y eut un moment d'étonnement général. Le maire pâlit visiblement ; Orso, fronçant le sourcil, s'avança pour prendre connaissance des papiers que le préfet lisait avec beaucoup d'attention.

« On se moque de nous ! s'écria de nouveau Orlanduccio en se levant avec colère. Allons-nous-en, mon père, nous n'aurions jamais dû venir ici ! »

Un instant suffit à M. Barricini pour reprendre son sang-froid. Il demanda à examiner les papiers ; le préfet les lui remit sans dire un mot. Alors, relevant ses lunettes vertes sur son front, il les parcourut d'un air assez indifférent, pendant que Colomba l'observait avec les yeux d'une tigresse qui voit un daim s'approcher de la tanière de ses petits.

« Mais, dit M. Barricini rabaissant ses lunettes et rendant les papiers au préfet, — connaissant la bonté de feu M. le colonel... Tomaso a pensé... il a dû penser... que M. le colonel reviendrait sur sa résolution de lui donner congé... De fait, il est resté en possession du moulin, donc...

— C'est moi, dit Colomba d'un ton de mépris, qui le lui ai conservé. Mon père était mort, et dans ma position je devais ménager les clients de ma famille.

— Pourtant, dit le préfet, ce Tomaso reconnaît qu'il a écrit la lettre..., cela est clair.

— Ce qui est clair pour moi, interrompit Orso, c'est qu'il y a de grandes infamies cachées [119] dans toute cette affaire.

— J'ai encore à contredire une assertion de ces messieurs, » dit Colomba. Elle ouvrit la porte de la cuisine, et aussitôt entrèrent dans la salle Brandolaccio, le licencié en théologie et le chien Brusco. Les deux bandits étaient sans armes, au moins apparentes; ils avaient la cartouchère à la ceinture, mais point le pistolet qui en est [120] le complément obligé. En entrant dans la salle, ils ôtèrent respectueusement leurs bonnets.

On peut concevoir l'effet que produisit leur subite apparition. Le maire pensa tomber à la renverse; ses fils se jetèrent bravement devant lui, la main dans la poche de leur habit, cherchant leurs stylets [121]. Le préfet fit un mouvement vers la porte, tandis qu'Orso, saisissant Brandolaccio au collet, lui cria : « Que viens-tu faire ici, misérable?

« C'est un guet-apens! » s'écria le maire essayant d'ouvrir la porte; mais Saveria l'avait fermée en dehors à double tour, d'après l'ordre des bandits, comme on le sut ensuite.

« Bonnes gens! dit Brandolaccio, n'ayez pas peur de moi; je ne suis pas si diable que je suis noir. Nous n'avons nulle mauvaise intention. Monsieur le préfet, je suis bien votre serviteur. — Mon lieutenant, de la douceur, vous m'étranglez. — Nous venons ici comme témoins. Allons, parle, toi, Curé, tu as la langue bien pendue.

— Monsieur le préfet, dit le licencié, je n'ai pas l'honneur d'être connu de vous. Je m'appelle Giocanto Castriconi, plus connu sous le nom du Curé... Ah! vous me remettez! Mademoiselle, que je n'avais pas l'avantage de connaître non plus, m'a fait prier de lui donner des renseignements sur un nommé Tomaso Bianchi, avec lequel j'étais détenu, il y a trois semaines, dans les prisons de Bastia. Voici ce que j'ai à vous dire...

— Ne prenez pas cette peine, dit le préfet; je n'ai rien à entendre d'un homme comme vous... Monsieur della Rebbia, j'aime à croire [122] que vous n'êtes pour rien dans cet odieux complot. Mais êtes-vous maître chez vous? Faites ouvrir cette porte. Votre sœur aura peut-être à rendre compte des étranges relations qu'elle entretient avec des bandits.

— Monsieur le préfet, s'écria Colomba, daignez entendre ce que va dire cet homme. Vous êtes ici pour rendre justice à tous, et votre devoir est de rechercher la vérité. Parlez, Giocanto Castriconi.

— Ne l'écoutez pas! s'écrièrent en chœur les trois Barricini.

— Si tout le monde parle à la fois, dit le bandit en souriant, ce n'est pas le moyen de s'entendre. Dans la prison donc, j'avais pour compagnon, non pour ami, ce Tomaso en question. Il recevait de fréquentes visites de M. Orlanduccio...

— C'est faux, s'écrièrent à la fois les deux frères.

— Deux négations valent une affirmation, observa froidement Castriconi. Tomaso avait de l'argent; il mangeait et buvait du meilleur*. J'ai toujours aimé la bonne chère (c'est là mon moindre défaut), et, malgré ma répugnance à frayer avec ce drôle, je me laissai aller à dîner plusieurs fois avec lui. Par reconnaissance, je lui proposai de s'évader avec moi... Une petite... pour qui j'avais eu des bontés, m'en avait fourni les moyens... je ne veux compromettre personne. Tomaso refusa, me dit qu'il était sûr de son affaire, que l'avocat Barricini l'avait recommandé à tous les juges, qu'il sortirait de là blanc comme neige et avec de l'argent dans la poche. Quant à moi, je crus devoir prendre l'air. *Dixi.*

— Tout ce que dit cet homme est un tas de mensonges, répéta résolument Orlanduccio. Si nous étions en rase campagne, chacun avec notre fusil, il ne parlerait pas de la sorte.

— En voilà une de bêtise! s'écria Brandolaccio. Ne vous brouillez pas avec le Curé, Orlanduccio.

— Me laisserez-vous sortir enfin, monsieur della Rebbia? dit le préfet frappant du pied d'impatience.

— Saveria! Saveria! criait Orso, ouvrez la porte, de par le diable!

— Un instant, dit Brandolaccio. Nous avons d'abord à filer, nous, de notre côté. Monsieur le préfet, il est d'usage, quand on se rencontre chez des amis communs, de se donner une demi-heure de trêve en se quittant. »

Le préfet lui lança un regard de mépris.

« Serviteur à toute la compagnie, » dit Brandolaccio. Puis étendant le bras horizontalement : « Allons, Brusco, dit-il à son chien, saute pour M. le préfet! »

Le chien sauta, les bandits reprirent à la hâte leurs armes dans la cuisine, s'enfuirent par le jardin, et à un coup de sifflet aigu la porte de la salle s'ouvrit comme par enchantement.

« Monsieur Barricini, dit Orso avec une fureur concentrée, je vous tiens pour un faussaire. Dès aujourd'hui j'enverrai ma plainte contre vous au procureur du roi, pour faux et pour complicité avec Bianchi. Peut-être aurai-je encore une plainte plus terrible à porter contre vous.

— Et moi, monsieur della Rebbia, dit le maire, je porterai ma plainte contre vous pour guet-apens et pour complicité avec des bandits. En attendant, M. le préfet vous recommandera à la gendarmerie.

— Le préfet fera son devoir, dit celui-ci d'un ton sévère. Il veillera à ce que l'ordre ne soit pas troublé à

Pietranera, il prendra soin que justice soit faite. Je parle à vous tous, messieurs ! »

Le maire et Vincentello étaient déjà hors de la salle, et Orlanduccio les suivait à reculons lorsque Orso lui dit à voix basse : « Votre père est un vieillard que j'écraserais d'un soufflet : c'est à vous que j'en destine, à vous et à votre frère. »

Pour réponse, Orlanduccio tira son stylet et se jeta sur Orso comme un furieux; mais, avant qu'il pût faire usage de son arme, Colomba lui saisit le bras, qu'elle tordit avec force pendant qu'Orso, le frappant du poing au visage, le fit reculer quelques pas et heurter rudement contre le chambranle de la porte. Le stylet échappa de la main d'Orlanduccio, mais Vincentello avait le sien et rentrait dans la chambre, lorsque Colomba, sautant sur un fusil, lui prouva que la partie n'était pas égale. En même temps le préfet se jeta entre les combattants. « A bientôt, Ors' Anton' ! » cria Orlanduccio; et, tirant violemment la porte de la salle, il la ferma à clef pour se donner le temps de faire retraite.

Orso et le préfet demeurèrent un quart d'heure sans parler, chacun à un bout de la salle. Colomba, l'orgueil du triomphe sur le front, les considérait tour à tour, appuyée sur le fusil qui avait décidé de la victoire [123].

« Quel pays ! quel pays ! s'écria enfin le préfet en se levant impétueusement. Monsieur della Rebbia, vous avez eu tort. Je vous demande votre parole d'honneur de vous abstenir de toute violence et d'attendre que la justice décide dans cette maudite affaire.

— Oui, monsieur le préfet, j'ai eu tort de frapper ce misérable; mais enfin je l'ai frappé, et je ne puis lui refuser la satisfaction qu'il m'a demandée.

— Eh ! non, il ne veut pas se battre avec vous !... Mais s'il vous assassine... Vous avez bien fait tout ce qu'il fallait pour cela.

— Nous nous garderons, dit Colomba.

— Orlanduccio, dit Orso, me paraît un garçon de courage, et j'augure mieux de lui, monsieur le préfet.

Il a été prompt à tirer son stylet, mais à sa place j'en aurais peut-être agi de même; et je suis heureux que ma sœur n'ait pas un poignet de petite-maîtresse.

— Vous ne vous battrez pas! s'écria le préfet; je vous le défends!

— Permettez-moi de vous dire, monsieur, qu'en matière d'honneur je ne reconnais d'autre autorité que celle de ma conscience.

— Je vous dis que vous ne vous battrez pas!

— Vous pouvez me faire arrêter, monsieur..., c'est-à-dire si je me laisse prendre. Mais, si cela arrivait, vous ne feriez que différer une affaire maintenant inévitable. Vous êtes homme d'honneur, monsieur le préfet, et vous savez bien qu'il n'en peut être autrement.

— Si vous faisiez arrêter mon frère, ajouta Colomba, la moitié du village prendrait son parti, et nous verrions une belle fusillade.

— Je vous préviens, monsieur, dit Orso, et je vous supplie de ne pas croire que je fais une bravade; je vous préviens que, si M. Barricini abuse de son autorité de maire pour me faire arrêter, je me défendrai.

— Dès aujourd'hui, dit le préfet, M. Barricini est suspendu de ses fonctions... Il se justifiera, je l'espère... Tenez, monsieur, vous m'intéressez. Ce que je vous demande est bien peu de chose : restez chez vous tranquille jusqu'à mon retour de Corte. Je ne serai que trois jours absent. Je reviendrai avec le procureur du roi, et nous débrouillerons alors complètement cette triste affaire. Me promettez-vous de vous abstenir jusque-là de toute hostilité?

— Je ne puis le promettre, monsieur, si, comme je le pense, Orlanduccio me demande une rencontre.

— Comment! monsieur della Rebbia, vous, militaire français, vous voulez vous battre avec un homme que vous soupçonnez d'un faux?

— Je l'ai frappé, monsieur.

— Mais, si vous aviez frappé un galérien [124] et qu'il vous en demandât raison, vous vous battriez donc avec lui? Allons, monsieur Orso! Eh bien! je vous demande encore moins : ne cherchez pas Orlanduccio... Je vous permets de vous battre s'il vous demande un rendez-vous.

— Il m'en demandera, je n'en doute point ; mais je vous promets de ne pas lui donner d'autres soufflets pour l'engager à se battre.

— Quel pays ! répétait le préfet en se promenant à grands pas. Quand donc reviendrai-je en France ?

— Monsieur le préfet, dit Colomba de sa voix la plus douce, il se fait tard, nous feriez-vous l'honneur de déjeuner ici ? »

Le préfet ne put s'empêcher de rire. « Je suis demeuré déjà trop longtemps ici... cela ressemble à de la partialité... Et cette maudite pierre !... Il faut que je parte... Mademoiselle della Rebbia..., que de malheurs vous avez préparés peut-être aujourd'hui !

— Au moins, monsieur le préfet, vous rendrez à ma sœur la justice de croire que ses convictions sont profondes ; et, j'en suis sûr maintenant, vous les croyez vous-même bien établies.

— Adieu, monsieur, dit le préfet en lui faisant un signe de la main. Je vous préviens que je vais donner l'ordre au brigadier de gendarmerie de suivre toutes vos démarches. »

Lorsque le préfet fut sorti : « Orso, dit Colomba, vous n'êtes point ici sur le continent. Orlanduccio n'entend rien à vos duels, et d'ailleurs ce n'est pas de la mort d'un brave que ce misérable doit mourir.

— Colomba, ma bonne, tu es la femme forte. Je t'ai de grandes obligations pour m'avoir sauvé un bon coup de couteau. Donne-moi ta petite main que je la baise. Mais, vois-tu, laisse-moi faire. Il y a certaines choses que tu n'entends pas. Donne-moi à déjeuner ; et, aussitôt que le préfet se sera mis en route, fais-moi venir la petite Chilina, qui paraît s'acquitter à merveille des commissions qu'on lui donne. J'aurai besoin d'elle pour porter une lettre. »

Pendant que Colomba surveillait les apprêts du déjeuner, Orso monta dans sa chambre et écrivit le billet suivant :

« Vous devez être pressé de me rencontrer; je ne le suis pas moins. Demain matin nous pourrons nous trouver à six heures dans la vallée d'Acquaviva. Je suis très adroit au pistolet, et je ne vous propose pas cette arme. On dit que vous tirez bien le fusil : prenons chacun un fusil à deux coups. Je viendrai accompagné d'un homme de ce village. Si votre frère veut vous accompagner, prenez un second témoin et prévenez-moi. Dans ce cas seulement j'aurai deux témoins.

« ORSO ANTONIO DELLA REBBIA. »

Le préfet, après être resté une heure chez l'adjoint du maire, après être entré pour quelques minutes chez les Barricini, partit pour Corte, escorté d'un seul gendarme. Un quart d'heure après Chilina porta la lettre qu'on vient de lire et la remit à Orlanduccio en propres mains.

La réponse se fit attendre et ne vint que dans la soirée. Elle était signée de M. Barricini père, et il annonçait à Orso qu'il déférait au procureur du roi la lettre de menaces adressée à son fils. « Fort de ma conscience, ajoutait-il en terminant, j'attends que la justice ait prononcé sur vos calomnies. »

Cependant cinq ou six bergers mandés par Colomba arrivèrent pour garnisonner* la tour des della Rebbia. Malgré les protestations d'Orso, on pratiqua des *archere* aux fenêtres donnant sur la place, et toute la soirée il reçut des offres de service de différentes personnes du bourg. Une lettre arriva même du théologien bandit, qui promettait, en son nom et en celui de Brandolaccio, d'intervenir si le maire se faisait assister de la gendarmerie. Il finissait par ce *post-scriptum* : « Oserai-je vous demander ce que pense monsieur le préfet de l'excellente éducation que mon ami donne au chien Brusco? Après Chilina, je ne connais pas d'élève plus docile et qui montre de plus heureuses dispositions. »

XVI

Le lendemain se passa sans hostilités. De part et d'autre on se tenait sur la défensive. Orso ne sortit pas de sa maison, et la porte des Barricini resta constamment fermée. On voyait les cinq gendarmes laissés en garnison à Pietranera se promener sur la place ou aux environs du village, assistés du garde champêtre, seul représentant de la milice urbaine. L'adjoint ne quittait pas son écharpe; mais, sauf les *archere* aux fenêtres des deux maisons ennemies, rien n'indiquait la guerre. Un Corse seul aurait remarqué que sur la place, autour du chêne vert, on ne voyait que des femmes.

A l'heure du souper, Colomba montra d'un air joyeux à son frère la lettre suivante qu'elle venait de recevoir de miss Nevil :

« Ma chère mademoiselle Colomba, j'apprends avec bien du plaisir, par une lettre de votre frère, que vos inimitiés sont finies. Recevez-en mes compliments. Mon père ne peut plus souffrir Ajaccio depuis que votre frère n'est plus là pour parler guerre et chasser avec lui. Nous partons aujourd'hui, et nous irons coucher chez votre parente, pour laquelle nous avons une lettre. Après-demain, vers onze heures, je viendrai vous demander à goûter de ce bruccio des montagnes, si supérieur, dites-vous, à celui de la ville.

« Adieu, chère mademoiselle Colomba. — Votre amie,

« Lydia Nevil. »

— Elle n'a donc pas reçu ma seconde lettre? s'écria Orso.

— Vous voyez, par la date de la sienne, que mademoiselle Lydia devait être en route quand votre lettre est arrivée à Ajaccio. Vous lui disiez donc de ne pas venir?

— Je lui disais que nous étions en état de siège. Ce n'est pas, ce me semble, une situation à recevoir du monde.

— Bah ! ces Anglais sont des gens singuliers. Elle me disait, la dernière nuit que j'ai passée dans sa chambre, qu'elle serait fâchée de quitter la Corse sans avoir vu une belle vendette. Si vous le vouliez, Orso, on pourrait lui donner le spectacle d'un assaut contre la maison de nos ennemis ?

— Sais-tu, dit Orso, que la nature a eu tort de faire de toi une femme, Colomba ? Tu aurais été un excellent militaire.

— Peut-être. En tout cas je vais faire mon bruccio.

— C'est inutile. Il faut envoyer quelqu'un pour les prévenir et les arrêter avant qu'ils se mettent en route.

— Oui ? vous voulez envoyer un messager par le temps qu'il fait, pour qu'un torrent l'emporte avec votre lettre... Que je plains les pauvres bandits par cet orage ! Heureusement, ils ont de bons *piloni* [a]*... Savez-vous ce qu'il faut faire, Orso ? Si l'orage cesse, partez demain de très bonne heure, et arrivez chez notre parente avant que vos amis se soient mis en route. Cela vous sera facile, miss Lydia se lève toujours tard. Vous leur conterez ce qui s'est passé chez nous ; et s'ils persistent à venir, nous aurons grand plaisir à les recevoir. »

Orso se hâta de donner son assentiment à ce projet, et Colomba, après quelques moments de silence :

« Vous croyez peut-être, Orso, reprit-elle, que je plaisantais lorsque je vous parlais d'un assaut contre la maison Barricini ? Savez-vous que nous sommes en force, deux contre un au moins ? Depuis que le préfet a suspendu le maire, tous les hommes d'ici sont pour nous. Nous pourrions les hacher. Il serait facile d'entamer l'affaire. Si vous le vouliez, j'irais à la fontaine, je me moquerais de leurs femmes ; ils sortiraient... Peut-être... car ils sont si lâches ! peut-être tireraient-

a. Manteau de drap très épais garni d'un capuchon.

ils [126] sur moi par leurs *archere;* ils me manqueraient. Tout est dit alors : ce sont eux qui attaquent. Tant pis pour les vaincus : dans une bagarre où trouver ceux qui ont fait un bon coup [127]? Croyez-en votre sœur, Orso; les robes noires qui vont venir saliront du papier, diront bien des mots inutiles. Il n'en résultera rien. Le vieux renard trouverait moyen de leur faire voir des étoiles en plein midi. Ah! si le préfet ne s'était pas mis devant Vincentello, il y en avait un de moins. »

Tout cela était dit avec le même sang-froid qu'elle mettait l'instant d'auparavant [128] à parler des préparatifs du bruccio.

Orso, stupéfait, regardait sa sœur avec une admiration mêlée de crainte.

« Ma douce Colomba, dit-il en se levant de table, tu es, je le crains, le diable en personne; mais sois tranquille. Si je ne parviens à faire pendre les Bariccini, je trouverai moyen d'en venir à bout d'une autre manière. Balle chaude ou fer froid [a]! Tu vois que je n'ai pas oublié le corse.

— Le plus tôt serait le mieux, dit Colomba en soupirant. Quel cheval monterez-vous demain, Ors' Anton'?

— Le noir. Pourquoi me demandes-tu cela?

— Pour lui faire donner de l'orge. »

Orso s'étant retiré dans sa chambre, Colomba envoya coucher Saveria et les bergers, et demeura seule dans la cuisine où se préparait le bruccio. De temps en temps elle prêtait l'oreille et paraissait attendre impatiemment que son frère se fût couché. Lorsqu'elle le crut enfin endormi, elle prit un couteau, s'assura qu'il était tranchant, mit ses petits pieds dans de gros souliers, et, sans faire le moindre bruit, elle entra dans le jardin.

Le jardin, fermé de murs, touchait à un terrain assez vaste, enclos de haies, où l'on mettait les chevaux, car les chevaux corses ne connaissent guère l'écurie. En général on les lâche dans un champ et l'on s'en rap-

a. *Palla calda u farru freddu,* locution très usitée* [129].

porte à leur intelligence pour trouver à se nourrir et à s'abriter contre le froid et la pluie.

Colomba ouvrit la porte du jardin avec la même précaution, entra dans l'enclos, et en sifflant doucement elle attira près d'elle les chevaux, à qui elle portait souvent du pain et du sel. Dès que le cheval noir fut à sa portée, elle le saisit fortement par la crinière et lui fendit l'oreille avec son couteau. Le cheval fit un bond terrible et s'enfuit en faisant entendre ce cri aigu qu'une vive douleur arrache quelquefois aux animaux de son espèce. Satisfaite alors, Colomba rentrait dans le jardin, lorsque Orso ouvrit sa fenêtre et cria : Qui va là? En même temps elle entendit qu'il armait son fusil. Heureusement pour elle, la porte du jardin était dans une obscurité complète, et un grand figuier la couvrait en partie. Bientôt, aux lueurs intermittentes qu'elle vit briller dans la chambre de son frère, elle conclut qu'il cherchait à rallumer sa lampe. Elle s'empressa alors de fermer la porte du jardin, et se glissant le long des murs, de façon que son costume noir se confondît avec le feuillage sombre des espaliers, elle parvint à rentrer dans la cuisine quelques moments avant qu'Orso ne parût*.

« Qu'y a-t-il? lui demanda-t-elle.

— Il m'a semblé, dit Orso, qu'on ouvrait la porte du jardin.

— Impossible. Le chien aurait aboyé. Au reste, allons voir. »

Orso fit le tour du jardin, et après avoir constaté que la porte extérieure était bien fermée, un peu honteux de cette fausse alerte, il se disposa à regagner sa chambre.

« J'aime à voir, mon frère, dit Colomba, que vous devenez prudent, comme on doit l'être dans votre position.

— Tu me formes, répondit Orso. Bonsoir. »

Le matin avec l'aube Orso était levé, prêt à partir. Son costume annonçait à la fois la prétention à l'élégance d'un homme qui va se présenter devant une femme à qui il veut plaire, et la prudence d'un Corse en vendette. Par-dessus une redingote bleue bien serrée [130] à la taille, il portait en bandoulière une petite boîte de fer-blanc contenant des cartouches, suspendue à un cordon de soie verte ; son stylet était placé dans une poche de côté, et il tenait à la main le beau fusil de Manton chargé à balles. Pendant qu'il prenait à la hâte une tasse de café versée par Colomba, un berger était sorti pour seller et brider le cheval. Orso et sa sœur le suivirent de près et entrèrent dans l'enclos. Le berger s'était emparé du cheval, mais il avait laissé tomber selle et bride, et paraissait saisi d'horreur, pendant que le cheval, qui se souvenait de la blessure de la nuit précédente et qui craignait pour son autre oreille, se cabrait, ruait, hennissait, faisait le diable à quatre.

« Allons, dépêche-toi ! lui cria Orso.

— Ha ! Ors' Anton' ! ha ! Ors' Anton' ! s'écriait le berger, sang de la Madone ! » etc. C'étaient des imprécations sans nombre et sans fin, dont la plupart ne pourraient se traduire.

« Qu'est-il donc arrivé ? » demanda Colomba.

Tout le monde s'approcha du cheval, et, le voyant sanglant et l'oreille fendue, ce fut une exclamation générale de surprise et d'indignation. Il faut savoir que mutiler le cheval de son ennemi est, pour les Corses, à la fois une vengeance, un défi et une menace de mort. « Rien qu'un coup de fusil n'est capable d'expier ce forfait. » Bien qu'Orso, qui avait longtemps vécu sur le continent, sentît moins qu'un autre l'énormité de l'outrage, cependant, si dans ce moment quelque barriciniste se fût présenté à lui, il est probable qu'il lui eût fait immédiatement expier une insulte qu'il attribuait à ses ennemis [131]. « Les lâches coquins ! s'écria-t-il, se venger sur une pauvre bête, lorsqu'ils n'osent me rencontrer en face !

— Qu'attendons-nous ? s'écria Colomba impétueusement. Ils viennent nous provoquer, mutiler nos chevaux, et nous ne leur répondrions pas ! Êtes-vous hommes ?

— Vengeance ! répondirent les bergers. Promenons le cheval dans le village et donnons l'assaut à leur maison.

— Il y a une grange couverte de paille qui touche à leur tour, dit le vieux Polo Griffo, en un tour de main je la ferai flamber. » Un autre proposait d'aller chercher les échelles du clocher de l'église ; un troisième, d'enfoncer les portes de la maison Barricini au moyen d'une poutre déposée sur la place et destinée à quelque bâtiment en construction. Au milieu de toutes ces voix furieuses, on entendait celle de Colomba annonçant à ses satellites qu'avant de se mettre à l'œuvre chacun allait recevoir d'elle un grand verre d'anisette.

Malheureusement, ou plutôt heureusement, l'effet qu'elle s'était promis de sa cruauté envers le pauvre cheval était perdu en grande partie pour Orso. Il ne doutait pas que cette mutilation sauvage ne fût l'œuvre d'un de ses ennemis, et c'était Orlanduccio qu'il soupçonnait particulièrement ; mais il ne croyait pas que ce jeune homme, provoqué et frappé par lui, eût effacé sa honte en fendant l'oreille à un cheval. Au contraire, cette basse et ridicule vengeance augmentait son mépris pour ses adversaires, et il pensait maintenant avec le préfet que de pareilles gens ne méritaient pas de se mesurer avec lui. Aussitôt qu'il put se faire entendre, il déclara à ses partisans confondus qu'ils eussent à renoncer à leurs intentions belliqueuses, et que la justice, qui allait venir, vengerait fort bien l'oreille de son cheval. « Je suis le maître ici, ajouta-t-il d'un ton sévère, et j'entends qu'on m'obéisse. Le premier qui s'avisera de parler encore de tuer ou de brûler, je pourrai bien le brûler à son tour. Allons ! qu'on me selle le cheval gris.

— Comment, Orso, dit Colomba en le tirant à l'écart vous souffrez qu'on nous insulte [132] ! Du vivant de notre père, jamais les Barricini n'eussent osé mutiler une bête à nous.

— Je te promets qu'ils auront lieu de s'en repentir ; mais c'est aux gendarmes et aux geôliers à punir des misérables qui n'ont de courage que contre des animaux. Je te l'ai dit, la justice me vengera d'eux... ou sinon... tu n'auras besoin de me rappeler de qui je suis fils...

— Patience ! dit Colomba en soupirant.

— Souviens-toi bien, ma sœur, poursuivit Orso, que si à mon retour je trouve qu'on a fait quelque démonstration contre les Barricini, jamais je ne te le pardonnerai. » Puis, d'un ton plus doux : « Il est fort possible, fort probable même, ajouta-t-il, que je reviendrai ici avec le colonel et sa fille ; fais en sorte que leurs chambres soient en ordre, que le déjeuner soit bon, enfin que nos hôtes soient le moins mal possible. C'est très bien, Colomba, d'avoir du courage, mais il faut encore qu'une femme sache tenir une maison. Allons, embrasse-moi, sois sage ; voilà le cheval gris sellé.

— Orso, dit Colomba, vous ne partirez point seul.

— Je n'ai besoin de personne, dit Orso, et je te réponds que je ne me laisserai pas couper l'oreille.

— Oh ! jamais je ne vous laisserai partir seul en temps de guerre. Ho ! Polo Griffo ! Gian' Francè ! Memmo ! prenez vos fusils ; vous allez accompagner mon frère. »

Après une discussion assez vive, Orso dut se résigner à se faire suivre d'une escorte. Il prit parmi ses bergers les plus animés ceux qui avaient conseillé le plus haut de commencer la guerre ; puis, après avoir renouvelé ses injonctions à sa sœur et aux bergers restants, il se mit en route, prenant cette fois un détour pour éviter la maison Barricini.

Déjà ils étaient loin de Pietranera, et marchaient de grande hâte, lorsqu'au passage d'un petit ruisseau qui se perdait dans un marécage le vieux Polo Griffo aperçut plusieurs cochons confortablement couchés dans la boue, jouissant à la fois du soleil et de la fraîcheur de l'eau. Aussitôt, ajustant le plus gros, il lui tira un coup de fusil dans la tête et le tua sur la place. Les camarades du mort se levèrent et s'enfuirent avec une légèreté surprenante ; et bien que l'autre berger fît feu à son tour, ils gagnèrent sains et saufs un fourré où ils disparurent.

« Imbéciles ! s'écria Orso; vous prenez des cochons pour des sangliers.

— Non pas, Ors' Anton', répondit Polo Griffo; mais ce troupeau appartient à l'avocat, et c'est pour lui apprendre à mutiler nos chevaux.

— Comment, coquins ! s'écria Orso transporté de fureur, vous imitez les infamies de nos ennemis ! Quittez-moi, misérables. Je n'ai pas besoin de vous. Vous n'êtes bons qu'à vous battre contre des cochons. Je jure Dieu que si vous osez me suivre je vous casse la tête ! »

Les deux bergers s'entre-regardèrent interdits. Orso donna des éperons à son cheval et disparut au galop.

« Eh bien ! dit Polo Griffo, en voilà d'une bonne ! Aimez donc les gens pour qu'ils vous traitent comme cela ! Le colonel, son père, t'en a voulu parce que tu as une fois couché en joue l'avocat... Grande bête, de ne pas tirer !... Et le fils... tu vois ce que j'ai fait pour lui... Il parle de me casser la tête, comme on fait d'une gourde qui ne tient plus le vin. Voilà ce qu'on apprend sur le continent, Memmo !

— Oui, et si l'on sait que tu as tué ce cochon, on te fera un procès, et Ors' Anton' ne voudra pas parler aux juges ni payer l'avocat. Heureusement personne ne t'a vu, et sainte Nega est là pour te tirer d'affaire. »

Après une courte délibération, les deux bergers conclurent que le plus prudent était de jeter le porc dans une fondrière; projet qu'ils mirent à exécution, bien entendu après avoir pris chacun quelques grillades sur l'innocente victime de la haine des della Rebbia et des Barricini.

XVII

Débarrassé de son escorte indisciplinée, Orso continuait sa route, plus préoccupé du plaisir de revoir miss

Nevil que de la crainte de rencontrer ses ennemis. « Le procès que je vais avoir avec ces misérables Barricini, se disait-il, va m'obliger d'aller à Bastia. Pourquoi n'accompagnerais-je pas miss Nevil? Pourquoi, de Bastia, n'irions-nous pas ensemble aux eaux d'Orezza?* » Tout à coup des souvenirs d'enfance lui rappelèrent nettement ce site pittoresque. Il se crut transporté sur une verte pelouse au pied des châtaigniers [133] séculaires. Sur un gazon d'une herbe lustrée, parsemé de fleurs bleues ressemblant à des yeux qui lui souriaient, il voyait miss Lydia assise auprès de lui. Elle avait ôté son chapeau, et ses cheveux blonds, plus fins et plus doux que la soie, brillaient comme de l'or au soleil, qui pénétrait au travers du feuillage. Ses yeux, d'un bleu si pur, lui paraissaient plus bleus que le firmament. La joue appuyée sur une main, elle écoutait toute pensive les paroles d'amour qu'il lui adressait en tremblant. Elle avait cette robe de mousseline qu'elle portait le dernier jour qu'il l'avait vue à Ajaccio. Sous les plis de cette robe s'échappait un petit pied dans un soulier de satin noir. Orso se disait qu'il serait bien heureux de baiser ce pied; mais une des mains de miss Lydia n'était pas gantée, et elle tenait une pâquerette. Orso lui prenait cette pâquerette, et la main de Lydia serrait la sienne; et il baisait la pâquerette, et puis la main, et on ne se fâchait pas... Et toutes ces pensées l'empêchaient de faire attention à la route qu'il suivait, et cependant il trottait toujours. Il allait pour la seconde fois baiser en imagination la blanche main de miss Nevil, quand il pensa baiser en réalité la tête de son cheval qui s'arrêta tout à coup. C'est que la petite Chilina* lui barrait le chemin et lui saisissait la bride.

« Où allez-vous ainsi, Ors' Anton'? disait-elle. Ne savez-vous pas que votre ennemi est près d'ici?

— Mon ennemi! s'écria Orso furieux de se voir interrompu dans un moment aussi intéressant. Où est-il?

— Orlanduccio est près d'ici. Il vous attend. Retournez, retournez.

— Ah! il m'attend! Tu l'as vu?

— Oui, Ors' Anton', j'étais couchée dans la fougère quand il a passé. Il regardait de tous les côtés avec sa lunette.

— De quel côté allait-il?

— Il descendait par là, du côté où vous allez.

— Merci.

— Ors' Anton', ne feriez-vous pas bien d'attendre mon oncle? Il ne peut tarder, et avec lui vous seriez en sûreté.

— N'aie pas peur, Chili, je n'ai pas besoin de ton oncle.

— Si vous vouliez j'irais devant vous.

— Merci, merci. »

Et Orso, poussant son cheval, se dirigea rapidement du côté que la petite fille lui avait indiqué.

Son premier mouvement avait été un aveugle transport de fureur, et il s'était dit que la fortune lui offrait une excellente occasion de corriger ce lâche qui mutilait un cheval pour se venger d'un soufflet. Puis, tout en avançant, l'espèce de promesse qu'il avait faite au préfet, et surtout la crainte de manquer la visite de miss Nevil, changeaient ses dispositions et lui faisaient presque désirer de ne pas rencontrer Orlanduccio. Bientôt le souvenir de son père, l'insulte faite à son cheval, les menaces des Barricini [134] rallumaient sa colère, et l'excitaient à chercher son ennemi pour le provoquer et l'obliger à se battre. Ainsi agité par des résolutions contraires, il continuait de marcher en avant, mais, maintenant, avec précaution, examinant les buissons et les haies, et quelquefois même s'arrêtant pour écouter les bruits vagues qu'on entend dans la campagne. Dix minutes après avoir quitté la petite Chilina (il était alors environ neuf heures du matin), il se trouva au bord d'un coteau extrêmement rapide. Le chemin, ou plutôt le sentier à peine tracé qu'il suivait, traversait un maquis récemment brûlé. En ce lieu la terre était chargée de cendres blanchâtres, et çà et là des arbrisseaux et quelques gros arbres noircis par le feu et entièrement dépouillés de leurs feuilles se tenaient debout, bien qu'ils eussent cessé de vivre. En voyant un maquis brûlé, on se croit transporté dans un site du Nord au milieu de l'hiver, et le contraste de l'aridité des lieux que la flamme a parcourus avec la végétation luxuriante d'alentour les fait paraître encore plus tristes et désolés. Mais dans ce paysage Orso ne voyait en ce moment qu'une chose, importante, il est vrai, dans sa position : la terre étant nue ne pouvait cacher une embuscade, et celui qui peut craindre à chaque instant de voir sortir d'un fourré un canon de fusil dirigé contre sa poitrine, regarde comme une espèce d'oasis un terrain uni où rien n'arrête la vue. Au maquis brûlé succédaient plusieurs champs en culture, enclos, selon l'usage du pays, de murs en pierres sèches [135] à hauteur d'appui. Le sentier passait entre ces enclos, où d'énormes châtaigniers, plantés confusément, présentaient de loin l'apparence d'un bois touffu.

Obligé par la roideur de la pente à mettre pied à terre, Orso, qui avait laissé la bride sur le cou de son cheval, descendait rapidement en glissant sur la cendre; et il n'était guère qu'à vingt-cinq pas d'un de ces enclos en pierre à droite du chemin, lorsqu'il aperçut, précisément en face de lui, d'abord un canon de fusil, puis une tête dépassant la crête du mur. Le fusil s'abaissa, et il reconnut Orlanduccio prêt à faire feu. Orso fut prompt à se mettre en défense, et tous les deux, se couchant en joue, se regardèrent quelques secondes avec cette émotion poignante que le plus brave éprouve au moment de donner ou de recevoir la mort*.

« Misérable lâche ! » s'écria Orso... Il parlait encore quand il vit la flamme du fusil d'Orlanduccio, et presque en même temps un second coup partit à sa gauche, de l'autre côté du sentier, tiré par un homme qu'il n'avait point aperçu, et qui l'ajustait posté derrière un autre mur. Les deux balles l'atteignirent : l'une, celle d'Orlanduccio, lui traversa le bras gauche, qu'il lui présentait en le couchant en joue; l'autre le frappa à la poitrine, déchira son habit, mais, rencontrant heureusement la lame de son stylet, s'aplatit dessus et ne lui fit qu'une contusion légère. Le bras gauche d'Orso tomba immobile le long de sa cuisse, et le canon de son fusil s'abaissa un instant; mais il le releva aussitôt, et, dirigeant son arme de sa seule main droite, il fit feu sur Orlanduccio. La tête [136] de son ennemi, qu'il ne découvrait que jusqu'aux yeux [137], disparut derrière le mur. Orso, se tournant à sa gauche, lâcha son second coup sur un homme entouré de fumée qu'il apercevait à peine. A son tour, cette figure disparut. Les quatre coups de fusil s'étaient succédé avec une rapidité incroyable, et jamais soldats exercés ne mirent moins d'intervalle dans un feu de file. Après le dernier coup d'Orso, tout rentra dans le silence. La fumée sortie de son arme montait lentement vers le ciel; aucun mouvement derrière le mur, pas le plus léger bruit. Sans la douleur qu'il ressentait au bras, il aurait pu croire que ces hommes sur qui il venait de tirer étaient des fantômes de son imagination.

S'attendant à une seconde décharge, Orso fit quelques pas pour se placer derrière un des arbres brûlés restés debout dans le maquis. Derrière cet abri, il plaça son fusil entre ses genoux et le rechargea à la hâte. Cependant son bras gauche le faisait cruellement souffrir, et il lui semblait qu'il soutenait un poids énorme. Qu'étaient devenus ses adversaires? Il ne pouvait le comprendre. S'ils s'étaient enfuis, s'ils avaient été blessés, il aurait assurément entendu quelque bruit, quelque mouvement dans le feuillage. Étaient-ils donc morts, ou bien plutôt n'attendaient-ils pas, à l'abri de leur mur, l'occasion de tirer de nouveau sur lui? Dans cette incertitude, et sentant ses forces diminuer, il mit en terre le genou droit, appuya sur l'autre son bras blessé et se servit d'une branche qui partait du tronc de l'arbre brûlé pour soutenir son fusil. Le doigt sur la détente, l'œil fixé sur le mur, l'oreille attentive au moindre bruit, il demeura immobile pendant quelques minutes, qui lui parurent un siècle. Enfin, bien loin derrière lui, un cri éloigné se fit entendre, et bientôt un chien, descendant le coteau avec la rapidité d'une flèche, s'arrêta auprès de lui en en remuant la queue. C'était Brusco, le disciple et le compagnon des bandits, annonçant sans doute l'arrivée de son maître; et jamais honnête homme ne fut plus impatiemment attendu. Le chien, le museau en l'air, tourné du côté de l'enclos le plus proche, flairait avec inquiétude. Tout à coup il fit entendre un grognement sourd, franchit le mur d'un bond, et presque aussitôt, remonta sur la crête, d'où il regarda fixement Orso, exprimant dans ses yeux la surprise aussi clairement que chien le peut faire; puis il se remit le nez au vent, cette fois dans la direction de l'autre enclos, dont il sauta encore le mur. Au bout d'une seconde, il reparaissait sur la crête, montrant le même air d'étonnement et d'inquiétude; puis il sauta dans le maquis, la queue entre les jambes, regardant toujours Orso et s'éloignant de lui à pas lents, par une marche de côté, jusqu'à ce qu'il s'en trouvât à quelque distance. Alors, reprenant sa course, il remonta le coteau presque aussi vite qu'il l'avait descendu, à la rencontre d'un homme qui s'avançait rapidement malgré la raideur de la pente.

« A moi, Brando! s'écria Orso dès qu'il le crut à portée de la voix.

— Ho! Ors' Anton'! vous êtes blessé! lui demanda Brandolaccio accourant tout essoufflé. Dans le corps ou dans les membres?...

— Au bras.

— Au bras! ce n'est rien. Et l'autre?

— Je crois l'avoir touché. »

Brandolaccio, suivant son chien, courut à l'enclos le plus proche et se pencha pour regarder de l'autre côté du mur. Là, ôtant son bonnet :

« Salut au seigneur Orlanduccio, » dit-il. Puis, se tournant du côté d'Orso, il le salua à son tour d'un air grave : « Voilà, dit-il, ce que j'appelle un homme proprement accommodé.

— Vit-il encore? » demanda Orso respirant avec peine.

« Oh ! il s'en garderait ; il a trop de chagrin de la balle que vous lui avez mise dans l'œil. Sang de la Madone, quel trou ! Bon fusil, ma foi ! Quel calibre ! Ça vous écarbouille une cervelle ! Dites-donc, Ors' Anton', quand j'ai entendu d'abord pif ! pif ! je me suis dit : Sacrebleu ! ils escofient mon lieutenant. Puis j'entends boum ! boum ! Ah ! je dis, voilà le fusil anglais qui parle : il riposte... Mais, Brusco, qu'est-ce que tu me veux donc ? »

Le chien le mena à l'autre enclos. « Excusez ! s'écria Brandolaccio stupéfait. Coup double ! rien que cela ! Peste ! on voit bien que la poudre est chère, car vous l'économisez.

— Qu'y a-t-il, au nom de Dieu ! » demanda Orso.

« Allons ! ne faites donc pas le farceur, mon lieutenant ! vous jetez le gibier par terre, et vous voulez qu'on vous le ramasse... En voilà un qui va en avoir un drôle de dessert aujourd'hui ! c'est l'avocat Barricini. De la viande de boucherie, en veux-tu, en voilà ! Maintenant qui diable héritera ?

— Quoi ! Vincentello mort aussi ?

— Très mort. Bonne santé à nous autres [a] ! Ce qu'il y a de bon avec vous, c'est que vous ne les faites pas souffrir. Venez donc voir Vincentello : il est encore à genoux, la tête appuyée contre le mur. Il a l'air de dormir. C'est là le cas de dire : « Sommeil de plomb. Pauvre diable ! »

Orso détourna la tête avec horreur. « Es-tu sûr qu'il soit mort ?

— Vous êtes comme Sampiero Corso, qui ne donnait jamais qu'un coup. Voyez-vous, là..., dans la poitrine, à gauche ? tenez, comme Vincileone fut attrapé à Waterloo. Je parierais bien que la balle n'est pas loin du cœur. Coup double !... Ah ! je ne me mêle plus de tirer. Deux en deux coups !... A balle !... Les deux frères !... S'il avait eu un troisième coup, il aurait tué

---

a. *Salute a noi !* Exclamation qui accompagne ordinairement le mot de *mort,* et qui lui sert comme de correctif *[138].

le papa... On fera mieux une autre fois... Quel coup, Ors' Anton' !... Et dire que cela n'arrivera jamais à un brave garçon comme moi de faire coup double sur des gendarmes ! »

Tout en parlant, le bandit examinait le bras d'Orso et fendait sa manche avec son stylet.

« Ce n'est rien, dit-il, Voilà une redingote qui donnera de l'ouvrage à mademoiselle Colomba... Hein ! qu'est-ce que je vois ? cet accroc sur la poitrine ?... Rien n'est entré par là ? Non, vous ne seriez pas si gaillard. Voyons, essayez de remuer les doigts... Sentez-vous mes dents quand je vous mords le petit doigt ?... Pas trop ?... C'est égal, ce ne sera rien. Laissez-moi prendre votre mouchoir et votre cravate... Voilà votre redingote perdue... Pourquoi diable vous faire si beau ? Alliez-vous à la noce ?... Là, buvez une goutte de vin... Pourquoi donc ne portez-vous pas de gourde ? Est-ce qu'un Corse sort jamais sans gourde ? » Puis, au milieu du pansement, il s'interrompait pour s'écrier : « Coup double ! tous les deux raides morts !... C'est le curé qui va rire... Coup double ! Ah ! voici enfin cette petite tortue de Chilina. »

Orso ne répondait pas. Il était pâle comme un mort et tremblait de tous ses membres.

« Chili, cria Brandolaccio, va regarder derrière ce mur. Hein ? » L'enfant, s'aidant des pieds et des mains, grimpa sur le mur, et, aussitôt qu'elle eut aperçu le cadavre d'Orlanduccio, elle fit le signe de la croix.

« Ce n'est rien, continua le bandit : va voir plus loin, là-bas. »

L'enfant fit un nouveau signe de croix.

« Est-ce vous, mon oncle ? demanda-t-elle timidement.

— Moi ! est-ce que je ne suis pas devenu un vieux bon à rien ? Chili, c'est de l'ouvrage de monsieur. Fais-lui ton compliment.

— Mademoiselle en aura bien de la joie, dit Chilina, et elle sera bien fâchée de vous savoir blessé, Ors' Anton'.

— Allons, Ors' Anton', dit le bandit après avoir achevé [139] le pansement, voilà Chilina qui a rattrapé votre cheval. Montez et venez avec moi au maquis de la Stazzona. Bien avisé qui vous y trouverait. Nous vous y traiterons de notre mieux. Quand nous serons à la croix de Sainte-Christine, il faudra mettre pied à terre. Vous donnerez votre cheval à Chilina, qui s'en ira prévenir mademoiselle, et, chemin faisant, vous la chargerez de vos commissions. Vous pouvez tout dire à la petite, Ors' Anton' : elle se ferait plutôt hacher que de trahir ses amis. » Et d'un ton de tendresse : « Va, coquine, disait-il, sois excommuniée, sois maudite, friponne ! » Brandolaccio, superstitieux comme beaucoup de bandits, craignait de fasciner les enfants en leur adressant des bénédictions ou des éloges*, car on sait [140] que les puissances mystérieuses qui président à l'*Annochiatura* [a] ont la mauvaise habitude d'exécuter le contraire de nos souhaits.

« Où veux-tu que j'aille, Brando? dit Orso d'une voix éteinte.

— Parbleu ! vous avez à choisir : en prison ou bien au maquis. Mais un della Rebbia ne connaît pas le chemin de la prison. Au maquis, Ors' Anton' !

— Adieu donc toutes mes espérances ! s'écria douloureusement le blessé.

— Vos espérances? Diantre ! espériez-vous faire mieux avec un fusil à deux coups?... Ah çà ! comment diable vous ont-ils touché? Il faut que ces gaillards-là aient la vie [141] plus dure que les chats.

— Ils ont tiré les premiers, dit Orso.

— C'est vrai, j'oubliais... Pif ! pif ! boum ! boum !... coup double d'une main [b] !... Quand on fera mieux,

---

a. Fascination involontaire qui s'exerce soit par les yeux, soit par la parole*.

b. Si quelque chasseur incrédule me contestait le coup double de M. della Rebbia, je l'engagerais à aller à Sartène, et à se faire raconter comment un [142] des habitants les plus distingués et les plus aimables de cette ville se tira seul, et le bras gauche cassé, d'une position au moins aussi dangereuse * [143].

je m'irai pendre ! Allons, vous voilà monté... avant de partir regardez donc un peu votre ouvrage. Il n'est pas poli de quitter ainsi la compagnie sans lui dire adieu. »

Orso donna des éperons à son cheval ; pour rien au monde il n'eût voulu voir les malheureux à qui il venait de donner la mort.

« Tenez, Ors' Anton', dit le bandit s'emparant de la bride du cheval, voulez-vous que je vous parle franchement ? Eh bien ! sans vous offenser, ces deux pauvres jeunes gens me font de la peine. Je vous prie de m'excuser... Si beaux... si forts... si jeunes !... Orlanduccio avec qui j'ai chassé tant de fois... Il m'a donné, il y a quatre jours, un paquet de cigares... Vincentello qui était toujours de si belle humeur !... C'est vrai que vous avez fait ce que vous deviez faire... et d'ailleurs le coup est trop beau pour qu'on le regrette... Mais moi, je n'étais pas dans votre vengeance... Je sais que vous avez raison ; quand on a un ennemi, il faut s'en défaire. Mais les Barricini, c'était une vieille famille... En voilà encore une qui fausse compagnie !... et par un coup double ! c'est piquant. »

Faisant ainsi l'oraison funèbre des Barricini, Brandolaccio conduisait en hâte Orso, Chilina et le chien Brusco vers le maquis de la Stazzona*.

XVIII

Cependant Colomba, peu après le départ d'Orso, avait appris par ses espions que les Barricini tenaient la campagne, et, dès ce moment, elle fut en proie à une vive inquiétude. On la voyait parcourir la maison en tous sens, allant de la cuisine aux chambres préparées pour ses hôtes, ne faisant rien et toujours occupée, s'arrêtant sans cesse pour regarder si elle n'apercevait pas dans le village un mouvement inusité. Vers onze heures une cavalcade assez nombreuse entra dans Pietranera ; c'étaient le colonel, sa fille, leurs domestiques et leur guide. En les recevant, le premier mot de Colomba fut : « Avez-vous vu mon frère? » Puis elle demanda au guide quel chemin ils avaient pris, à quelle heure ils étaient partis; et, sur ses réponses, elle ne pouvait comprendre qu'ils ne se fussent pas rencontrés.

« Peut-être que votre frère aura pris par le haut, dit le guide; nous, nous sommes venus par le bas. »

Mais Colomba secoua la tête et renouvela ses questions. Malgré sa fermeté naturelle, augmentée encore par l'orgueil de cacher toute faiblesse à des étrangers [144], il lui était impossible de dissimuler ses inquiétudes, et bientôt elle les fit partager au colonel et surtout à miss Lydia, lorsqu'elle les eut mis au fait de la tentative de réconciliation qui avait eu une si malheureuse issue. Miss Nevil s'agitait, voulait qu'on envoyât des messagers dans toutes les directions, et son père offrait de remonter à cheval et d'aller avec le guide à la recherche d'Orso. Les craintes de ses hôtes rappelèrent à Colomba ses devoirs de maîtresse de maison. Elle s'efforça de sourire, pressa le colonel de se mettre à table, et trouva pour expliquer le retard de son frère vingt motifs plausibles qu'au bout d'un instant elle détruisait elle-même. Croyant qu'il était de son devoir d'homme de chercher à rassurer des femmes, le colonel proposa son explication aussi.

« Je gage, dit-il, que della Rebbia aura rencontré du gibier; il n'a pu résister à la tentation, et nous allons le voir revenir la carnassière [145] toute pleine. Parbleu! ajouta-t-il, nous avons entendu sur la route quatre coups de fusil. Il y en avait deux plus forts que les autres, et j'ai dit à ma fille : Je parie que c'est della Rebbia qui chasse. Ce ne peut être que mon fusil qui fait tant de bruit. »

Colomba pâlit, et Lydia, qui l'observait avec attention, devina sans peine quels soupçons la conjecture du colonel venait de lui suggérer. Après un silence de quelques minutes, Colomba demanda vivement si les deux fortes détonations avaient précédé ou suivi les autres. Mais ni le colonel, ni sa fille, ni le guide n'avaient fait grande attention [146] à ce point capital.

Vers une heure, aucun des messagers envoyés par Colomba n'étant encore revenu, elle rassembla tout son courage et força ses hôtes à se mettre à table ; mais, sauf le colonel, personne ne put manger. Au moindre bruit sur la place, Colomba courait à la fenêtre, puis revenait s'asseoir tristement, et plus tristement encore s'efforçait de continuer avec ses amis une conversation insignifiante à laquelle personne ne prêtait la moindre attention et qu'interrompaient de longs intervalles de silence.

Tout d'un coup on entendit le galop d'un cheval. « Ah ! cette fois c'est mon frère, » dit Colomba en se levant. Mais à la vue de Chilina montée à califourchon sur le cheval d'Orso : « Mon frère est mort ! » s'écria-t-elle d'une voix déchirante.

Le colonel laissa tomber son verre, miss Nevil poussa un cri, tous coururent à la porte de la maison. Avant que Chilina pût sauter à bas de sa monture, elle était enlevée comme une plume par Colomba qui la serrait à l'étouffer. L'enfant comprit son terrible regard, et sa première parole fut celle du chœur d'Othello : « Il vit !* » Colomba cessa de l'étreindre, et Chilina tomba à terre aussi lestement qu'une jeune chatte.

« Les autres ? » demanda Colomba d'une voix rauque.

Chilina fit le signe de la croix avec l'index et le doigt du milieu. Aussitôt une vive rougeur succéda, sur la figure de Colomba, à sa pâleur mortelle. Elle jeta un regard ardent sur la maison des Barricini, et dit en souriant à ses hôtes : « Rentrons prendre le café. »

L'Iris des bandits en avait long à raconter. Son patois, traduit par Colomba en italien tel quel, puis en anglais par miss Nevil, arracha plus d'une imprécation au colonel, plus d'un soupir à miss Lydia ; mais Colomba écoutait d'un air impassible, seulement elle tordait sa serviette damassée de façon à la mettre en pièces. Elle interrompit l'enfant cinq ou six fois pour se faire répéter que Brandolaccio disait que la blessure n'était pas dangereuse et qu'il en avait vu bien d'autres. En terminant, Chilina rapporta qu'Orso demandait avec instance du papier pour écrire, et qu'il chargeait sa sœur de supplier une dame qui peut-être se trouverait dans sa maison, de n'en point partir avant d'avoir reçu une lettre de lui. « C'est, ajouta l'enfant, ce qui le tourmentait le plus ; et j'étais déjà en route quand il m'a rappelée pour me recommander cette commission. C'était pour la troisième fois [147] qu'il me la répétait. » A cette injonction de son frère, Colomba sourit légèrement et serra fortement la main de l'Anglaise, qui fondit en larmes et ne jugea pas à propos de traduire à son père cette partie de la narration.

« Oui, vous resterez avec moi, ma chère amie, s'écria Colomba en embrassant miss Nevil, et vous nous aiderez. »

Puis, tirant d'une armoire quantité de vieux linge, elle se mit à le couper pour faire des bandes et de la charpie. En voyant ses yeux étincelants, son teint animé, cette alternative de préoccupation et de sang-froid, il eût été difficile de dire si elle était plus touchée de la blessure de son frère qu'enchantée de la mort de ses ennemis. Tantôt elle versait du café au colonel et lui vantait son talent à le préparer ; tantôt, distribuant de l'ouvrage à miss Nevil et à Chilina, elle les exhortait à coudre les bandes et à les rouler ; elle demandait pour la vingtième fois si la blessure d'Orso le faisait beaucoup souffrir. Continuellement elle s'interrompait au milieu de son travail pour dire au colonel : « Deux hommes si adroits ! si terribles !... Lui seul, blessé, n'ayant qu'un bras... il les a abattus tous les deux. Quel courage, colonel ! N'est-ce pas un héros ? Ah ! miss Nevil, qu'on est heureux de vivre dans un pays tranquille comme le vôtre !... Je suis sûre que vous ne connaissiez pas encore mon frère !... Je l'avais dit : l'épervier déploiera ses ailes !... Vous vous trompiez à son air si doux... C'est qu'auprès de vous, miss Nevil...

Ah ! s'il vous voyait travailler pour lui... Pauvre Orso ! »

Miss Lydia ne travaillait guère et ne trouvait pas une parole. Son père demandait pourquoi l'on ne se hâtait pas de porter plainte devant un magistrat. Il parlait de l'enquête du *coroner** et de bien d'autres choses également inconnues en Corse. Enfin il voulait savoir si la maison de campagne de ce bon M. Brandolaccio, qui avait donné des secours au blessé, était fort éloignée de Pietranera, et s'il ne pourrait pas aller lui-même voir son ami.

Et Colomba répondait avec son calme accoutumé qu'Orso était dans le maquis ; qu'il avait un bandit pour le soigner ; qu'il courrait grand risque s'il se montrait avant qu'on se fût assuré des dispositions du préfet et des juges ; enfin qu'elle ferait en sorte qu'un chirurgien habile se rendît en secret auprès de lui. « Surtout, monsieur le colonel, souvenez-vous bien, disait-elle, que vous avez entendu les quatre coups de fusil, et que vous m'avez dit qu'Orso avait tiré le second. Le colonel ne comprenait rien à l'affaire, et sa fille ne faisait que soupirer et s'essuyer les yeux.

Le jour était déjà fort avancé lorsqu'une triste procession entra dans le village. On rapportait à l'avocat Barricini les cadavres de ses enfants, chacun couché en travers d'une mule que conduisait un paysan. Une foule de clients et d'oisifs suivait le lugubre cortège. Avec eux on voyait les gendarmes, qui arrivent toujours trop tard, et l'adjoint, qui levait les bras au ciel, répétant sans cesse : « Que dira M. le préfet ! » Quelques femmes, entre autres une nourrice d'Orlanduccio, s'arrachaient les cheveux et poussaient des hurlements sauvages. Mais leur douleur bruyante produisait moins d'impression que le désespoir muet d'un personnage qui attirait tous les regards. C'était le malheureux père, qui allant d'un cadavre à l'autre, soulevait leurs têtes souillées de terre, baisait leurs lèvres violettes, soutenait leurs membres déjà raidis, comme pour éviter 148
les cahots de la route. Parfois on le voyait ouvrir la

bouche pour parler, mais il n'en sortait pas un cri, pas une parole. Toujours les yeux fixés sur les cadavres, il se heurtait contre les pierres, contre les arbres, contre tous les obstacles qu'il rencontrait.

Les lamentations des femmes, les imprécations des hommes redoublèrent lorsqu'on se trouva en vue de la maison d'Orso. Quelques bergers rebbianistes ayant osé faire entendre une acclamation de triomphe, l'indignation de leurs adversaires ne put se contenir. « Vengeance ! vengeance ! » crièrent quelques voix. On lança des pierres, et deux coups de fusil dirigés contre les fenêtres de la salle où se trouvaient Colomba et ses hôtes percèrent les contrevents et firent voler des éclats de bois jusque sur la table près de laquelle les deux femmes étaient assises. Miss Lydia poussa des cris affreux, le colonel saisit un fusil, et Colomba, avant qu'il pût la retenir, s'élança vers la porte de la maison et l'ouvrit avec impétuosité. Là, debout sur le seuil élevé, les deux mains étendues pour maudire ses ennemis :

« Lâches ! s'écria-t-elle, vous tirez sur des femmes, sur des étrangers ! Êtes-vous Corses ? êtes-vous hommes ? Misérables qui ne savez qu'assassiner par derrière, avancez ! je vous défie. Je suis seule ; mon frère est loin. Tuez-moi, tuez mes hôtes ; cela est digne de vous... Vous n'osez, lâches que vous êtes ! vous savez que nous nous vengeons. Allez, allez pleurer comme des femmes, et remerciez-nous de ne pas vous demander plus de sang ! »

Il y avait dans la voix et dans l'attitude de Colomba quelque chose d'imposant et de terrible ; à sa vue, la foule recula épouvantée, comme à l'apparition de ces fées malfaisantes dont on raconte en Corse plus d'une histoire effrayante dans les veillées d'hiver. L'adjoint, les gendarmes et un certain nombre de femmes profitèrent de ce mouvement pour se jeter entre les deux partis ; car les bergers rebbianistes préparaient déjà leurs armes, et l'on put craindre un moment qu'une lutte générale ne s'engageât sur la place. Mais les deux factions étaient privées de leurs chefs, et les Corses, disciplinés dans leurs fureurs, en viennent rarement aux mains dans l'absence des principaux auteurs de leurs guerres intestines. D'ailleurs, Colomba, rendue prudente par le succès, contint sa petite garnison : « Laissez pleurer ces pauvres gens, disait-elle ; laissez ce vieillard emporter sa chair. A quoi bon tuer ce vieux renard qui n'a plus de dents pour mordre ? — Giudice Barricini ! souviens-toi du deux août ! Souviens-toi du portefeuille sanglant où tu as écrit de ta main de faussaire ! Mon père y avait inscrit ta dette ; tes fils l'ont payée. Je te donne quittance, vieux Barricini ! »

Colomba, les bras croisés, le sourire du mépris sur les lèvres, vit porter les cadavres dans la maison de ses ennemis, puis la foule se dissiper lentement. Elle referma sa porte, et, rentrant dans la salle à manger, dit au colonel :

« Je vous demande bien pardon pour mes compatriotes, monsieur. Je n'aurais jamais cru que des Corses tirassent sur une maison où il y a des étrangers, et je suis honteuse pour mon pays. »

Le soir, miss Lydia s'étant retirée dans sa chambre, le colonel l'y suivit et lui demanda s'ils ne feraient pas bien de quitter dès le lendemain un village où l'on était exposé à chaque instant à recevoir une balle dans la tête, et le plus tôt possible un pays où l'on ne voyait que meurtres et trahisons.

Miss Nevil fut quelque temps sans répondre, et il était évident que la proposition de son père ne lui causait pas un médiocre embarras. Enfin elle dit :

« Comment pourrions-nous quitter cette malheureuse jeune personne dans un moment où elle a tant besoin de consolation ? Ne trouvez-vous pas, mon père, que cela serait cruel à nous ?

— C'est pour vous que je parle, ma fille, dit le colonel ; et si je vous savais en sûreté dans l'hôtel d'Ajaccio, je vous assure que je serais fâché de quitter cette île maudite sans avoir serré la main à ce brave della Rebbia.

— Eh bien ! mon père, attendons encore, et, avant de partir, assurons-nous bien que nous ne pouvons leur rendre aucun service.

— Bon cœur ! dit le colonel en baisant sa fille au front. J'aime à te voir ainsi te sacrifier pour adoucir le malheur des autres. Restons ; on ne se repent jamais d'avoir fait une bonne action. »

Miss Lydia s'agitait dans son lit sans pouvoir dormir. Tantôt les bruits vagues qu'elle entendait lui paraissaient les préparatifs d'une attaque contre la maison ; tantôt, rassurée pour elle-même, elle pensait au pauvre blessé, étendu probablement à cette heure sur la terre froide, sans autres secours que ceux qu'il pouvait attendre de la charité d'un bandit. Elle se le représentait couvert de sang, se débattant dans des souffrances horribles ; et ce qu'il y a de singulier, c'est que, toutes les fois que l'image d'Orso se présentait à son esprit, il lui apparaissait toujours tel qu'elle l'avait vu au moment de son départ, pressant sur ses lèvres le talisman qu'elle lui avait donné... Puis elle songeait à sa bravoure. Elle se disait que le danger terrible auquel il venait d'échapper, c'était à cause d'elle, pour la voir un peu plus tôt, qu'il s'y était exposé. Peu s'en fallait qu'elle ne se persuadât que c'était pour la défendre qu'Orso s'était fait casser le bras. Elle se reprochait sa blessure, mais elle l'en admirait davantage ; et si le fameux coup double n'avait pas, à ses yeux, autant de mérite qu'à ceux de Brandolaccio et de Colomba, elle trouvait cependant que peu de héros de roman auraient [149] montré autant d'intrépidité, autant de sang-froid dans un aussi grand péril.

La chambre qu'elle occupait était celle de Colomba. Au-dessus d'une espèce de prie-Dieu en chêne, à côté d'une palme bénite, était suspendu à la muraille un portrait en miniature d'Orso en uniforme de sous-lieutenant. Miss Nevil détacha ce portrait, le considéra longtemps, et le posa enfin auprès de son lit, au lieu de le remettre à sa place. Elle ne s'endormit qu'à la pointe du jour, et le soleil était déjà fort élevé au-dessus de l'horizon lorsqu'elle s'éveilla. Devant son lit elle aperçut Colomba, qui attendait immobile le moment où elle ouvrirait les yeux.

« Eh bien ! mademoiselle, n'êtes-vous pas bien mal dans notre pauvre maison ? lui dit Colomba. Je crains que vous n'ayez guère dormi.

— Avez-vous de ses nouvelles, ma chère amie ? » dit miss Nevil en se levant sur son séant.

Elle aperçut le portrait d'Orso, et se hâta de jeter un mouchoir pour le cacher.

« Oui, j'ai de ses nouvelles, » dit Colomba en souriant. Et, prenant le portrait :

« Le trouvez-vous ressemblant ? Il est mieux que cela.

— Mon Dieu !... dit miss Nevil toute honteuse, j'ai détaché... par distraction... ce portrait... J'ai le défaut de toucher à tout... et de ne ranger rien... Comment est votre frère ?

— Assez bien. Giocanto est venu ici ce matin avant quatre heures. Il m'apportait une lettre... pour vous, miss Lydia ; Orso ne m'a pas écrit, à moi. Il y a bien sur l'adresse : A Colomba ; mais plus bas : Pour miss N... Les sœurs ne sont point jalouses. Giocanto dit qu'il a bien souffert pour écrire. Giocanto, qui a une main superbe, lui avait offert d'écrire sous sa dictée. Il n'a pas voulu. Il écrivait avec un crayon, couché sur le dos. Brandolaccio tenait le papier. A chaque instant mon frère voulait se lever, et alors, au moindre mouvement, c'étaient dans son bras des douleurs atroces. C'était pitié, disait Giocanto. Voici sa lettre. »

Miss Nevil lut la lettre, qui était écrite en anglais, sans doute par surcroît de précaution. Voici ce qu'elle contenait :

« Mademoiselle,

« Une malheureuse fatalité m'a poussé ; j'ignore ce que diront mes ennemis, quelles calomnies ils inventeront. Peu m'importe, si vous, mademoiselle, vous n'y donnez point créance. Depuis que je vous ai vue, je m'étais bercé de rêves insensés. Il a fallu cette catastrophe pour me montrer ma folie; je suis raisonnable maintenant. Je sais quel est l'avenir qui m'attend, et il me trouvera résigné. Cette bague que vous m'avez donnée et que je croyais un talisman de bonheur, je n'ose la garder. Je crains, miss Nevil, que vous n'ayez du regret d'avoir si mal placé vos dons; ou plutôt, je crains qu'elle ne me rappelle le temps où j'étais fou. Colomba vous la remettra... Adieu, mademoiselle, vous allez quitter la Corse, et je ne vous verrai plus; mais dites à ma sœur que j'ai encore votre estime, et, je le dis avec assurance, je la mérite toujours.

« O. D. R. »

Miss Lydia s'était détournée pour lire cette lettre, et Colomba, qui l'observait attentivement, lui remit la bague égyptienne en lui demandant du regard ce que cela signifiait. Mais miss Lydia n'osait lever la tête, et elle considérait tristement la bague, qu'elle mettait à son doigt et qu'elle retirait alternativement.

« Chère miss Nevil, dit Colomba, ne puis-je savoir ce que vous dit mon frère? Vous parle-t-il de son état?

— Mais... dit miss Lydia en rougissant, il n'en parle pas... Sa lettre est en anglais... Il me charge de dire à mon père... Il espère que le préfet pourra arranger... »

Colomba, souriant avec malice, s'assit sur le lit, prit les deux mains de miss Nevil, et la regardant avec ses yeux pénétrants : « Serez-vous bonne? lui dit-elle. N'est-ce pas que vous répondrez à mon frère? Vous lui ferez tant de bien! Un moment l'idée m'est venue de vous réveiller lorsque sa lettre est arrivée [150], et puis je n'ai pas osé.

— Vous avez eu bien tort, dit miss Nevil, si un mot de moi pouvait le...

— Maintenant je ne puis lui envoyer de lettres. Le préfet est arrivé, et Pietranera est pleine de ses estafiers. Plus tard nous verrons. Ah! si vous connaissiez mon frère, miss Nevil, vous l'aimeriez comme je l'aime... Il est si bon ! si brave ! Songez donc à ce qu'il a fait ! Seul contre deux et blessé ! »

Le préfet était de retour. Instruit par un exprès de l'adjoint, il était venu accompagné de gendarmes et de voltigeurs, amenant de plus procureur du roi, greffier et le reste pour instruire sur la nouvelle et terrible catastrophe qui compliquait, ou si l'on veut qui terminait les inimitiés des familles de Pietranera. Peu après son arrivée, il vit le colonel Nevil et sa fille, et ne leur cacha pas qu'il craignait que l'affaire ne prît une mauvaise tournure. « Vous savez, dit-il, que le combat n'a pas eu de témoins ; et la réputation d'adresse et de courage de ces deux malheureux jeunes gens était si bien établie, que tout le monde se refuse à croire que M. della Rebbia ait pu les tuer sans l'assistance des bandits auprès desquels on le dit réfugié.

— C'est impossible, s'écria le colonel ; Orso della Rebbia est un garçon plein d'honneur ; je réponds de lui.

— Je le crois, dit le préfet, mais le procureur du roi (ces messieurs soupçonnent toujours) ne me paraît pas très favorablement disposé. Il a entre les mains une pièce fâcheuse pour votre ami. C'est une lettre menaçante adressée à Orlanduccio, dans laquelle il lui donne un rendez-vous... et ce rendez-vous lui paraît une embuscade.

— Cet Orlanduccio, dit le colonel, a refusé de se battre comme un galant homme.

— Ce n'est pas l'usage ici. On s'embusque, on se tue par derrière, c'est la façon du pays. Il y a bien une déposition favorable ; c'est celle d'une enfant [151] qui affirme avoir entendu quatre détonations, dont les deux dernières, plus fortes que les autres, provenaient d'une arme de gros calibre comme le fusil de M. della Rebbia. Malheureusement cette enfant est la nièce de l'un des bandits que l'on soupçonne de complicité, et elle a sa leçon faite.

— Monsieur, interrompit miss Lydia, rougissant jusqu'au blanc des yeux, nous étions sur la route quand les coups de fusil ont été tirés, et nous avons entendu la même chose.

— En vérité? Voilà qui est important. Et vous, colonel, vous avez sans doute fait la même remarque?

— Oui, reprit vivement miss Nevil; c'est mon père, qui a l'habitude des armes, qui a dit : Voilà M. della Rebbia qui tire avec mon fusil.

— Et ces coups de fusil que vous avez reconnus, c'étaient bien les derniers?

— Les derniers, n'est-ce pas, mon père? »

Le colonel n'avait pas très bonne mémoire; mais en toute occasion il n'avait garde de contredire sa fille.

« Il faut sur-le-champ parler de cela au procureur du roi, colonel. Au reste, nous attendons ce soir un chirurgien qui examinera les cadavres et vérifiera si les blessures ont été faites avec l'arme en question.

— C'est moi qui l'ai donnée à Orso, dit le colonel, et je voudrais la savoir au fond de la mer... C'est-à-dire... le brave garçon! je suis bien aise qu'il l'ait eue entre les mains; car, sans mon Manton, je ne sais trop comment il s'en serait tiré. »

XIX

Le chirurgien arriva un peu tard. Il avait eu son aventure sur la route. Rencontré par Giocanto Castriconi, il avait été sommé avec la plus grande politesse de venir donner ses soins à un homme blessé. On l'avait conduit auprès d'Orso, et il avait mis le premier appareil à sa blessure. Ensuite le bandit l'avait reconduit assez loin, et l'avait fort édifié en lui parlant des plus fameux professeurs de Pise, qui, disait-il, étaient ses intimes amis.

« Docteur, dit le théologien en le quittant, vous m'avez inspiré trop d'estime pour que je croie nécessaire de vous rappeler qu'un médecin doit être aussi discret qu'un confesseur. » Et il faisait jouer la batterie de son fusil. « Vous avez oublié le lieu où nous avons eu l'honneur de nous voir [152]. Adieu, enchanté d'avoir fait votre connaissance. »

Colomba supplia le colonel d'assister à l'autopsie des cadavres.

« Vous connaissez mieux que personne le fusil de mon frère, dit-elle, et votre présence sera fort utile. D'ailleurs il y a tant de méchantes gens ici que nous courrions de grands risques si nous n'avions personne pour défendre nos intérêts. »

Restée seule avec miss Lydia, elle se plaignit d'un grand mal de tête, et lui proposa une promenade à quelques pas du village. « Le grand air me fera du bien, disait-elle. Il y a si longtemps que je ne l'ai respiré ! » Tout en marchant elle lui parlait de son frère; et miss Lydia, que ce sujet intéressait assez vivement, ne s'apercevait pas qu'elle s'éloignait beaucoup de Pietranera. Le soleil se couchait quand elle en fit l'observation et engagea Colomba à rentrer. Colomba connaissait une traverse qui, disait-elle, abrégeait beaucoup le retour; et, quittant le sentier qu'elle suivait, elle en prit un autre en apparence beaucoup moins fréquenté. Bientôt elle se mit à gravir un coteau tellement escarpé qu'elle était obligée continuellement pour se soutenir de s'accrocher d'une main à des branches d'arbres, pendant que de l'autre elle tirait sa compagne après elle. Au bout d'un grand quart d'heure de cette pénible ascension elles se trouvèrent sur un petit plateau couvert de myrtes et d'arbousiers, au milieu de grandes masses [153] de granit qui perçaient le sol de tous côtés. Miss Lydia était très fatiguée, le village ne paraissait pas, et il faisait presque nuit.

« Savez-vous, ma chère Colomba, dit-elle, que je crains que nous ne soyons égarées?

— N'ayez pas peur, répondit Colomba. Marchons toujours, suivez-moi.

— Mais je vous assure que vous vous trompez; le village ne peut être de ce côté-là. Je parierais que nous lui tournons le dos. Tenez, ces lumières que nous voyons si loin, certainement c'est là qu'est Pietranera.

— Ma chère amie, dit Colomba d'un air agité, vous avez raison; mais à deux cents pas d'ici... dans ce maquis...

— Eh bien?

— Mon frère y est; je pourrais le voir et l'embrasser si vous vouliez. »

Miss Nevil fit un mouvement de surprise.

« Je suis sortie de Pietranera, poursuivit Colomba, sans être remarquée, parce que j'étais avec vous... autrement on m'aurait suivie... Être si près de lui et ne pas le voir!... Pourquoi ne viendriez-vous pas avec moi voir mon pauvre frère? Vous lui feriez tant de plaisir!

— Mais, Colomba... ce ne serait pas convenable de ma part.

— Je comprends. Vous autres femmes des villes, vous vous inquiétez toujours de ce qui est convenable; nous autres femmes de village, nous ne pensons qu'à ce qui est bien.

— Mais il est si tard!... Et votre frère, que pensera-t-il de moi?

— Il pensera qu'il n'est point abandonné par ses amis, et cela lui donnera du courage pour souffrir.

— Et mon père, il sera si inquiet [154]...

— Il vous sait avec moi... Eh bien! décidez-vous... Vous regardiez son portrait ce matin, ajouta-t-elle avec un sourire de malice.

— Non... vraiment, Colomba, je n'ose... ces bandits qui sont là...

— Eh bien! ces bandits ne vous connaissent pas, qu'importe? Vous désiriez en voir!...

— Mon Dieu!

— Voyez, mademoiselle, prenez un parti. Vous laisser seule ici, je ne le puis pas; on ne sait pas ce qui pourrait arriver. Allons voir Orso, ou bien retournons ensemble au village... Je verrai mon frère... Dieu sait quand... peut-être jamais...

— Que dites-vous, Colomba?... Eh bien! allons!

mais pour une minute seulement, et nous reviendrons aussitôt. »

Colomba lui serra la main, et, sans répondre, elle se mit à marcher avec une telle rapidité que miss Lydia avait peine à la suivre. Heureusement Colomba s'arrêta bientôt en disant à sa compagne. « N'avançons pas davantage avant de les avoir prévenus; nous pourrions peut-être attraper un coup de fusil. » Elle se mit alors à siffler entre ses doigts; bientôt [155] après on entendit un chien aboyer, et la sentinelle avancée des bandits ne tarda pas à paraître. C'était notre vieille connaissance, le chien Brusco, qui reconnut aussitôt Colomba, et se chargea de lui servir de guide. Après maints détours dans les sentiers étroits du maquis, deux hommes armés jusqu'aux dents se présentèrent à leur rencontre.

« Est-ce vous, Brandolaccio? demanda Colomba. Où est mon frère?

— Là-bas! répondit le bandit. Mais avancez doucement : il dort, et c'est la première fois que cela lui arrive depuis son accident. Vive Dieu! on voit bien que par où passe le diable une femme passe bien aussi. »

Les deux femmes s'approchèrent avec précaution, et auprès d'un feu dont on avait prudemment masqué l'éclat en construisant autour un petit mur en pierres sèches, elles aperçurent Orso couché sur un tas de fougère et couvert d'un pilone*. Il était fort pâle, et l'on entendait sa respiration oppressée. Colomba s'assit auprès de lui, et le contemplait en silence les mains jointes, comme si elle priait mentalement. Miss Lydia, se couvrant le visage de son mouchoir, se serra contre elle; mais de temps en temps elle levait la tête pour voir le blessé par-dessus l'épaule de Colomba. Un quart d'heure se passa sans que personne ouvrît la bouche. Sur un signe du théologien, Brandolaccio s'était enfoncé avec lui dans le maquis, au grand contentement de miss Lydia, qui, pour la première fois, trouvait que les grandes barbes et l'équipement des bandits avaient trop de couleur locale*.

Enfin Orso fit un mouvement. Aussitôt Colomba

se pencha sur lui et l'embrassa à plusieurs reprises, l'accablant de questions sur sa blessure, ses souffrances, ses besoins. Après avoir répondu qu'il était aussi bien que possible, Orso lui demanda à son tour si miss Nevil était encore à Pietranera, et si elle lui avait écrit. Colomba, courbée sur son frère, lui cachait complètement sa compagne, que l'obscurité, d'ailleurs, lui aurait difficilement permis de reconnaître. Elle tenait une main de miss Nevil, et de l'autre elle soulevait légèrement la tête du blessé.

« Non, mon frère, elle ne m'a pas donné de lettre pour vous... ; mais vous pensez toujours à miss Nevil, vous l'aimez donc bien?

— Si je l'aime, Colomba !... Mais elle... elle me méprise peut-être à présent ! »

En ce moment, miss Nevil fit un effort pour retirer sa main ; mais il n'était pas facile de faire lâcher prise à Colomba ; et, quoique petite et bien formée, sa main possédait une force dont on a vu quelques preuves.

« Vous mépriser ! s'écria Colomba, après ce que vous avez fait... Au contraire, elle dit du bien de vous... Ah ! Orso, j'aurais bien des choses d'elle à vous conter. »

La main voulait toujours s'échapper, mais Colomba l'attirait toujours plus près d'Orso.

« Mais enfin, dit le blessé, pourquoi ne pas me répondre?... Une seule ligne, et j'aurais été content. »

A force de tirer la main de miss Nevil, Colomba finit par la mettre dans celle de son frère. Alors, s'écartant tout à coup en éclatant de rire : « Orso, s'écria-t-elle, prenez garde de dire du mal de miss Lydia, car elle entend très bien le corse. »

Miss Lydia retira aussitôt sa main et balbutia quelques mots inintelligibles. Orso croyait rêver.

« Vous ici, miss Nevil ! Mon Dieu ! comment avez-vous osé? Ah ! que vous me rendez heureux ! » Et, se soulevant avec peine, il essaya de se rapprocher d'elle.

« J'ai accompagné votre sœur, dit miss Lydia... pour qu'on ne pût soupçonner où elle allait... et puis, je voulais aussi... m'assurer... Hélas ! que vous êtes mal ici !

Colomba s'était assise derrière Orso. Elle le souleva avec précaution et de manière à lui soutenir la tête sur ses genoux. Elle lui passa les bras autour du cou, et fit signe à miss Lydia de s'approcher. « Plus près! plus près! disait-elle : il ne faut pas qu'un malade élève trop la voix. » Et comme miss Lydia hésitait, elle lui prit la main [156] et la força de s'asseoir tellement près, que sa robe touchait Orso, et que sa main, qu'elle tenait toujours, reposait sur l'épaule du blessé.

« Il est très bien comme cela, dit Colomba d'un air gai. N'est-ce pas, Orso, qu'on est bien dans le maquis, au bivac [157], par une belle nuit comme celle-ci?

— Oh oui! la belle nuit! dit Orso. Je ne l'oublierai jamais!

— Que vous devez souffrir! dit miss Nevil.

— Je ne souffre plus, dit Orso, et je voudrais mourir ici. » Et sa main droite se rapprochait de celle de miss Lydia, que Colomba tenait toujours emprisonnée.

« Il faut absolument qu'on vous transporte quelque part où l'on pourra vous donner des soins, monsieur della Rebbia, dit miss Nevil. Je ne pourrai plus dormir, maintenant que je vous ai vu si mal couché... en plein air...

— Si je n'eusse craint de vous rencontrer, miss Nevil, j'aurais essayé de retourner à Pietranera, et je me serais constitué prisonnier.

— Eh! pourquoi craigniez-vous de la rencontrer, Orso? demanda Colomba.

— Je vous avais désobéi, miss Nevil... et je n'aurais pas osé vous voir en ce moment.

— Savez-vous, miss Lydia, que vous faites faire à mon frère tout ce que vous voulez? dit Colomba en riant. Je vous empêcherai de le voir.

— J'espère, dit miss Nevil, que cette malheureuse affaire va s'éclaircir, et que bientôt vous n'aurez plus rien à craindre... Je serai bien contente si, lorsque nous partirons, je sais qu'on vous a rendu justice et qu'on a reconnu votre loyauté comme votre bravoure.

— Vous partez, miss Nevil ! Ne dites pas encore ce mot-là.

— Que voulez-vous... mon père ne peut pas chasser toujours... Il veut partir. »

Orso laissa retomber sa main qui touchait celle de miss Lydia, et il y eut un moment de silence.

« Bah ! reprit Colomba, nous ne vous laisserons pas partir si vite [158]. Nous avons encore bien des choses à vous montrer à Pietranera... D'ailleurs vous m'avez promis de faire mon portrait, et vous n'avez pas encore commencé... Et puis je vous ai promis de vous faire une *serenata* en soixante et quinze couplets... Et puis... Mais qu'a donc Brusco à grogner ?... Voilà Brandolaccio qui court après lui... Voyons ce que c'est. »

Aussitôt elle se leva, et posant sans cérémonie la tête d'Orso sur les genoux de miss Nevil, elle courut auprès des bandits.

Un peu étonnée de se trouver ainsi soutenant un beau jeune homme, en tête-à-tête avec lui au milieu [159] d'un maquis, miss Nevil ne savait trop que faire, car, en se retirant brusquement, elle craignait de faire mal au blessé. Mais Orso quitta lui-même le doux appui que sa sœur venait de lui donner, et, se soulevant sur son bras droit : « Ainsi, vous partez bientôt, miss Lydia ? je n'avais jamais pensé que vous dussiez prolonger votre séjour dans ce malheureux pays,... et pourtant..., depuis que vous êtes venue ici, je souffre cent fois plus en songeant qu'il faut vous dire adieu... Je suis un pauvre lieutenant,... sans avenir,... proscrit maintenant... Quel moment, miss Lydia, pour vous dire que je vous aime... mais c'est sans doute la seule fois que je pourrai vous le dire, et il me semble que je suis moins malheureux, maintenant que j'ai soulagé mon cœur. »

Miss Lydia détourna la tête, comme si l'obscurité ne suffisait pas pour cacher sa rougeur : « Monsieur della Rebbia, dit-elle d'une voix tremblante, serais-je venue en ce lieu si... » Et, tout en parlant, elle mettait dans la main d'Orso le talisman égyptien. Puis, faisant un effort violent pour reprendre le ton de plaisanterie qui lui était habituel : « C'est bien mal à vous, monsieur Orso, de parler ainsi... Au milieu du maquis, entourée de vos bandits, vous savez bien que je n'oserais jamais me fâcher contre vous. »

Orso fit un mouvement pour baiser la main qui lui rendait le talisman; et, comme miss Lydia la retirait un peu vite, il perdit l'équilibre et tomba sur son bras blessé. Il ne put retenir un gémissement douloureux.

« Vous vous êtes fait mal, mon ami? s'écria-t-elle en le soulevant; c'est ma faute! pardonnez-moi... » Ils se parlèrent encore quelque temps à voix basse, et fort rapprochés l'un de l'autre. Colomba, qui accourait précipitamment, les trouva précisément dans la position où elle les avait laissés.

« Les voltigeurs! s'écria-t-elle. Orso, essayez de vous lever et de marcher, je vous aiderai.

— Laissez-moi, dit Orso. Dis aux bandits de se sauver;... qu'on me prenne, peu m'importe; mais emmène miss Lydia : au nom de Dieu, qu'on ne la voie pas ici!

— Je ne vous laisserai pas, dit Brandolaccio qui suivait Colomba. Le sergent des voltigeurs est un filleul de l'avocat; au lieu de vous arrêter, il vous tuera, et puis il dira qu'il ne l'a pas fait exprès. »

Orso essaya de se lever, il fit même quelques pas; mais, s'arrêtant bientôt : « Je ne puis marcher, dit-il. Fuyez, vous autres. Adieu, miss Nevil; donnez-moi la main, et adieu!

— Nous ne vous quitterons pas! s'écrièrent les deux femmes.

— Si vous ne pouvez marcher, dit Brandolaccio, il faudra que je vous porte. Allons, mon lieutenant, un peu de courage; nous aurons le temps de décamper par le ravin, là derrière. M. le curé va leur donner de l'occupation.

— Non, laissez-moi, dit Orso en se couchant à terre. Au nom de Dieu, Colomba, emmène miss Nevil!

— Vous êtes forte, mademoiselle Colomba, dit Brandolaccio; empoignez-le par les épaules, moi, je tiens les pieds; bon! en avant, marche! »

Ils commencèrent à le porter rapidement, malgré ses protestations; miss Lydia les suivait, horriblement effrayée, lorsqu'un coup de fusil se fit entendre, auquel cinq ou six autres répondirent aussitôt. Miss Lydia poussa un cri, Brandolaccio une imprécation, mais il redoubla de vitesse, et Colomba, à son exemple, courait au travers du maquis, sans faire attention aux branches qui lui fouettaient la figure ou qui déchiraient sa robe :

« Baissez-vous, baissez-vous, ma chère, disait-elle à sa compagne, une balle peut vous attraper. » On marcha ou plutôt on [160] courut environ cinq cents pas de la sorte, lorsque Brandolaccio déclara qu'il n'en pouvait plus, et se laissa tomber à terre, malgré les exhortations et les reproches de Colomba.

« Où est miss Nevil? » demandait Orso.

Miss Nevil, effrayée par les coups de fusil, arrêtée à chaque instant par l'épaisseur du maquis, avait bientôt perdu la trace des fugitifs, et était demeurée seule en proie aux plus vives angoisses.

« Elle est restée en arrière, dit Brandolaccio, mais elle n'est pas perdue, les femmes se retrouvent toujours. Écoutez donc, Ors' Anton', comme le curé fait du tapage avec votre fusil. Malheureusement on n'y voit goutte, et l'on ne se fait pas grand mal à se tirailler de nuit.

— Chut! s'écria Colomba; j'entends un cheval, nous sommes sauvés. »

En effet, un cheval qui paissait [161] dans le maquis, effrayé par le bruit de la fusillade, s'approchait de leur côté.

« Nous sommes sauvés! » répéta Brandolaccio. Courir au cheval, le saisir par les crins, lui passer dans la bouche un nœud de corde en guise de bride, fut pour le bandit, aidé de Colomba, l'affaire d'un moment : « Prévenons maintenant le curé », dit-il. — Il siffla deux fois; un sifflet éloigné répondit à ce signal, et le fusil de Manton cessa de faire entendre sa grosse voix. Alors Brandolaccio sauta sur le cheval. Colomba plaça son frère devant le bandit, qui d'une main le serra fortement, tandis que de l'autre il dirigeait sa monture. Malgré sa double charge, le cheval, excité par deux bons coups de pied dans le ventre, partit lestement et descendit au galop un coteau escarpé où tout autre qu'un cheval corse se serait tué cent fois.

Colomba revint alors sur ses pas, appelant miss Nevil de toutes ses forces, mais aucune voix ne répondait à la sienne... Après avoir marché quelque temps à l'aventure, cherchant à retrouver le chemin qu'elle avait suivi, elle rencontra dans un sentier deux voltigeurs qui lui crièrent qui vive?

« Eh bien! messieurs, dit Colomba d'un ton railleur, voilà bien du tapage. Combien de morts?

— Vous étiez avec les bandits, dit un des soldats, vous allez venir avec nous.

— Très volontiers, répondit-elle; mais j'ai une amie ici, et il faut que nous la trouvions d'abord.

— Votre amie est déjà prise, et vous irez avec elle coucher en prison.

— En prison? c'est ce qu'il faudra voir; mais en attendant menez-moi auprès d'elle. »

Les voltigeurs la conduisirent alors dans le campement des bandits, où ils rassemblaient les trophées de leur expédition, c'est-à-dire le pilone qui couvrait Orso, une vieille marmite et une cruche pleine d'eau. Dans le même lieu se trouvait miss Nevil, qui, rencontrée par les soldats, à demi morte de peur, répondait par des larmes à toutes leurs questions sur le nombre des bandits et la direction qu'ils avaient prise.

Colomba se jeta dans ses bras et lui dit à l'oreille : « Ils sont sauvés. » Puis, s'adressant au sergent des voltigeurs : « Monsieur, lui dit-elle, vous voyez bien que mademoiselle ne sait rien de ce que vous lui demandez. Laissez-nous revenir au village, où l'on nous attend avec impatience.

— On vous y mènera, et plus tôt que vous ne le désirez, ma mignonne, dit le sergent, et vous aurez à expliquer ce que vous faisiez dans le maquis à cette heure avec les brigands qui viennent de s'enfuir. Je ne sais quel sortilège emploient ces coquins, mais ils fascinent sûrement les filles, car partout où il y a des bandits on est sûr d'en trouver de jolies.

— Vous êtes galant, monsieur le sergent, dit Colomba, mais vous ne ferez pas mal de faire attention à vos paroles. Cette demoiselle est une parente du préfet, et il ne faut pas badiner avec elle.

— Parente du préfet! murmura un voltigeur à son chef; en effet, elle a un chapeau.

— Le chapeau n'y fait rien, dit le sergent. Elles étaient toutes les deux avec le curé, qui est le plus grand enjôleur du pays, et mon devoir est de les emmener. Aussi bien, n'avons-nous plus rien à faire ici. Sans ce maudit caporal Taupin,... l'ivrogne de Français s'est montré avant que je n'eusse cerné le maquis... sans lui, nous les prenions comme dans un filet.

— Vous êtes sept? demanda Colomba. Savez-vous, messieurs, que si par hasard les trois frères Gambini [162], Sarocchi et Théodore Poli* se trouvaient à la croix de Sainte-Christine avec Brandolaccio et le curé, ils pourraient vous donner bien des affaires. Si vous devez avoir une conversation avec le *commandant de la campagne* [a], je ne me soucierais pas de m'y trouver. Les balles ne connaissent personne la nuit. »

La possibilité d'une rencontre avec les redoutables bandits que Colomba venait de nommer parut faire impression sur les voltigeurs. Toujours pestant contre le caporal Taupin, le chien de Français, le sergent donna l'ordre de la retraite, et sa petite troupe prit le chemin de Pietranera, emportant le pilone et la marmite. Quant à la cruche, un coup de pied en fit justice. Un voltigeur voulut prendre le bras de miss Lydia; mais Colomba le repoussant aussitôt : « Que personne ne

a. C'était le titre que prenait Théodore Poli.

la touche! dit-elle. Croyez-vous que nous ayons envie de nous enfuir? Allons, Lydia, ma chère, appuyez-vous sur moi, et ne pleurez pas comme un enfant. Voilà une aventure, mais elle ne finira pas mal; dans une demi-heure nous serons à souper. Pour ma part, j'en meurs d'envie.

— Que pensera-t-on de moi? disait tout bas miss Nevil.

— On pensera que vous vous êtes égarée dans le maquis, voilà tout.

— Que dira le préfet?... que dira mon père surtout?

— Le préfet?... vous lui répondrez qu'il se mêle de sa préfecture. Votre père?... à la manière dont vous causiez avec Orso, j'aurais cru que vous aviez quelque chose à dire à votre père. »

Miss Nevil lui serra le bras sans répondre.

« N'est-ce pas, murmura Colomba dans son oreille, que mon frère mérite qu'on l'aime? Ne l'aimez-vous pas un peu?

— Ah! Colomba, répondit miss Nevil souriant malgré sa confusion, vous m'avez trahie, moi qui avais tant de confiance en vous! »

Colomba lui passa un bras autour de la taille, et, l'embrassant sur le front : « Ma petite sœur, dit-elle bien bas, me pardonnez-vous?

— Il le faut bien, ma terrible sœur, » répondit Lydia en lui rendant son baiser.

Le préfet et le procureur du roi logeaient chez l'adjoint de Pietranera, et le colonel, fort inquiet de sa fille, venait pour la vingtième fois leur en demander des nouvelles, lorsqu'un voltigeur, détaché en courrier par le sergent, leur fit le récit du terrible combat livré contre les brigands, combat dans lequel il n'y avait eu, il est vrai, ni morts ni blessés, mais où l'on avait pris une marmite, un pilone et deux filles qui étaient, disait-il, les maîtresses ou les espionnes des bandits. Ainsi annoncées comparurent les deux prisonnières au milieu de leur escorte armée. On devine la contenance radieuse de Colomba, la honte de sa compagne, la surprise du préfet, la joie et l'étonnement du colonel. Le procureur du roi se donna le malin plaisir de faire subir à la pauvre Lydia une espèce d'interrogatoire qui ne se termina que lorsqu'il lui eut fait perdre toute contenance.

« Il me semble, dit le préfet, que nous pouvons bien mettre tout le monde en liberté. Ces demoiselles ont été se promener, rien de plus naturel par un beau temps; elles ont rencontré par hasard un aimable jeune homme blessé, rien de plus naturel encore. » Puis, prenant à part Colomba : « Mademoiselle, dit-il, vous pouvez mander à votre frère que son affaire tourne mieux que je ne l'espérais. L'examen des cadavres, la déposition du colonel démontrent qu'il n'a fait que riposter, et qu'il était seul au moment du combat. Tout s'arrangera, mais il faut qu'il quitte le maquis au plus vite et qu'il se constitue prisonnier. »

Il était près de onze heures lorsque le colonel, sa fille et Colomba se mirent à table devant un souper refroidi. Colomba mangeait de bon appétit, se moquant du préfet, du procureur du roi et des voltigeurs. Le colonel mangeait, mais ne disait mot, regardant toujours sa fille qui ne levait pas les yeux de dessus son assiette. Enfin, d'une voix douce, mais grave :

« Lydia, lui dit-il en anglais, vous êtes donc engagée avec della Rebbia?

— Oui, mon père, depuis aujourd'hui, » répondit-elle en rougissant, mais d'une voix ferme.

Puis elle leva les yeux, et, n'apercevant sur la physionomie de son père aucun signe de courroux, elle se jeta dans ses bras et l'embrassa, comme les demoiselles bien élevées font en pareille occasion.

« A la bonne heure, dit le colonel, c'est un brave garçon; mais, par Dieu! nous ne demeurerons pas dans son diable de pays! ou je refuse mon consentement.

— Je ne sais pas l'anglais, dit Colomba, qui les regardait avec une extrême curiosité; mais je parie que j'ai deviné ce que vous dites.

— Nous disons, répondit le colonel, que nous vous mènerons faire un voyage en Irlande.

— Oui, volontiers, et je serai la *surella Colomba.* Est-ce fait, colonel? Nous frappons-nous dans la main?

— On s'embrasse dans ce cas-là, » dit le colonel.

XX

Quelques mois après le coup double qui plongea la commune de Pietranera dans la consternation (comme dirent les journaux) [163], une jeune homme, le bras gauche en écharpe, sortit à cheval de Bastia dans l'après-midi, et se dirigea vers le village de Cardo*, célèbre par sa fontaine, qui, en été, fournit aux gens délicats de la ville une eau délicieuse. Une jeune femme, d'une taille élevée et d'une beauté remarquable, l'accompagnait montée sur un petit cheval noir dont un connaisseur eût admiré la force et l'élégance, mais qui malheureusement avait une oreille déchiquetée par un accident bizarre. Dans le village, la jeune femme sauta lestement à terre, et, après avoir aidé son compagnon à descendre de sa monture, détacha d'assez lourdes sacoches attachées à l'arçon de sa selle. Les chevaux furent remis à la garde d'un paysan, et la femme chargée des sacoches qu'elle cachait sous son mezzaro, le jeune homme portant un fusil double, prirent le chemin de la montagne en suivant un sentier fort raide et qui ne semblait conduire à aucune habitation [164]. Arrivés à un [165] des gradins élevés du mont Quercio*, ils s'arrêtèrent, et tous les deux s'assirent sur l'herbe. Ils paraissaient attendre quelqu'un, car ils tournaient sans cesse les yeux vers la montagne, et la jeune femme consultait souvent une jolie montre d'or, peut-être autant pour contempler un bijou qu'elle semblait posséder depuis peu de temps que pour savoir si l'heure d'un rendez-vous était arrivée. Leur attente ne fut pas longue. Un chien sortit du maquis, et, au noms de Brusco prononcé par la jeune femme, il s'empressa de venir les caresser. Peu après parurent deux hommes barbus, le fusil sous le bras, la cartouchère à la ceinture, le pistolet au côté. Leurs habits déchirés et couverts de pièces contrastaient avec leurs armes brillantes et d'une fabrique renommée du continent. Malgré l'inégalité apparente de leur position, les quatre personnages de cette scène s'abordèrent familièrement et comme de vieux amis.

« Eh bien ! Ors' Anton', dit le plus âgé des bandits au jeune homme, voilà votre affaire finie. Ordonnance de non-lieu. Mes compliments. Je suis fâché que l'avocat ne soit plus dans l'île pour le voir enrager. Et votre bras ?...

— Dans quinze jours, répondit le jeune homme, on me dit que je pourrai quitter mon écharpe. — Brando, mon brave, je vais partir demain pour l'Italie, et j'ai voulu te dire adieu, ainsi qu'à M. le curé. C'est pourquoi je vous ai priés de venir.

— Vous êtes bien pressé, dit Brandolaccio ; vous êtes acquitté d'hier et vous partez demain ?

— On a des affaires, dit gaiement la jeune femme. Messieurs, je vous ai apporté à souper ; mangez, et n'oubliez pas mon ami Brusco.

— Vous gâtez Brusco, mademoiselle Colomba, mais il est reconnaissant. Vous allez voir. Allons, Brusco, dit-il, étendant son fusil horizontalement, saute pour les Barricini ! » Le chien demeura immobile, se léchant le museau et regardant son maître. « Saute pour les della Rebbia ! » Et il sauta deux pieds plus haut qu'il n'était nécessaire.

« Écoutez, mes amis, dit Orso, vous faites un vilain métier ; et s'il ne vous arrive pas de terminer votre carrière sur cette place que nous voyons là-bas [a], le mieux qui vous puisse avenir [166], c'est de tomber dans un maquis sous la balle d'un gendarme.

a. La place où se font les exécutions à Bastia.

— Eh bien ! dit Castriconi, c'est une mort comme une autre, et qui vaut mieux que la fièvre qui vous tue dans un lit, au milieu des larmoiements plus ou moins sincères de vos héritiers. Quand on a, comme nous, l'habitude du grand air, il n'y a rien de tel que de mourir dans ses souliers*, comme disent nos gens de village.

— Je voudrais, poursuivit Orso, vous voir quitter ce pays... et mener une vie plus tranquille. Par exemple, pourquoi n'iriéz-vous pas vous établir en Sardaigne, ainsi qu'ont fait plusieurs de vos camarades ? Je pourrais vous en faciliter les moyens.

— En Sardaigne ! s'écria Brandolaccio. *Istos Sardos !* que le diable les emporte avec leur patois. C'est trop mauvaise compagnie pour nous.

— Il n'y a pas de ressource en Sardaigne, ajouta le théologien. Pour moi, je méprise les Sardes. Pour donner la chasse aux bandits, ils ont une milice à cheval ; cela fait la critique à la fois des bandits et du pays [a]. Fi de la Sardaigne ! C'est une chose qui m'étonne, monsieur della Rebbia, que vous, qui êtes un homme de goût et de savoir, vous n'ayez pas adopté notre vie du maquis, en ayant goûté comme vous avez fait.

— Mais, dit Orso en souriant, lorsque j'avais l'avantage d'être votre commensal, je n'étais pas trop en état d'apprécier les charmes de votre position, et les côtes me font mal encore quand je me rappelle la course que je fis une belle nuit, mis en travers comme un paquet sur un cheval sans selle que conduisait mon ami Brandolaccio.

— Et le plaisir d'échapper à la poursuite, reprit Castriconi, le comptez-vous pour rien ? Comment pouvez-vous être insensible au charme d'une liberté absolue sous un beau climat comme le nôtre ? Avec ce

---

a. Je dois cette observation critique sur la Sardaigne à un ex-bandit de mes amis, et c'est à lui seul qu'en appartient la responsabilité [167]. Il veut dire que des bandits qui se laissent prendre par des cavaliers sont des imbéciles, et qu'une milice qui poursuit à cheval les bandits n'a guère de chances de les rencontrer.

porte-respect (il montrait son fusil), on est roi partout, aussi loin qu'il peut porter la balle. On commande, on redresse les torts... C'est un divertissement très moral, monsieur, et très agréable, que nous ne nous refusons point. Quelle plus belle vie que celle de chevalier errant, quand on est mieux armé et plus sensé que don Quichotte? Tenez, l'autre jour, j'ai su que l'oncle de la petite Lilla Luigi, le vieux ladre qu'il est, ne voulait pas lui donner une dot; je lui ai écrit, sans menaces, ce n'est pas ma manière; eh bien! voilà un homme à l'instant convaincu : il l'a mariée. J'ai fait le bonheur de deux personnes. Croyez-moi, monsieur Orso, rien n'est comparable à la vie de bandit. Bah! vous deviendriez peut-être des nôtres sans une certaine Anglaise que je n'ai fait qu'entrevoir, mais dont ils parlent tous, à Bastia, avec admiration.

— Ma belle-sœur future n'aime pas le maquis, dit Colomba en riant, elle y a eu trop peur.

— Enfin, dit Orso, voulez-vous [168] rester ici? Soit. Dites-moi si je puis faire quelque chose pour vous?

— Rien, dit Brandolaccio, que de nous conserver un petit souvenir. Vous nous avez comblés. Voilà Chilina qui a une dot, et qui, pour bien s'établir, n'aura pas besoin que mon ami le curé écrive des lettres sans menaces. Nous savons que votre fermier nous donnera du pain et de la poudre en nos nécessités* : ainsi, adieu. J'espère vous revoir en Corse un de ces jours.

— Dans un moment pressant, dit Orso, quelques pièces d'or font grand bien. Maintenant que nous sommes de vieilles connaissances, vous ne me refuserez pas cette petite cartouche qui peut vous servir à vous en procurer d'autres.

— Pas d'argent entre nous, lieutenant, dit Brandolaccio d'un ton résolu.

— L'argent fait tout dans le monde, dit Castriconi; mais dans le maquis on ne fait cas que d'un cœur brave et d'un fusil qui ne rate pas.

— Je ne voudrais pas vous quitter, reprit Orso, sans

vous laisser quelque souvenir. Voyons, que puis-je te laisser, Brando? »

Le bandit se gratta la tête, et, jetant sur le fusil d'Orso un regard oblique :

« Dame, mon lieutenant... si j'osais... mais non, vous y tenez trop.

— Qu'est-ce que tu veux?

— Rien... la chose n'est rien... Il faut encore la manière de s'en servir. Je pense toujours à ce diable de coup double et d'une seule main... Oh! cela ne se fait pas deux fois.

— C'est ce fusil que tu veux?... Je te l'apportais; mais sers-t'en le moins que tu pourras.

— Oh! je ne vous promets pas de m'en servir comme vous; mais, soyez tranquille, quand un autre l'aura, vous pourrez bien dire que Brando Savelli a passé l'arme à gauche.

— Et vous, Castriconi, que vous donnerais-je?

— Puisque vous voulez absolument me laisser un souvenir matériel de vous, je vous demanderai sans façon de m'envoyer un Horace du plus petit format possible. Cela me distraira et m'empêchera d'oublier mon latin. Il y a une petite qui vend des cigares, à Bastia, sur le port; donnez-le-lui, et elle me le remettra.

— Vous aurez un Elzevir, monsieur le savant; il y en a précisément un parmi les livres que je voulais emporter. — Eh bien! mes amis, il faut nous séparer. Une poignée de main. Si vous pensez un jour à la Sardaigne, écrivez-moi; l'avocat N. vous donnera mon adresse sur le continent.

— Mon lieutenant, dit Brando, demain, quand vous serez hors du port, regardez sur la montagne, à cette place; nous y serons, et nous vous ferons signe avec nos mouchoirs. »

Ils se séparèrent alors; Orso et sa sœur prirent le chemin de Cardo, et les bandits celui de la montagne.

XXI

Par une belle matinée d'avril, le colonel sir Thomas Nevil, sa fille, mariée depuis peu de jours, Orso et Colomba, sortirent de Pise en calèche pour aller visiter un hypogée étrusque, nouvellement découvert, que tous les étrangers allaient voir. Descendus dans l'intérieur du monument, Orso et sa femme tirèrent des crayons et se mirent en devoir d'en dessiner les peintures; mais le colonel et Colomba, l'un et l'autre assez indifférents pour l'archéologie, les laissèrent seuls et se promenèrent aux environs.

« Ma chère Colomba, dit le colonel, nous ne reviendrons jamais à Pise à temps pour notre *luncheon*. Est-ce que vous n'avez pas faim? Voilà Orso et sa femme dans les antiquités; quand ils se mettent à dessiner ensemble, ils n'en finissent pas.

— Oui, dit Colomba, et pourtant ils ne rapportent pas un bout de dessin.

— Mon avis serait, continua le colonel, que nous allassions à cette petite ferme là-bas. Nous y trouverons [169] du pain, et peut-être de l'aleatico*, qui sait? même de la crème et des fraises, et nous attendrons patiemment nos dessinateurs.

— Vous avez raison, colonel. Vous et moi, qui sommes les gens raisonnables de la maison, nous aurions bien tort de nous faire les martyrs de ces amoureux, qui ne vivent que de poésie. Donnez-moi le bras. N'est-ce pas que je me forme? Je prends le bras, je mets des chapeaux, des robes à la mode; j'ai des bijoux; j'apprends je ne sais combien de belles choses; je ne suis plus du tout une sauvagesse. Voyez un peu la grâce que j'ai à porter ce châle... Ce blondin, cet officier de votre régiment qui était au mariage... mon Dieu! je ne puis pas retenir son nom; un grand frisé, que je jetterais par terre d'un coup de poing...

— Chatworth? dit le colonel.

— A la bonne heure! mais je ne le prononcerai jamais. Eh bien! il est amoureux fou de moi.

— Ah! Colomba, vous devenez bien coquette... Nous aurons dans peu un autre mariage.

— Moi! me marier? Et qui donc élèverait mon neveu... quand Orso m'en aura donné un? qui donc lui apprendrait à parler corse?... Oui, il parlera corse, et je lui ferai un bonnet pointu pour vous faire enrager.

— Attendons d'abord que vous ayez un neveu; et puis vous lui apprendrez à jouer du stylet, si bon vous semble.

— Adieu les stylets, dit gaiement Colomba; maintenant j'ai un éventail, pour vous en donner sur les doigts quand vous direz du mal de mon pays. »

Causant ainsi, ils entrèrent dans la ferme, où ils trouvèrent vin, fraises et crème. Colomba aida la fermière à cueillir des fraises pendant que le colonel buvait de l'aleatico. Au détour d'une allée, Colomba aperçut un vieillard assis au soleil sur une chaise de paille, malade, comme il semblait; car il avait les joues creuses, les yeux enfoncés; il était d'une maigreur extrême, et son immobilité, sa pâleur, son regard fixe, le faisaient ressembler à un cadavre plutôt qu'à un être vivant. Pendant plusieurs minutes, Colomba le contempla avec tant de curiosité qu'elle attira l'attention de la fermière. « Ce pauvre vieillard, dit-elle, c'est un de vos compatriotes, car je connais bien à votre parler que vous êtes de la Corse, mademoiselle. Il a eu des malheurs dans son pays; ses enfants sont morts d'une façon terrible. On dit, je vous demande pardon, mademoiselle, que vos compatriotes ne sont pas tendres dans leurs inimitiés. Pour lors, ce pauvre monsieur, resté seul, s'en est venu à Pise, chez une parente éloignée, qui est la propriétaire de cette ferme. Le brave homme est un peu timbré; c'est le malheur et le chagrin... C'est gênant [170] pour madame, qui reçoit beaucoup de monde; elle l'a donc envoyé ici. Il est bien doux, pas gênant; il ne dit pas trois paroles dans un jour. Par exemple, la tête a déménagé.

Le médecin vient toutes les semaines, et il dit qu'il n'en a pas pour longtemps.

— Ah! il est condamné? dit Colomba. Dans sa position, c'est un bonheur d'en finir.

— Vous devriez, mademoiselle, lui parler un peu corse; cela le ragaillardirait peut-être d'entendre le langage de son pays.

— Il faut voir, dit Colomba avec un sourire ironique; » et elle s'approcha du vieillard jusqu'à ce que son ombre vint lui ôter le soleil. Alors le pauvre idiot leva la tête et regarda fixement Colomba, qui le regardait de même, souriant toujours. Au bout d'un instant, le vieillard passa la main sur le front [171], et ferma les yeux comme pour échapper au regard de Colomba. Puis il les rouvrit, mais démesurément; ses lèvres tremblaient; il voulait étendre les mains [172]; mais, fasciné par Colomba, il demeurait cloué sur sa chaise, hors d'état de parler ou de se mouvoir. Enfin de grosses larmes coulèrent de ses yeux, et quelques sanglots s'échappèrent de sa poitrine.

« Voilà la première fois que je le vois ainsi, dit la jardinière. Mademoiselle est une demoiselle de votre pays; elle est venue pour vous voir, dit-elle au vieillard.

— Grâce! s'écria celui-ci d'une voix rauque; grâce! n'es-tu pas satisfaite? Cette feuille... que j'avais brûlée... comment as-tu fait pour la lire?... Mais pourquoi tous les deux?... Orlanduccio, tu n'as pu rien dire contre lui... Il fallait m'en laisser un... un seul... Orlanduccio... tu n'as pas lu son nom...

— Il me les fallait tous les deux, lui dit Colomba à voix basse et dans le dialecte corse. Les rameaux sont coupés; et si la souche n'était pas pourrie, je l'eusse arrachée. Va, ne te plains pas; tu n'as pas longtemps à souffrir. Moi, j'ai souffert deux ans! »

Le vieillard poussa un cri, et sa tête tomba sur sa poitrine. Colomba lui tourna le dos, et revint à pas lents vers la maison en chantant quelques mots incompréhensibles d'une ballata : « Il me faut la main qui a tiré, l'œil qui a visé, le cœur qui a pensé*... »

Pendant que la jardinière s'empressait à secourir le vieillard, Colomba, le teint animé, l'œil en feu, se mettait à table devant le colonel.

« Qu'avez-vous donc? dit-il, je vous trouve l'air que vous aviez à Pietranera, ce jour où, pendant notre dîner, on nous envoya des balles.

— Ce sont des souvenirs de la Corse qui me sont revenus en tête. Mais voilà qui est fini. Je serai marraine, n'est-ce pas? Oh! quels beaux noms je lui donnerai : Ghilfuccio-Tomaso-Orso-Leone! »

La jardinière rentrait en ce moment. « Eh bien! demanda Colomba du plus grand sang-froid, est-il mort, ou évanoui seulement?

— Ce n'était rien, mademoiselle; mais c'est singulier comme votre vue lui a fait de l'effet.

— Et le médecin dit qu'il n'en a pas pour longtemps?

— Pas pour deux mois, peut-être.

— Ce ne sera pas une grande perte, observa Colomba.

— De qui diable parlez-vous? demanda le colonel.

— D'un idiot de mon pays, dit Colomba d'un air d'indifférence, qui est en pension ici. J'enverrai savoir de temps en temps de ses nouvelles. Mais, colonel Nevil, laissez donc des fraises pour mon frère et pour Lydia. »

Lorsque Colomba sortit de la ferme pour remonter dans la calèche, la fermière la suivit des yeux quelque temps. « Tu vois bien cette demoiselle si jolie, dit-elle à sa fille, eh bien! je suis sûre qu'elle a le mauvais œil. »

ARSÈNE GUILLOT

NOTICE

L'IDÉE de cette nouvelle paraît avoir mûri pendant longtemps dans l'esprit de Mérimée. Dès octobre 1832, n'écrivait-il pas à son ami Stendhal? : « J'ai fait de grandes observations sur le cœur humain de l'Opéra et des filles nommées demi-castors. Je me propose bien de faire là-dessus une belle dissertation lorsque j'aurai du loisir. » (*Corr. gén.*, t. XVI, p. 43.)

Ce n'est pourtant qu'en février 1843 qu'ayant fini sa *Conjuration de Catilina,* Mérimée se prépare à utiliser ces observations qui lui sont chères et à conter une histoire (*Corr. gén.,* t. VII, p. 306) dont l'ébauche est terminée, lorsque le 24 juin de la même année, il en propose la lecture à Jenny Dacquin.

Pour étoffer son récit, pour en dégager le sens, il a fallu la sévérité du carême et l'essor du sentiment religieux, de la dévotion fort à la mode, du mois de mars au mois de mai 1843. Les femmes, dit-il, sont toutes converties, écrivent de petits traités mystiques, et, flanquées chacune de son amant, elles s'entretiennent du dernier sermon et s'en vont, bien parées, à Notre-Dame « verser des pleurs sur leurs péchés, avant de se promener à Longchamp ». « Quinze cents jeunes gens à moustache, barbe et gants jaunes ont communié dévotement par les mains du père de Ravignan, lequel fait fureur. » (*Corr. gén.*, t. III, p. 362.) « Le diable au fond n'y perd rien, car il a l'art d'arranger la galanterie avec la dévotion » (*Corr. gén.,* t. III, p. 271), et la morale religieuse s'allie fort bien avec des liaisons dont le secret n'échappe à personne. Un amant enlève une femme aux cris de tous les dévots, tandis que ceux de qui la maîtresse est mariée, discourent pathétiquement contre l'adultère.

Et Mérimée de railler la duplicité de ces femmes que le scandale effraie plus que le péché auquel elles cèdent volontiers. A la faute cachée, couverte par le rang social, composant avec les scrupules et avec les préjugés mondains, en un mot à l'hypocrisie des adultères reçus et considérés, il entreprend, dans *Arsène Guillot,* d'opposer la faute instinctive, qui a du moins l'excuse de sa franchise et parfois aussi de sa sincérité. « Quand on est riche il est aisé d'être honnête », fait-il dire à la pauvre Arsène, mot qu'on ne lui pardonnera pas dans les salons.

C'est environ 1828 que Mérimée a placé l'anecdote, comme il ressort de plusieurs détails, signalés dans les notes; mais ce sont tous ses souvenirs, de 1832 à 1841, que nous retrouvons dans son récit : son voyage en Italie; une chanteuse entendue à Naples; ses voyages en Allemagne et en Grèce et aussi « les longues et poignantes péripéties » (*Corr. gén.,* t. II, p. 23) qui précédèrent sa liaison avec Mme Delessert. Tout le passage, où Max de Salligny explique la nature de son amour pour Arsène Guillot, est manifestement, outre une discrète leçon d'indulgence, une manière de plaidoyer où Mérimée se défendrait d'avoir aimé Céline Cayot.

Car Arsène Guillot a évidemment emprunté beaucoup de traits à Céline Cayot, cette petite actrice des Variétés, âgée de vingt ans en 1832, « personne très singulière qui avait de la vertu à sa façon ». Maîtresse de Mérimée, elle contribua à la réputation de débauché dont l'histoire l'a pendant longtemps entouré. Cette liaison fut rompue en 1836, alors que céda la résistance de Mme Delessert. Plus tard, quand l'actrice, réduite à accepter de petits rôles en Belgique, connaîtra, sinon la misère comme Arsène Guillot, du moins la gêne et qu'elle sollicitera le secours de Prosper Mérimée, celui-ci ne refusera pas de l'aider, la jalousie de Mme Delessert dût-elle s'en alarmer; mais il aura oublié l'orthographe de son nom qu'il écrira Caillot, comme Stendhal dans *Lamiel.* « Je m'appelle Céline Cayot, C, A, Y; il m'écrit avec deux L [1]. »

---

1. Voir plus loin p. 296.

La rédaction d'*Arsène Guillot* devait être fort avancée, sinon achevée, lorsque, le 31 juillet 1843, Mérimée part en compagnie de Viollet-le-Duc, pour sa tournée d'inspection dans la Bourgogne et le Jura. Il est à Dijon, quand il apprend la mort du marquis de Fortia d'Urban (4 août) et lors de son retour à Paris, le 1er septembre, il est fort occupé par sa candidature à l'Académie des Inscriptions et Belles-Lettres, où il est élu, membre libre, le 17 novembre.

Presque aussitôt Charles Nodier meurt, le 27 janvier 1844, et Mérimée brigue sa succession à l'Académie française. Le 3 février il écrit à Mme de Montijo : « La mortalité s'est répandue dans l'Académie française. En voilà trois qui attendent leur oraison funèbre [1]. On me dit de me présenter pour succéder au troisième, c'est M. Nodier. Je vais donc commencer le métier de solliciteur, sans beaucoup d'espoir [...] J'ai fait une nouvelle aussi agréable pour la force des pensées que pour l'aménité du style. Je l'avais donnée à Valentine [2], sans intention de la jamais publier, Valentine en a parlé à Mme de Boigne qui m'a tourmenté pour que je la lui lusse. Il y avait, outre Mme de B., trois femmes plus ou moins littéraires dont on ne m'avait pas parlé. Je n'avais invité personne et vous me connaissez assez pour savoir combien peu sont de mon goût ces cérémonies-là. Mme de B. avait encore invité à ce qu'il paraît Mme de Castellane qui ne vint pas. Mais l'autre jour elle dit à un de mes amis qu'elle n'était pas venue parce qu'elle avait trouvé fort ridicule que j'assemblasse des femmes du monde pour décider de la *gravelure* de mes ouvrages. » (*Corr. gén.*, t. IV, p. 20.)

Cet « aréopage de vieilles femmes », comme aussi Mme Charles Lenormant, touchées par l'agonie d'une pauvre fille qu'un amour sincère purifie, ayant accordé « l'imprimatur », la nouvelle fut envoyée à la *Revue des Deux Mondes*, et le 12 mars, Mérimée en corrigeait les épreuves.

Le 14 mars il fut élu à l'Académie française et quand

1. Campenon, Casimir Delavigne et Charles Nodier, remplacés respectivement par Saint-Marc Girardin, Sainte-Beuve et Mérimée.
2. Mme Gabriel Delessert, née Valentine de Laborde.

Arsène Guillot parut le lendemain 15 mars, ce fut un véritable scandale. Sa nouvelle « fait un fiasco éclatant et soulève l'indignation de tous les gens soi-disant vertueux » (*Corr. gén.*, t. IV, p. 59). Cela paraît réunir toutes les conditions d'impiété et d'immoralité, et l'auteur est un athée et un scélérat. Des femmes adultères poussent des cris de fureur que leurs amants répètent en chœur. Mérimée persiste à croire qu'il n'y a pas lieu de crier au scandale, et qu'il n'y a pas dans sa nouvelle de quoi fouetter un chat. Il semble pourtant que le scandale ait dépassé ses prévisions. « Ne croyez pas, écrit-il à Mme de Montijo (*Corr. gén.*, t. IV, p. 75), que ce soit de gaieté de cœur que je me suis brouillé avec les cagots. Je les crains trop pour les attaquer ouvertement, mais ce fut une fatalité [...] Il était difficile de prévoir le soulèvement qu'allait exciter une petite nouvelle qui, comparée à mes autres méfaits, serait plutôt une preuve d'amendement sinon de conversion complète. »

A vrai dire, Mérimée, avait bel et bien voulu dire leur fait à des fausses prudes qui se sentirent touchées car elles avaient leurs raisons de s'effaroucher de ce récit. De leur côté les académiciens sursautèrent. Molé, Barante, Ballanche déclarent que si c'était à recommencer ils ne voteraient plus pour Mérimée. Le chancelier Pasquier lui-même faiblit, et le plus violent « c'est M. de Salvandy, qui arrange fort bien dans la pratique le libertinage et la religion, mais qui en théorie est le plus moral et le plus pieux des mortels » (*Corr. gén.*, t. IV, p. 67). M. de Sainte-Aulaire ne se souvenait pas d'avoir jamais lu une production frivole plus radicalement mauvaise.

Le scandale ne dépassa guère l'académie et les salons; il n'en est guère question dans la presse; on s'étonne seulement qu'Astolphe de Custine ait trouvé la chose immorale, et qu'il ait signalé à Mme Récamier [1] « cet affreux produit de l'esprit voltairien et de l'indifférence

1. *Correspondance générale de Sainte-Beuve*, t. V, deuxième partie, p. 474, n. 7. — Marquis de Luppé, *Astolphe de Custine*, Monaco, éditions du Rocher [1957], p. 249.

actuelle. *Les Mystères de Paris* valent mieux sous tous les rapports : invention, vérité, style, intérêt, éloquence, poésie, délicatesse, tout manque à cette sale esquisse d'une scène de mauvais lieu. »

La critique ne paraît pas avoir beaucoup réagi à l'apparition de la nouvelle. Seul Gaston de Molènes, à notre connaissance, a critiqué sévèrement *Arsène Guillot,* dans un article du *Journal des Débats* (14 septembre et 8 octobre 1844) : « M. Mérimée, dans ce récit, a manqué en quelques endroits de fermeté et de franchise [...] Le tableau de M. Mérimée n'offre point toutes les qualités qu'on pouvait souhaiter d'y voir réunies. » Molènes écrit, d'une façon plus générale : « M. Mérimée n'est pas un poète, et peut même à peine être appelé un romancier. Si quelqu'un a reçu un mince filon de l'or d'où sortent les chefs-d'œuvre, c'est bien lui. Il est conteur et rien de plus. » Ces articles irritèrent Sainte-Beuve qui ne comprit guère que Gaston de Molènes se soit érigé en juge si tranchant des « hautes qualités » de Mérimée [1].

La nouvelle fut réimprimée à la fin de 1846 faisant suite à *Carmen;* il a fallu l'édition de 1852, chez Michel Lévy, pour que la critique s'intéressât vraiment à *Arsène Guillot* (voir tome I,p. XXXVI). On a trouvé en général le sujet périlleux et les situations délicates; mais en 1854 [2], Gustave Planche écrira : « Arsène Guillot, malgré la fange où elle a marché, nous intéresse et nous émeut, parce qu'elle a aimé, d'un amour vrai, d'un amour profond et qu'elle s'est purifiée par la souffrance [...] Il est donc permis d'absoudre l'auteur au nom de la morale aussi bien qu'au nom du goût. »

Arsène Guillot est à coup sûr la plus humaine des œuvres de Mérimée, et comme a bien dit Filon (*Mérimée,* p. 72) : « Le drame [...] nous touche aux entrailles. C'est le seul récit de Mérimée qui contienne de la pitié; c'est l'unique larme de son œuvre brillante et froide. » De nos jours, où

1. *Correspondance générale de Sainte-Beuve*, t. V. deuxième partie, p. 691 et notes 2, 3, 4, 5.

2. *Revue des Deux Mondes*, 15 septembre 1854.

le lecteur se scandalise moins aisément, André Gide a pu écrire : « Je ne connaissais rien de pareil dans Mérimée. Pourquoi cela n'est-il pas plus connu? [...] Oui, cela est meilleur que tout ce que je supposais que Mérimée pût écrire. Excellent vraiment [1]. »

M. P.

1. *Journal*, éd. de la Pléiade, pp. 276-277.

ARSÈNE GUILLOT

Σε Πάρις καὶ Φοῖβος Ἀπόλλων
Ἐσθλὸν ἐόντ', ὀλέσωσιν ἐνὶ Σκαιῇσι πύλῃσιν.
(Hom. *Il.* xxii, 360*.)

I

La dernière messe venait de finir à Saint-Roch*, et le bedeau faisait sa ronde pour fermer les chapelles désertes. Il allait tirer la grille d'un de ces sanctuaires aristocratiques où quelques dévotes achètent la permission de prier Dieu, distinguées du reste des fidèles, lorsqu'il remarqua qu'une femme y demeurait encore, absorbée dans la méditation, comme il semblait, la tête baissée sur le dossier de sa chaise. « C'est madame de Piennes, » se dit-il, en s'arrêtant à l'entrée de la chapelle. Madame de Piennes* était bien connue du bedeau. A cette époque, une femme du monde jeune, riche, jolie, qui rendait le pain bénit, qui donnait des nappes d'autel, qui faisait de grandes aumônes par l'entremise de son curé, avait quelque mérite à être dévote, lorsqu'elle n'avait pas pour mari un employé du gouvernement, qu'elle n'était point attachée à Madame la Dauphine*, et qu'elle n'avait rien à gagner, sinon son salut, à fréquenter les églises. Telle était madame de Piennes. Le bedeau avait bien envie d'aller dîner, car les gens de cette sorte dînent à une heure, mais il n'osa troubler le pieux recueillement d'une personne si considérée [1] dans la paroisse Saint-Roch. Il s'éloigna donc, faisant résonner sur les dalles ses souliers éculés, non sans espoir qu'après avoir fait le tour de l'église, il retrouverait la chapelle vide.

Il était déjà de l'autre côté du chœur, lorsqu'une jeune femme entra dans l'église, et se promena dans un des bas-côtés, regardant avec curiosité autour d'elle. Retables, stations, bénitiers, tous ces objets lui paraissaient aussi étranges que pourraient l'être pour vous, madame, la sainte niche ou les inscriptions d'une mosquée du Caire. Elle avait environ vingt-cinq ans, mais il fallait la considérer avec beaucoup d'attention pour ne pas la croire plus âgée. Bien que très brillants, ses yeux noirs étaient enfoncés et cernés par une teinte bleuâtre; son teint d'un blanc mat, ses lèvres décolorées, indiquaient la souffrance, et cependant un certain air d'audace et de gaieté dans le regard contrastait avec cette apparence maladive. Dans sa toilette, vous eussiez remarqué un bizarre mélange de négligence et de recherche. Sa capote rose, ornée de fleurs artificielles, aurait mieux convenu pour un négligé du soir. Sous un long châle de cachemire, dont l'œil exercé d'une femme du monde aurait deviné qu'elle n'était pas la première propriétaire, se cachait une robe d'indienne à vingt sous l'aune et un peu fripée. Enfin, un homme seul aurait admiré son pied, chaussé qu'il était de bas communs et de souliers de prunelle* qui semblaient souffrir depuis longtemps des injures du pavé. Vous vous rappelez, madame, que l'asphalte n'était pas encore inventé*.

Cette femme, dont vous avez pu deviner la position[2] sociale, s'approcha de la chapelle où madame de Piennes se trouvait encore; et, après l'avoir observée un moment d'un air d'inquiétude et d'embarras, elle l'aborda lorsqu'elle la vit debout et sur le point de sortir.

— Pourriez-vous m'enseigner, madame, lui demanda-t-elle d'une voix douce et avec un sourire de timidité, pourriez-vous m'enseigner à qui je pourrais m'adresser pour faire un cierge?

Ce langage était trop étrange aux oreilles de madame

de Piennes pour qu'elle le comprît d'abord. Elle se fit répéter la question.

— Oui, je voudrais bien faire un cierge à saint Roch; mais je ne sais à qui donner l'argent.

Madame de Piennes avait une dévotion trop éclairée pour être initiée à ces superstitions populaires. Cependant elle les respectait, car il y a quelque chose de touchant dans toute forme d'adoration, quelque grossière qu'elle puisse être. Persuadée qu'il s'agissait d'un vœu ou de quelque chose de semblable, et trop charitable pour tirer du costume de la jeune femme au chapeau rose les conclusions que vous n'avez peut-être pas craint de former, elle lui montra le bedeau, qui s'approchait. L'inconnue la remercia et courut à cet homme, qui parut la comprendre à demi-mot. Pendant que madame de Piennes reprenait son livre de messe et rajustait son voile, elle vit la dame au cierge tirer une petite bourse de sa poche, y prendre au milieu de beaucoup de menue monnaie une pièce de cinq francs solitaire, et la remettre au bedeau en lui faisant tout bas de longues recommandations qu'il écoutait en souriant.

Toutes les deux sortirent de l'église en même temps; mais la dame au cierge marchait fort vite, et madame de Piennes l'eut bientôt perdue de vue, quoiqu'elle suivît la même direction. Au coin de la rue qu'elle habitait, elle la rencontra de nouveau. Sous son cachemire de hasard, l'inconnue cherchait à cacher un pain de quatre livres acheté dans une boutique voisine. En revoyant madame de Piennes, elle baissa la tête, ne put s'empêcher de sourire et doubla le pas. Son sourire disait : « Que voulez-vous? je suis pauvre. Moquez-vous de moi. Je sais bien qu'on n'achète pas du pain en capote rose et en cachemire. » Ce mélange de mauvaise honte, de résignation et de bonne humeur n'échappa point à madame de Piennes. Elle pensa non sans tristesse à la position probable de cette jeune fille. « Sa piété, se dit-elle, est plus méritoire que la mienne. Assurément son offrande d'un écu est un sacrifice beaucoup plus grand que le superflu dont je fais part aux pauvres, sans m'imposer la moindre privation. » Puis elle se rappela les deux oboles de la veuve, plus agréables à Dieu que les fastueuses aumônes des riches*. « Je ne fais pas assez de bien, pensa-t-elle. Je ne fais pas tout ce que je pourrais faire. » Tout en s'adressant ainsi mentalement des reproches qu'elle était loin de mériter, elle rentra chez elle. Le cierge, le pain de quatre livres, et surtout l'offrande de l'unique pièce de cinq francs, avaient gravé dans la mémoire de madame de Piennes la figure de la jeune femme, qu'elle regardait comme un modèle de piété.

Elle la rencontra encore assez souvent dans la rue près de l'église, mais jamais aux offices. Toutes les fois que l'inconnue passait devant madame de Piennes, elle baissait la tête et souriait doucement. Ce sourire bien humble plaisait à madame de Piennes. Elle aurait voulu trouver une occasion d'obliger la pauvre fille, qui d'abord lui avait inspiré de l'intérêt, et qui maintenant excitait sa pitié; car elle avait remarqué que la capote rose se fanait, et le cachemire avait disparu. Sans doute il était retourné chez la revendeuse. Il était évident que saint Roch n'avait point payé au centuple l'offrande qu'on lui avait adressée.

Un jour madame de Piennes vit entrer à Saint-Roch une bière suivie d'un homme assez mal mis, qui n'avait pas de crêpe à son chapeau. C'était une manière de portier. Depuis plus d'un mois, elle n'avait pas rencontré la jeune femme au cierge, et l'idée lui vint qu'elle assistait à son enterrement. Rien de plus probable, car elle était si pâle et si maigre la dernière fois que madame de Piennes l'avait vue. Le bedeau questionné interrogea l'homme qui suivait la bière. Celui-ci répondit qu'il était *concierge** d'une maison rue Louis-le-Grand; qu'une de ses locataires était morte, une madame Guillot, n'ayant ni parents ni amis, rien qu'une fille, et que, par pure bonté d'âme, lui, concierge, allait à l'enterrement d'une personne qui ne lui était de rien. Aussitôt madame de Piennes se représenta que son inconnue était morte dans la misère, laissant une petite fille sans secours*, et elle se promit d'envoyer aux renseignements un ecclésiastique qu'elle employait d'ordinaire pour ses bonnes œuvres.

Le surlendemain, une charrette en travers dans la rue arrêta sa voiture quelques instants, comme elle sortait de chez elle. En regardant par la portière d'un air distrait, elle aperçut rangée contre une borne la jeune fille qu'elle croyait morte. Elle la reconnut sans peine, quoique plus pâle, plus maigre que jamais, habillée de deuil, mais pauvrement, sans gants, sans chapeau. Son expression était étrange. Au lieu de son sourire habituel, elle avait tous les traits contractés; ses grands yeux noirs étaient hagards; elle les tournait vers madame de Piennes, mais sans la reconnaître, car elle ne voyait rien. Dans toute sa contenance se lisait non pas la douleur, mais une résolution furieuse. La charrette s'était écartée, et la voiture de madame de Piennes s'éloignait au grand trot; mais l'image de la jeune fille et son expression désespérée poursuivirent madame de Piennes pendant plusieurs heures.

A son retour, elle vit un grand attroupement dans sa rue. Toutes les portières étaient sur leurs portes et faisaient aux voisines un récit qu'elles semblaient écouter avec un vif intérêt. Les groupes se pressaient surtout devant une maison proche de celle qu'habitait madame de Piennes. Tous les yeux étaient tournés vers une fenêtre ouverte à un troisième étage, et dans chaque petit cercle un ou deux bras se levaient pour la signaler à l'attention publique; puis tout à coup les bras se baissaient vers la terre, et tous les yeux suivaient ce mouvement Quelque événement extraordinaire venait d'arriver.

En traversant son antichambre, madame de Piennes trouva ses domestiques effarés, chacun s'empressant au-devant d'elle pour avoir le premier l'avantage de lui annoncer la grande nouvelle du quartier. Mais, avant qu'elle pût faire une question, sa femme de chambre s'était écriée : — Ah! madame!... si madame savait!...

Et, ouvrant les portes avec une indicible prestesse, elle était parvenue avec sa maîtresse dans le *sanctum sanctorum**, je veux dire le cabinet de toilette, inaccessible au reste de la maison.

— Ah! madame, dit mademoiselle Joséphine tandis qu'elle détachait le châle de madame de Piennes, j'en ai *les sangs* tournés! Jamais je n'ai rien vu de si terrible, c'est-à-dire je n'ai pas vu, quoique je sois accourue tout de suite après... Mais pourtant...

— Que s'est-il dont passé? Parlez vite, mademoiselle.

— Eh bien, madame, c'est qu'à trois portes d'ici une pauvre malheureuse jeune fille s'est jetée par la fenêtre, il n'y a pas trois minutes; si madame fût arrivée une minute plus tôt, elle aurait entendu le coup.

— Ah! mon Dieu! Et la malheureuse s'est tuée?...

— Madame, cela faisait horreur. Baptiste, qui a été à la guerre, dit qu'il n'a jamais rien vu de pareil. D'un troisième étage, madame!

— Est-elle morte sur le coup?

— Oh! madame, elle remuait encore; elle parlait même. « Je veux qu'on m'achève! » qu'elle disait. Mais ses os étaient en bouillie. Madame peut bien penser quel coup elle a dû se donner.

— Mais cette malheureuse... l'a-t-on secourue?... A-t-on envoyé chercher un médecin, un prêtre?...

— Pour un prêtre..., madame le sait mieux que moi... Mais, si j'étais prêtre... Une malheureuse assez abandonnée pour se tuer elle-même!... D'ailleurs, ça n'avait pas de conduite... On le voit assez... Ça avait été à l'Opéra*, à ce qu'on m'a dit... Toutes ces demoiselles-là finissent mal... Elle s'est mise à la fenêtre; elle a noué ses jupons avec un ruban rose, et... vlan!

— C'est cette pauvre fille en deuil! s'écria madame de Piennes se parlant à elle-même.

— Oui, madame; sa mère est morte il y a trois ou quatre jours. La tête lui aura tourné... Avec cela, peut-être que son galant l'aura plantée là... Et puis, le terme est venu... Pas d'argent, ça ne sait pas travailler... Des mauvaises têtes ! un mauvais coup est bientôt fait...

Mademoiselle Joséphine continua quelque temps de la sorte sans que madame de Piennes répondît. Elle semblait méditer tristement sur le récit qu'elle venait d'entendre. Tout d'un coup, elle demanda à mademoiselle Joséphine :

— Sait-on si cette malheureuse fille a ce qu'il lui faut pour son état?... du linge?... des matelas?... Il faut qu'on le sache sur-le-champ.

— J'irai de la part de madame, si madame veut, s'écria la femme de chambre, enchantée de voir de près une femme qui avait voulu se tuer; puis, réfléchissant : — Mais, ajouta-t-elle, je ne sais si j'aurai la force de voir cela, une femme qui est tombée d'un troisième étage !... Quand on a saigné Baptiste, je me suis trouvée mal. Ç'a été plus fort que moi.

— Eh bien, envoyez Baptiste, s'écria madame de Piennes; mais qu'on me dise vite comment va cette malheureuse.

Par bonheur, son médecin, le docteur K...*, arrivait comme elle donnait cet ordre. Il venait dîner chez elle, suivant son habitude, tous les mardis, jour d'Opéra-Italien.

— Courez vite, docteur, lui cria-t-elle sans lui donner le temps de poser sa canne et de quitter sa douillette; Baptiste vous mènera à deux pas d'ici. Une pauvre jeune fille vient de se jeter par la fenêtre, et elle est sans secours.

— Par la fenêtre? dit le médecin. Si elle était haute, probablement je n'ai rien à faire.

Le docteur avait plus envie de dîner que de faire une opération; mais madame de Piennes insista, et, sur la promesse que le dîner serait retardé, il consentit à suivre Baptiste.

Ce dernier revint seul au bout de quelques minutes. Il demandait du linge, des oreillers, etc. En même temps, il apportait l'oracle du docteur.

— Ce n'est rien. Elle en échappera [3], si elle ne meurt

pas du... Je ne me rappelle pas de quoi il disait qu'elle mourrait bien, mais cela finissait en *os*.

— Du tétanos ! s'écria madame de Piennes.

— Justement, madame; mais c'est toujours bien heureux que M. le docteur soit venu, car il y avait déjà là un méchant médecin sans malades, le même qui a traité la petite Berthelot de la rougeole, et elle est morte à sa troisième visite.

Au bout d'une heure, le docteur reparut, légèrement dépoudré et son beau jabot de batiste en désordre.

— Ces gens qui se tuent, dit-il, sont nés coiffés. L'autre jour, on apporte à mon hôpital une femme qui s'était tiré un coup de pistolet dans la bouche. Mauvaise manière !... Elle se casse trois dents, se fait un trou à la joue gauche... Elle en sera un peu plus laide, voilà tout. Celle-ci se jette d'un troisième étage. Un pauvre diable d'honnête homme tomberait, sans le faire exprès, d'un premier, et se fendrait le crâne. Cette fille-là se casse une jambe... Deux côtes enfoncées, force contusions, et tout est dit. Un auvent se trouve justement là, tout à point, pour amortir la chute. C'est le troisième fait semblable que je vois depuis mon retour à Paris... Les jambes ont porté à terre. Le tibia et le péroné, cela se ressoude... Ce qu'il y a de pis, c'est que le gratin de ce turbot est complètement désséché... J'ai peur pour le rôti, et nous manquerons le premier acte d'*Otello**.

— Et cette malheureuse vous a-t-elle dit qui l'avait poussée à [4]...

— Oh ! je n'écoute jamais ces histoires-là, madame. Je leur demande : Avez-vous mangé avant, etc., etc. ? parce que cela importe pour le traitement... Parbleu ! quand on se tue, c'est qu'on a quelque mauvaise raison. Un amant vous quitte, un propriétaire vous met à la porte; on saute par la fenêtre pour lui faire pièce. On n'est pas plus tôt en l'air qu'on s'en repent bien.

— Elle se repent, je l'espère, la pauvre enfant ?

— Sans doute, sans doute. Elle pleurait et faisait un train à m'étourdir... Baptiste est un fameux aide-chirurgien, madame; il a fait sa partie mieux qu'un petit carabin qui s'est trouvé là, et qui se grattait la tête, ne sachant par où commencer... Ce qu'il y a de plus piquant pour elle, c'est que, si elle s'était tuée, elle y aurait gagné de ne pas mourir de la poitrine; car elle est poitrinaire, je lui en fais mon billet. Je ne l'ai pas *auscultée**, mais le *facies* ne me trompe jamais. Être si pressée, quand on n'a qu'à se laisser faire!

— Vous la verrez demain, docteur, n'est-ce pas?

— Il le faudra bien, si vous le voulez. Je lui ai promis déjà que vous feriez quelque chose pour elle. Le plus simple, ce serait de l'envoyer à l'hôpital... On lui fournira gratis un appareil pour la réduction de sa jambe... Mais, au mot d'hôpital, elle crie qu'on l'achève; toutes les commères font chorus. Cependant, quand on n'a pas le sou[5]...

— Je ferai les petites dépenses qu'il faudra, docteur... Tenez, ce mot d'hôpital m'effraye aussi, malgré moi, comme les commères dont vous parlez. D'ailleurs, la transporter dans un hôpital, maintenant qu'elle est dans cet horrible état, ce serait la tuer.

— Préjugé! pur préjugé des gens du monde! On n'est nulle part aussi bien qu'à l'hôpital. Quand je serai malade pour tout de bon, moi, c'est à l'hôpital qu'on me portera. C'est de là que je veux m'embarquer dans la barque à Charon, et je ferai cadeau de mon corps aux élèves... dans trente ou quarante ans d'ici, s'entend. Sérieusement, chère dame, pensez-y : je ne sais trop si votre protégée mérite bien votre intérêt. Elle m'a tout l'air de quelque fille d'Opéra... Il faut des jambes d'Opéra pour faire si heureusement un saut pareil...

— Mais je l'ai vue à l'église... et, tenez, docteur..., vous connaissez mon faible; je bâtis toute une histoire sur une figure, un regard... Riez tant que vous voudrez, je me trompe rarement. Cette pauvre fille a fait dernièrement un vœu pour sa mère malade. Sa mère est morte... Alors sa tête s'est perdue... Le désespoir, la misère, l'ont précipitée à cette horrible action.

— A la bonne heure! Oui, en effet, elle a sur le sommet du crâne une protubérance qui indique l'exaltation*. Tout ce que vous me dites est assez probable. Vous me rappelez qu'il y avait un rameau de buis au-dessus de son lit de sangle. C'est concluant pour sa piété, n'est-ce pas?

— Un lit de sangle? Ah! mon Dieu! pauvre fille!... Mais, docteur, vous avez votre méchant sourire que je connais bien. Je ne parle pas de la dévotion qu'elle a ou qu'elle n'a pas. Ce qui m'oblige surtout à m'intéresser à cette fille, c'est que j'ai un reproche à me faire à son occasion...

— Un reproche?... J'y suis. Sans doute vous auriez dû faire[6] mettre des matelas dans la rue pour la recevoir?...

— Oui, un reproche. J'avais remarqué sa position : j'aurais dû lui envoyer des secours; mais le pauvre abbé Dubignon était au lit, et...

— Vous devez avoir bien des remords, madame, si vous croyez que ce n'est point assez faire de donner, comme c'est votre habitude, à tous les quémandeurs. A votre compte, il faut encore deviner les pauvres honteux. — Mais, madame, ne parlons plus jambes cassées, ou plutôt, trois mots encore. Si vous accordez votre haute protection à ma nouvelle malade, faites-lui donner un meilleur lit, une garde demain, — aujourd'hui les commères suffiront. — Bouillons, tisanes, etc[7]. Et ce qui ne serait pas mal, envoyez-lui quelque bonne tête parmi vos abbés, qui la chapitre et lui remette le moral comme je lui ai remis sa jambe. La petite personne est nerveuse; des complications pourraient nous survenir... Vous seriez... oui, ma foi! vous seriez la meilleure prédicatrice; mais vous avez à placer mieux vos sermons... J'ai dit. — Il est huit heures et demie; pour l'amour de Dieu! allez faire vos préparatifs d'Opéra. Baptiste m'apportera du café et le *Journal des Débats*. J'ai tant couru toute la journée, que j'en suis encore à savoir comment va le monde.

Quelques jours se passèrent, et la malade était un peu mieux. Le docteur se plaignait seulement que la surexcitation morale ne diminuait pas.

— Je n'ai pas grande confiance dans tous vos abbés, disait-il à madame de Piennes. Si vous n'aviez pas trop de répugnance à voir le spectacle de la misère humaine, et je sais que vous en avez le courage, vous pourriez calmer le cerveau de cette pauvre enfant mieux qu'un prêtre de Saint-Roch, et, qui plus est, mieux qu'une prise de thridace*.

Madame de Piennes ne demandait pas mieux, et lui proposa de l'accompagner sur-le-champ. Ils montèrent tous les deux chez la malade.

Dans une chambre meublée de trois chaises de paille et d'une petite table, elle était étendue sur un bon lit envoyé par madame de Piennes. Des draps fins, d'épais matelas, une pile de larges oreillers, indiquaient des attentions charitables dont vous n'aurez point de peine à découvrir [8] l'auteur. La jeune fille, horriblement pâle, les yeux ardents, avait un bras hors du lit, et la portion de ce bras qui sortait de sa camisole était livide, meurtrie, et faisait deviner dans quel état était le reste de son corps. Lorsqu'elle vit madame de Piennes [9], elle souleva la tête, et, avec un sourire doux et triste :

— Je savais bien que c'était vous, madame, qui aviez eu pitié de moi, dit-elle. On m'a dit votre nom, et j'étais sûre que c'était la dame que je rencontrais près de Saint-Roch.

Il me semble vous avoir dit déjà que madame de Piennes avait quelques prétentions à deviner les gens sur la mine. Elle fut charmée de découvrir dans sa protégée un talent semblable, et cette découverte l'intéressa davantage en sa faveur.

— Vous êtes bien mal ici, ma pauvre enfant ! dit-elle en promenant ses regards sur le triste ameublement de la chambre. Pourquoi ne vous a-t-on pas envoyé des rideaux ?... Il faut demander à Baptiste les petits objets dont vous pouvez avoir besoin.

— Vous êtes bien bonne, madame... Que me manque-t-il ? Rien... C'est fini... Un peu mieux ou un peu plus mal, qu'importe ? Et détournant la tête, elle se prit à pleurer.

— Vous souffrez beaucoup, ma pauvre enfant? lui demanda madame de Piennes en s'asseyant auprès du lit.

— Non, pas beaucoup... Seulement j'ai toujours dans les oreilles le vent quand je tombais, et puis le bruit... crac [10] ! quand je suis tombée sur le pavé.

— Vous étiez folle alors, ma chère amie; vous vous repentez à présent, n'est-ce pas?

— Oui... mais, quand on est malheureux, on n'a plus la tête à soi.

— Je regrette bien de n'avoir pas connu plus tôt votre position. Mais, mon enfant, dans aucune circonstance de la vie, il ne faut s'abandonner au désespoir.

— Vous en parlez bien à votre aise, madame, dit le docteur, qui écrivait une ordonnance sur la petite table. Vous ne savez pas ce que c'est que de perdre un beau jeune homme à moustaches. Mais, diable! pour courir après lui, il ne faut pas sauter par la fenêtre.

— Fi donc! docteur, dit madame de Piennes, la pauvre petite avait sans doute d'autres motifs pour...

— Ah! je ne sais ce que j'avais, s'écria la malade; cent raisons pour une. D'abord, quand maman est morte, ça m'a porté un coup. Puis, je me suis sentie abandonnée... personne pour s'intéresser à moi!... Enfin, quelqu'un à qui je pensais plus qu'à tout le monde... Madame, oublier jusqu'à mon nom! oui, je m'appelle Arsène Guillot, G,U,I, deux L; il m'écrit par un Y !*

— Je le disais bien, un infidèle! s'écria le docteur. On ne voit que cela. Bah! bah! ma belle, oubliez celui-là. Un homme sans mémoire ne mérite pas qu'on pense à lui. — Il tira sa montre. — Quatre heures? dit-il en se levant; je suis en retard pour ma consultation. Madame, je vous demande mille et mille pardons, mais il faut que je vous quitte; je n'ai pas même le temps de vous reconduire chez vous. — Adieu, mon enfant; tranquillisez-vous, ce ne sera rien. Vous danserez aussi bien de cette jambe-là que de l'autre. — Et vous, madame la garde, allez chez le pharmacien avec cette ordonnance, et vous ferez comme hier.

Le médecin et la garde étaient sortis; madame de Piennes restait seule avec la malade, un peu alarmée de trouver de l'amour dans une histoire qu'elle avait d'abord arrangée tout autrement dans son imagination.

— Ainsi, l'on vous a trompée, malheureuse enfant! reprit-elle après un silence.

— Moi! non. Comment tromper une misérable fille comme moi?... Seulement il n'a plus voulu de moi... Il a raison; je ne suis pas ce qu'il lui faut. Il a toujours été bon et généreux. Je lui ai écrit pour lui dire où j'en étais, et s'il voulait que je me remisse avec lui... Alors il m'a écrit... des choses qui m'ont fait bien de la peine... L'autre jour, quand je suis rentrée chez moi, j'ai laissé tomber un miroir qu'il m'avait donné, un miroir de Venise, comme il disait. Le miroir s'est cassé... Je me suis dit : Voilà le dernier coup!... C'est signe que tout est fini... Je n'avais plus rien de lui. J'avais mis les bijoux au mont-de-piété... Et puis, je me suis dit que si je me détruisais, ça lui ferait de la peine et que je me vengerais... La fenêtre était ouverte, et je me suis jetée.

— Mais, malheureuse que vous êtes, le motif était aussi frivole que l'action criminelle.

— A la bonne heure; mais que voulez-vous? Quand on a du chagrin, on ne réfléchit pas. C'est bien facile aux gens heureux de dire : Soyez raisonnable.

— Je le sais; le malheur est mauvais conseiller. Cependant, même au milieu des plus douloureuses épreuves, il y a des choses qu'on ne doit point oublier. Je vous ai vue à Saint-Roch accomplir un acte de piété, il y a peu de temps. Vous avez le bonheur de *croire*. La religion, ma chère, aurait dû vous retenir au moment où vous alliez vous abandonner au désespoir. Votre vie, vous la tenez du bon Dieu. Elle ne vous appartient pas... Mais j'ai tort de vous gronder maintenant, pauvre petite. Vous vous repentez, vous souffrez, Dieu aura pitié de vous.

Arsène baissa la tête, et quelques larmes vinrent mouiller ses paupières.

— Ah ! madame, dit-elle avec un grand soupir, vous me croyez meilleure que je ne suis... Vous me croyez pieuse... je ne le suis pas trop... on ne m'a pas instruite, et si vous m'avez vue à l'église faire un cierge... c'est que je ne savais plus où donner de la tête.

— Eh bien, ma chère, c'était une bonne pensée. Dans le malheur, c'est toujours à Dieu qu'il faut s'adresser.

— On m'avait dit... que si je faisais un cierge à Saint-Roch [11]... mais non, madame, je ne puis pas vous dire cela [12]. Une dame comme vous ne sait pas ce qu'on peut faire quand on n'a plus le sou.

— C'est du courage surtout qu'il faut demander à Dieu.

— Enfin, madame, je ne veux pas me faire meilleure que je ne suis, et c'est vous voler que de profiter des charités que vous me faites sans me connaître... Je suis une malheureuse fille... mais dans ce monde, on vit comme l'on peut... Pour en finir, madame, j'ai donc fait un cierge, parce que ma mère disait que, lorsqu'on fait un cierge à Saint-Roch [13], on ne manque jamais dans la huitaine de trouver un homme pour se mettre avec lui*... Mais je suis devenue laide, j'ai l'air d'une momie... personne ne voudrait plus de moi... Eh bien, il n'y a plus qu'à mourir. Déjà c'est à moitié fait !

Tout cela était dit très rapidement, d'une voix entrecoupée par les sanglots, et d'un ton de frénétique qui inspirait à madame de Piennes encore plus d'effroi que d'horreur. Involontairement elle éloigna sa chaise du lit de la malade. Peut-être même aurait-elle quitté la chambre, si l'humanité, plus forte que son dégoût auprès de cette femme perdue, ne lui eût reproché de la laisser seule dans un moment où elle était en proie au plus violent désespoir. Il y eut un moment de silence; puis madame de Piennes, les yeux baissés, murmura faiblement :

— Votre mère ! malheureuse ! Qu'osez-vous dire?

— Oh! ma mère était comme toutes les mères... toutes les mères à nous... Elle avait fait vivre la sienne... je l'ai fait vivre aussi... Heureusement que je n'ai pas d'enfant. — Je vois bien, madame, que je vous fais peur... mais que voulez-vous? Vous avez été bien élevée, vous n'avez jamais pâti. Quand on est riche, il est aisé d'être honnête*. Moi, j'aurais été honnête si j'en avais eu le moyen. J'ai eu bien des amants... je n'ai jamais aimé qu'un seul homme. Il m'a plantée la. Si j'avais été riche, nous nous serions mariés, nous aurions fait souche d'honnêtes gens*... Tenez, madame, je vous parle comme cela, tout franchement, quoique je voie bien ce que vous pensez de moi, et vous avez raison... Mais vous êtes la seule femme honnête à qui j'aie parlé de ma vie, et vous avez l'air si bonne, si bonne!... que je me suis dit tout à l'heure en moi-même : Même quand elle me connaîtra, elle aura pitié de moi. Je m'en vais mourir, je ne vous demande qu'une chose... C'est, quand je serai morte, de faire dire une messe pour moi dans l'église où je vous ai vue pour la première fois. Une seule prière, voilà tout, et je vous remercie du fond du cœur...

— Non, vous ne mourrez pas! s'écria madame de Piennes fort émue. Dieu aura pitié de vous, pauvre pécheresse. Vous vous repentirez de vos désordres, et il vous pardonnera. Si mes prières peuvent quelque chose pour votre salut, elles ne vous manqueront pas. Ceux qui vous ont élevée sont plus coupables que vous*. Ayez du courage seulement, et espérez. Tâchez surtout d'être plus calme, ma pauvre enfant. Il faut guérir le corps; l'âme est malade aussi, mais moi je réponds de sa guérison.

Elle s'était levée en parlant, et roulait entre ses doigts un papier qui contenait quelques louis.

— Tenez, dit-elle, si vous aviez quelque fantaisie...

Et elle glissait sous son oreiller [14] son petit présent.

— Non, madame! s'écria Arsène impétueusement en repoussant le papier, je ne veux rien de vous que ce que vous m'avez promis. Adieu. Nous ne nous reverrons plus. Faites-moi porter dans un hôpital, pour que je finisse sans gêner personne. Jamais vous ne pourriez faire de moi rien qui vaille. Une grande dame comme vous aura prié pour moi ; je suis contente. Adieu.

Et, se tournant autant que le lui permettait l'appareil qui la fixait sur son lit, elle cacha sa tête dans un oreiller pour ne plus rien voir.

— Écoutez, Arsène, dit madame de Piennes d'un ton grave. J'ai des desseins sur vous. Je veux faire de vous une honnête femme. J'en ai l'assurance dans votre repentir. Je vous reverrai souvent, j'aurai soin de vous. Un jour, vous me devrez votre propre estime. — Et elle lui prit la main qu'elle serra légèrement.

— Vous m'avez touchée ! s'écria la pauvre fille, vous m'avez pressé la main.

Et avant que madame de Piennes pût retirer sa main, elle l'avait saisie et la couvrait de baisers et de larmes.

— Calmez-vous, calmez-vous, ma chère, disait madame de Piennes. Ne me parlez plus de rien. Maintenant je sais tout, et je vous connais mieux que vous ne vous connaissez vous-même. C'est moi qui suis le médecin de votre tête... de votre mauvaise tête. Vous m'obéirez, je l'exige, tout comme à votre autre docteur. Je vous enverrai un ecclésiastique de mes amis, vous l'écouterez. Je vous choisirai de bons livres, vous les lirez. Nous causerons quelquefois. Quand vous vous porterez bien, alors nous nous occuperons de votre avenir.

La garde rentra, tenant une fiole qu'elle rapportait de chez le pharmacien. Arsène pleurait toujours. Madame de Piennes lui serra encore une fois la main, mit le rouleau de louis sur la petite table, et sortit disposée peut-être encore plus favorablement pour sa pénitente qu'avant d'avoir entendu son étrange confession.

— Pourquoi, madame*, aime-t-on toujours les mauvais sujets ? Depuis l'enfant prodigue* jusqu'à votre chien Diamant, qui mord tout le monde et qui est la plus méchante bête que je connaisse, on inspire d'autant plus d'intérêt qu'on en mérite moins. — Vanité! pure vanité, madame, que ce sentiment-là! plaisir de la difficulté vaincue! Le père de l'enfant prodigue a vaincu le diable et lui a retiré sa proie; vous avez triomphé du mauvais naturel de Diamant à force de gimblettes. Madame de Piennes était fière d'avoir vaincu la perversité d'une courtisane, d'avoir détruit par son éloquence les barrières que vingt années* de séduction avaient élevées autour d'une pauvre âme abandonnée. Et puis, peut-être encore, faut-il le dire? à l'orgueil de cette victoire, au plaisir d'avoir fait une bonne action se mêlait ce sentiment de curiosité que mainte femme vertueuse éprouve à connaître une femme d'une autre espèce. Lorsqu'une cantatrice entre dans un salon, j'ai remarqué d'étranges regards tournés sur elle. Ce ne sont pas les hommes qui l'observent le plus. Vous-même, madame, l'autre soir, aux Français, ne regardiez-vous pas de toute votre lorgnette cette actrice des Variétés* qu'on vous montra dans une loge? *Comment peut-on être Persan?** Combien de fois ne se fait-on pas des questions semblables! Donc, madame, madame de Piennes pensait fort à mademoiselle Arsène Guillot, et se disait : Je la sauverai.

Elle lui envoya un prêtre, qui l'exhorta au repentir. Le repentir n'était pas difficile pour la pauvre Arsène, qui, sauf quelques heures de grosse joie, n'avait connu de la vie que ses misères. Dites à un malheureux : C'est votre faute, il n'en est que trop convaincu; et si en même temps vous adoucissez le reproche[15] en lui donnant quelque consolation, il vous bénira et vous promettra tout pour l'avenir. Un Grec dit quelque part*, ou plutôt c'est Amyot qui lui fait dire :

Le même jour qui met un homme libre aux fers
Lui ravit la moitié de sa vertu première.

Ce qui revient en vile prose à cet aphorisme, que le malheur nous rend doux et dociles comme des moutons. Le prêtre disait à madame de Piennes que mademoiselle Guillot était bien ignorante, mais que le fond n'était pas mauvais, et qu'il avait bon espoir de son salut. En effet, Arsène l'écoutait avec attention et respect. Elle lisait ou se faisait lire les livres qu'on lui avait prescrits, aussi ponctuelle à obéir à madame de Piennes qu'à suivre les ordonnances du docteur. Mais ce qui acheva de gagner le cœur du bon prêtre, et ce qui parut à sa protectrice un symptôme décisif de guérison morale, ce fut l'emploi fait par Arsène Guillot d'une partie de la petite somme mise entre ses mains. Elle avait demandé qu'une messe solennelle fût dite à Saint-Roch pour l'âme de Paméla Guillot, sa défunte mère. Assurément, jamais âme n'eut plus grand besoin des prières de l'Église.

II

Un matin, madame de Piennes étant à sa toilette, un domestique vint frapper discrètement à la porte du sanctuaire, et remit à mademoiselle Joséphine une carte qu'un jeune homme venait d'apporter.

— Max à Paris ! s'écria madame de Piennes en jetant les yeux sur la carte; allez vite, mademoiselle, dites à M. de Salligny de m'attendre au salon.

Un moment après, on entendit dans le salon des rires et de petits cris étouffés, et mademoiselle Joséphine rentra fort rouge [16] et avec son bonnet tout à fait sur une oreille.

— Qu'est-ce donc, mademoiselle? demanda madame de Piennes.

— Ce n'est rien, madame; c'est seulement M. de Salligny qui disait que j'étais engraissée.

En effet, l'embonpoint de mademoiselle Joséphine pouvait étonner M. de Salligny qui voyageait depuis plus de deux ans. Jadis c'était un des favoris de mademoiselle Joséphine et un des attentifs* [17] de sa maîtresse. Neveu d'un ami intime de madame de Piennes, on le voyait sans cesse chez elle autrefois, à la suite de sa tante. D'ailleurs, c'était presque la seule maison sérieuse où il parût. Max de Salligny avait le renom d'un assez mauvais sujet, querelleur, viveur, *au demeurant le meilleur fils du monde**. Il faisait le désespoir de sa tante, madame Aubrée, qui l'adorait cependant. Mainte fois elle avait essayé de le tirer de la vie qu'il menait, mais toujours les mauvaises habitudes avaient triomphé de ses sages conseils. Max avait quelque deux ans de plus que madame de Piennes*; ils s'étaient connus enfants, et, avant qu'elle fût mariée, il paraissait la voir d'un œil fort doux*. — « Ma chère petite, disait madame Aubrée, si vous vouliez, vous dompteriez, j'en suis sûre, ce caractère-là. » Madame de Piennes, — elle s'appelait alors Élise de Guiscard, — aurait peut-être trouvé en elle le courage de tenter l'entreprise, car Max était si gai, si drôle, si amusant dans un château, si infatigable dans un bal, qu'assurément il devait faire un bon mari ; mais les parents d'Élise voyaient plus loin. Madame Aubrée elle-même ne répondait pas trop de son neveu ; il fut constaté qu'il avait des dettes et une maîtresse ; survint un duel éclatant dont une artiste du Gymnase fut la cause peu innocente. Le mariage, que madame Aubrée n'avait jamais eu bien sérieusement en vue, fut déclaré impossible. Alors se présenta M. de Piennes, gentilhomme grave et moral, riche d'ailleurs et de bonne maison. J'ai peu de chose à vous en dire, si ce n'est qu'il avait la réputation d'un galant homme et qu'il la méritait. Il parlait peu ; mais lorsqu'il ouvrait la bouche, c'était pour dire quelque grande vérité incontestable. Sur les questions douteuses, « il imitait de Conrart le silence prudent* ». S'il n'ajoutait pas un grand charme aux réunions où il se trouvait, il n'était déplacé nulle part. On l'aimait assez partout, à cause de sa femme, mais lorsqu'il était absent, — dans ses terres, comme c'était le cas neuf mois de l'année, et notamment au moment où commence mon histoire, — personne ne s'en apercevait. Sa femme elle-même ne s'en apercevait guère davantage.

Madame de Piennes, ayant achevé sa toilette en cinq minutes, sortit de sa chambre un peu émue, car l'arrivée de Max de Salligny lui rappelait la mort récente de la personne qu'elle avait le mieux aimée ; c'est, je crois, le seul souvenir qui se fût présenté à sa mémoire, et ce souvenir était assez vif pour arrêter toutes les conjectures ridicules qu'une personne moins raisonnable aurait pu former sur le bonnet de travers de mademoiselle Joséphine. En approchant du salon, elle fut un peu choquée d'entendre une belle voix de basse qui chantait gaiement, en s'accompagnant sur le piano, cette barcarolle napolitaine* :

Addio, Teresa,
Teresa, addio !
Al mio ritorno,
Ti sposero.

Elle ouvrit la porte et interrompit le chanteur en lui tendant la main :

— Mon pauvre monsieur Max, que j'ai de plaisir à vous revoir !

Max se leva précipitamment et lui serra la main en la regardant d'un air effaré, sans pouvoir trouver une parole.

— J'ai bien regretté, continua madame de Piennes, de ne pouvoir aller à Rome lorsque votre bonne tante est tombée malade. Je sais les soins dont vous l'avez entourée, et je vous remercie bien du dernier souvenir d'elle que vous m'avez envoyé.

La figure de Max, naturellement gaie, pour ne pas dire rieuse, prit une expression soudaine de tristesse :
— Elle m'a bien parlé de vous, dit-il, et jusqu'au dernier moment. Vous avez reçu sa bague, je le vois, et le livre qu'elle lisait encore le matin...

— Oui, Max, je vous en remercie. Vous m'annonciez, en m'envoyant ce triste présent, que vous quittiez Rome, mais vous ne me donniez pas votre adresse; je ne savais où vous écrire. Pauvre amie ! mourir si loin de son pays [18] ! Heureusement vous êtes accouru aussitôt... Vous êtes meilleur que vous ne voulez le paraître, Max... je vous connais bien.

— Ma tante me disait pendant sa maladie : « Quand je ne serai plus de ce monde, il n'y aura plus que madame de Piennes pour te gronder... (Et il ne put s'empêcher de sourire.) Tâche qu'elle ne te gronde pas trop souvent. » Vous le voyez, madame; vous vous acquittez mal de vos fonctions.

— J'espère que j'aurai une sinécure maintenant. On

me dit que vous êtes réformé, rangé, devenu tout à fait raisonnable?

— Et vous ne vous trompez pas, madame; j'ai promis à ma pauvre tante de devenir bon sujet, et...

— Vous tiendrez parole, j'en suis sûre!

— Je tâcherai. En voyage c'est plus facile qu'à Paris; cependant... Tenez, madame, je ne suis ici que depuis quelques heures, et déjà j'ai résisté à des tentations. En venant chez vous, j'ai rencontré un de mes anciens amis qui m'a invité à dîner avec un tas de garnements, — et j'ai refusé.

— Vous avez bien fait.

— Oui, mais faut-il vous le dire? c'est que j'espérais que vous m'inviteriez.

— Quel malheur! Je dîne en ville. Mais demain...

— En ce cas, je ne réponds plus de moi. A vous la responsabilité du dîner que je vais faire.

— Écoutez, Max : l'important, c'est de bien commencer. N'allez pas à ce dîner de garçons. Je dîne, moi, chez madame Darsenay; venez-y le soir, et nous causerons.

— Oui, mais madame Darsenay est un peu bien ennuyeuse; elle me fera cent questions. Je ne pourrai vous dire un mot; je dirai des inconvenances; et puis, elle a une grande fille osseuse, qui n'est peut-être pas encore mariée...

— C'est une personne charmante... et, à propos d'inconvenances, c'en est une de parler d'elle comme vous faites.

— J'ai tort, c'est vrai; mais... arrivé d'aujourd'hui, n'aurais-je pas l'air bien empressé?...

— Eh bien, vous ferez comme vous voudrez; mais voyez-vous, Max,... comme l'amie de votre tante, j'ai le droit de vous parler franchement : évitez vos connaissances d'autrefois. Le temps a dû rompre tout naturellement bien des liaisons qui ne vous valaient rien; ne les renouez pas : je suis sûre de vous tant que vous ne serez pas entraîné. A votre âge... à *notre* âge, il faut être raisonnable. Mais laissons un peu les conseils et les sermons, et parlez-moi de ce que vous avez fait depuis que nous ne nous sommes vus. Je sais que vous êtes allé en Allemagne, puis en Italie; voilà tout. Vous m'avez écrit deux fois, sans plus; qu'il vous en souvienne. Deux lettres en deux ans, vous sentez que cela ne m'en a guère appris sur votre compte.

— Mon Dieu! madame, je suis bien coupable... mais je suis si... il faut bien le dire, — si paresseux!... J'ai commencé vingt lettres pour vous; mais que pouvais-je vous dire qui vous intéressât?... Je ne sais pas écrire des lettres, moi... Si je vous avais écrit toutes les fois que j'ai pensé à vous, tout le papier de l'Italie n'aurait pu y suffire.

— Eh bien, qu'avez-vous fait? comment avez-vous occupé votre temps! Je sais déjà que ce n'est point à écrire.

— Occupé!... vous savez bien que je ne m'occupe pas, malheureusement. — J'ai vu, j'ai couru. J'avais des projets de peinture, mais la vue de tant de beaux tableaux m'a radicalement guéri de ma passion malheureuse. — Ah!... et puis le vieux Nibby* avait fait de moi presque un antiquaire. Oui, j'ai fait faire une fouille à sa persuasion... On a trouvé une pipe cassée et je ne sais combien de vieux tessons... Et puis à Naples j'ai pris des leçons de chant, mais je n'en suis pas plus habile... J'ai...

— Je n'aime pas trop votre musique, quoique vous ayez une belle voix et que vous chantiez bien. Cela vous met en relation avec des gens que vous n'avez que trop de penchant à fréquenter.

— Je vous entends; mais à Naples, quand j'y étais, il n'y avait guère de danger. La prima donna pesait cent cinquante kilogrammes*, et la seconda donna avait la bouche comme un four et un nez comme la tour du Liban*. Enfin, deux ans se sont passés sans que je puisse dire comment. Je n'ai rien fait, rien appris, mais j'ai vécu deux ans sans m'en apercevoir.

— Je voudrais vous savoir occupé; je voudrais vous voir un goût vif pour quelque chose d'utile. Je redoute l'oisiveté pour vous.

— A vous parler franchement, madame, les voyages m'ont réussi en cela que, ne faisant rien, je n'étais pas non plus absolument oisif. Quand on voit de belles choses, on ne s'ennuie pas; et moi, quand je m'ennuie, je suis bien près de faire des bêtises. Vrai, je suis devenu assez rangé, et j'ai même oublié un certain nombre de manières expéditives que j'avais de dépenser mon argent. Ma pauvre tante a payé mes dettes, et je n'en ai plus fait, je ne veux plus en faire. J'ai de quoi vivre en garçon; et, comme je n'ai pas la prétention de paraître plus riche que je ne suis, je ne ferai plus d'extravagances. Vous souriez? Est-ce que vous ne croyez pas à ma conversion? Il vous faut des preuves? Écoutez un beau trait. Aujourd'hui, Famin*, l'ami qui m'a invité à dîner, a voulu me vendre son cheval. Cinq mille francs... C'est une bête superbe! Le premier mouvement a été pour avoir le cheval, puis je me suis dit que je n'étais pas assez riche pour mettre cinq mille francs à une fantaisie, et je resterai à pied.

— C'est à merveille, Max; mais savez-vous ce qu'il faut faire pour continuer sans encombre dans cette bonne voie? Il faut vous marier.

— Ah! me marier?... Pourquoi pas?... Mais qui voudra de moi? Moi, qui n'ai pas le droit d'être difficile, je voudrais une femme!... Oh! non, il n'y en a plus qui me convienne...

Madame de Piennes rougit un peu, et il continua sans s'en apercevoir :

— Une femme qui voudrait de moi... Mais savez-vous, madame, que ce serait presque une raison pour que je ne voulusse pas d'elle?

— Pourquoi cela? quelle folie!

— Othello ne dit-il pas quelque part*, — c'est, je crois, pour se justifier à lui-même les soupçons qu'il a contre Desdemone : — Cette femme-là doit avoir une tête bizarre et des goûts dépravés, pour m'avoir choisi, moi qui suis noir! — Ne puis-je pas dire à mon tour : Une femme qui voudrait de moi ne peut qu'avoir une tête baroque?

— Vous avez été un assez mauvais sujet, Max, pour qu'il soit inutile de vous faire pire que vous n'êtes. Gardez-vous de parler ainsi de vous-même, car il y a des gens qui vous croiraient sur parole*. Pour moi, j'en suis sûre, si un jour... oui, si vous aimiez bien une femme qui aurait toute votre estime... alors vous lui paraîtriez...

Madame de Piennes éprouvait quelque difficulté à terminer sa phrase, et Max, qui la regardait fixement avec une extrême curiosité, ne l'aidait nullement à trouver une fin pour sa période mal commencée.

— Vous voulez dire, reprit-il enfin, que, si j'étais réellement amoureux, on m'aimerait, parce qu'alors j'en vaudrais la peine?

— Oui, alors vous seriez digne d'être aimé aussi [19].

— S'il ne fallait qu'aimer pour être aimé... Ce n'est pas trop vrai ce que vous dites, madame... Bah! trouvez-moi une femme courageuse, et je me marie. Si elle n'est pas trop laide, moi je ne suis pas assez vieux pour ne pas m'enflammer encore... Vous me répondez du reste.

— D'où venez-vous, maintenant? interrompit madame de Piennes d'un air sérieux.

Max parla de ses voyages fort laconiquement, mais pourtant de manière à prouver qu'il n'avait pas fait comme ces touristes dont les Grecs disent : *Valise il est parti*, *valise revenu* [a]. Ses courtes observations dénotaient un esprit juste et qui ne prenait pas ses opinions toutes faites, bien qu'il fût réellement plus cultivé qu'il ne voulait le paraître. Il se retira bientôt, remarquant que madame de Piennes tournait la tête vers la pendule, et promit, non sans quelque embarras, qu'il irait le soir chez madame Darsenay.

Il n'y vint pas cependant, et madame de Piennes en conçut un peu de dépit. En revanche, il était chez elle le lendemain matin pour lui demander pardon, s'excusant sur la fatigue du voyage qui l'avait obligé de

a. Μπάουλο ἔφθασε, μπάουλο ἔγύρισεν [20].

demeurer chez lui; mais il baissait les yeux et parlait d'un ton si mal assuré, qu'il n'était pas nécessaire d'avoir l'habileté de madame de Piennes à deviner les physionomies, pour s'apercevoir qu'il donnait une défaite. Quand il eut achevé péniblement, elle le menaça du doigt sans répondre.

— Vous ne me croyez pas? dit-il.

— Non. Heureusement vous ne savez pas encore mentir. Ce n'est pas pour vous reposer de vos fatigues que vous n'êtes pas allé hier chez madame Darsenay. Vous n'êtes pas resté chez vous.

— Eh bien, répondit Max en s'efforçant de sourire, vous avez raison. J'ai dîné au Rocher-de-Cancale* avec ces vauriens, puis je suis allé prendre du thé chez Famin; on n'a pas voulu me lâcher, et puis j'ai joué.

— Et vous avez perdu, cela va sans dire?

— Non, j'ai gagné.

— Tant pis. J'aimerais mieux que vous eussiez perdu, surtout si cela pouvait vous dégoûter à jamais d'une habitude aussi sotte que détestable.

Elle se pencha sur son ouvrage et se mit à travailler avec une application un peu affectée.

— Y avait-il beaucoup de monde chez madame Darsenay? demanda Max timidement.

— Non, peu de monde.

— Pas de demoiselles à marier?...

— Non.

— Je compte sur vous [21], cependant, madame. Vous savez ce que vous m'avez promis?

— Nous avons le temps d'y songer.

Il y avait dans le ton de madame de Piennes quelque chose de sec et de contraint qui ne lui était pas ordinaire. Après un silence, Max reprit d'un air bien humble : — Vous êtes mécontente de moi, madame? Pourquoi ne me grondez-vous pas bien fort, comme faisait ma tante, pour me pardonner ensuite? Voyons, voulez-vous que je vous donne ma parole de ne plus jouer jamais?

— Quand on fait une promesse, il faut se sentir la force de la tenir.

— Une promesse faite à vous, madame, je la tiendrai; je m'en crois la force et le courage.

— Eh bien, Max, je l'accepte, dit-elle en lui tendant la main.

— J'ai gagné onze cents francs, poursuivit-il; les voulez-vous pour vos pauvres? Jamais argent plus mal acquis n'aura trouvé meilleur emploi.

Elle hésita un moment.

— Pourquoi pas? se dit-elle tout haut. Allons, Max, vous vous souviendrez de la leçon. Je vous inscris mon débiteur pour onze cents francs.

— Ma tante disait que le meilleur moyen pour n'avoir pas de dettes, c'est de payer toujours comptant.

En parlant, il tirait son portefeuille pour y prendre des billets. Dans le portefeuille entrouvert, madame de Piennes crut voir un portrait de femme. Max s'aperçut qu'elle regardait, rougit, et se hâta de fermer le portefeuille et de présenter les billets.

— Je voudrais bien voir ce portefeuille... si cela était possible, ajouta-t-elle en souriant avec malice.

Max était complètement déconcerté : il balbutia quelques mots inintelligibles et s'efforça de détourner l'attention de madame de Piennes.

La première pensée de celle-ci avait été que le portefeuille renfermait le portrait de quelque belle Italienne; mais le trouble évident de Max et la couleur générale de la miniature, — c'était tout ce qu'elle en avait pu voir, — avaient bientôt éveillé chez elle un autre soupçon. Autrefois elle avait donné son portrait à madame Aubrée; et elle s'imagina que Max, en sa qualité d'héritier direct, s'était cru le droit de se l'approprier. Cela lui parut une énorme inconvenance. Cependant elle n'en marqua rien d'abord; mais lorsque M. de Salligny allait se retirer : — A propos, lui dit-elle, votre tante avait un portrait de moi, que je voudrais bien revoir.

— Je ne sais... quel portrait?... comment était-il? demanda Max d'une voix mal assurée.

Cette fois, madame de Piennes était déterminée à ne pas s'apercevoir qu'il mentait.

— Cherchez-le, lui dit-elle le plus naturellement qu'elle put. Vous me ferez plaisir.

N'était le portrait, elle était assez contente de la docilité de Max, et se promettait bien de sauver encore une brebis égarée.

Le lendemain, Max avait retrouvé le portrait et le rapporta d'un air assez indifférent. Il remarqua que la ressemblance n'avait jamais été grande, et que le peintre lui avait donné une raideur de pose et une sévérité dans l'expression qui n'avaient rien de naturel. De ce moment, ses visites à madame de Piennes furent moins longues, et il avait auprès d'elle un air boudeur qu'elle ne lui avait jamais vu. Elle attribua cette humeur au premier effort qu'il avait à faire pour tenir ses promesses et résister à ses mauvais penchants.

Une quinzaine de jours après l'arrivée de M. de Salligny, madame de Piennes allait voir à son ordinaire sa protégée Arsène Guillot, qu'elle n'avait point oubliée cependant, ni vous non plus, madame, je l'espère. Après lui avoir fait quelques questions sur sa santé et sur les instructions qu'elle recevait, remarquant que la malade était encore plus oppressée que les jours précédents, elle lui offrit de lui faire la lecture pour qu'elle ne se fatiguât point à parler. La pauvre fille eût sans doute aimé mieux causer qu'écouter une lecture telle que celle qu'on lui proposait, car vous pensez bien qu'il s'agissait d'un livre fort sérieux, et Arsène n'avait jamais lu que des romans de cuisinières. C'était un livre de piété que prit madame de Piennes; et je ne vous le nommerai pas, d'abord pour ne pas faire tort à son auteur, ensuite parce que vous m'accuseriez peut-être de vouloir tirer quelque méchante conclusion contre ces sortes d'ouvrages en général. Suffit que le livre en question était d'un jeune homme de dix-neuf ans, et spécialement approprié à la réconciliation* des pécheresses endurcies; qu'Arsène était très accablée, et qu'elle n'avait pu fermer l'œil la nuit précédente. A la troisième page, il arriva ce qui serait arrivé avec tout autre ouvrage, sérieux ou non; il advint, ce qui était inévitable : je veux dire que mademoiselle Guillot ferma les yeux et s'endormit. Madame de Piennes s'en aperçut et se félicita de l'effet calmant qu'elle venait de produire. Elle baissa d'abord la voix pour ne pas réveiller la malade en s'arrêtant tout à coup, puis elle posa le livre et se leva doucement pour sortir sur la pointe du pied; mais la garde avait coutume de descendre chez la portière lorsque madame de Piennes venait, car ses visites ressemblaient un peu à celles d'un confesseur. Madame de Piennes voulut attendre le retour de la garde; et comme elle était la personne du monde la plus ennemie de l'oisiveté, elle chercha quelque emploi à faire des minutes qu'elle allait passer auprès de la dormeuse. Dans un petit cabinet derrière l'alcôve, il y avait une table avec de l'encre et du papier; elle s'y assit et se mit à écrire un billet. Tandis qu'elle cherchait un pain à cacheter dans un tiroir de la table, quelqu'un entra brusquement dans la chambre, qui réveilla la malade. — Mon Dieu ! qu'est-ce que je vois? s'écria Arsène d'une voix si altérée, que madame de Piennes en frémit.

— Eh bien, j'en apprends de belles ! Qu'est-ce que cela veut dire? Se jeter par la fenêtre comme une imbécile ! A-t-on jamais vu une tête comme celle de cette fille-là !

Je ne sais si je rapporte exactement les termes; c'est du moins le sens de ce que disait la personne qui venait d'entrer, et qu'à la voix madame de Piennes reconnut aussitôt pour Max de Salligny. Suivirent quelques exclamations, quelques cris étouffés d'Arsène, puis un embrassement assez sonore. Enfin Max reprit : — Pauvre Arsène, en quel état te retrouvé-je? Sais-tu que je ne t'aurais jamais dénichée, si Julie ne m'eût dit ta dernière adresse? Mais a-t-on jamais vu folie pareille !

— Ah ! Salligny ! Salligny ! que je suis heureuse ! Mais

comme je me repens de ce que j'ai fait! Tu ne vas plus me trouver gentille. Tu ne voudras plus de moi?...

— Bête que tu es, disait Max, pourquoi ne pas m'écrire que tu avais besoin d'argent? Pourquoi ne pas en demander au commandant? Qu'est donc devenu ton Russe*? Est-ce qu'il est parti, ton Cosaque?

En reconnaissant la voix de Max, madame de Piennes avait été d'abord presque aussi étonnée qu'Arsène. La surprise l'avait empêchée de se montrer aussitôt; puis elle s'était mise à réfléchir si elle devait ou non se montrer, et lorsqu'on réfléchit en écoutant on ne se décide pas vite. Il résulta de tout cela qu'elle entendit l'édifiant dialogue que je viens de rapporter; mais alors elle comprit que, si elle demeurait dans le cabinet, elle était exposée à en entendre bien davantage. Elle prit son parti, et entra dans la chambre avec ce maintien calme et superbe que les personnes vertueuses ne perdent que rarement, et qu'elles commandent au besoin.

— Max, dit-elle, vous faites du mal à cette pauvre fille; retirez-vous. Vous viendrez me parler dans une heure.

Max était devenu pâle comme un mort en voyant apparaître madame de Piennes dans un lieu où il ne se serait jamais attendu à la rencontrer [22]; son premier mouvement fut d'obéir, et il fit un pas vers la porte.

— Tu t'en vas!... ne t'en va pas! s'écria Arsène en se soulevant sur son lit d'un effort désespéré.

— Mon enfant, dit madame de Piennes en lui prenant la main, soyez raisonnable. Écoutez-moi, Rappelez-vous ce que vous m'avez promis! Puis elle jeta un regard calme, mais impérieux à Max, qui sortit aussitôt. Arsène retomba sur le lit; en le voyant sortir, elle s'était évanouie.

Madame de Piennes et la garde, qui rentra peu après, la secoururent avec l'adresse qu'ont les femmes en ces sortes d'accidents. Par degrés, Arsène reprit connaissance. D'abord elle promena ses regards par toute la chambre, comme pour y chercher celui qu'elle se rappelait y avoir vu tout à l'heure; puis elle tourna ses grands yeux noirs vers madame de Piennes, et la regardant fixement :

— C'est votre mari? dit-elle.

— Non, répondit madame de Piennes en rougissant un peu, mais sans que la douceur de sa voix en fût altérée ; M. de Salligny est mon parent. — Elle crut pouvoir se permettre ce petit mensonge pour expliquer l'empire qu'elle avait sur lui.

— Alors, dit Arsène, c'est vous qu'il aime ! Et elle attachait toujours sur elle ses yeux ardents comme deux flambeaux.

— Il !... Un éclair brilla sur le front de madame de Piennes. Un instant, ses joues se colorèrent d'un vif incarnat, et sa voix expira sur ses lèvres ; mais elle reprit bientôt sa sérénité. — Vous vous méprenez, ma pauvre enfant, dit-elle d'un ton grave, M. de Salligny a compris qu'il avait tort de vous rappeler des souvenirs qui sont heureusement loin de votre mémoire. Vous avez oublié...

— Oublié ! s'écria Arsène avec un sourire de damné qui faisait mal à voir.

— Oui, Arsène, vous avez renoncé à toutes les folles idées d'un temps qui ne reviendra plus. Pensez, ma pauvre enfant, que c'est à cette coupable liaison que vous devez tous vos malheurs. Pensez...

— Il ne vous aime pas ! interrompit Arsène sans l'écouter, il ne vous aime pas, et il comprend un seul regard ! J'ai vu vos yeux et les siens. Je ne me trompe pas... Au fait... c'est juste ! Vous êtes belle, jeune, brillante... moi, estropiée, défigurée... près de mourir...

Elle ne put achever ; des sanglots étouffèrent sa voix, si forts, si douloureux, que la garde s'écria qu'elle allait chercher le médecin ; car, disait-elle, M. le docteur ne craignait rien tant que ces convulsions, et si cela dure la pauvre petite va passer.

Peu à peu l'espèce d'énergie qu'Arsène avait trouvée dans la vivacité même de sa douleur fit place à un abattement stupide, que madame de Piennes prit pour du calme. Elle continua ses exhortations ; mais Arsène, immobile, n'écoutait pas toutes les belles et bonnes raisons qu'on lui donnait pour préférer l'amour divin à l'amour terrestre; ses yeux étaient secs, ses dents serrées convulsivement. Pendant que sa protectrice lui parlait du ciel et de l'avenir, elle songeait au présent. L'arrivée subite de Max avait réveillé en un instant chez elle de folles illusions, mais le regard de madame de Piennes les avait dissipées encore plus vite. Après un rêve heureux d'une minute, Arsène ne retrouvait plus que la triste réalité, devenue cent fois plus horrible pour avoir été un moment oubliée.

Votre médecin vous dira, madame, que les naufragés, surpris par le sommeil au milieu des angoisses de la faim, rêvent qu'ils sont à table et font bonne chère. Ils se réveillent encore plus affamés, et voudraient n'avoir pas dormi. Arsène souffrait une torture comparable à celle de ces naufragés. Autrefois elle avait aimé Max, comme elle pouvait aimer. C'était avec lui qu'elle aurait voulu toujours aller au spectacle, c'est avec lui qu'elle s'amusait dans une partie de campagne, c'est de lui qu'elle parlait sans cesse à ses amies. Lorsque Max partit, elle avait beaucoup pleuré; mais cependant elle avait agréé les hommages d'un Russe que Max était charmé d'avoir pour successeur, parce qu'il le tenait pour galant homme, c'est-à-dire pour généreux*. Tant qu'elle put mener la vie folle des femmes de son espèce, son amour pour Max ne fut qu'un souvenir agréable qui la faisait soupirer quelquefois. Elle y pensait comme on pense aux amusements de son enfance, que personne cependant ne voudrait recommencer; mais quand Arsène n'eut plus d'amants, qu'elle se trouva délaissée, qu'elle sentit tout le poids de la misère et de la honte, alors son amour pour Max s'épura en quelque sorte, parce que c'était le seul souvenir qui ne réveillât chez elle ni regrets ni remords. Il la relevait même à ses propres yeux, et plus elle se sentait avilie, plus elle grandissait Max dans son imagination. J'ai été sa maîtresse, il m'a aimée, se disait-elle avec une sorte d'orgueil lorsqu'elle était saisie de dégoût en réfléchissant sur sa vie de courtisane. Dans les marais de Minturnes, Marius raffermissait son courage en se disant : J'ai vaincu les Cimbres ! * La fille entretenue, — hélas ! elle ne l'était plus, — n'avait pour résister à la honte et au désespoir que ce souvenir : Max m'a aimée... Il m'aime encore ! Un moment, elle avait pu le penser; mais maintenant on venait lui arracher jusqu'à ses souvenirs, seul bien qui lui restât au monde.

Pendant qu'Arsène s'abandonnait à ses tristes réflexions, madame de Piennes lui démontrait avec chaleur la nécessité de renoncer pour toujours à ce qu'elle appelait ses égarements criminels. Une forte conviction rend presque insensible; et comme un chirurgien applique le fer et le feu sur une plaie sans écouter les cris du patient, madame de Piennes poursuivait sa tâche avec une impitoyable fermeté. Elle disait que cette époque de bonheur où la pauvre Arsène se réfugiait comme pour s'échapper à elle-même était un temps de crime et de honte qu'elle expiait justement aujourd'hui. Ces illusions, il fallait les détester et les bannir de son cœur; l'homme qu'elle regardait comme son protecteur et presque comme un génie tutélaire, il ne devait plus être à ses yeux qu'un complice pernicieux, un séducteur qu'elle devait fuir à jamais.

Ce mot de séducteur, dont madame de Piennes ne pouvait pas sentir le ridicule, fit presque sourire Arsène au milieu de ses larmes; mais sa digne protectrice ne s'en aperçut pas. Elle continua imperturbablement son exhortation, et la termina par une péroraison qui redoubla les sanglots de la pauvre fille, c'était : Vous ne le verrez plus.

Le médecin qui arriva et la prostration complète de la malade rappelèrent à madame de Piennes qu'elle en avait assez fait. Elle pressa la main d'Arsène, et lui dit en la quittant : Du courage, ma fille, et Dieu ne vous abandonnera pas.

Elle venait d'accomplir un devoir, il lui en restait un second encore plus difficile. Un autre coupable l'attendait, dont elle devait ouvrir l'âme au repentir; et malgré la confiance qu'elle puisait dans son zèle pieux, malgré l'empire qu'elle exerçait sur Max, et dont elle avait déjà des preuves, enfin, malgré la bonne opinion qu'elle conservait au fond du cœur à l'égard de ce libertin, elle éprouvait une étrange anxiété en pensant au combat qu'elle allait engager. Avant de commencer cette terrible lutte, elle voulut reprendre des forces, et, entrant dans une église, elle demanda à Dieu de nouvelles inspirations pour défendre sa cause.

Lorsqu'elle rentra chez elle, on lui dit que M. de Salligny était au salon, et l'attendait, depuis assez longtemps. Elle le trouva pâle, agité, rempli d'inquiétude. Ils s'assirent. Max n'osait ouvrir la bouche; et madame de Piennes, émue elle-même sans en savoir positivement la cause, demeura quelque temps sans parler et ne le regardant qu'à la dérobée. Enfin elle commença :

— Max, dit-elle, je ne vous ferai pas de reproches...

Il leva la tête assez fièrement. Leurs regards se rencontrèrent, et il baissa les yeux aussitôt.

— Votre bon cœur, poursuivit-elle, vous en dit plus en ce moment que je ne pourrais le faire. C'est une leçon que la Providence a voulu vous donner; j'en ai l'espoir, la conviction... elle ne sera pas perdue.

— Madame, interrompit Max, je sais à peine ce qui s'est passé. Cette malheureuse fille s'est jetée par la fenêtre, voilà ce qu'on m'a dit; mais je n'ai pas la vanité... je veux dire la douleur... de croire que les relations que nous avons eues autrefois aient pu déterminer cet acte de folie.

— Dites plutôt, Max, que, lorsque vous faisiez le mal vous n'en aviez pas prévu les conséquences. Quand vous avez jeté cette jeune fille dans le désordre, vous ne pensiez pas qu'un jour elle attenterait à sa vie.

— Madame, s'écria Max avec quelque véhémence, permettez-moi de vous dire que je n'ai nullement séduit Arsène Guillot. Quand je l'ai connue, elle était toute séduite. Elle a été ma maîtresse, je ne le nie point. Je l'avouerai même, je l'ai aimée... comme on peut aimer une personne de cette classe... Je crois qu'elle a eu pour moi un peu plus d'attachement que pour un autre... Mais depuis longtemps toutes relations avaient cessé entre nous, et sans qu'elle en eût témoigné beaucoup de regret. La dernière fois que j'ai reçu de ses nouvelles, je lui ai fait tenir de l'argent; mais elle n'a pas d'ordre... Elle a eu honte de m'en demander encore, car elle a son orgueil à elle*... La misère l'a poussée à cette terrible résolution... J'en suis désolé... Mais je vous le répète, madame, dans tout cela je n'ai aucun reproche à me faire.

Madame de Piennes chiffonna quelque ouvrage sur sa table, puis elle reprit :

— Sans doute, dans les idées du *monde*, vous n'êtes pas coupable, vous n'avez pas encouru de responsabilité; mais il y a une autre morale que celle du monde, Max, et c'est par ses règles que j'aimerais à vous voir vous guider... Maintenant peut-être vous n'êtes pas en état de m'entendre. Laissons cela. Aujourd'hui, ce que j'ai à vous demander, c'est une promesse que vous ne me refuserez pas, j'en suis sûre. Cette malheureuse fille est touchée de repentir. Elle a écouté avec respect les conseils d'un vénérable ecclésiastique qui l'a bien voulu voir. Nous avons tout lieu d'espérer d'elle. — Vous, vous ne devez plus la voir, car son cœur hésite encore entre le bien et le mal, et malheureusement vous n'avez ni la volonté, ni peut-être le pouvoir de lui être utile. En la revoyant, vous pourriez lui faire beaucoup de mal... C'est pourquoi je vous demande votre parole de ne plus aller chez elle.

Max fit un mouvement de surprise.

— Vous ne me refuserez pas, Max; si votre tante vivait, elle vous ferait cette prière. Imaginez que c'est elle qui vous parle.

— Bon Dieu! madame, que me demandez-vous? Quel mal voulez-vous que je fasse à cette pauvre fille?

N'est-ce pas au contraire une obligation pour moi, qui... l'ai vue au temps de ses folies, de ne pas l'abandonner maintenant qu'elle est malade, et bien dangereusement malade, si ce que l'on me dit est vrai?

— Voilà sans doute la morale du monde, mais ce n'est pas la mienne. Plus cette maladie est grave, plus il importe que vous ne la voyiez plus.

— Mais, madame, veuillez songer que, dans l'état où elle est, il serait impossible, même à la pruderie la plus facile à s'alarmer... Tenez, madame, si j'avais un chien malade, et si je savais qu'en me voyant il éprouvât quelque plaisir, je croirais faire une mauvaise action en le laissant crever seul. Il ne se peut pas que vous pensiez autrement, vous qui êtes si bonne et si charitable. Songez-y, madame; de ma part, il y aurait vraiment de la cruauté.

— Tout à l'heure je vous demandais de me faire cette promesse au nom de votre bonne tante... au nom de l'amitié que vous avez pour moi... maintenant, c'est au nom de cette malheureuse fille elle-même que je vous le demande. Si vous l'aimez réellement...

— Ah! madame, je vous en supplie, ne rapprochez pas ainsi des choses qui ne se peuvent comparer. Croyez-moi bien, madame, je souffre extrêmement à vous résister en quoi que ce soit; mais, en vérité, je m'y crois obligé d'honneur... Ce mot vous déplaît? Oubliez-le. Seulement, madame, à mon tour, laissez-moi vous conjurer par pitié pour cette infortunée... et aussi un peu par pitié pour moi... Si j'ai eu des torts... si j'ai contribué à la retenir dans le désordre... je dois maintenant prendre soin d'elle. Il serait affreux de l'abandonner. Je ne me le pardonnerais pas. Non, je ne puis l'abandonner. Vous n'exigerez pas cela, madame...

— D'autres soins ne lui manqueront pas. Mais, répondez-moi, Max : vous l'aimez?

— Je l'aime... je l'aime... Non... je ne l'aime pas. C'est un mot qui ne peut convenir ici... L'aimer : hélas! non. J'ai cherché auprès d'elle une distraction à un sentiment plus sérieux qu'il fallait combattre...

Cela vous semble ridicule, incompréhensible?... La pureté de votre âme ne peut admettre que l'on cherche un pareil remède... Eh bien, ce n'est pas la plus mauvaise action de ma vie. Si nous autres hommes nous n'avions pas quelquefois la ressource de détourner nos passions...peut-être maintenant... peut-être serait-ce moi qui me serais jeté par la fenêtre... Mais, je ne sais ce que je dis, et vous ne pouvez m'entendre... je me comprends à peine moi-même.

— Je vous demandais si vous l'aimiez, reprit madame de Piennes les yeux baissés et avec quelque hésitation, parce que, si vous aviez de... de l'amitié pour elle, vous auriez sans doute le courage de lui faire un peu de mal pour lui faire ensuite un grand bien. Assurément, le chagrin de ne pas vous voir lui sera pénible à supporter; mais il serait bien plus grave de la détourner aujourd'hui de la voie dans laquelle elle est presque miraculeusement entrée. Il importe à son *salut*, Max, qu'elle oublie tout à fait un temps que votre présence lui rappellerait avec trop de vivacité.

Max secoua la tête sans répondre. Il n'était pas croyant, et le mot de *salut* [23], qui avait tant de pouvoir sur madame de Piennes, ne parlait point aussi fortement à son âme. Mais sur ce point il n'y avait pas à contester avec elle. Il évitait toujours avec soin de lui montrer ses doutes, et cette fois encore il garda le silence; cependant il était facile de voir qu'il n'était pas convaincu.

— Je vous parlerai le langage du monde, poursuivit madame de Piennes, si malheureusement c'est le seul que vous puissiez comprendre; nous discutons, en effet, sur un calcul d'arithmétique. Elle n'a rien à gagner à vous voir, beaucoup à perdre; maintenant, choisissez.

— Madame, dit Max d'une voix émue, vous ne doutez plus, j'espère, qu'il puisse y avoir d'autre sentiment de ma part à l'égard d'Arsène qu'un intérêt... bien naturel. Quel danger y aurait-il? Aucun. Doutez-vous de moi? Penseriez-vous que je veuille nuire aux bons conseils que vous lui donnez? Eh! mon Dieu! moi qui déteste les spectacles tristes, qui les fuis avec une espèce d'horreur, croyez-vous que je recherche la vue d'une mourante avec des intentions coupables? Je vous le répète, madame, c'est pour moi une idée de devoir, c'est une expiation, un châtiment si vous voulez, que je viens chercher auprès d'elle...

A ce mot, madame de Piennes releva la tête et le regarda fixement d'un air exalté qui donnait à tous ses traits une expression sublime.

— Une expiation, dites-vous, un châtiment?... Eh bien, oui! A votre insu, Max, vous obéissez peut-être à un *avertissement d'en haut**, et vous avez raison de me résister... Oui, j'y consens. Voyez cette fille, et qu'elle devienne l'instrument de votre salut comme vous avez failli être celui de sa perte.

Probablement Max ne comprenait pas aussi bien que vous, madame, ce que c'est qu'un *avertissement d'en haut*. Ce changement de résolution si subit l'étonnait, il ne savait à quoi l'attribuer, il ne savait s'il devait remercier madame de Piennes d'avoir cédé à la fin; mais en ce moment sa grande préoccupation était pour deviner si son obstination avait lassé ou bien convaincu la personne à laquelle il craignait par-dessus tout de déplaire.

— Seulement, Max, poursuivit madame de Piennes, j'ai à vous demander, ou plutôt j'exige de vous...

Elle s'arrêta un instant, et Max fit un signe de tête indiquant qu'il se soumettait à tout.

— J'exige, reprit-elle, que vous ne la voyiez qu'avec moi.

Il fit un geste d'étonnement, mais il se hâta d'ajouter qu'il obéirait.

— Je ne me fie pas absolument à vous, continua-t-elle en souriant. Je crains encore que vous ne gâtiez mon ouvrage, et je veux réussir. Surveillé par moi, vous deviendrez au contraire un aide utile, et, j'en ai l'espoir, votre soumission sera récompensée.

Elle lui tendit la main en disant ces mots. Il fut convenu que Max irait le lendemain voir Arsène Guillot, et que madame de Piennes le précéderait pour la préparer à cette visite.

Vous comprenez son projet. D'abord elle avait pensé qu'elle trouverait Max plein de repentir, et qu'elle tirerait facilement de l'exemple d'Arsène le texte d'un sermon éloquent contre ses mauvaises passions [24]; mais, contre son attente, il rejetait toute responsabilité. Il fallait changer d'exorde, et dans un moment décisif retourner une harangue étudiée, c'est une entreprise presque aussi périlleuse que de prendre un nouvel ordre de bataille au milieu d'une attaque imprévue. Madame de Piennes n'avait pu improviser une manœuvre. Au lieu de sermonner Max, elle avait discuté avec lui une question de convenance. Tout à coup une idée nouvelle s'était présentée à son esprit. Les remords de sa complice le toucheront, avait-elle pensé. La fin chrétienne d'une femme qu'il a aimée (et malheureusement elle ne pouvait douter qu'elle ne fût proche) portera sans doute un coup décisif. C'est sur un tel espoir qu'elle s'était subitement déterminée à permettre que Max revît Arsène. Elle y gagnait encore d'ajourner l'exhortation qu'elle avait projetée; car, je crois vous l'avoir déjà dit, malgré son vif désir de sauver un homme dont elle déplorait les égarements, l'idée d'engager avec lui une discussion si sérieuse [25] l'effrayait involontairement.

Elle avait beaucoup compté [26] sur la bonté de sa cause; elle doutait encore du succès, et ne pas réussir c'était désespérer du salut de Max, c'était se condamner à changer de sentiment à son égard. Le diable, peut-être pour éviter qu'elle se mît en garde contre la vive affection qu'elle portait à un ami d'enfance, le diable avait pris soin de justifier cette affection par une espérance chrétienne. Toutes armes sont bonnes au tentateur, et telles pratiques lui sont familières; voilà pourquoi le Portugais dit fort élégamment : *De boâs intençôes esta o inferno cheio* : L'enfer est pavé de bonnes intentions*. Vous dites en français qu'il est pavé de langues de femmes, et cela revient au même; car les femmes, à mon sens, veulent toujours le bien.

Vous me rappelez à mon récit. Le lendemain donc,

madame de Piennes alla chez sa protégée, qu'elle trouva bien faible, bien abattue, mais pourtant plus calme et plus résignée qu'elle ne l'espérait. Elle reparla de M. de Salligny, mais avec plus de ménagement que la veille. Arsène, à la vérité, devait absolument renoncer à lui, et n'y penser que pour déplorer leur commun aveuglement. Elle devait encore, et c'était une partie de sa pénitence, elle devait montrer son repentir à Max lui-même, lui donner un exemple en changeant de vie, et lui assurer pour l'avenir la paix de conscience dont elle jouissait elle-même. A ces exhortations toutes chrétiennes, madame de Piennes ne négligea pas de joindre quelques arguments mondains : celui-ci, par exemple, qu'Arsène, aimant véritablement M. de Salligny, devait désirer son bien avant tout, et que, par son changement de conduite, elle mériterait l'estime d'un homme qui n'avait pu encore la lui accorder réellement.

Tout ce qu'il y avait de sévère et de triste dans ce discours s'effaça soudain lorsqu'en terminant madame de Piennes lui annonça qu'elle reverrait Max, et qu'il allait venir. A la vive rougeur qui anima subitement ses joues, depuis longtemps pâlies par la souffrance, à l'éclat extraordinaire dont brillèrent ses yeux, madame de Piennes faillit à se repentir d'avoir consenti à cette entrevue; mais il n'était plus temps de changer de résolution. Elle employa quelques minutes qui lui restaient avant l'arrivée de Max en exhortations pieuses et énergiques, mais elles étaient écoutées avec une distraction notable, car Arsène ne semblait préoccupée que d'arranger ses cheveux et d'ajuster le ruban chiffonné de son bonnet.

Enfin M. de Salligny parut, contractant tous ses traits pour leur donner un air de gaieté et d'assurance. Il lui demanda comment elle se portait, d'un ton de voix qu'il essaya de rendre naturel, mais qu'aucun rhume ne saurait donner. De son côté, Arsène n'était pas plus à son aise; elle balbutiait, elle ne pouvait trouver une phrase, mais elle prit la main de madame de Piennes et la porta à ses lèvres comme pour la remercier. Ce qui se dit pendant un quart d'heure fut ce qui se dit partout entre gens embarrassés. Madame de Piennes seule conservait son calme ordinaire, ou plutôt, mieux préparée, elle se maîtrisait mieux. Souvent elle répondait pour Arsène, et celle-ci trouvait que son interprète rendait assez mal ses pensées. La conversation languissant, madame de Piennes remarqua que la malade toussait beaucoup, lui rappela que le médecin lui défendait de parler, et, s'adressant à Max, lui dit qu'il ferait mieux de faire une petite lecture que de fatiguer Arsène par ses questions [27]. Aussitôt Max prit un livre avec empressement, et s'approcha de la fenêtre, car la chambre était un peu obscure. Il lut sans trop comprendre. Arsène ne comprenait pas davantage sans doute, mais elle avait l'air d'écouter avec un vif intérêt. Madame de Piennes travaillait à quelque ouvrage qu'elle avait apporté, la garde se pinçait pour ne pas dormir. Les yeux de madame de Piennes allaient sans cesse du lit à la fenêtre, jamais Argus ne fit si bonne garde avec les cent yeux qu'il avait. Au bout de quelques minutes, elle se pencha vers l'oreille d'Arsène : — Comme il lit bien ! lui dit-elle tout bas.

Arsène lui jeta un regard qui contrastait étrangement avec le sourire de sa bouche : — Oh ! oui, répondit-elle. Puis elle baissa les yeux, et de minute en minute une grosse larme paraissait au bord de ses cils et glissait sur ses joues sans qu'elle s'en aperçût. Max ne tourna pas la tête une seule fois. Après quelques pages, madame de Piennes dit à Arsène : — Nous allons vous laisser reposer, mon enfant. Je crains que nous ne vous ayons un peu fatiguée. Nous reviendrons bientôt vous voir, Elle se leva, et Max se leva comme son ombre. Arsène lui dit adieu sans presque le regarder.

— Je suis contente de vous, Max, dit madame de Piennes qu'il avait accompagnée jusqu'à sa porte, et d'elle encore plus. Cette pauvre fille est remplie de résignation. Elle vous donne un exemple.

— Souffrir et se taire, madame, est-ce donc si difficile à apprendre?

— Ce qu'il faut apprendre surtout, c'est à fermer son cœur aux mauvaises pensées.

Max la salua et s'éloigna rapidement.

Lorsque madame de Piennes revit Arsène le lendemain, elle la trouva contemplant un bouquet de fleurs rares placé sur une petite table auprès de son lit.

— C'est M. de Salligny qui me les a envoyées, dit-elle. On est venu de sa part demander comment j'étais. Lui, n'est pas monté.

— C'est fleurs sont fort belles, dit madame de Piennes un peu sèchement.

— J'aimais beaucoup les fleurs autrefois, dit la malade en soupirant, et il me gâtait... M. de Salligny me gâtait en me donnant toutes les plus jolies qu'il pouvait trouver... Mais cela ne me vaut plus rien à présent... Cela sent trop fort... Vous devriez prendre ce bouquet, madame; il ne se fâchera pas si je vous le donne.

— Non, ma chère; ces fleurs vous font plaisir à regarder, reprit madame de Piennes d'un ton plus doux car elle avait été très émue de l'accent profondément triste de la pauvre Arsène. Je prendrai celles qui ont de l'odeur, gardez les camellias.

— Non. Je déteste les camellias*... Ils me rappellent la seule querelle que nous ayons eue... quand j'étais avec lui.

— Ne pensez plus à ces folies, ma chère enfant.

— Un jour, poursuivit Arsène en regardant fixement madame de Piennes, un jour je trouvai dans sa chambre un beau camellia rose dans un verre d'eau. Je voulus le prendre, il ne voulut pas. Il m'empêcha même de le toucher. J'insistai, je lui dis des sottises. Il le prit, le serra dans une armoire, et mit la clef dans sa poche. Moi, je fis le diable, et je lui cassai même un vase de porcelaine qu'il aimait beaucoup. Rien n'y fit. Je vis bien qu'il le tenait d'une femme comme il faut. Je n'ai jamais su d'où lui venait ce camellia.

En parlant ainsi, Arsène attachait un regard fixe et presque méchant sur madame de Piennes, qui baissa les yeux involontairement. Il y eut un assez long silence que troublait seule la respiration oppressée de la malade. Madame de Piennes venait de se rappeler confusément certaine histoire de camellia. Un jour, qu'elle dînait chez madame Aubrée, Max lui avait dit que sa tante venait de lui souhaiter sa fête, et lui demanda [28] de lui donner un bouquet aussi. Elle avait détaché, en riant, un camellia de ses cheveux, et le lui avait donné. Mais comment un fait aussi insignifiant était-il demeuré dans sa mémoire? Madame de Piennes ne pouvait se l'expliquer. Elle en était presque effrayée. L'espèce de confusion qu'elle éprouvait vis-à-vis d'elle-même était à peine dissipée lorsque Max entra, et elle se sentit rougir.

— Merci de vos fleurs, dit Arsène; mais elles me font mal... Elles ne seront pas perdues; je les ai données à madame. Ne me faites pas parler, on me le défend. Voulez-vous me lire quelque chose?

Max s'assit et lut. Cette fois personne n'écouta, je pense : chacun, y compris le lecteur, suivait le fil de ses propres pensées.

Quand madame de Piennes se leva pour sortir, elle allait laisser le bouquet sur la table, mais Arsène l'avertit de son oubli. Elle emporta donc le bouquet, mécontente d'avoir montré peut-être quelque affectation à ne pas accepter tout d'abord cette bagatelle. — Quel mal peut-il y avoir à cela? pensait-elle. Mais il y avait déjà du mal à se faire cette simple question.

Sans en être prié, Max la suivit chez elle. Ils s'assirent, et, détournant les yeux l'un et l'autre, ils demeurèrent en silence assez longtemps pour en être embarrassés.

— Cette pauvre fille, dit enfin madame de Piennes, m'afflige profondément. Il n'y a plus d'espoir, à ce qu'il paraît.

— Vous avez vu le médecin? demanda Max; que dit-il?

Madame de Piennes secoua la tête : — Elle n'a plus que bien peu de jours à passer dans ce monde. Ce matin, on l'a administrée.

— Sa figure faisait mal à voir, dit Max en s'avançant dans l'embrasure d'une fenêtre, probablement pour cacher son émotion.

— Sans doute il est cruel de mourir à son âge, reprit gravement madame de Piennes; mais si elle eût vécu davantage, qui sait si ce n'eût point été un malheur pour elle?... En la sauvant d'une mort désespérée, la Providence a voulu lui donner le temps de se repentir... C'est une grande grâce dont elle-même sent tout le prix à présent. L'abbé Dubignon est fort content d'elle. Il ne faut pas tant la plaindre, Max!

— Je ne sais s'il faut plaindre ceux qui meurent jeunes, répondit-il un peu brusquement... moi, j'aimerais à mourir jeune; mais ce qui m'afflige surtout, c'est de la voir souffrir ainsi.

— La souffrance du corps est souvent utile à l'âme...

Max, sans répondre, alla se placer à l'extrémité de l'appartement, dans un angle obscur à demi caché par d'épais rideaux. Madame de Piennes travaillait ou feignait de travailler, les yeux fixés sur une tapisserie; mais il lui semblait sentir le regard de Max comme quelque chose qui pesait sur elle. Ce regard qu'elle fuyait, elle croyait le sentir errer sur ses mains, sur ses épaules, sur son front. Il lui sembla qu'il s'arrêtait sur son pied, et elle se hâta de le cacher sous sa robe. — Il y a peut-être quelque chose de vrai dans ce qu'on dit du fluide magnétique, madame.

— Vous connaissez M. l'amiral de Rigny*, madame? demanda Max tout à coup.

— Oui, un peu.

— J'aurai peut-être un service à vous demander auprès de lui, une lettre de recommandation...

— Pourquoi donc [29]?

— Depuis quelques jours, madame, j'ai fait des projets, continua-t-il avec une gaieté affectée. Je travaille à me convertir, et je voudrais faire quelque acte de bon chrétien; mais, embarrassé, comment m'y prendre...

Madame de Piennes lui lança un regard un peu sévère.

— Voici à quoi je me suis arrêté, poursuivit-il. Je suis bien fâché de ne pas savoir [30] l'école de peloton, mais cela peut s'apprendre. En attendant, je sais manier un fusil, pas trop mal..., et, ainsi que j'avais l'honneur de vous le dire, je me sens une envie extraordinaire d'aller en Grèce et de tâcher d'y tuer quelque Turc, pour la plus grande gloire de la croix.

— En Grèce! s'écria madame de Piennes, laissant tomber son peloton*.

— En Grèce. Ici, je ne fais rien; je m'ennuie; je ne suis bon à rien, je ne puis rien faire d'utile; il n'y a personne au monde à qui je sois bon à quelque chose. Pourquoi n'irais-je pas moissonner des lauriers, ou me faire casser la tête pour une bonne cause? D'ailleurs, pour moi, je ne vois guère d'autre moyen d'aller à la gloire ou au Temple de Mémoire, à quoi je tiens fort. Figurez-vous, madame, quel honneur pour moi quand on lira dans le journal : « On nous écrit de Tripolitza « que M. Max de Salligny, jeune philhellène de la plus « hautre espérance » — on peut bien dire cela dans un journal — « de la plus haute espérance, vient de périr « victime de son enthousiasme pour la sainte cause de « la religion et de la liberté. Le farouche Kourschid- « Pacha a poussé l'oubli des convenances jusqu'à lui « faire trancher la tête... » C'est justement ce que j'ai de plus mauvais, à ce que tout le monde dit, n'est-ce pas, madame?

Et il riait d'un rire forcé.

— Parlez-vous sérieusement, Max? Vous iriez en Grèce?

— Très sérieusement, madame; seulement, je tâcherai que mon article nécrologique ne paraisse que le plus tard possible.

— Qu'iriez-vous faire en Grèce? Ce ne sont pas des soldats qui manquent aux Grecs... Vous feriez un excellent soldat, j'en suis sûre; mais...

— Un superbe grenadier de cinq pieds six pouces! s'écria-t-il en se levant en pieds; les Grecs seraient bien dégoûtés s'ils ne voulaient pas d'une recrue comme celle-là. Sans plaisanterie, madame, ajouta-t-il en se laissant retomber dans un fauteuil, c'est, je crois, ce que j'ai de mieux à faire. Je ne puis rester à Paris (il prononça ces mots avec une certaine violence); j'y suis malheureux, j'y ferais cent sottises... Je n'ai pas la force de résister... Mais nous en reparlerons; je ne pars pas tout de suite... mais je partirai... Oh! oui, il le faut; j'en ai fait mon grand serment. — Savez-vous que depuis deux jours j'apprends le grec? Ζωή μοῦ σᾶς ἀγαπῶ*. C'est une fort belle langue, n'est-ce pas?

Madame de Piennes avait lu le lord Byron et se rappela cette phrase grecque, refrain d'une de ses pièces fugitives. La traduction, comme vous savez, se trouve en note; c'est : Ma vie, je vous aime. » — *Ce sont façons de parler obligeantes de ces pays-là**. Madame de Piennes maudissait sa trop bonne mémoire; elle se garda bien de demander ce que signifiait ce grec-là,et craignait seulement que sa physionomie ne montrât qu'elle avait compris. Max s'était approché du piano; et ses doigts, tombant sur le clavier comme par hasard, formèrent quelques accords mélancoliques. Tout à coup il prit son chapeau; et se tournant vers madame de Piennes, il lui demanda si elle comptait aller ce soir chez madame Darsenay.

— Je pense que oui, répondit-elle en hésitant un peu. Il lui serra la main, et sortit aussitôt, la laissant en proie à une agitation qu'elle n'avait encore jamais éprouvée.

Toutes ses idées étaient confuses et se succédaient avec tant de rapidité, qu'elle n'avait pas le temps de s'arrêter à une seule. C'était comme cette suite d'images qui paraissent et disparaissent à la portière d'une voiture entraînée sur un chemin de fer. Mais, de même qu'au milieu de la course la plus impétueuse l'œil qui n'aperçoit point tous les détails [31] parvient cependant à saisir le caractère général des sites que l'on traverse, de même, au milieu de ce chaos de pensées qui l'assiégeaient, madame de Piennes éprouvait une impression d'effroi et se sentait comme entraînée sur une pente rapide au milieu de précipices affreux. Que Max l'aimât, elle n'en pouvait douter. Cet amour (elle disait : cette affection) datait de loin; mais jusqu'alors elle ne s'en était pas alarmée. Entre une dévote comme elle et un libertin comme Max, s'élevait une barrière insurmontable qui la rassurait autrefois. Bien qu'elle ne fût pas insensible au plaisir ou à la vanité d'inspirer un sentiment sérieux à un homme aussi léger que l'était Max dans son opinion, elle n'avait jamais pensé que cette affection pût devenir un jour dangereuse pour son repos. Maintenant que le mauvais sujet s'était amendé, elle commençait à le craindre. Sa conversion, qu'elle s'attribuait, allait donc devenir, pour elle et pour lui, une cause de chagrins et de tourments. Par moments, elle essayait de se persuader que les dangers qu'elle prévoyait vaguement n'avaient aucun fondement réel. Ce voyage brusquement résolu, le changement qu'elle avait remarqué dans les manières de M. de Salligny, pouvaient s'expliquer à la rigueur par l'amour qu'il avait conservé pour Arsène Guillot; mais, chose étrange! cette pensée lui était plus insupportable que les autres, et c'était presque un soulagement pour elle que de s'en démontrer l'invraisemblance.

Madame de Piennes passa toute la soirée à se créer ainsi des fantômes, à les détruire, à les reformer. Elle ne voulut pas aller chez madame Darsenay, et, pour être plus sûre d'elle-même, elle permit à son cocher de sortir et voulut se coucher de bonne heure; mais aussitôt qu'elle eut pris cette magnanime résolution, et qu'il n'y eut plus moyen de s'en dédire, elle se représenta que c'était une faiblesse indigne d'elle et s'en repentit. Elle craignit surtout que Max n'en soupçonnât la cause; et comme elle ne pouvait se déguiser à ses propres yeux son véritable motif pour ne pas sortir, elle en vint à se regarder déjà comme coupable, car cette seule préoccupation à l'égard de M. de Salligny lui semblait un crime. Elle pria longtemps, mais elle ne s'en trouva pas soulagée. Je ne sais à quelle heure elle parvint à s'endormir; ce qu'il y a de certain, c'est que, lorsqu'elle se réveilla, ses idées étaient aussi confuses que la veille, et qu'elle était tout aussi éloignée de prendre une résolution.

Pendant qu'elle déjeunait — car on déjeune toujours, madame, surtout quand on a mal dîné — elle lut dans un journal que je ne sais quel pacha venait de saccager une ville de la Roumélie. Femmes et enfants avaient été massacrés; quelques philhellènes avaient péri les armes à la main ou avaient été lentement immolés dans d'horribles tortures. Cet article de journal était peu propre à faire goûter à madame de Piennes le voyage de Grèce auquel Max se préparait. Elle méditait tristement sur sa lecture, lorsqu'on lui apporta un billet de celui-ci. Le soir précédent, il s'était fort ennuyé chez madame Darsenay; et, inquiet de n'y avoir pas trouvé madame de Piennes, il lui écrivait pour avoir de ses nouvelles, et lui demander à quelle heure elle devait aller [32] chez Arsène Guillot. Madame de Piennes n'eut pas le courage d'écrire, et fit répondre qu'elle irait à l'heure accoutumée. Puis l'idée lui vint d'y aller sur-le-champ, afin de n'y pas rencontrer Max; mais, par réflexion, elle trouva que c'était un mensonge puéril et honteux, pire que sa faiblesse de la veille. Elle s'arma donc de courage, fit sa prière avec ferveur, et, lorsqu'il fut temps, elle sortit et monta d'un pas ferme à la chambre d'Arsène.

III

Elle trouva la pauvre fille dans un état à faire pitié. Il était évident que sa dernière heure était proche, et depuis la veille le mal avait fait d'horribles progrès. Sa respiration n'était plus qu'un râlement douloureux, et l'on dit à madame de Piennes que plusieurs fois dans la matinée elle avait eu le délire, et que le médecin ne pensait pas qu'elle pût aller jusqu'au lendemain. Arsène, cependant, reconnut sa protectrice et la remercia d'être venue la voir.

— Vous ne vous fatiguerez plus à monter mon escalier, lui dit-elle d'une voix éteinte.

Chaque parole semblait lui coûter un effort pénible et user ce qui lui restait de forces. Il fallait se pencher sur son lit pour l'entendre. Madame de Piennes avait pris sa main, et elle était déjà froide et comme inanimée.

Max arriva bientôt et s'approcha silencieusement du lit de la mourante. Elle lui fit un léger signe de tête, et remarquant qu'il avait à la main un livre dans un étui :

— Vous ne lirez pas aujourd'hui, murmura-t-elle faiblement. Madame de Piennes jeta les yeux sur ce livre prétendu : c'était une carte de la Grèce reliée, qu'il avait achetée en passant.

L'abbé Dubignon, qui depuis le matin était auprès d'Arsène, observant avec quelle rapidité les forces de la malade s'épuisaient, voulut mettre à profit, pour son salut, le peu de moments qui lui restaient encore. Il écarta Max et madame de Piennes, et, courbé sur ce lit de douleur, il adressa à la pauvre fille les graves et consolantes paroles que la religion réserve pour de pareils moments*. Dans un coin de la chambre, madame de Piennes priait à genoux, et Max, debout près de la fenêtre, semblait transformé en statue.

— Vous pardonnez à tous ceux qui vous ont offensée, ma fille? dit le prêtre d'une voix émue.

— Oui !... qu'ils soient heureux ! répondit la mourante en faisant un effort pour se faire entendre.

— Fiez-vous donc à la miséricorde de Dieu, ma fille ! reprit l'abbé. Le repentir ouvre les portes du ciel.

Pendant quelques minutes encore, l'abbé continua ses exhortations ; puis il cessa de parler, incertain s'il n'avait plus qu'un cadavre devant lui. Madame de Piennes se leva doucement [33], et chacun demeura quelque temps immobile, regardant avec anxiété le visage livide d'Arsène. Ses yeux étaient fermés. Chacun retenait sa respiration comme pour ne pas troubler le terrible sommeil qui peut-être avait commencé pour elle, et l'on entendait distinctement dans la chambre le faible tintement d'une montre placée sur la table de nuit.

— Elle est passée, la pauvre demoiselle ! dit enfin la garde après avoir approché sa tabatière des lèvres d'Arsène ; vous le voyez, le verre n'est pas terni. Elle est morte !

— Pauvre enfant ! s'écria Max sortant de la stupeur où il semblait plongé. Quel bonheur a-t-elle eu dans ce monde ?

Tout à coup, et comme ranimée à sa voix, Arsène ouvrit les yeux. — J'ai aimé !* murmura-t-elle d'une voix sourde. Elle remuait les doigts et semblait vouloir tendre les mains. Max et madame de Piennes s'étaient approchés et prirent chacun une de ses mains. — J'ai aimé, répéta-t-elle avec un triste sourire. Ce furent ses dernières paroles. Max et madame de Piennes tinrent longtemps ses mains glacées sans oser lever les yeux...

IV

Eh bien, madame, vous me dites que mon histoire est finie, et vous ne voulez pas en entendre davantage. J'aurais cru que vous seriez curieuse de savoir si M. de Salligny fit ou non le voyage de Grèce; si... mais il est tard, vous en avez assez. A la bonne heure! Au moins gardez-vous des jugements téméraires, je proteste que je n'ai rien dit qui pût vous y autoriser. Surtout, ne doutez pas que mon histoire ne soit vraie. Vous en douteriez? Allez au Père-Lachaise : à vingt pas à gauche du tombeau du général Foy, vous trouverez une pierre de liais* fort simple, entourée de fleurs toujours bien entretenues. Sur la pierre, vous pourrez lire le nom de mon héroïne gravé en gros caractères : ARSÈNE GUILLOT, et, en vous penchant sur cette tombe, vous remarquerez, si la pluie n'y a déjà mis ordre, une ligne tracée au crayon, d'une écriture très fine :

— Pauvre Arsène! elle prie pour nous. —

CARMEN

NOTICE

Le 16 mai 1845, Mérimée écrit à la comtesse de Montijo : « Je viens de passer huit jours enfermé à écrire, non point les faits et gestes de feu D. Pedro, mais une histoire que vous m'avez racontée il y a quinze ans, et que je crains d'avoir gâtée. Il s'agissait d'un jaque de Malaga qui avait tué sa maîtresse, laquelle se consacrait exclusivement au public. Après *Arsène Guillot,* je n'ai rien trouvé de plus moral à offrir à nos belles dames. Comme j'étudie les bohémiens depuis quelque temps avec beaucoup de soin, j'ai fait mon héroïne bohémienne. A ce propos, savez-vous s'il existe encore à Madrid un livre publié par un M. Borrow en *chipe calli* ou langue des gitanos, intitulé *Embeo e majaró Lucas?* C'est l'Évangile de saint Luc. Ce Borrow a fait un livre très amusant intitulé *Bible in Spain.* C'est dommage qu'il mente comme un arracheur de dents et qu'il soit protestant à outrance. » (*Corr. gén.,* t. IV, p. 294.)

Que Mérimée ait composé *Carmen* « en huit jours », il est évident qu'il n'en est rien et tout prouve au contraire qu'il faut faire remonter assez haut les premières ébauches d'une nouvelle dont il a porté et mûri le sujet sans doute depuis 1830.

Dès le 4 novembre 1843, il travaille à son *Histoire de don Pèdre Ier* qu'il a entreprise sur le conseil de la comtesse de Montijo [1]. Le 20 janvier 1844, il est déjà fort avancé et cherche « d'où sont tirées les histoires populaires, les tra-

1. Voir l'introduction de Gabriel Laplane à son édition de l'*Histoire de don Pèdre Ier, roi de Castille,* Paris, Marcel Didier [1961].

ditions, du roi D. Pedro, par exemple l'anecdote de la rue del Candilejo? » (*Corr. gén.*, t. IV, p. 16.)

Cette anecdote, que l'on retrouvera dans *Carmen,* il a pu la connaître, dès 1840, par la comédie de Juan de la Hoz *(El montañès Juan Pascal),* analysée dans un article de Louis de Vielcastel dans la *Revue des Deux Mondes* du 1er novembre 1840. En juin 1844, il a abordé, dans la *Revue archéologique* le problème de la position de l'antique Munda. Le 21 août 1844 (*Corr. gén.,* t. IV, p. 139), il a lu Borrow [1], et sans doute le premier volume de Pott [2], et il écrit à son ami Grasset : « J'ai étudié pendant quelques jours le jargon des bohémiens (Zingari) [...] Il y a un Allemand qui écrit en ce moment leur histoire, et qui me paraît faire une expèce de roman. Un Anglais missionnaire ou espion a fait sur les gitanos d'Espagne un livre très amusant, c'est un M. Borrow. Il ment effroyablement mais parfois dit des choses vraies et excellentes. »

La lecture de Borrow réveille en Mérimée les lointains récits de la comtesse de Montijo et il se délasse de la lecture des documents sur don Pèdre, en racontant l'aventure de don José, ensorcelé par Carmen. Quoique, au dire de Mérimée, la plupart des bohémiennes soient « horriblement laides », il fallait bien que Carmen fût jolie et qu'elle eût « cette grâce voluptueuse et provocante » qu'il aime à reconnaître chez Maria de Padilla, la maîtresse de don Pedro. Il en a donc fait une bohémienne vraie fille du diable, assez belle pour être Andalouse, trop bohémienne pour irriter l'amour-propre national des amis de Mérimée. « J'ai la politique, écrivait-il, de ne jamais dire du mal d'un pays où je dois revenir. Voilà pourquoi on m'aime tant en Espagne. » Pour la même raison don José n'est pas purement espagnol mais Basque et Mérimée mêlera à son récit tous les souvenirs de ses lectures des journaux où reviennent sans cesse les événements de l'insurrection des Basques (*Corr. gén.,* t. II, p. 16), les noms de Longa et des deux Mina,

1. *The Bible in Spain* (1842); *The Zincali* (1841). Sur Borrow, voir René Fréchet. *George Borrow*. Paris, [1956].

2. A.-F. Pott. *Die Zigeuner in Europa und Asien*, Halle, 1844-1845.

et sans doute aussi du *Voyage en Navarre pendant l'insurrection des Basques* (1830-1835), par J. Augustin Chaho (Paris, 1836).

Parce que Mérimée nous décrit des voleurs espagnols, des auberges et des bohémiens, faut-il remonter jusqu'au roman picaresque et faire une fois de plus l'histoire de la bohémienne dans le roman espagnol? Certes le souvenir de Cervantès, de Hurtado de Mendoza, de Ramon de la Cruz s'impose aux commentateurs. Mérimée connaît fort bien la Gitanilla des *Novelas Ejemplares* et lui a peut-être emprunté quelques traits

Les *Bohémiens* de Pouchkine, qu'il a pu lire dans *le Temps,* en mars 1833 (car il ne sait pas encore le russe), ont pu avoir quelque influence sur la composition de *Carmen,* comme aussi les *Escenas Andaluzas* de Estebañèz Calderón; mais est-il vraiment légitime de rappeler le *Roman comique* de Scarron, le *Gil Blas* de Lesage et enfin *Manon Lescaut.*

Toute la documentation livresque se trouve dans *The Zincali* de Borrow; tous les mots, les proverbes bohémiens cités par Mérimée, viennent du vocabulaire qui termine l'ouvrage. Les paragraphes sur « *La Bahi* », « *La bar lachi* » et « *Ustilar pastesas* », ont été résumés dans *Carmen.* Il a lu aussi *la Bible en Espagne,* dans le texte original paru en 1842. Les chapitres VI et VII du premier volume ont été certainement utilisés et aussi le chapitre III du second volume où il est question de la langue et du caractère des Basques. Je n'insiste pas sur tous les rapprochements que j'ai indiqués dans les notes.

En outre, il existait à cette époque de nombreux récits de voyages en Espagne [1], et, il n'est pas imprudent de croire que Mérimée a connu, par exemple, l'*Itinéraire descriptif de l'Espagne,* par le comte Alexandre de Laborde, père de sa maîtresse, ainsi que l'*Espagne sous Ferdinand VII* du marquis de Custine (1838) auquel il paraît avoir fait quelques emprunts. Mais les hommes qui ont voyagé, à une même époque, dans le même pays, ont vu les mêmes

1. Cf. *Bibliographie des voyages en Espagne,* par Foulché-Delbosc, Paris, Welter, 1896.

choses, entendu les mêmes récits ; il y a là un fonds commun que chaque écrivain exploite à sa façon. Mérimée a visité l'Espagne en 1830 et en 1840 et il est bien difficile de faire la part entre ce qu'il a lu et ce qu'il a vu et entendu. Il est évident que l'on trouve déjà dans les *Lettres d'Espagne* maints détails de *Carmen,* ainsi que dans les lettres qu'il écrit, en 1830, à Sophie Duvaucel et à Albert Stapfer.

Si la première ébauche de *Carmen* était terminée le 16 mai 1845, la nouvelle, sous sa forme définitive était certainement achevée le 5 août 1845, lorsque Mérimée partit pour son voyage d'inspection dans le Languedoc et la Provence. Dès son retour, il écrivait à son ami Requien : « La misère, suite inévitable d'un long voyage, m'a fait consentir à donner *Carmen* à Buloz. » (*Corr. gén.,* t. IV, p. 367.) Et, le 21 septembre, à Vitet : « Vous lirez dans quelque temps une petite drôlerie de votre serviteur qui serait demeurée inédite, si l'auteur n'eût été obligé de s'acheter des pantalons. » (*Corr. gén.,* t. IV, p. 374.)

Carmen parut en effet dans la *Revue des Deux Mondes* le 1er octobre 1845. Un tirage à part, dont on ne connaît aujourd'hui que l'exemplaire de la collection Suzannet, avec une dédicace en grec à Boissonade, fut imprimé par Henri Fournier [1].

Vers la fin de 1846, Mérimée réunit, en un volume, *Carmen, Arsène Guillot* et *l'Abbé Aubain.* Il adjoignit à *Carmen* quelques pages sur les mœurs et le langage des Bohémiens. Cette dissertation, dont les raisons échappent, a paru en général inopportune. Désir d'affirmer ses connaissances philologiques, ou plus simplement de grossir un volume en réalité un peu mince? on ne sait.

C'est à son voyage dans les Vosges, en septembre 1845, que Mérimée fait allusion dans ces nouvelles pages, car lorsqu'il reviendra à Metz, en 1846, son texte était probablement fixé. *Carmen* était imprimé à la fin de 1846, mais le volume ne parut en librairie, chez Michel Lévy, en même temps que *Madeleine* de Jules Sandeau, qu'en 1847, avant

1. Cf. *Bulletin du bibliophile,* 1er avril 1925, p. 221.

le 21 février [1]. La page de titre porte la date de 1846, mais c'est la date de 1847 qui figure sur la couverture jaune imprimée. L'ouvrage ne fut enregistré à la *Bibliographie de la France* que le 29 mai 1847.

Il semble que le livre n'ait pas fait beaucoup de bruit. On n'en a pas trouvé de compte rendu dans les grands journaux du temps, *Débats, Presse, Gazette de France, Moniteur*. Charles de Mazade en avait dit quelques mots : « Où faut-il aller chercher le véritable éclat, c'est-à-dire le vrai mérite littéraire?... qu'on choisisse quelqu'un de ces contes d'un si beau relief tels que *Carmen,* dont le secret semble trop bien gardé par M. Mérimée. » (*Revue des Deux Mondes,* 15 juin 1846, p. 1028). Alexis de Valon, dans la *Decima corrida de toros* (*ibid.*, 1er avril 1846), avait évoqué « l'émouvant récit de *Carmen* » et rapproché « les récits pleins de verve de MM. Mérimée et Th. Gautier ». Quelques lignes enfin d'Armand de Pontmartin, dans la *Revue des Deux Mondes* du 1er mai 1847, à propos de la *Militona* de Th. Gautier.

Il a fallu, pour émouvoir la critique, l'édition, dans le format anglais in-18, qui parut chez Michel Lévy, sous le titre *Nouvelles*. Le livre était augmenté de la *Dame de pique,* du *Hussard* et des *Bohémiens,* traduits de Pouchkine et de l'article sur *Nicolas Gogol.*

Le livre, enregistré à la *Bibliographie de la France,* le 29 mai 1852, avait paru avant le 14 avril (*Corr. gén.,* t. VI, p. 305 et n. 3.) Mérimée publiait le 15 avril, le début de son article sur le *Procès de M. Libri,* et sa mère allait mourir le 30 avril.

Le premier article parut le 3 juillet 1852, dans l'*Athenaeum français,* sous la signature de Léon de Wailly. Le 21 août suivant, dans *l'Illustration* (p. 115), Philippe Busoni rendit compte de *Carmen* et d'*Arsène Guillot,* et il écrivit : « Ce glorieux vétéran de notre jeune littérature; écrivain spirituel et d'autant plus sobre; novateur fidèle à la langue, au style buriné, très enthousiaste du vrai sous son apparence de sceptique. Toutes les coteries ont revendiqué ses œuvres

1. Cf. *l'Artiste,* 21 février 1847.

et mis son nom dans leur enseigne, sans qu'il ait répondu ostensiblement à leurs avances; il semble qu'il ait laissé aller son succès comme ses œuvres; il n'a pris aucune part à la petite guerre des poétiques et des préfaces; il n'a irrité aucun amour-propre de même qu'il n'a pansé les blessures littéraires de personne : les deux camps ont échangé leurs coups au-dessus de sa tête, et en entrant à l'Académie, mieux qu'aucun autre il a pu dire : « J'emporte dans ce tombeau l'estime de tous ceux qui m'ont connu. »

Après un article de Louis Enault, dans la *Gazette de France,* du 12 janvier 1853, Sainte-Beuve attendit l'apparition des *Faux Démétrius* pour parler de *Carmen* qui ne serait « autre chose qu'une Manon Lescaut d'un plus haut goût » (*Le Moniteur universel,* 7 février 1853). Le 15 septembre 1854, enfin Gustave Planche étudiait *Carmen* dans son important article de la *Revue des Deux Mondes* sur « Prosper Mérimée ».

On sait que le 3 mars 1875 eut lieu la première représentation de l'opéra-comique, tiré de *Carmen* par Meilhac et Halévy, musique de Georges Bizet [1].

M. P.

1. Sur *Carmen* au théâtre lyrique, voir Henry Malherbe. *Carmen.* Paris, Albin Michel, [1951].

CARMEN

Πᾶσα γυνὴ χόλος ἐστίν· ἔχει δ'ἀγαθάς δύο ὥρας
Τήν μίαν ἐν θαλάμῳ, τήν μίαν ἐν θανάτῳ*.

PALLADAS.

I

J'AVAIS toujours soupçonné les géographes de ne savoir ce qu'ils disent lorsqu'ils placent le champ de bataille de Munda* dans le pays des Bastuli-Pœni, près de la moderne Monda, à quelque [1] deux lieues au nord de Marbella*. D'après mes propres conjectures sur le texte de l'anonyme auteur du *Bellum Hispaniense**, et quelques renseignements recueillis dans l'excellente bibliothèque du duc d'Osuna*, je pensais qu'il fallait chercher aux environs de Montilla le lieu mémorable où, pour la dernière fois, César joua quitte ou double contre les champions de la république. Me trouvant en Andalousie au commencement de l'automne de 1830, je fis une assez longue excursion pour éclaircir les doutes qui me restaient encore. Un mémoire que je publierai prochainement* ne laissera plus, je l'espère, aucune incertitude [2] dans l'esprit de tous les archéologues de bonne foi. En attendant que ma dissertation résolve enfin le problème géographique qui tient toute l'Europe [3] savante en suspens, je veux vous raconter une petite histoire; elle ne préjuge rien sur l'intéressante question de l'emplacement de Munda.

J'avais loué à Cordoue un guide et deux chevaux, et m'étais mis en campagne avec les *Commentaires de*

César et quelques chemises pour tout bagage. Certain jour, errant dans la partie élevée de la plaine de Cachena*, harassé de fatigue, mourant de soif, brûlé par un soleil de plomb, je donnais au diable de bon cœur César et les fils de Pompée*, lorsque j'aperçus, assez loin du sentier que je suivais, une petite pelouse verte parsemée de joncs et de roseaux. Cela m'annonçait le voisinage d'une source. En effet, en m'approchant, je vis que la prétendue pelouse était un marécage* où se perdait un ruisseau, sortant, comme il semblait, d'une gorge étroite entre deux hauts contreforts de la sierra de Cabra*. Je conclus qu'en remontant je trouverais [4] de l'eau plus fraîche, moins de sangsues et de grenouilles, et peut-être un peu d'ombre au milieu des rochers. A l'entrée de la gorge, mon cheval hennit, et un autre cheval, que je ne voyais pas, lui répondit aussitôt. A peine eus-je fait une centaine de pas, que la gorge, s'élargissant tout à coup, me montra une espèce de cirque naturel parfaitement ombragé par la hauteur des escarpements qui l'entouraient. Il était impossible de rencontrer un lieu qui promît au voyageur une halte plus agréable. Au pied de rochers à pic, la source s'élançait en bouillonnant, et tombait dans un petit bassin tapissé d'un sable blanc comme la neige. Cinq à six beaux chênes verts, toujours à l'abri du vent et rafraîchis par la source, s'élevaient sur ses bords, et la couvraient de leur épais ombrage; enfin, autour du bassin, une herbe fine, lustrée, offrait un lit meilleur qu'on n'en eût trouvé dans aucune auberge à dix lieues à la ronde*.

A moi n'appartenait pas l'honneur d'avoir découvert un si beau lieu*. Un homme s'y reposait déjà, et sans doute dormait, lorsque j'y pénétrai. Réveillé par les hennissements, il s'était levé, et s'était rapproché de son cheval, qui avait profité du sommeil de son maître pour faire un bon repas de l'herbe aux environs. C'était un jeune gaillard, de taille moyenne, mais d'apparence robuste, au regard sombre, et fier. Son teint, qui avait pu être beau [5], était devenu, par l'action du soleil, plus foncé que ses cheveux. D'une main il tenait le licol de sa monture, de l'autre une espingole de cuivre*. J'avouerai que d'abord l'espingole et l'air farouche du porteur me surprirent quelque peu; mais je ne croyais plus aux voleurs, à force d'en entendre parler et de n'en rencontrer jamais. D'ailleurs, j'avais vu tant d'honnêtes fermiers* s'armer jusqu'aux dents pour aller au marché, que la vue d'une arme à feu ne m'autorisait pas à mettre en doute la moralité de l'inconnu. — Et puis, me disais-je, que ferait-il de mes chemises et de mes *Commentaires* Elzevir? Je saluai donc l'homme à l'espingole d'un signe de tête familier, et je lui demandai en souriant si j'avais troublé son sommeil. Sans me répondre, il me toisa de la tête aux pieds; puis, comme satisfait de son examen, il considéra avec la même attention mon guide, qui s'avançait. Je vis celui-ci pâlir et s'arrêter en montrant une terreur évidente. Mauvaise rencontre! me dis-je. Mais la prudence me conseilla aussitôt de ne laisser voir aucune inquiétude. Je mis pied à terre; je dis au guide de débrider, et, m'agenouillant au bord de la source, j'y plongeai ma tête et mes mains; puis je bus une bonne gorgée, couché à plat ventre, comme les mauvais soldats de Gédéon*.

J'observais cependant mon guide et l'inconnu. Le premier s'approchait bien à contrecœur; l'autre semblait n'avoir pas de mauvais desseins contre nous, car il avait rendu la liberté à son cheval, et son espingole, qu'il tenait d'abord horizontale, était maintenant dirigée vers la terre.

Ne croyant pas devoir me formaliser du peu de cas qu'on avait paru faire de ma personne, je m'étendis sur l'herbe, et d'un air dégagé je demandai à l'homme à l'espingole s'il n'avait pas un briquet sur lui. En même temps je tirais mon étui à cigares. L'inconnu, toujours sans parler, fouilla dans sa poche, prit son briquet, et s'empressa de me faire du feu. Évidemment il s'humanisait; car il s'assit en face de moi, toutefois sans quitter son arme. Mon cigare allumé, je choisis le meilleur de ceux qui me restaient, et je lui demandai s'il fumait.

— Oui, monsieur, répondit-il. C'étaient les premiers

mots qu'il faisait entendre, et je remarquai qu'il ne prononçait pas l'*s* à la manière andalouse [a], d'où je conclus que c'était un voyageur comme moi, moins archéologue seulement.

— Vous trouverez celui-ci assez bon, lui dis-je en lui présentant un véritable régalia de la Havane*.

Il me fit une légère inclination de tête, alluma son cigare au mien, me remercia d'un autre signe de tête, puis se mit à fumer avec l'apparence d'un très vif plaisir.

— Ah! s'écria-t-il en laissant échapper lentement sa première bouffée par la bouche et les narines, comme il y avait longtemps que je n'avais fumé!

En Espagne, un cigare donné et reçu établit des relations d'hospitalité*, comme en Orient le partage du pain et du sel*. Mon homme se montra plus causant que je ne l'avais espéré. D'ailleurs, bien qu'il se dît habitant du partido de Montilla*, il paraissait connaître le pays assez mal. Il ne savait pas le nom de la charmante vallée où nous nous trouvions; il ne pouvait nommer aucun village des alentours; enfin, interrogé par moi s'il n'avait pas vu aux environs des murs détruits, de larges tuiles à rebords, des pierres sculptées, il confessa qu'il n'avait jamais fait attention à pareilles choses. En revanche, il se montra expert en matière de chevaux. Il critiqua le mien, ce qui n'était pas difficile; puis il me fit la généalogie du sien, qui sortait du fameux haras de Cordoue : noble animal, en effet, si dur à la fatigue, à ce que prétendait son maître, qu'il avait fait une fois trente lieues dans un jour, au galop ou au grand trot. Au milieu de sa tirade, l'inconnu s'arrêta brusquement, comme surpris et fâché d'en avoir trop dit. — C'est que j'étais très pressé d'aller à Cordoue, reprit-il avec quelque embarras. J'avais à solliciter les juges pour un procès... En parlant, il regardait mon guide Antonio*, qui baissait les yeux.

a. Les Andalous aspirent l'*s*, et la confondent dans la prononciation avec le *c* doux et le *z*, que les Espagnols prononcent comme le *th* anglais. Sur le seul mot *Señor* on peut reconnaître un Andalou *[6].

L'ombre et la source me charmèrent tellement [7], que je me souvins de quelques tranches d'excellent jambon que mes amis de Montilla* avaient mis dans la besace de mon guide. Je les fis apporter, et j'invitai l'étranger à prendre sa part de la collation impromptue. S'il n'avait pas fumé depuis longtemps, il me parut vraisemblable qu'il n'avait pas mangé depuis quarante-huit heures au moins. Il dévorait comme un loup affamé. Je pensai que ma rencontre avait été providentielle pour le pauvre diable. Mon guide, cependant, mangeait peu, buvait encore moins, et ne parlait pas du tout, bien que depuis le commencement de notre voyage il se fût révélé à moi comme un bavard sans pareil. La présence de notre hôte semblait le gêner, et une certaine méfiance les éloignait l'un de l'autre sans que j'en devinasse positivement la cause.

Déjà les dernières miettes du pain et du jambon avaient disparu; nous avions fumé chacun un second cigare; j'ordonnai au guide de brider nos chevaux, et j'allais prendre congé de mon nouvel ami, lorsqu'il me demanda où je comptais passer la nuit.

Avant que j'eusse fait attention à un signe de mon guide, j'avais répondu que j'allais à la venta del Cuervo*.

— Mauvais gîte pour une personne comme vous, monsieur... J'y vais, et, si vous me permettez de vous accompagner, nous ferons route ensemble.

— Très volontiers, dis-je en montant à cheval. Mon guide, qui me tenait l'étrier, me fit un nouveau signe des yeux. J'y répondis en haussant les épaules, comme pour l'assurer que j'étais parfaitement tranquille, et nous nous mîmes en chemin.

Les signes mystérieux d'Antonio, son inquiétude, quelques mots échappés à l'inconnu, surtout sa course de trente lieues et l'explication peu plausible qu'il en avait donnée, avaient déjà formé mon opinion sur le compte de mon compagnon de voyage. Je ne doutai pas que je n'eusse affaire à un contrebandier, peut-être à un voleur; que m'importait [8]? Je connaissais assez le caractère espagnol pour être très sûr de n'avoir rien à craindre d'un homme qui avait mangé et fumé avec moi. Sa présence même était une protection assurée contre toute mauvaise rencontre. D'ailleurs, j'étais bien aise de savoir ce que c'est qu'un brigand. On n'en voit pas tous les jours, et il y a un certain charme à se trouver auprès d'un être dangereux, surtout lorsqu'on le sent doux et apprivoisé.

J'espérais amener par degrés l'inconnu à me faire des confidences, et, malgré les clignements d'yeux de mon guide, je mis la conversation sur les voleurs de grand chemin. Bien entendu que j'en parlai avec respect. Il y avait alors en Andalousie un fameux bandit nommé José-Maria*, dont les exploits étaient dans toutes les bouches. — Si j'étais à côté de José-Maria? me disais-je... Je racontai les histoires que je savais de ce héros, toutes à sa louange d'ailleurs, et j'exprimai hautement mon admiration pour sa bravoure et sa générosité.

— José-Maria n'est qu'un drôle, dit froidement l'étranger.

— Se rend-il justice, ou bien est-ce excès de modestie de sa part? me demandai-je[9] mentalement; car, à force de considérer mon compagnon, j'étais parvenu à lui appliquer le signalement de José-Maria, que j'avais lu affiché aux portes de mainte ville d'Andalousie. — Oui, c'est bien lui... Cheveux blonds, yeux bleus, grande bouche, belles dents, les mains petites; une chemise fine, une veste de velours à boutons d'argent, des guêtres de peau blanche, un cheval bai... Plus de doute! Mais respectons son incognito.

Nous arrivâmes à la venta. Elle était telle qu'il me l'avait dépeinte, c'est-à-dire une des plus misérables que j'eusse encore rencontrées. Une grande pièce servait de cuisine, de salle à manger et de chambre à coucher. Sur une pierre plate, le feu se faisait au milieu de la chambre, et la fumée sortait par un trou pratiqué dans le toit, ou plutôt s'arrêtait, formant un nuage à quelques pieds au-dessus du sol. Le long du mur, on voyait étendues par terre cinq ou six vieilles couvertures[10] de mulets; c'étaient les lits des voyageurs. A vingt pas de la maison, ou plutôt de l'unique pièce que je viens de décrire, s'élevait une espèce de hangar servant d'écurie. Dans ce charmant séjour, il n'y avait d'autres êtres humains, du moins pour le moment, qu'une vieille femme et une petite fille de dix à douze ans, toutes les deux de couleur de suie et vêtues d'horribles haillons. — Voilà tout ce qui reste, me dis-je, de la population de l'antique Munda Bœtica ![11] O César ! ô Sextus Pompée ! que vous seriez surpris si vous reveniez au monde !

En apercevant mon compagnon, la vieille laissa échapper une exclamation de surprise. — Ah ! seigneur don José ! s'écria-t-elle.

Don José fronça le sourcil, et leva une main d'un geste d'autorité qui arrêta la vieille aussitôt. Je me tournai vers mon guide, et, d'un signe imperceptible, je lui fis comprendre qu'il n'avait rien à m'apprendre sur le compte de l'homme avec qui j'allais passer la nuit. Le souper fut meilleur que je ne m'y attendais. On nous servit, sur une petite table haute d'un pied, un vieux coq fricassé avec du riz et force piments*, puis des piments à l'huile, enfin du *gaspacho*, espèce de salade de piments*. Trois plats ainsi épicés nous obligèrent de recourir souvent à une outre de vin de Montilla qui se trouva délicieux. Après avoir mangé, avisant une mandoline accrochée contre la muraille, il y a partout des mandolines en Espagne, je demandai à la petite fille qui nous servait si elle savait en jouer.

— Non, répondit-elle; mais don José en joue si bien !

— Soyez assez bon, lui dis-je, pour me chanter quelque chose; j'aime à la passion votre musique nationale.

— Je ne puis rien refuser à un monsieur si honnête, qui me donne de si excellents cigares, s'écria don José d'un air de bonne humeur; et, s'étant fait donner la mandoline, il chanta en s'accompagnant. Sa voix était rude, mais pourtant agréable, l'air mélancolique et bizarre; quant aux paroles, je n'en compris pas un mot.

— Si je ne me trompe, lui dis-je, ce n'est pas un air espagnol que vous venez de chanter. Cela ressemble aux *zorzicos** que j'ai entendus dans les *Provinces* [a], et les paroles doivent être en langue basque.

— Oui, répondit don José d'un air sombre. Il posa la mandoline à terre, et, les bras croisés, il se mit à contempler le feu qui s'éteignait, avec une singulière expression de tristesse. Éclairée par une lampe posée sur la petite table, sa figure, à la fois noble et farouche, me rappelait le Satan de Milton*. Comme lui peut-être, mon compagnon songeait au séjour qu'il avait quitté, à l'exil qu'il avait encouru par une faute [13]. J'essayai de ranimer la conversation, mais il ne répondit pas, absorbé qu'il était dans ses tristes pensées. Déjà la vieille s'était couchée dans un coin de la salle, à l'abri d'une couverture [14] trouée tendue sur une corde. La petite fille l'avait suivie dans cette retraite réservée au beau sexe. Mon guide alors, se levant, m'invita à le suivre à l'écurie; mais, à ce mot, don José, comme réveillé en sursaut, lui demanda d'un ton brusque où il allait.

— A l'écurie, répondit le guide.

— Pour quoi faire? les chevaux ont à manger. Couche ici, Monsieur le permettra.

— Je crains que le cheval de Monsieur ne soit malade; je voudrais que Monsieur le vît : peut-être saura-t-il ce qu'il faut lui faire.

Il était évident qu'Antonio voulait me parler en particulier; mais je ne me souciais pas de donner des soupçons à don José, et, au point où nous en étions, il me semblait que le meilleur parti à prendre était de montrer la plus grande confiance. Je répondis donc à Antonio

---

a. *Les provinces privilégiées*, jouissant de *fueros* particuliers, c'est-à-dire l'Alava, la Biscaïe, la Guipuzcoa, et une partie de la Navarre*. Le basque est la langue du pays [12].

que je n'entendais rien aux chevaux, et que j'avais envie de dormir. Don José le suivit à l'écurie, d'où bientôt il revint seul. Il me dit que le cheval n'avait rien, mais que mon guide le trouvait un animal si précieux, qu'il le frottait avec sa veste pour le faire transpirer, et qu'il comptait passer la nuit dans cette douce occupation*. Cependant, je m'étais étendu sur les couvertures de mulets, soigneusement enveloppé dans mon manteau*, pour ne pas les toucher. Après m'avoir demandé pardon de la liberté qu'il prenait de se mettre auprès de moi, dont José se coucha devant la porte, non sans avoir renouvelé l'amorce de son espingole, qu'il eut soin de placer sous la besace qui lui servait d'oreiller. Cinq minutes après nous être mutuellement souhaité le bonsoir, nous étions l'un et l'autre profondément endormis.

Je me croyais assez fatigué pour pouvoir dormir dans un pareil gîte; mais, au bout d'une heure, de très désagréables démangeaisons m'arrachèrent à mon premier somme. Dès que j'en eus compris la nature, je me levai, persuadé qu'il valait mieux passer le reste de la nuit à la belle étoile que sous ce toit inhospitalier. Marchant sur la pointe du pied, je gagnai la porte, j'enjambai [15] par dessus la couche de don José, qui dormait du sommeil du juste, et je fis si bien que je sortis de la maison sans qu'il s'éveillât. Auprès de la porte était un large banc de bois; je m'étendis dessus, et m'arrangeai de mon mieux pour achever ma nuit. J'allais fermer les yeux pour la seconde fois, quand il me sembla voir passer devant moi l'ombre d'un homme et l'ombre d'un cheval, marchant l'un et l'autre sans faire le moindre bruit. Je me mis sur son séant, et je crus reconnaître Antonio. Surpris de le voir hors de l'écurie à pareille heure, je me levai et marchai à sa rencontre. Il s'était arrêté, m'ayant aperçu d'abord.

— Où est-il? me demanda Antonio à voix basse.

— Dans la venta; il dort; il n'a pas peur [16] des punaises. Pourquoi donc emmenez-vous ce cheval?

Je remarquai alors que, pour ne pas faire de bruit

en sortant du hangar, Antonio avait soigneusement enveloppé les pieds de l'animal avec les débris d'une vieille couverture.

— Parlez plus bas, me dit Antonio, au nom de Dieu! Vous ne savez pas qui est cet homme-là. C'est José Navarro, le plus insigne bandit de l'Andalousie. Toute la journée je vous ai fait des signes que vous n'avez pas voulu comprendre.

— Bandit ou non, que m'importe? répondis-je; il ne nous a pas volés, et je parierais qu'il n'en a pas envie.

— A la bonne heure; mais il y a deux cents ducats* pour qui le livrera. Je sais un poste de lanciers à une lieue et demie d'ici, et avant qu'il soit jour, j'amènerai quelques gaillards solides. J'aurais pris son cheval, mais il est si méchant que nul que le Navarro ne peut en approcher.

— Que le diable vous emporte! lui dis-je. Quel mal vous a fait ce pauvre homme pour le dénoncer? D'ailleurs, êtes-vous sûr qu'il soit le brigand que vous dites?

— Parfaitement sûr; tout à l'heure il m'a suivi dans l'écurie et m'a dit : « Tu as l'air de me connaître; si tu dis à ce bon monsieur qui je suis, je te fais sauter la cervelle. » Restez, Monsieur, restez auprès de lui; vous n'avez rien à craindre. Tant qu'il vous saura là, il ne se méfiera de rien.

Tout en parlant, nous nous étions déjà assez éloignés de la venta pour qu'on ne pût entendre les fers du cheval. Antonio l'avait débarrassé en un clin d'œil des guenilles dont il lui avait enveloppé les pieds; il se préparait à enfourcher sa monture. J'essayai prières et menaces pour le retenir.

— Je suis un pauvre diable, Monsieur, me disait-il; deux cents ducats ne sont pas à perdre, surtout quand il s'agit de délivrer le pays de pareille vermine. Mais prenez garde : si le Navarro se réveille, il sautera sur son espingole, et gare à vous! Moi, je suis trop avancé pour reculer; arrangez-vous comme vous pourrez.

Le drôle était en selle; il piqua des deux, et dans l'obscurité je l'eus bientôt perdu de vue.

J'étais fort irrité contre mon guide et passablement inquiet. Après un instant de réflexion, je me décidai et rentrai dans la venta. Don José dormait encore, réparant sans doute en ce moment les fatigues et les veilles de plusieurs journées aventureuses. Je fus obligé de le secouer rudement pour l'éveiller. Jamais je n'oublierai son regard farouche et le mouvement qu'il fit pour saisir son espingole, que, par mesure de précaution, j'avais mise à quelque distance de sa couche.

— Monsieur, lui dis-je, je vous demande pardon de vous éveiller; mais j'ai une sotte question à vous faire : seriez-vous bien aise de voir arriver ici une demi-douzaine de lanciers?

Il sauta en pieds, et d'une voix terrible :

— Qui vous l'a dit? me demanda-t-il.

— Peu importe d'où vient l'avis, pourvu qu'il soit bon.

— Votre guide m'a trahi, mais il me le payera! Où est-il?

— Je ne sais... Dans l'écurie, je pense... mais quelqu'un m'a dit...

— Qui vous a dit?... Ce ne peut être la vieille...

— Quelqu'un que je ne connais pas... Sans plus de paroles, avez-vous, oui ou non, des motifs pour ne pas attendre les soldats? Si vous en avez, ne perdez pas de temps, sinon bonsoir, et je vous demande pardon d'avoir interrompu votre sommeil.

— Ah! votre guide! votre guide! Je m'en étais méfié d'abord... mais... son compte est bon!... Adieu, Monsieur. Dieu vous rende le service que je vous dois. Je ne suis pas tout à fait aussi mauvais que vous me croyez... oui, il y a encore en moi quelque chose qui mérite la pitié d'un galant homme... Adieu, Monsieur... Je n'ai qu'un regret, c'est de ne pouvoir m'acquitter envers vous.

— Pour prix du service que je vous ai rendu, promettez-moi, don José, de ne soupçonner personne, de ne pas songer [17] à la vengeance. Tenez, voilà des cigares pour votre route; bon voyage! Et je lui tendis la main.

Il me la serra sans répondre, prit son espingole et sa besace, et, après avoir dit quelques mots à la vieille dans un argot que je ne pus comprendre, il courut au hangar. Quelques instants après, je l'entendais galoper dans la campagne.

Pour moi, je me recouchai sur mon banc, mais je ne me rendormis point. Je me demandais si j'avais eu raison de sauver de la potence un voleur, et peut-être un meurtrier, et cela seulement parce que j'avais mangé du jambon avec lui [18] et du riz à la valencienne. N'avais-je pas trahi mon guide qui soutenait la cause des lois; ne l'avais-je pas exposé à la vengeance d'un scélérat? Mais les devoirs de l'hospitalité!... Préjugé de sauvage, me disais-je; j'aurai à répondre de tous les crimes que le bandit va commettre... Pourtant est-ce un préjugé que cet instinct de conscience qui résiste à tous les raisonnements? Peut-être, dans la situation délicate où je me trouvais, ne pouvais-je m'en tirer sans remords. Je flottais encore dans la plus grande incertitude au sujet de la moralité de mon action, lorsque je vis paraître une demi-douzaine de cavaliers avec Antonio, qui se tenait prudemment à l'arrière-garde. J'allai au-devant d'eux, et les prévins que le bandit avait pris la fuite depuis plus de deux heures. La vieille, interrogée par le brigadier, répondit qu'elle connaissait le Navarro, mais que, vivant seule, elle n'aurait jamais osé risquer sa vie en le dénonçant. Elle ajouta que son habitude, lorsqu'il venait chez elle, était de partir toujours au milieu de la nuit. Pour moi, il me fallut aller, à quelques lieues de là, exhiber mon passeport et signer une déclaration [19] devant un alcade*, après quoi on me permit de reprendre mes recherches archéologiques. Antonio me gardait rancune, soupçonnant que c'était moi qui l'avais empêché de gagner les deux cents ducats. Pourtant nous nous séparâmes bons amis à Cordoue; là, je lui donnai une gratification aussi forte que l'état de mes finances pouvait me le permettre.

. . . .

II

Je passai quelques jours à Cordoue. On m'avait indiqué certain manuscrit de la bibliothèque des Dominicains*, où je devais trouver des renseignements intéressants sur l'antique Munda. Fort bien accueilli par les bons Pères, je passais les journées dans leur couvent, et le soir je me promenais par la ville. A Cordoue, vers le coucher du soleil, il y a quantité d'oisifs sur le quai qui borde la rive droite du Guadalquivir. Là, on respire les émanations d'une tannerie qui conserve encore l'antique renommée du pays pour la préparation des cuirs; mais, en revanche, on y jouit d'un spectacle qui a bien son mérite. Quelques minutes avant l'*angélus*, un grand nombre de femmes se rassemblent sur le bord du fleuve, au bas du quai, lequel est assez élevé. Pas un homme n'oserait se mêler à cette troupe. Aussitôt que l'*angélus* sonne, il est censé qu'il fait nuit. Au dernier coup de cloche, toutes ces femmes se déshabillent et entrent dans l'eau. Alors ce sont des cris, des rires, un tapage infernal. Du haut du quai, les hommes contemplent les baigneuses, écarquillent les yeux et ne voient pas grand'chose [20]. Cependant ces formes blanches et incertaines qui se dessinent sur le sombre azur du fleuve, font travailler les esprits poétiques, et, avec un peu d'imagination, il n'est pas difficile de se représenter Diane et ses nymphes au bain, sans avoir à craindre le sort d'Actéon*. — On m'a dit que quelques mauvais garnements se cotisèrent certain jour, pour graisser la patte au sonneur de la cathédrale et lui faire sonner l'*angélus* vingt minutes avant l'heure légale. Bien qu'il fît encore grand jour, les nymphes du Guadalquivir n'hésitèrent pas, et se fiant plus à l'*angélus* qu'au soleil, elles firent en sûreté de conscience leur toilette de bain, qui est toujours des plus simples. Je n'y étais pas. De mon temps, le sonneur était incorruptible, le crépuscule peu clair, et un chat seulement aurait pu distinguer la plus vieille marchande d'oranges de la plus jolie grisette de Cordoue.

Un soir, à l'heure où l'on ne voit plus rien, je fumais, appuyé sur le parapet du quai, lorsqu'une femme, remontant l'escalier qui conduit à la rivière, vint s'asseoir près de moi. Elle avait dans les cheveux un gros bouquet de jasmin, dont les pétales[21] exhalent le soir une odeur enivrante. Elle était simplement, peut-être pauvrement vêtue, tout en noir, comme la plupart des grisettes dans la soirée. Les femmes comme il faut ne portent le noir que le matin; le soir, elles s'habillent *à la francesa*. En arrivant auprès de moi, ma baigneuse laissa glisser sur ses épaules la mantille qui lui couvrait la tête, et, *à l'obscure clarté qui tombe des étoiles**, je vis qu'elle était petite, jeune, bien faite, et qu'elle avait de très grands yeux. Je jetai mon cigare aussitôt. Elle comprit cette attention d'une politesse toute française, et se hâta de me dire qu'elle aimait beaucoup l'odeur du tabac, et que même elle fumait, quand elle trouvait des *papelitos** bien doux. Par bonheur, j'en avais de tels dans mon étui, et je m'empressai de lui en offrir. Elle daigna en prendre un, et l'alluma à un bout de corde enflammé qu'un enfant nous apporta moyennant un sou. Mêlant nos fumées, nous causâmes si longtemps, la belle baigneuse et moi, que nous nous trouvâmes presque seuls sur le quai. Je crus n'être point indiscret en lui offrant d'aller prendre des glaces à la *neveria*[a]. Après une hésitation modeste elle accepta; mais avant de se décider, elle désira savoir quelle heure il était. Je fis sonner ma montre, et cette sonnerie parut l'étonner beaucoup. — Quelles inventions on a chez vous,

a. Café pourvu d'une glacière, où plutôt d'un dépôt de neige. En Espagne, il n'y a guère de village qui n'ait sa *neveria*.

messieurs les étrangers ! De quel pays êtes-vous, monsieur ? Anglais sans doute [a] ?

— Français et votre grand serviteur. Et vous mademoiselle, ou madame, vous êtes probablement de Cordoue [22] ?

— Non.

— Vous êtes du moins Andalouse. Il me semble le reconnaître à votre doux parler.

— Si vous remarquez si bien l'accent du monde, vous devez bien deviner qui je suis.

— Je crois que vous êtes du pays de Jésus*, à deux pas du paradis.

(J'avais appris cette métaphore, qui désigne l'Andalousie, de mon ami Francisco Sevilla, picador bien connu*.)

— Bah ! le paradis... les gens d'ici disent qu'il n'est pas fait pour nous.

— Alors, vous seriez donc Moresque, ou... je m'arrêtai, n'osant dire : juive.

— Allons, allons ! vous voyez bien que je suis bohémienne ; voulez-vous que je vous dise *la baji* [b] ? Avez-vous entendu parler de la Carmencita ? C'est moi.

J'étais alors un tel mécréant, il y a de cela quinze ans, que je ne reculai pas d'horreur en me voyant à côté d'une sorcière. — Bon ! me dis-je ; la semaine passée, j'ai soupé avec un voleur de grands chemins, allons aujourd'hui prendre des glaces avec une servante du diable. En voyage il faut tout voir*. J'avais encore un autre motif pour cultiver sa connaissance. Sortant du collège, je l'avouerai à ma honte, j'avais perdu quelque temps à étudier les sciences occultes et même plusieurs fois j'avais tenté de conjurer l'esprit de ténèbres*. Guéri de-

---

a. En Espagne, tout voyageur qui ne porte pas avec lui des échantillons de calicot ou de soieries passe pour un Anglais, *Inglesito*. Il en est de même en Orient. A Chalcis, j'ai eu l'honneur d'être annoncé comme un Μιλόρδος Φραντζέσος*.

b. La bonne aventure*.

puis longtemps de la passion de semblables recherches, je n'en conservais pas moins un certain attrait de curiosité pour toutes les superstitions, et me faisais une fête d'apprendre jusqu'où s'était élevé l'art de la magie parmi les Bohémiens.

Tout en causant, nous étions entrés dans la *neveria*, et nous étions assis à une petite table éclairée par une bougie renfermée dans un globe de verre. J'eus alors tout le loisir d'examiner ma *gitana* pendant que quelques honnêtes gens s'ébahissaient, en prenant leurs glaces, de me voir en si bonne compagnie.

Je doute fort que mademoiselle Carmen fût de race pure, du moins elle était infiniment plus jolie que toutes les femmes de sa nation que j'aie jamais rencontrées. Pour qu'une femme soit belle, il faut, disent les Espagnols, qu'elle réunisse trente *si*, ou, si l'on veut, qu'on puisse la définir au moyen de dix adjectifs applicables chacun à trois parties de sa personne. Par exemple, elle doit avoir trois choses noires : les yeux, les paupières et les sourcils; trois fines, les doigts, les lèvres, les cheveux, etc. Voyez Brantôme pour le reste*. Ma bohémienne ne pouvait prétendre à tant de perfections. Sa peau, d'ailleurs parfaitement unie, approchait fort de la teinte du cuivre. Ses yeux étaient obliques, mais admirablement fendus; ses lèvres un peu fortes, mais bien dessinées et laissant voir des dents plus blanches que des amandes sans leur peau. Ses cheveux, peut-être un peu gros, étaient noirs, à reflets bleus comme l'aile d'un corbeau, longs et luisants. Pour ne pas vous fatiguer d'une description trop prolixe, je vous dirai en somme qu'à chaque défaut elle réunissait une qualité qui ressortait peut-être plus fortement par le contraste. C'était une beauté étrange et sauvage, une figure qui étonnait d'abord, mais qu'on ne pouvait oublier. Ses yeux surtout avaient une expression à la fois voluptueuse et farouche que je n'ai trouvée depuis à aucun regard [23] humain*. Œil de bohémien, œil de loup, c'est un dicton espagnol qui dénote une bonne observation. Si vous n'avez pas le temps d'aller au Jardin des

Plantes* pour étudier le regard d'un loup, considérez votre chat quand il guette un moineau.

On sent qu'il eût été ridicule de se faire tirer la bonne aventure dans un café. Aussi je priai la jolie sorcière de me permettre de l'accompagner à son domicile; elle y consentit sans difficulté, mais elle voulut connaître encore la marche du temps, et me pria de nouveau de faire sonner ma montre.

— Est-elle vraiment d'or? dit-elle en la considérant avec une excessive attention.

Quand nous nous remîmes en marche, il était nuit close; la plupart des boutiques étaient fermées et les rues presque désertes. Nous passâmes le pont du Guadalquivir, et à l'extrémité du faubourg nous nous arrêtâmes devant une maison qui n'avait nullement l'apparence d'un palais. Un enfant nous ouvrit. La bohémienne lui dit quelques mots dans une langue à moi inconnue, que je sus depuis être la *rommani* ou *chipe calli*, l'idiome des gitanos. Aussitôt l'enfant disparut, nous laissant dans une chambre assez vaste, meublée d'une petite table, de deux tabourets et d'un coffre. Je ne dois point oublier une jarre d'eau, un tas d'oranges et une botte d'oignons.

Dès que nous fûmes seuls, la bohémienne tira de son coffre des cartes qui paraissaient avoir beaucoup servi, un aimant, un caméléon desséché, et quelques autres objets nécessaires à son art. Puis elle me dit de faire la croix dans ma main gauche avec une pièce de monnaie, et les cérémonies magiques commencèrent*. Il est inutile de vous rapporter ses prédictions, et, quant à sa manière d'opérer, il était évident qu'elle n'était pas sorcière à demi.

Malheureusement nous fûmes bientôt dérangés. La porte s'ouvrit tout à coup avec violence, et un homme, enveloppé jusqu'aux yeux dans un manteau brun entra dans la chambre en apostrophant la bohémienne d'une façon peu gracieuse. Je n'entendais pas ce qu'il disait, mais le ton de sa voix indiquait qu'il était de fort mauvaise humeur. A sa vue, la gitana ne montra ni surprise ni colère, mais elle accourut à sa rencontre, et, avec une volubilité extraordinaire, lui adressa quelques phrases dans la langue mystérieuse dont elle s'était déjà servie devant moi. Le mot de *payllo**, souvent répété, était le seul mot que je comprisse. Je savais que les bohémiens désignent ainsi tout homme étranger à leur race. Supposant qu'il s'agissait de moi, je m'attendais à une explication délicate; déjà j'avais la main sur le pied d'un des tabourets, et je syllogisais* à part moi pour deviner le moment précis où il conviendrait de le jeter à la tête de l'intrus. Celui-ci repoussa rudement la bohémienne, et s'avança vers moi; puis, reculant d'un pas :

— Ah ! Monsieur, dit-il, c'est vous !

Je le regardai à mon tour, et reconnus mon ami don José. En ce moment, je regrettais un peu de ne pas l'avoir laissé pendre [24].

— Eh ! c'est vous, mon brave ! m'écriai-je en riant le moins jaune que je pus; vous avez interrompu mademoiselle au moment où elle m'annonçait des choses bien intéressantes.

— Toujours la même ! Ça finira, dit-il [25] entre ses dents, attachant sur elle un regard farouche.

Cependant la bohémienne continuait à lui parler dans sa langue. Elle s'animait par degrés. Son œil s'injectait de sang et devenait terrible, ses traits se contractaient, elle frappait du pied. Il me sembla qu'elle le pressait vivement de faire quelque chose à quoi il montrait de l'hésitation. Ce que c'était, je croyais ne le comprendre que trop à la voir passer et repasser rapidement sa petite main sous son menton. J'étais tenté de croire qu'il s'agissait d'une gorge à couper, et j'avais quelques soupçons que cette gorge ne fût la mienne.

A tout ce torrent d'éloquence, don José ne répondit que par deux ou trois mots [26] prononcés d'un ton bref. Alors la bohémienne lui lança un regard de profond mépris; puis, s'asseyant à la turque dans un coin de la chambre, elle choisit une orange, la pela et se mit à la manger.

Don José me prit le bras, ouvrit la porte et me conduisit dans la rue. Nous fîmes environ deux cents pas dans le plus profond silence. Puis, étendant la main :

— Toujours tout droit, dit-il, et vous trouverez le pont.

Aussitôt il me tourna le dos et s'éloigna rapidement. Je revins à mon auberge un peu penaud et d'assez mauvaise humeur. Le pire fut qu'en me déshabillant, je m'aperçus que ma montre me manquait*.

Diverses considérations m'empêchèrent d'aller la réclamer le lendemain, ou de solliciter M. le corrégidor pour qu'il voulût bien [27] la faire chercher. Je terminai mon travail sur le manuscrit des Dominicains et je partis pour Séville. Après plusieurs mois de courses errantes en Andalousie, je voulus retourner à Madrid, et il me fallut repasser par Cordoue. Je n'avais pas l'intention d'y faire un long séjour, car j'avais pris en grippe cette belle ville et les baigneuses du Guadalquivir. Cependant quelques amis à revoir, quelques commissions à faire devaient me retenir au moins trois ou quatre jours dans l'antique capitale des princes musulmans.

Dès que je reparus au couvent des Dominicains, un des pères qui m'avait toujours montré un vif intérêt dans mes recherches sur l'emplacement de Munda, m'accueillit les bras ouverts, en s'écriant :

— Loué soit le nom de Dieu ! Soyez le bienvenu, mon cher ami. Nous vous croyions tous mort, et moi, qui vous parle, j'ai récité bien des *pater* et des *ave*, que je ne regrette pas, pour le salut de votre âme. Ainsi vous n'êtes pas assassiné, car pour volé nous savons que vous l'êtes ?

— Comment cela ? lui demandai-je un peu surpris.

— Oui, vous savez bien, cette belle montre à répétition que vous faisiez sonner dans la bibliothèque, quand nous vous disions qu'il était temps d'aller au chœur. Eh bien ! elle est retrouvée, on vous la rendra.

— C'est-à-dire, interrompis-je un peu décontenancé, que je l'avais égarée...

— Le coquin est sous les verrous, et, comme on savait qu'il était homme à tirer un coup de fusil à un chrétien pour lui prendre une piécette, nous mourions de peur qu'il ne vous eût tué. J'irai avec vous chez le corrégidor, et nous vous ferons rendre votre belle montre. Et puis, avisez-vous de dire là-bas que la justice ne sait pas son métier en Espagne!

— Je vous avoue, lui dis-je, que j'aimerais mieux perdre ma montre que de témoigner, en justice pour faire pendre un pauvre diable, surtout parce que... parce que...

— Oh! n'ayez aucune inquiétude; il est bien recommandé, et on ne peut le pendre deux fois. Quand je dis pendre, je me trompe. C'est un hidalgo que votre voleur; il sera donc *garrotté* après demain sans rémission [a]. Vous voyez qu'un vol de plus ou de moins ne changera rien à son affaire. Plût à Dieu qu'il n'eût que volé! mais il a commis plusieurs meurtres, tous plus horribles les uns que les autres.

— Comment se nomme-t-il?

On le connaît dans le pays sous le nom de José Navarro; mais il a encore un autre nom basque*, que ni vous ni moi ne prononcerons jamais. Tenez, c'est un homme à voir, et vous qui aimez à connaître les singularités du pays, vous ne devez pas négliger d'apprendre comment en Espagne les coquins sortent de ce monde*. Il est en chapelle*, et le père Martinez vous y conduira.

Mon Dominicain insista tellement pour que je visse les apprêts du « *petit pendement pien choli* »,* que je ne pus m'en défendre. J'allai voir le prisonnier, muni d'un paquet de cigares qui, je l'espérais, devaient lui faire excuser mon indiscrétion.

On m'introduisit auprès de don José, au moment où il prenait son repas. Il me fit un signe de tête assez froid, et me remercia poliment du cadeau que je lui apportais. Après avoir compté les cigares du paquet

---

a. En 1830, la noblesse jouissait encore de ce privilège. Aujourd'hui, sous le régime constitutionnel, les vilains ont conquis le droit au *garrote** [28].

que j'avais mis entre ses mains, il en choisit un certain nombre, et me rendit le reste, observant qu'il n'avait pas besoin d'en prendre davantage.

Je lui demandai si, avec un peu d'argent, ou par le crédit de mes amis, je pourrais obtenir quelque adoucissement à son sort. D'abord il haussa les épaules en souriant avec tristesse; bientôt, se ravisant, il me pria de faire dire une messe pour le salut de son âme.

— Voudriez-vous, ajouta-t-il timidement, voudriez-vous en faire dire une autre pour une personne qui vous a offensé?

— Assurément, mon cher, lui dis-je; mais personne, que je sache, ne m'a offensé en ce pays.

Il me prit la main et la serra d'un air grave. Après un moment de silence, il reprit :

— Oserai-je encore vous demander un service?... Quand vous reviendrez dans votre pays, peut-être passerez-vous par la Navarre : au moins vous passerez par Vittoria, qui n'en est pas fort éloignée.

— Oui, lui dis-je, je passerai certainement par Vittoria; mais il n'est pas impossible que je me détourne pour aller à Pampelune, et, à cause de vous, je crois que je ferais volontiers ce détour.

— Eh bien! si vous allez à Pampelune, vous y verrez plus d'une chose qui vous intéressera... C'est une belle ville... Je vous donnerai cette médaille (il me montrait une petite médaille d'argent qu'il portait au cou), vous l'envelopperez dans du papier... il s'arrêta un instant pour maîtriser son émotion... et vous la remettrez ou vous la ferez remettre à une bonne femme dont je vous dirai l'adresse. — Vous direz que je suis mort, vous ne direz pas comment.

Je promis d'exécuter sa commission. Je le revis le lendemain, et je passai une partie de la journée avec lui. C'est de sa bouche que j'ai appris les tristes aventures qu'on va lire.

III

Je suis né, dit-il, à Élizondo, dans la vallée de Baztan. Je m'appelle don José Lizarrabengoa, et vous connaissez assez l'Espagne, Monsieur, pour que mon nom vous dise aussitôt que je suis Basque et vieux chrétien. Si je prends le *don*, c'est que j'en ai le droit, et si j'étais à Élizondo, je vous montrerais ma généalogie sur parchemin. On voulait que je fusse d'église, et l'on me fit étudier, mais je ne profitais guère. J'aimais trop à jouer à la paume, c'est ce qui m'a perdu. Quand nous jouons à la paume, nous autres Navarrais, nous oublions tout. Un jour que j'avais gagné, un gars de l'Alava me chercha querelle; nous prîmes nos *maquilas* [a], et j'eus encore l'avantage; mais cela m'obligea de quitter le pays. Je rencontrai des dragons, et je m'engageai dans le régiment d'Almanza, cavalerie. Les gens de nos montagnes apprennent vite le métier militaire. Je devins bientôt brigadier, et on me promettait de me faire maréchal des logis, quand, pour mon malheur, on me mit de garde à la manufacture de tabacs à Séville [29]. Si vous êtes allé à Séville, vous aurez vu ce grand bâtiment-là, hors des remparts, près du Guadalquivir. Il me semble en voir encore la porte et le corps de garde auprès. Quand ils sont de service, les Espagnols jouent aux cartes, ou dorment; moi, comme un franc Navarrais, je tâchais toujours de m'occuper. Je faisais une chaîne avec du fil de laiton, pour tenir mon épinglette. Tout d'un coup, les camarades disent : Voilà la cloche qui sonne; les filles vont rentrer à l'ouvrage. Vous saurez, monsieur, qu'il y a bien quatre à cinq cents femmes occupées dans la manufacture. Ce sont

---

a. Bâtons ferrés des Basques.

elles qui roulent les cigares dans une grande salle, où les hommes n'entrent pas sans une permission du *Vingt-quatre* [a], parce qu'elles se mettent à leur aise, les jeunes surtout, quand il fait chaud. A l'heure où les ouvrières rentrent, après leur dîner, bien des jeunes gens vont les voir passer, et leur en content de toutes les couleurs. Il y a peu de ces demoiselles qui refusent une mantille de taffetas, et les amateurs, à cette pêche-là, n'ont qu'à se baisser pour prendre le poisson. Pendant que les autres regardaient, moi, je restais sur mon banc, près de la porte. J'étais jeune alors; je pensais toujours au pays, et je ne croyais pas qu'il y eût de jolies filles sans jupes bleues et sans nattes tombant sur les épaules [b]. D'ailleurs, les Andalouses me faisaient peur; je n'étais pas encore fait à leurs manières : toujours à railler, jamais un mot de raison. J'étais donc le nez sur ma chaîne, quand j'entends des bourgeois qui disaient : Voilà la gitanilla! Je levai les yeux, et je la vis. C'était un vendredi, et je ne l'oublierai jamais. Je vis cette Carmen que vous connaissez, chez qui je vous ai rencontré il y a quelques mois.

Elle avait un jupon rouge fort court qui laissait voir des bas de soie blancs avec plus d'un trou, et des souliers mignons de maroquin rouge attachés avec des rubans couleur de feu. Elle écartait sa mantille afin de montrer ses épaules et un gros bouquet de cassie qui sortait de sa chemise. Elle avait encore une fleur de cassie dans le coin de la bouche, et elle s'avançait en se balançant sur ses hanches comme une pouliche du haras de Cordoue. Dans mon pays, une femme en ce costume aurait obligé le monde à se signer. A Séville, chacun lui adressait quelque compliment gaillard sur sa tournure; elle répondait à chacun, faisant les yeux en coulisse, le poing sur la hanche, effrontée comme une vraie bohémienne qu'elle était. D'abord elle ne me

a. Magistrat chargé de la police et de l'administration municipale.

b. Costume ordinaire des paysannes de la Navarre et des provinces basques.

plut pas, et je repris mon ouvrage; mais elle, suivant l'usage des femmes et des chats qui ne viennent pas quand on les appelle et qui viennent quand on ne les appelle pas, s'arrêta devant moi et m'adressa la parole : — Compère*, me dit-elle à la façon andalouse, veux-tu me donner ta chaîne pour tenir les clefs de mon coffre-fort?

— C'est pour attacher mon épinglette, lui répondis-je.

— Ton épinglette! s'écria-t-elle en riant. Ah! monsieur fait de la dentelle, puisqu'il a besoin d'épingles! Tout le monde qui était là se mit à rire, et moi je me sentais rougir, et je ne pouvais trouver rien à lui répondre. — Allons, mon cœur, reprit-elle, fais-moi sept aunes de dentelle noire pour une mantille, épinglier de mon âme! — Et prenant la fleur de cassie qu'elle avait à la bouche, elle me la lança, d'un mouvement du pouce, juste entre les deux yeux. Monsieur, cela me fit l'effet d'une balle qui m'arrivait... Je ne savais où me fourrer, je demeurais immobile comme une planche. Quand elle fut entrée dans la manufacture, je vis la fleur de cassie qui était tombée à terre entre mes pieds; je ne sais ce qui me prit, mais je la ramassai sans que mes camarades s'en aperçussent et je la mis [30] précieusement dans ma veste. Première sottise!

Deux ou trois heures après, j'y pensais encore, quand arrive dans le corps de garde un portier tout haletant, la figure renversée. Il nous dit que dans la grande salle des cigares il y avait une femme assassinée, et qu'il fallait y envoyer la garde. Le maréchal me dit de prendre deux hommes et d'y aller voir. Je prends mes hommes et je monte. Figurez-vous, monsieur, qu'entré dans la salle je trouve d'abord trois cents femmes en chemise, ou peu s'en faut [31], toutes criant, hurlant, gesticulant, faisant un vacarme à ne pas entendre Dieu tonner. D'un côté, il y en avait une, les quatre fers en l'air, couverte de sang, avec un X sur la figure qu'on venait de lui marquer en deux coups de couteau. En face de la blessée, que secouraient les meilleures de la bande, je vois Carmen tenue par cinq ou six commères. Le femme blessée criait : Confession ! confession ! je suis morte ! Carmen ne disait rien; elle serrait les dents, et roulait des yeux comme un caméléon. — Qu'est-ce que c'est? demandai-je. J'eus grand-peine à savoir ce qui s'était passé, car toutes les ouvrières me parlaient à la fois. Il paraît que la femme blessée s'était vantée d'avoir assez d'argent en poche pour acheter un âne au marché de Triana. — Tiens, dit Carmen qui avait une langue, tu n'as donc pas assez d'un balai? — L'autre, blessée du reproche, peut-être parce qu'elle se sentait véreuse sur l'article, lui répond qu'elle ne se connaissait pas en balais, n'ayant pas l'honneur d'être bohémienne ni filleule de Satan, mais que mademoiselle Carmencita ferait bientôt connaissance avec son âne, quand M. le corrégidor la mènerait à la promenade avec deux laquais par derrière pour l'émoucher. — Eh bien, moi, dit Carmen, je te ferai des abreuvoirs à mouches* sur la joue, et je veux y peindre un damier [a]. — Là-dessus, vli-vlan ! elle commence, avec le couteau dont elle coupait le bout des cigares, à lui dessiner des croix de Saint-André sur la figure.

Le cas était clair; je pris Carmen par le bras : — Ma sœur, lui dis-je poliment, il faut me suivre. — Elle me lança un regard comme si elle me reconnaissait; mais elle dit d'un air résigné : — Marchons. Où est ma mantille? — Elle la mit sur sa tête de façon à ne montrer qu'un seul de ses grands yeux, et suivit mes deux hommes, douce comme un mouton. Arrivés au corps de garde, le maréchal des logis dit que c'était grave, et qu'il fallait la mener à la prison. C'était encore moi qui devais la conduire. Je la mis entre deux dragons et je marchais derrière comme un brigadier doit faire en semblable rencontre. Nous nous mîmes en route pour la ville. D'abord la bohémienne avait gardé le silence; mais dans la rue du Serpent*, — vous la

a. *Pintar un javeque*, peindre un chebec. Les chebecs espagnols ont, pour la plupart, leur bande peinte à carreaux rouges et blancs * [32].

connaissez, elle mérite bien son nom par les détours qu'elle fait, — dans la rue du Serpent, elle commence par laisser tomber sa mantille sur ses épaules, afin de me montrer son minois enjôleur, et, se tournant vers moi autant qu'elle pouvait, elle me dit :

— Mon officier, où me menez-vous?

— A la prison, ma pauvre enfant, lui répondis-je le plus doucement que je pus, comme un bon soldat doit parler à un prisonnier, surtout à une femme.

— Hélas! que deviendrai-je [33]? Seigneur officier, ayez pitié de moi. Vous êtes si jeune, si gentil!... Puis, d'un ton plus bas : Laissez-moi m'échapper, dit-elle, je vous donnerai un morceau de la *bar lachi,* qui vous fera aimer de toutes les femmes.

La *bar lachi*, monsieur, c'est la pierre d'aimant, avec laquelle les bohémiens prétendent qu'on fait quantité de sortilèges quand on sait s'en servir. Faites-en boire à une femme une pincée râpée dans un verre de vin blanc, elle ne résiste plus. Moi, je lui répondis le plus sérieusement que je pus :

— Nous ne sommes pas ici pour dire des balivernes; il faut aller à la prison, c'est la consigne, et il n'y a pas de remède.

Nous autres gens du pays basque, nous avons un accent qui nous fait reconnaître facilement des Espagnols; en revanche, il n'y en a pas un qui puisse seulement apprendre à dire *baï*, *jaona* [a]. Carmen donc n'eut pas de peine à deviner que je venais des provinces. Vous saurez que [34] les bohémiens, monsieur, comme n'étant d'aucun pays, voyageant toujours, parlent toutes les langues, et la plupart sont chez eux en Portugal, en France, dans les provinces, en Catalogne, partout; même avec les Maures et les Anglais, ils se font entendre [35]. Carmen savait assez bien le basque. — *Laguna*, *ene bihotsarena**, camarade de mon cœur, me dit-elle tout à coup, êtes-vous du pays?

Notre langue, monsieur, est si belle, que, lorsque

---

a. Oui, monsieur*.

nous l'entendons en pays étranger, cela nous fait tressaillir... « Je voudrais avoir un confesseur des provinces, » ajouta plus bas le bandit. Il reprit après un silence :

— Je suis d'Elizondo, lui répondis-je en basque, fort ému de l'entendre parler ma langue.

— Moi, je suis d'Etchalar, dit-elle. — C'est un pays à quatre heures de chez nous. — J'ai été emmenée par des bohémiens à Séville. Je travaillais à la manufacture pour gagner de quoi retourner en Navarre, près de ma pauvre mère qui n'a que moi pour soutien, et un petit *barratcea* [a]* avec vingt pommiers à cidre. Ah ! si j'étais au pays, devant la montagne blanche ! On m'a insultée parce que je ne suis pas de ce pays de filous, marchands d'oranges pourries; et ces gueuses se sont mises toutes contre moi, parce que je leur ai dit que tous leurs *jacques* [b] de Séville, avec leurs couteaux, ne feraient pas peur à un gars de chez nous avec son béret bleu et son *maquila*. Camarade, mon ami, ne ferez-vous rien pour une payse?

Elle mentait, monsieur, elle a toujours menti. Je ne sais pas si dans sa vie cette fille-là a jamais dit un mot de vérité; mais, quand elle parlait, je la croyais : c'était plus fort que moi. Elle estropiait le basque, et je la crus Navarraise; ses yeux seuls et sa bouche et son teint la disaient bohémienne. J'étais fou, je ne faisais plus attention à rien. Je pensais que, si des Espagnols s'étaient avisés de mal parler du pays, je leur aurais coupé la figure, tout comme elle venait de faire à sa camarade. Bref, j'étais comme un homme ivre; je commençais à dire des bêtises, j'étais tout près d'en faire.

— Si je vous poussais, et si vous tombiez, mon pays, reprit-elle en basque, ce ne seraient pas ces deux conscrits de Castillans qui me retiendraient...

Ma foi, j'oubliai la consigne et tout, et je lui dis :

---

a. Enclos, jardin.
b. Braves, fanfarons.

— Eh bien, m'amie, ma payse, essayez, et que Notre-Dame de la Montagne vous soit en aide ! — En ce moment, nous passions devant une de ces ruelles étroites comme il y en a tant à Séville. Tout à coup Carmen se retourne et me lance un coup de poing dans la poitrine. Je me laissai tomber exprès à la renverse. D'un bond, elle saute par-dessus moi et se met à courir en nous montrant une paire de jambes !... On dit jambes de Basque : les siennes en valaient bien d'autres... aussi vites que bien tournées. Moi, je me relève aussitôt; mais je mets ma lance [a] en travers, de façon à barrer la rue, si bien que, de prime abord, les camarades furent arrêtés au moment de la poursuivre. Puis je me mis moi-même à courir, et eux après moi; mais l'atteindre ! il n'y avait pas de risque, avec nos éperons, nos sabres et nos lances ! En moins de temps que je n'en mets à vous le dire, la prisonnière avait disparu. D'ailleurs, toutes les commères du quartier favorisaient sa fuite, et se moquaient de nous, et nous indiquaient la fausse voie. Après plusieurs marches et contre-marches, il fallut nous en revenir au corps de garde sans un reçu du gouverneur de la prison.

Mes hommes, pour n'être pas punis, dirent que Carmen m'avait parlé basque; et il ne paraissait pas trop naturel, pour dire la vérité, qu'un coup de poing d'une tant petite fille eût terrassé si facilement un gaillard de ma force. Tout cela parut louche, ou plutôt trop clair. En descendant la garde, je fus dégradé et envoyé pour un mois à la prison. C'était ma première punition depuis que j'étais au service. Adieu les galons de maréchal des logis que je croyais déjà tenir !

Mes premiers jours de prison se passèrent fort tristement. En me faisant soldat, je m'étais figuré que je deviendrais tout au moins officier. Longa, Mina, mes compatriotes, sont bien capitaines généraux; Chapalangarra, qui est un négro* comme Mina, et réfugié comme lui dans votre pays, Chapalangarra était colonel,

a. Toute la cavalerie espagnole est armée de lances.

et j'ai joué à la paume vingt fois avec son frère, qui était un pauvre diable comme moi. Maintenant je me disais : Tout le temps que tu as servi sans punition, c'est du temps perdu. Te voilà mal noté; pour te remettre bien dans l'esprit des chefs, il te faudra travailler dix fois plus que lorsque tu es venu comme conscrit! Et pour quoi me suis-je fait punir? Pour une coquine de bohémienne qui s'est moquée de moi, et qui, dans ce moment, est à voler dans quelque coin de la ville. Pourtant je ne pouvais m'empêcher de penser à elle. Le croiriez-vous, monsieur? ses bas de soie troués qu'elle me faisait voir tout en plein [36] en s'enfuyant, je les avais toujours devant les yeux. Je regardais par les barreaux de la prison dans la rue, et, parmi toutes les femmes qui passaient, je n'en voyais pas une seule qui valût cette diable de fille-là. Et puis, malgré moi, je sentais la fleur de cassie qu'elle m'avait jetée, et qui, sèche, gardait toujours sa bonne odeur... S'il y a des sorcières, cette fille-là en était une!

Un jour, le geôlier entre, et me donne un pain d'Alcalà [a]. — Tenez, dit-il, voilà ce que votre cousine vous envoie. Je pris le pain, fort étonné, car je n'avais pas de cousine à Séville. C'est peut-être une erreur, pensai-je en regardant le pain; mais il était si appétissant, il sentait si bon, que, sans m'inquiéter de savoir d'où il venait et à qui il était destiné, je résolus de le manger. En voulant le couper, mon couteau rencontra quelque chose de dur. Je regarde, et je trouve une petite lime anglaise qu'on avait glissée dans la pâte avant que le pain fût cuit. Il y avait encore dans le pain une pièce d'or de deux piastres. Plus de doute alors, c'était un cadeau de Carmen. Pour les gens de sa race, la liberté est tout, et ils mettraient le feu à une ville pour s'épargner un jour de prison. D'ailleurs, la commère

a. Alcalà de los Panaderos, bourg à deux lieues de Séville [37], où l'on fait des petits pains délicieux. On prétend que c'est à l'eau d'Alcalà qu'ils doivent leur qualité et l'on en apporte tous les jours une grande quantité à Séville.

était fine, et avec ce pain-là on se moquait des geôliers. En une heure, le plus gros barreau était scié avec la petite lime; et avec la pièce de deux piastres, chez le premier fripier, je changeais ma capote d'uniforme pour un habit bourgeois. Vous pensez bien qu'un homme qui avait déniché maintes fois des aiglons dans nos rochers ne s'embarrassait guère de descendre dans la rue, d'une fenêtre haute de moins de trente pieds; mais je ne voulais pas m'échapper. J'avais encore mon honneur de soldat, et déserter me semblait un grand crime. Seulement, je fus touché de cette marque de souvenir. Quand on est en prison, on aime à penser qu'on a dehors un ami qui s'intéresse à vous. La pièce d'or m'offusquait un peu, j'aurais bien voulu la rendre; mais où trouver mon créancier? cela ne me semblait pas facile.

Après la cérémonie de la dégradation, je croyais n'avoir plus rien à souffrir; mais il me restait encore une humiliation à dévorer : ce fut à ma sortie de prison, lorsqu'on me commanda de service et qu'on me mit en faction comme un simple soldat. Vous ne pouvez vous figurer ce qu'un homme de cœur éprouve en pareille occasion. Je crois que j'aurais aimé autant à être fusillé. Au moins on marche seul, en avant de son peloton; on se sent quelque chose; le monde vous regarde.

Je fus mis en faction à la porte du colonel. C'était un jeune homme riche, bon enfant, qui aimait à s'amuser. Tous les jeunes officiers étaient chez lui, et force bourgeois, des femmes aussi, des actrices, à ce qu'on disait. Pour moi, il me semblait que toute la ville s'était donné rendez-vous à sa porte pour me regarder. Voilà qu'arrive la voiture du colonel, avec son valet de chambre sur le siège. Qu'est-ce que je vois descendre?... la gitanilla. Elle était parée, cette fois, comme une châsse, pomponnée, attifée, tout or et tout rubans. Une robe à paillettes, des souliers bleus à paillettes aussi, des fleurs et des galons partout. Elle avait un tambour de basque à la main. Avec elle il y avait deux autres bohémiennes, une jeune et une vieille. Il y a toujours une vieille pour les mener; puis un vieux avec une guitare, bohémien aussi, pour jouer et les faire danser. Vous savez qu'on s'amuse souvent à faire venir des bohémiennes dans les sociétés, afin de leur faire danser la *romalis*, c'est leur danse*, et souvent bien autre chose.

Carmen me reconnut, et nous échangeâmes un regard. Je ne sais, mais, en ce moment, j'aurais voulu être à cent pieds sous terre. — *Agur laguna* [a], dit-elle*. Mon officier, tu montes la garde comme un conscrit! Et, avant que j'eusse trouvé un mot à répondre, elle était dans la maison.

Toute la société était dans le patio, et, malgré la foule, je voyais à peu près tout ce qui se passait à travers la grille [b]. J'entendais les castagnettes, le tambour; les rires et les bravos; parfois j'apercevais sa tête quand elle sautait avec son tambour. Puis j'entendais encore des officiers qui lui disaient bien des choses qui me faisait monter le rouge à la figure. Ce qu'elle répondait, je n'en savais rien. C'est de ce jour-là, je pense que je me mis à l'aimer pour tout de bon; car l'idée me vint trois ou quatre fois d'entrer dans le patio, et de donner de mon sabre dans le ventre à tous ces freluquets qui lui contaient fleurettes. Mon supplice dura une bonne heure; puis les bohémiens sortirent [38], et la voiture les ramena [39]. Carmen, en passant, me regarda encore avec les yeux que vous savez, et me dit très bas :
— Pays, quand on aime la bonne friture, on en va manger [40] à Triana*, chez Lillas Pastia. Légère comme un cabri, elle s'élança dans la voiture, le cocher fouetta ses mules, et toute la bande joyeuse s'en alla [41] je ne sais où.

Vous devinez bien qu'en descendant ma garde j'allai

---

a. Bonjour, camarade.

b. La plupart des maisons de Séville ont une cour intérieure entourée de portiques. On s'y tient en été. Cette cour est couverte d'une toile qu'on arrose pendant le jour et qu'on retire le soir. La porte de la rue est presque toujours ouverte, et le passage qui conduit à la cour, *zaguan*, est fermé par une grille en fer très élégamment ouvragée.

à Triana; mais d'abord je me fis raser et je me brossai comme pour un jour de parade. Elle était chez Lillas Pastia, un vieux marchand de friture, bohémien, noir comme un Maure, chez qui beaucoup de bourgeois venaient manger du poisson frit, surtout, je crois, depuis que Carmen y avait pris ses quartiers.

— Lillas, dit-elle sitôt qu'elle me vit, je ne fais plus rien de la journée. Demain il fera jour [a] ! Allons, pays, allons nous promener.

Elle mit sa mantille devant son nez, et nous voilà dans la rue, sans savoir où j'allais.

— Mademoiselle, lui dis-je, je crois que j'ai à vous remercier d'un présent que vous m'avez envoyé quand j'étais en prison. J'ai mangé le pain; la lime me servira pour affiler ma lance, et je la garde comme souvenir de vous; mais l'argent, le voilà.

— Tiens ! il a gardé l'argent, s'écria-t-elle en éclatant de rire. Au reste, tant mieux, car je ne suis guère en fonds; mais qu'importe? chien qui chemine ne meurt pas de famine [b]. Allons, mangeons tout. Tu me régales.

Nous avions repris le chemin de Séville. A l'entrée de la rue du Serpent, elle acheta une douzaine d'oranges, qu'elle me fit mettre dans mon mouchoir. Un peu plus loin, elle acheta encore un pain, du saucisson, une bouteille de manzanilla*; puis enfin elle entra chez un confiseur. Là, elle jeta sur le comptoir la pièce d'or que je lui avais rendue, une autre encore, qu'elle avait dans sa poche, avec quelque argent blanc; enfin elle me demanda tout ce que j'avais. Je n'avais qu'une piécette et quelques cuartos*, que je lui donnai, fort honteux de n'avoir pas davantage. Je crus qu'elle voulait emporter toute la boutique. Elle prit tout ce qu'il y avait de plus

---

a. *Mañana serà otro dia.* — Proverbe espagnol.

b. Chuquel sos pirela,
Cocal terela.
Chien qui marche, os trouve. — Proverbe bohémien*.

beau et de plus cher, *yemas* [a], *turon* [b], fruits confits, tant que l'argent dura. Tout cela, il fallut encore que je le portasse dans des sacs de papier. Vous connaissez peut-être la rue du Candilejo, où il y a une tête du roi don Pedro le Justicier [c]. Elle aurait dû m'inspirer des réflexions. Nous nous arrêtâmes, dans cette rue-là, devant une vieille maison. Elle entra dans l'allée, et frappa au rez-de-chaussée. Une bohémienne, vraie servante de Satan, vint nous ouvrir. Carmen lui dit quelques mots en romani. La vieille grogna d'abord. Pour l'apaiser, Carmen lui donna deux oranges et une poignée de bonbons, et lui permit de goûter au vin. Puis elle lui mit sa mante sur le dos et la conduisit à la porte, qu'elle ferma

---

a. Jaunes d'œuf sucrés.

b. Espèce de nougat*.

c. Le roi don Pèdre*, que nous nommons *le Cruel,* et que la reine Isabelle la Catholique n'appelait jamais que *le Justicier,* aimait à se promener le soir dans les rues de Séville, cherchant les aventures, comme le calife Haroûn-al-Raschid. Certaine nuit, il se prit de querelle, dans une rue écartée, avec un homme qui donnait une sérénade. On se battit, et le roi tua le cavalier amoureux. Au bruit des épées, une vieille femme mit la tête à la fenêtre, et éclaira la scène avec la petite lampe, *candilejo,* qu'elle tenait à la main. Il faut savoir que le roi don Pèdre, d'ailleurs leste et vigoureux, avait un défaut de conformation singulier. Quand il marchait, ses rotules craquaient fortement. La vieille, à ce craquement, n'eut pas de peine à le reconnaître. Le lendemain, le Vingt-quatre en charge vint faire son rapport au roi. « Sire, on s'est battu en duel, cette nuit, dans telle rue. Un des combattants est mort. — Avez-vous découvert le meurtrier? — Oui, sire. — Pourquoi n'est-il pas déjà puni? — Sire, j'attends vos ordres. — Exécutez la loi. » Or le roi venait de publier un décret portant que tout duelliste serait décapité, et que sa tête demeurerait exposée sur le lieu du combat. Le Vingt-quatre se tira d'affaire en homme d'esprit. Il fit scier la tête d'une statue du roi, et l'exposa dans une niche au milieu de la rue, théâtre du meurtre. Le roi et tous les Sévillans le trouvèrent fort bon. La rue prit son nom de la lampe de la vieille, seul témoin de l'aventure. — Voilà la tradition populaire. Zuñiga raconte l'histoire un peu différemment. (Voir *Anales de Sevilla*, t. II, p. 136.) Quoi qu'il en soit, il existe encore à Séville une rue du Candilejo, et dans cette rue un buste de pierre qu'on dit être le portrait de don Pèdre. Malheureusement, ce buste est moderne. L'ancien était fort usé au XVIIe siècle, et la municipalité d'alors le fit remplacer par celui qu'on voit aujourd'hui.

avec la barre de bois*. Dès que nous fûmes seuls, elle se mit à danser et à rire comme une folle, en chantant: — Tu es mon *rom*, je suis ta *romi* [a]. — Moi, j'étais au milieu de la chambre, chargé de toutes ses emplettes, ne sachant où les poser. Elle jeta tout par terre, et me sauta au cou, en me disant : — Je paye mes dettes, je paye mes dettes ! c'est la loi des Calés ! [b]* — Ah ! monsieur, cette journée-là ! cette journée-là !... quand j'y pense, j'oublie celle de demain.

Le bandit se tut un instant; puis, après avoir rallumé son cigare, il reprit :

Nous passâmes ensemble toute la journée, mangeant, buvant, et le reste*. Quand elle eut mangé des bonbons comme un enfant de six ans, elle en fourra des poignées dans la jarre d'eau de la vieille. — C'est pour lui faire du sorbet, disait-elle. Elle écrasait des yemas en les lançant contre la muraille. — C'est pour que les mouches nous laissent tranquilles, disait-elle... Il n'y a pas de tour ni de bêtise qu'elle ne fît. Je lui dis que je voudrais la voir danser; mais où trouver des castagnettes? Aussitôt elle prend la seule assiette de la vieille, la casse en morceaux, et la voilà qui danse la romalis en faisant claquer les morceaux de faïence aussi bien que si elle avait eu des castagnettes d'ébène ou d'ivoire*. On ne s'ennuyait pas auprès de cette fille-là, je vous en réponds. Le soir vint, et j'entendis les tambours qui battaient la retraite.

— Il faut que j'aille au quartier pour l'appel, lui dis-je.

— Au quartier? dit-elle d'un air de mépris; tu es donc un nègre, pour te laisser mener à la baguette? Tu es un vrai canari, d'habit et de caractère [c]. Va, tu as un cœur de poulet. Je restai, résigné d'avance à la salle de police. Le matin, ce fut elle qui parla la pre-

---

a. *Rom,* mari; *romi,* femme*.

b. *Calo;* féminin, *calli;* pluriel, *calés.* Mot à mot : *noir,* nom que les bohémiens se donnent dans leur langue.

c. Les dragons espagnols sont habillés de jaune.

mière de nous séparer. — Écoute, Joseito, dit-elle; t'ai-je payé? D'après notre loi, je ne te devais rien, puisque tu es un *payllo**, mais tu es un joli garçon, et tu m'as plu. Nous sommes quittes. Bonjour.

Je lui demandai quand je la reverrais.

— Quand tu seras moins niais, répondit-elle en riant. Puis, d'un ton plus sérieux : Sais-tu, mon fils, que je crois que je t'aime un peu? Mais cela ne peut durer. Chien et loup ne font pas longtemps bon ménage. Peut-être que, si tu prenais la loi d'Égypte, j'aimerais à devenir ta romi. Mais, ce sont des bêtises : cela ne se peut pas. Bah! mon garçon, crois-moi, tu en es quitte à bon compte. Tu as rencontré le diable, oui, le diable; il n'est pas toujours noir, et il ne t'a pas tordu le cou. Je suis habillée de laine, mais je ne suis pas mouton [a]. Va mettre un cierge devant ta *majari* [b]*; elle l'a bien gagné. Allons, adieu encore une fois. Ne pense plus à Carmencita, ou elle te ferait épouser une veuve à jambes de bois* [c].

En parlant ainsi, elle défaisait la barre qui fermait la porte, et une fois dans la rue elle s'enveloppa dans sa mantille et me tourna les talons.

Elle disait vrai. J'aurais été sage de ne plus penser à elle; mais, depuis cette journée dans la rue du Candilejo, je ne pouvais plus songer à autre chose. Je me promenais tout le jour, espérant la rencontrer. J'en demandais des nouvelles à la vieille et au marchand de friture. L'un et l'autre répondaient qu'elle était partie pour Laloro [d], c'est ainsi qu'ils appellent le Portugal*. Probablement c'était d'après les instructions de Carmen qu'ils parlaient de la sorte [42], mais je ne tardai pas à savoir qu'ils mentaient. Quelques semaines après ma journée de la rue du Candilejo, je fus de faction à une

---

a. Me dicas vriardâ de jorpoy, bus ne sino braco. — Proverbe bohémien.

b. La sainte, — la sainte Vierge.

c. La potence, qui est veuve du dernier pendu.

d. La (terre) rouge.

des portes de la ville. A peu de distance de cette porte, il y avait une brèche qui s'était faite dans le mur d'enceinte; on y travaillait pendant le jour, et la nuit on y mettait un factionnaire pour empêcher les fraudeurs. Pendant le jour, je vis Lillas Pastia passer et repasser autour du corps de garde, et causer avec quelques-uns de mes camarades; tous le connaissaient, et ses poissons et ses beignets encore mieux. Il s'approcha de moi et me demanda si j'avais des nouvelles de Carmen.

— Non, lui dis-je.

— Eh bien, vous en aurez, compère.

Il ne se trompait pas. La nuit, je fus mis de faction à la brèche. Dès que le brigadier se fut retiré, je vis venir à moi une femme. Le cœur me disait que c'était Carmen. Cependant je criai : Au large! on ne passe pas!

— Ne faites donc pas le méchant, me dit-elle en se faisant connaître à moi.

— Quoi! vous voilà, Carmen!

— Oui, mon pays. Parlons peu, parlons bien. Veux-tu gagner un douro?* Il va venir des gens avec des paquets; laisse-les faire.

— Non, répondis-je. Je dois les empêcher de passer ; c'est la consigne.

— La consigne! la consigne! Tu n'y pensais pas rue du Candilejo [43].

— Ah! répondis-je, tout bouleversé par ce seul souvenir, cela valait bien la peine d'oublier la consigne; mais je ne veux pas de l'argent des contrebandiers.

— Voyons, si tu ne veux pas d'argent, veux-tu que nous allions encore dîner chez la vieille Dorothée?

— Non! dis-je à moitié étranglé par l'effort que je faisais. Je ne puis pas.

— Fort bien. Si tu es si difficile, je sais à qui m'adresser. J'offrirai à ton officier d'aller chez Dorothée. Il a l'air d'un bon enfant, et il fera mettre en sentinelle un gaillard qui ne verra que ce qu'il faudra voir. Adieu, canari. Je rirai bien le jour où la consigne sera de te pendre.

J'eus la faiblesse de la rappeler, et je promis de laisser passer toute la bohême, s'il le fallait, pourvu que j'obtinsse la seule récompense que je désirais. Elle me jura aussitôt de me tenir parole dès le lendemain, et courut prévenir ses amis, qui étaient à deux pas. Il y en avait cinq, dont était Pastia, tous bien chargés de marchandises anglaises. Carmen faisait le guet. Elle devait avertir avec ses castagnettes dès qu'elle apercevrait la ronde, mais elle n'en eut pas besoin. Les fraudeurs firent leur affaire en un instant.

Le lendemain, j'allai rue du Candilejo. Carmen se fit attendre, et vint d'assez mauvaise humeur. — Je n'aime pas les gens qui se font prier, dit-elle. Tu m'as rendu un plus grand service la première fois, sans savoir si tu y gagnerais quelque chose. Hier, tu as marchandé avec moi. Je ne sais pas pourquoi je suis venue, car je ne t'aime plus. Tiens, va-t'en, voilà un douro pour ta peine. — Peu s'en fallut que je ne lui jetasse la pièce [44] à la tête, et je fus obligé de faire un effort violent sur moi-même pour ne pas la battre. Après nous être disputés pendant une heure, je sortis furieux. J'errai quelque temps par la ville, marchant deçà et delà comme un fou; enfin j'entrai dans une église, et, m'étant mis dans le coin le plus obscur, je pleurai à chaudes larmes. Tout d'un coup j'entends une voix : — Larmes de dragon! j'en veux faire un philtre*. — Je lève les yeux, c'était Carmen en face de moi. — Eh bien, mon pays, m'en voulez-vous encore? me dit-elle. Il faut bien que je vous aime, malgré que j'en aie, car, depuis que vous m'avez quittée, je ne sais ce que j'ai. Voyons, maintenant c'est moi qui te demande si tu veux venir rue du Candilejo. — Nous fîmes donc la paix; mais Carmen avait l'humeur comme est le temps chez nous. Jamais l'orage n'est si près dans nos montagnes que lorsque le soleil est le plus brillant. Elle m'avait promis de me revoir une autre fois chez Dorothée, et elle ne vint pas. Et Dorothée me dit de plus belle qu'elle était allée à Laloro pour les affaires d'Égypte*.

Sachant déjà par expérience à quoi m'en tenir là-dessus, je cherchais Carmen partout où je croyais qu'elle pouvait être, et je passais vingt fois par jour dans la rue du Candilejo. Un soir, j'étais chez Dorothée, que j'avais presque apprivoisée en lui payant de temps à autre quelque verre d'anisette, lorsque Carmen entra suivie d'un jeune homme, lieutenant dans notre régiment. — Va-t'en, vite me dit-elle en basque. — Je restai stupéfait [45], la rage dans le cœur. — Qu'est-ce que tu fais ici? me dit le lieutenant. Décampe, hors d'ici! — Je ne pouvais faire un pas; j'étais comme perclus. L'officier, en colère, voyant que je ne me retirais pas, et que je n'avais pas même ôté mon bonnet de police, me prit au collet et me secoua rudement. Je ne sais ce que je lui dis. Il tira son épée, et je dégainai* [46]. La vieille me saisit le bras, et le lieutenant me donna un coup au front, dont je porte encore la marque. Je reculai, et d'un coup de coude je jetai Dorothée à la renverse; puis, comme le lieutenant me poursuivait, je lui mis la pointe au corps, et il s'enferra. Carmen alors éteignit la lampe, et dit dans sa langue à Dorothée de s'enfuir. Moi-même je me sauvai dans la rue, et me mis à courir sans savoir où. Il me semblait que quelqu'un me suivait. Quand je revins à moi, je trouvai que Carmen ne m'avait pas quitté. — Grand niais de canari! me dit-elle, tu ne sais faire que des bêtises. Aussi bien, je te l'ai dit que je te porterais malheur. Allons, il y a remède à tout, quand on a pour bonne amie une Flamande de Rome [a]. Commence par mettre ce mouchoir sur ta tête, et jette-moi ce ceinturon. Attends-moi dans cette allée. Je reviens dans deux minutes. — Elle disparut, et me rapporta bientôt une mante rayée qu'elle était allée chercher je ne sais où. Elle me fit quitter mon uniforme, et mettre la mante par-dessus ma che-

---

a. *Flamenca de Roma.* Terme d'argot qui désigne les bohémiennes. *Roma* ne veut pas dire ici la ville éternelle, mais la nation des Romi ou des *gens mariés,* nom que se donnent les bohémiens. Les premiers qu'on vit en Espagne venaient probablement des Pays-Bas, d'où est venu leur nom de *Flamands**.

mise. Ainsi accoutré, avec le mouchoir dont elle avait bandé la plaie que j'avais à la tête, je ressemblais assez à un paysan valencien, comme il y en a à Séville, qui viennent vendre leur orgeat de *chufas* [a]. Puis elle me mena dans une maison assez semblable à celle de Dorothée, au fond d'une petite ruelle. Elle et une autre bohémienne me lavèrent, me pansèrent mieux que n'eût pu le faire [47] un chirurgien-major, me firent boire je ne sais quoi ; enfin, on me mit sur un matelas, et je m'endormis.

Probablement ces femmes avaient mêlé dans ma boisson quelques-unes de ces drogues assoupissantes dont elles ont le secret, car je ne m'éveillai que fort tard le lendemain. J'avais un grand mal de tête et un peu de fièvre. Il fallut quelque temps pour que le souvenir me revînt de la terrible scène où j'avais pris part la veille. Après avoir pansé ma plaie, Carmen et son amie, accroupies toutes les deux sur les talons auprès de mon matelas, échangèrent quelques mots en *chipe calli*, qui paraissaient être une consultation médicale. Puis toutes les deux m'assurèrent que je serais guéri avant peu, mais qu'il fallait quitter Séville le plus tôt possible ; car, si l'on m'y attrapait, j'y serais fusillé sans rémission. — Mon garçon, me dit Carmen, il faut que tu fasses quelque chose ; maintenant que le roi ne te donne plus ni riz ni merluche [b], il faut que tu songes à gagner ta vie. Tu es trop bête pour voler *à pastesas* [c] ; mais tu es leste et fort : si tu as du cœur, va-t'en à la côte, et fais-toi contrebandier. Ne t'ai-je pas promis de te faire pendre ? Cela vaut mieux que d'être fusillé. D'ailleurs, si tu sais t'y prendre, tu vivras comme un prince, aussi longtemps que les miñons [d] et les gardes-côtes ne te mettront pas la main sur le collet.

Ce fut de cette façon engageante que cette diable de

a. Racine bulbeuse dont on fait une boisson assez agréable*.
b. Nourriture ordinaire du soldat espagnol.
c. *Ustilar à pastesas,* voler avec adresse, dérober sans violence*.
d. Espèce de corps franc*.

fille me montra la nouvelle carrière qu'elle me destinait, la seule, à vrai dire, qui me restât, maintenant que j'avais encouru la peine de mort. Vous le dirai-je, monsieur? elle me détermina sans beaucoup de peine. Il me semblait que je m'unissais à elle plus intimement par cette vie de hasards et de rébellion. Désormais je crus m'assurer son amour*. J'avais entendu souvent parler de quelques contrebandiers qui parcouraient l'Andalousie, montés sur un bon cheval, l'espingole au poing, leur maîtresse en croupe. Je me voyais déjà trottant par monts et par vaux avec la gentille bohémienne derrière moi. Quand je lui parlai de cela, elle riait à se tenir les côtés, et me disait qu'il n'y a rien de si beau qu'une nuit passée au bivouac, lorsque chaque rom se retire avec sa romi sous sa petite tente formée de trois cerceaux, avec une couverture par-dessus.

— Si je te tiens jamais [48] dans la montagne*, lui disais-je, je serai sûr de toi! Là, il n'y a pas de lieutenant pour partager avec moi.

— Ah! tu es jaloux, répondait-elle [49]. Tant pis pour toi. Comment es-tu assez bête pour cela? Ne vois-tu pas que je t'aime, puisque je ne t'ai jamais demandé d'argent?

Lorsqu'elle parlait ainsi, j'avais envie de l'étrangler.

Pour le faire court*, monsieur, Carmen me procura un habit bourgeois, avec lequel je sortis de Séville sans être reconnu. J'allai à Jerez avec une lettre de Pastia pour un marchand d'anisette chez qui se réunissaient des contrebandiers. On me présenta à ces gens-là, dont le chef, surnommé le Dancaïre*, me reçut dans sa troupe. Nous partîmes pour Gaucin*, où je retrouvai Carmen, qui m'y avait donné rendez-vous. Dans les expéditions, elle servait d'espion à nos gens, et de meilleur il n'y en eut jamais. Elle revenait de Gibraltar, et déjà elle avait arrangé avec un patron de navire l'embarquement de marchandises anglaises que nous devions recevoir sur la côte. Nous allâmes les attendre près d'Estepona*, puis nous en cachâmes une partie dans la montagne; chargés du reste, nous nous rendîmes à Ronda. Carmen nous y avait précédés. Ce fut elle encore qui nous indiqua le moment où nous entrerions en ville. Ce premier voyage et quelques autres après furent heureux. La vie de contrebandier me plaisait mieux que la vie de soldat; je faisais des cadeaux à Carmen. J'avais de l'argent [50] et une maîtresse. Je n'avais guère de remords, car, comme disent les bohémiens : Gale avec plaisir ne démange pas [a]. Partout nous étions bien reçus; mes compagnons me traitaient bien, et même me témoignaient de la considération. La raison, c'était que j'avais tué un homme, et parmi eux il y en avait qui n'avaient pas un pareil exploit sur la conscience. Mais ce qui me touchait davantage dans ma nouvelle vie, c'est que je voyais souvent Carmen. Elle me montrait plus d'amitié que jamais; cependant, devant les camarades, elle ne convenait pas qu'elle était ma maîtresse; et même, elle m'avait fait jurer [52] par toutes sortes de serments de ne rien leur dire sur son compte. J'étais si faible devant cette créature, que j'obéissais à tous ses caprices. D'ailleurs, c'était la première fois qu'elle se montrait à moi avec la réserve d'une honnête femme, et j'étais assez simple pour croire qu'elle s'était véritablement corrigée de ses façons d'autrefois.

Notre troupe, qui se composait de huit ou dix hommes, ne se réunissait guère que dans les moments décisifs, et d'ordinaire nous étions dispersés deux à deux, trois à trois, dans les villes et les villages. Chacun de nous prétendait avoir un métier : celui-ci était chaudronnier, celui-là maquignon; moi, j'étais marchand de merceries, mais je ne me montrais guère dans les gros endroits, à cause de ma mauvaise affaire de Séville. Un jour, ou plutôt une nuit, notre rendez-vous était au bas de Véger*. Le Dancaïre et moi nous nous y trouvâmes avant les autres. Il paraissait fort gai. — Nous allons avoir un camarade de plus, me dit-il. Carmen vient de faire un de ses meilleurs tours. Elle vient

---

a. Sarapia sat pesquital ne punzava [51].

de faire échapper son rom qui était au presidio à Tarifa*. — Je commençais déjà à comprendre le bohémien, que parlaient presque tous mes camarades, et ce mot de rom me causa un saisissement. — Comment! son mari! elle est donc mariée? demandai-je au capitaine. — Oui, répondit-il, à Garcia le Borgne*, un bohémien aussi futé qu'elle. Le pauvre garçon était aux galères. Carmen a si bien embobeliné le chirurgien du presidio, qu'elle en a obtenu la liberté de son rom. Ah! cette fille-là vaut son pesant d'or. Il y a deux ans qu'elle cherche à le faire évader. Rien n'a réussi, jusqu'à ce qu'on s'est avisé* de changer le major. Avec celui-ci, il paraît qu'elle a trouvé bien vite le moyen de s'entendre. — Vous vous imaginez le plaisir que me fit cette nouvelle. Je vis bientôt Garcia le Borgne; c'était bien le plus vilain monstre que la bohême ait nourri : noir de peau et plus noir d'âme, c'était le plus franc scélérat que j'aie rencontré dans ma vie [53]. Carmen vint avec lui; et, lorsqu'elle l'appelait son rom devant moi, il fallait voir les yeux qu'elle me faisait, et ses grimaces quand Garcia tournait la tête. J'étais indigné, et je ne lui parlais pas de la nuit. Le matin nous avions fait nos ballots, et nous étions déjà en route, quand nous nous aperçûmes qu'une douzaine de cavaliers étaient à nos trousses. Les fanfarons Andalous, qui ne parlaient que de tout massacrer, firent aussitôt piteuse mine. Ce fut un sauve-qui-peut général. Le Dancaïre, Garcia, un joli garçon d'Ecija*, qui s'appelait le Remendado*, et Carmen ne perdirent pas la tête. Le reste avait abandonné les mulets, et s'était jeté dans les ravins où les chevaux ne pouvaient les suivre. Nous ne pouvions conserver nos bêtes, et nous nous hâtâmes de défaire le meilleur de notre butin, et de le charger sur nos épaules, puis nous essayâmes de nous sauver au travers des rochers par les pentes les plus raides. Nous jetions nos ballots devant nous, et nous les suivions de notre mieux en glissant sur les talons. Pendant ce temps-là, l'ennemi nous canardait; c'était la première fois que j'entendais siffler les balles, et cela ne me fit pas grand-chose. Quand on est en vue d'une femme, il n'y a pas de mérite à se moquer de la mort. Nous nous échappâmes, excepté le pauvre Remendado, qui reçut un coup de feu dans les reins. Je jetai mon paquet, et j'essayai de le prendre. — Imbécile! me cria Garcia, qu'avons-nous affaire d'une charogne? achève-le et ne perds pas les bas de coton. — Jette-le! me criait Carmen [54]. — La fatigue m'obligea de le déposer un moment à l'abri d'un rocher. Garcia s'avança, et lui lâcha son espingole dans la tête. — Bien habile qui le reconnaîtrait maintenant, dit-il en regardant sa figure que douze balles avaient mise en morceaux. — Voilà, monsieur, la belle vie que j'ai menée. Le soir, nous nous trouvâmes dans un hallier, épuisés de fatigue, n'ayant rien à manger et ruinés par la perte de nos mulets. Que fit cet infernal Garcia? il tira un paquet de cartes de sa poche, et se mit à jouer avec le Dancaïre à la lueur d'un feu qu'ils allumèrent. Pendant ce temps-là, moi, j'étais couché, regardant les étoiles, pensant au Remendado, et me disant que j'aimerais autant être à sa place. Carmen était accroupie près de moi, et de temps en temps elle faisait un roulement de castagnettes en chantonnant. Puis, s'approchant comme pour me parler à l'oreille, elle m'embrassa, presque malgré moi, deux ou trois fois. — Tu es le diable, lui disais-je. — Oui, me répondait-elle.

Après quelques heures de repos, elle s'en fut à Gaucin, et le lendemain matin un petit chevrier vint nous porter du pain. Nous demeurâmes là tout le jour, et la nuit nous nous rapprochâmes de Gaucin. Nous attendions des nouvelles de Carmen. Rien ne venait. Au jour, nous voyons un muletier qui menait une femme bien habillée, avec un parasol, et une petite fille qui paraissait sa domestique. Garcia nous dit. : — Voilà deux mules et deux femmes que saint Nicolas nous envoie; j'aimerais mieux quatre mules; n'importe, j'en fais mon affaire! — Il prit son espingole et descendit vers le sentier en se cachant dans les broussailles. Nous le suivions, le Dancaïre et moi, à peu de distance. Quand nous fûmes à portée, nous nous montrâmes, et nous criâmes au muletier de s'arrêter. La femme, en nous voyant, au lieu de s'effrayer, et notre toilette aurait suffi pour cela, fait un grand éclat de rire*. — Ah! les *lillipendi* qui me prennent pour une *erani* [a] *!* — C'était Carmen, mais si bien déguisée, que je ne l'aurais pas reconnue parlant une autre langue. Elle sauta en bas [55] de sa mule, et causa quelque temps à voix basse avec le Dancaïre et Garcia, puis elle me dit : Canari, nous nous reverrons avant que tu sois pendu. Je vais à Gibraltar pour les affaires d'Égypte. Vous entendrez bientôt parler de moi. — Nous nous séparâmes après qu'elle nous eut indiqué un lieu où nous pourrions trouver un abri pour quelques jours. Cette fille était la providence de notre troupe. Nous reçumes bientôt quelque argent qu'elle nous envoya, et un avis qui valait mieux pour nous : c'était que tel jour partiraient deux milords anglais, allant de Gibraltar à Grenade par tel chemin. A bon entendeur, salut. Ils avaient de belles et bonnes guinées. Garcia voulait les tuer, mais le Dancaïre et moi nous nous y opposâmes. Nous ne leur prîmes que l'argent et les montres, outre les chemises, dont nous avions grand besoin*.

Monsieur, on devient coquin sans y penser. Une jolie fille vous fait perdre la tête, on se bat pour elle, un malheur arrive, il faut vivre à la montagne, et de contrebandier on devient voleur avant d'avoir réfléchi. Nous jugeâmes qu'il ne faisait pas bon pour nous dans les environs de Gibraltar après l'affaire des milords, et nous nous enfonçâmes dans la sierra de Ronda. — Vous m'avez parlé de José-Maria; tenez, c'est là que j'ai fait connaissance avec lui. Il menait sa maîtresse dans ses expéditions. C'était une jolie fille, sage, modeste, de bonnes manières; jamais un mot malhonnête, et un dévouement!... En revanche, il la rendait bien malheureuse. Il était toujours à courir après toutes les filles, il la malmenait, puis quelquefois il s'avisait de faire le jaloux. Une fois, il lui donna un coup de couteau. Eh

a. Les imbéciles qui me prennent pour une femme comme il faut *.

bien, elle ne l'en aimait que davantage [56]. Les femmes sont ainsi faites, les Andalouses surtout. Celle-là était fière de la cicatrice qu'elle avait au bras, et la montrait comme la plus belle chose du monde. Et puis José-Maria, par-dessus le marché, était le plus mauvais camarade !... Dans une expédition que nous fîmes, il s'arrangea si bien, que tout le profit lui en demeura, à nous les coups et l'embarras de l'affaire. Mais je reprends mon histoire. Nous n'entendions plus [57] parler de Carmen. Le Dancaïre dit : — Il faut qu'un de nous aille à Gibraltar pour en avoir des nouvelles; elle doit avoir préparé quelque affaire. J'irais bien, mais je suis trop connu à Gibraltar. — Le borgne dit : — Moi aussi, on m'y connaît, j'y ai fait tant de farces aux Écrevisses [a] ! et, comme je n'ai qu'un œil, je suis difficile à déguiser. — Il faut donc que j'y aille? dis-je à mon tour, enchanté à la seule idée de revoir Carmen; voyons, que faut-il faire? — Les autres me dirent : — Fais tant que de t'embarquer ou de passer par Saint-Roc*, comme tu aimeras le mieux, et, lorsque tu seras à Gibraltar, demande sur le port où demeure une marchande de chocolat qui s'appelle la Rollona; quand tu l'auras trouvée, tu sauras d'elle ce qui se passe là-bas. — Il fut convenu que nous partirions tous les trois pour la sierra de Gaucin, que j'y laisserais mes deux compagnons, et que je me rendrais à Gibraltar comme un marchand de fruits. A Ronda, un homme qui était à nous m'avait procuré un passeport; à Gaucin, on me donna un âne : je le chargeai d'oranges et de melons, et je me mis en route. Arrivé à Gibraltar, je trouvai qu'on y connaissait bien la Rollona, mais elle était morte ou elle était allée à *finibus terræ* [b], et sa disparition expliquait, à mon avis, comment nous avions perdu notre moyen de correspondre avec Carmen. Je mis mon âne dans une écurie, et, prenant mes oranges, j'allais par la ville comme pour

a. Nom que le peuple en Espagne donne aux Anglais à cause de la couleur de leur uniforme.

b. Aux galères, ou bien à tous les diables*.

les vendre, mais, en effet, pour voir [58] si je ne rencontrerais pas quelque figure de connaissance. Il y a là force canaille de tous les pays du monde, et c'est la tour de Babel, car on ne saurait faire dix pas dans une rue sans entendre parler autant de langues. Je voyais bien des gens d'Égypte, mais je n'osais guère m'y fier; je les tâtais, et ils me tâtaient. Nous devinions bien que nous étions des coquins; l'important était de savoir si nous étions de la même bande. Après deux jours passés en courses inutiles, je n'avais rien appris touchant la Rollona ni Carmen, et je pensais à retourner auprès de mes camarades après avoir fait quelques emplettes, lorsqu'en me promenant dans une rue [59], au coucher du soleil, j'entends une voix de femme d'une fenêtre qui me dit : — Marchand d'oranges!... Je lève la tête, et je vois à un balcon Carmen, accoudée avec un officier en rouge, épaulettes d'or, cheveux frisés, tournure d'un gros mylord. Pour elle, elle était habillée superbement : un châle sur ses épaules, un peigne d'or, toute en soie [60]; et la bonne pièce, toujours la même! riait à se tenir les côtés [61]. L'Anglais, en baragouinant l'espagnol me cria de monter, que madame voulait des oranges; et, Carmen me dit en basque : — Monte, et ne t'étonne de rien. — Rien, en effet, ne devait m'étonner de sa part. Je ne sais si j'eus plus de joie que de chagrin en la retrouvant. Il y avait à la porte un grand domestique anglais, poudré, qui me conduisit dans un salon magnifique. Carmen me dit aussitôt en basque : — Tu ne sais pas un mot d'espagnol, tu ne me connais pas. — Puis, se tournant vers l'Anglais : — Je vous le disais bien, je l'ai tout de suite reconnu pour un Basque; vous allez entendre quelle drôle de langue. Comme il a l'air bête, n'est-ce pas? On dirait un chat [62] surpris dans un garde-manger. — Et toi, lui dis-je dans ma langue, tu as l'air d'une effrontée coquine, et j'ai bien envie de te balafrer la figure devant ton galant. — Mon galant! dit-elle, tiens, tu as deviné cela tout seul? Et tu es jaloux de cet imbécile-là? Tu es encore plus niais qu'avant nos soirées de la rue du Candilejo. Ne vois-tu pas, sot que tu es, que je fais en ce moment les affaires d'Égypte, et de la façon la plus brillante. Cette maison est à moi, les guinées de l'écrevisse seront à moi; je le mène par le bout du nez; je le mènerai d'où il ne sortira jamais.

— Et moi, lui dis-je, si tu fais encore les affaires d'Égypte de cette manière-là, je ferai si bien que tu ne recommenceras plus.

— Ah! oui-dà! Es-tu mon rom, pour me commander? Le Borgne le trouve bon, qu'as-tu à y voir? Ne devrais-tu pas être bien content d'être le seul qui se puisse dire mon *minchorro* [a]?

— Qu'est-ce qu'il dit? demanda l'Anglais.

— Il dit qu'il a soif et qu'il boirait bien un coup, répondit Carmen. Et elle se renversa sur un canapé en éclatant de rire à sa traduction.

Monsieur, quand cette fille-là riait, il n'y avait pas moyen de parler raison. Tout le monde riait avec elle. Ce grand Anglais se mit à rire aussi, comme un imbécile qu'il était, et ordonna qu'on m'apportât à boire.

Pendant que je buvais : — Vois-tu cette bague qu'il a au doigt? dit-elle; si tu veux, je te la donnerai.

Moi je répondis : — Je donnerais un doigt pour tenir ton mylord dans la montagne, chacun un maquila* au poing.

— Maquila, qu'est-ce que cela veut dire? demanda l'Anglais [63].

— Maquila, dit Carmen riant toujours, c'est une orange. N'est-ce pas un bien drôle de mot [64] pour une orange? Il dit qu'il voudrait vous faire manger du maquila.

— Oui? dit l'Anglais. Eh bien! apporte encore [65] demain du maquila. — Pendant que nous parlions, le domestique entra et dit que le dîner était prêt. Alors l'Anglais se leva, me donna une piastre, et offrit son bras à Carmen, comme si elle ne pouvait pas marcher seule. Carmen, riant toujours, me dit : — Mon garçon, je ne puis t'inviter à dîner; mais demain, dès que tu enten-

---

a. Mon amant, ou plutôt mon caprice*.

dras le tambour pour la parade, viens ici avec des oranges. Tu trouveras une chambre mieux meublée que celle de la rue du Candilejo, et tu verras si je suis toujours ta Carmencita. Et puis nous parlerons des affaires d'Égypte. — Je ne répondis rien, et j'étais dans la rue que l'Anglais me criait : Apportez demain du maquila ! et j'entendais les éclats de rire de Carmen.

Je sortis ne sachant ce que je ferais, je ne dormis guère, et le matin je me trouvais si en colère contre cette traîtresse, que j'avais résolu de partir de Gibraltar sans la revoir; mais, au premier roulement de tambour, tout mon courage m'abandonna : je pris ma natte d'oranges et je courus chez Carmen. Sa jalousie était entrouverte, et je vis [66] son grand œil noir qui me guettait. Le domestique poudré m'introduisit aussitôt; Carmen lui donna une commission, et dès que nous fûmes seuls, elle partit d'un de ses éclats de rire de crocodile*, et se jeta à mon cou. Je ne l'avais jamais vue si belle. Parée comme une madone, parfumée... des meubles de soie, des rideaux brodés... ah !... et moi fait comme un voleur que j'étais. — Minchorrò ! disait Carmen, j'ai envie de tout casser ici, de mettre le feu à la maison, et de m'enfuir à la sierra. — Et c'étaient des tendresses !... et puis des rires !... et elle dansait, et elle déchirait ses falbalas : jamais singe ne fit plus de gambades, de grimaces, de diableries. Quand elle eut repris son sérieux : — Écoute, me dit-elle, il s'agit de l'Égypte. Je veux qu'il me mène à Ronda, où j'ai une sœur religieuse... (Ici nouveaux éclats de rire.) Nous passons par un endroit que je te ferai dire. Vous tombez sur lui : pillé rasibus ! Le mieux serait de l'escoffier; mais, ajouta-t-elle avec un sourire diabolique qu'elle avait dans de certains moments, et ce sourire-là, personne n'avait alors envie de l'imiter, — sais-tu ce qu'il faudrait faire? Que le Borgne paraisse le premier. Tenez-vous un peu en arrière; l'écrevisse est brave et adroit : il a de bons pistolets... Comprends-tu?... Elle s'interrompit par un nouvel éclat de rire qui me fit frissonner.

— Non, lui dis-je : je hais Garcia, mais c'est mon camarade. Un jour peut-être je t'en débarrasserai, mais nous réglerons nos comptes à la façon de mon pays. Je ne suis Égyptien que par hasard; et, pour certaines choses, je serai toujours franc Navarrais, comme dit le proverbe [a].

Elle reprit : — Tu es une bête, un niais, un vrai *payllo*. Tu es comme le nain qui se croit grand quand il a pu cracher loin [b]. Tu ne m'aimes pas, va-t'en.

Quand elle me disait : Va-t'en, je ne pouvais m'en aller [68]. Je promis de partir, de retourner auprès de mes camarades et d'attendre l'Anglais; de son côté, elle me promit d'être malade jusqu'au moment de quitter Gibraltar pour Ronda. Je demeurai encore deux jours à Gibraltar. Elle eut l'audace de me venir voir déguisée dans mon auberge. Je partis; moi aussi j'avais mon projet. Je retournai à notre rendez-vous, sachant le lieu et l'heure où l'Anglais et Carmen devaient passer. Je trouvai le Dancaïre et Garcia qui m'attendaient. Nous passâmes la nuit dans un bois auprès d'un feu de pommes de pin qui flambait à merveille. Je proposai à Garcia de jouer aux cartes. Il accepta. A la seconde partie, je lui dis qu'il trichait; il se mit à rire. Je lui jetai les cartes à la figure. Il voulut prendre son espingole; je mis le pied dessus, et je lui dis : — On dit que tu sais jouer du couteau comme le meilleur jaque* de Malaga, veux-tu t'essayer avec moi? — Le Dancaïre voulut nous séparer. J'avais donné deux ou trois coups [69] de poing à Garcia. La colère l'avait rendu brave; il avait tiré son couteau, moi le mien. Nous dîmes tous deux [70] au Dancaïre de nous laisser place libre et franc jeu. Il vit qu'il n'y avait pas moyen de nous arrêter, et il s'écarta. Garcia était déjà ployé en deux comme un chat prêt à s'élancer contre une souris. Il tenait son chapeau de la main gauche pour parer, son

---

a. *Navarro fino.*

b. Or esorjié de or narsichislé [67], sin chismar lachinguel — proverbe bohémien. La promesse d'un nain, c'est de cracher loin*.

couteau en avant. C'est leur garde andalouse. Moi, je me mis à la navarraise, droit en face de lui, le bras gauche levé, la jambe gauche en avant, le couteau le long de la cuisse droite. Je me sentais plus fort qu'un géant. Il se lança sur moi comme un trait; je tournai sur le pied gauche, et il ne trouva plus rien devant lui; mais je l'atteignis à la gorge, et le couteau entra si avant, que ma main était sous son menton. Je retournai la lame si fort qu'elle se cassa. C'était fini. La lame sortit de la plaie lancée par un bouillon de sang gros comme le bras. Il tomba sur le nez raide comme un pieu*. — Qu'as-tu fait? me dit le Dancaïre. — Écoute, lui dis-je : nous ne pouvions vivre ensemble [71]. J'aime Carmen, et je veux être seul. D'ailleurs, Garcia était un coquin, et je me rappelle ce qu'il a fait au pauvre Remendado. Nous ne sommes plus que deux, mais nous sommes de bons garçons. Voyons, veux-tu de moi pour ami, à la vie à la mort? — Le Dancaïre me tendit la main. C'était un homme de cinquante ans. — Au diable les amourettes! s'écria-t-il. Si tu lui avais demandé Carmen, il te l'aurait vendue pour une piastre. Nous ne sommes plus que deux [72]; comment ferons-nous demain? Laisse-moi faire tout seul, lui répondis-je. Maintenant je me moque du monde entier.

Nous enterrâmes Garcia, et nous allâmes placer notre camp deux cents pas plus loin. Le lendemain, Carmen et son Anglais passèrent avec deux muletiers et un domestique. Je dis au Dancaïre : Je me charge de l'Anglais. Fais peur aux autres, ils ne sont pas armés. L'Anglais avait du cœur. Si Carmen ne lui eût poussé le bras, il me tuait. Bref, je reconquis Carmen ce jour-là, et mon premier mot fut de lui dire qu'elle était veuve. Quand elle sut comment cela s'était passé : Tu seras toujours un *lillipendi!* me dit-elle. Garcia devait te tuer. Ta garde navarraise n'est qu'une bêtise, et il en a mis à l'ombre de plus habiles que toi. C'est que son temps était venu. Le tien viendra. — Et le tien, répondis-je, si tu n'es pas pour moi une vraie romi. — A la bonne heure, dit-elle; j'ai vu plus d'une fois dans du marc du café que nous devions finir ensemble. Bah! arrive qui plante! Et elle fit claquer ses castagnettes, ce qu'elle faisait toujours quand elle voulait chasser quelque idée importune.

On s'oublie quand on parle de soi. Tous ces détails-là vous ennuient sans doute, mais j'ai bientôt fini. La vie que nous menions dura assez longtemps. Le Dancaïre et moi nous nous étions associé [73] quelques camarades plus sûrs que les premiers, et nous nous occupions de contrebande, et aussi parfois, il faut bien l'avouer, nous arrêtions sur la grande route, mais à la dernière extrémité, et lorsque nous ne pouvions faire autrement. D'ailleurs, nous ne maltraitions pas les voyageurs, et nous nous bornions à leur prendre leur argent. Pendant quelques mois, je fus content de Carmen; elle continuait à nous être utile pour nos opérations, en nous avertissant des bons coups que nous pourrions faire. Elle se tenait, soit à Malaga, soit à Cordoue, soit à Grenade; mais, sur un mot de moi, elle quittait tout, et venait me retrouver dans une venta isolée, ou même au bivouac. Une fois seulement, c'était à Malaga, elle me donna quelque inquiétude. Je sus qu'elle avait jeté son dévolu sur un négociant fort riche, avec lequel probablement elle se proposait de recommencer la plaisanterie de Gibraltar. Malgré tout ce que le Dancaïre put me dire pour m'arrêter, je partis, et j'entrai dans Malaga en plein jour. Je cherchai Carmen, et je l'emmenai aussitôt. Nous eûmes une verte explication. — Sais-tu, me dit-elle, que, depuis que tu es mon rom pour tout de bon, je t'aime moins que lorsque tu étais mon minchorrò? Je ne veux pas être tourmentée, ni surtout commandée. Ce que je veux, c'est être libre et faire ce qui me plaît. Prends garde de me pousser à bout. Si tu m'ennuies, je trouverai quelque bon garçon qui te fera comme tu as fait au borgne. — Le Dancaïre nous raccommoda; mais nous nous étions dit des choses qui nous restaient sur le cœur, et nous n'étions plus comme auparavant. Peu après, un malheur nous arriva. La troupe nous surprit. Le Dancaïre fut tué, ainsi que deux de mes camarades; deux autres furent pris. Moi, je fus grièvement blessé, et, sans mon bon cheval, je demeurais entre les mains des soldats. Exténué de fatigue, ayant une balle dans le corps, j'allai me cacher dans un bois avec le seul compagnon qui me restât. Je m'évanouis en descendant de cheval, et je crus que j'allais crever dans les broussailles comme un lièvre qui a reçu du plomb. Mon camarade me porta dans une grotte que nous connaissions, puis il alla chercher Carmen. Elle était à Grenade, et aussitôt elle accourut. Pendant quinze jours, elle ne me quitta pas d'un instant. Elle ne ferma pas l'œil; elle me soigna avec une adresse et des attentions que jamais femme n'a eues pour l'homme le plus aimé. Dès que je pus me tenir sur mes jambes, elle me mena à Grenade dans le plus grand secret. Les bohémiennes trouvent partout des asiles sûrs, et je passai plus de six semaines dans une maison, à deux portes du corrégidor qui me cherchait. Plus d'une fois, regardant derrière un volet, je le vis passer. Enfin je me rétablis; mais j'avais fait bien des réflexions sur mon lit de douleur, et je projetais de changer de vie. Je parlai à Carmen de quitter l'Espagne, et de chercher à vivre honnêtement dans le Nouveau-Monde. Elle se moqua de moi. — Nous ne sommes pas faits pour planter des choux, dit-elle; notre destin, à nous, c'est de vivre aux dépens des payllos. Tiens, j'ai arrangé une affaire avec Nathan ben-Joseph de Gibraltar. Il a des cotonnades qui n'attendent que toi pour passer. Il sait que tu es vivant. Il compte sur toi. Que diraient nos correspondants de Gibraltar, si tu leur manquais de parole? Je me laissai entraîner, et je repris mon vilain commerce.

Pendant que j'étais caché à Grenade, il y eut des courses de taureaux où Carmen alla. En revenant, elle parla beaucoup d'un picador très adroit nommé Lucas. Elle savait le nom de son cheval, et combien lui coûtait sa veste brodée. Je n'y fis pas attention. Juanito, le camarade qui m'était resté, me dit, quelques jours après, qu'il avait vu Carmen avec Lucas chez un marchand du Zacatin. Cela commença à m'alarmer. Je demandai à Carmen comment et pourquoi elle avait fait connaissance avec le picador. — C'est un garçon, me dit-elle, avec qui on peut faire une affaire. Rivière qui fait du bruit, a de l'eau ou des cailloux [a]. Il a gagné 1 200 réaux* aux courses. De deux choses l'une : ou bien il faut avoir cet argent; ou bien, comme c'est un bon cavalier et un gaillard de cœur, on peut l'enrôler dans notre bande. Un tel et un tel sont morts, tu as besoin de les remplacer. Prends-le avec toi.

— Je ne veux, répondis-je, ni de son argent, ni de sa personne, et je te défends de lui parler. — Prends garde, me dit-elle; lorsqu'on me défie de faire une chose, elle est bientôt faite ! — Heureusement, le picador partit pour Malaga, et moi, je me mis en devoir de faire entrer les cotonnades du juif. J'eus fort à faire dans cette expédition là, Carmen aussi, et j'oubliai Lucas; peut-être aussi l'oublia-t-elle, pour le moment du moins. C'est vers ce temps, Monsieur, que je vous rencontrai, d'abord près de Montilla, puis après à Cordoue. Je ne vous parlerai pas de notre dernière entrevue. Vous en savez peut-être plus long que moi. Carmen vous vola votre montre; elle voulait encore votre argent, et surtout cette bague que je vois à votre doigt, et qui, dit-elle, est un anneau magique qu'il lui importait beaucoup de posséder*. Nous eûmes une violente dispute, et je la frappai. Elle pâlit et pleura. C'était la première fois que je la voyais pleurer, et cela me fit un effet terrible. Je lui demandai pardon, mais elle me bouda pendant tout un jour, et, quand je repartis pour Montilla, elle ne voulut pas m'embrasser. — J'avais le cœur gros, lorsque, trois jours après, elle vint me trouver l'air riant et gaie comme pinson. Tout était oublié, et nous avions l'air d'amoureux de deux jours. Au moment de nous séparer, elle me dit : — Il y a une fête à Cordoue, je vais la voir [74], puis je saurai les

a. Len sos sonsi abela
Pani o reblendani terela. — (Proverbe bohémien*.)

gens qui s'en vont avec de l'argent, et je te le dirai. — Je la laissai partir. Seul, je pensai à cette fête et à ce changement d'humeur de Carmen. Il faut qu'elle se soit vengée déjà, me dis-je, puisqu'elle est revenue la première. — Un paysan me dit qu'il y avait des taureaux à Cordoue. Voilà mon sang qui bouillonne, et, comme un fou, je pars, et je vais à la place*. On me montra Lucas, et, sur le banc contre la barrière, je reconnus Carmen. Il me suffit de la voir une minute pour être sûr de mon fait. Lucas, au premier taureau, fit le joli cœur, comme je l'avais prévu. Il arracha la cocarde [a] du taureau et la porta à Carmen, qui s'en coiffa sur-le-champ. Le taureau se chargea de me venger. Lucas fut culbuté avec son cheval sur la poitrine, et le taureau par-dessus tous les deux. Je regardai Carmen, elle n'était déjà plus à sa place*. Il m'était impossible de sortir de celle où j'étais, et je fus obligé d'attendre la fin des courses. Alors j'allai à la maison que vous connaissez, et je m'y tins coi toute la soirée et une partie de la nuit. Vers deux heures du matin, Carmen revint, et fut un peu surprise de me voir. — Viens avec moi, lui dis-je. — Eh bien! dit-elle, partons! — J'allai prendre mon cheval, je la mis en croupe, et nous marchâmes tout le reste de la nuit sans nous dire un seul mot. Nous nous arrêtâmes au jour dans une venta isolée, assez près d'un petit ermitage*. Là je dis à Carmen :

— Écoute, j'oublie tout. Je ne te parlerai de rien; mais jure-moi une chose : c'est que tu vas me suivre en Amérique, et que tu t'y tiendras tranquille.

— Non, dit-elle d'un ton boudeur, je ne veux pas aller en Amérique. Je me trouve bien ici.

— C'est parce que tu es près de Lucas; mais songes-y bien, s'il guérit, ce ne sera pas pour faire de vieux os.

---

a. *La divisa,* nœud de rubans dont la couleur indique les pâturages d'où viennent les taureaux. Ce nœud est fixé dans la peau du taureau au moyen d'un crochet, et c'est le comble de la galanterie que de l'arracher à l'animal vivant, pour l'offrir à une femme.

Au reste, pourquoi m'en prendre à lui? Je suis las de tuer tous tes amants; c'est toi que je tuerai*.

Elle me regarda fixement de son regard sauvage, et me dit :

— J'ai toujours pensé que tu me tuerais. La première fois que je t'ai vu, je venais de rencontrer un prêtre à la porte de ma maison [75]. Et cette nuit, en sortant de Cordoue, n'as-tu rien vu? Un lièvre a traversé le chemin entre les pieds de ton cheval*. C'est écrit.

— Carmencita, lui demandais-je [76], est-ce que tu ne m'aimes plus?

Elle ne répondit rien. Elle était assise les jambes croisées sur une natte et faisait des traits par terre avec son doigt.

— Changeons de vie, Carmen, lui dis-je d'un ton suppliant. Allons vivre quelque part où nous ne serons jamais séparés. Tu sais que nous avons, pas loin d'ici, sous un chêne, cent vingt onces enterrées... Puis, nous avons des fonds encore chez le juif Ben-Joseph.

Elle se mit à sourire, et me dit :

— Moi d'abord, toi ensuite. Je sais bien que cela doit arriver ainsi.

— Réfléchis, repris-je; je suis au bout de ma patience et de mon courage; prends ton parti ou je prendrai le mien. — Je la quittai et j'allai me promener du côté de l'ermitage. Je trouvai l'ermite qui priait. J'attendis que sa prière fût finie; j'aurais bien voulu prier, mais je ne pouvais pas. Quand il se releva, j'allai à lui. — Mon père, lui dis-je, voulez-vous prier pour quelqu'un qui est en grand péril?

— Je prie pour tous les affligés, dit-il.

— Pouvez-vous dire une messe pour une âme qui va peut-être paraître devant son Créateur?

— Oui, répondit-il en me regardant fixement. — Et, comme il y avait dans mon air quelque chose d'étrange, il voulut me faire parler :

— Il me semble que je vous ai vu [77], dit-il.

— Je mis une piastre sur son banc. — Quand direz-vous la messe? lui demandai-je.

— Dans une demi-heure. Le fils de l'aubergiste de là-bas va venir la servir. Dites-moi, jeune homme, n'avez-vous pas quelque chose sur la conscience qui vous tourmente? voulez-vous écouter les conseils d'un chrétien?

Je me sentais près de pleurer. Je lui dis que je reviendrais, et je me sauvai. J'allai me coucher sur l'herbe jusqu'à ce que j'entendisse la cloche. Alors je m'approchai, mais je restai en dehors de la chapelle. Quand la messe fut dite, je retournai à la venta. J'espérais presque que Carmen se serait enfuie; elle aurait pu prendre mon cheval et se sauver... mais je la retrouvai. Elle ne voulait pas qu'on pût dire que je lui avais fait peur. Pendant mon absence, elle avait défait l'ourlet de sa robe pour en retirer le plomb. Maintenant elle était devant une table, regardant dans une terrine pleine d'eau le plomb qu'elle avait fait fondre, et qu'elle venait d'y jeter. Elle était si occupée de sa magie qu'elle ne s'aperçut pas d'abord de mon retour. Tantôt elle prenait un morceau de plomb et le tournait de tous les côtés d'un air triste, tantôt elle chantait quelqu'une de ces chansons magiques* où elles invoquent Marie Padilla, la maîtresse de don Pédro, qui fut, dit-on la *Bari Crallisa**, ou la grande reine des bohémiens[a] :

— Carmen, lui dis-je, voulez-vous venir avec moi?

Elle se leva, jeta sa sébile, et mit sa mantille sur sa tête comme prête à partir. On m'amena mon cheval, elle monta en croupe et nous nous éloignâmes.

— Ainsi, lui dis-je, ma Carmen, après un bout de chemin, tu veux bien me suivre n'est-ce pas?

— Je te suis à la mort, oui, mais je ne vivrai plus avec toi.

a. On a accusé Marie Padilla d'avoir ensorcelé le roi don Pèdre. Une tradition populaire rapporte qu'elle avait fait présent à la reine Blanche de Bourbon d'une ceinture d'or, qui parut aux yeux fascinés du roi comme un serpent vivant. De là la répugnance qu'il montra toujours pour la malheureuse princesse*.

Nous étions dans une gorge solitaire; j'arrêtai mon cheval. — Est-ce ici? — dit-elle, et d'un bond elle fut à terre. Elle ôta sa mantille, la jeta à ses pieds, et se tint immobile un poing sur la hanche, me regardant fixement.

— Tu veux me tuer, je le vois bien, dit-elle; c'est écrit, mais tu ne me feras pas céder.

— Je t'en prie, lui dis-je, sois raisonnable. Écoute-moi! tout le passé est oublié. Pourtant, tu le sais, c'est toi qui m'as perdu; c'est pour toi que je suis devenu un voleur et un meurtrier. Carmen! ma Carmen! laisse-moi te sauver et me sauver avec toi.

— José, répondit-elle, tu me demandes l'impossible. Je ne t'aime plus; toi, tu m'aimes encore, et c'est pour cela que tu veux me tuer. Je pourrais bien encore te faire quelque mensonge; mais je ne veux pas m'en donner la peine. Tout est fini entre nous. Comme mon rom, tu as le droit de tuer ta romi; mais Carmen sera toujours libre*. Calli elle est née, calli elle mourra*.

— Tu aimes donc Lucas? lui demandai-je.

— Oui, je l'ai aimé, comme toi, un instant, moins que toi peut-être. A présent, je n'aime plus rien, et je me hais pour t'avoir aimé.

Je me jetai à ses pieds, je lui pris les mains, je les arrosai de mes larmes. Je lui rappelai tous les moments de bonheur que nous avions passés ensemble. Je lui offris de rester brigand pour lui plaire. Tout, monsieur, tout! je lui offris tout, pourvu qu'elle voulût m'aimer encore!

— Elle me dit : — T'aimer encore, c'est impossible. Vivre avec toi, je ne le veux pas. — La fureur me possédait. Je tirai mon couteau. J'aurais voulu qu'elle eût peur et me demandât grâce, mais, cette femme était un démon.

— Pour la dernière fois, m'écriai-je, veux-tu rester avec moi?

— Non! non! non! dit-elle en frappant du pied, et elle tira de son doigt une bague que je lui avais donnée, et la jeta dans les broussailles.

Je la frappai deux fois. C'était le couteau du Borgne que j'avais pris, ayant cassé le mien. Elle tomba au second coup sans crier. Je crois encore voir son grand œil noir me regarder fixement; puis il devint trouble et se ferma. Je restai anéanti une bonne heure devant ce cadavre [78]. Puis, je me rappelai que Carmen m'avait dit souvent qu'elle aimerait à être enterrée dans un bois. Je lui creusai une fosse avec mon couteau*, et je l'y déposai. Je cherchai longtemps sa bague, et je la trouvai à la fin. Je la mis dans la fosse auprès d'elle, avec une petite croix. Peut-être ai-je eu tort. Ensuite je montai sur mon cheval, je galopai jusqu'à Cordoue, et au premier corps-de-garde je me fis connaître. J'ai dit que j'avais tué Carmen; mais je n'ai pas voulu dire où était son corps. L'ermite était un saint homme. Il a prié pour elle! Il a dit une messe pour son âme... Pauvre enfant! Ce sont les *Calé** qui sont coupables pour l'avoir élevée ainsi [79]. »

IV

L'Espagne est un des pays où se trouvent aujourd'hui, en plus grand nombre encore, ces nomades dispersés dans toute l'Europe, et connus sous les noms de *Bohémiens*, *Gitanos*, *Gypsies*, *Zigeuner**, etc. La plupart demeurent, ou plutôt mènent une vie errante dans les provinces du Sud et de l'Est, en Andalousie, en Estramadure dans le royaume de Murcie; il y en a beaucoup en Catalogne. Ces derniers passent souvent en France. On en rencontre dans toutes nos foires du Midi. D'ordinaire, les hommes exercent les métiers de maquignon, de vétérinaire et de tondeur de mulets; ils y joignent l'industrie de raccommoder les poêlons et les instruments de cuivre, sans parler de la contrebande et autres pratiques illicites. Les femmes disent la bonne aventure, mendient et vendent toutes sortes de drogues innocentes ou non.

Les caractères physiques des Bohémiens sont plus faciles à distinguer qu'à décrire, et lorsqu'on en a vu un seul, on reconnaîtrait entre mille un individu de cette race. La physionomie, l'expression, voilà surtout ce qui les sépare des peuples qui habitent le même pays. Leur teint est très basané, toujours plus foncé que celui des populations parmi lesquelles ils vivent. De là le nom de *Calé*, les noirs, par lequel ils se désignent souvent [a]. Leurs yeux sensiblement obliques, bien fendus, très noirs, sont ombragés par des cils longs et épais. On ne peut comparer leur regard qu'à celui d'une bête fauve. L'audace et la timidité s'y peignent

a. Il m'a semblé que les Bohémiens allemands, bien qu'ils comprennent parfaitement le mot *Calé,* n'aimaient point à être appelés de la sorte. Ils s'appellent entre eux *Romané tchavé* [80].

tout à la fois, et sous ce rapport leurs yeux révèlent assez bien le caractère de la nation, rusée, hardie, mais craignant *naturellement les coups* comme Panurge*. Pour la plupart les hommes sont bien découplés, sveltes, agiles; je ne crois pas en avoir jamais vu un seul chargé d'embonpoint. En Allemagne, les Bohémiennes sont souvent très jolies; la beauté est fort rare parmi les gitanas d'Espagne. Très jeunes elles peuvent passer pour des laiderons agréables; mais une fois qu'elles sont mères, elles deviennent repoussantes. La saleté des deux sexes est incroyable, et qui n'a pas vu les cheveux d'une matronne bohémienne s'en fera difficilement une idée, même en se représentant les crins les plus rudes, les plus gras, les plus poudreux. Dans quelques grandes villes d'Andalousie, certaines jeunes filles, un peu plus agréables que les autres, prennent plus de soin de leur personne. Celles-là vont danser pour de l'argent, des danses qui ressemblent fort à celles que l'on interdit dans nos bals publics du carnaval. M. Borrow*, missionnaire anglais, auteur de deux ouvrages fort intéressants sur les Bohémiens d'Espagne, qu'il avait entrepris de convertir, aux frais de la société Biblique, assure qu'il est sans exemple qu'une Gitana ait jamais eu quelque faiblesse pour un homme étranger à sa race. Il me semble qu'il y a beaucoup d'exagération dans les éloges qu'il accorde à leur chasteté. D'abord, le plus grand nombre est dans le cas de la laide d'Ovide : *Casta quam nemo rogavit**. Quant aux jolies, elles sont comme toutes les Espagnoles, difficiles dans le choix de leurs amants. Il faut leur plaire, il faut les mériter. M. Borrow cite comme preuve de leur vertu un trait qui fait honneur à la sienne, surtout à sa naïveté. Un homme immoral de sa connaissance, offrit, dit-il, inutilement plusieurs onces à une jolie Gitana. Un Andalou, à qui je racontai cette anecdote, prétendit que cet homme immoral aurait eu plus de succès en montrant deux ou trois piastres, et qu'offrir des onces d'or à une Bohémienne, était un aussi mauvais moyen de persuader, que de promettre un million ou deux à une fille d'auberge*. — Quoi qu'il en soit il est certain que les Gitanas montrent à leurs maris un dévouement extraordinaire. Il n'y a pas de danger ni de misères qu'elles ne bravent pour les secourir en leurs nécessités. Un des noms que se donnent les Bohémiens, *Romé* ou les *époux*, me paraît attester le respect de la race pour l'état de mariage. En général on peut dire que leur principale vertu est le patriotisme, si l'on peut ainsi appeler [81] la fidélité qu'ils observent dans leurs relations avec les individus de même origine qu'eux, leur empressement à s'entraider, le secret inviolable qu'ils se gardent dans les affaires compromettantes. Au reste, dans toutes les associations mystérieuses et en dehors des lois, on observe quelque chose de semblable.

J'ai visité, il y a quelques mois*, une horde de Bohémiens établis dans les Vosges. Dans la hutte d'une vieille femme, l'ancienne de sa tribu, il y avait un Bohémien étranger à sa famille, attaqué d'une maladie mortelle. Cet homme avait quitté un hôpital où il était bien soigné, pour aller mourir au milieu de ses compatriotes. Depuis treize semaines il était alité chez ses hôtes, et beaucoup mieux traité que les fils et les gendres qui vivaient dans la même maison. Il avait un bon lit de paille et de mousse avec des draps assez blancs, tandis que le reste de la famille, au nombre de onze personnes, couchaient sur des planches longues de trois pieds. Voilà pour leur hospitalité. La même femme, si humaine pour son hôte, me disait devant le malade : *Singo*, *singo*, *homte hi mulo**. Dans peu, dans peu, il faut qu'il meure. Après tout, la vie de ces gens est si misérable, que l'annonce de la mort n'a rien d'effrayant pour eux.

Un trait remarquable du caractère des Bohémiens, c'est leur indifférence en matière de religion; non qu'ils soient esprits forts ou sceptiques. Jamais ils n'ont fait profession d'athéisme. Loin de là, la religion du pays qu'ils habitent est la leur; mais ils en changent en changeant de patrie. Les superstitions qui, chez les peuples grossiers remplacent les sentiments religieux, leur sont également étrangères. Le moyen, en effet, que des superstitions existent chez des gens qui vivent le plus souvent de la crédulité des autres. Cependant, j'ai remarqué chez les Bohémiens espagnols une horreur singulière pour le contact d'un cadavre. Il y en a peu qui consentiraient pour de l'argent à porter un mort au cimetière.

J'ai dit que la plupart des Bohémiennes se mêlaient de dire la bonne aventure. Elles s'en acquittent fort bien. Mais ce qui est pour elles une source de grands profits, c'est la vente des charmes et des philtres amoureux. Non seulement elles tiennent des pattes de crapauds pour fixer les cœurs volages, ou de la poudre de pierre d'aimant pour se faire aimer des insensibles; mais elles font au besoin des conjurations puissantes qui obligent le diable à leur prêter son secours. L'année dernière, une Espagnole me racontait l'histoire suivante : Elle passait un jour dans la rue d'Alcala*, fort triste et préoccupée; une Bohémienne accroupie sur le trottoir lui cria: Ma belle dame, votre amant vous a trahi. — C'était la vérité. — Voulez-vous que je vous le fasse revenir? On comprend avec quelle joie la proposition fut acceptée, et quelle devait être la confiance inspirée par une personne qui devinait ainsi d'un coup d'œil, les secrets intimes du cœur. Comme il eût été impossible de procéder à des opérations magiques dans la rue la plus fréquentée de Madrid, on convint d'un rendez-vous pour le lendemain. — Rien de plus facile que de ramener l'infidèle à vos pieds, dit la Gitana. Auriez-vous un mouchoir, une écharpe, une mantille qu'il vous ait donné? — On lui remit un fichu de soie. — Maintenant cousez avec de la soie cramoisie, une piastre dans un coin du fichu. — Dans un autre coin cousez une demi-piastre; ici, une piécette; là, une pièce de deux réaux. Puis il faut coudre au milieu une pièce d'or. Un doublon serait le mieux. — On coud le doublon et le reste. — A présent, donnez-moi le fichu, je vais le porter au Campo-Santo, à minuit sonnant.

Venez avec moi, si vous voulez voir une belle diablerie. Je vous promets que dès demain vous reverrez celui que vous aimez. — La Bohémienne partit seule pour le Campo-Santo, car on avait trop peur des diables pour l'accompagner. Je vous laisse à penser si la pauvre amante délaissée a revu son fichu et son infidèle.

Malgré leur misère et l'espèce d'aversion qu'ils inspirent, les Bohémiens jouissent cependant d'une certaine considération parmi les gens peu éclairés, et ils en sont très vains [82]. Ils se sentent une race supérieure pour l'intelligence et méprisent cordialement le peuple qui leur donne l'hospitalité. — Les Gentils sont si bêtes, me disait une Bohémienne des Vosges, qu'il n'y a aucun mérite à les attraper. L'autre jour, une paysanne m'appelle dans la rue, j'entre chez elle. Son poêle fumait, et elle me demande un sort pour le faire aller. Moi, je me fais d'abord donner un bon morceau de lard. Puis, je me mets à marmotter quelques mots en rommani. Tu es bête, je disais, tu es née bête, bête tu mourras... Quand je fus près de la porte, je lui dis en bon allemand : Le moyen infaillible d'empêcher ton poêle de fumer, c'est de n'y pas faire de feu. Et je pris mes jambes à mon cou.

L'histoire des Bohémiens est encore un problème. On sait à la vérité que leurs premières bandes, fort peu nombreuses, se montrèrent dans l'est de l'Europe, vers le commencement du quinzième siècle; mais on ne peut dire ni d'où ils viennent, ni pourquoi ils sont venus en Europe, et, ce qui est plus extraordinaire, on ignore comment ils se sont multipliés en peu de temps d'une façon si prodigieuse dans plusieurs contrées fort éloignées les unes des autres. Les Bohémiens eux-mêmes n'ont conservé aucune tradition sur leur origine, et si la plupart d'entre eux parlent de l'Égypte* comme de leur patrie primitive, c'est qu'ils ont adopté une fable très anciennement répandue sur leur compte.

La plupart des orientalistes qui ont étudié la langue des Bohémiens, croient qu'ils sont originaires de l'Inde. En effet, il paraît qu'un grand nombre de racines et beaucoup de formes grammaticales du rommani se retrouvent dans des idiômes dérivés du sanscrit. On conçoit que dans leurs longues pérégrinations* [83], les Bohémiens ont adopté beaucoup de mots étrangers. Dans tous les dialectes du rommani, on trouve quantité de mots grecs. Par exemple : *cocal*, os de κόκκαλον; *petalli*, fer de cheval, de πέταλον; *cafi*, clou, de καρφί, etc. Aujourd'hui les Bohémiens ont presque autant de dialectes différents qu'il existe de hordes de leur race séparées les unes des autres. Partout ils parlent la langue du pays qu'ils habitent plus facilement que leur propre idiome, dont ils ne font guère usage que pour pouvoir s'entretenir librement devant des étrangers. Si l'on compare le dialecte des Bohémiens de l'Allemagne avec celui des Espagnols, sans communication avec les premiers depuis des siècles, on reconnaît une très grande quantité de mots communs; mais la langue originale, partout, quoiqu'à différents degrés, s'est notablement altérée par le contact des langues plus cultivées, dont ces nomades ont été contraints de faire usage. L'allemand, d'un côté, l'espagnol, de l'autre, ont tellement modifié le fond du rommani, qu'il serait impossible à un Bohémien de la Forêt-Noire de converser avec un de ses frères andalous, bien qu'il leur suffît [84] d'échanger quelques phrases pour reconnaître qu'ils parlent tous les deux un dialecte dérivé du même idiome. Quelques mots d'un usage très fréquent sont communs, je crois, à tous les dialectes; ainsi, dans tous les vocabulaires que j'ai pu voir : *pani* veut dire de l'eau, *manro*, du pain, *mâs*, de la viande, *lon*, du sel.

Les noms de nombre sont partout à peu près les mêmes. Le dialecte allemand me semble beaucoup plus pur que le dialecte espagnol; car il a conservé nombre de formes grammaticales primitives, tandis que les Gitanos ont adopté celles du Castillan. Pourtant quelques mots font exception pour attester l'ancienne communauté de langage. — Les prétérits du dialecte allemand se forment en ajoutant *ium* à l'impératif qui est toujours la racine du verbe. Les verbes dans le rommani espagnol, se conjuguent tous sur le modèle des verbes castillans de la première conjugaison. De l'infinitif *jamar*, manger, on devrait régulièrement faire *jamé*, j'ai mangé, de *lillar*, prendre, on devrait faire *lillé*, j'ai pris. Cependant quelques vieux Bohémiens disent par exception : *jayon*, *lillon*. Je ne connais pas d'autres verbes qui aient conservé cette forme antique.

Pendant que je fais ainsi étalage de mes minces connaissances dans la langue rommani, je dois noter quelques mots d'argot français que nos voleurs ont empruntés aux Bohémiens. *Les Mystères de Paris** ont appris à la bonne compagnie que *chourin*, voulait dire couteau*. C'est du rommani pur; *tchouri* est un de ces mots communs à tous les dialectes. M. Vidocq* appelle un cheval *grès*, c'est encore un mot bohémien *gras*, *gre*, *graste*, *gris*. Ajoutez encore le mot *romanichel** qui dans l'argot parisien désigne les Bohémiens. C'est la corruption de *rommané tchave* gars Bohémiens. Mais une étymologie dont je suis fier, c'est celle de *frimousse*, mine, visage, mot que tous les écoliers emploient ou employaient de mon temps. Observez d'abord que Oudin* dans son curieux dictionnaire, écrivait en 1640, *firlimouse*. Or, *firla*, *fila* en rommani veut dire visage, *mui* a la même signification, c'est exactement *os* des Latins. La combinaison *firlamui* a été sur-le-champ comprise par un Bohémien puriste*, et je la crois conforme au génie de sa langue.

En voilà bien assez pour donner aux lecteurs de Carmen, une idée avantageuse de mes études sur le Rommani. Je terminerai par ce proverbe qui vient à propos : *En retudi panda nasti abela macha*. En close bouche, n'entre point mouche.

L'ABBÉ AUBAIN

NOTICE

Le 15 mars 1844, *le Constitutionnel* était passé aux mains du docteur Véron et, le 23 mars, on y avait annoncé la collaboration de Mérimée à ses feuilletons (Articles d'art). Celui-ci avait cédé à son amitié pour Thiers, qui inspirait la politique du journal et à qui il avait des obligations. (*Corr. gén.*, t. IV, p. 241.) Mérimée avait donc, depuis juin 1844, donné trois articles au *Constitutionnel* et, le 17 février 1846, il y publiait son article sur l'« Histoire de la poésie provençale, par M. Fauriel ».

C'est dans ces conditions que le 23 février 1846, *le Constitutionnel* imprimait la note suivante : « Nous publierons demain mardi l'Histoire de l'abbé Aubain, dans une une série de lettres originales, où il n'est question ni de l'Université ni des Jésuites. A la finesse de ce tableau de mœurs, au mérite du style, on reconnaîtra sûrement un de nos plus spirituels et de nos plus célèbres conteurs. »

Cette petite nouvelle avait été soumise à l'helléniste Boissonade qui écrivit à Mérimée la lettre suivante :

« J'ai oublié de dire à mon savant confrère que sa traduction des mots *phanérogame* et *cryptogame* n'est peut-être pas complètement exacte. Il les a rendus, si je me souviens bien, par « mariage public » et « mariage secret ». Mais ce sont deux adjectifs. Une plante *phanérogame* est celle dont la fécondation est visible. Le Dahlia *(Dahlia variabilis)* est une plante phanérogame. La Truffe (« qui dit truffe prononce un grand mot »; c'est un aphorisme du professeur Savarin), la truffe *(tuber cibarium)* est une plante cryptogame. Les substantifs grecs francisés sont phanérogamie et cryptogamie. Ainsi σύγγαμος, c'est l'épouse; συγγαμία, c'est le mariage, *connubium*. Le galant maréchal de Richelieu était κλεψίγαμος; ses larcins amoureux se pourraient nommer κλεψιγαμία· Ὁ σός κατὰ πάντα.

21 février 1846 [1] BOISSONADE »

Le vers d'Eschyle dans les *Sept chefs :* Ὦ Ζεῦ, γυναικῶν οἷον ὤπασας γένος, est, je le crois toujours, quoique adressé au chœur des femmes thébaines, une pensée générale. Pompignan et Dutheil l'entendent ainsi : « O Jupiter, qu'est-ce donc que les femmes ! » s'écrie l'Etéocle de Pompignan. C'est dans un autre français qu'il écrivait sa belle strophe : Le Nil a vu sur ses rivages... » Dutheil n'est pas non plus irréprochable peut-être, mais il entend parfaitement bien : « O Jupiter ! quel présent que les femmes ! quel sexe ! » L'ancien scoliaste a de même généralisé le sens. Il rend ὤπασας par παρεσχεστῷ βιῷ. J'ouvre Potter, et j'y trouve, ce qui confirme encore l'idée que je vous ai soumise : *Hear'rs of what quality are women formid !* » Et pour épuiser les autorités, M. Pierron a dit, améliorant Dutheil : « O Jupiter, quel présent tu nous as fait ! Les femmes ! quelle race [2] ! »

Monsieur Mérimée
de l'Académie française etc.
rue des Beaux-Arts, 10

Trois jours plus tard, le 24 février 1846, jour du Mardi gras, *l'Abbé Aubain* paraissait sans signature dans le feuilleton du *Constitutionnel*, où Béranger put le lire. Celui-ci écrivait à Mérimée le lendemain : « Véron juge bien ses abonnés, il a donné cette charmante nouvelle un jour où il n'y a que les gens sages qui lisent les journaux. Moi qui suis de ces gens-là, et j'en gémis, j'ai relu cette correspondance avec délices, elle m'a fait faire mon mardi-gras [3]. »

Le 28 février, Mérimée écrivait à Mme de Montijo : « Je vous envoie une petite historiette que j'ai faite sans la

1. La date de cette lettre qui appartient au Muséum Calvet, 21 février 1846, est parfaitement lisible.
2. Publié par Félix Chambon. *Revue d'histoire littéraire de la France,* 1901, p. 475.
3. Félix Chambon. *Notes sur Prosper Mérimée,* p. 20, n. 2.

signer, parce qu'il suffit que je parle de curé pour que les vieilles dévotes crient à l'irréligion. L'aventure est vraie et je pourrais nommer les personnages. » (*Corr. gén.*, t. IV, p. 422.)

La source de cette aventure, peut-être véritable, reste inconnue. Les allusions à Mme Delessert sont évidentes, mais c'est sans conviction qu'on peut signaler la page de Robert de Montesquiou dans ses *Roseaux pensants* (Paris, Charpentier, 1897, p. 154) où il lui fait dire : « Que voulez-vous mon cousin... *on n'aime qu'un curé dans sa vie.* » Certains traits de Mme de P*** font aussi penser à Jenny Dacquin qui, née le 25 novembre 1811, apprenant le grec, le latin et l'allemand, pouvait elle aussi s'écrier : « J'aurai trente-trois ans, juste ciel ! je veux être une Philaminte. » Enfin ce n'est pas par hasard que Mme de P*** lit la vie d'Abélard par Charles de Rémusat. Mérimée revient d'Espagne, où il a vainement cherché à entraîner Rémusat qui s'intéressait beaucoup trop, pour ne pas dire plus, à Mme Delessert. Ses lettres se teintent de mélancolie au début de 1846, et il prend avec esprit son parti de la mésaventure, en glissant dans *l'Abbé Aubain* quelques lignes malicieuses [1].

Ce fut une surprise pour les contemporains de trouver dans le *Constitutionnel*, cette bluette anonyme, qui par son style tout uni faisait penser à Diderot. L'anonymat fut d'ailleurs facilement percé, et Marc Fournier écrivit dans *l'Artiste*, le 8 mars 1846 : « Cela est si fin et si tiré à quatre épingles, qu'on arrive à sentir quelque chose de froid sous cette vivacité apparente et de guindé sous ces semblants d'abandon. Hé ! prenons garde ! si ce masque pimpant, si tout ce fard et toutes ces paillettes, si tant de preste allure et de joli style, si tout cela ne cachait au demeurant, qu'un académicien. M. Mérimée, par exemple ? — Pourquoi pas ? Cela nous vient aux jours gras et le carnaval est aussi bien fait pour les académiciens que pour les porteurs de *l'Époque*, j'imagine. »

M. P.

---

1. Cf. « Mérimée et Rémusat », *Revue de Paris*, 1er janvier 1939. *Abélard* avait paru en mai 1845, mais Mérimée avait pu le lire en décembre 1844 (*Corr. gén.*, t. IV, p. 220).

L'ABBÉ AUBAIN

Il est inutile de dire comment les lettres suivantes sont tombées entre nos mains. Elles nous ont paru curieuses, morales et instructives. Nous les publions sans autre changement que la suppression de certains noms propres et de quelques passages qui ne se rapportent pas à l'aventure de l'abbé Aubain.

LETTRE I

De madame de P... à madame de G...

Noirmoutiers,... novembre 1844.

J'ai promis de t'écrire, ma chère Sophie, et je tiens parole; aussi bien n'ai-je rien de mieux à faire par ces longues soirées. Ma dernière lettre t'apprenait comment je me suis aperçue tout à la fois que j'avais trente ans et que j'étais ruinée. Au premier de ces malheurs, hélas! il n'y a pas de remède. Au second, nous nous résignons assez mal, mais enfin, nous nous résignons. Pour rétablir nos affaires, il nous faut passer deux ans, pour le moins, dans le sombre manoir d'où je t'écris. J'ai été sublime. Aussitôt que j'ai su l'état de nos finances, j'ai proposé à Henri d'aller faire des économies à la campagne, et huit jours après nous étions à Noirmoutiers. Je ne te dirai rien du voyage. Il y avait bien des années que je ne m'étais trouvée pour aussi longtemps seule avec mon mari. Naturellement nous étions l'un et l'autre d'assez mauvaise humeur; mais comme j'étais parfaitement résolue à faire bonne contenance, tout s'est bien passé. Tu connais mes grandes *résolutions*, et tu sais si je les tiens. Nous voilà installés. Par exemple, Noirmoutiers, pour le pittoresque, ne laisse rien à désirer. Des bois, des falaises, la mer à un quart de lieue. Nous avons quatre grosses tours dont les murs ont quinze pieds d'épaisseur. J'ai fait un cabinet de travail dans l'embrasure d'une fenêtre. Mon salon, de soixante pieds de long, est décoré d'une tapisserie à *personnages de bêtes*; il est vraiment magnifique, éclairé par huit bougies : c'est l'illumination du dimanche. Je meurs de peur toutes les fois que j'y passe après le soleil couché. Tout cela est meublé fort mal, comme tu le penses bien. Les portes ne joignent pas, les boiseries craquent, le vent siffle et la mer mugit de la façon la plus lugubre du monde. Pourtant je commence à m'y habituer. Je range, je répare, je plante; avant les grands froids je me serai fait un campement tolérable. Tu peux être assurée que ta tour sera prête pour le printemps. Que ne puis-je déjà t'y tenir! Le mérite de Noirmoutiers, c'est que nous n'avons pas de voisins. Solitude complète. Je n'ai d'autre visiteurs, grâce à Dieu, que mon curé, l'abbé Aubain. C'est un jeune homme fort doux, bien qu'il ait des sourcils arqués et bien fournis, et de grands yeux noirs comme un traître de mélodrame. Dimanche dernier, il nous a fait un sermon, pas trop mal pour un sermon de province, et qui venait comme de cire* : « Que le malheur était un bienfait de la Providence pour épurer nos âmes. » Soit! A ce compte, nous devons des remerciements à cet honnête agent de change qui a voulu nous épurer en nous emportant notre fortune. Adieu, ma chère amie. Mon piano arrive avec force caisses. Je vais voir à faire ranger tout cela.

P. S. Je rouvre ma lettre pour te remercier de ton envoi. Tout cela est trop beau, beaucoup trop beau pour Noirmoutiers. La capote grise me plaît. J'ai reconnu ton goût. Je la mettrai dimanche pour la messe; peut-être qu'il passera un commis voyageur pour l'admirer. Mais pour qui me prends-tu avec tes romans? Je veux être, je *suis* une personne sérieuse. N'ai-je pas de bonnes raisons? Je vais m'instruire. A mon retour à Paris, dans trois ans d'ici (j'aurai trente-trois ans, juste ciel [1]!), je veux être une Philaminte*. Au vrai, je ne sais que te demander en fait de livres. Que me conseilles-tu d'apprendre? l'allemand ou le latin? Ce serait bien agréable de lire Wilhelm Meister* dans l'original, ou les contes de Hoffmann. Noirmoutiers est le vrai lieu pour les contes fantastiques. Mais comment apprendre l'allemand à Noirmoutiers ? Le latin me plairait assez, car je trouve injuste que les hommes le sachent pour eux seuls. J'ai envie de me faire donner des leçons par mon curé.

. . . .

LETTRE II

La même à la même

Noirmoutiers,... décembre 1844

Tu as beau t'en étonner, le temps passe plus vite que tu ne crois, plus vite que je ne l'aurais cru moi-même. Ce qui soutient surtout mon courage, c'est la faiblesse de mon seigneur et maître. En vérité, les hommes sont bien inférieurs à nous. Il est d'un abattement, d'un *avvilimento* qui passe la permission. Il se lève le plus tard qu'il peut, monte à cheval ou va chasser, ou bien faire visite aux plus ennuyeuses gens du monde, notaires ou procureurs du roi qui demeurent à la ville, c'est-à-dire à six lieues d'ici. C'est quand il pleut qu'il faut le voir [2] ! Voilà huit jours qu'il a commencé les Mauprat, et il en est au premier volume*. — « Il vaut mieux se louer soi-même que de médire d'autrui. » C'est un de tes proverbes. Je le laisse donc pour te parler de moi. L'air de la campagne me fait un bien infini. Je me porte à merveille, et quand je me regarde dans ma glace (quelle glace !), je ne me donnerais pas trente ans; et puis, je me promène beaucoup. Hier, j'ai tant fait, que Henri est venu avec moi au bord de la mer. Pendant qu'il tirait des mouettes, j'ai lu le chant des pirates dans le *Giaour**. Sur la grève, devant une mer houleuse, ces beaux vers semblent encore plus beaux. Notre mer ne vaut pas celle de Grèce, mais elle a sa poésie comme toutes les mers. Sais-tu ce qui me frappe dans lord Byron? c'est qu'il voit et qu'il comprend la nature. Il ne parle pas de la mer pour avoir mangé du turbot et des huîtres. Il a navigué; il a vu des tempêtes. Toutes ses descriptions sont des daguerréotypes. Pour nos poètes, a rime d'abord, puis le bon sens, s'il y a place dans le vers*. Pendant que je me promenais, lisant, regardant et admirant, l'abbé Aubain — je ne sais si je t'ai parlé de mon abbé, c'est le curé de mon village — est venu me joindre. C'est un jeune prêtre qui me revient assez [3]. Il a de l'instruction et sait « parler des choses avec les honnêtes gens* ». D'ailleurs, à ses grands yeux noirs et à sa mine pâle et mélancolique, je vois bien qu'il a une histoire intéressante, et je prétends me la faire raconter. Nous avons causé mer, poésie; et, ce qui te surprendra dans un curé de Noirmoutiers, il en parle bien. Puis il m'a menée [4] dans les ruines d'une vieille abbaye, sur une falaise, et m'a fait voir un grand portail tout sculpté de monstres adorables. Ah! si j'avais de l'argent, comme je réparerais tout cela!* Après, malgré les représentations de Henri, qui voulait aller dîner, j'ai insisté pour passer par le presbytère, afin de voir un reliquaire curieux que le curé a trouvé chez un paysan. C'est fort beau, en effet : un coffret en émail de Limoges*, qui ferait une délicieuse cassette à mettre des bijoux. Mais quelle maison, grand Dieu! Et nous autres, qui nous trouvons pauvres! Figure-toi une petite chambre au rez-de-chaussée, mal dallée, peinte à la chaux, meublée d'une table et de quatre chaises, plus un fauteuil en paille avec une petite galette de coussin, rembourrée de je ne sais quels noyaux de pêche, et recouverte en toile à carreaux blancs et rouges. Sur la table, il y avait trois ou quatre grands in-folio grecs ou latins. Ce sont des Pères de l'Église, et dessous, comme caché, j'ai surpris *Jocelin**. Il a rougi. D'ailleurs, il était fort bien à faire les honneurs de son misérable taudis; ni orgueil, ni mauvaise honte. Je soupçonnais qu'il avait son histoire romanesque. J'en ai la preuve maintenant. Dans le coffre byzantin qu'il nous a montré, il y avait un bouquet fané de cinq ou six ans au moins. — Est-ce une relique? lui ai-je demandé. — Non, a-t-il répondu un peu troublé. Je ne sais comment cela se trouve là. Puis il a pris le bouquet et l'a serré précieusement dans sa table. Est-ce clair?... Je suis rentrée au château avec de la tristesse et du courage : de la tristesse pour avoir vu tant de pauvreté; du courage, pour supporter la mienne, qui pour lui serait une opulence asiatique. Si tu avais vu sa surprise quand Henri lui a remis vingt francs pour une femme qu'il nous recommandait ! Il faut que je lui fasse un cadeau. Ce fauteuil de paille où je me suis assise est par trop dur. Je veux lui donner un de ces fauteuils en fer qui se plient comme celui que j'avais emporté en Italie. Tu m'en choisiras un, et tu me l'enverras au plus vite...

LETTRE III

La même à la même

Noirmoutiers,... février 1845.

Décidément je ne m'ennuie pas à Noirmoutiers. D'ailleurs, j'ai trouvé une occupation intéressante [5], et c'est à mon abbé que je la dois. Mon abbé sait tout, assurément, et en outre la botanique. Je me suis rappelé les Lettres de Rousseau*, en l'entendant nommer en latin un vilain oignon que, faute de mieux, j'avais mis sur ma cheminée. — « Vous savez donc la botanique? — Fort mal, répondit-il. Assez cependant pour indiquer aux gens de ce pays les simples qui peuvent leur être utiles; assez surtout, il faut bien l'avouer, pour donner quelque intérêt à mes promenades solitaires. » J'ai compris tout de suite qu'il serait très amusant de cueillir de belles fleurs dans mes courses, de les faire sécher et de les ranger proprement dans « mon vieux Plutarque à mettre des rabats* ». — « Montrez-moi la botanique, » lui ai-je dit. Il voulait attendre au printemps, car il n'y a pas de fleurs dans cette vilaine saison. « Mais vous avez des fleurs séchées, lui ai-je dit. J'en ai vu chez vous. » — Je crois t'avoir parlé d'un vieux bouquet précieusement conservé. — Si tu avais vu sa mine!... Pauvre malheureux! Je me suis repentie bien vite de mon allusion indiscrète. Pour la lui faire oublier, je me suis hâtée de lui dire qu'il devait avoir une collection de plantes sèches. Cela s'appelle un herbier. Il en est convenu aussitôt; et, dès le lendemain, il m'apportait dans un ballot de papier gris, force jolies plantes, chacune avec son étiquette. Le cours de botanique est commencé; j'ai fait tout de suite des progrès étonnants. Mais ce que je ne savais pas, c'est l'immoralité de cette botanique, et la difficulté des premières explications, surtout pour un abbé. Tu sauras, ma chère, que les plantes se marient tout comme nous autres, mais la plupart ont beaucoup de maris. On appelle les unes *phanérogames*, si j'ai bien retenu ce nom barbare. C'est du grec, qui veut dire mariées publiquement, à la municipalité. Il y a ensuite les *cryptogames*, mariages secrets*. Les champignons que tu manges se marient secrètement. Tout cela est fort scandaleux; mais il ne s'en tire pas trop mal, mieux que moi, qui ai eu la sottise de rire aux éclats, une fois ou deux, aux passages les plus difficiles. Mais à présent, je suis devenue prudente et je ne fais plus de questions.

LETTRE IV

La même à la même

Noirmoutiers,... mars 1845[6].

Tu veux absolument savoir l'histoire de ce bouquet conservé si précieusement; mais, en vérité, je n'ose la lui demander. D'abord, il est plus que probable qu'il n'y a pas d'histoire là-dessous; puis, s'il y en avait une, ce serait peut-être une histoire qu'il n'aimerait pas à raconter. Pour moi, je suis bien convaincue... Allons! point de menteries. Tu sais bien que je ne puis avoir de secrets avec toi. Je la sais, cette histoire, et je vais te la dire en deux mots; rien de plus simple. — « Comment se fait-il, monsieur l'abbé, lui ai-je dit un jour qu'avec l'esprit que vous avez, et tant d'instruction, vous vous soyez résigné à devenir le curé d'un petit village? » Lui, avec un triste sourire : « Il est plus facile, a-t-il répondu, d'être le pasteur de pauvres paysans que pasteur de citadins. Chacun doit mesurer sa tâche à ses forces. — C'est pour cela, dis-je, que vous devriez être mieux placé. — On m'avait dit, dans le temps, continua-t-il, que monseigneur l'évêque de N***, votre oncle, avait daigné jeter les yeux sur moi pour me donner la cure de Sainte-Marie : c'est la meilleure du diocèse. Ma vieille tante, la seule parente qui me soit restée, demeurant à N***, on disait que c'était pour moi une situation fort désirable. Mais je suis bien ici, et j'ai appris avec plaisir que monseigneur avait fait un autre choix. Que me faut-il? Ne suis-je pas heureux à Noirmoutiers? Si j'y fais un peu de bien, c'est ma place; je ne dois pas la quitter. Et puis la ville me rappelle... » Il s'arrêta, les yeux mornes et distraits; puis, reprenant tout à coup : « Nous ne travaillons pas, dit-il. Et notre botanique?... » Je ne pensais guère alors au vieux foin épars sur la table et je continuai les questions. — « Quand êtes-vous entré dans les ordres? — Il y a neuf ans. — Neuf ans... mais il me semble que vous deviez avoir déjà l'âge où l'on a une profession? Je ne sais, mais je me suis toujours figuré que ce n'est pas une vocation de jeunesse qui vous a conduit à vous faire prêtre. — Hélas! non, dit-il d'un air honteux; mais si ma vocation a été bien tardive, si elle a été déterminée par des causes... par une cause... » Il s'embarrassait et ne pouvait achever. Moi, je pris mon grand courage. « Gageons, lui dis-je, que certain bouquet que j'ai vu était pour quelque chose dans cette détermination-là. » A peine l'impertinente question était-elle lâchée, que je me mordais la langue pour l'avoir poussé de la sorte; mais il n'était plus temps. « Eh bien, oui, madame, c'est vrai; je vous dirai tout cela, mais pas à présent... une autre fois. Voici l'Angélus qui va sonner. » Et il était parti avant le premier coup de cloche. Je m'attendais à quelque histoire terrible. Il revint le lendemain, et ce fut lui qui reprit notre conversation de la veille. Il m'avoua qu'il avait aimé une jeune personne de N...; mais elle avait un peu de fortune, et lui, étudiant, n'avait d'autre ressource que [7] son esprit... Il lui dit : « Je pars pour Paris, où j'espère obtenir une place; mais vous, pendant que je travaillerai jour et nuit pour me rendre digne de vous, ne m'oublierez-vous pas? » La jeune personne avait seize ou dix-sept ans et était fort romanesque. Elle lui donna son bouquet en signe de sa foi. Un an après, il apprenait son mariage avec le notaire de N..., précisément comme il allait avoir une chaire dans un collège. Ce coup l'accabla, il renonça à suivre le concours. Il dit que pendant des années il n'a pu penser à autre chose; et en se rappelant cette aventure si simple, il paraissait aussi ému que si elle venait de lui arriver. Puis, tirant le bouquet de sa poche : « C'était un enfantillage de le garder, dit-il, peut-être même était-ce mal; » et il l'a jeté au feu. Lorsque les pauvres fleurs eurent cessé de craquer et de flamber, il reprit avec plus de calme : « Je vous remercie de m'avoir demandé ce récit. C'est à vous que je dois de m'être séparé d'un souvenir qu'il ne me convenait guère de conserver. » — Mais il avait le cœur gros, et l'on voyait sans peine combien le sacrifice lui avait coûté. Quelle vie, mon Dieu ! que celle de ces pauvres prêtres ! Les pensées les plus innocentes, ils doivent se les interdire. Ils sont obligés de bannir de leur cœur tous ces sentiments qui font le bonheur des autres hommes... jusqu'aux souvenirs qui attachent à la vie. Les prêtres nous ressemblent à nous autres, pauvres femmes : tout sentiment vif est crime. Il n'y a de permis que de souffrir, encore pourvu qu'il n'y paraisse pas. Adieu, je me reproche ma curiosité comme une mauvaise action, mais c'est toi qui en es la cause.

(Nous omettons plusieurs lettres où il n'est plus question de l'abbé Aubain.)

LETTRE V

La même à la même

Noirmoutiers,... mai 1845.

Il y a bien longtemps que je veux t'écrire, ma chère Sophie, et je ne sais quelle mauvaise honte m'en a toujours empêchée. Ce que j'ai à te dire est si étrange, si ridicule et si triste à la fois, que je ne sais si tu en seras touchée, ou si tu en riras. Moi-même, j'en suis encore à n'y rien comprendre. Sans plus de préambule, j'en viens au fait. Je t'ai parlé plusieurs fois, dans mes lettres, de l'abbé Aubain, le curé de notre village de Noirmoutiers. Je t'ai même conté certaine aventure qui a été la cause de sa profession. Dans la solitude où je vis, et avec les idées assez tristes que tu me connais, la société d'un homme d'esprit, instruit, aimable, m'était extrêmement précieuse. Probablement je lui ai laissé voir qu'il m'intéressait, et au bout de fort peu de temps il était chez nous comme un ancien ami. C'était, je l'avoue, un plaisir tout nouveau pour moi que de causer avec un homme supérieur dont l'ignorance du monde faisait valoir la distinction d'esprit. Peut-être encore, car il faut te dire tout, et ce n'est pas à toi que je puis cacher quelque défaut de mon caractère, peut-être encore ma *naïveté* de coquetterie (c'est ton mot), que tu m'as souvent reprochée, s'est-elle exercée à mon insu. J'aime à plaire aux gens qui me plaisent, je veux être aimée de ceux que j'aime... A cet exorde, je te vois ouvrant de grands yeux, et il me semble t'entendre dire : Julie !... Rassure-toi, ce n'est pas à mon âge que l'on commence à faire des folies. Mais je continue. Une sorte d'intimité s'est établie entre nous, sans que jamais, je me hâte de le dire, il ait rien dit ou fait qui ne convînt au caractère sacré dont il est revêtu. Il se plaisait chez moi. Nous causions souvent de sa jeunesse, et plus d'une fois j'ai eu le tort de mettre sur le tapis cette romanesque passion qui lui a valu un bouquet (maintenant en cendres dans ma cheminée) et la triste robe qu'il porte. Je n'ai pas tardé à m'apercevoir qu'il ne pensait plus guère à son infidèle. Un jour il l'avait rencontrée à la ville, et même lui avait parlé. Il me raconta tout cela, à son retour, et me dit sans émotion qu'elle était heureuse, et qu'elle avait de charmants enfants. Le hasard l'a rendu témoin de quelques-unes des impatiences de Henri. De là des confidences, en quelque sorte forcées de ma part, et de la sienne un redoublement d'intérêt. Il connaît mon mari comme s'il l'avait pratiqué dix ans. D'ailleurs, il était aussi bon conseiller que toi, et plus impartial, car tu crois toujours que les torts sont partagés. Lui, me donnait toujours raison, mais en me recommandant la prudence et la politique. En un mot, il se montrait un ami dévoué. Il y a en lui quelque chose de féminin qui me charme. C'est un esprit qui me rappelle le tien. Un caractère exalté et ferme, sensible et concentré, fanatique du devoir... Je couds des phrases les unes aux autres pour retarder l'explication. Je ne puis parler franc; ce papier m'intimide. Que je voudrais te tenir au coin du feu, avec un petit métier entre nous deux, brodant à la même portière! — Enfin, enfin, ma Sophie, il faut bien lâcher le grand mot. Le pauvre malheureux était amoureux de moi. Ris-tu, ou bien es-tu scandalisée? Je voudrais te voir en ce moment. Il ne m'a rien dit, bien entendu mais nous ne nous trompons guère, et ses grands yeux noirs!... Pour le coup, je crois que tu ris. — Que de lions voudraient avoir ces yeux-là qui parlent sans le vouloir! J'ai vu tant de ces messieurs qui voulaient faire parler les leurs, et qui ne disaient que des bêtises. — Lorsque j'ai reconnu l'état du malade, la malignité de ma nature, je te l'avouerai, s'en est presque réjouie d'abord. Une conquête à mon âge, une conquête innocente comme celle-là!... C'est quelque chose que d'exciter une telle passion, un amour impossible!... Fi donc! ce vilain sentiment m'a passé bien vite. — Voilà un galant homme, me suis-je dit, dont mon étourderie ferait le malheur. C'est horrible, il faut absolument que cela finisse. Je cherchais dans ma tête comment je pourrais l'éloigner. Un jour, nous nous promenions sur la grève, à marée basse. Il n'osait me dire un mot, et moi j'étais embarrassée aussi. Il y avait de mortels silences de cinq minutes, pendant lesquels, pour me faire contenance, je ramassais des coquilles. Enfin, je lui dis : « Mon cher abbé, il faut absolument qu'on vous donne une meilleure cure que celle-ci. J'écrirai à mon oncle l'évêque; j'irai le voir, s'il le faut. — Quitter Noirmoutiers! s'écria-t-il en joignant les mains; mais j'y suis si heureux! Que puis-je désirer depuis que vous êtes ici? Vous m'avez comblé, et mon petit presbytère est devenu un palais. — Non, repris-je, mon oncle est bien vieux; si j'avais le malheur de le perdre, je ne saurais à qui m'adresser pour vous faire obtenir un poste convenable. — Hélas! madame, j'aurais tant de regret à quitter ce village!... Le curé de Saint-Marie est mort... mais ce qui me rassure, c'est qu'il sera remplacé par l'abbé Raton. C'est un bien digne prêtre, et je m'en réjouis; car si monseigneur avait pensé à moi...

— Le curé de Sainte-Marie est mort! m'écriai-je. Je vais aujourd'hui à N***, voir mon oncle.

— Ah! madame, n'en faites rien. L'abbé Raton est bien plus digne que moi; et puis, quitter Noirmoutiers!...

— Monsieur l'abbé, dis-je d'un ton ferme, *il le faut!* A ce mot, il baissa la tête et n'osa plus résister. Je revins presque en courant au château. Il me suivait à deux pas en arrière, le pauvre homme, si troublé, qu'il n'osait pas ouvrir la bouche. Il était anéanti. Je n'ai pas perdu une minute. A huit heures, j'étais chez mon oncle. Je l'ai trouvé fort prévenu pour son Raton; mais il m'aime, et je sais mon pouvoir. Enfin, après de longs débats, j'ai obtenu ce que je voulais. Le Raton est évincé, et l'abbé Aubain est curé de Sainte-Marie. Depuis deux jours il est à la ville. Le pauvre homme a compris mon : *Il le faut*. Il m'a remerciée [8] gravement, et n'a parlé que de sa reconnaissance. Je lui ai su gré de quitter Noirmoutiers au plus vite et de me dire même qu'il avait hâte d'aller remercier monseigneur. En partant, il m'a envoyé son joli coffret byzantin, et m'a demandé la permission de m'écrire quelquefois. Eh bien, ma belle? *Es-tu content, Coucy ?** — C'est une leçon. Je ne l'oublierai pas quand je reviendrai dans le monde. Mais alors j'aurai trente-trois ans, et je n'aurai guère à craindre d'être aimée... et d'un amour comme celui-là !... — Certes, cela est impossible. — N'importe, de toute cette folie il me reste un joli coffret et un ami véritable. Quand j'aurai quarante ans, quand je serai grand-mère, j'intriguerai pour que l'abbé Aubain ait une cure à Paris. Tu le verras, ma chère, et c'est lui qui fera faire la première communion à ta fille.

LETTRE VI

*L'abbé Aubain à l'abbé Bruneau, professeur de théologie à Saint-A***.*

N***, mai 1845.

Mon cher maître, c'est le curé de Sainte-Marie qui vous écrit, non plus l'humble desservant de Noirmoutier. J'ai quitté mes marécages et me voilà citadin, installé dans une belle cure, dans la plus grande rue de N***; curé d'une grande église, bien bâtie, bien entretenue, magnifique d'architecture, dessinée dans tous les albums de France. La première fois que j'y ai dit la messe devant un autel de marbre, tout resplendissant de dorures, je me suis demandé si c'était bien moi. Rien de plus vrai. Une de mes joies, c'est de penser qu'aux vacances prochaines vous viendrez me faire visite; que j'aurai une bonne chambre à vous donner, un bon lit, sans parler de certain bordeaux, que j'appelle mon bordeaux de Noirmoutiers, et qui, j'ose le dire, est digne de vous. Mais, me demanderez-vous, comment de Noirmoutiers à Sainte-Marie? Vous m'avez laissé à l'entrée de la nef, vous me retrouvez au clocher.

O Melibœe, deus nobis hæc otia fecit*.

Mon cher maître, la Providence a conduit à Noirmoutiers une grande dame de Paris, que des malheurs comme il ne nous en arrivera jamais ont réduite momentanément à vivre avec dix mille écus par an. C'est une aimable et bonne personne, malheureusement un peu gâtée par des lectures frivoles et par la compagnie des freluquets de la capitale. S'ennuyant à périr avec un mari dont elle a médiocrement à se louer, elle m'a fait l'honneur de me prendre en affection. C'étaient des cadeaux sans fin, des invitations continuelles, puis chaque jour quelque nouveau projet où j'étais nécessaire. « L'abbé, je veux apprendre le latin... L'abbé, je veux apprendre la botanique. » *Horresco referens**, n'a-t-elle pas voulu que je lui montrasse la théologie? Où étiez-vous, mon cher maître? Bref, pour cette soif d'instruction il eût fallu tous nos professeurs de Saint-A***. Heureusement ses fantaisies ne duraient guère, et rarement le cours se prolongeait jusqu'à la troisième [9] leçon. Lorsque je lui avais dit qu'en latin *rosa* veut dire *rose* : « Mais, l'abbé, s'écriait-elle, vous êtes un puits de science! Comment vous êtes-vous laissé enterrer à Noirmoutiers? » S'il faut tout vous dire, mon chère maître, la bonne dame, à force de lire de ces méchants livres [10] qu'on fabrique aujourd'hui, s'était mis en tête des idées bien étranges [11]. Un jour elle me prêta un ouvrage qu'elle venait de recevoir de Paris et qui l'avait transportée, *Abeilard*, par M. de Rémusat*. Vous l'aurez lu, sans doute, et aurez admiré les savantes recherches de l'auteur, malheureusement dirigées dans un mauvais esprit. Moi, j'avais d'abord sauté au second volume [12], à la *Philosophie d'Abeilard*, et c'est après l'avoir lu avec le plus vif intérêt que je revins au premier, à la vie [13] du grand hérésiarque. C'était, bien entendu, tout ce que ma grande dame avait daigné lire. Mon cher maître, cela m'ouvrit les yeux. Je compris qu'il y avait danger dans la compagnie des belles dames tant amoureuses de science. Celle-ci rendrait des points à Héloïse pour l'exaltation [14]. Une situation si nouvelle pour moi m'embarrassait fort, lorsque tout d'un coup elle me dit : « L'abbé, il me faut que vous soyez curé de Sainte-Marie; le titulaire est mort. *Il le faut !* » Aussitôt, elle monte en voiture, va trouver Monseigneur; et quelques jours après j'étais curé de Sainte-Marie, un peu honteux d'avoir obtenu ce titre par faveur, mais au demeurant enchanté de me voir loin des griffes d'une *lionne* de la capitale. Lionne, mon cher maître, c'est, en patois parisien, une femme à la mode.

Ω Ζεῦ, γυναικῶν οἷον ὤπασας γένος [a]* [16]

Fallait-il donc repousser la fortune pour braver le péril? Quelque sot* ! Saint Thomas de Cantorbéry n'accepta-t-il pas les châteaux de Henri II ?* Adieu, mon cher maître, j'espère philosopher avec vous dans quelques mois, chacun dans un bon fauteuil, devant une poularde grasse et une bouteille de bordeaux, *more philosophorum*. *Vale et me ama* [17].

---

a. Vers tiré, je crois, des *Sept Chefs devant Thèbes,* d'Eschyle : « O Jupiter ! les femmes !... quelle race nous as-tu donnée [15] ! » L'abbé Aubain et son maître, l'abbé Bruneau, sont de bons humanistes.

LOKIS

LOKIS

L'HISTOIRE fabuleuse du « fils de l'ours » appartient à la littérature populaire de nombreux pays. (Cf. *Motif-index of Folk - Literature,* by Smith Thompson. Copenhague, 1955.)

Le récit le plus ancien de cette légende se trouve au livre X de l'*Histoire des Danois,* par Saxo Grammaticus (mort vers 1204). Mérimée avait pu le lire dans l'édition de Francfort (1576) [1]. Il avait pu aussi trouver la légende dans Bandello qui la rapporte ainsi dans ses *Histoires tragiques :*

« Il me souvient avoir lu en l'histoire de Danemark qu'en Suèce un ours, ayant ravi une fort belle fille et l'emportant à sa caverne dans le profond silence d'un bois épais et de haute futaie, l'ayant posée à l'entrée de sa grotte, et la contemplant attentivement, tant s'en faut qu'il l'offensât en rien que plutôt il la nourrit de ses larcins et ravissemens; que si l'histoire dit qu'enfin devenant amoureux, eut affaire avec elle, et de leur accointance elle eut un fils, lequel quoique velu si est-ce que tous ses linéaments rapportaient à la figure, proportion et gestes de l'homme. » (Trad. de Belleforest, 1561, tome V, histoire septième.)

Pierre Martino (*Revue critique,* février 1930, p. 83) a signalé l'histoire de « l'homme ours » publiée par H.-C. de Saint-Michel dans la *Revue de Paris* (juillet 1833, t. LII, p. 128). Mérimée avait certainement lu ce récit qui vient, dans la revue, tout de suite après le *Dialogue véritable,* par Victor Jacquemont (t. LII, p. 109).

---

1. *Danica historia* libris XVI... auctore Saxone Grammatico... Francofurti ad Mœnum, 1576. Cf. *Corr. gén.,* t. VI, p. 393.

Le 22 juillet 1868, Mérimée était parti pour Fontainebleau où il se trouve à peu près seul d'étranger à la maison, avec la duchesse de Malakoff et les Sclafani, cousins de l'Impératrice. Il y restera jusqu'au 14 août et à son retour à Paris, il écrit à Jenny Dacquin :

« Lorsque j'étais dans le château, on lisait des romans modernes prodigieux, dont les auteurs m'étaient parfaitement inconnus. C'est pour imiter ces messieurs que cette dernière nouvelle est faite. La scène se passe en Lithuanie, pays qui vous est fort connu [*sic*], on y parle le sanscrit presque pur. Une grande dame du pays, étant à la chasse, a eu le malheur d'être prise et emportée par un ours dépourvu de sensibilité, de quoi elle est restée folle; ce qui ne l'a pas empêchée de donner le jour à un garçon bien constitué qui grandit et devient charmant; seulement il a des humeurs noires et des bizarreries inexplicables. On le marie, et, la première nuit de ses noces, il mange sa femme toute crue. Vous qui connaissez les ficelles, puisque je vous les dévoile, vous devinez tout de suite le pourquoi. C'est que ce monsieur est le fils illégitime de cet ours mal élevé. Veuillez m'en donner votre avis, je vous en prie. » (*Corr. gén.,* t. XIV, p. 233.) Tout de même, il écrit à Mme Delessert, le 20 septembre 1868 : « On lisait à Fontainebleau toutes sortes de bêtises, et je voulais faire pour S. M. quelque chose dans son goût, par conséquent j'ai pris le sujet le plus extravagant et le plus atroce que j'ai pu, mais il a fini par me plaire, et si j'avais le courage de le recommencer d'une autre façon j'en ferais peut-être quelque chose de tolérable. » (*Corr. gén.*, t. XIV, p. 245.)

Pendant les trois semaines environ qu'il a passées à Fontainebleau, Mérimée n'a eu le temps que « d'ébaucher à la hâte » (*Corr. gén.,* t. XIV, p. 248) un récit dont la forme était sans doute assez loin de la rédaction définitive. Il paraît d'ailleurs certain que l'idée de ce conte était déjà dans son esprit lorsqu'il écrivait à Lise Przezdziecka, le 25 juin 1867 : « Vous me parlez de chasse avec tant d'ardeur, que vous voudriez déjà, je pense, vous trouver en face d'un loup, voire même d'un ours. Passe pour la première de ces vilaines bêtes, mais je vous interdis absolument les ours : ils sont trop mal élevés pour avoir du respect pour les chasseresses. » (*Corr. gén.*, t. XIII, p. 529.) Tous les éléments d'érudition, notamment sur la langue jmoude, qu'il a mêlés à son récit lui étaient déjà familiers. Il avait lu Max Müller et ses *Lectures on the Science of Language* qui lui ont fait croire que « le lithuanien est un dialecte slave », et, « en ruminant cette belle histoire » il avait entre les mains une grammaire lithuanienne. « Je suis devenu très fort en jmoude, dit-il, zomaïtis, et j'ai mis la scène en Lithuanie. La couleur locale abonde. » (*Corr. gén.* t. XIV, p. 262.) Cette grammaire était évidemment celle d'Auguste Schleicher[1] qu'il a consultée à l'Institut. (*Corr. gén.* t. XVI, p. 441.)

D'ailleurs la Lithuanie ne lui était pas inconnue. Il l'avait étudiée autrefois pour son histoire des *Faux Démétrius*[2] ; ses travaux sur le langage des bohémiens l'avaient conduit à rechercher les différentes traductions de la Bible (cf. *les Faux Démétrius*, p. 85, n. 2) et les pages de George Borrow, dans *la Bible en Espagne* lui revenaient en mémoire.

Pour tracer le portrait de Mlle Ivinska, il n'est guère douteux que Mérimée ait pensé à Lise Przezdziecka. Celle-ci, née Lise Lachmann en 1830, avait été élevée en Volhynie par la famille de sa mère Eléonore Paszkowska, et lorsque, en 1833, son père et sa mère divorcèrent, elle avait épousé, ayant à peine seize ans, Karol Przezdziecki. Elle mourut le 25 mai 1900, à Czarny-Ostrow en Podolie [3]. Elle présidait à Compiègne et à Fontainebleau la fameuse « Cour d'amour », dont Mérimée se disait par jeu le secrétaire. Les lettres que celui-ci lui a écrites, depuis 1864, ont fait croire qu'il était amoureux d'elle et que le refoulement d'un désir sadique s'était exprimé dans *Lokis*. Certes Mérimée ne fut pas insensible au charme de sa « Présidente », mais il faut tenir compte de la galanterie, du badinage, et ne rien exagérer.

---

1. *Handbuch der Litauischen Sprache*, von August Schleicher. I Grammatik, Prag. 1856; II Lesebuch und Glossar, Prag. 1857.
2. *Épisode de l'histoire de Russie. — Les Faux Démétrius* — par Prosper Mérimée, Paris, Michel Lévy, 1852.
3. Cf. Andrzej Biernacki. « Lice bielsze od mleka. » *Blok-Notes Muzeum Mickiewicza* (Varsovie, 1963, nº 3).

D'ailleurs la comtesse Lise était-elle la seule femme à qui puisse faire penser Mlle Ivinska? Lise Troubetzkoï, elle aussi, était « très jolie quoique frêle comme un roseau et délicate comme une rose de bengale » (*Corr. gén.*, t. X, p. 175), « toute rose et blanche, fraîche comme une matinée d'avril » (*Corr. gén.*, t. X, p. 188) et n'est-ce pas à elle, comme aussi à la princesse Jablonovski (*Corr. gén*, t. XIII, p. 58), que Mérimée applique le vers de Pouchkine, traduisant Mickiewicz : Rose comme une rose, mais blanche comme de la crème fraîche (*Corr. gén.*, t. X, p. 181). Le souvenir de Lise Troubetzkoï ; et aussi peut-être celui de Mme Longhinof, de lady Londesborough, toutes fraîches, pâles et blanches a pu se mêler dans *Lokis* à celui de Lise Przezdziecka qui avait en outre l'avantage d'être née en Pologne et d'y séjourner souvent.

Quoi qu'il en soit, à son retour de Fontainebleau, Mérimée travaille à sa nouvelle. Le 20 septembre 1868 il a lu *Messire Thaddée,* le poème d'Adam Mickiewicz et il a reçu de Charles Edmond son livre sur *la Pologne captive.* « J'ai lu avec grand plaisir, lui écrit-il, votre petit bouquin noir qui m'a appris bien des choses. Votre traduction du Roi esprit [de Slowaçki] est un tour de force dont peu de Français seraient capables, mais je n'aime pas le sombre et m'en tiens à Mickiewicz. » Il lui pose en outre quelques questions dont il fera son profit. (*Corr. gén.*, t. XIV, p. 245.)

Quelques jours plus tard il a lu *Lokis* à Jenny Dacquin. Suivant son conseil il « change la tête de son ours », admettant que l'indélicatesse de la bête pourrait trop effrayer et qu'il est préférable de laisser croire à l'influence « d'un regard », la conception étant laissée dans l'ombre. « Il sera fait selon votre volonté, lui écrit-il. Je me suis toujours bien trouvé de vos conseils ; mais cette fois vous abusez de la permission. » (*Corr. gén.,* t. XIV, p. 255.)

Cependant il cherche un titre, quelque chose comme *le Trouveur* ou *le Dénicheur de miel* (Medvied), ou ce qui serait mieux un mot lithuanien signifiant ours (*Corr. gén.*, t. XIV, p. 262). Puis il envoie son conte à Ivan Tourguéniev « pour corriger les fautes contre les mœurs et la couleur locale » et grâce à un certain Berg, correspondant du « bon Moscove », le titre est enfin trouvé: « Cela s'appellera *Lokis,* comme vous me le conseillez avec cette épigraphe *Michka su lokiou abou dou tokiou.* Le sens n'est-il pas : Blanc bonnet ou bonnet blanc? » Votre correspondant traduit : *Michka i toptighine odno i toje.* » (*Corr. gén.,* t. XIV, p. 311.) Mérimée suit d'ailleurs les conseils de Tourguéniev et refait un chapitre que celui-ci lui avait noté (*Corr. gén.* t. XIV, p. 399.)

En juillet 1869, *Lokis* a pris sa forme définitive. Mérimée lit sa nouvelle à Saint-Cloud devant l'Impératrice et les demoiselles d'honneur qui n'y comprennent rien. Augustin Filon qui assistait à la lecture en a fait un agréable récit [1]. Mérimée n'avait plus de raison de résister aux sollicitations répétées de Buloz et de son fils, *Lokis* parut le 15 septembre 1869 dans la *Revue des Deux Mondes* sous un titre que Mérimée n'avait pas choisi: « Le Manuscrit du professeur Wittembach ».

Un peu inquiet de son œuvre, l'auteur fut rassuré et, l'écrivit à Panizzi : « Avez-vous lu mon ours? Il n'a fait aucun scandale et on tient pour certain qu'il n'y a eu dans l'affaire qu'une peur de femme grosse. » (*Corr. gén.,* t. XIV, p. 626.)

L'accueil fait à *Lokis* fut assez froid. « Les ours de M. Mérimée m'effraient un peu, écrit Doudan, le 20 septembre 1869 [2]. Cette conception est bien bizarre et cela est singulier de la part d'un écrivain d'un esprit si net et d'un talent si vrai. Ce n'est pas là l'auteur de *Colomba* ou de « 1572 ». Il fallait qu'il laissât ces peintures et ce sujet à ce terrible M. Victor Hugo qui vit à l'aise et en familiarité avec les monstres (allusion à *L'Homme qui rit*). » Et le 13 octobre suivant le journal *Paris* écrira : « M. Mérimée sortant d'un long silence a publié récemment dans la *Revue des Deux Mondes* une nouvelle qu'on lira avec curiosité et déception. Il se fait tard pour cet écrivain. »

La postérité a été moins sévère et paraît s'être ralliée, en majorité, à l'opinion d'Augustin Filon [3]: « *Lokis* est un

---

1. Augustin Filon. *Mérimée et ses amis,* Paris, Hachette, 1894, p. 303.
2. X. Doudan. *Mélanges et Lettres.* Paris, 1878, t. II, p. 506.
3. A. Filon, *l. c.,* p. 304.

petit roman très bien fait, très vigoureux d'exécution, très habilement varié de ton et où l'ironie se soutient à la hauteur voulue pour ne point gâter la couleur sombre du sujet. En le relisant ces jours-ci, il m'a semblé que c'était une des meilleures œuvres de Mérimée. »

M. P.

LOKIS*

I

. . . .

THÉODORE, dit M. le professeur Wittembach*, veuillez me donner ce cahier relié en parchemin, sur la seconde tablette, au-dessus du secrétaire ; non pas celui-ci, mais le petit in-octavo. C'est là que j'ai réuni toutes les notes de mon journal de 1866, du moins celles qui se rapportent au comte Szémioth*.

Le professeur mit ses lunettes, et au milieu du plus profond silence lut ce qui suit :

LOKIS,

avec ce proverbe lithuanien* pour épigraphe :

Miszka su Lokiu[a]
Abu du tokiu.

Lorsque parut à Londres la première traduction des saintes Écritures en langue lithuanienne, je publiai dans la *Gazette scientifique et littéraire* de Kœnigsberg un article dans lequel, tout en rendant pleine justice aux efforts du docte interprète et aux pieuses intentions de la Société biblique*, je crus devoir signaler quelques légères erreurs, et de plus je fis remarquer que cette version ne pouvait être utile qu'à une partie seulement des populations lithuaniennes. En effet, le dialecte dont on a fait usage n'est que difficilement intelligible aux

a. Les deux font la paire ; mot à mot, Michon (Michel) avec Lokis, tous les deux les mêmes. *Michaelium cum Lokide, ambo* [*duo*] *ipsissimi.*

habitants des districts où se parle la langue *jomaïtique*, vulgairement appelée *jmoude*, je veux dire dans le palatinat de Samogitie*, langue qui se rapproche du sanscrit encore plus peut-être que le haut-lithuanien. Cette observation, malgré les critiques furibondes qu'elle m'attira de la part de certain professeur bien connu à l'université de Dorpat, éclaira les honorables membres du conseil d'administration de la Société biblique, et il n'hésita pas à m'adresser l'offre flatteuse de diriger et de surveiller la rédaction de l'Évangile de saint Matthieu en samogitien*. J'étais alors trop occupé de mes études sur les langues transouraliennes pour entreprendre un travail qui eût compris les quatre Évangiles. Ajournant donc mon mariage avec Mlle Gertrude Weber, je me rendis à Kowno (*Kaunas*), avec l'intention de recueillir tous les monuments linguistiques imprimés ou manuscrits en langue jmoude que je pourrais me procurer, sans négliger, bien entendu, les poésies populaires, *daïnos,* les récits ou légendes, *pasakos**, qui me fourniraient des documents pour un vocabulaire jomaïtique, travail qui devait nécessairement précéder celui de la traduction.

On m'avait donné une lettre pour le jeune comte Michel Szémioth, dont le père, à ce qu'on m'assurait, avait possédé le fameux *Catechismus Samogiticus* du père Lawicki*, si rare, que son existence même a été contestée, notamment par le professeur de Dorpat* auquel je viens de faire allusion. Dans sa bibliothèque se trouvait, selon les renseignements qui m'avaient été donnés, une vieille collection de daïnos, ainsi que des poésies dans l'ancienne langue *prussienne*. Ayant écrit au comte Szémioth pour lui exposer le but de ma visite, j'en reçus l'invitation la plus aimable de venir passer dans son château de Médintiltas tout le temps qu'exigeraient mes recherches. Il terminait sa lettre en me disant de la façon la plus gracieuse qu'il se piquait de parler le jmoude presque aussi bien que ses paysans, et qu'il serait heureux de joindre ses efforts aux miens pour une entreprise qu'il qualifiait de *grande* et d'intéressante.

Ainsi que quelques-uns des plus riches propriétaires de la Lithuanie, il professait la religion évangélique*, dont j'ai l'honneur d'être ministre. On m'avait prévenu que le comte n'était pas exempt d'une certaine bizarrerie de caractère, très hospitalier d'ailleurs, ami des sciences et des lettres, et particulièrement bienveillant pour ceux qui les cultivent. Je partis donc pour Médintiltas*.

Au perron du château, je fus reçu par l'intendant du comte, qui me conduisit aussitôt à l'appartement préparé pour me recevoir. — M. le comte, me dit-il, est désolé de ne pouvoir dîner aujourd'hui avec monsieur le professeur. Il est tourmenté de la migraine, maladie à laquelle il est malheureusement un peu sujet. Si monsieur le professeur ne désire pas être servi dans sa chambre, il dînera avec M. le docteur Frœber*, médecin de Mme la comtesse. On dîne dans une heure; on ne fait pas de toilette. Si monsieur le professeur a des ordres à donner, voici le timbre. — Il se retira en me faisant un profond salut.

L'appartement était vaste, bien meublé, orné de glaces et de dorures. Il avait vue d'un côté sur un jardin ou plutôt sur le parc du château, de l'autre sur la grande cour d'honneur. Malgré l'avertissement : « on ne fait pas de toilette », je crus devoir tirer de ma malle mon habit noir. J'étais en manches de chemise, occupé à déballer mon petit bagage, lorsqu'un bruit de voiture m'attira à la fenêtre qui donnait sur la cour. Une belle calèche venait d'entrer. Elle contenait une dame en noir, un monsieur et une femme vêtue comme les paysannes lithuaniennes, mais si grande et si forte que d'abord je fus tenté de la prendre pour un homme déguisé. Elle descendit la première; deux autres femmes, non moins robustes en apparence, étaient déjà sur le perron. Le monsieur se pencha vers la dame en noir, et à ma grande surprise déboucla une large ceinture de cuir qui la fixait à sa place dans la calèche. Je remarquai que cette dame avait de longs cheveux blancs fort en désordre, et que ses yeux, tout grands ouverts, semblaient inanimés : on eût dit une figure de cire. Après l'avoir détachée, son compagnon lui adressa la parole, chapeau bas, avec beaucoup de respect; mais elle ne parut pas y faire la moindre attention. Alors il se tourna vers les servantes en leur faisant un léger signe de tête. Aussitôt les trois femmes saisirent la dame en noir, et, en dépit de ses efforts pour s'accrocher à la calèche, elles l'enlevèrent comme une plume, et la portèrent à l'intérieur du château. Cette scène avait pour témoins plusieurs serviteurs de la maison qui semblaient n'y voir rien que de très ordinaire. L'homme qui avait dirigé l'opération tira sa montre et demanda si on allait bientôt dîner. — Dans un quart d'heure, monsieur le docteur, lui répondit-on. — Je n'eus pas de peine à deviner que je voyais le docteur Frœber, et que la dame en noir était la comtesse. D'après son âge, je conclus qu'elle était la mère du comte Szémioth, et les précautions prises à son égard annonçaient assez que sa raison était altérée.

Quelques instants après, le docteur lui-même entra dans ma chambre. — M. le comte étant souffrant, me dit-il, je suis obligé de me présenter moi-même à monsieur le professeur. Le docteur Frœber, à vous rendre mes devoirs. Enchanté de faire la connaissance d'un savant dont le mérite est connu de tous ceux qui lisent la *Gazette scientifique et littéraire* de Kœnigsberg. Auriez-vous pour agréable* qu'on servît?

Je répondis de mon mieux à ses compliments, et lui dis que, s'il était temps de se mettre à table, j'étais prêt à le suivre.

Dès que nous entrâmes dans la salle à manger, un maître d'hôtel nous présenta, selon l'usage du Nord, un plateau d'argent chargé de liqueurs et de quelques mets salés et fortement épicés propres à exciter l'appétit.

— Permettez-moi, monsieur le professeur, me dit le docteur, de vous recommander, en ma qualité de médecin, un verre de cette *starka**, vraie eau-de-vie de Cognac, depuis quarante ans dans le fût. C'est la mère des liqueurs. Prenez un anchois de Drontheim*, rien n'est plus propre à ouvrir et préparer le tube digestif, organe des plus importants... Et maintenant à table. Pourquoi ne parlerions-nous pas allemand? Vous êtes de Kœnigsberg, moi de Memel, mais j'ai fait mes études à Iéna. De la sorte nous serons plus libres, et les domestiques, qui ne savent que le polonais et le russe, ne nous comprendront pas.

Nous mangeâmes d'abord en silence, puis, après avoir pris un premier verre de vin de Madère, je demandai au docteur si le comte était fréquemment incommodé de l'indisposition qui nous privait aujourd'hui de sa présence.

— Oui et non, répondit le docteur; cela dépend des excursions qu'il fait.

— Comment cela?

— Lorsqu'il va sur la route de Rosienie* par exemple, il en revient avec la migraine et l'humeur farouche.

— Je suis allé à Rosienie moi-même sans pareil accident.

— Cela tient, monsieur le professeur, répondit-il en riant, à ce que vous n'êtes pas amoureux.

Je soupirai en pensant à Mlle Gertrude Weber.

— C'est donc à Rosienie, dis-je, que demeure la fiancée de M. le comte?

— Oui, dans les environs. Fiancée?... je n'en sais rien. Une franche coquette! Elle lui fera perdre la tête, comme il est arrivé à sa mère.

— En effet, je crois que Mme la comtesse est... malade?

— Elle est folle, mon cher monsieur, folle! Et le plus grand fou, c'est moi d'être venu ici!

— Espérons que vos bons soins lui rendront la santé.

Le docteur secoua la tête en examinant avec attention la couleur d'un verre de vin de Bordeaux qu'il tenait à la main. — Tel que vous me voyez, monsieur le professeur, j'étais chirurgien-major au régiment de Kalouga. A Sévastopol, nous étions du matin au soir à couper des bras et des jambes; je ne parle pas des bombes qui nous arrivaient comme des mouches à un cheval écorché; eh bien! mal logé, mal nourri, comme j'étais alors, je ne m'ennuyais pas comme ici, où je mange et bois du meilleur*, où je suis logé comme un prince, payé comme un médecin de cour... Mais la liberté, mon cher monsieur!... Figurez-vous qu'avec cette diablesse on n'a pas un moment à soi!

— Y a-t-il longtemps qu'elle est confiée à votre expérience?

— Moins de deux ans; mais il y en a vingt-sept au moins qu'elle est folle, dès avant la naissance du comte. On ne vous a pas conté cela à Rosienie ni à Kowno? Écoutez donc, car c'est un cas sur lequel je veux un jour écrire un article dans le *Journal médical de Saint-Pétersbourg**. Elle est folle de peur...

— De peur? Comment est-ce possible?

— D'une peur qu'elle a eue. Elle est de la famille des Keystut... Oh! dans cette maison-ci, on ne se mésallie pas. Nous descendons, nous, de Gédymin*. Donc, monsieur le professeur, trois jours... ou deux jours après son mariage, qui eut lieu dans ce château où nous dînons (à votre santé!),... le comte, le père de celui-ci, s'en va à la chasse. Nos dames lithuaniennes sont des amazones, comme vous le savez. La comtesse va aussi à la chasse... Elle reste en arrière ou dépasse les veneurs,... je ne sais lequel... Bon! tout d'un coup le comte voit arriver bride abattue le petit cosaque de la comtesse, un enfant de douze ou quatorze ans. — Maître, dit-il, un ours emporte la maîtresse! — Où cela? dit le comte. — Par là, dit le petit cosaque. — Toute la chasse accourt au lieu qu'il désigne; point de comtesse! Son cheval étranglé d'un côté, de l'autre sa pelisse en lambeaux. On cherche, on bat le bois en tout sens. Enfin un veneur s'écrie : Voilà l'ours! En effet l'ours traversait une clairière, traînant toujours la comtesse, sans doute pour aller la dévorer tout à son aise dans un fourré, car ces animaux-là sont sur leur bouche*. Ils aiment, comme les moines, à dîner tranquilles. Marié de deux jours, le comte était fort chevaleresque, il voulait se jeter sur l'ours, le couteau de chasse au poing; mais, mon cher monsieur, un ours de Lithuanie ne se laisse pas transpercer comme un cerf. Par bonheur, le porte-arquebuse du comte, un assez mauvais drôle, ivre ce jour-là à ne pas distinguer un lapin d'un chevreuil, fait feu de sa carabine à plus de cent pas, sans se soucier de savoir si la balle toucherait la bête ou la femme...

— Et il tua l'ours ?

— Tout raide. Il n'y a que les ivrognes pour ces coups-là. Il y a aussi des balles prédestinées, monsieur le professeur. Nous avons ici des sorciers qui en vendent à juste prix*... La comtesse était fort égratignée, sans connaissance, cela va sans dire, une jambe cassée. On l'emporte, elle revient à elle ; mais la raison était partie. On la mène à Saint-Pétersbourg. Grande consultation, quatre médecins chamarrés de tous les ordres. Ils disent : « Mme la comtesse est grosse, il est probable que sa délivrance déterminera une crise favorable. Qu'on la tienne en bon air, à la campagne, du petit-lait, de la codéine... » On leur donne cent roubles à chacun. Neuf mois après, la comtesse accouche d'un garçon bien constitué ; mais la crise favorable ? Ah ! bien oui !... Redoublement de rage. Le comte lui montre son fils. Cela ne manque jamais son effet... dans les romans. — « Tuez-le ! tuez la bête ! » qu'elle s'écrie ; peu s'en fallut qu'elle ne lui tordît le cou. Depuis lors alternatives de folie stupide ou de manie furieuse. Forte propension au suicide. On est obligé de l'attacher pour lui faire prendre l'air. Il faut trois vigoureuses servantes pour la tenir. Cependant, monsieur le professeur, veuillez noter ce fait : quand j'ai épuisé mon latin auprès d'elle sans pouvoir m'en faire obéir, j'ai un moyen pour la calmer. Je la menace de lui couper les cheveux... Autrefois, je pense, elle les avait très beaux. La coquetterie ! voilà le dernier sentiment humain qui est demeuré. N'est-ce pas drôle ? Si je pouvais l'instrumenter à ma guise, peut-être la guérirais-je.

— Comment cela ?

— En la rouant de coups. J'ai guéri de la sorte vingt paysannes dans un village où s'était déclarée cette curieuse folie russe, le *hurlement* [a]; une femme se met à hurler, sa commère hurle. Au bout de trois jours, tout un village hurle. A force de les rosser, j'en suis venu à bout. Prenez une gélinotte, elles sont tendres. Le comte n'a jamais voulu que j'essayasse.

— Comment! vous vouliez qu'il consentît à votre abominable traitement!

— Oh! il a si peu connu sa mère, et puis c'est pour son bien; mais dites-moi, monsieur le professeur, auriez-vous jamais cru que la peur pût faire perdre la raison?

— La situation de la comtesse était épouvantable... Se trouver entre les griffes d'un animal si féroce!

— Eh bien! son fils ne lui ressemble pas. Il y a moins d'un an qu'il s'est trouvé exactement dans la même position, et, grâce à son sang-froid, il s'en est tiré à merveille.

— Des griffes d'un ours?

— D'une ourse, et la plus grande qu'on ait vue depuis longtemps. Le comte a voulu l'attaquer l'épieu à la main. Bah! d'un revers elle écarte l'épieu, elle empoigne M. le comte et le jette par terre aussi facilement que je renverserais cette bouteille. Lui, malin, fait le mort... L'ourse l'a flairé, flairé, puis, au lieu de le déchirer, lui donne un coup de langue. Il a eu la présence d'esprit de ne pas bouger, et elle a passé son chemin.

— L'ourse a cru qu'il était mort. En effet, j'ai ouï dire que ces animaux ne mangent pas les cadavres*.

— Il faut le croire et s'abstenir d'en faire l'expérience personnelle; mais, à propos de peur, laissez-moi vous conter une histoire de Sévastopol*. Nous étions cinq ou six autour d'une cruche de bière qu'on venait de nous apporter derrière l'ambulance du fameux bastion n° 5. La vedette crie : Une bombe! Nous nous mettons tous à plat ventre, non pas tous, un nommé...,

a. On appelle en russe une possédée, une hurleuse, *klikoucha,* dont la racine est *klik,* clameur, hurlement.

mais il est inutile de dire son nom,... un jeune officier qui venait de nous arriver resta debout, tenant son verre plein, juste au moment où la bombe éclata. Elle emporta la tête de mon pauvre camarade André Speranski, un brave garçon, et cassa la cruche; heureusement elle était à peu près vide. Quand nous nous relevâmes après l'explosion, nous voyons au milieu de la fumée notre ami qui avalait la dernière gorgée de sa bière, comme si de rien n'était. Nous le crûmes un héros. Le lendemain, je rencontre le capitaine Ghédéonof*, qui sortait de l'hôpital. Il me dit : « Je dîne avec vous autres, aujourd'hui, et, pour célébrer ma rentrée, je paie le champagne. » Nous nous mettons à table. Le jeune officier de la bière y était. Il ne s'attendait pas au champagne. On décoiffe une bouteille près de lui... Paf! le bouchon vient le frapper à la tempe. Il pousse un cri et se trouve mal. Croyez que mon héros avait eu diablement peur la première fois, et que, s'il avait bu sa bière au lieu de se garer, c'est qu'il avait perdu la tête, et il ne lui restait plus qu'un mouvement machinal dont il n'avait pas conscience. En effet, monsieur le professeur, la machine humaine...

— Monsieur le docteur, dit un domestique en entrant dans la salle, la Jdanova* dit que Mme la comtesse ne veut pas manger.

— Que le diable l'emporte! grommela le docteur. J'y vais. Quand j'aurai fait manger ma diablesse, monsieur le professeur, nous pourrions, si vous l'aviez pour agréable*, faire une petite partie à la *préférence* ou aux *douratchki*?*

Je lui exprimai mes regrets de mon ignorance, et, lorsqu'il alla voir sa malade, je passai dans ma chambre et j'écrivis à Mlle Gertrude.

II

La nuit était chaude, et j'avais laissé ouverte la fenêtre donnant sur le parc. Ma lettre écrite, ne me trouvant encore aucune envie de dormir, je me mis à repasser les verbes irréguliers lithuaniens et à rechercher dans le sanscrit les causes de leurs différentes irrégularités. Au milieu de ce travail qui m'absorbait, un arbre assez voisin de ma fenêtre fut violemment agité. J'entendis craquer des branches mortes, et il me sembla que quelque animal fort lourd essayait d'y grimper. Encore tout préoccupé des histoires d'ours que le docteur m'avait racontées, je me levai, non sans un certain émoi, et à quelques pieds de ma fenêtre, dans le feuillage de l'arbre, j'aperçus une tête humaine, éclairée en plein par la lumière de ma lampe. L'apparition ne dura qu'un instant, mais l'éclat singulier des yeux qui rencontrèrent mon regard me frappa plus que je ne saurais dire. Je fis involontairement un mouvement de corps en arrière, puis je courus à la fenêtre, et, d'un ton sévère, je demandai à l'intrus ce qu'il voulait. Cependant il descendait en toute hâte, et, saisissant une grosse branche entre ses mains, il se laissa pendre, puis tomber à terre, et disparut aussitôt. Je sonnai; un domestique entra. Je lui racontai ce qui venait de se passer. — Monsieur le professeur se sera trompé sans doute. — Je suis sûr de ce que je dis, reprisje. Je crains qu'il n'y ait un voleur dans le parc. — Impossible, monsieur. — Alors c'est donc quelqu'un de la maison ?... Le domestique ouvrait de grands yeux sans me répondre. A la fin il me demanda si j'avais des ordres à lui donner. Je lui dis de fermer la fenêtre et je me mis au lit.

Je dormis fort bien sans rêver d'ours ni de voleurs. Le matin, j'achevais ma toilette, quand on frappa à ma porte. J'ouvris et me trouvai en face d'un très grand et beau jeune homme, en robe de chambre boukhare, et tenant à la main une longue pipe turque.

— Je vous viens demander pardon, monsieur le professeur, dit-il, d'avoir si mal accueilli un hôte tel que vous. Je suis le comte Szémioth.

Je me hâtai de répondre que j'avais au contraire à le remercier humblement de sa magnifique hospitalité, et je lui demandai s'il était débarrassé de sa migraine.

— A peu près, dit-il. Jusqu'à une nouvelle crise, ajouta-t-il avec une expression de tristesse. Êtes-vous tolérablement ici ? Veuillez vous rappeler que vous êtes chez les barbares. Il ne faut pas être difficile en Samogitie.

Je l'assurai que je me trouvais à merveille. Tout en lui parlant, je ne pouvais m'empêcher de le considérer avec une curiosité que je trouvais moi-même impertinente. Son regard avait quelque chose d'étrange qui me rappelait malgré moi celui de l'homme que la veille j'avais vu grimpé sur l'arbre;... mais quelle apparence, me disais-je, que M. le comte Szémioth grimpe aux arbres la nuit ?

Il avait le front haut et bien développé, quoique un peu étroit. Ses traits étaient d'une grande régularité, seulement ses yeux étaient trop rapprochés, et il me sembla que d'une glandule lacrymale à l'autre il n'y avait pas la place d'un œil, comme l'exige le canon des sculpteurs grecs. Son regard était perçant. Nos yeux se rencontrèrent plusieurs fois malgré nous, et nous les détournions l'un et l'autre avec un certain embarras. Tout à coup le comte éclatant de rire s'écria : Vous m'avez reconnu !

— Reconnu ?

— Oui, vous m'avez surpris hier, faisant le franc polisson.

— Oh ! monsieur le comte !...

— J'avais passé toute la journée très souffrant, enfermé dans mon cabinet. Le soir, me trouvant mieux, je me suis promené dans le jardin. J'ai vu de la lumière chez vous, et j'ai cédé à un mouvement de curiosité...

J'aurais dû me nommer et me présenter, mais la situation était si ridicule... J'ai eu honte et me suis enfui... Me pardonnez-vous de vous avoir dérangé au milieu de votre travail ?

Tout cela était dit d'un ton qui voulait être badin; mais il rougissait et était évidemment mal à son aise. Je fis tout ce qui dépendait de moi pour lui persuader que je n'avais gardé aucune impression fâcheuse de cette première entrevue, et pour couper court à ce sujet je lui demandai s'il était vrai qu'il possédât le catéchisme samogitien du père Lawicki ?

— Cela se peut; mais, à vous dire la vérité, je ne connais pas trop la bibliothèque de mon père. Il aimait les vieux livres et les raretés. Moi, je ne lis guère que des ouvrages modernes; mais nous chercherons, monsieur le professeur. Vous voulez donc que nous lisions l'Évangile en jmoude ?

— Ne pensez-vous pas, monsieur le comte, qu'une traduction des Écritures dans la langue de ce pays ne soit très désirable ?

— Assurément; pourtant, si vous voulez bien me permettre une petite observation, je vous dirai que, parmi les gens qui ne savent d'autre langue que le jmoude, il n'y en a pas un seul qui sache lire.

— Peut-être, mais je demande à votre excellence[a] la permission de lui faire remarquer que la plus grande des difficultés pour apprendre à lire, c'est le manque de livres. Quand les paysans samogitiens auront un texte imprimé, ils voudront le lire, et ils apprendront à lire. C'est ce qui est arrivé déjà à bien des sauvages,... non que je veuille appliquer cette qualification aux habitants de ce pays... D'ailleurs, ajoutai-je, n'est-ce pas une chose déplorable qu'une langue disparaisse sans laisser de traces ? Depuis une trentaine d'années, le *prussien* n'est plus qu'une langue morte*. La dernière personne qui savait le *cornique* est morte l'autre jour*...

---

a. *Siatelstvo,* votre *éclat lumineux,* c'est le titre qu'on donne à un comte*.

— Triste ! interrompit le comte. Alexandre de Humboldt* racontait à mon père qu'il avait connu en Amérique un perroquet qui seul savait quelques mots de la langue d'une tribu aujourd'hui entièrement détruite par la petite vérole. Voulez-vous permettre qu'on apporte le thé ici ?

Pendant que nous prenions le thé, la conversation roula sur la langue jmoude. Le comte blâmait la manière dont les Allemands ont imprimé le lithuanien, et il avait raison. — Votre alphabet, disait-il, ne convient pas à notre langue. Vous n'avez ni notre J, ni notre L, ni notre Y, ni notre E. J'ai une collection de *daïnos* publiée l'année passée à Kœnigsberg, et j'ai toutes les peines du monde à deviner les mots, tant ils sont étrangement figurés.

— Votre excellence parle sans doute des daïnos de Lessner ?*

— Oui. C'est de la poésie bien plate, n'est-ce pas ?

— Peut-être eût-il trouvé mieux. Je conviens que, tel qu'il est, ce recueil n'a qu'un intérêt purement philologique ; mais je crois qu'en cherchant bien on parviendrait à recueillir des fleurs plus suaves parmi vos poésies populaires.

— Hélas ! j'en doute fort malgré tout mon patriotisme.

— Il y a quelques semaines, on m'a donné à Wilno une ballade vraiment belle, de plus historique... La poésie est remarquable... Me permettriez-vous de vous la lire ? Je l'ai dans mon portefeuille.

— Très volontiers.

Il s'enfonça dans son fauteuil après m'avoir demandé la permission de fumer. — Je ne comprends la poésie qu'en fumant, dit-il.

— Cela est intitulé : *Les trois fils de Boudrys**.

— Les trois fils de Boudrys ? s'écria le comte avec un mouvement de surprise.

— Oui. Boudrys, votre excellence le sait mieux que moi, est un personnage historique.

Le comte me regardait fixement avec son regard

singulier. Quelque chose d'indéfinissable, à la fois timide et farouche, qui produisait une impression presque pénible, quand on n'y était pas habitué. Je me hâtai de lire pour y échapper.

« Les trois fils de Boudrys.

« Dans la cour de son château, le vieux Boudrys appelle ses trois fils, trois vrais Lithuaniens comme lui. Il leur dit : Enfants, faites manger vos chevaux de guerre, apprêtez vos selles; aiguisez vos sabres et vos javelines.

« On dit qu'à Wilno la guerre est déclarée contre les trois coins du monde. Olgerd marchera contre les Russes; Skirghello contre nos voisins les Polonais; Keystut tombera sur les Teutons[a].

« Vous êtes jeunes, forts, hardis, allez combattre : que les dieux de la Lithuanie vous protègent! Cette année, je ne ferai pas campagne, mais je veux vous donner un conseil. Vous êtes trois, trois routes s'ouvrent à vous.

« Qu'un de vous accompagne Olgerd en Russie, aux bords du lac Ilmen, sous les murs de Novgorod. Les peaux d'hermine, les étoffes brochées, s'y trouvent à foison. Chez les marchands autant de roubles que de glaçons dans le fleuve.

« Que le second suive Keystut dans sa chevauchée. Qu'il mette en pièces la racaille porte-croix! L'ambre, là, c'est leur sable de mer; leurs draps, par leur lustre et leurs couleurs, sont sans pareils. Il y a des rubis dans les vêtements de leurs prêtres.

« Que le troisième passe le Niémen avec Skirghello. De l'autre côté, il trouvera de vils instruments de labourage. En revanche, il pourra choisir de bonnes lances, de forts boucliers, et il m'en ramènera une bru.

« Les filles de Pologne, enfants, sont les plus belles de nos captives. Folâtres comme des chattes, blanches comme la crème! sous leurs noirs sourcils, leurs yeux brillent comme deux étoiles.

a. Les chevaliers de l'ordre teutonique.

« Quand j'étais jeune, il y a un demi-siècle, j'ai ramené de Pologne une belle captive qui fut ma femme. Depuis longtemps elle n'est plus, mais je ne puis regarder de ce côté du foyer sans penser à elle !

« Il donne sa bénédiction aux jeunes gens, qui déjà sont armés et en selle. Ils partent ; l'automne vient, puis l'hiver..., ils ne reviennent pas. Déjà le vieux Boudrys les tient pour morts.

« Vient une tourmente de neige ; un cavalier s'approche couvrant de sa bourka [a] noire quelque précieux fardeau. — C'est un sac, dit Boudrys. Il est plein de roubles de Novgorod ?... — Non, père. Je vous amène une bru de Pologne.

« Au milieu d'une tourmente de neige, un cavalier s'approche et sa bourka se gonfle sur quelque précieux fardeau. — Qu'est cela, enfant ? De l'ambre jaune d'Allemagne ? — Non, père. Je vous amène une bru de Pologne.

« La neige tombe en rafales ; un cavalier s'avance cachant sous sa bourka quelque fardeau précieux... Mais avant qu'il ait montré son butin, Boudrys a convié ses amis à une troisième noce. »

— Bravo ! monsieur le professeur, s'écria le comte : vous prononcez le jmoude à merveille ; mais qui vous a communiqué cette jolie daïna ?

— Une demoiselle dont j'ai eu l'honneur de faire la connaissance à Wilno, chez la princesse Katazyna Paç*.

— Et vous l'appelez ?

— La *panna* Iwinska.

— Mlle Ioulka[b] ! s'écria le comte. La petite folle ! J'aurais dû la deviner ! Mon cher professeur, vous savez le jmoude et toutes les langues savantes, vous avez lu tous les vieux livres, mais vous vous êtes laissé mystifier par une petite fille qui n'a lu que des romans. Elle vous

---

a. Manteau de feutre.

b. Julienne.

a traduit, en jmoude plus ou moins correct, une des jolies ballades de Miçkiewicz, que vous n'avez pas lue, parce qu'elle n'est pas plus vieille que moi. Si vous le désirez, je vais vous la montrer en polonais, ou si vous préférez une excellente traduction russe, je vous donnerai Pouchkine.

J'avoue que je demeurai tout interdit. Quelle joie pour le professeur de Dorpat, si j'avais publié comme originale la daïna des fils de Boudrys !*

Au lieu de s'amuser de mon embarras, le comte, avec une exquise politesse, se hâta de détourner la conversation.

— Ainsi, dit-il, vous connaissez Mlle Ioulka ?

— J'ai eu l'honneur de lui être présenté.

— Et qu'en pensez-vous ? Soyez franc.

— C'est une demoiselle fort aimable.

— Cela vous plaît à dire.

— Elle est très jolie.

— Hon !

— Comment ! N'a-t-elle pas les plus beaux yeux du monde ?

— Oui...

— Une peau d'une blancheur vraiment extraordinaire... Je me rappelle un ghazel persan* où un amant célèbre la finesse de la peau de sa maîtresse. « Quand elle boit du vin rouge, dit-il, on le voit passer le long de sa gorge. » La *panna** Iwinska m'a fait penser à ces vers persans.

— Peut-être Mlle Ioulka présente-elle ce phénomène, mais je ne sais trop si elle a du sang dans les veines... Elle n'a point de cœur... Elle est blanche comme la neige et froide comme elle !...

Il se leva et se promena quelque temps par la chambre sans parler, et, comme il me semblait, pour cacher son émotion ; puis, s'arrêtant tout à coup : — Pardon, dit-il ; nous parlions, je crois, de poésies populaires...

— En effet, monsieur le comte...

— Il faut convenir après tout qu'elle a très joliment traduit Miçkiewicz... « Folâtre comme une chatte...

blanche comme la crème... ses yeux brillent comme deux étoiles*... » C'est son portrait. Ne trouvez-vous pas ?

— Tout à fait, monsieur le comte.

— Et quant à cette espièglerie... très déplacée sans doute,... la pauvre enfant s'ennuie chez une vieille tante... Elle mène une vie de couvent.

— A Wilno, elle allait dans le monde. Je l'ai vue dans un bal donné par les officiers du régiment de...

— Ah!... oui, de jeunes officiers, voilà la société qui lui convient... Rire avec l'un, médire avec l'autre, faire des coquetteries à tous... Voulez-vous voir la bibliothèque de mon père, monsieur le professeur ?

Je le suivis jusqu'à une grande galerie où il y avait beaucoup de livres bien reliés, mais rarement ouverts, comme on en pouvait juger à la poussière qui en couvrait les tranches. Qu'on juge de ma joie lorsqu'un des premiers volumes que je tirai d'une armoire se trouva être le *Catechismus Samogiticus !* Je ne pus m'empêcher de jeter un cri de plaisir. Il faut qu'une sorte de mystérieuse attraction exerce son influence à notre insu... Le comte prit le livre, et, après l'avoir feuilleté négligemment, écrivit sur la garde : *A M. le professeur Wittembach, offert par Michel Szémioth.* Je ne saurais exprimer ici le transport de ma reconnaissance, et je me promis mentalement qu'après ma mort ce livre précieux ferait l'ornement de la bibliothèque de l'université où j'ai pris mes grades.

— Veuillez considérer cette bibliothèque comme votre cabinet de travail, me dit le comte, vous n'y serez jamais dérangé.

III

Le lendemain, après le déjeuner, le comte me proposa de faire une promenade. Il s'agissait de visiter un *kapas** (c'est ainsi que les Lithuaniens appellent les tumulus auxquels les Russes donnent le nom de *kourgâne*) très célèbre dans le pays, parce qu'autrefois les poètes et les sorciers, c'était tout un, s'y réunissaient en certaines occasions solennelles. — J'ai, me dit-il, un cheval fort doux à vous offrir; je regrette de ne pouvoir vous mener en calèche; mais en vérité le chemin où nous allons nous engager n'est nullement carrossable.

J'aurais préféré demeurer dans la bibliothèque à prendre des notes, mais je ne crus pas devoir exprimer un autre désir que celui de mon généreux hôte, et j'acceptai. Les chevaux nous attendaient au bas du perron; dans la cour, un valet tenait un chien en laisse. Le comte s'arrêta un instant, et, se tournant vers moi :

— Monsieur le professeur, vous connaissez-vous en chiens ?

— Fort peu, votre excellence.

— Le staroste de Zorany*, où j'ai une terre, m'envoie cet épagneul, dont il dit merveille. Permettez-vous que je le voie ? Il appela le valet, qui lui amena le chien. C'était une fort belle bête. Déjà familiarisé avec cet homme, le chien sautait gaîment et semblait plein de feu; mais à quelques pas du comte, il mit la queue entre les jambes, se rejeta en arrière et parut frappé d'une terreur subite. Le comte le caressa, ce qui le fit hurler d'une façon lamentable, et après l'avoir considéré quelque temps avec l'œil d'un connaisseur il dit : — Je crois qu'il sera bon. Qu'on en ait soin. — Puis il se mit en selle.

— Monsieur le professeur, me dit le comte, dès que nous fûmes dans l'avenue du château, vous venez de voir la peur de ce chien. J'ai voulu que vous en fussiez témoin par vous-même... En votre qualité de savant, vous devez expliquer les énigmes... Pourquoi les animaux ont-ils peur de moi ?

— En vérité, monsieur le comte, vous me faites l'honneur de me prendre pour un Œdipe. Je ne suis qu'un pauvre professeur de linguistique comparée. Il se pourrait...

— Notez, interrompit-il, que je ne bats jamais les

chevaux ni les chiens. Je me ferais scrupule de donner un coup de fouet à une pauvre bête qui fait une sottise sans le savoir. Pourtant vous ne sauriez croire l'aversion que j'inspire aux chevaux et aux chiens. Pour les habituer à moi, il me faut deux fois plus de peine et deux fois plus de temps que n'en mettrait un autre. Tenez, le cheval que vous montez, j'ai été longtemps avant de le réduire; maintenant il est doux comme un mouton.

— Je crois, monsieur le comte, que les animaux sont physionomistes, et qu'ils découvrent tout de suite si une personne qu'ils voient pour la première fois a ou non du goût pour eux. Je soupçonne que vous n'aimez les animaux que pour les services qu'ils vous rendent; au contraire quelques personnes ont une partialité naturelle pour certaines bêtes, qui s'en aperçoivent à l'instant. Pour moi, par exemple, j'ai depuis mon enfance une prédilection instinctive pour les chats. Rarement ils s'enfuient quand je m'approche pour les caresser; jamais un chat ne m'a griffé*.

— Cela est fort possible, dit le comte. En effet, je n'ai pas ce qui s'appelle du goût pour les animaux... Ils ne valent guère mieux que les hommes... Je vous mène, monsieur le professeur, dans une forêt où, à cette heure, existe florissant l'empire des bêtes, la *matecznik**, la grande matrice, la grande fabrique des êtres. Oui, selon nos traditions nationales, personne n'en a sondé les profondeurs, personne n'a pu atteindre le centre de ces bois et de ces marécages, excepté, bien entendu, MM. les poètes et les sorciers, qui pénètrent partout. Là vivent en république les animaux... ou sous un gouvernement constitutionnel, je ne saurais dire lequel des deux*. Les lions, les ours, les élans, les *joubrs**, ce sont nos urus, tout cela fait très bon ménage. Le mammouth, qui s'est conservé là, jouit d'une très grande considération. Il est, je crois, maréchal de la diète. Ils ont une police très sévère, et quand ils trouvent quelque bête vicieuse, ils la jugent et l'exilent. Elle tombe alors de fièvre en chaud mal. Elle est obligée de s'aventurer dans le pays des hommes. Peu en réchappent [a].

— Fort curieuse légende, m'écriai-je; mais, monsieur le comte, vous parlez de l'urus : ce noble animal que César a décrit dans ses *Commentaires**, et que les rois mérovingiens chassaient dans la forêt de Compiègne, existe-t-il réellement encore en Lithuanie, ainsi que je l'ai ouï dire ?*

— Assurément. Mon père a tué lui-même un joubr, avec une permission du gouvernement, bien entendu. Vous avez pu en voir la tête dans la grande salle. Moi, je n'en ai jamais vu, je crois que les joubrs sont très rares. En revanche, nous avons ici des loups et des ours à foison. C'est pour une rencontre possible avec un de ces messieurs que j'ai apporté cet instrument (il montrait une *tchékhole* [b] circassienne qu'il avait en bandoulière), et mon groom porte à l'arçon une carabine à deux coups.

Nous commencions à nous engager dans la forêt. Bientôt le sentier fort étroit que nous suivions disparut. A tout moment, nous étions obligés de tourner autour d'arbres énormes, dont les branches basses nous barraient le passage. Quelques-uns, morts de vieillesse et renversés, nous présentaient comme un rempart couronné par une ligne de chevaux de frise impossible à franchir. Ailleurs nous rencontrions des mares profondes couvertes de nénuphars et de lentilles d'eau. Plus loin, nous voyions des clairières dont l'herbe brillait comme des émeraudes; mais malheur à qui s'y aventurerait, car cette riche et trompeuse végétation cache d'ordinaire des gouffres de boue où cheval et cavalier disparaîtraient à jamais*... Les difficultés de la route avaient interrompu notre conversation. Je mettais tous mes soins à suivre le comte, et j'admirais l'imperturbable sagacité avec laquelle il se guidait sans

---

a. Voir *Messire Thaddée* de Miçkiewicz; — *La Pologne captive*, de M. Charles Edmond*.

b. Étui de fusil circassien.

boussole, et retrouvait toujours la direction idéale qu'il fallait suivre pour arriver au kapas. Il était évident qu'il avait longtemps chassé dans ces forêts sauvages.

Nous aperçûmes enfin le tumulus au centre d'une large clairière. Il était fort élevé, entouré d'un fossé encore bien reconnaissable malgré les broussailles et les éboulements. Il paraît qu'on l'avait déjà fouillé. Au sommet, je remarquai les restes d'une construction en pierres, dont quelques-unes étaient calcinées. Une quantité notable de cendres mêlées de charbons et çà et là des tessons de poteries grossières attestaient qu'on avait entretenu du feu au sommet du tumulus pendant un temps considérable. Si on ajoute foi aux traditions vulgaires, des sacrifices humains auraient été célébrés autrefois sur les *kapas*; mais il n'y a guère de religion éteinte à laquelle on n'ait imputé ces rites abominables, et je doute qu'on pût justifier pareille opinion à l'égard des anciens Lithuaniens par des témoignages historiques.

Nous descendions le tumulus, le comte et moi, pour retrouver nos chevaux que nous avions laissés de l'autre côté du fossé, lorsque nous vîmes s'avancer vers nous une vieille femme s'appuyant sur un bâton et tenant une corbeille à la main. — Mes bons seigneurs, nous dit-elle en nous joignant, veuillez me faire la charité pour l'amour du bon Dieu. Donnez-moi de quoi acheter un verre d'eau-de-vie pour réchauffer mon pauvre corps.

Le comte lui jeta une pièce d'argent et lui demanda ce qu'elle faisait dans le bois, si loin de tout endroit habité. Pour toute réponse, elle lui montra son panier, qui était rempli de champignons*. Bien que mes connaissances en botanique soient fort bornées, il me sembla que plusieurs de ces champignons appartenaient à des espèces vénéneuses. — Bonne femme, lui dis-je, vous ne comptez pas, j'espère, manger cela?

— Mon bon seigneur, répondit la vieille avec un sourire triste, les pauvres gens mangent tout ce que le bon Dieu leur donne.

— Vous ne connaissez pas nos estomacs lithuaniens, reprit le comte; ils sont doublés de fer-blanc. Nos paysans mangent tous les champignons qu'ils trouvent, et ne s'en portent que mieux.

— Empêchez-la du moins de goûter de l'*agaricus necator*, que je vois dans son panier, m'écriai-je.

Et j'étendis la main pour prendre un champignon des plus vénéneux; mais la vieille retira vivement le panier. — Prends garde, dit-elle d'un ton d'effroi; ils sont gardés... *Pirkuns ! Pirkuns !*

Pirkuns, pour le dire en passant, est le nom samogitien de la divinité que les Russes appellent *Péroune*; c'est le Jupiter *tonans* des Slaves*. Si je fus surpris d'entendre la vieille invoquer un dieu du paganisme, je le fus bien davantage de voir les champignons se soulever. La tête noire d'un serpent en sortit et s'éleva d'un pied au moins hors du panier*. Je fis un saut en arrière, et le comte cracha par-dessus son épaule* selon l'habitude superstitieuse des Slaves, qui croient détourner ainsi les maléfices, à l'exemple des anciens Romains. La vieille posa le panier à terre, s'accroupit à côté, puis, la main étendue vers le serpent, elle prononça quelques mots inintelligibles qui avaient l'air d'une incantation. Le serpent demeura immobile pendant une minute, puis, s'enroulant autour du bras décharné de la vieille, disparut dans la manche de sa capote en peau de mouton, qui, avec une mauvaise chemise, composait, je crois, tout le costume de cette Circé lithuanienne. La vieille nous regardait avec un petit rire de triomphe, comme un escamoteur qui vient d'exécuter un tour difficile. Il y avait dans sa physionomie ce mélange de finesse et de stupidité qui n'est pas rare chez les prétendus sorciers, pour la plupart à la fois dupes et fripons.

— Voici, me dit le comte en allemand, un échantillon de *couleur locale;* une sorcière qui charme un serpent, au pied d'un *kapas,* en présence d'un savant professeur et d'un ignorant gentilhomme lithuanien*. Cela ferait un joli sujet de tableau de genre pour votre compatriote Knauss*... Avez-vous envie de vous faire tirer votre bonne aventure ? Vous avez ici une belle occasion.

Je lui répondis que je me garderais bien d'encourager de semblables pratiques. — J'aime mieux, ajoutai-je, lui demander si elle ne sait pas quelque détail sur la curieuse tradition dont vous m'avez parlé. — Bonne femme, dis-je à la vieille, n'as-tu pas entendu parler d'un canton de cette forêt où les bêtes vivent en communauté, ignorant l'empire de l'homme ?

La vieille fit un signe de tête affirmatif, et avec son petit rire moitié niais, moitié malin : — J'en viens, dit-elle. Les bêtes ont perdu leur roi. *Noble,* le lion est mort ; les bêtes vont élire un autre roi. Vas-y, tu seras roi peut-être.

— Que dis-tu là, la mère ? s'écria le comte, éclatant de rire. Sais-tu bien à qui tu parles ? Tu ne sais donc pas que monsieur est... (comment diable dit-on un professeur en jmoude ?) monsieur est un grand savant, un sage, un *waïdelote* [a].

La vieille le regarda avec attention. — J'ai tort, dit-elle ; c'est toi qui dois aller là-bas. Tu seras leur roi, non pas lui ; tu es grand, tu es fort, tu as griffes et dents...

— Que dites-vous des épigrammes qu'elle nous décoche ? me dit le comte... Tu sais le chemin, ma petite mère ? lui demanda-t-il.

Elle lui indiqua de la main une partie de la forêt.

— Oui-da ? reprit le comte, et le marais, comment fais-tu pour le traverser ? — Vous saurez, monsieur le professeur, que du côté qu'elle indique est un marais infranchissable, un lac de boue liquide recouvert d'herbe verte. L'année dernière, un cerf blessé par moi s'est jeté dans ce diable de marécage. Je l'ai vu s'enfoncer lentement, lentement... Au bout de deux minutes, je ne voyais plus que son bois ; bientôt tout a disparu, et deux de mes chiens avec lui.

---

a. Mauvaise traduction du mot professeur. Les *waïdelotes* étaient les bardes lithuaniens*.

— Mais moi je ne suis pas lourde, dit la vieille en ricanant.

— Je crois que tu traverses le marécage sans peine, sur un manche à balai*.

Un éclair de colère brilla dans les yeux de la vieille.

— Mon bon seigneur, dit-elle en reprenant le ton traînant et nasillard des mendiants, n'aurais-tu pas une pipe de tabac à donner à une pauvre femme ? — Tu ferais mieux, ajouta-t-elle en baissant la voix, de chercher le passage du marais, que d'aller à Dowghielly.

— Dowghielly ! s'écria le comte en rougissant. Que veux-tu dire ?

Je ne pus m'empêcher de remarquer que ce mot produisait sur lui un effet singulier. Il était évidemment embarrassé ; il baissa la tête, et, afin de cacher son trouble, se donna beaucoup de peine pour ouvrir son sac à tabac, suspendu à la poignée de son couteau de chasse.

— Non, ne va pas à Dowghielly, reprit la vieille. La petite colombe blanche n'est pas ton fait. N'est-ce pas, Pirkuns ? — En ce moment, la tête du serpent sortit par le collet de la vieille capote et s'allongea jusqu'à l'oreille de sa maîtresse. Le reptile, dressé sans doute à ce manège, remuait les mâchoires comme s'il parlait. — Il dit que j'ai raison, ajouta la vieille.

Le comte lui mit dans la main une poignée de tabac.

— Tu me connais ? lui demanda-t-il.

— Non, mon bon seigneur.

— Je suis le propriétaire de Médintiltas. Viens me voir un de ces jours. Je te donnerai du tabac et de l'eau-de-vie.

La vieille lui baisa la main, et s'éloigna à grands pas. En un instant, nous l'eûmes perdue de vue. Le comte demeurait pensif, nouant et dénouant les cordons de son sac, sans trop savoir ce qu'il faisait.

— Monsieur le professeur, me dit-il après un assez long silence, vous allez vous moquer de moi. Cette vieille drôlesse me connaît mieux qu'elle ne le prétend, et le chemin qu'elle vient de me montrer... Après tout, il n'y a rien de bien étonnant dans tout cela. Je suis connu dans le pays comme le loup blanc. La coquine m'a vu plus d'une fois sur le chemin du château de Dowghielly... Il y a là une demoiselle à marier; elle a conclu que j'en étais amoureux... Puis quelque joli garçon lui aura graissé la patte pour qu'elle m'annonçât sinistre aventure... Tout cela saute aux yeux; pourtant... malgré moi, ses paroles me touchent. J'en suis presque effrayé... Vous riez et vous avez raison... La vérité est que j'avais projeté d'aller demander à dîner au château de Dowghielly, et maintenant j'hésite... Je suis un grand fou! Voyons, monsieur le professeur, décidez vous-même. Irons-nous?

— Je me garderai bien d'avoir un avis, lui répondis-je en riant. En matière de mariage, je ne donne jamais de conseil*.

Nous avions rejoint nos chevaux. Le comte sauta lestement en selle, et, laissant tomber les rênes, il s'écria : — Le cheval choisira pour nous! — Le cheval n'hésita pas; il entra sur-le-champ dans un petit sentier qui, après plusieurs détours, tomba dans une route ferrée*, et cette route menait à Dowghielly. Une demi-heure après, nous étions au perron du château.

Au bruit que firent nos chevaux, une jolie tête blonde se montra à une fenêtre entre deux rideaux. Je reconnus la perfide traductrice de Międkiewicz. — Soyez le bienvenu, dit-elle. Vous ne pouviez venir plus à propos, comte Szémioth. Il m'arrive à l'instant une robe de Paris. Vous ne me reconnaîtrez pas, tant je serai belle.

Les rideaux se refermèrent. En montant le perron, le comte disait entre ses dents : — Assurément ce n'est pas pour moi qu'elle étrennait cette robe...

Il me présenta à Mme Dowghiello, la tante de la *panna* Iwinska, qui me reçut fort obligeamment et me parla de mes derniers articles dans la *Gazette scientifique et littéraire* de Kœnigsberg.

— M. le professeur, dit le comte, vient se plaindre à vous de Mlle Julienne, qui lui a joué un tour très méchant.

— C'est un enfant, monsieur le professeur. Il faut

lui pardonner. Souvent elle me désespère avec ses folies. A seize ans, moi, j'étais plus raisonnable qu'elle ne l'est à vingt; mais c'est une bonne fille au fond, et elle a toutes les qualités solides*. Elle est très bonne musicienne, elle peint divinement les fleurs, elle parle également bien le français, l'allemand et l'italien... Elle brode...

— Et elle fait des vers jmoudes! ajouta le comte en riant.

— Elle en est incapable! s'écria Mme Dowghiello, à qui il fallut expliquer l'espièglerie de sa nièce.

Mme Dowghiello était instruite et connaissait les antiquités de son pays. Sa conversation me plut singulièrement. Elle lisait beaucoup nos revues allemandes, et avait des notions très saines sur la linguistique. J'avoue que je ne m'aperçus pas du temps que Mlle Iwinska mit à s'habiller; mais il parut long au comte Szémioth, qui se levait, se rasseyait, regardait à la fenêtre, et tambourinait de ses doigts sur les vitres comme un homme qui perd patience.

Enfin au bout de trois quarts d'heure parut, suivie de sa gouvernante française, Mlle Julienne, portant avec grâce et fierté une robe dont la description exigerait des connaissances bien supérieures aux miennes.

— Ne suis-je pas belle? demanda-t-elle au comte en tournant lentement sur elle-même pour qu'il pût la voir de tous les côtés. Elle ne regardait ni le comte ni moi, elle regardait sa robe.

— Comment, Ioulka, dit Mme Dowghiello, tu ne dis pas bonjour à M. le professeur, qui se plaint de toi?

— Ah! monsieur le professeur! s'écria-t-elle avec une petite moue charmante, qu'ai-je donc fait? Est-ce que vous allez me mettre en pénitence?

— Nous nous y mettrions nous-mêmes, mademoiselle, lui répondis-je, si nous nous privions de votre présence. Je suis loin de me plaindre; je me félicite au contraire d'avoir appris, grâce à vous, que la muse lithuanienne renaît plus brillante que jamais.

Elle baissa la tête, et mettant ses mains devant son

visage, en prenant soin de ne pas déranger ses cheveux. — Pardonnez-moi, je ne le ferai plus! dit-elle du ton d'un enfant qui vient de voler des confitures.

— Je ne vous pardonnerai, chère Pani, lui dis-je, que lorsque vous aurez rempli certaine promesse que vous avez bien voulu me faire à Wilno, chez la princesse Katazyna Paç*.

— Quelle promesse? dit-elle, relevant la tête en riant.

— Vous l'avez déjà oubliée? Vous m'avez promis que, si nous nous rencontrions en Samogitie, vous me feriez voir une certaine danse du pays dont vous disiez merveille.

— Oh! la roussalka*! J'y suis ravissante, et voilà justement l'homme qu'il me faut.

Elle courut à une table où il y avait des cahiers de musique, en feuilleta un précipitamment, le mit sur le pupitre d'un piano, et s'adressant à sa gouvernante. — Tenez, chère amie, *allegro presto*. — Et elle joua elle-même, sans s'asseoir, la ritournelle pour indiquer le mouvement. — Avancez ici, comte Michel, vous êtes trop Lithuanien pour ne pas bien danser la roussalka; mais dansez comme un paysan, entendez-vous?

Mme Dowghiello essaya d'une remontrance, mais en vain. Le comte et moi nous insistâmes. Il avait ses raisons, car son rôle dans ce pas était des plus agréables, comme l'on verra bientôt. La gouvernante, après quelques essais, dit qu'elle croyait pouvoir jouer cette espèce de valse, quelque étrange qu'elle fût, et Mlle Iwinska, ayant rangé quelques chaises et une table qui aurait pu la gêner, prit son cavalier par le collet de l'habit et l'amena au milieu du salon. — Vous saurez, monsieur le professeur, que je suis une roussalka, pour vous servir. — Elle fit une grande révérence. — Une roussalka est une nymphe des eaux. Il y en a une dans toutes ces mares pleines d'eau noire qui embellissent nos forêts. Ne vous en approchez pas! La roussalka sort, encore plus jolie que moi, si c'est possible; elle vous emporte au fond, où selon toute apparence elle vous croque...

— Une vraie sirène! m'écriai-je.

— Lui, continua Mlle Iwinska en montrant le comte Szémioth, est un jeune pêcheur, fort niais, qui s'expose à mes griffes, et moi, pour faire durer le plaisir, je vais le fasciner en dansant un peu autour de lui... Ah! mais pour bien faire il me faudrait un sarafane[a] *. Quel dommage!... Vous voudrez bien excuser cette robe, qui n'a pas de caractère, pas de couleur locale... Oh! et j'ai des souliers, impossible de danser la roussalka avec des souliers!... et à talons encore!

Elle souleva sa robe et, secouant avec beaucoup de grâce un joli petit pied, au risque de montrer un peu sa jambe, elle envoya son soulier au bout du salon. L'autre suivit le premier, et elle resta sur le parquet avec ses bas de soie. — Tout est prêt, dit-elle à la gouvernante, et la danse commença.

La roussalka tourne et retourne autour de son cavalier. Il étend les bras pour la saisir, elle passe par-dessous lui et lui échappe. Cela est très gracieux, et la musique a du mouvement et de l'originalité. La figure se termine lorsque le cavalier, croyant saisir la roussalka pour lui donner un baiser, elle fait un bond, le frappe sur l'épaule, et il tombe à ses pieds comme mort... Mais le comte improvisa une variante, qui fut d'étreindre l'espiègle dans ses bras et de l'embrasser bel et bien. Mlle Iwinska poussa un petit cri, rougit beaucoup et alla tomber sur un canapé d'un air boudeur, en se plaignant qu'il l'eût serrée, comme un ours qu'il était. Je vis que la comparaison ne plut pas au comte, car elle lui rappelait un malheur de famille; son front se rembrunit. Pour moi, je remerciai vivement Mlle Iwinska, et donnai des éloges à sa danse, qui me parut avoir un caractère tout antique, rappelant les danses sacrées des Grecs. Je fus interrompu par un domestique annon-

---

a. Robe des paysannes, sans corsage.

çant le général et la princesse Véliaminof*. Mlle Iwinska fit un bond du canapé à ses souliers, y enfonça à la hâte ses petits pieds et courut au-devant de la princesse, à qui elle fit coup sur coup deux profondes révérences. Je remarquai qu'à chacune elle relevait adroitement le quartier de son soulier*. Le général amenait deux aides-de-camp, et, comme nous, venait demander la fortune du pot. Dans tout autre pays, je pense qu'une maîtresse de maison eût été un peu embarrassée de recevoir à la fois six hôtes inattendus et de bon appétit; mais telle est l'abondance et l'hospitalité des maisons lithuaniennes que le dîner ne fut pas retardé, je pense, de plus d'une demi-heure. Seulement il y avait trop de pâtés chauds et froids.

IV

Le dîner fut fort gai. Le général nous donna des détails très intéressants sur les langues qui se parlent dans le Caucase, et dont les unes sont *âryennes* et les autres *touraniennes,* bien qu'entre les différentes peuplades, il y ait une remarquable conformité de mœurs et de coutumes. Je fus obligé moi-même de parler de mes voyages, parce que le comte Sémioth m'ayant félicité sur la manière dont je montais à cheval, et ayant dit qu'il n'avait jamais rencontré de ministre ni de professeur qui pût fournir si lestement une traite telle que celle que nous venions de faire, je dus lui expliquer que, chargé par la Société biblique d'un travail sur la langue des *Charruas,* j'avais passé trois ans et demi dans la république de l'Uruguay, presque toujours à cheval et vivant dans les pampas, parmi les Indiens. C'est ainsi que je fus conduit à raconter qu'ayant été trois jours égaré dans ces plaines sans fin, n'ayant pas de vivres ni d'eau, j'avais été réduit à faire comme les *gauchos* qui m'accompagnaient, c'est-à-dire à saigner mon cheval et à boire son sang.

Toutes les dames poussèrent un cri d'horreur. Le général remarqua que les Kalmouks en usaient de même en de semblables extrémités. Le comte me demanda comment j'avais trouvé cette boisson ?

— Moralement, répondis-je, elle me répugnait fort; mais physiquement je m'en trouvai fort bien, et c'est à elle que je dois l'honneur de dîner ici aujourd'hui. Beaucoup d'Européens, je veux dire de blancs, qui ont longtemps vécu avec les Indiens, s'y habituent et même y prennent goût. Mon excellent ami, don Fructuoso Rivera*, président de la république, perd rarement l'occasion de le satisfaire. Je me souviens qu'un jour, allant au congrès en grand uniforme il passa devant un *rancho* où l'on saignait un poulain. Il s'arrêta, descendit de cheval pour demander un *chupon,* une sucée*, après quoi il prononça un de ses plus éloquents discours.

— C'est un affreux monstre que votre président ! s'écria Mlle Iwinska.

— Pardonnez-moi, chère Pani, lui dis-je, c'est un homme très distingué, d'un esprit supérieur. Il parle merveilleusement plusieurs langues indiennes fort difficiles, surtout le *charrua**, à cause des innombrables formes que prend le verbe, selon son régime direct ou indirect, et même selon les rapports sociaux existant entre les personnes qui le parlent.

J'allais donner quelques détails assez curieux sur le mécanisme du verbe *charrua,* mais le comte m'interrompit pour me demander où il fallait saigner les chevaux quand on voulait boire leur sang.

— Pour l'amour de Dieu, mon cher professeur, s'écria Mlle Iwinska avec un air de frayeur comique, ne le lui dites pas. Il est homme à tuer toute son écurie, et à nous manger nous-mêmes quand il n'aura plus de chevaux.

Sur cette saillie, les dames quittèrent la table en riant, pour aller préparer le thé et le café, tandis que nous fumerions. Au bout d'un quart d'heure, on envoya demander au salon M. le général. Nous voulions le suivre tous; mais on nous dit que ces dames ne voulaient qu'un homme à la fois. Bientôt nous entendîmes au salon de grands éclats de rire et des battements de main. — Mlle Ioulka fait des siennes, dit le comte. — On vint le demander lui-même; nouveaux rires, nouveaux applaudissements. Ce fut mon tour après lui. Quand j'entrai dans le salon, toutes les figures avaient pris un semblant de gravité qui n'était pas de trop bon augure. Je m'attendais à quelque niche.

— Monsieur le professeur, me dit le général de son air le plus officiel, ces dames prétendent que nous avons fait trop d'accueil à leur champagne, et ne veulent nous admettre auprès d'elles qu'après une épreuve. Il s'agit de s'en aller les yeux bandés du milieu du salon à cette muraille, et de la toucher du doigt. Êtes-vous en état d'observer la ligne droite ?

— Je le pense, monsieur le général.

Aussitôt Mlle Iwinska me jeta un mouchoir sur les yeux et le serra de toute sa force par derrière. — Vous êtes au milieu du salon, dit-elle, étendez la main... Bon! Je parie que vous ne toucherez pas la muraille.

— En avant, marche! dit le général.

Il n'y avait que cinq ou six pas à faire. Je m'avançai fort lentement, persuadé que je rencontrerais quelque corde ou quelque tabouret, traîtreusement placé sur mon chemin pour me faire trébucher. J'entendais des rires étouffés qui augmentaient mon embarras. Enfin je me croyais tout à fait près du mur lorsque mon doigt, que j'étendais en avant entra tout à coup dans quelque chose de froid et de visqueux. Je fis une grimace et un saut en arrière, qui fit éclater tous les assistants. J'arrachai mon bandeau, et j'aperçus près de moi Mlle Iwinska tenant un pot de miel où j'avais fourré le doigt, croyant toucher la muraille. Ma consolation fut de voir les deux aides-de-camp passer par la même épreuve, et ne pas faire meilleure contenance que moi.

Pendant le reste de la soirée, Mlle Iwinska ne cessa de donner carrière à son humeur folâtre. Toujours moqueuse, toujours espiègle, elle prenait tantôt l'un, tantôt l'autre pour objet de ses plaisanteries. Je remarquai cependant qu'elle s'adressait le plus souvent au comte, qui, je dois le dire, ne se piquait jamais, et même semblait prendre plaisir à ses agaceries. Au contraire, quand elle s'attaquait à l'un des aides-de-camp, il fronçait le sourcil, et je voyais son œil briller de ce feu sombre qui en réalité avait quelque chose d'effrayant. « Folâtre comme une chatte et blanche comme la crème. » Il me semblait qu'en écrivant ce vers Miçkiewicz avait voulu faire le portrait de la *panna* Iwinska*.

V

On se retira assez tard. Dans beaucoup de grandes maisons lithuaniennes, on voit une argenterie magnifique, de beaux meubles, des tapis de Perse précieux, et il n'y a pas, comme dans notre chère Allemagne, de bons lits de plume à offrir à un hôte fatigué. Riche ou pauvre, gentilhomme ou paysan, un Slave sait fort bien dormir sur une planche. Le château de Dowghielly ne faisait point exception à la règle générale. Dans la chambre où l'on nous conduisit, le comte et moi, il n'y avait que deux canapés recouverts en maroquin. Cela ne m'effrayait guère, car dans mes voyages j'avais couché souvent sur la terre nue, et je me moquai un peu des exclamations du comte sur le manque de civilisation de ses compatriotes. Un domestique vint nous tirer nos bottes et nous donna des robes de chambre et des pantoufles. Le comte, après avoir ôté son habit, se promena quelque temps en silence, puis, s'arrêtant devant le canapé où déjà je m'étais étendu : — Que pensez-vous, me dit-il, de Ioulka ?

— Je la trouve charmante.

— Oui, mais si coquette !... Croyez-vous qu'elle

ait du goût réellement pour ce petit capitaine blond?

— L'aide-de-camp?... Comment pourrais-je le savoir?

— C'est un fat,... donc il doit plaire aux femmes.

— Je nie la conclusion, monsieur le comte. Voulez-vous que je vous dise la vérité? Mlle Iwinska pense beaucoup plus à plaire au comte Szémioth qu'à tous les aides-de-camp de l'armée.

Il rougit sans me répondre; mais il me sembla que mes paroles lui avaient fait un sensible plaisir. Il se promena encore quelque temps sans parler, puis, ayant regardé à sa montre : — Ma foi, dit-il, nous ferions bien de dormir, car il est tard.

Il prit son fusil et son couteau de chasse, qu'on avait déposés dans notre chambre, et les mit dans une armoire dont il retira la clé. — Voulez-vous la garder? me dit-il en me la remettant à ma grande surprise, je pourrais l'oublier. Assurément vous avez plus de mémoire que moi.

— Le meilleur moyen de ne pas oublier vos armes, lui dis-je, serait de les mettre sur cette table près de votre sofa.

— Non... Tenez, à parler franchement, je n'aime pas à avoir des armes près de moi quand je dors... Et la raison, la voici. Quand j'étais aux hussards de Grodno*, je couchais un jour dans une chambre avec un camarade, mes pistolets étaient sur une chaise auprès de moi. La nuit, je suis réveillé par une détonation. J'avais un pistolet à la main; j'avais fait feu, et la balle avait passé à deux pouces de la tête de mon camarade... Je ne me suis jamais rappelé le rêve que j'avais eu.

Cette anecdote me troubla un peu. J'étais bien assuré de n'avoir pas de balle dans la tête; mais quand je considérais la taille élevée, la carrure herculéenne de mon compagnon, ses bras nerveux couverts d'un noir duvet, je ne pouvais m'empêcher de reconnaître qu'il était parfaitement en état de m'étrangler avec ses mains, s'il faisait un mauvais rêve. Toutefois je me gardai de lui montrer la moindre inquiétude; seulement je plaçai une lumière sur une chaise auprès de mon canapé, et je me mis à lire le *Catéchisme* de Lawicki, que j'avais apporté. Le comte me souhaita le bonsoir, s'étendit sur son sofa, s'y retourna cinq ou six fois ; enfin il parut s'assoupir, bien qu'il fût pelotonné comme l'amant d'Horace, qui, renfermé dans un coffre, touche sa tête de ses genoux repliés :

.....Turpi clausus in arca,
Contractum genibus tangas caput*.

De temps en temps il soupirait avec force, ou faisait entendre une sorte de râle nerveux que j'attribuais à l'étrange position qu'il avait prise pour dormir. Une heure peut-être se passa de la sorte. Je m'assoupissais moi-même. Je fermai mon livre, et je m'arrangeais de mon mieux sur ma couche, lorsqu'un ricanement étrange de mon voisin me fit tressaillir. Je regardai le comte. Il avait les yeux fermés, tout son corps frémissait, et de ses lèvres entrouvertes s'échappaient quelques mots à peine articulés.

— Bien fraîche !... Bien blanche !... Le professeur ne sait ce qu'il dit... Le cheval ne vaut rien... Quel morceau friand !... — Puis il se mit à mordre à belles dents le coussin où posait sa tête, et en même temps il poussa une sorte de rugissement si fort qu'il se réveilla.

Pour moi, je demeurai immobile sur mon canapé et fis semblant de dormir. Je l'observais pourtant. Il s'assit, se frotta les yeux, soupira tristement et demeura près d'une heure sans changer de posture, absorbé, comme il semblait, dans ses réflexions. J'étais cependant fort mal à mon aise, et je me promis intérieurement de ne jamais coucher à côté de M. le comte. A la longue pourtant, la fatigue triompha de l'inquiétude, et lorsqu'on entra le matin dans notre chambre, nous dormions l'un et l'autre d'un profond sommeil.

VI

Après le déjeuner, nous retournâmes à Médintiltas. Là, ayant trouvé le docteur Frœber seul, je lui dis que je croyais le comte malade, qu'il avait des rêves affreux, qu'il était peut-être somnambule, et qu'il pouvait être dangereux dans cet état.

— Je me suis aperçu de tout cela, me dit le médecin. Avec une organisation athlétique, il est nerveux comme une jolie femme. Peut-être tient-il cela de sa mère... Elle a été diablement méchante ce matin... Je ne crois pas beaucoup aux histoires de peurs et d'envies de femmes grosses; mais ce qui est certain, c'est que la comtesse est maniaque, et la manie est transmissible par le sang...

— Mais le comte, repris-je, est parfaitement raisonnable; il a l'esprit juste, il est instruit, beaucoup plus que je ne l'aurais cru, je vous l'avoue; il aime la lecture...

— D'accord, d'accord, mon cher monsieur, mais il est souvent bizarre. Il s'enferme quelquefois pendant plusieurs jours; souvent il rôde la nuit; il lit des livres incroyables,... de la métaphysique allemande,... de la physiologie, que sais-je? Hier encore il lui en est arrivé un ballot de Leipsig. Faut-il parler net? un Hercule a besoin d'une Hébé*. Il y a ici des paysannes très jolies... Le samedi soir, après le bain, on les prendrait pour des princesses... Il n'y en a pas une qui ne fût fière de distraire monseigneur. A son âge, moi, le diable m'emporte!... Non, il n'a pas de maîtresse, il ne se marie pas, il a tort. Il lui faudrait un dérivatif.

Le matérialisme grossier du docteur me choquant au dernier point, je terminai brusquement l'entretien en lui disant que je faisais des vœux pour que le comte Szémioth trouvât une épouse digne de lui. Ce n'est pas sans surprise, je l'avoue, que j'avais appris du docteur ce goût du comte pour les études philosophiques. Cet officier de hussards, ce chasseur passionné lisant de la métaphysique allemande et s'occupant de physiologie, cela renversait mes idées. Le docteur avait dit vrai cependant, et dès le jour même j'en eus la preuve.

— Comment expliquez-vous, monsieur le professeur, me dit-il brusquement vers la fin du dîner, comment expliquez-vous la *dualité* ou la *duplicité* de notre nature ?... — Et comme il s'aperçut que je ne le comprenais pas parfaitement, il reprit : — Ne vous êtes-vous jamais trouvé au haut d'une tour ou bien au bord d'un précipice, ayant à la fois la tentation de vous élancer dans le vide et un sentiment de terreur absolument contraire ?...

— Cela peut s'expliquer par des causes toutes physiques, dit le docteur; 1° la fatigue qu'on éprouve après une marche ascensionnelle détermine un afflux de sang au cerveau, qui...

— Laissons là le sang, docteur, s'écria le comte avec impatience, et prenons un autre exemple. Vous tenez une arme à feu chargée. Votre meilleur ami est là. L'idée vous vient de lui mettre une balle dans la tête. Vous avez la plus grande horreur d'un assassinat, et pourtant vous en avez la pensée. Je crois, messieurs, que si toutes les pensées qui nous viennent en tête dans l'espace d'une heure..., je crois que si toutes *vos* pensées, monsieur le professeur, que je tiens pour un sage, étaient écrites, elles formeraient un volume in-folio peut-être, d'après lequel il n'y a pas un avocat qui ne plaidât avec succès votre interdiction, pas un juge qui ne vous mît en prison ou bien dans une maison de fous.

— Ce juge, monsieur le comte, ne me condamnerait pas assurément pour avoir cherché ce matin pendant plus d'une heure la loi mystérieuse d'après laquelle les verbes slaves prennent un sens futur en se combinant avec une préposition*, mais si par hasard j'avais eu quelque autre pensée, quelle preuve en tirer contre moi ? Je ne suis pas plus maître de mes pensées que des accidents extérieurs qui me les suggèrent. De ce qu'une pensée surgit en moi, on ne peut pas conclure un commencement d'exécution, ni même une résolution. Jamais je n'ai eu l'idée de tuer personne; mais si la pensée d'un meurtre me venait, ma raison n'est-elle pas là pour l'écarter ?

— Vous parlez de la raison bien à votre aise; mais est-elle toujours là, comme vous dites, pour nous diriger ? Pour que la raison parle et se fasse obéir, il faut de la réflexion, c'est-à-dire du temps et du sang-froid. A-t-on toujours l'un et l'autre ? Dans un combat, je vois arriver sur moi un boulet qui ricoche, je me détourne et je découvre mon ami, pour lequel j'aurais donné ma vie, si j'avais eu le temps de réfléchir...

J'essayai de lui parler de nos devoirs d'homme et de chrétien, de la nécessité où nous sommes d'imiter le guerrier de l'Écriture, toujours prêt au combat*; enfin je lui fis voir qu'en luttant sans cesse contre nos passions nous acquérons* des forces nouvelles pour les affaiblir et les dominer. Je ne réussis, je le crains, qu'à le réduire au silence, et il ne paraissait pas convaincu.

Je demeurai encore une dizaine de jours au château. Je fis une autre visite à Dowghielly, mais nous n'y couchâmes point. Comme la première fois, Mlle Iwinska se montra espiègle et enfant gâtée. Elle exerçait sur le comte une sorte de fascination, et je ne doutai pas qu'il n'en fût fort amoureux. Cependant il connaissait bien ses défauts et ne se faisait pas d'illusions. Il la savait coquette, frivole, indifférente à tout ce qui n'était pas pour elle un amusement. Souvent je m'apercevais qu'il souffrait intérieurement de la savoir si peu raisonnable; mais dès qu'elle lui avait fait quelque petite mignardise, il oubliait tout, sa figure s'illuminait, il rayonnait de joie. Il voulut m'amener une dernière fois à Dowghielly la veille de mon départ, peut-être parce que je restais à causer avec la tante pendant qu'il allait se promener au jardin avec la nièce; mais j'avais fort à travailler, et je dus m'excuser, quelle que fût son insistance. Il revint dîner, bien qu'il nous eût dit de ne pas l'attendre. Il se mit à table, et ne put manger. Pendant tout le repas, il fut sombre et de mauvaise humeur. De temps à autre, ses sourcils se rapprochaient et ses yeux prenaient une expression sinistre. Lorsque le docteur sortit pour se rendre auprès de la comtesse, le comte me suivit dans ma chambre, et me dit tout ce qu'il avait sur le cœur. — Je me repens bien, s'écria-t-il, de vous avoir quitté pour aller voir cette petite folle, qui se moque de moi et qui n'aime que les nouveaux visages; mais heureusement tout est fini entre nous, j'en suis profondément dégoûté, et je ne la reverrai jamais... — Il se promena quelque temps de long en large selon son habitude, puis il reprit : — Vous avez cru peut-être que j'en étais amoureux? C'est ce que pense cet imbécile de docteur. Non, je ne l'ai jamais aimée. Sa mine rieuse m'amusait. Sa peau blanche me faisait plaisir à voir... Voilà tout ce qu'il y a de bon chez elle... la peau surtout. De cervelle, point*. Jamais je n'ai vu en elle autre chose qu'une jolie poupée, bonne à regarder quand on s'ennuie et qu'on n'a pas de livre nouveau... Sans doute on peut dire que c'est une beauté... Sa peau est merveilleuse!... monsieur le professeur, le sang qui est sous cette peau doit être meilleur que celui d'un cheval?... Qu'en pensez-vous?

Et il se mit à éclater de rire, mais ce rire faisait mal à entendre.

Je pris congé de lui le lendemain pour continuer mes explorations dans le nord du palatinat.

VII

Elles durèrent environ deux mois, et je puis dire qu'il n'y a guère de village en Samogitie où je ne me sois arrêté et où je n'aie recueilli quelques documents. Qu'il me soit permis de saisir cette occasion pour remercier les habitants de cette province, et en particulier MM. les ecclésiastiques, pour le concours vraiment empressé qu'ils ont accordé à mes recherches et les excellentes contributions dont ils ont enrichi mon dictionnaire.

Après un séjour d'une semaine à Szawlé, je me proposais d'aller m'embarquer à Klaypeda (port que nous appelons Memel) pour retourner chez moi, lorsque je reçus du comte Szémioth la lettre suivante, apportée par un de ses chasseurs :

« Monsieur le professeur,

« Permettez-moi de vous écrire en allemand. Je ferais encore plus de solécismes, si je vous écrivais en jmoude, et vous perdriez toute considération pour moi. Je ne sais si vous en avez déjà beaucoup, et la nouvelle que j'ai à vous communiquer ne l'augmentera peut-être pas. Sans plus de préface, je me marie, et vous devinez bien à qui. *Jupiter se rit des serments des amoureux**. Ainsi fait Pirkuns, notre Jupiter samogitien. C'est donc Mlle Julienne Iwinska que j'épouse le 8 du mois prochain. Vous seriez le plus aimable des hommes si vous veniez assister à la cérémonie. Tous les paysans de Médintiltas et lieux circonvoisins viendront chez moi manger quelques bœufs et d'innombrables cochons, et, quand ils seront ivres, ils danseront dans ce pré, à droite de l'avenue que vous connaissez. Vous verrez des costumes et des coutumes dignes de votre observation. Vous me ferez le plus grand plaisir et à Julienne aussi. J'ajouterai que votre refus nous jetterait dans le plus triste embarras. Vous savez que j'appartiens à la communion évangélique, de même que ma fiancée ; or notre ministre, qui demeure à une trentaine de lieues, est perclus de la goutte, et j'ai osé espérer que vous voudriez bien officier à sa place. Croyez-moi, mon cher professeur, votre bien dévoué,

« Michel Szémioth. »

Au bas de la lettre, en forme de *post-scriptum,* une assez jolie main féminine avait ajouté en jmoude :

« Moi, muse de la Lithuanie, j'écris en jmoude.

Michel est un impertinent de douter de votre approbation. Il n'y a que moi en effet qui sois assez folle pour vouloir d'un garçon comme lui. Vous verrez, monsieur le professeur, le 8 du mois prochain, une mariée un peu *chic**. Ce n'est pas du jmoude, c'est du français. N'allez pas au moins avoir des distractions pendant la cérémonie! »

Ni la lettre ni le *post-scriptum* ne me plurent. Je trouvai que les fiancés montraient une impardonnable légèreté dans une occasion si solennelle. Cependant le moyen de refuser? J'avouerai encore que le spectacle annoncé ne laissait pas de me donner des tentations. Selon toute apparence, dans le grand nombre de gentilshommes qui se réuniraient au château de Médintiltas, je ne manquerais pas de trouver des personnes instruites qui me fourniraient des renseignements utiles. Mon glossaire jmoude était très riche; mais le sens d'un certain nombre de mots appris de la bouche de paysans grossiers demeurait encore pour moi enveloppé d'une obscurité relative. Toutes ces considérations réunies eurent assez de force pour m'obliger à consentir à la demande du comte, et je lui répondis que dans la matinée du 8 je serais à Médintiltas. Combien j'eus lieu de m'en repentir!

VIII

En entrant dans l'avenue du château, j'aperçus un grand nombre de dames et de messieurs en toilette du matin, groupés sur le perron ou circulant dans les allées du parc. La cour était pleine de paysans endimanchés. Le château avait un air de fête; partout des fleurs, des guirlandes, des drapeaux et des festons. L'intendant me conduisit à la chambre qui m'avait été préparée au rez-de-chaussée, en me demandant pardon de ne pouvoir m'en offrir une plus belle; mais il y avait tant de monde au château, qu'il avait été impossible de me conserver l'appartement que j'avais occupé à mon premier séjour, et qui était destiné à la femme du maréchal de la noblesse; ma nouvelle chambre d'ailleurs était très convenable, ayant vue sur le parc, et au-dessous de l'appartement du comte. Je m'habillai en hâte pour la cérémonie, je revêtis ma robe; mais ni le comte ni sa fiancée ne paraissaient. Le comte était allé la chercher à Dowghielly. Depuis longtemps, ils auraient dû être arrivés; mais la toilette d'une mariée n'est pas une petite affaire, et le docteur avertissait les invités que, le déjeuner ne devant avoir lieu qu'après le service religieux, les appétits trop impatients feraient bien de prendre leurs précautions à un certain buffet garni de gâteaux et de toute sorte de liqueurs. Je remarquai à cette occasion combien l'attente excite à la médisance; deux mères de jolies demoiselles invitées à la fête ne tarissaient pas en épigrammes contre la mariée.

Il était plus de midi quand une salve de boîtes* et de coups de fusil signala son arrivée, et bientôt après une calèche de gala entra dans l'avenue traînée par quatre chevaux magnifiques. A l'écume qui couvrait leur poitrail, il était facile de voir que le retard n'était pas de leur fait. Il n'y avait dans la calèche que la mariée, Mme Dowghiello et le comte. Il descendit et donna la main à Mme Dowghiello. Mlle Iwinska, par un mouvement plein de grâce et de coquetterie enfantine, fit mine de vouloir se cacher sous son châle pour échapper aux regards curieux qui l'entouraient de tous les côtés. Pourtant elle se leva debout dans la calèche, et elle allait prendre la main du comte, quand les chevaux du brancard, effrayés peut-être de la pluie de fleurs que les paysans lançaient à la mariée, peut-être aussi éprouvant cette étrange terreur que le comte Szémioth inspirait aux animaux, se cabrèrent en s'ébrouant; une roue heurta la borne au pied du perron, et on put croire pendant un moment qu'un accident allait avoir lieu. Mlle Iwinska laissa échapper un petit cri... On fut bientôt rassuré. Le comte, la saisissant dans ses bras, l'emporta jusqu'au haut du perron aussi facilement que s'il n'avait tenu qu'une colombe. Nous applaudissions tous à son adresse et à sa galanterie chevaleresque. Les paysans poussaient des *vivat* formidables, la mariée toute rouge, riait et tremblait à la fois. Le comte, qui n'était nullement pressé de se débarrasser de son charmant fardeau, semblait triompher en le montrant à la foule qui l'entourait...

Tout à coup une femme de haute taille, pâle, maigre, les vêtements en désordre, les cheveux épars, et tous les traits contractés par la terreur, parut au haut du perron, sans que personne pût savoir d'où elle venait.

— A l'ours! criait-elle d'une voie aiguë; à l'ours! des fusils!... Il emporte une femme! tuez-le! Feu! feu!

C'était la comtesse. L'arrivée de la mariée avait attiré tout le monde au perron, dans la cour, ou aux fenêtres du château. Les femmes même qui surveillaient la pauvre folle avaient oublié leur consigne; elle s'était échappée, et sans être observée de personne était arrivée jusqu'au milieu de nous. Ce fut une scène très pénible. Il fallut l'emporter malgré ses cris et sa résistance. Beaucoup d'invités ne connaissaient pas sa maladie. On dut leur donner des explications. On chuchota longtemps à voix basse. Tous les visages étaient attristés. — Mauvais présage! — disaient les personnes superstitieuses, et le nombre en est grand en Lithuanie.

Cependant Mlle Iwinska demanda cinq minutes pour faire sa toilette et mettre son voile de mariée, opération qui dura une bonne heure. C'était plus qu'il ne fallait pour que les personnes qui ignoraient la maladie de la comtesse en apprissent la cause et les détails.

Enfin la mariée reparut magnifiquement parée et couverte de diamants. Sa tante la présenta à tous les invités, et lorsque le moment fut venu de passer à la chapelle, à ma grande surprise, en présence de toute la compagnie, Mme Dowghiello appliqua un soufflet sur la joue de sa nièce*, assez fort pour faire retourner ceux qui auraient eu quelque distraction. Ce soufflet fut reçu avec la plus parfaite résignation, et personne ne parut s'en étonner; seulement un homme en noir écrivit quelque chose sur un papier qu'il avait apporté, et quelques-uns des assistants y apposèrent leur signature de l'air le plus indifférent. Ce ne fut qu'à la fin de la cérémonie que j'eus le mot de l'énigme. Si je l'eusse deviné, je n'aurais pas manqué de m'élever avec toute la force de mon ministère sacré contre cette odieuse pratique, laquelle a pour but d'établir un cas de divorce en simulant que le mariage n'a eu lieu que par suite de violence matérielle exercée contre une des parties contractantes.

Après le service religieux, je crus de mon devoir d'adresser quelques paroles au jeune couple, m'attachant à leur mettre devant les yeux la gravité et la sainteté de l'engagement qui venait de les unir, et comme j'avais encore sur le cœur le *post-scriptum* déplacé de Mlle Iwinska, je lui rappelai qu'elle entrait dans une vie nouvelle, non plus accompagnée d'amusements et de joies juvéniles, mais pleine de devoirs sérieux et de graves épreuves. Il me sembla que cette partie de mon allocution produisit beaucoup d'effet sur la mariée, comme sur toutes les personnes qui comprenaient l'allemand.

Des salves d'armes à feu et des cris de joie accueillirent le cortège au sortir de la chapelle, puis on passa dans la salle à manger. Le repas était magnifique, les appétits fort aiguisés, et d'abord on n'entendit d'autre bruit que celui des couteaux et des fourchettes, mais bientôt, à l'aide des vins de Champagne et de Hongrie, on commença à causer, à rire et même à crier. La santé de la mariée fut portée avec enthousiasme. A peine venait-on de se rasseoir, qu'un vieux *pane** à moustaches blanches se leva, et d'une voix formidable : — Je vois avec douleur, dit-il, que nos vieilles coutumes se perdent. Jamais nos pères n'eussent porté ce toast avec des verres de cristal. Nous buvions dans le soulier de la mariée, et même dans sa botte, car de mon temps les dames portaient des bottes en maroquin rouge. Montrons, amis, que nous sommes encore de vrais Lithuaniens. — Et toi, madame, daigne me donner ton soulier.

La mariée lui répondit en rougissant, avec un petit rire étouffé : — Viens le prendre, monsieur;... mais je ne te ferai pas raison dans ta botte.

Le *pane* ne se le fit pas dire deux fois, se mit galamment à genoux, ôta un petit soulier de satin blanc à talon rouge, l'emplit de vin de Champagne et but si vite et si adroitement qu'il n'y en eut pas plus de la moitié qui coula sur ses habits. Le soulier passa de main en main, et tous les hommes y burent, mais non sans peine. Le vieux gentilhomme réclama le soulier comme une relique précieuse, et Mme Dowghiello fit prévenir une femme de chambre de venir réparer le désordre de la toilette de sa nièce.

Ce toast fut suivi de beaucoup d'autres, et bientôt les convives devinrent si bruyants, qu'il ne me parut plus convenable de demeurer parmi eux. Je m'échappai de la table sans que personne fît attention à moi, et j'allai respirer l'air en dehors du château; mais là encore je trouvai un spectacle peu édifiant. Les domestiques et les paysans, qui avaient eu de la bière et de l'eau-de-vie à discrétion, étaient déjà ivres pour la plupart. Il y avait eu des disputes et des têtes cassées. Çà et là, sur le pré, des ivrognes se vautraient privés de sentiment, et l'aspect général de la fête tenait beaucoup d'un champ de bataille. J'aurais eu quelque curiosité de voir de près les danses populaires; mais la plupart étaient menées par des bohémiennes effrontées, et je ne crus pas qu'il fût bienséant de me hasarder dans cette bagarre. Je rentrai donc dans ma chambre, je lus quelque temps, puis me déshabillai et m'endormis bientôt.

Lorsque je m'éveillai, l'horloge du château sonnait trois heures. La nuit était claire, bien que la lune fût un peu voilée par une légère brume. J'essayai de retrouver le sommeil; je ne pus y parvenir. Selon mon usage en pareille occasion, je voulus prendre un livre et étudier, mais je ne pus trouver les allumettes à ma portée. Je me levai et j'allais tâtonnant dans ma chambre, quand un corps opaque, très gros, passa devant ma fenêtre, et tomba avec un bruit sourd dans le jardin. Ma première impression fut que c'était un homme, et je crus qu'un de nos ivrognes était tombé par la fenêtre. J'ouvris la mienne et regardai; je ne vis rien. J'allumai enfin une bougie, et, m'étant remis au lit, je repassai mon glossaire jusqu'au moment où l'on m'apporta mon thé.

Vers onze heures, je me rendis au salon, où je trouvai beaucoup d'yeux battus et de mines défaites; j'appris en effet qu'on avait quitté la table fort tard. Ni le comte ni la jeune comtesse n'avaient encore paru. A onze heures et demie, après beaucoup de méchantes plaisanteries, on commença à murmurer, tout bas, d'abord, bientôt assez haut. Le docteur Frœber prit sur lui d'envoyer le valet de chambre du comte frapper à la porte de son maître. Au bout d'un quart d'heure, cet homme redescendit, et, un peu ému, rapporta au docteur Frœber qu'il avait frappé plus d'une douzaine de fois, sans obtenir de réponse. Nous nous consultâmes Mme Dowghiello, le docteur et moi. L'inquiétude du valet de chambre m'avait gagné. Nous montâmes tous les trois avec lui. Devant la porte, nous trouvâmes la femme de chambre de la jeune comtesse tout effarée, assurant que quelque malheur devait être arrivé, car la fenêtre de madame était toute grande ouverte. Je me rappelai avec effroi ce corps pesant tombé devant ma fenêtre. Nous frappâmes à grands coups. Point de réponse. Enfin le valet de chambre apporta une barre de fer, et nous enfonçâmes la porte... Non! le courage me manque pour décrire le spectacle qui s'offrit à nos yeux. La jeune comtesse était étendue morte sur son lit, la figure horriblement lacérée, la gorge ouverte, inondée de sang. Le comte avait disparu, et personne depuis n'a eu de ses nouvelles.

Le docteur considéra l'horrible blessure de la jeune femme. — Ce n'est pas une lame d'acier, s'écria-t-il, qui a fait cette plaie... C'est une morsure! . . . . .

Le professeur ferma son livre, et regarda le feu d'un air pensif.

— Et l'histoire est finie? demanda Adélaïde.

— Finie! répondit le professeur d'une voix lugubre.

— Mais, reprit-elle, pourquoi l'avez-vous intitulée *Lokis ?* Pas un seul des personnages ne s'appelle ainsi.

— Ce n'est pas un nom d'homme, dit le professeur... Voyons, Théodore, comprenez-vous ce que veut dire Lokis?

— Pas le moins du monde.

— Si vous vous étiez bien pénétré de la loi de transformation du sanscrit au lithuanien, vous auriez reconnu dans lokis le sanscrit *arkcha* ou *rikscha*. On appelle lokis en lithuanien l'animal que les Grecs ont nommé ἄρκτος, les Latins *ursus* et les Allemands *bar*.

Vous comprenez maintenant mon épigraphe :

Miszka su Lokiu
Abu du tokiu.

Vous savez que dans le roman de Renard l'ours s'appelle *damp Brun*. Chez les Slaves, on le nomme Michel, Miszka en lithuanien, et ce surnom remplace presque toujours le nom générique, lokis*. C'est ainsi que les Français ont oublié leur mot néolatin de goupil ou gorpil pour y substituer celui de renard. Je vous en citerai bien d'autres exemples...

Mais Adélaïde remarqua qu'il était tard, et on se sépara.

LA CHAMBRE BLEUE

NOTICE

Le 1er septembre 1866, Mérimée était parti pour Biarritz avec l'Impératrice et le prince impérial. L'Empereur était resté à Saint-Cloud, il n'y avait presque personne. Mérimée mène une vie confortable mais peu agitée, passant son temps à regarder la mer, à faire de petites promenades, lisant le premier volume de l'*Histoire de Pierre le Grand* par Oustrialov, et le *Diarium* de Jean Burchard. En un mot, il s'ennuie. Il trouve les soirées un peu longues que l'on passe à jouer aux petits papiers, à faire des questions très ardues, très philosophiques. « Nous fendons les cheveux en quatre, dit-il, et nous méritons des brevets de précieuses. » (*Corr. gén.*, t. XIII, p. 242.)

C'est ainsi qu'un soir on disputa « sur les situations difficiles où on peut se trouver, comme par exemple Rodrigue entre son papa et Chimène, Mlle Camille entre son frère et son Curiace. La nuit, dit Mérimée, ayant pris un thé trop fort j'écrivis une quinzaine de pages sur une situation de ce genre. » (*Corr. gén.*, t. XIII, p. 278.)

Cela avait été écrit fort à la hâte, par désœuvrement, et pourtant, dit Mérimée (les auteurs ont souvent des illusions) : « Ce n'est pas ce que j'ai écrit de plus mal. »

La nouvelle est terminée le 25 septembre 1866; Mérimée l'a lue devant l'Impératrice et il écrit (*Corr. gén.*, t. XIII, p. 229) : « J'ai fait avaler l'autre soir à nos dames une petite histoire que j'ai écrite ici et qui est hasardée. Il s'agit de deux amants qui sont dans une chambre d'auberge à faire l'amour, tandis qu'il se passe des choses extraordinaires dans la chambre à côté. J'avais conçu mon sujet tragique, et j'avais fait une préparation en style à quinze pour mieux surprendre le lecteur. Comme la chose tirait en longueur, j'ai terminé par une bouffonnerie ce qui est mauvais [1]. » Faut-il croire Jules Claretie, lorsqu'il écrit [2] : « Le dénouement tournant au badinage a été conseillé par Émile Augier. Dans le principe, *la Chambre bleue* finissait tragiquement comme *la Vénus d'Ille.* »

Émile Augier serait-il venu à Biarritz en septembre 1866? (c'est peu probable). A-t-il correspondu avec Mérimée qui lui aurait demandé conseil? C'est ce qu'on ne sait pas [3]. *La Chambre bleue* n'était pas destinée à la publicité et le 30 octobre l'auteur mettait aux pieds de l'Impératrice sa « méchante nouvelle, dédiée à Mme de la Rhune par P. Mérimée, fou de Sa Majesté. » Le manuscrit offert à l'Impératrice, relié en maroquin vert foncé, composé de 45 pages, a figuré à l'Exposition de la Bibliothèque nationale en 1953 (*Catalogue,* n° 472). La dernière page du manuscrit reproduit une aquarelle de P. Mérimée. Ce manuscrit a passé en vente par la suite et il aurait été acquis par un collectionneur étranger.

Mérimée paraît pourtant fort satisfait de son récit qu'il communique à lord Houghton, à la grande-duchesse Marie; qu'il lit à Jenny Dacquin, à Mme Delessert, à Lise Przezdziecka, à la duchesse Colonna; qu'il soumet à Ivan Tourguéniev.

Puis il oublie sa nouvelle que l'on retrouvera aux Tuileries après le 4 septembre, dans les papiers de l'Impératrice.

La curieuse histoire de la publication de *la Chambre bleue* et de ses mésaventures est racontée avec détails dans une lettre de Philippe Burty à son ami Paul Arnauldet qui l'a

---

1. Mérimée écrit dans son article sur « Alexandre Pouchkine » (1868) : « Le tort de Pouchkine, en employant les superstitions populaires de son pays [...] fut de les prendre du côté ridicule et de donner à tout son récit une tournure ironique. » *Portraits historiques et littéraires,* p. 309.

2. *L'Empire, les Bonaparte et la Cour...* par Jules Claretie. Paris, E. Dentu, 1871, p. 167.

3. D'après Othenin d'Haussonville, *Prosper Mérimée...* Paris, 1888, p. 191, Émile Augier ne serait pour rien dans la modification du dénouement, et il confirme la lettre de Mérimée.

jointe à son exemplaire d'épreuves, acquis plus tard, pour la somme de 110 francs 25 centimes, par le vicomte Spœlberch de Lovenjoul et qui fait aujourd'hui partie de sa collection.

« 5 mai 1872

« Mon cher Paul, en vous offrant en cadeau de pure amitié, un des trois exemplaires d'épreuves de *la Chambre bleue,* il n'est pas inutile de vous en raconter l'histoire.

« Vous savez que le manuscrit fut trouvé dans la bibliothèque même de l'Impératrice, à la suite du 4 septembre. Il fut saisi par la commission des Papiers des Tuileries. Il fut copié pour la publication des fascicules et imprimé en placards à l'imprimerie nationale [1]. Il faillit même par suite d'une indiscrétion qui nous fut signalée à temps, paraître alors dans *le Temps*. On avait remis à M. Hébrard un double des placards.

« Des membres de la Commision, M. Claretie entre autres, en prirent copie. Moi, qui étais simplement membre attaché ou auxiliaire, j'en pris très ostensiblement copie aussi avec le soin le plus scrupuleux. Mon texte reproduit toutes les singularités orthographiques de Mérimée.

« Le temps passa. La Commission hésita à le publier au moins dans les volumes de documents graves. D'autres plus légers devaient les suivre. Mais lors de l'armistice, l'idée vint d'en faire une petite plaquette. J'allai consulter, pour la convenance, MM. Ludovic Lalanne et Laurent Pichat, présidents de la seconde commission. Je l'ai fait ainsi pour tous les textes que j'ai communiqués aux journaux, l'*Institut jugé par l'Empire,* les *Derniers Télégrammes de l'Empire,* et loin de me détourner de ce projet, ces Messieurs m'y engagèrent fort, faisant simplement toutes réserves en cas de réclamations au nom des héritiers. Le texte fut donc remis à l'imprimerie Claye et composé. J'étais alors en Normandie. *La Chambre bleue* parut dans

1. Cet exemplaire d'épreuves unique se trouve à la Bibliothèque de l'Institut.

deux numéros de l'*Indépendance belge,* communiquée par qui? Je l'ignore. Je n'ai pas le droit de citer des noms. Mais le mien ayant été donné avec les insinuations les plus malveillantes dans *le Figaro* et autres feuilles de police, et dans un groupe d'hommes aveuglés par la peur, par la lâcheté envers les puissants du jour, et qui avaient été mes amis ou au moins mes camarades, je me crois le droit de dire qu'à ce moment le manuscrit original était entre les mains de M. A. Lavertujon, Ministre de France en Hollande.

« Une seule chose me frappe dans ce scandale de mauvaise foi. On disait que je voulais gagner de l'argent avec cette publication. Or, elle était combinée de façon à rentrer très strictement dans les frais d'impression. Je n'avais d'autre préoccupation que de tirer à très petit nombre une curiosité littéraire et une curiosité politique.

« Vraisemblablement j'y eusse mis de ma poche. Ceux qui me connaissent savent si je suis un homme avide et si j'ai le courage de mes opinions.

« Mais je n'hésitai point. Ordre fut donné de ne point tirer, et à ma connaissance du moins, il fut imprimé au frottoir et à la brosse, trois exemplaires d'épreuves. Vous en avez un. Je garde le second. Il n'est pas impossible qu'un jour je donne le troisième à la Bibliothèque. En tout cas, quoique les frais restent à mon compte, il ne sera pas vendu par moi de mon vivant. Je désirerais, mon cher Arnauldet, que cette note — qui aura un jour son intérêt — fût jointe à votre exemplaire. Elle n'a pas à m'innocenter, puisque je n'ai rien fait de coupable, mais elle rétablit la vérité méchamment travestie par des curieux, des sots et des lâches. Je vous serre les mains. PH. BURTY. »

On a cependant signalé six exemplaires d'épreuves de *la Chambre bleue* : 1º l'exemplaire de Ph. Burty; 2º l'exemplaire Arnauldet-Spœlberch de Lovenjoul; 3º celui de Ch. Delafosse; 4º celui de Maurice Tourneux; 5º celui de P. Dauze; 6º celui du comte de Suzannet. Il convient toutefois de remarquer que certains de ces exemplaires ayant passé en vente publique et changé de mains, les indications des catalogues reproduisent parfois celles des catalogues précédents.

La nouvelle a paru pour la première fois dans l'*Indépendance belge,* 6 et 7 septembre 1871. Elle a été reproduite dans *la Liberté,* 12 septembre 1871 et dans l'*Artiste,* en mars 1872. Elle a eu deux éditions à tirage limité, à Bruxelles en 1872 pour être reprise dans les *Dernières Nouvelles,* Paris, Michel Lévy, 1873. Charles de la Rounat en a tiré, en 1873, une comédie pour le théâtre du Vaudeville.

M. P.

LA CHAMBRE BLEUE

Nouvelle dédiée
A Madame de la Rhune.
Biarritz, septembre 1866.

Un jeune homme se promenait d'un air agité dans le vestibule d'un chemin de fer. Il avait des lunettes bleues, et, quoiqu'il ne fût pas enrhumé, il portait sans cesse son mouchoir à son nez. De la main gauche, il portait un petit sac noir qui contenait, comme je l'ai appris plus tard, une robe de chambre de soie et un pantalon turc. De temps en temps, il allait à la porte d'entrée, regardait dans la rue, puis tirait sa montre et consultait le cadran de la gare. Le train ne partait que dans une heure, mais il y a des gens qui craignent toujours d'être en retard. Ce train n'était pas de ceux qui prennent les gens pressés : peu de voitures de première classe. L'heure n'était pas celle qui permet aux agents de change de partir après les affaires terminées, pour dîner dans leur maison de campagne*. Lorsque les voyageurs commencèrent à se montrer, un Parisien eût reconnu à leur tournure des fermiers ou de petits marchands de la banlieue. Pourtant, toutes les fois qu'une femme* entrait dans la gare, toutes les fois qu'une voiture s'arrêtait à la porte*, le cœur du jeune homme aux lunettes bleues se gonflait comme un ballon, ses genoux tremblotaient, son sac était près d'échapper de ses mains et ses lunettes de tomber de son nez, où, pour le dire en passant, elles étaient placées tout de travers.

Ce fut bien pis quand, après une longue attente, parut par une porte de côté, venant précisément du seul point qui ne fut pas l'objet d'une observation continuelle, une femme vêtue de noir, avec un voile épais sur le visage, et qui tenait à la main un sac de maroquin brun, contenant, comme je l'ai découvert dans la suite une merveilleuse robe de chambre et des mules de satin bleu. La femme et le jeune homme s'avancèrent l'un vers l'autre, regardant à droite et à gauche, jamais devant eux. Ils se joignirent, se touchèrent la main et demeurèrent quelques minutes sans se dire un mot, palpitants, pantelants, en proie à une de ces émotions poignantes pour lesquelles je donnerais, moi, cent ans de la vie d'un philosophe.

Quand ils trouvèrent la force de se parler :

— « Léon », dit la jeune femme (j'ai oublié de dire qu'elle était jeune et jolie), « Léon, quel bonheur! Jamais je ne vous aurais reconnu sous ces lunettes bleues. »

— « Quel bonheur! » dit Léon, « jamais je ne vous aurais reconnue sous ce voile noir! »

— « Quel bonheur! » reprit-elle. « Prenons vite nos places; si le chemin de fer allait partir sans nous. » (Elle lui serra le bras fortement.) « On ne se doute de rien. Je suis en ce moment avec Clara et son mari, en route pour sa maison de campagne, où je dois *demain* lui faire mes adieux... Et... ajouta-t-elle en riant et baissant la tête, il y a une heure qu'elle est partie, et demain,... après avoir passé la *dernière soirée* avec elle... « (De nouveau elle lui serra le bras), demain, dans la matinée... elle me laissera à la station, où je trouverai Ursule, que j'ai envoyée devant, chez ma tante... Oh! j'ai tout prévu...! Prenons nos billets... Il est impossible qu'on nous devine!... Ah! si on demande nos noms dans l'auberge? j'ai déjà oublié... »

— « Monsieur et Madame Duru. »

« — Oh! non. Pas Duru. Il y avait à la pension un cordonnier qui s'appelait comme cela. »

— « Alors, Dumont?... »

— « Daumont. »

— « A la bonne heure; mais on ne nous demandera rien. »

La cloche sonna, la porte de la salle d'attente s'ouvrit, et la jeune femme, toujours soigneusement voilée, s'élança dans une diligence* avec son jeune compagnon. Pour la seconde fois, la cloche retentit; on ferma la portière de leur compartiment.

— « Nous sommes seuls! » s'écrièrent-ils avec joie, mais, presque au même moment, un homme d'environ cinquante ans, tout habillé de noir, l'air grave et ennuyé, entra dans la voiture et s'établit dans un coin. La locomotive siffla et le train se mit en marche.

Les deux jeunes gens, retirés le plus loin qu'ils avaient pu de leur incommode voisin commencèrent à se parler bas et en anglais par surcroît de précaution. « Monsieur », dit l'autre voyageur dans la même langue, et avec un bien plus pur accent britannique, « si vous avez des secrets à vous conter, vous ferez bien de ne pas les dire en anglais devant moi. Je suis Anglais. Désolé de vous gêner, mais, dans l'autre compartiment, il y avait un homme seul, et j'ai pour principe de ne jamais voyager avec un homme seul. Celui-là avait une figure de Jud*. Et cela aurait pu le tenter. » (Il montra son sac de voyage, qu'il avait jeté devant lui sur un coussin.)

— « Au reste, si je ne dors pas, je lirai. »

En effet, il essaya loyalement de dormir. Il ouvrit son sac, en tira une casquette commode, la mit sur sa tête, et tint les yeux fermés pendant quelques minutes. Puis il les rouvrit avec un geste d'impatience, chercha dans son sac ses lunettes, puis un livre grec; enfin, il se mit à lire avec beaucoup d'attention. Pour prendre le livre dans le sac, il fallut déranger maint objet entassé au hasard. Entre autres, il tira des profondeurs du sac une assez grosse liasse de billets de banque d'Angleterre, la déposa sur la banquette en face de lui, et, avant de la replacer dans le sac, il la montra au jeune homme en lui demandant s'il trouverait à changer des banknotes à* N***.

— « Probablement. C'est sur la route d'Angleterre. »

N*** était le lieu où se dirigeaient les deux jeunes gens. Il y a à N*** un petit hôtel assez propret, où l'on ne s'arrête guères que le samedi soir. On prétend que les chambres sont bonnes. Le maître et les gens ne sont pas curieux, n'étant pas assez éloignés de Paris pour avoir ce vice provincial. Le jeune homme que j'ai déjà appelé Léon, avait été reconnaître cet hôtel quelque temps auparavant, sans lunettes bleues, et, sur le rapport qu'il en avait fait, son amie avait paru éprouver le désir de le visiter. Elle se trouvait, d'ailleurs, ce jour-là, dans une disposition d'esprit telle, que les murs d'une prison lui eussent semblé pleins de charmes, si elle y eût été enfermée avec Léon.

Cependant, le train allait toujours; l'Anglais lisait son grec sans tourner la tête vers ses compagnons, qui causaient si bas, que des amants seuls eussent pu s'entendre. Peut-être ne surprendrai-je pas mes lecteurs en leur disant que c'étaient des amants dans toute la force du terme, et ce qu'il y avait de déplorable, c'est qu'ils n'étaient pas mariés, et il y avait des raisons qui s'opposaient à ce qu'ils le fussent.

On arriva à N***. L'Anglais descendit le premier. Pendant que Léon aidait son amie à sortir de la diligence sans montrer ses jambes, un homme s'élança sur la plate-forme, du compartiment voisin. Il était pâle, jaune même, les yeux creux et injectés de sang, la barbe mal faite, signe auquel on reconnaît souvent les grands criminels. Son costume était propre mais usé jusqu'à la corde. Sa redingote, jadis noire, maintenant grise au dos et aux coudes était boutonnée jusqu'au menton, probablement pour cacher un gilet encore râpé. Il s'avança vers l'Anglais, et, d'un ton très humble :

— « *Uncle !...* » lui dit-il...

— « *Leave me alone, you wretch !** » s'écria l'Anglais, dont l'œil gris s'alluma d'un éclat de colère, et il fit un pas pour sortir de la station.

— « *Don't drive me to despair** », reprit l'autre avec un accent à la fois lamentable et presque menaçant.

— « Veuillez être assez bon pour garder mon sac un instant », dit le vieil Anglais, en jetant son sac de voyage aux pieds de Léon.

Aussitôt il prit le bras de l'homme qui l'avait accosté, le mena ou plutôt le poussa dans un coin, où il espérait n'être pas entendu, et, là, il lui parla un moment d'un ton fort rude, comme il semblait. Puis il tira de sa poche quelques papiers, les froissa et les mit dans la main de l'homme qui l'avait appelé son oncle. Ce dernier prit les papiers sans remercier, et presque aussitôt s'éloigna et disparut.

Il n'y a qu'un hôtel à N***, il ne faut donc pas s'étonner si au bout de quelques minutes tous les personnages de cette véridique histoire s'y retrouvèrent. En France, tout voyageur qui a le bonheur d'avoir une femme bien mise à son bras est sûr d'obtenir la meilleure chambre dans tous les hôtels, aussi est-il établi que nous sommes la nation la plus polie de l'Europe. Si la chambre qu'on donna à Léon était la meilleure, il serait téméraire d'en conclure qu'elle était excellente. Il y avait un grand lit de noyer, avec des rideaux de perse où l'on voyait imprimée en violet l'histoire tragique de Pyrame et de Thisbé*. Les murs étaient couverts d'un papier peint représentant une vue de Naples avec beaucoup de personnages; malheureusement, des voyageurs désœuvrés et indiscrets avaient ajouté des moustaches et des pipes à toutes les figures mâles et femelles; et bien des sottises en prose et en vers écrites à la mine de plomb se lisaient sur le ciel et la mer. Sur ce fond pendaient plusieurs gravures : *Louis-Philippe prêtant serment à la Charte de 1830** ; *la Première entrevue de Julie et de Saint-Preux**; *l'Attente du bonheur* et *les Regrets,* d'après M. Dubuffe*. Cette chambre s'appelait la Chambre bleue, parce que les deux fauteuils à droite et à gauche de la cheminée étaient en velours d'Utrecht de cette couleur; mais, depuis bien des années, ils étaient cachés sous des chemises de percaline grise à galons amaranthe.

Tandis que les servantes de l'hôtel s'empressaient

autour de la nouvelle arrivée et lui faisaient leurs offres de service, Léon, qui n'était pas dépourvu de bon sens quoique amoureux, allait à la cuisine commander le dîner. Il lui fallut employer toute sa rhétorique et quelques moyens de corruption pour obtenir la promesse d'un dîner à part, mais son horreur fut grande lorsqu'il apprit que dans la principale salle à manger, c'est-à-dire à côté de sa chambre, MM. les officiers du 3e hussards, qui allaient relever MM. les officiers du 8e chasseurs à N***, devaient se réunir à ces derniers, le jour même dans un dîner d'adieu où régnerait une grande cordialité. L'hôte jura ses grands dieux qu'à part la gaieté naturelle à tous les militaires français, MM. les hussards et MM. les chasseurs étaient connus dans toute la ville pour leur douceur et leur sagesse, et que leur voisinage n'aurait pas le moindre inconvénient pour Madame, l'usage de Messieurs les officiers étant de se lever de table dès avant minuit.

Comme Léon regagnait la chambre bleue, sur cette assurance qui ne le troublait pas médiocrement, il s'aperçut que son Anglais occupait la chambre à côté de la sienne. La porte était ouverte. L'Anglais assis devant une table sur laquelle étaient un verre et une bouteille, regardait le plafond avec une attention profonde, comme s'il comptait les mouches qui s'y promenaient.

— « Qu'importe le voisinage! » se dit Léon, « l'Anglais sera bientôt ivre, et les hussards s'en iront avant minuit. »

En entrant dans la chambre bleue, son premier soin fut de s'assurer que les portes de communication étaient bien fermées et qu'elles avaient des verrous. Du côté de l'Anglais il y avait double porte; les murs étaient épais. Du côté des Hussards, la paroi était plus mince, mais la porte avait serrure et verrou. Après tout, c'était contre la curiosité une barrière bien plus efficace que les stores d'une voiture, et combien de gens se croient isolés du monde dans un fiacre*!

Assurément, l'imagination la plus riche ne peut se

représenter de félicité plus complète que celle de deux jeunes amants qui, après une longue attente, se trouvent seuls, loin des jaloux et des curieux, en mesure de se conter à loisir leurs souffrances passées et de savourer les délices d'une parfaite réunion. Mais le diable trouve toujours le moyen de verser sa goutte d'absinthe dans la coupe du bonheur. Johnson* a écrit, mais non le premier, et il l'avait pris à un Grec, que nul homme ne peut se dire : « Aujourd'hui je serai heureux. » Cette vérité reconnue, à une époque très reculée, par les plus grands philosophes est encore ignorée par un certain nombre de mortels et singulièrement par la plupart des amoureux.

Tout en faisant un assez médiocre dîner, dans la chambre bleue, de quelques plats dérobés au banquet des chasseurs et des hussards, Léon et son amie eurent beaucoup à souffrir de la conversation à laquelle se livraient ces messieurs dans la salle voisine.

On y tenait des propos étrangers à la stratégie et à la tactique, et que je me garderai bien de rapporter. C'était une suite d'histoires saugrenues, presque toutes fort gaillardes, accompagnées de rires éclatants, auxquels il était parfois assez difficile à nos amants de ne pas prendre part. L'amie de Léon n'était pas une prude, mais il y a des choses qu'on n'aime pas à entendre, même en tête-à-tête avec l'homme qu'on aime. La situation devenait de plus en plus embarrassante, et, comme on allait apporter le dessert de MM. les officiers, Léon crut devoir descendre à la cuisine pour prier l'hôte de représenter à ces Messieurs qu'il y avait une femme souffrante dans la chambre à côté d'eux, et qu'on attendait de leur politesse qu'ils voudraient bien faire un peu moins de bruit.

Le maître d'hôtel, comme il arrive dans les dîners de corps, était tout ahuri et ne savait à qui répondre. Au moment où Léon lui donnait son message pour les officiers, un garçon lui demandait du vin de Champagne pour les hussards, une servante du vin de Porto pour l'Anglais.

— « J'ai dit qu'il n'y en avait pas », ajouta-t-elle.

— « Tu es une sotte. Il y a de tous les vins chez moi. Je vais lui en trouver, du Porto! Apporte-moi la bouteille de ratafia, une bouteille à quinze et un carafon d'eau-de-vie. »

Après avoir fabriqué du Porto en un tournemain, l'hôte entra dans la grande salle et fit la commission que Léon venait de lui donner. Elle excita tout d'abord une tempête furieuse. Puis une voix de basse qui dominait toutes les autres, demanda quelle espèce de femme était leur voisine? Il se fit une sorte de silence. L'hôte répondit :

— « Ma foi! messieurs, je ne sais trop que vous dire. Elle est bien gentille et bien timide, Marie-Jeanne dit qu'elle a une alliance au doigt. Ça se pourrait bien que ce fût une mariée, qui vient ici pour finir la noce, comme il en vient des fois.

— « Une mariée! » s'écrièrent quarante voix! « Il faut qu'elle vienne trinquer avec nous! Nous allons boire à sa santé, et apprendre au marié ses devoirs conjugaux! »

A ces mots, on entendit un grand bruit d'éperons, et nos amants tressaillirent, pensant que leur chambre allait être prise d'assaut. Mais soudain une voix s'élève qui arrêta le mouvement. Il était évident que c'était un chef qui parlait. Il reprocha aux officiers leur impolitesse et leur intima l'ordre de se rasseoir et de parler décemment et sans crier. Puis, il ajouta quelques mots trop bas pour être entendus de la chambre bleue. Ils furent écoutés avec déférence, mais non sans exciter pourtant une certaine hilarité contenue. A partir de ce moment, il y eut dans la salle des officiers un silence relatif, et nos amants bénissant l'empire salutaire de la discipline commencèrent à se parler avec plus d'abandon. Mais, après tant de tracas, il fallait du temps pour retrouver les tendres émotions que l'inquiétude, les ennuis du voyage, et surtout la grosse joie de leurs voisins avaient fortement troublées. A leur âge cependant, la chose n'est pas très difficile, et ils eurent bientôt oublié tous les désagréments de leur expédition aventureuse pour ne plus penser qu'aux plus importants de ses résultats. Ils croyaient la paix faite avec les hussards; hélas! ce n'était qu'une trêve. Au moment où ils s'y attendaient le moins, lorsqu'ils étaient à mille lieues de ce monde sublunaire, voilà vingt-quatre trompettes soutenues de quelques trombones qui sonnent l'air connu des soldats français : « *La victoire est à nous !** » Le moyen de résister à pareille tempête? Les pauvres amants furent bien à plaindre.

. . . .

Non, pas tant à plaindre, car à la fin les officiers quittèrent la salle à manger, défilant devant la porte de la chambre bleue avec un grand cliquetis de sabres et d'éperons, et criant l'un après l'autre : — « Bonsoir, Madame la mariée! »

Puis tout bruit cessa. Je me trompe, l'Anglais sortit dans le corridor et cria : — « Garçon! apportez-moi une autre bouteille du même Porto! »

. . . .

Le calme était rétabli dans l'hôtel de N***. La nuit était douce, la lune dans son plein. Depuis un temps immémorial, les amants se plaisent à regarder notre satellite. Léon et son amie ouvrirent leur fenêtre, qui donnait sur un petit jardin, et aspirèrent avec plaisir l'air frais qu'embaumait un berceau de clématites. Ils n'y restèrent pas longtemps toutefois. Un homme se promenait dans le jardin, la tête baissée, les bras croisés, un cigare à la bouche. Léon crut reconnaître le neveu de l'Anglais qui aimait le bon vin de Porto.

. . . .

Je hais les détails inutiles, et d'ailleurs je ne me crois pas obligé de dire au lecteur tout ce qu'il peut facilement imaginer, ni de raconter, heure par heure, tout ce qui se passa dans l'hôtel de N***. Je dirai donc que la bougie qui brûlait sur la cheminée sans feu de la chambre bleue était plus d'à moitié consumée, quand dans l'appartement de l'Anglais, naguère silencieux, un bruit étrange se fit entendre, comme un corps lourd peut en produire en tombant. A ce bruit se joignit une sorte de craquement non moins étrange, suivi d'un cri étouffé et de quelques mots indistincts semblables à une imprécation. Les deux jeunes habitants de la chambre bleue tressaillirent. Peut-être avaient-ils été réveillés en sursaut. Sur l'un et l'autre, ce bruit qu'ils ne s'expliquaient pas avait causé une impression presque sinistre.

— « C'est notre Anglais qui rêve », dit Léon en s'efforçant de sourire, mais il voulait rassurer sa compagne, et il frissonna involontairement. Deux ou trois minutes après, une porte s'ouvrit dans le corridor avec précaution, comme il semblait; puis elle se referma très doucement. On entendit un pas lent et mal assuré qui selon toute apparence cherchait à se dissimuler.

— « Maudite auberge ! » s'écria Léon.

— « Ah ! c'est le Paradis !... » répondit la jeune femme en laissant tomber sa tête sur l'épaule de Léon. Je meurs de sommeil... » Elle soupira et se rendormit presque aussitôt.

Un moraliste illustre a dit que les hommes ne sont jamais bavards lorsqu'ils n'ont plus rien à demander. Qu'on ne s'étonne donc point si Léon ne fit aucune tentative pour renouer la conversation, ou disserter sur les bruits de l'hôtel de N***. Malgré lui il en était préoccupé, et son imagination y rattachait maintes circonstances auxquelles dans une autre disposition d'esprit il n'eût fait aucune attention. La figure sinistre du neveu de l'Anglais lui revenait en mémoire. Il y avait de la haine dans le regard qu'il jetait à son oncle, tout en lui parlant avec humilité, sans doute parce qu'il lui demandait de l'argent. « Quoi de plus facile à un homme jeune encore et vigoureux, désespéré en outre, que de grimper du jardin à la fenêtre de la chambre voisine ? D'ailleurs, il logeait dans l'hôtel, puisque, la nuit, il se promenait dans le jardin. Peut-être,... probablement même,... indubitablement, il savait que le sac noir de son oncle renfermait une grosse liasse de billets de banque... Et ce coup sourd ! comme un coup de massue sur un crâne chauve... ce cri étouffé!... ce jurement affreux!... Et ces pas ensuite! Ce neveu avait la mine d'un assassin... Mais on n'assassine pas dans un hôtel plein d'officiers. Sans doute cet Anglais avait mis le verrou en homme prudent, surtout sachant le drôle aux environs... Il s'en défiait, puisqu'il n'avait pas voulu l'aborder avec son sac à la main... Pourquoi se livrer à des pensées hideuses quand on est si heureux? »

Voilà ce que Léon se disait mentalement. Au milieu de ses pensées, que je me garderai d'analyser plus longuement et qui se présentaient à lui presque aussi confuses que les visions d'un rêve, il avait les yeux fixés machinalement vers la porte de communication entre la chambre bleue et celle de l'Anglais. En France, les portes ferment mal. Entre celle-ci et le parquet, il y avait un intervalle d'au moins deux centimètres. Tout d'un coup, dans cet intervalle, à peine éclairé par le reflet du parquet, parut quelque chose de noirâtre, plat, semblable à une lame de couteau, car le bord frappé par la lumière de la bougie présentait une ligne mince, très brillante. Cela se mouvait lentement dans la direction d'une petite mule de satin bleu, jetée indiscrètement à peu de distance de cette porte. Était-ce quelque insecte comme un mille-pattes?... Non, ce n'est pas un insecte. Cela n'a pas de forme déterminée... Deux ou trois traînées brunes, chacune avec sa ligne de lumière sur le bord, ont pénétré dans la chambre. Leur mouvement s'accélère, grâce à la pente du parquet... Elles s'avancent rapidement, elles viennent effleurer la petite mule. Plus de doute! C'est un liquide, et, ce liquide, on en voyait maintenant distinctement la couleur à la lueur de la bougie, c'était du sang! Et, tandis que Léon, immobile, regardait avec horreur ces traînées effroyables, la jeune femme dormait toujours d'un sommeil tranquille, et sa respiration régulière échauffait le cou et l'épaule de son amant.

. . . .

Le soin qu'avait eu Léon de commander le dîner

dès en arrivant dans l'hôtel de N*** prouve suffisamment qu'il avait une assez bonne tête, une intelligence élevée et qu'il savait prévoir. Il ne démentit pas en cette occasion le caractère qu'on a pu lui reconnaître déjà. Il ne fit pas un mouvement et toute la force de son esprit se tendit avec effort pour prendre une résolution, en présence de l'affreux malheur qui le menaçait.

Je m'imagine que la plupart de mes lecteurs, et surtout mes lectrices, remplis de sentiments héroïques, blâmeront en cette circonstance la conduite et l'immobilité de Léon. Il aurait dû, me dira-t-on, courir à la chambre de l'Anglais et arrêter le meurtrier, tout au moins tirer sa sonnette et carillonner les gens de l'hôtel*. A cela, je répondrai d'abord que, dans les hôtels, en France, il n'y a de sonnette que pour l'ornement des chambres, et que leurs cordons ne correspondent à aucun appareil métallique. J'ajouterai respectueusement, mais avec fermeté, que s'il est mal de laisser mourir un Anglais à côté de soi, il n'est pas louable de lui sacrifier une femme qui dort la tête sur votre épaule. Que serait-il arrivé si Léon eût fait un tapage à réveiller l'hôtel ? Les gendarmes, le procureur impérial et son greffier seraient arrivés aussitôt. Avant de lui demander ce qu'il avait vu ou entendu, ces messieurs sont par profession si curieux qu'ils lui auraient dit tout d'abord :
— « Comment vous nommez-vous ? — Vos papiers ?
« — Et madame ? Que faisiez-vous ensemble dans la
« chambre bleue ? — Vous aurez à comparaître en cour
« d'assises pour dire que le tant de tel mois, à telle heure
« de nuit, vous avez été les témoins de tel fait. »

Or, c'est précisément cette idée de procureur impérial et de gens de justice qui la première se présenta à l'esprit de Léon. Il y a parfois dans la vie des cas de conscience difficiles à résoudre ; vaut-il mieux laisser égorger un voyageur inconnu, ou déshonorer et perdre la femme qu'on aime ? Il est désagréable d'avoir à se poser un pareil problème. J'en donne en dix* la solution au plus habile.

Léon fit donc ce que probablement plusieurs eussent

fait à sa place : il ne bougea pas. Les yeux fixés sur la mule bleue et le petit ruisseau rouge qui la touchait, il demeura longtemps comme fasciné, tandis qu'une sueur froide mouillait ses tempes et que son cœur battait dans sa poitrine à le faire éclater. Une foule de pensées et d'images bizarres et horribles l'obsédaient, et une voix intérieure lui criait à chaque instant : « dans une heure, on saura tout, et c'est ta faute ! » Cependant, à force de se dire : qu'allais-je faire dans cette galère on finit par apercevoir quelques rayons d'espérance. Il se dit enfin :

— « Si nous quittions ce maudit hôtel avant la découverte de ce qui s'est passé dans la chambre à côté, « peut-être pourrions-nous faire perdre nos traces. « Personne ne nous connaît ici; on ne m'a vu qu'en « lunettes bleues; on ne l'a vue que sous son voile. « Nous sommes à deux pas d'une station, et en une « heure nous serions bien loin de N***. » Puis, comme il avait longuement étudié l'indicateur pour organiser son expédition, il se rappela qu'un train passait à huit heures allant à Paris. Bientôt après on serait perdu dans l'immensité de cette ville où se cachent tant de coupables. Qui pourrait y découvrit deux innocents ? Mais n'entrerait-on pas chez l'Anglais avant huit heures ? Toute la question était là.

Bien convaincu qu'il n'avait pas d'autre parti à prendre, il fit un effort désespéré pour secouer la torpeur qui s'était emparée de lui depuis si longtemps; mais, au premier mouvement qu'il fit, sa jeune compagne se réveilla et l'embrassa à l'étourdir. Au contact de sa joue glacée, elle laissa échapper un petit cri :

— « Qu'avez-vous » lui dit-elle avec inquiétude. « Votre front est froid comme un marbre ! »

— « Ce n'est rien », répondit-il d'une voix mal assurée; « j'ai entendu un bruit singulier dans la chambre à côté... »

Il se dégagea de ses bras et d'abord écarta la mule bleue et plaça un fauteuil devant la porte de communication, de manière à cacher à son amie l'affreux liquide qui, ayant cessé de s'étendre, formait maintenant une tache assez large sur le parquet. Puis il entrouvrit la porte qui donnait sur le corridor et écouta avec attention. Il osa même s'approcher de la porte de l'Anglais. Elle était fermée. Il y avait déjà quelque mouvement dans l'hôtel. Le jour se levait. Les valets d'écuries pansaient les chevaux dans la cour, et, du second étage un officier descendait les escaliers en faisant résonner ses éperons. Il allait présider à cet intéressant travail, plus agréable aux chevaux qu'aux humains, et qu'en termes techniques on appelle *la Botte**.

Léon rentra dans la chambre bleue, et, avec tous les ménagements que l'amour peut inventer, à grands renforts de circonlocutions et d'euphémismes, il exposa à son amie la situation où il se trouvait : danger de rester; danger de partir trop précipitamment; danger encore plus grand d'attendre dans l'hôtel que la catastrophe de la chambre voisine fût découverte. Inutile de dire l'effroi causé par cette communication, les larmes qui la suivirent, les propositions insensées qui furent mises en avant.

Que de fois les deux infortunés se jettèrent dans les bras l'un de l'autre, en se disant : « Pardonne-moi! pardonne-moi! » Chacun se croyait le plus coupable. Ils se promirent de mourir ensemble, car le jeune homme ne doutait pas que la justice ne les trouvât coupables du meurtre de l'Anglais, et, comme ils n'étaient pas sûrs qu'on leur permît de s'embrasser encore sur l'échafaud, ils s'embrassèrent à s'étouffer, s'arrosant à l'envi de leurs larmes. Enfin, après avoir dit bien des absurdités et bien des mots tendres et déchirants, ils reconnurent, au milieu de mille baisers, que le plan médité par Léon, c'est-à-dire le départ par le train de huit heures, était en réalité le seul praticable et le meilleur à suivre. Mais restaient encore deux mortelles heures à passer. A chaque pas dans le corridor, ils frémissaient de tous leurs membres. Chaque craquement de bottes leur annonçait l'entrée du procureur impérial. Leur petit paquet fut fait en un clin d'œil.

La jeune femme voulait brûler dans la cheminée la mule bleue mais Léon la ramassa, et, après l'avoir essuyée à la descente de lit, il la baisa et la mit dans sa poche. Il fut surpris de trouver qu'elle sentait la vanille; son amie avait pour parfum le bouquet de l'impératrice Eugénie.

Déjà tout le monde était réveillé dans l'hôtel. On entendait des garçons qui riaient, des servantes qui chantaient, des soldats qui brossaient les habits des officiers. Sept heures venaient de sonner. Léon voulut obliger son amie à prendre une tasse de café au lait, mais elle déclara que sa gorge était si serrée, qu'elle mourrait si elle essayait de boire quelque chose.

Léon, muni de ses lunettes bleues, descendit pour payer sa note. L'hôte lui demanda pardon du bruit qu'on avait fait, et qu'il ne pouvait encore s'expliquer, car Messieurs les officiers étaient toujours si tranquilles! Léon l'assura qu'il n'avait rien entendu et qu'il avait parfaitement dormi. — « Par exemple, votre voisin de « l'autre côté, continua l'hôte, n'a pas dû vous incom- « moder. Il ne fait pas beaucoup de bruit, celui-là. « Je parie qu'il dort encore sur les deux oreilles. »

Léon s'appuya fortement au comptoir pour ne pas tomber, et la jeune femme, qui avait voulu le suivre, se cramponna à son bras, en serrant son voile devant ses yeux.

— « C'est un mylord », poursuivit l'hôte impi- « toyable. Il lui faut toujours du meilleur*. Ah! c'est « un homme bien comme il faut! Mais tous les Anglais « ne sont pas comme lui. Il y en avait un ici qui est « un pingre. Il trouve tout trop cher, l'appartement, « le dîner. Il voulait me compter son billet pour cent « vingt-cinq francs; un billet de la banque d'Angleterre « de cinq livres sterling... Pourvu encore qu'il soit bon! « Tenez, monsieur, vous devez vous y connaître, car « je vous ai entendu parler anglais avec madame... « Est-il bon?

En parlant ainsi, il lui présentait une banknote de cinq livres sterling. Sur un des angles, il y avait une petite tache rouge que Léon s'expliqua aussitôt.

— « Je le crois fort bon », dit-il d'une voix étranglée.

— « Oh! vous avez bien le temps, reprit l'hôte; le train ne passe qu'à huit heures, et il est toujours en retard. Veuillez donc vous asseoir, madame. Vous semblez fatiguée... »

En ce moment, une grosse servante entra.

— Vite de l'eau chaude, dit-elle, pour le thé de mylord! Apportez aussi une éponge! Il a cassé sa bouteille et toute sa chambre est inondée.

A ces mots, Léon se laissa tomber sur une chaise; sa compagne en fit de même. Une forte envie de rire les prit tous les deux, et ils eurent quelque peine à ne pas éclater. La jeune femme lui serra joyeusement la main.

— « Décidément », dit Léon à l'hôte, « nous ne partirons que par le train de deux heures. Faites-nous un bon déjeuner pour midi. »

. . . .

Composé et écrit par
Pr Mérimée
fou de S. M. l'Impératrice.

IL VICCOLO
DI MADAMA LUCREZIA

NOTICE

Cette nouvelle n'a pas paru du vivant de Mérimée. Elle n'a été publiée qu'en 1873, d'après le manuscrit, daté du 27 avril 1846, que l'auteur avait offert à Mme Édouard Odier, née Mathilde de Laborde. Ce manuscrit provient de la vente Arthur Meyer, à qui Emmanuel Bocher, neveu de Mme Odier en avait fait don. Il est orné de deux aquarelles de Mérimée, représentant le *Viccolo* et le *Large fauteuil de cuir noir,* et fait aujourd'hui partie de la collection Suzannet.

Lorsque, le 23 juin 1853, Mérimée fut nommé sénateur, il se trouva « tout chose » et il écrivit à Mme Gabriel Delessert : « Je voudrais bien établir que je suis toujours un faiseur de contes, et si j'en avais un prêt je le donnerais aussitôt. Le mal, c'est que je n'en ai pas, mais conseillez-moi. Il y a quelques années que j'en ai fait un pour Mme Odier, où il y avait deux chats et qui est inédit. Je ne m'en souviens plus du tout. Il faudrait que vous le lussiez et vissiez si cela peut passer en lettres moulées. » (*Corr. gén.*, t. VII, p. 79).

L'avis de Mme Delessert, on ne sait pourquoi, ne fut pas favorable à cette publication. Mérimée relut sa nouvelle mais il la garda pour lui.

Pendant longtemps le *Viccolo* fut oublié lorsque, en août 1868, Mérimée écrivit à la duchesse Colonna : « Je me suis souvenu d'avoir fait autrefois une nouvelle pour une dame blonde qui la garda. J'ai recommencé sans me souvenir des détails. Lorsque je n'ai rien à lire j'en écris quelques pages. Cela deviendra ce que cela pourra. » (*Corr. gén.*, t. XIV, p. 225.)

Le 30 janvier suivant, il revient sur le sujet : « Il y a une petite ruelle donnant dans le Corso, qui s'appelle *Viccolo di Madama Lucrezia*. Je voudrais bien savoir à quelle grande rue cela mène? C'est que j'ai fait une nouvelle aussi remarquable par la force des pensées que par l'aménité du style, sur cette rue, et ce détail important me manque. Si mes souvenirs ne me trompent pas, le *viccolo* en question n'est pas loin de la *Ripresa dei Barberi*. Daignez m'éclairer et me donner les aboutissants; je vous dédierai la nouvelle, après ma mort, s'entend. » (*Corr. gén.*, t. XIV, p. 379, n. 1 et 2.)

La réponse de la duchesse n'ayant pas été assez claire, Mérimée demandera, le 26 juin 1869, des renseignements plus précis : « Si vous êtes encore à Rome, veuillez aller, ou plutôt envoyer un de vos adorateurs sur la place de Saint-Marc à côté du Palais de Venise, et s'assurer [*sic*] quelle des quatre rues marquées ici, 1, 2, 3, 4 [*croquis*], est celle de Mme Lucrezia. Je n'ai pas besoin de vous dire qu'il est pour moi d'un grand intérêt de connaître bien la situation de cette ruelle, où se passe toute une histoire de ma façon. » (*Corr. gén.*, t. XIV, p. 521.)

La nouvelle version d'*Il Viccolo* a disparu, brûlée sans doute avec tous les papiers de Mérimée dans l'incendie de sa maison, 52 rue de Lille, le 23 mai 1871.

Le cadre de la nouvelle est fait des souvenirs laissés à Mérimée par son voyage à Rome, en octobre 1839 et l'idée de ce conte lui vint d'avoir parcouru la ruelle qui a donné son nom au récit. En outre le souvenir du séjour, en Italie, de son père Léonor Mérimée (mort le 27 septembre 1836) y est évidemment présent. « La seule aventure romanesque que je sache de mon père, écrit-il à Paul Lacroix, [...] fut à Rome où il manqua être assassiné en même temps que Basseville. Il fut sauvé par une dame romaine que j'ai retrouvée fort vieille et qui m'a reçue à Rome avec beaucoup d'attendrissement. » (*Corr. gén.*, t. IX, p. 5, n. 1.)

A ces souvenirs, Mérimée a mêlé, selon sa coutume, des détails dus à son érudition et le nom du *vicolo* ne pouvait manquer d'évoquer celui de la fameuse Lucrèce Borgia, de qui le personnage a toujours éveillé sa curiosité et sa sympathie.

Comme les contes d'Hoffmann ont eu un tel succès, depuis la traduction de Loève-Veimars, que le nom de l'auteur est devenu le synonyme du genre [1], on n'a pas manqué, avec E. Falke [2], de rechercher la source de la nouvelle dans des contes comme *l'Hôte inquiétant* ou *la Maison déserte*. Léon Lemonnier cite Anne Radcliffe et compare *Il Viccolo* au conte de Charles Nodier, *Inès de las Sierras*. C'est, ce me semble, aller trop loin, car si Mérimée en effet connaissait bien Hoffmann, le thème du lieu abandonné, supposé hanté par un fantôme, créature en réalité bien vivante, est un thème assez banal, dans la littérature allemande en particulier. Les commentateurs, en quête de textes à rapprocher en pourraient facilement citer d'autres comme l'*Isabelle d'Égypte* d'Achim d'Arnim, par exemple.

Il Viccolo di Madama Lucrezia a été publié pour la première fois dans *Dernières Nouvelles*, en 1873. Il a été réédité par Léon Lemonnier, dans son édition des *Dernières Nouvelles*, Paris, H. Champion, 1929, suivant le texte du manuscrit de la collection Suzannet.

M. P.

1. Cf. Pierre-Georges Castex, *le Conte fantastique en France, de Nodier à Maupassant*, nouvelle édition, Paris, José Corti, 1962. — « Hoffmann en France », par Marcel Breuillac. *Revue d'Histoire littéraire de la France*, 1906, p. 427; 1907, p. 74.

2. E. Falke. *Die Romantischen Elemente in Prosper Mérimées, Roman und Novellen*, von Ernst Falke (Romanistische Arbeiten, VI). Halle à S., 1915.

IL VICCOLO* DI MADAMA LUCREZIA

J'AVAIS vingt-trois ans quand je partis pour Rome*. Mon père me donna une douzaine de lettres de recommandation, dont une seule, qui n'avait pas moins de quatre pages, était cachetée. Il y avait sur l'adresse : « A la marquise Aldobrandi*. »

— Tu m'écriras, me dit mon père, si la marquise est encore belle.

Or, depuis mon enfance, je voyais dans son cabinet, suspendu à la cheminée, le portrait en miniature d'une fort jolie femme, la tête poudrée et couronnée de lierre, avec une peau de tigre sur l'épaule. Sur le fond, on lisait : *Roma 18..* Le costume me paraissant singulier, il m'était arrivé bien des fois de demander quelle était cette dame. On me répondait :

— C'est une bacchante.

Mais cette réponse ne me satisfaisait guère; même je soupçonnais un secret; car, à cette question si simple, ma mère pinçait les lèvres, et mon père prenait un air sérieux.

Cette fois, en me donnant la lettre cachetée, il regarda le portrait à la dérobée; j'en fis de même involontairement, et l'idée me vint que cette bacchante poudrée pouvait bien être la marquise Aldobrandi. Comme je commençais à comprendre les choses de ce monde, je tirai toute sorte de conclusions des mines de ma mère et du regard de mon père.

Arrivé à Rome, la première lettre que j'allai rendre fut celle de la marquise. Elle demeurait dans un beau palais près de la place Saint-Marc.

Je donnai ma lettre et ma carte à un domestique en livrée jaune qui m'introduisit dans un vaste salon, sombre et triste, assez mal meublé. Mais, dans tous les palais de Rome, il y a des tableaux de maîtres. Ce salon en contenait un assez grand nombre, dont plusieurs fort remarquables.

Je distinguai tout d'abord un portrait de femme qui me parut être un Léonard de Vinci*. A la richesse du cadre, au chevalet de palissandre sur lequel il était posé, on ne pouvait douter que ce ne fût le morceau capital de la collection. Comme la marquise ne venait pas, j'eus tout le loisir de l'examiner. Je le portai même près d'une fenêtre afin de le voir sous un jour plus favorable. C'était évidemment un portrait, non une tête de fantaisie, car on n'invente pas de ces physionomies-là : une belle femme avec les lèvres un peu grosses, les sourcils presque joints, le regard altier et caressant tout à la fois. Dans le fond, on voyait son écusson, surmonté d'une couronne ducale. Mais ce qui me frappa le plus, c'est que le costume, à la poudre près, était le même que celui de la bacchante de mon père.

Je tenais encore le portrait à la main quand la marquise entra.

— Juste comme son père ! s'écria-t-elle en s'avançant vers moi. Ah ! les Français ! les Français ! A peine arrivé, et déjà il s'empare de *Madame Lucrèce*.

Je m'empressai de faire mes excuses pour mon indiscrétion, et me jetai dans des éloges à perte de vue sur le chef-d'œuvre de Léonard que j'avais eu la témérité de déplacer.

— C'est en effet un Léonard, dit la marquise, et c'est le portrait de la trop fameuse Lucrèce Borgia. De tous mes tableaux, c'est celui que votre père admirait le plus... Mais, bon Dieu ! quelle ressemblance ! Je crois voir votre père, comme il était il y a vingt-cinq ans. Comment se porte-t-il ? Que fait-il ? Ne viendra-t-il pas nous voir un jour à Rome ?

Bien que la marquise ne portât ni poudre ni peau de tigre, du premier coup d'œil, par la force de mon génie, je reconnus en elle la bacchante de mon père. Quelque vingt-cinq ans n'avaient pu faire disparaître entièrement les traces d'une grande beauté. Son expression avait changé seulement, comme sa toilette. Elle était tout en noir, et son triple menton, son sourire grave, son air solennel et radieux, m'avertissaient qu'elle était devenue dévote.

Elle me reçut d'ailleurs, on ne peut plus affectueusement*. En trois mots, elle m'offrit sa maison, sa bourse, ses amis, parmi lesquels elle me nomma plusieurs cardinaux.

— Regardez-moi, dit-elle, comme votre mère... Elle baissa les yeux modestement.

— Votre père me charge de veiller sur vous et de vous donner des conseils.

Et, pour me prouver qu'elle n'entendait pas que sa mission fût une sinécure, elle commença sur l'heure par me mettre en garde contre les dangers que Rome pouvait offrit à un jeune homme de mon âge, et m'exhorta fort à les éviter. Je devais fuir les mauvaises compagnies, les artistes surtout, ne me lier qu'avec les personnes qu'elle me désignerait. Bref, j'eus un sermon en trois points. J'y répondis respectueusement et avec l'hypocrisie convenable.

Comme je me levais pour prendre congé :

— Je regrette, me dit-elle, que mon fils le marquis soit en ce moment dans nos terres de la Romagne, mais je veux vous présenter mon second fils, don Ottavio, qui sera bientôt un monsignor. J'espère qu'il vous plaira et que vous deviendrez amis comme vous devez l'être...

Elle ajouta précipitamment :

— Car vous êtes à peu près du même âge, et c'est un garçon doux et rangé comme vous.

Aussitôt, elle envoya chercher don Ottavio. Je vis un grand jeune homme pâle, l'air mélancolique, toujours les yeux baissés, sentant déjà son cafard.

Sans lui laisser le temps de parler, la marquise me fit en son nom toutes les offres de service les plus aimables.

Il confirmait par de grandes révérences toutes les phrases de sa mère, et il fut convenu que, dès le lendemain, il irait me prendre pour faire des courses par la ville, et me ramènerait dîner en famille au palais Aldobrandi.

J'avais à peine fait une vingtaine de pas dans la rue, lorsque quelqu'un cria derrière moi d'une voix impérieuse :

— Où donc allez-vous ainsi seul à cette heure, don Ottavio ?

Je me retournai, et vis un gros abbé qui me considérait des pieds à la tête en écarquillant les yeux.

— Je ne suis pas don Ottavio, lui dis-je.

L'abbé, me saluant jusqu'à terre, se confondit en excuses, et, un moment après, je le vis entrer dans le palais Aldobrandi. Je poursuivis mon chemin, médiocrement flatté d'avoir été pris pour un monsignor en herbe.

Malgré les avertissements de la marquise, peut-être même à cause de ses avertissements, je n'eus rien de plus pressé que de découvrir la demeure d'un peintre de ma connaissance, et je passai une heure avec lui dans son atelier à causer des moyens d'amusements, licites ou non, que Rome pouvait me fournir. Je le mis sur le chapitre des Aldobrandi.

La marquise, me dit-il, après avoir été fort légère, s'était jetée dans la haute dévotion, quand elle eut reconnu que l'âge des conquêtes était passé pour elle. Son fils aîné était une brute qui passait son temps à chasser et à encaisser l'argent que lui apportaient les fermiers de ses vastes domaines. On était en train d'abrutir le second fils, don Ottavio, dont on voulait faire un jour un cardinal. En attendant, il était livré aux jésuites. Jamais il ne sortait seul. Défense de regarder une femme, ou de faire un pas sans avoir à ses talons un abbé qui l'avait élevé pour le service de Dieu, et qui, après avoir été le dernier *amico* de la marquise, gouvernait maintenant sa maison avec une autorité à peu près despotique.

Tel était le personnel de la famille à laquelle j'étais recommandé si particulièrement.

Le lendemain, don Ottavio, suivi de l'abbé Negroni*, le même qui, la veille, m'avait pris pour son pupille, vint me chercher en voiture et m'offrir ses services comme cicerone.

Le premier monument où nous nous arrêtâmes était une église. A l'exemple de son abbé, don Ottavio s'y agenouilla, se frappa la poitrine, et fit des signes de croix sans nombre. Après s'être relevé, il me montra les fresques et les statues, et m'en parla en homme de bon sens et de goût. Cela me surprit agréablement. Nous commençâmes à causer et sa conversation me plut. Pendant quelque temps, nous avions parlé italien. Tout à coup, il me dit en français :

— Mon gouverneur n'entend pas un mot de votre langue. Parlons français, nous serons plus libres.

On eût dit que le changement d'idiome avait transformé ce jeune homme. Rien dans ses discours ne sentait le prêtre*. Je croyais entendre un de nos libéraux de province. Je remarquai qu'il débitait tout d'un même ton de voix monotone, et que souvent ce débit contrastait étrangement avec la vicacité de ses expressions. C'était une habitude prise apparemment pour dérouter le Negroni, qui de temps à autre, se faisait expliquer ce que nous disions. Bien entendu que nos traductions étaient des plus libres.

Nous vîmes passer un jeune homme en bas violets.

— Voilà me dit don Ottavio, nos patriciens d'aujourd'hui. Infâme livrée! et ce sera la mienne dans quelques mois! Quel bonheur, ajouta-t-il après un moment de silence, quel bonheur de vivre dans un pays comme le vôtre! Si j'étais Français, peut-être un jour deviendrais-je député!

Cette noble ambition me donna une forte envie de rire, et, notre abbé s'en étant aperçu, je fus obligé de lui expliquer que nous parlions de l'erreur d'un archéologue qui prenait pour antique une statue de Bernin*.

Nous revînmes dîner au palais Aldobrandi. Presque

aussitôt après le café, la marquise me demanda pardon pour son fils, obligé, par certains devoirs pieux, à se retirer dans son appartement. Je demeurai seul avec elle et l'abbé Negroni, qui, renversé dans un grand fauteuil, dormait du sommeil du juste.

Cependant, la marquise m'interrogeait en détail sur mon père, sur Paris, sur ma vie passée, sur mes projets pour l'avenir. Elle me parut aimable et bonne, mais un peu trop curieuse et surtout trop préoccupée de mon salut. D'ailleurs, elle parlait admirablement l'italien, et je pris avec elle une bonne leçon de prononciation que je me promis bien de répéter.

Je revins souvent la voir. Presque tous les matins, j'allais visiter les antiquités, avec son fils et l'éternel Negroni, et, le soir, je dînais avec eux au palais Aldobrandi. La marquise recevait peu de monde, et presque uniquement des ecclésiastiques.

Une fois cependant, elle me présenta à une dame allemande, nouvelle convertie et son amie intime. C'était une madame de Strahlenheim, fort belle personne établie depuis longtemps à Rome. Pendant que ces dames causaient entre elles d'un prédicateur renommé, je considérais, à la clarté d'une lampe, le portrait de Lucrèce, quand je crus devoir placer mon mot.

— Quels yeux! m'écriai-je; on dirait que ces paupières vont remuer!

A cette hyperbole un peu prétentieuse que je hasardais pour m'établir en qualité de connaisseur auprès de madame Strahlenheim, elle tressaillit d'effroi et se cacha la figure dans son mouchoir.

— Qu'avez-vous, ma chère? dit la marquise.

— Ah! rien, mais ce que monsieur vient de dire!...

On la pressa de questions, et, une fois qu'elle nous eut dit que mon expression lui rappelait une histoire effrayante, elle fut obligée de la raconter.

La voici en deux mots :

Madame de Strahlenheim avait une belle-sœur nommée Wilhelmine, fiancée à un jeune homme de Westphalie, Julius de Katzenellenbogen*, volontaire dans la division du général Kleist*. Je suis bien fâché d'avoir à répéter tant de noms barbares, mais les histoires merveilleuses n'arrivent jamais qu'à des personnes dont les noms sont difficiles à prononcer. Julius était un charmant garçon rempli de patriotisme et de métaphysique. En partant pour l'armée, il avait donné son portrait à Wilhelmine, et Wilhelmine lui avait donné le sien qu'il portait toujours sur son cœur. Cela se fait beaucoup en Allemagne.

Le 13 sept[emb]re 1813*, Wilhelmine était à Cassel, vers cinq heures du soir, dans un salon, occupée à tricoter avec sa mère et sa belle-sœur. Tout en travaillant, elle regardait le portrait de son fiancé, placé sur une petite table à ouvrage en face d'elle. Tout à coup, elle pousse un cri horrible, porte la main sur son cœur et s'évanouit. On eut toutes les peines du monde à lui faire reprendre connaissance, et, dès qu'elle put parler :

— Julius est mort, s'écria-t-elle, Julius est tué.

Elle affirma, et l'horreur peinte sur tous ses traits prouvait assez sa conviction, qu'elle avait vu le portrait fermer les yeux, et qu'au même instant elle avait senti une douleur atroce, comme si un fer rouge lui traversait le cœur.

Chacun s'efforça inutilement de lui démontrer que sa vision n'avait rien de réel et qu'elle n'y devait attacher aucune importance. La pauvre enfant était inconsolable; elle passa la nuit dans les larmes, et le lendemain elle voulut s'habiller de deuil, comme assurée déjà du malheur qui lui avait été révélé.

Deux jours après, on reçut la nouvelle de la sanglante bataille de Leipzig*. Julius écrivait à sa fiancée un billet daté du 13 à trois heures de l'après-midi. Il n'avait pas été blessé, s'était distingué et il venait d'entrer à Leipzig, où il comptait passer la nuit avec le quartier général, éloigné par conséquent de tout danger. Cette lettre si rassurante ne put calmer Wilhelmine, qui, remarquant qu'elle était datée de trois heures, persista à croire que son amant était mort à cinq.

L'infortunée ne se trompait pas. On sut bientôt

que Julius, chargé de porter un ordre, était sorti de Leipzig à quatre heures et demie, et qu'à trois quarts de lieue de la ville, au-delà de l'Elster*, un traînard de l'armée ennemie, embusqué dans un fossé, l'avait tué d'un coup de feu. La balle, en lui perçant le cœur, avait brisé le portrait de Wilhelmine.

— Et qu'est devenue cette pauvre jeune personne? demandai-je à madame de Strahlenheim.

— Oh! elle a été bien malade. Elle est mariée maintenant à M. le conseiller de justice de Werner, et, si vous alliez à Dessau*, elle vous montrerait le portrait de Julius.

— Tout cela se fait par l'entremise du diable, dit l'abbé, qui n'avait dormi que d'un œil pendant l'histoire de madame de Strahlenheim. Celui qui faisait parler les oracles des païens peut bien faire mouvoir les yeux d'un portrait quand bon lui semble. Il n'y a pas vingt ans qu'à Tivoli, un Anglais a été étranglé par une statue.

— Par une statue! m'écriai-je; et comment cela?

— C'était un milord qui avait fait des fouilles à Tivoli. Il avait trouvé une statue d'impératrice, Agrippine, Messaline,... peu importe. Tant il y a qu'il la fit porter chez lui, et qu'à force de la regarder et de l'admirer, il en devint fou*. Tous ces messieurs protestants le sont déjà plus qu'à moitié. Il l'appelait sa femme, sa milady, et l'embrassait, tout de marbre qu'elle était. Il disait que la statue s'animait tous les soirs à son profit. Si bien qu'un matin on trouva mon milord roide mort dans son lit. Eh bien, le croiriez-vous? Il s'est rencontré un autre Anglais pour acheter cette statue. Moi, j'en aurais fait faire de la chaux.

Quand on a entamé une fois le chapitre des aventures surnaturelles, on ne s'arrête plus. Chacun avait son histoire à raconter. Je fis ma partie moi-même dans ce concert de récits effroyables; en sorte qu'au moment de nous séparer, nous étions tous passablement émus et pénétrés de respect pour le pouvoir du diable.

Je regagnai à pied mon logement, et, pour tomber dans

la rue du Corso, je pris une petite ruelle tortueuse* par où je n'avais point encore passé. Elle était déserte. On ne voyait que de longs murs de jardin, ou quelques chétives maisons dont pas une n'était éclairée. Minuit venait de sonner; le temps était sombre. J'étais au milieu de la rue, marchant assez vite, quand j'entendis au-dessus de ma tête un petit bruit, un *st !* et, au même instant, une rose tomba à mes pieds. Je levai les yeux, et, malgré l'obscurité, j'aperçus une femme vêtue de blanc, à une fenêtre, le bras étendu vers moi. Nous autres, Français, nous sommes fort avantageux en pays étranger, et nos pères, vainqueurs de l'Europe, nous ont bercés de traditions flatteuses pour l'orgueil national. Je croyais pieusement à l'inflammabilité des dames allemandes, espagnoles et italiennes à la seule vue d'un Français. Bref, à cette époque, j'étais encore bien de mon pays, et, d'ailleurs, la rose ne parlait-elle pas clairement ?

— Madame, dis-je à voix basse, en ramassant la rose, vous avez laissé tomber votre bouquet...

Mais déjà la femme avait disparu, et la fenêtre s'était fermée sans faire le moindre bruit. Je fis ce que tout autre eût fait à ma place. Je cherchai la porte la plus proche; elle était à deux pas de la fenêtre; je la trouvai, et j'attendis qu'on vînt me l'ouvrir. Cinq minutes se passèrent dans un profond silence. Alors, je toussai, puis je grattai doucement; mais la porte ne s'ouvrit pas. Je l'examinai avec plus d'attention, espérant trouver une clef ou un loquet; à ma grande surprise, j'y trouvai un cadenas.

— Le jaloux n'est donc pas rentré, me dis-je.

Je ramassai une petite pierre et la jetai contre la fenêtre. Elle rencontra un contrevent de bois et retomba à mes pieds.

— Diable! pensai-je, les dames romaines se figurent donc qu'on a des échelles dans sa poche ? On ne m'avait pas parlé de cette coutume.

J'attendis encore plusieurs minutes tout aussi inutilement. Seulement, il me sembla une ou deux fois voir trembler légèrement le volet, comme si de l'intérieur on eût voulu l'écarter, pour voir dans la rue. Au bout d'un quart d'heure, ma patience étant à bout, j'allumai un cigare, et je poursuivis mon chemin, non sans avoir bien reconnu la situation de la maison au cadenas.

Le lendemain, en réfléchissant à cette aventure, je m'arrêtai aux conclusions suivantes : Une jeune dame romaine, probablement d'une grande beauté, m'avait aperçu dans mes courses par la ville, et s'était éprise de mes faibles attraits. Si elle ne m'avait déclaré sa flamme que par le don d'une fleur mystérieuse, c'est qu'une honnête pudeur l'avait retenue, ou bien qu'elle avait été dérangée par la présence de quelque duègne, peut-être par un maudit tuteur comme le Bartolo de Rosine*. Je résolus d'établir un siège en règle devant la maison habitée par cette infante.

Dans ce beau dessein, je sortis de chez moi après avoir donné à mes cheveux un coup de brosse conquérant. J'avais mis ma redingote neuve et des gants jaunes. En ce costume, le chapeau sur l'oreille, la rose fanée à la boutonnière, je me dirigeai vers la rue dont je ne savais pas encore le nom, mais que je n'eus pas de peine à découvrir. Un écriteau au-dessus d'une madone m'apprit qu'on l'appelait *il viccolo di Madama Lucrezia*.

Ce nom m'étonna. Aussitôt, je me rappelai le portrait de Léonard de Vinci, et les histoires de pressentiments et de diableries que, la veille, on avait racontées chez la marquise. Puis je pensai qu'il y avait des amours prédestinées dans le ciel. Pourquoi mon objet ne s'appellerait-il pas Lucrèce ? Pourquoi ne ressemblerait-il pas à la Lucrèce de la galerie Aldobrandi ?

Il faisait jour, j'étais à deux pas d'une charmante personne et nulle pensée sinistre n'avait part à l'émotion que j'éprouvais.

J'étais devant la maison. Elle portait le n° 13. Mauvais augure*... Hélas ! elle ne répondait guère à l'idée que je m'en étais faite pour l'avoir vue la nuit. Ce n'était pas un palais, tant s'en faut. Je voyais un enclos de murs noircis par le temps et couverts de mousse, derrière lesquels passaient les branches de quelques arbres à fruits mal échenillés. Dans un angle de l'enclos s'élevait un pavillon à un seul étage, ayant deux fenêtres sur la rue, toutes les deux fermées par de vieux contrevents garnis à l'extérieur de nombreuses bandes de fer. La porte était basse, surmontée d'un écusson effacé, fermée comme la veille d'un gros cadenas attaché d'une chaîne. Sur cette porte on lisait, écrit à la craie : *Maison à vendre ou à louer*.

Pourtant, je ne m'étais pas trompé. De ce côté de la rue, les maisons étaient assez rares pour que toute confusion fût impossible. C'était bien mon cadenas, et, qui plus est, deux feuilles de rose sur le pavé, près de la porte, indiquaient le lieu précis où j'avais reçu la déclaration par signes de ma bien-aimée, et prouvaient qu'on ne balayait guère le devant de sa maison.

Je m'adressai à quelques pauvres gens du voisinage pour savoir où logeait le gardien de cette mystérieuse demeure.

— Ce n'est pas ici, me répondit-on brusquement. Il semblait que ma question déplût à ceux que j'interrogeais et cela piquait d'autant plus ma curiosité. Allant de porte en porte, je finis par entrer dans une espèce de cave obscure, où se tenait une vieille femme qu'on pouvait soupçonner de sorcellerie, car elle avait un chat noir et faisait cuire je ne sais quoi dans une chaudière.

— Vous voulez voir la maison de madame Lucrèce ? dit-elle ? c'est moi qui en ai la clef.

— Eh bien, montrez-la-moi.

— Est-ce que vous voudriez la louer ? demanda-t-elle en souriant d'un air de doute.

— Oui, si elle me convient.

— Elle ne vous conviendra pas. Mais, voyons, me donnerez-vous un paul* si je vous la montre ?

— Très volontiers.

Sur cette assurance, elle se leva prestement de son escabeau, décrocha de la muraille une clef toute rouillée et me conduisit devant le n° 13.

— Pourquoi, lui dis-je, appelle-t-on cette maison, la maison de Lucrèce ?

Alors, la vieille en ricanant :

— Pourquoi, dit-elle, vous appelle-t-on étranger ? N'est-ce pas parce que vous êtes étranger ?

— Bien; mais qui était cette madame Lucrèce ? Était-ce une dame de Rome ?

— Comment ! vous venez à Rome, et vous n'avez pas entendu parler de madame Lucrèce ! Quand nous serons entrés, je vous conterai son histoire. Mais voici bien une autre diablerie ! Je ne sais ce qu'a cette clef, elle ne tourne pas. Essayez vous-même.

En effet, le cadenas et la clef ne s'étaient pas vus depuis longtemps. Pourtant, au moyen de trois jurons et d'autant de grincements de dents, je parvins à faire tourner la clef; mais je déchirai mes gants jaunes et me disloquai la paume de la main. Nous entrâmes dans un passage obscur qui donnait accès à plusieurs salles basses.

Les plafonds, curieusement lambrissés, étaient couverts de toiles d'araignées sous lesquelles on distinguait à peine quelques traces de dorure. A l'odeur de moisi qui s'exhalait de toutes les pièces, il était évident que, depuis longtemps, elles étaient inhabitées. On n'y voyait pas un seul meuble. Quelques lambeaux de vieux cuir pendaient le long des murs salpêtrés. D'après les sculptures de quelques consoles et la forme des cheminées, je conclus que la maison datait du xve siècle, et il est probable qu'autrefois elle avait été décorée avec quelque élégance. Les fenêtres, à petits carreaux, la plupart brisés, donnaient sur le jardin, où j'aperçus un rosier en fleur, avec quelques arbres fruitiers et quantité de broccoli*.

Après avoir parcouru toutes les pièces du rez-de-chaussée, je montai à l'étage supérieur, où j'avais vu mon inconnue. La vieille essaya de me retenir, en me disant qu'il n'y avait rien à voir et que l'escalier était fort mauvais. Me voyant entêté, elle me suivit, mais avec une répugnance marquée. Les chambres de cet étage ressemblaient fort aux autres; seulement, elles étaient moins humides; le plancher et les fenêtres étaient aussi en meilleur état. Dans la dernière pièce où j'entrai, il y avait un large fauteuil en cuir noir, qui, chose étrange, n'était pas couvert de poussière. Je m'y assis, et, le trouvant commode pour écouter une histoire, je priai la vieille de me raconter celle de madame Lucrèce; mais, auparavant, pour lui rafraîchir la mémoire, je lui fis présent de quelques pauls. Elle toussa, se moucha et commença de la sorte :

— Du temps des païens, Alexandre* étant empereur, il avait une fille belle comme le jour, qu'on appelait madame Lucrèce. Tenez, la voilà !...

Je me retournai vivement. La vieille me montrait une console sculptée qui soutenait la maîtresse poutre de la salle. C'était une sirène fort grossièrement exécutée.

— Dame, reprit la vieille, elle aimait à s'amuser. Et, comme son père aurait pu y trouver à redire, elle s'était fait bâtir cette maison où nous sommes.

» Toutes les nuits, elle descendait du Quirinal et venait ici pour se divertir. Elle se mettait à cette fenêtre, et, quand il passait par la rue un beau cavalier comme vous voilà, monsieur, elle l'appelait; s'il était bien reçu, je vous le laisse à penser. Mais les hommes sont babillards, au moins quelques-uns, et ils auraient pu lui faire du tort en jasant. Aussi y mettait-elle bon ordre. Quand elle avait dit adieu au galant, ses estafiers se tenaient dans l'escalier par où nous sommes montés. Ils vous le dépêchaient, puis vous l'enterraient dans ces carrés de broccoli. Allez ! on y en a trouvé des ossements, dans ce jardin !

» Ce manège-là dura bien quelque temps. Mais voilà qu'un soir, son frère, qui s'appelait Sisto Tarquino*, passe sous sa fenêtre. Elle ne le reconnaît pas. Elle l'appelle. Il monte. La nuit tous chats sont gris. Il en fut de celui-là comme des autres. Mais il avait oublié son mouchoir, sur lequel il y avait son nom écrit.

» Elle n'eût pas plutôt vu la méchanceté qu'ils avaient faite, que le désespoir la prend. Elle défait vite sa jarretière et se pend à cette solive-là. Eh bien, en voilà un exemple pour la jeunesse! »

Pendant que la vieille confondait ainsi tous les temps, mêlant les Tarquins aux Borgias, j'avais les yeux fixés sur le plancher. Je venais d'y découvrir quelques pétales de rose encore frais, qui me donnaient fort à penser.

— Qui est-ce qui cultive ce jardin? demandai-je à la vieille.

— C'est mon fils, monsieur, le jardinier de M. Vanozzi*, celui à qui est le jardin d'à côté, M. Vanozzi est toujours dans la Marenne; il ne vient guère à Rome. Voilà pourquoi le jardin n'est pas très bien entretenu. Mon fils est avec lui. Et je crains bien qu'ils ne reviennent pas de sitôt, ajouta-t-elle en soupirant.

— Il est donc fort occupé avec M. Vanozzi?

— Ah! c'est un drôle d'homme qui l'occupe à trop de choses... Je crains qu'il ne se passe de mauvaises affaires... Ah! mon pauvre fils!

Elle fit un pas vers la porte comme pour rompre la conversation.

— Personne n'habite donc ici? repris-je en l'arrêtant.

— Personne au monde.

— Et pourquoi cela?

Elle haussa les épaules.

— Écoutez, lui dis-je en lui présentant une piastre, dites-moi la vérité. Il y a une femme qui vient ici.

— Une femme, divin Jésus!

— Oui, je l'ai vue hier au soir. Je lui ai parlé.

— Sainte Madone! s'écria la vieille en se précipitant vers l'escalier. C'était donc madame Lucrèce? Sortons, sortons, mon bon monsieur! On m'avait bien dit qu'elle revenait la nuit, mais je n'ai pas voulu vous le dire, pour ne pas faire de tort au propriétaire, parce que je croyais que vous aviez envie de louer.

Il me fut impossible de la retenir. Elle avait hâte de quitter la maison, pressée, dit-elle, d'aller porter un cierge à la plus proche église.

Je sortis moi-même et la laissai aller, désespérant d'en apprendre davantage.

On devine bien que je ne contai pas mon histoire au palais Aldobrandi : la marquise était trop prude, don Ottavio trop exclusivement occupé de politique pour être de bon conseil dans une amourette. Mais j'allai trouver mon peintre, qui connaissait tout à Rome, depuis le cèdre jusqu'à l'hysope*, et je lui demandai ce qu'il en pensait.

— Je pense, dit-il que vous avez vu le spectre de Lucrèce Borgia. Quel danger vous avez couru ! si dangereuse de son vivant, jugez un peu ce qu'elle doit être maintenant qu'elle est morte ! Cela fait trembler.

— Plaisanterie à part, qu'est-ce que cela peut être ?

— C'est-à-dire que monsieur est athée et philosophe et ne croit pas aux choses les plus respectables. Fort bien; alors que dites-vous de cette autre hypothèse ? Supposons que la vieille prête sa maison à des femmes capables d'appeler des gens qui passent dans la rue. On a vu des vieilles assez dépravées pour faire ce métier-là.

— A merveille, dis-je; mais alors j'ai donc l'air d'un saint pour que la vieille ne m'ait pas fait d'offres de service. Cela m'offense. Et puis, mon cher, rappelez-vous l'ameublement de la maison. Il faudrait avoir le diable au corps pour s'en contenter.

— Alors, c'est un revenant à n'en plus douter. Attendez donc ! encore une dernière hypothèse. Vous vous serez trompé de maison. Parbleu ! j'y pense : près d'un jardin ? petite porte basse ?... Eh bien, c'est ma grande amie la Rosina. Il n'y a pas dix-huit mois qu'elle fait l'ornement de cette rue. Il est vrai qu'elle est devenue borgne, mais c'est un détail... Elle a encore un très beau profil.

Toutes ces explications ne me satisfaisaient point. Le soir venu, je passai lentement devant la maison de Lucrèce. Je ne vis rien. Je repassai, pas davantage. Trois ou quatre soirs de suite, je fis le pied de grue sous ses fenêtres en revenant du palais Aldobrandi, toujours sans succès. Je commençais à oublier l'habitante mystérieuse de la maison n° 13, lorsque, passant vers minuit dans le viccolo, j'entendis distinctement un petit rire de femme derrière le volet de la fenêtre, où la donneuse de bouquets m'était apparue. Deux fois j'entendis ce petit rire, et je ne pus me défendre d'une certaine terreur, quand, en même temps, je vis déboucher à l'autre extrémité de la rue une troupe de pénitents encapuchonnés, des cierges à la main, qui portaient un mort en terre*. Lorsqu'ils furent passés, je m'établis en faction sous la fenêtre, mais alors je n'entendis plus rien. J'essayai de jeter des cailloux, j'appelai même plus ou moins distinctement; personne ne parut, et une averse qui survint m'obligea de faire retraite.

J'ai honte de dire combien de fois je m'arrêtai devant cette maudite maison sans pouvoir parvenir à résoudre l'énigme qui me tourmentait. Une seule fois je passai dans le viccolo de Madame Lucrezia avec don Ottavio et son inévitable abbé.

— Voilà, dis-je, la maison de Lucrèce.

Je le vis changer de couleur.

— Oui, répondit-il, une tradition populaire fort incertaine veut que Lucrèce Borgia ait eu ici sa petite maison. Si ces murs pouvaient parler, que d'horreurs ils nous révéleraient! Pourtant, mon ami, quand je compare ce temps avec le nôtre, je me prends à le regretter. Sous Alexandre VI, il y avait encore des Romains. Il n'y en a plus. César Borgia était un monstre, mais un grand homme. Il voulait chasser les barbares de l'Italie, et peut-être, si son père eût vécu, eût-il accompli ce grand dessein. Ah! que le ciel nous donne un tyran comme Borgia et qu'il nous délivre de ces despotes humains qui nous abrutissent!

Quand don Ottavio se lançait dans les régions politiques, il était impossible de l'arrêter. Nous étions à la place du Peuple* que son panégyrique du despotisme éclairé n'était pas à sa fin. Mais nous étions à cent lieues de ma Lucrèce à moi.

Certain soir que j'étais allé fort tard rendre mes

devoirs à la marquise, elle me dit que son fils était indisposé et me pria de monter dans sa chambre. Je le trouvai couché sur son lit tout habillé, lisant un journal français que je lui avais envoyé le matin soigneusement caché dans un volume des Pères de l'Église. Depuis quelque temps, la collection des saints Pères nous servait à ces communications qu'il fallait cacher à l'abbé et à la marquise. Les jours de courrier de France, on m'apportait un in-folio. J'en rendais un autre dans lequel je glissais un journal, que me prêtaient les secrétaires de l'ambassade. Cela donnait une haute idée de ma piété à la marquise et à son directeur, qui parfois voulait me faire parler théologie.

Après avoir causé quelque temps avec don Ottavio, remarquant qu'il était fort agité et que la politique même ne pouvait captiver son attention, je lui recommandai de se déshabiller et je lui dis adieu. Il faisait froid et je n'avais pas de manteau. Don Ottavio me pressa de prendre le sien, je l'acceptai et me fis donner une leçon dans l'art difficile de se draper en vrai Romain.

Emmitouflé jusqu'au nez, je sortis du palais Aldobrandi. A peine avais-je fait quelques pas sur le trottoir de la place Saint-Marc, qu'un homme du peuple que j'avais remarqué, assis sur un banc à la porte du palais, s'approcha de moi et me tendit un papier chiffonné.

— Pour l'amour de Dieu, dit-il, lisez ceci.

Aussitôt, il disparut en courant à toutes jambes.

J'avais pris le papier et je cherchais de la lumière pour le lire. A la lueur d'une lampe allumée devant une madone, je vis que c'était un billet écrit au crayon et, comme il semblait, d'une main tremblante. Je déchiffrai avec beaucoup de peine les mots suivants :

« Ne viens pas ce soir, ou nous sommes perdus ! On sait tout, excepté ton nom, rien ne pourra nous séparer. Ta Lucrèce. »

— Lucrèce ! m'écriai-je, encore Lucrèce ! quelle diable de mystification y a-t-il au fond de tout cela ? « Ne viens pas. » Mais ma belle quel chemin prend-on pour aller chez vous ?

Tout en ruminant sur le compte de ce billet, je prenais machinalement le chemin du viccolo di Madama Lucrezia, et bientôt je me trouvai en face de la maison n° 13.

La rue était aussi déserte que de coutume, et le bruit seul de mes pas troublait le silence profond qui régnait dans le voisinage. Je m'arrêtai et levai les yeux vers une fenêtre bien connue. Pour le coup, je ne me trompais pas. Le contrevent s'écartait.

Voilà la fenêtre toute grande ouverte.

Je crus voir une forme humaine qui se détachait sur le fond noir de la chambre.

— Lucrèce, est-ce vous ? dis-je à voix basse.

On ne me répondit pas, mais j'entendis un claquement, dont je ne compris pas d'abord la cause.

— Lucrèce, est-ce vous ? repris-je un peu plus haut.

Au même instant, je reçus un coup terrible dans la poitrine, une détonation se fit entendre, et je me trouvai étendu sur le pavé.

Une voix rauque me cria :

— De la part de la signora Lucrèce !

Et le contrevent se referma sans bruit.

Je me relevai aussitôt en chancelant, et d'abord je me tâtai, croyant me trouver un grand trou au milieu de l'estomac. Le manteau était troué, mon habit aussi, mais la balle avait été amortie par les plis du drap, et j'en étais quitte pour une forte contusion.

L'idée me vint qu'un second coup pouvait bien ne pas se faire attendre, et je me traînai aussitôt du côté de cette maison inhospitalière, rasant les murs de façon qu'on ne pût me viser.

Je m'éloignais le plus vite que je pouvais, tout haletant encore, lorsqu'un homme, que je n'avais pas remarqué, derrière moi, me prit le bras et me demanda avec intérêt si j'étais blessé.

A la voix, je reconnus don Ottavio. Ce n'était pas le moment de lui faire des questions, quelque surpris que je fusse de le voir seul et dans la rue à cette heure de la nuit. En deux mots, je lui dis qu'on venait de me tirer un coup de feu de telle fenêtre et que je n'avais qu'une contusion.

— C'est une méprise ! s'écria-t-il. Mais j'entends venir du monde. Pouvez-vous marcher ? Je serais perdu si l'on nous trouvait ensemble. Cependant, je ne vous abandonnerai pas.

Il me prit le bras et m'entraîna rapidement. Nous marchâmes ou plutôt nous courûmes tant que je pus aller ; mais bientôt force me fut de m'asseoir sur une borne pour reprendre haleine.

Heureusement, nous nous trouvions alors à peu de distance d'une grande maison où l'on donnait un bal. Il y avait quantité de voitures devant la porte. Don Ottavio alla en chercher une, me fit monter dedans et me reconduisit à mon hôtel. Un grand verre d'eau que je bus m'ayant tout à fait remis, je lui racontai en détail tout ce qui m'était arrivé devant cette maison fatale, depuis le présent d'une rose jusqu'à celui d'une balle de plomb.

Il m'écoutait la tête baissée, à moitié cachée dans une de ses mains. Lorsque je lui montrai le billet que je venais de recevoir, il s'en saisit, le lut avec avidité et s'écria encore :

— C'est une méprise ! une horrible méprise !

— Vous conviendrez, mon cher, lui dis-je, qu'elle est fort désagréable pour moi et pour vous aussi. On manque de me tuer, et l'on vous fait dix ou douze trous dans votre beau manteau. Tudieu ! quels jaloux que vos compatriotes !

Don Ottavio me serrait les mains d'un air désolé, et relisait le billet sans me répondre.

— Tâchez donc, lui dis-je, de me donner quelque explication de toute cette affaire. Le diable m'emporte si j'y comprends goutte.

Il haussa les épaules.

— Au moins, lui dis-je, que dois-je faire ? A qui dois-je m'adresser, dans votre sainte ville, pour avoir justice de ce monsieur, qui canarde les passants sans leur demander seulement comment ils se nomment. Je vous avoue que je serai charmé de le faire pendre.

— Gardez-vous-en bien ! s'écria-t-il. Vous ne connaissez pas ce pays-ci. Ne dites mot à personne de ce qui vous est arrivé. Vous vous exposeriez beaucoup.

— Comment, je m'exposerais ? Morbleu ! je prétends bien avoir ma revanche. Si j'avais offensé le maroufle, je ne dis pas ; mais, pour avoir ramassé une rose,... en conscience, je ne mérite pas une balle.

— Laissez-moi faire, dit don Ottavio ; peut-être parviendrai-je à éclaircir ce mystère. Mais, je vous le demande comme une grâce, comme une preuve signalée de votre amitié pour moi, ne parlez de cela à personne au monde. Me le promettez-vous ?

Il avait l'air si triste en me suppliant, que je n'eus pas le courage de résister, et je lui promis tout ce qu'il voulut. Il me remercia avec effusion, et, après m'avoir appliqué lui-même une compresse d'eau de Cologne sur la poitrine, il me serra la main et me dit adieu.

— À propos, lui demandai-je comme il ouvrait la porte pour sortir, expliquez-moi donc comment vous vous êtes trouvé là, juste à point pour me venir en aide ?

— J'ai entendu le coup de fusil, répondit-il, non sans quelque embarras, et je suis sorti aussitôt, craignant pour vous quelque malheur.

Il me quitta précipitamment, après m'avoir de nouveau recommandé le secret.

Le matin, un chirurgien, envoyé sans doute par don Ottavio, vint me visiter. Il me prescrivit un cataplasme, mais ne me fit aucune question sur la cause qui avait mêlé des violettes au lis de mon teint. On est discret à Rome et je voulus me conformer à l'usage du pays.

Quelques jours se passèrent sans que je pusse causer librement avec don Ottavio. Il était préoccupé, encore plus sombre que de coutume, et, d'ailleurs, il me paraissait chercher à éviter mes questions. Pendant les rares moments que je passai avec lui, il ne dit pas un mot sur les hôtes étranges du viccolo di Madama Lucrezia. L'époque fixée pour la cérémonie de son ordination approchait, et j'attribuai sa mélancolie à sa répugnance pour la profession qu'on l'obligeait d'embrasser.

Pour moi, je me préparais à quitter Rome pour aller à Florence. Lorsque j'annonçai mon départ à la marquise Aldobrandi, don Ottavio me pria, sous je ne sais quel prétexte, de monter dans sa chambre.

Là, me prenant les deux mains :

— Mon cher ami, dit-il, si vous ne m'accordez la grâce que je vais vous demander, je me brûlerai certainement la cervelle, car je n'ai pas d'autre moyen de sortir d'embarras. Je suis parfaitement résolu à ne jamais endosser le vilain habit que l'on veut me faire porter. Je veux fuir de ce pays-ci. Ce que j'ai à vous demander, c'est de m'emmener avec vous. Vous me ferez passer pour votre domestique. Il suffira d'un mot ajouté à votre passeport pour faciliter ma fuite.

J'essayai d'abord de le détourner de son dessein en lui parlant du chagrin qu'il allait causer à sa mère; mais, le trouvant inébranlable dans sa résolution, je finis par lui promettre de le prendre avec moi, et de faire arranger mon passeport en conséquence.

— Ce n'est pas tout, dit-il. Mon départ dépend encore du succès d'une entreprise où je suis engagé. Vous voulez partir après-demain. Après-demain, j'aurai réussi peut-être, et alors, je suis tout à vous.

— Seriez-vous assez fou, lui demandai-je, non sans inquiétude, pour vous être fourré dans quelque conspiration?

— Non, répondit-il; il s'agit d'intérêts moins graves que le sort de ma patrie, assez graves pourtant pour que du succès de mon entreprise dépende ma vie et mon bonheur. Je ne puis vous en dire davantage maintenant. Dans deux jours, vous saurez tout.

Je commençais à m'habituer au mystère; je me résignai. Il fut convenu que nous partirions à trois heures du matin et que nous ne nous arrêterions qu'après avoir gagné le territoire toscan.

Persuadé qu'il était inutile de me coucher, devant partir de si bonne heure, j'employai la dernière soirée que je devais passer à Rome à faire des visites dans toutes les maisons où j'avais été reçu. J'allai prendre congé de la marquise, et serrer la main à son fils officiellement et pour la forme. Je sentis qu'elle tremblait dans la mienne. Il me dit tout bas :

— En cet instant, ma vie se joue à croix ou pile*. Vous trouverez en rentrant à votre hôtel une lettre de moi. Si à trois heures précises je ne suis pas auprès de vous, ne m'attendez pas.

L'altération de ses traits me frappa; mais je l'attribuai à une émotion bien naturelle de sa part, au moment où, pour toujours peut-être, il allait se séparer de sa famille.

Vers une heure à peu près, je regagnai mon logement. Je voulus repasser encore une fois par le viccolo di Madama Lucrezia. Quelque chose de blanc pendait à la fenêtre où j'avais vu deux apparitions si différentes. Je m'approchai avec précaution. C'était une corde à nœuds. Était-ce une invitation d'aller prendre congé de la signora? Cela en avait tout l'air, et la tentation était forte. Je n'y cédai point pourtant, me rappelant la promesse faite à don Ottavio, et aussi, il faut bien le dire, la réception désagréable que m'avait attirée, quelques jours auparavant, une témérité beaucoup moins grande.

Je poursuivis mon chemin, mais lentement, désolé de perdre la dernière occasion de pénétrer les mystères de la maison n° 13. A chaque pas que je faisais, je tournais la tête, m'attendant toujours à voir quelque forme humaine monter ou descendre le long de la corde. Rien ne paraissait. J'atteignis enfin l'extrémité du viccolo; j'allais entrer dans le Corso*.

— Adieu, madame Lucrèce, dis-je en ôtant mon chapeau à la maison que j'apercevais encore. Cherchez, s'il vous plaît, quelque autre que moi pour vous venger du jaloux qui vous tient emprisonnée.

Deux heures sonnaient quand je rentrai dans mon

hôtel. La voiture était dans la cour, toute chargée. Un des garçons de l'hôtel me remit une lettre. C'était celle de don Ottavio, et, comme elle me parut longue, je pensai qu'il valait mieux la lire dans ma chambre, et je dis au garçon de m'éclairer.

— Monsieur, me dit-il, votre domestique que vous nous aviez annoncé, celui qui doit voyager avec monsieur...

— Eh bien, est-il venu ?

— Non, monsieur...

— Il est à la poste ; il viendra avec les chevaux.

— Monsieur, il est venu tout à l'heure une dame qui a demandé à parler au domestique de monsieur. Elle a voulu absolument monter chez monsieur et m'a chargé de dire au domestique de monsieur, aussitôt qu'il viendrait, que madame Lucrèce était dans votre chambre.

— Dans ma chambre ? m'écriai-je en serrant avec force la rampe de l'escalier.

— Oui, monsieur. Et il paraît qu'elle part aussi, car elle m'a donné un petit paquet ; je l'ai mis sur la vache*.

Le cœur me battait fortement. Je ne sais quel mélange de terreur superstitieuse et de curiosité s'était emparé de moi. Je montai l'escalier marche à marche. Arrivé au premier étage (je demeurais au second), le garçon qui me précédait fit un faux pas, et la bougie qu'il tenait à la main tomba et s'éteignit. Il me demanda un million d'excuses, et descendit pour la rallumer. Cependant, je montais toujours.

Déjà j'avais la main sur la clef de ma chambre. J'hésitais. Quelle nouvelle vision allait s'offrir à moi ? Plus d'une fois, dans l'obscurité, l'histoire de la nonne sanglante m'était revenue à la mémoire*. Étais-je possédé d'un démon comme don Alonso ? Il me sembla que le garçon tardait horriblement.

J'ouvris ma porte. Grâce au ciel ! il y avait de la lumière dans ma chambre à coucher. Je traversai rapidement le petit salon qui la précédait. Un coup d'œil suffit pour me prouver qu'il n'y avait personne dans ma chambre à coucher. Mais aussitôt j'entendis derrière moi des pas légers et le frôlement d'une robe. Je crois que mes cheveux se hérissaient sur ma tête. Je me retournai brusquement.

Une femme vêtue de blanc, la tête couverte d'une mantille noire, s'avançait les bras étendus :

— Te voilà donc enfin, mon bien-aimé ! s'écria-t-elle en saisissant ma main.

La sienne était froide comme la glace, et ses traits avaient la pâleur de la mort. Je reculai jusqu'au mur.

— Sainte-Madone, ce n'est pas lui !... Ah ! monsieur, êtes-vous l'ami de don Ottavio ?

A ce mot, tout fut expliqué. La jeune femme, malgré sa pâleur, n'avait nullement l'air d'un spectre. Elle baissait les yeux, ce que ne font jamais les revenants, et tenait ses deux mains croisées à hauteur de sa ceinture, attitude modeste, qui me fit croire que mon ami don Ottavio n'était pas un aussi grand politique que je me l'étais figuré. Bref, il était grand temps d'enlever Lucrèce, et, malheureusement, le rôle de confident était le seul qui me fût destiné dans cette aventure.

Un moment après arriva don Ottavio déguisé. Les chevaux vinrent et nous partîmes. Lucrèce n'avait pas de passeport, mais une femme, et une jolie femme, n'inspire guère de soupçons. Un gendarme cependant fit le difficile. Je lui dis qu'il était un brave, et qu'assurément il avait servi sous le grand Napoléon. Il en convint. Je lui fis présent d'un portrait de ce grand homme, en or, et je lui dis que mon habitude était de voyager avec une *amica* pour me tenir compagnie ; et que, attendu que j'en changeais fort souvent, je croyais inutile de les faire mettre sur mon passeport.

— Celle-ci, ajoutai-je, me mène à la ville prochaine. On m'a dit que j'en trouverais là d'autres qui la vaudraient.

— Vous auriez tort d'en changer, me dit le gendarme en fermant respectueusement la portière.

S'il faut tout vous dire, madame, ce traître de don Ottavio avait fait la connaissance de cette aimable personne, sœur d'un certain Vanozzi, riche cultivateur, mal noté comme un peu libéral et très contrebandier. Don Ottavio savait bien, que quand même sa famille ne l'eût pas destiné à l'Église, elle n'aurait jamais consenti à lui laisser épouser une fille d'une condition si fort au-dessous de la sienne.

Amour est inventif. L'élève de l'abbé Negroni parvint à établir une correspondance secrète avec sa bien-aimée. Toutes les nuits, il s'échappait du palais Aldobrandi, et, comme il eût été peu sûr d'escalader la maison de Vanozzi, les deux amants se donnaient rendez-vous dans celle de madame Lucrèce, dont la mauvaise réputation les protégeait. Une petite porte cachée par un figuier mettait les deux jardins en communication. Jeunes et amoureux, Lucrèce et Ottavio ne se plaignaient pas de l'insuffisance de leur ameublement, qui se réduisait, je crois l'avoir déjà dit, à un vieux fauteuil de cuir.

Un soir, attendant don Ottavio, Lucrèce me prit pour lui, et me fit le cadeau que j'ai rapporté en son lieu. Il est vrai qu'il y avait quelque ressemblance de taille et de tournure entre don Ottavio et moi, et quelques médisants, qui avaient connu mon père à Rome, prétendaient qu'il y avait des raisons pour cela. Avint que le maudit frère découvrit l'intrigue; mais ses menaces ne purent obliger Lucrèce à révéler le nom de son séducteur. On sait quelle fut sa vengeance et comment je pensai payer pour tous. Il est inutile de vous dire comment les deux amants, chacun de son côté, prirent la clef des champs.

Conclusion. — Nous arrivâmes tous les trois à Florence. Don Ottavio épousa Lucrèce, et partit aussitôt avec elle pour Paris. Mon père lui fit le même accueil que j'avais reçu de la marquise. Il se chargea de négocier sa réconciliation, et il y parvint non sans quelque peine. Le marquis Aldobrandi gagna fort à propos la fièvre des Marennes, dont il mourut. Ottavio a hérité de son titre et de sa fortune, et je suis le parrain de son premier enfant. 27 avril 1846.

DJOUMANE

NOTICE

« Il est difficile de fixer la date à laquelle fut composé *Djoûmane* », a écrit Léon Lemonnier dans la notice qu'il a mise en tête d'une édition, souvent discutable, des *Dernières Nouvelles* [1], où se trouve le conte de Mérimée. La date de 1868, qui a été proposée, ne saurait être maintenue; elle est due à la confusion qui a été faite avec la rédaction de la nouvelle version du *Viccolo di Madama Lucrezia* à laquelle Mérimée travaillait en août 1868 (*Corr. gén.*, t. XIV, p. 225).

Il ne peut s'agir pourtant que de *Djoûmane* quand Mérimée écrit à Viollet-le-Duc, le 26 janvier 1870 : « Je suis souvent trop souffrant pour écrire des drôleries. J'en ai commencé une cependant, que je finirai j'espère, si j'ai de bons jours. » (*Corr. gén.*, t. XV, p. 16). Le 10 février suivant il annonce à Jenny Dacquin : « J'écris pour moi et peut-être pour vous une petite histoire où il est fort question d'amour. » (*Corr. gén.*, t. XV, p. 34). Cette petite histoire est évidemment achevée, le 7 avril 1870, lorsque Mérimée écrit à la même correspondante : « Quant à l'histoire dont je vous ai parlé, je la réserve pour mes œuvres posthumes. Cependant si vous voulez la lire en manuscrit, vous pourrez avoir ce plaisir. » (*Corr. gén.*, t. XV, p. 85.)

Ces trois passages de la correspondance, négligés par les commentateurs, sont d'ailleurs corroborés et précisés par une lettre que des recoupements certains permettent de dater de 1870. (*Corr. gén.*, t. XVII, p. 63). Mérimée

1. *Dernières Nouvelles,* texte établi et annoté par Léon Lemonnier. Paris, H. Champion, 1929.

écrivait, le 21 mars, à Charles Edmond [Choïeski], secrétaire particulier du prince Napoléon et bibliothécaire du Sénat qui avait fourni déjà des renseignements pour *Lokis* : « Vous qui les savez toutes « et une d'avec », comme on dit en Normandie, soyez assez bon pour me dire comment on nomme un gué en arabe. Ne sachant que faire et toujours bien souffrant, je me suis mis à écrire une petite histoire à laquelle il ne manque plus que le titre. Le gué de... savez-vous une rivière en Algérie qui ait un gué? ou, ce qui revient au même pour moi, faites-moi un nom de rivière et un nom de gué. Vous avez été si bon pour moi dans une occasion semblable que j'ai de nouveau recours à vous. Cela vous apprendra à ne plus obliger les gens qui sont importuns. »

« Le gué de... », c'est dans *Djoûmane,* le gué de la Moulaïa « sur le seul point où des escarpements ne la rendent pas inaccessible ». Il est donc certain que la nouvelle, commencée en janvier 1870, était terminée le 21 mars 1870. Ces dates concordent d'ailleurs avec un passage d'une lettre à la duchesse Colonna, du 18 mars 1870 (*Corr. gén.*, t. XV, p. 67) : « Votre rêve du crabe m'a frappé. J'avais fait une petite drôlerie sur une anguille, que je vous montrerai, si jamais j'ai l'heur de vous voir. »

Cette « magnifique anguille à la tartare » qui est à l'origine du serpent Djoûmane, Raoul Roche [1] en a donné une interprétation un peu trop freudienne, que M. Castex [2] a ramenée à une signification plus mesurée. Il est indiscutable que Mérimée a en effet utilisé dans *Djoûmane* « un rêve authentiquement éprouvé », mais il n'était pas besoin de pousser les choses trop loin et de parler d'un rêve dont l'origine aurait été, à son insu « le désir qu'il avait éprouvé pour une jeune fille juive ».

On a prétendu que les livres du lieutenant-colonel (puis général) Daumas; les renseignements donnés par les lettres

---

1. « *Un rêve de Mérimée* : Djoûmane. » *La Grande Revue,* octobre 1928, pp. 626-638.
2. Castex (*op. cit.*, p. 281).

de Jenny Dacquin, lors d'un voyage en Algérie (1860), (*Corr. gén.*, t. X, p. 15; p. 23; p. 32; p. 45; p. 54; p. 74; p. 128; p. 150) ont fourni les détails du récit. Il est vrai que Mérimée avait cru, à plusieurs reprises qu'il partirait pour l'Algérie, en compagnie de son ami Léon de Laborde et qu'il s'était documenté sur le pays auquel il ne cessera de s'intéresser (*Corr. gén.*, t. V, p. 123; t. VI, p. 443; t. IX, p. 318); il est vrai qu'il insistait en 1860 pour obtenir de Jenny Dacquin des renseignements, trop superficiels à son gré, sur les mœurs et les coutumes des Arabes; mais la lecture des livres du général Daumas n'apprend rien sur la composition de *Djoûmane* et nous sommes réduits à des conjectures quant aux lettres de Jenny Dacquin. D'ailleurs Mérimée n'avait-il pas pu trouver, depuis plus de trente ans dans la lecture de la presse quotidienne, relatant tous les événements d'Algérie, ce qui lui était nécessaire, comme, par exemple, dans *le Moniteur universel* les détails de la répression des soulèvements dirigés par Sidi-Lala, dans le Sud Oranais, de 1864 à 1869.

Le manuscrit original de la nouvelle existe. Il a appartenu à Paul Dalloz, directeur du *Moniteur universel*. C'est un cahier de 27 feuillets in-4° (27×22 cm), écrits au recto, sur papier quadrillé bleuté, portant quelques corrections de Mérimée. Il a été vendu par un libraire en 1933 et on ne sait ce qu'il est devenu depuis.

Il a été publié par Paul Dalloz, qui le tenait de l'auteur, dans les feuilletons du *Moniteur universel*, les 9, 10 et 12 janvier 1873, et reproduit la même année dans les *Dernières Nouvelles*, Paris, Michel Lévy, 1873.

M. P.

DJOUMANE*

Le 21 mai 18.., nous rentrions à Tlemcen*. L'expédition avait été heureuse, nous ramenions bœufs, moutons, chameaux, des prisonniers et des otages.

Après trente-sept jours de campagne ou plutôt de chasse incessante, nos chevaux étaient maigres, efflanqués, mais ils avaient encore l'œil vif et plein de feu; pas un n'était écorché sous la selle. Nos hommes, bronzés par le soleil, les cheveux longs, les buffleteries sales, les vestes râpées, montraient cet air d'insouciance au danger et à la misère qui caractérise le vrai soldat.

Pour fournir une belle charge, quel général n'eût préféré nos chasseurs aux plus pimpants escadrons habillés de neuf?

Depuis le matin, je pensais à tous les petits bonheurs qui m'attendaient.

Comme j'allais dormir dans mon lit de fer, après avoir couché trente-sept nuits sur un rectangle de toile cirée! Je dînerais sur une chaise! j'aurais du pain tendre et du sel à discrétion! Puis je me demandais si mademoiselle Concha aurait une fleur de grenadier ou du jasmin dans ses cheveux, et si elle aurait tenu les serments prêtés à mon départ; mais, fidèle ou inconstante, je sentais qu'elle pouvait compter sur le grand fond de tendresse qu'on rapporte du désert. Il n'y avait personne dans notre escadron qui n'eût ses projets pour la soirée.

Le colonel nous reçut fort paternellement, et même il nous dit qu'il était content de nous; puis il prit à part notre commandant, et, pendant cinq minutes, lui tint à voix basse des discours médiocrement agréables, autant que nous en pouvions juger sur l'expression de leurs physionomies.

Nous observions le mouvement des moustaches du

colonel, qui s'élevaient à la hauteur de ses sourcils, tandis que celles du commandant descendaient piteusement défrisées jusque sur sa poitrine. Un jeune chasseur, que je fis semblant de ne pas entendre, prétendit que le nez du commandant s'allongeait à vue d'œil; mais bientôt les nôtres s'allongèrent aussi, lorsque le commandant revint nous dire : « Qu'on fasse manger les chevaux et qu'on soit prêt à partir au coucher du soleil ! Les officiers dînent chez le colonel à cinq heures, tenue de campagne; on monte à cheval après le café... Est-ce que, par hasard, vous ne seriez pas contents, messieurs ?... »

Nous n'en convînmes pas et nous le saluâmes en silence, l'envoyant à tous les diables, à part nous, ainsi que le colonel.

Nous n'avions que peu de temps pour faire nos petits préparatifs. Je m'empressai de me changer, et, après avoir fait ma toilette, j'eus la pudeur de ne pas m'asseoir dans ma bergère, de peur de m'y endormir.

A cinq heures, j'entrai chez le colonel. Il demeurait dans une grande maison moresque, dont je trouvai le patio rempli de monde, Français et indigènes, qui se pressaient autour d'une bande de pèlerins ou de saltimbanques arrivant du Sud.

Un vieillard, laid comme un singe, à moitié nu sous un bournous troué, la peau couleur de chocolat à l'eau, tatoué sur toutes les coutures, les cheveux crépus et si touffus, qu'on aurait cru de loin qu'il avait un colbak* sur la tête, la barbe blanche et hérissée, dirigeait la représentation.

C'était, disait-on, un grand saint et un grand sorcier.

Devant lui, un orchestre composé de deux flûtes et de trois tambours faisait un tapage infernal, digne de la pièce qui allait se jouer. Il disait qu'il avait reçu d'un marabout* fort renommé tout pouvoir sur les démons et les bêtes féroces, et, après un petit compliment à l'adresse du colonel et du respectable public, il procéda à une sorte de prière ou d'incantation, appuyée par sa musique, tandis que les acteurs sous ses ordres sautaient, dansaient, tournaient sur un pied et se frappaient la poitrine à grands coups de poing.

Cependant, les tambours et les flûtes allaient toujours précipitant la mesure.

Lorsque la fatigue et le vertige eurent fait perdre à ces gens le peu de cervelle qu'ils avaient, le sorcier en chef tira de quelques paniers placés autour de lui des scorpions et des serpents, et, après avoir montré qu'ils étaient pleins de vie, il les jetait à ses farceurs, qui tombaient dessus comme des chiens sur un os, et les mettaient en pièces à belles dents, s'il vous plaît.

Nous regardions d'une galerie haute le singulier spectacle que nous donnait le colonel, pour nous préparer sans doute à bien dîner. Pour moi, détournant les yeux de ces coquins qui me dégoûtaient, je m'amusais à regarder une jolie petite fille de treize ou quatorze ans qui se faufilait dans la foule pour se rapprocher du spectacle.

Elle avait les plus beaux yeux du monde, et ses cheveux tombaient sur ses épaules en tresses menues terminées par de petites pièces d'argent, qu'elle faisait tinter en remuant la tête avec grâce. Elle était habillée avec plus de recherche que la plupart des filles du pays : mouchoir de soie et d'or sur la tête, veste de velours brodée, pantalons courts en satin bleu, laissant voir ses jambes nues entourées d'anneaux d'argent. Point de voile sur la figure. Était-ce une juive, une idolâtre ? ou bien appartenait-elle à ces hordes errantes dont l'origine est inconnue et que ne troublent pas des préjugés religieux ?

Tandis que je suivais tous ses mouvements avec je ne sais quel intérêt, elle était parvenue au premier rang du cercle où ces enragés exécutaient leurs exercices.

En voulant s'approcher encore davantage, elle fit tomber un long panier à base étroite qu'on n'avait pas ouvert. Presque en même temps, le sorcier et l'enfant firent entendre un cri terrible, et un grand mouvement s'opéra dans le cercle, chacun reculant avec effroi.

Un serpent très gros venait de s'échapper du panier*, et la petite fille l'avait pressé de son pied. En un instant, le reptile s'était enroulé autour de sa jambe. Je vis couler quelques gouttes de sang sous l'anneau qu'elle portait à la cheville. Elle tomba à la renverse, pleurant et grinçant des dents. Une écume blanche couvrit ses lèvres, tandis qu'elle se roulait dans la poussière.

— Courez donc, cher docteur! criai-je à notre chirurgien-major. Pour l'amour de Dieu, sauvez ce pauvre enfant.

— Innocent! répondit le major en haussant les épaules. Ne voyez-vous pas que c'est dans le programme? D'ailleurs, mon métier est de vous couper les bras et les jambes. C'est l'affaire de mon confrère là-bas de guérir les filles mordues par les serpents.

Cependant, le vieux sorcier était accouru, et son premier soin fut de s'emparer du serpent.

— Djoûmane! Djoûmane! lui disait-il d'un ton de reproche amical.

Le serpent se déroula, quitta sa proie et se mit à ramper. Le sorcier fut leste à le saisir par le bout de la queue, et, le tenant à bout de bras, il fit le tour du cercle, montrant le reptile qui se tordait et sifflait sans pouvoir se redresser.

Vous n'ignorez pas qu'un serpent qu'on tient par la queue est fort empêché de sa personne. Il ne peut relever qu'un quart tout au plus de sa longueur, et, par conséquent, ne peut mordre la main qui l'a saisi.

Au bout d'une minute, le serpent fut remis dans son panier, le couvercle bien assujetti, et le magicien s'occupa de la petite fille, qui criait, gigotait toujours. Il lui mit sur la plaie une pincée de poudre blanche qu'il tira de sa ceinture, puis murmura à l'oreille de l'enfant une incantation dont l'effet ne se fit pas attendre. Les convulsions cessèrent; la petite fille s'essuya la bouche, ramassa son mouchoir de soie, en secoua la poussière, le remit sur sa tête, se leva, et bientôt on la vit sortir.

Un instant après, elle montait dans notre galerie pour

faire sa quête, et nous collions sur son front et sur ses épaules force pièces de cinquante centimes.

Ce fut la fin de la représentation, et nous allâmes dîner.

J'avais bon appétit et je me préparais à faire honneur à une magnifique anguille à la tartare, quand notre docteur, auprès de qui j'étais assis, me dit qu'il reconnaissait le serpent de tout à l'heure. Il me fut impossible d'en manger une bouchée.

Le docteur, après s'être bien moqué de mes préjugés, réclama ma part de l'anguille et m'assura que le serpent avait un goût délicieux.

— Ces coquins que vous venez de voir, me dit-il, sont des connaisseurs. Ils vivent dans des tavernes comme des Troglodytes, avec leurs serpents; ils ont de jolies filles, témoin la petite aux culottes bleues. On ne sait quelle religion ils ont, mais ce sont des malins, et je veux faire connaissance de leur cheyk*.

Pendant le dîner, nous apprîmes pour quel motif nous reprenions la campagne. Sidi-Lala*, poursuivi chaudement par le colonel R..., cherchait à gagner les montagnes du Maroc.

Deux routes à choisir : une au sud de Tlemcen en passant à gué la Moulaïa*, sur le seul point où des escarpements ne la rendent pas inacessible; l'autre par la plaine, au nord de notre cantonnement. Là, il devait trouver notre colonel et le gros du régiment.

Notre escadron était chargé de l'arrêter au passage de la rivière, s'il le tentait; mais cela était peu probable.

Vous saurez que la Moulaïa coule entre deux murs de rochers, et il n'y a qu'un seul point, comme une sorte de brèche assez étroite, où des chevaux puissent passer. Le lieu m'était bien connu, et je ne comprends pas pourquoi on n'a pas encore élevé un blockhaus. Tant il y a que, pour le colonel, il y avait toutes chances de rencontrer l'ennemi, et, pour nous, de faire une course inutile.

Avant la fin du dîner, plusieurs cavaliers du Maghzen* avaient apporté des dépêches du colonel R... L'ennemi avait pris position et montrait comme une envie de se battre. Il avait perdu du temps. L'infanterie du colonel R... allait arriver et le culbuter.

Mais par où s'enfuirait-il? Nous n'en savions rien, et il fallait le prévenir sur les deux routes. Je ne parle pas d'un dernier parti qu'il pouvait prendre, se jeter dans le désert; ses troupeaux et sa smala y seraient bientôt morts de faim et de soif. On convint de quelques signaux pour s'avertir du mouvement de l'ennemi. Trois coups de canon tirés à Tlemcen nous préviendraient que Sidi-Lala paraissait dans la plaine, et nous emportions, nous, des fusées pour faire savoir que nous avions besoin d'être soutenus. Selon toute vraisemblance, l'ennemi ne pourrait pas se montrer avant le point du jour, et nos deux colonnes avaient plusieurs heures d'avance sur lui.

La nuit était faite quand nous montâmes à cheval. Je commandais le peloton d'avant-garde. Je me sentais fatigué, j'avais froid; je mis mon manteau, j'en relevai le collet, je chaussai mes étriers, et j'allais tranquillement au grand pas de ma jument, écoutant avec distraction le maréchal des logis Wagner, qui me racontait l'histoire de ses amours malheureusement terminées par la fuite d'une infidèle qui lui avait emporté avec son cœur une montre d'argent et une paire de bottes neuves. Je savais déjà cette histoire, et elle me semblait encore plus longue que de coutume.

La lune se levait comme nous nous mettions en route. Le ciel était pur, mais du sol s'élevait un petit brouillard blanc, rasant la terre, qui semblait couverte de cardes de coton*. Sur ce fond blanc, la lune lançait de longues ombres, et tous les objets prenaient un aspect fantastique. Tantôt je croyais voir des cavaliers arabes en vedette; en m'approchant, je trouvais des tamaris en fleur; tantôt je m'arrêtais, croyant entendre les coups de canon de signal, Wagner me disait que c'était un cheval qui courait.

Nous arrivâmes au gué, et le commandant prit ses dispositions.

Le lieu était merveilleux pour la défense, et notre

escadron aurait suffi pour arrêter là un corps considérable. Solitude complète de l'autre côté de la rivière.

Après une assez longue attente, nous entendîmes le galop d'un cheval, et bientôt parut un Arabe monté sur un magnifique cheval qui se dirigeait vers nous. A son chapeau de paille surmonté de plumes d'autruche*, à sa selle brodée d'où pendait une djebira* ornée de corail et de fleurs d'or, on reconnaissait un chef; notre guide nous dit que c'était Sidi-Lala en personne. C'était un beau jeune homme, bien découplé, qui maniait son cheval à merveille. Il le faisait galoper, jetait en l'air son long fusil et le rattrapait en nous criant je ne sais quels mots de défi.

Les temps de la chevalerie sont passés, et Wagner demandait un fusil pour *décrocher* le marabout, à ce qu'il disait; mais je m'y opposai, et, pour qu'il ne fût pas dit que les Français eussent refusé de combattre en champ clos avec un Arabe, je demandai au commandant la permission de passer le gué et de croiser le fer avec Sidi-Lala. La permission me fut accordée, et aussitôt je passai la rivière, tandis que le chef ennemi s'éloignait au petit galop pour prendre du champ.

Dès qu'il me vit sur l'autre bord, il courut sur moi le fusil à l'épaule.

— Méfiez-vous! me cria Wagner.

Je ne crains guère les coups de fusil d'un cavalier, et, après la fantasia qu'il venait d'exécuter, le fusil de Sidi-Lala ne devait pas être en état de faire feu. En effet, il pressa la détente à trois pas de moi, mais le fusil rata, comme je m'y attendais. Aussitôt mon homme fit tourner son cheval de la tête à la queue si rapidement qu'au lieu de lui planter mon sabre dans la poitrine, je n'attrappai que son bournous flottant.

Mais je le talonnais de près, le tenant toujours à ma droite et le rabattant bon gré mal gré vers les escarpements qui bordent la rivière. En vain essaya-t-il de faire des crochets, je le serrais de plus en plus.

Après quelques minutes d'une course enragée, je vis son cheval se cabrer tout à coup, et lui, tirant les rênes à deux mains. Sans me demander pourquoi il faisait ce mouvement singulier, j'arrivai sur lui comme un boulet, je lui plantai ma latte au beau milieu du dos en même temps que le sabot de ma jument frappait sa cuisse gauche. Homme et cheval disparurent; ma jument et moi, nous tombâmes après eux.

Sans nous en être aperçus, nous étions arrivés au bord d'un précipice et nous étions lancés... Pendant que j'étais encore en l'air, — la pensée va vite! — je me dis que le corps de l'Arabe amortirait ma chute. Je vis distinctement sous moi un bournous blanc avec une grande tache rouge : c'est là que je tombai à pile ou face.

Le saut ne fut pas si terrible que je l'avais cru, grâce à la hauteur de l'eau; j'en eus par-dessus les oreilles, je barbotai un instant tout étourdi, et je ne sais trop comment je me trouvai debout au milieu de grands roseaux au bord de la rivière.

Ce qu'étaient devenus Sidi-Lala et les chevaux, je n'en sais rien. J'étais trempé, grelottant, dans la boue, entre deux murs de rochers. Je fis quelques pas, espérant trouver un endroit où les escarpements seraient moins roides; plus j'avançais, plus ils me semblaient abrupts et inaccessibles.

Tout d'un coup, j'entendis au-dessus de ma tête des pas de chevaux et le cliquetis des fourreaux de sabre heurtant contre les étriers et les éperons. Évidemment, c'était notre escadron. Je voulus crier, mais pas un son ne sortit de ma gorge; sans doute, dans ma chute, je m'étais brisé la poitrine.

Figurez-vous ma situation. J'entendais les voix de nos gens, je les reconnaissais, et je ne pouvais les appeler à mon aide. Le vieux Wagner disait : S'il m'avait laissé faire, il aurait vécu pour être colonel. Bientôt le bruit diminua, s'affaiblit, je n'entendis plus rien.

Au-dessus de ma tête pendait une grosse racine, et j'espérais, en la saisissant, me guinder sur la berge. D'un effort désespéré, je m'élançai, et... sss!... la racine se tord et m'échappe avec un sifflement affreux... C'était un énorme serpent...

Je retombai dans l'eau; le serpent, glissant entre mes jambes, se jeta dans la rivière, où il me sembla qu'il laissait comme une traînée de feu...

Une minute après, j'avais retrouvé mon sang-froid, et cette lumière tremblotant sur l'eau n'avait pas disparu. C'était, comme je m'en aperçus, le reflet d'une torche. A une vingtaine de pas de moi, une femme emplissait d'une main une cruche à la rivière, et de l'autre tenait un morceau de bois résineux qui flambait. Elle ne se doutait pas de ma présence. Elle posa tranquillement sa cruche sur sa tête, et, sa torche à la main, disparut dans les roseaux. Je la suivis et me trouvai à l'entrée d'une caverne.

La femme s'avançait fort tranquillement et montait une pente assez rapide, une espèce d'escalier taillé contre la paroi d'une salle immense. A la lueur de la torche, je voyais le sol de cette salle, qui ne dépassait guère le niveau de la rivière, mais je ne pouvais découvrir quelle en était l'étendue. Sans trop savoir ce que je faisais, je m'engageai sur la rampe après la femme qui portait la torche et je la suivis à distance. De temps en temps, sa lumière disparaissait derrière quelque anfractuosité de rocher, et je la retrouvais bientôt.

Je crus apercevoir encore l'ouverture sombre de grandes galeries en communication avec la salle principale. On eût dit une ville souterraine avec ses rues et ses carrefours. Je m'arrêtai, jugeant qu'il était dangereux de m'aventurer seul dans cet immense labyrinthe.

Tout d'un coup, une des galeries au-dessous de moi s'illumina d'une vive clarté. Je vis un grand nombre de flambeaux qui semblaient sortir des flancs du rocher pour former comme une grande procession. En même temps s'élevait un chant monotone qui rappelait la psalmodie des Arabes récitant leurs prières.

Bientôt je distinguai une grande multitude qui s'avançait avec lenteur. En tête marchait un homme noir, presque nu, la tête couverte d'une énorme masse de cheveux hérissés. Sa barbe blanche tombant sur sa poitrine tranchait sur la couleur brune de sa poitrine tailladée de tatouages bleuâtres. Je reconnus aussitôt mon sorcier de la veille, et, bientôt après, je retrouvai auprès de lui la petite fille qui avait joué le rôle d'Eurydice*, avec ses beaux yeux, ses pantalons de soie et son mouchoir brodé sur la tête.

Des femmes, des enfants, des hommes de tout âge les suivaient, tous avec des torches, tous avec des costumes bizarres à couleurs vives, des robes traînantes, de hauts bonnets, quelques-uns en métal, qui reflétaient de tous côtés la lumière des flambeaux.

Le vieux sorcier s'arrêta juste au-dessous de moi, et toute la procession avec lui. Il se fit un grand silence. Je me trouvais à une vingtaine de pieds au-dessus de lui, protégé par de grosses pierres derrière lesquelles j'espérais tout voir sans être aperçu. Aux pieds du vieillard, j'aperçus une large dalle à peu près ronde, ayant au centre un anneau de fer.

Il prononça quelques mots dans une langue à moi inconnue, qui, je crois en être sûr, n'était ni de l'arabe ni du kabyle. Une corde avec des poulies, suspendue je ne sais où, tomba à ses pieds; quelques-uns des assistants l'engagèrent dans l'anneau, et à un signal vingt bras vigoureux faisant effort à la fois, la pierre, qui semblait très lourde, se souleva, et on la rangea de côté.

J'aperçus alors comme l'ouverture d'un puits, dont l'eau était à moins d'un mètre du bord. L'eau, ai-je dit, je ne sais quel affreux liquide c'était, recouvert d'une pellicule irisée, interrompue et brisée par places, et laissant voir une boue noire et hideuse.

Debout, près de la margelle du puits, le sorcier tenait la main gauche sur la tête de la petite fille, de la droite, il faisait des gestes étranges pendant qu'il prononçait une espèce d'incantation au milieu du recueillement général.

De temps en temps, il élevait la voix comme s'il appelait quelqu'un : « Djoûmane! Djoûmane! » criait-il; mais personne ne venait. Cependant, il roulait les yeux, grinçait des dents, et faisait entendre des cris rauques qui ne semblaient pas sortir d'une poitrine humaine. Les mômeries de ce vieux coquin m'agaçaient et me transportaient d'indignation; j'étais tenté de lui jeter sur la tête une des pierres que j'avais sous la main. Pour la trentième fois peut-être, il venait de hurler ce nom de Djoûmane, quand je vis trembler la pellicule irisée du puits, et à ce signe toute la foule se rejeta en arrière; le vieillard et la petite fille demeurèrent seuls au bord du trou.

Soudain un gros bouillon de boue bleuâtre s'éleva du puits, et de cette boue sortit la tête énorme d'un serpent, d'un gris livide, avec des yeux phosphorescents...

Involontairement, je fis un haut-le-corps en arrière; j'entendis un petit cri et le bruit d'un corps pesant qui tombait dans l'eau...

Quand je reportai la vue en bas, un dixième de seconde après peut-être, j'aperçus le sorcier seul au bord du puits, dont l'eau bouillonnait encore. Au milieu des fragments de la pellicule irisée flottait le mouchoir qui couvrait les cheveux de la petite fille...

Déjà la pierre était en mouvement et retombait sur l'ouverture de l'horrible gouffre. Alors, tous les flambeaux s'éteignirent à la fois, et je restai dans les ténèbres au milieu d'un silence si profond, que j'entendais distinctement les battements de mon cœur...

Dès que je fus un peu remis de cette horrible scène, je voulus sortir de la caverne, jurant que si je parvenais à rejoindre mes camarades, je reviendrais exterminer les abominables hôtes de ces lieux, hommes et serpents.

Il s'agissait de trouver son chemin; j'avais fait, à ce que je croyais, une centaine de pas dans l'intérieur de la caverne, ayant le mur de rocher à ma droite.

Je fis demi-tour, mais je n'aperçus aucune lumière qui indiquât l'ouverture du souterrain; mais il ne s'étendait pas en ligne droite, et, d'ailleurs, j'avais toujours monté depuis le bord de la rivière; de ma main gauche je tâtais le rocher, de la droite je tenais mon sabre et je sondais le terrain, avançant lentement et avec précaution. Pendant un quart d'heure, vingt minutes..., une demi-heure peut-être, je marchai sans trouver l'entrée.

L'inquiétude me prit. Me serais-je engagé, sans m'en apercevoir, dans quelque galerie latérale, au lieu de revenir par le chemin que j'avais suivi d'abord ?...

J'avançais toujours, tâtant le rocher, lorsqu'au lieu du froid de la pierre, je sentis une tapisserie, qui, cédant sous ma main, laissa échapper un rayon de lumière. Redoublant de précaution, j'écartai sans bruit la tapisserie et me trouvai dans une petit couloir qui donnait dans une chambre fort éclairée dont la porte était ouverte. Je vis que cette chambre était tendue d'une étoffe à fleurs de soie et d'or. Je distinguai un tapis de Turquie, un bout de divan en velours. Sur le tapis, il y avait un narguilleh d'argent et des cassolettes. Bref, un appartement somptueusement meublé dans le goût arabe.

Je m'approchai à pas de loup jusqu'à la porte. Une jeune femme était accroupie sur ce divan, près duquel était posée une petite table basse en marqueterie, supportant un grand plateau de vermeil chargé de tasses, de flacons et de bouquets de fleurs.

En entrant dans ce boudoir souterrain, on se sentait enivré de je ne sais quel parfum délicieux.

Tout respirait la volupté dans ce réduit; partout je voyais briller de l'or, de riches étoffes, des fleurs rares et des couleurs variées. D'abord, la jeune femme ne m'aperçut pas; elle penchait la tête et d'un air pensif roulait entre ses doigts les grains d'ambre jaune d'un long chapelet. C'était une vraie beauté. Ses traits ressemblaient à ceux de la malheureuse enfant que je venais de voir, mais plus formés, plus réguliers, plus voluptueux. Noire comme l'aile d'un corbeau, sa chevelure,

Longue comme un manteau de roi*,

s'étalait sur ses épaules, sur le divan et jusque sur le tapis à ses pieds. Une chemise de soie transparente, à larges raies, laissait deviner des bras et une gorge admirables. Une veste de velours soutachée d'or serrait sa taille, et de ses pantalons courts en satin bleu sortait un pied merveilleusement petit, auquel était suspendue une babouche dorée qu'elle faisait danser d'un mouvement capricieux et plein de grâce.

Mes bottes craquèrent, elle releva la tête et m'aperçut.

Sans se déranger, sans montrer la moindre surprise de voir entrer chez elle un étranger le sabre à la main, elle frappa dans ses mains avec joie et me fit signe d'approcher. Je la saluai en portant la main à mon cœur et à ma tête, pour lui montrer que j'étais au fait de l'étiquette musulmane. Elle me sourit, et de ses deux mains écarta ses cheveux, qui couvraient le divan; c'était me dire de prendre place à côté d'elle. Je crus que tous les parfums de l'Arabie* sortaient de ces beaux cheveux.

D'un air modeste, je m'assis à l'extrémité du divan en me promettant bien de me rapprocher tout à l'heure. Elle prit une tasse sur le plateau, et, la tenant par la soucoupe en filigrane, elle y versa une mousse de café, et, après l'avoir effleurée de ses lèvres, elle me la présenta :

— Ah! Roumi, Roumi!... dit-elle. — Est-ce que nous ne tuons pas le ver, mon lieutenant* ?...

A ces mots, j'ouvris les yeux comme des portes cochères. Cette jeune femme avait des moustaches énormes, c'était le vrai portrait du maréchal des logis Wagner... En effet, Wagner était debout devant moi et me présentait une tasse de café, tandis que, couché sur le cou de mon cheval, je le regardais tout ébaubi.

— Il paraît que nous avons pioncé tout de même, mon lieutenant. Nous voilà au gué et le café est bouillant.

APPENDICE

I

ÉPISODE D'UN ROMAN INÉDIT

DANS un fascicule de l'*Age du romantisme,* Maurice Tourneux avait signalé un roman de Mérimée entrepris avec la collaboration d'Auguste-Adrien de Godde, marquis de Varennes (1801-1864) pendant un séjour à Coulommiers.

C'est à ce roman que Mérimée fait allusion dans une lettre adressée à Lingay, le 21 septembre 1823 : « J'ai commencé aussi un roman, mais je n'ai écrit que le titre, car on est venu m'arracher mes crayons pour me donner une cravache et me mener dans les environs de Coulommiers sur un petit cheval gris [...] » (*Corr. gén.,* t. I, p. 5.)

Il subsiste de ce roman un « épisode complet » qui fait aujourd'hui partie de la collection du comte Alain de Suzannet. Il a été publié, par nos soins, dans la *Revue de Paris,* du 15 janvier 1937.

Cet épisode est l'essai de Mérimée le plus ancien qui ait été retrouvé.

M. P.

Thou ! Why thou wilt quarrel with a man that hath a hair more, or a hair less in his beard, than thou hast...
...A villain that fights by the book of arithmetic[1].
Romeo and Juliet*.

Le lendemain de mon arrivée à Paris je me présentai chez Mad. d'Étanges*. Elle avait réuni quelques-uns de ses amis et l'on faisait de la musique quand j'entrai. Je fus reçu comme le fils de la maison; et Mad. d'Étanges me fit lire une lettre de son fils qu'elle venait de recevoir, datée de ... à six lieues de Cambrai, où le régiment de Jules tenait garnison.

Après trois semaines passées chez un de ses oncles à Compiègne, Jules avait eu l'honneur de courre un cerf avec le prince de Condé, et les détails de cette chasse avec force châteaux en Espagne remplissaient la lettre du jeune officier. Le régiment des dragons de Chevreuse réunissait ce qu'il y avait de mieux en officiers : tous jeunes gens aimables et riches, braves comme des lions, et tapageurs comme des écoliers de cinquième. Jules se proposait bien de ne pas demeurer en reste avec eux. Dans deux jours, il comptait donner son dîner de bienvenue à tous ses nouveaux camarades, et les griser de champagne de la belle manière. Il terminait en demandant de l'argent pour acheter un cheval anglais, attendu que les officiers de Chevreuse n'en montaient pas d'autres.

M. d'Étanges fit quelques plaisanteries sur cette épître, et comme elle lui rappelait son jeune temps, il nous fit avec beaucoup de gaîté le récit de son entrée aux gardes françaises; du grand dîner où on n'avait pas laissé une assiette ou un verre sans le briser — et des suites de ce dîner qui avait coûté à trois officiers un sommeil de douze heures sous la table, et à lui un bon coup d'épée dans le bras, donné par un lieutenant qui voulait le *tâter* selon l'ordinaire. Mais cela l'avait mis parfaitement bien dans l'esprit de Messieurs les gardes.

Cette dernière partie de l'histoire effraya beaucoup Mad. d'Étanges, malgré tous nos efforts pour la rassurer, en lui disant que cet usage de *tâter* les nouveaux venus avait depuis longtemps cessé d'exister. M. d'Étanges ne nous démentait pas, mais il détruisait l'effet de nos consolants mensonges en répétant d'un air fort tranquille : « Après tout, qu'est-ce qu'un coup d'épée ? »

Cependant la conversation prit un autre tour; on parla musique, spectacle, poésie, peinture. — « A propos de peinture » dit M. d'Étanges « Auguste m'a dit que vous peigniez comme Raphaël », et moi de me défendre ! Il fallut cependant bon gré mal gré exhiber mon album de voyage, que j'ai la mauvaise habitude de porter avec moi. On avança une table à mademoiselle Henriette qui s'était emparée de l'album et chacun prétendit reconnaître une personne de connaissance dans les caricatures que l'on passait en revue. Cependant mademoiselle Henriette n'essaya pas de deviner et ne fit remarquer à personne certain croquis qui se trouvait répété plus d'une fois. C'était une jeune personne vue à mi-corps par une fenêtre, et donnant à manger à un oiseau. Je dirai cependant à mon éloge que de tous mes portraits, c'était le plus ressemblant et cependant on ne le reconnut pas.

Nous étions tous en train de rire, et M. d'Étanges voyant que les croquis réussissaient, voulut nous aller chercher un carton plein de caricatures anglaises qu'il nous annonçait comme fort plaisantes.

Il allait sortir du salon, quand un domestique lui remit une lettre. Il la lut dans l'embrasure d'une fenêtre, la chiffonna bientôt et s'élança hors de l'appartement en fermant rudement la porte sur lui. Comme en lisant, il tournait le dos à tout le monde, personne ne put apercevoir l'altération de ses traits. Je pensai que quelque fâcheux venait le déranger et même mon amour-propre d'artiste me faisait attribuer sa mauvaise humeur à ses regrets de quitter mes croquis.

Cependant un grand quart d'heure se passa sans que M. d'Étanges revînt. Mademoiselle Henriette courut pour l'aider dans ses recherches, mais elle revint bientôt en disant d'un air un peu effrayé que son père s'était enfermé dans sa chambre et ne lui avait pas répondu, bien qu'elle l'eût appelé à plusieurs reprises. Mad. d'Étanges pâlit. Chacun se regardait avec inquiétude. Enfin le domestique rentra; il portait un billet écrit au crayon qu'il remit à sa maîtresse, dont l'embarras et l'inquiétude redoublèrent. Comprenant alors que M. d'Étanges avait quelque nouvelle fâcheuse à lui apprendre, nous nous retirâmes chacun au plus vite.

Dans la rue, je rêvais à l'accident qui avait si soudainement terminé la soirée, et un monsieur qui fit quelques pas avec moi ayant avancé que quelque perte d'argent avait causé sans doute la mauvaise humeur de M. d'Étanges, j'adoptai cette idée sans l'examiner, et comme je n'ai jamais fait cas de l'argent, elle diminua mes inquiétudes. Rentré chez moi je pris un volume de Shakespeare qui se trouva sous ma main et je tombai sur *Roméo et Juliet* et sur la querelle entre Tybalt et Mercurio. Ce fut un trait de lumière pour moi. Je me rappelai tout ce que M. d'Étanges nous avait dit de ces querelles que les officiers se plaisent à faire aux nouveaux venus. Je me rappelai les craintes de Mad. d'Étanges, le trouble de son mari et je ne doutai plus que quelque malheur ne fût arrivé à Auguste*. Rempli de cette idée, je passai la nuit dans la plus grande agitation, et aussitôt qu'il fut jour j'allai chez le concierge de l'hôtel d'Étanges demander si l'on n'avait pas reçu de nouvelles de mon ami. Il ne put me donner une réponse satisfaisante, mais il me dit que la famille d'Étanges partait ce matin même pour la campagne, et qu'ils avaient fait défendre leur porte.

Ce rapport du concierge redoubla mes alarmes. Je ne savais si je devais écrire à M. d'Étanges ou bien lui envoyer ma carte en lui demandant de le voir. Sur ces entrefaites une voiture exactement fermée sortit de l'hôtel, et bientôt je la perdis de vue.

Je passai la journée à courir chez tous les amis d'Auguste qui pouvaient en avoir reçu des nouvelles, mais toutes mes démarches furent vaines, et le jour s'écoula aussi tristement que la nuit de la veille. Heureusement, la fatigue qui m'accablait me donna quelques instants de repos pendant la nuit, mais que mon réveil fut triste!

Mademoiselle Girard m'apporta une grande lettre avec un cachet noir et tout en me la donnant elle m'exhortait à la patience et à la fermeté. J'en avais besoin. La lettre m'annonçait la mort de M. Auguste d'Étanges, décédé à Cambrai le ... 178... Je ne parlerai pas de ma douleur; ceux qui ont perdu un ami peuvent se figurer ce que je dus souffrir.

Pendant plus de huit jours je restai enfermé dans ma chambre, ne voyant pour ainsi dire personne, et cherchant à me distraire par un travail forcé. Un matin, mademoiselle Girard frappa avec précaution à ma porte et me demanda si je voulais recevoir un officier qui demandait à me parler. J'y consentis et sur-le-champ elle introduisit dans ma chambre un grand homme sec qu'elle m'annonça comme le capitaine Fleury.

Aussitôt qu'elle fut retirée et que le capitaine eut pris un siège, il m'apprit qu'il était officier dans le régiment de Chevreuse et que M. d'Étanges l'avait chargé d'un paquet pour moi; en même temps, il me remit une lettre et une petite boîte.

Voici ce que contenait sa lettre :

Cambrai, le...

« *Mon cher Jules, un espèce de bretteur nommé Tourville,*

m'a cherché une querelle d'allemand. Demain nous nous battons. On le dit une excellente lame, mais j'espère bien faire honneur à la méthode de notre maître d'armes, Flamand.

Cependant comme il faut penser à tout, je viens de faire testament et je te laisse quelques bagatelles que je te prie d'accepter. Je sais que tu aimes ma sœur Henriette, et j'écris à mon père pour qu'elle ne soit à personne d'autre qu'à toi. Si je suis tué, cette prière aura quelque effet, cependant j'aimerais mieux danser à ta noce, dusses-tu attendre encore quelques années. »

« *Ton ami* AUGUSTE D'E. »

« *P. S. Tu remettras cette boîte en mains propres à madame F., rue... Il est inutile d'en parler à mes parents.* »

Je fondis en larmes à cette lecture, et le capitaine Fleury paraissait aussi profondément affecté. Il fit un mouvement pour sortir, mais par une triste curiosité, je le retins pour apprendre de lui les détails de la mort de mon ami.

— Monsieur, — lui dis-je, — quel est ce Tourville, ce scélérat, ce...

— Monsieur, — répondit-il, — Tourville est un bon garçon, qui a été bien malheureux. Il ne se doutait pas que ce qu'il ne regardait que comme une plaisanterie aurait des suites si funestes.

— Comment! quelle plaisanterie? — m'écriai-je. — Appelez-vous plaisanterie un assassinat?

— Monsieur, — répliqua le capitaine, — votre ami n'a point été assassiné. M. de Tourville a fait tous ses efforts pour l'épargner, mais M. d'Étanges était aveuglé par la fureur et il n'a pu...

— Mais enfin ce Tourville l'a provoqué, et il abusait de sa supériorité dans l'escrime...

— Écoutez Monsieur; quand un officier entre dans un régiment, il est bon de s'assurer s'il a du courage. Vous sentez que l'on n'aime pas à se trouver dans un combat serrant les coudes d'un lâche. C'est pourquoi quand il nous arrive une recrue qui n'a pas encore senti l'odeur de la poudre, nous lui détachons un farceur qui le mystifie tellement qu'il est obligé d'en venir à un duel, ou sinon force lui est de décamper en hâte.

— Mais pourquoi, après les premières passes ne pas les séparer? — lui dis-je d'un air de reproche, car je devinais que Tourville* avait été le témoin d'Auguste.

— D'abord, poursuivit M. de Fleury, — la chose n'est pas très facile et puis écoutez l'histoire, et vous jugerez ensuite. Nous avions choisi Tourville, parce qu'il est adroit et qu'il est sûr de désarmer son homme sans lui faire de mal, ou peut-être tout au plus en le piquant légèrement au bras ou dans les chairs. Votre ami nous donna un joli dîner et en fit les honneurs, ma fois d'une manière parfaite. Au dessert nous l'aimions déjà comme notre camarade.

On apporte du champagne, et on en verse à la ronde. Il est bon que vous sachiez que Tourville avait auprès de lui une bouteille de vinaigre dont il versa une pleine rasade à M. d'Étanges. D'Étanges s'en aperçut bientôt et lui dit avec la plus grande politesse : « Vous vous trompez, Monsieur, prenez garde de vous en verser. C'est du vinaigre. »

— Je ne me trompe pas, Monsieur, — lui dit Tourville. — Je désire que vous preniez un verre de ce vinaigre, et je vous engage à le boire à la santé de ces messieurs. Ils vous en sauront bon gré.

— Oh bien! ces messieurs voudrons bien m'excuser.

— Non, Monsieur, il faut absolument que vous buviez.

D'Étanges ne le comprenait pas d'abord. Je lui dis à l'oreille : « Il veut que vous vous battiez, jetez-lui le verre par le nez. »

Toutefois, il n'en fit rien. — Monsieur, dit-il froidement, votre plaisanterie est un peu fade, et si vous vous obstinez à la continuer plus longtemps, alors...

— Eh bien alors, — lui dit Tourville d'un air goguenard et en le contrefaisant.

— Alors, — reprit d'Étanges, — je vous prierai de m'accompagner hors des barrières.

— Bravo! bravo! — dirent les sous-officiers et le rendez-vous fut pris.

On se leva de table et chacun s'en alla de son côté. Je restai avec M. d'Étanges pour sonder un peu son courage. A mon grand plaisir, je vis qu'il ne mollissait pas, et je suis sûr qu'il aurait fait un excellent officier.

Le lendemain nous sortîmes ensemble et nous nous dirigeâmes vers le bois de... où Tourville et M. de la Farre son témoin nous attendaient, avec le chirurgien major du régiment qui, en nous voyant, déploya gravement tous ses diaboliques instruments, sans pouvoir faire perdre contenance au jeune officier.

Au bout de deux minutes, Tourville fit sauter l'épée de d'Étanges et lui dit en riant.

— Eh! monsieur, tenez donc mieux votre épée.

Nouvelle passe, et Tourville lui fit encore sauter l'arme du poignet. Cette fois, il baissa son épée et tendit la main à d'Étanges en le complimentant sur son courage et lui demandant excuse de sa mauvaise plaisanterie de la veille. Mais Auguste était piqué, il reçut fort mal ses excuses, lui dit des paroles dures, et même nous envoya promener, nous autres, qui voulions que les choses en restassent là. En vérité si j'avais été susceptible, j'aurais pris la place de Tourville. Quoi qu'il en soit, d'Étanges serrant son épée de toute sa force, s'élança comme un lion sur son adversaire qui bientôt fut réduit à lui présenter la pointe au corps pour éviter d'être percé. Ce fut alors que votre ami qui avançait comme un furieux s'enferra sur l'épée de Tourville qui le perça d'outre en outre. Il fit un grand soupir et tomba baigné dans son sang. Je courus le relever, mais le coup était mortel. Le chirurgien reconnut que le poumon était percé et nous annonça qu'il n'y avait plus d'espoir. Néanmoins, il saigna le blessé qui put alors dire quelques mots; jusqu'alors le sang qui l'étouffait l'empêchait de parler.

Il me recommanda son testament et ce paquet, dit à Tourville qu'il lui pardonnait sa mort, et presque aussitôt après il expira. J'espère vous donner une faible consolation en vous informant qu'il n'a presque pas souffert. Quant à Tourville il était comme un fou. Tantôt il se jetait sur le mort, suçait sa blessure et lui demandait pardon, tantôt il nous accablait d'imprécations, et bientôt après il se tordait les bras et s'arrachait les cheveux en s'écriant qu'il était le seul coupable.

Le premier moment d'étonnement passé, je dis à Tourville qu'il devait partir au plus vite, ou que son affaire était mauvaise. J'étais venu sur un bon cheval anglais. Je lui dis de le monter et de détaler avec mon domestique qui est un garçon sûr et discret. Nous fûmes obligés de l'arracher du corps de votre malheureux ami, qu'il serrait avec force et qu'il baignait de ses larmes. Cependant nous parvînmes à lui faire entendre raison. Nous le mîmes en selle après lui avoir ôté son épée, et il partit au galop escorté par mon domestique et M. de la Farre. La Farre revint le même jour au quartier, il avait laissé Tourville à... plus tranquille, mais toujours dans un état pitoyable. Pour finir, mon domestique ne l'a quitté qu'au château de M. le Grand, ami de Tourville, et qui demeure à... Là il passe les jours et les nuits à se lamenter, quelquefois il se croit poursuivi par le fantôme de d'Étanges; enfin il est à craindre que dans un de ces moments de fureur il ne mette fin à ses jours.

Tel fut le récit du capitaine; il prit congé de moi, en me promettant de revenir me voir. Je ne pouvais me lasser de le questionner, quoique chacune de ses réponses fût pour moi comme un coup de poignard.

[*Ici finit le manuscrit.*]

II

LA BATAILLE

Ce récit, sorte de poème en prose, qui a fait penser à lord Byron a été publié pour la première fois par Maurice Tourneux dans l'*Age du romantisme* (« Prosper Mérimée, comédienne espagnole et chanteur illyrien », Ed. Mounier et Cie, Paris, 1887, p. 2). Il a été reproduit par P. Trahard dans son édition du *Théâtre de Clara Gazul,* Paris, H. Champion, 1927, p. 5.

Le manuscrit de quatre feuillets in-4° carrés, écrits recto et verso a figuré, en 1920, à la vente de feu Ch. Delafosse, où il a été adjugé 510 francs. Il fait aujourd'hui partie de la collection du comte Alain de Suzannet.

M. P.

I

LA BATAILLE

Au commencement de la guerre entre les États-Unis et l'Angleterre*, en 1812, il y avait dans l'armée du général Wayne* un jeune capitaine de milice, nommé Auguste Seymour. Il était grand, bien fait, plein de sentiments chevaleresques. Passionné pour la liberté, il s'était mis en tête de servir sa cause autrement que par son épée, et à cet effet il avait fait une tragédie de *Guillaume Tell** et un poème épique intitulé *Washington*.

Comme on n'a jamais pu trouver des fragments de ce dernier ouvrage dans les papiers d'Auguste Seymour, nous nous abstiendrons d'en parler. Quant à sa tragédie, on peut aisément se figurer l'ouvrage d'un homme de vingt ans qui n'avait jamais vu d'autres pays que le sien et qui n'avait que des notions fort inexactes sur la Suisse et son libérateur. Beaucoup d'enflure, des tirades à perte de vue sur la liberté, force imprécations contre les tyrans et surtout beaucoup de vers sentencieux et républicains, voilà ce qu'on y trouvait. De même que Alonzo de Ercilla*, Seymour écrivait au milieu des camps, et se persuadait avec toute la bonhomie de son âge que ses chants allaient être ceux de Tyrtée pour les Américains, et que son épée allait être plus terrible aux Anglais que celle de la fameuse pucelle de France. Le directeur du théâtre de ... avait cependant refusé sa pièce. Seymour l'avait corrigée et l'ayant de nouveau présentée, il attendait son arrêt quand un événement vint hâter sa réception.

Le colonel de Seymour était un riche marchand de sucre, lequel, doué de beaucoup de prudence, se tenait autant que possible hors de la portée du canon. Certain jour, cependant, il fallut obéir à l'ordre positif du général, et marcher contre une batterie. Il donna en soupirant l'ordre d'avancer quand les sangles de son cheval s'étant malheureusement trouvées trop lâches, il mit pied à terre et fut un quart d'heure à les resserrer pendant que la colonne des miliciens marchait sous la conduite du major. A vingt pas de la batterie, les Anglais firent une furieuse décharge qui abattit le premier rang des Américains. Le major fut tué, une partie des miliciens se débanda. Un vieux sergent, se jetant presque seul sur les Anglais, ranima les autres. Seymour saisit un drapeau et s'élança aux côtés du brave sergent. L'impulsion une fois donnée, la batterie est inondée de miliciens et les canonniers ennemis sont tués sur leurs pièces. Dans la mêlée, Seymour fut renversé sur un canon le bras percé d'une balle et la tête à moitié cassée d'un coup d'égouvillon [*sic*].

II

LA PREMIÈRE REPRÉSENTATION

Il y avait quelque temps que les armées américaines n'avaient eu de succès. La prise de cette batterie fut trompettée dans tous les journaux des États-Unis, et la gloire de Seymour s'accrut de toute la honte dont fut couvert le pauvre colonel pour avoir pensé trop tard à sangler son cheval. Et comme dans tous les pays du monde, même les moins aristocratiques, on aime mieux admirer un jeune et bel officier qu'un laid et vieux sergent, le pauvre diable qui s'était jeté le premier dans la batterie fut entièrement oublié.

Le directeur du théâtre, homme sensé, pensant avec raison qu'un jeune homme qui prend des batteries fait nécessairement de bonnes tragédies, s'empressa de mettre sa pièce en répétitions en la faisant annoncer sous main comme l'ouvrage du jeune héros. Le jeune héros cependant était dans son lit, la tête entortillée de bandages, et lisant, pour se désennuyer, le *Guillaume Tell* de Schiller. Tout poète qu'il était, il avait du goût et moins de vanité qu'il n'est d'ordinaire.

Il compara son ouvrage avec celui de Schiller et fut tenté, comme Platon, de jeter ses vers au feu*. Il écrivit pour retirer sa pièce, mais il était trop tard, elle venait d'être jouée.

La salle encombrée de spectateurs pensa s'écrouler au bruit des applaudissements quand le nom du jeune officier fut proclamé par l'acteur chargé du rôle de Guillaume Tell. Chaque spectateur s'était imaginé retrouver Washington dans Guillaume Tell, la moindre allusion avait été saisie. Jamais succès ne fut plus brillant. Bien qu'un peu honteux de se voir applaudir pour ce qu'il regardait comme un détestable ouvrage, Seymour sentit à cette nouvelle une joie vive qui hâta sa convalescence. Je me souviens qu'un article du *National Interviewer* commençait ainsi : « La Colombie pouvait montrer au monde un grand guerrier, un grand politique, un grand philosophe. Il lui manquait un poète... mais enfin elle vient de le trouver. Pleure, Angleterre, Seymour a détrôné ton Shakespeare. »

Seymour ne pouvait paraître dans une rue avec son écharpe sans qu'un murmure d'admiration ne s'élevât autour de lui. Une tête moins ébranlée que la sienne n'aurait pu tenir à si rude épreuve.

III

LE MARIAGE

Un jour que Seymour entrait dans un salon, au milieu de deux rangées de dames qui se haussaient pour le mieux voir, il remarqua dans un coin de la salle une jeune personne qui seule ne s'était pas levée et qui même n'avait pas détourné les yeux. Plus piqué de ce dédain que satisfait de l'attention de toutes les autres dames, Seymour alla s'asseoir auprès de la belle inconnue et s'efforça de lui donner une bonne opinion de son esprit et de sa modestie en tâchant de détourner la conversation qu'à son arrivée on avait mise sur l'incomparable *Guillaume Tell*. Il parla des acteurs et leur donna, comme cela se pratique, les plus grands éloges. « Que dites-vous de W... ? demanda-t-il à sa voisine. — Mon ami, répondit-elle, je n'ai pas vu la pièce et je ne vais pas au spectacle. » A cette réponse, il reconnut une quakeresse et il résolut de triompher de son indifférence apparente en la rendant folle de lui. Il ne s'occupa que d'elle, ne parla qu'à elle, et bien qu'il fût assez difficile de faire causer miss Rebecca Griffith, il eut la joie d'entendre dire que jamais elle n'avait tant parlé à personne.

A quelques jours de là, il fut présenté dans la maison de la demoiselle et au bout d'un mois il était devenu son admirateur avoué.

Seymour, qui n'avait d'abord eu que l'intention de triompher de son indifférence, était très sérieusement épris. Un soir qu'il se promenait avec sa belle sur les bords de la Delaware*, il fit sa déclaration dans les formes, et la pressa fort de lui dire si elle lui était agréable. Miss, sans balancer, lui avoua qu'elle l'aimait plus que son frère, « mais, ajouta-t-elle, jamais je ne serai la femme d'un homme qui fait métier de tuer ses semblables ».

A ces mots Seymour jeta son épée dans la rivière et jura à la belle Rebecca qu'il se bornerait à faire des vœux pour le bien de son pays. Les deux amants tombèrent dans les bras l'un de l'autre et le lendemain miss Griffith était devenue Mrs Seymour et M. Seymour avait envoyé sa démission au Congrès.

Avril 29, 1824.

HISTOIRE DE RONDINO

Ce récit a paru, sans signature, dans *le National* du 19 février 1830. L'attribution à Mérimée est certifiée par l'indication inscrite par Thiers sur un numéro de ce journal. Elle est confirmée par une lettre de Stendhal à Sophie Duvaucel, en date du 7 mars 1830 :

« L'homme aux poissons et à la cruche étrusque, votre favori, a donné, ce matin, un article sur lord Byron où il y a plus de philosophie et de véritable esprit que dans 1830 numéros du *Globe.* Je suis forcé d'en convenir, malgré l'envie qu'il m'inspire depuis que vous le trouvez si beau. Si vous n'avez pas *le National,* je vous conserverai le numéro d'aujourd'hui. Cherchez l'histoire du brigand sublime *Rondino,* dans le numéro accusé [?] du *National.* Cela est exactement vrai. L'homme aux poissons a plutôt diminué la beauté du caractère de Rondino. Il lui a ôté un peu de son élan. » *(Stendhal au Jardin du Roi.* Lettres inédites à Sophie Duvaucel, publiées avec des notes par Louis Royer. Grenoble, 1930, p. 33; — *Correspondance de Stendhal,* le Divan, 1934, t. VI, p. 293.) *L'Histoire de Rondino* a été reproduite pour la première fois dans les *Pages retrouvées de P. Mérimée.* Publiées et précédées d'une introduction par Henri Malo. Émile-Paul frères, Paris, 1929, pp. 65-78; — Henri Martineau l'a jointe en appendice à son édition des *Romans et Nouvelles* de Mérimée. Bibliothèque de la Pléiade, 1934.

M. P.

Il se nommait Rondino. Orphelin dès son enfance, il fut laissé aux soins de son oncle, bailli de son village, homme avare, qui le traitait fort mal. Quand il fut d'âge à tirer pour la milice, le bailli disait publiquement :

— J'espère que Rondino sera soldat, et que le pays en sera débarrassé. Ce garçon-là ne peut tourner à bien. Tôt ou tard, il sera le déshonneur de sa famille. Certainement, il finira par être pendu.

On prétend que la haine de cet homme pour Rondino avait un motif honteux. Son neveu avait fait un petit héritage que le bailli administrait, et dont il n'était pas pressé de rendre compte. Quoi qu'il en soit, le sort désigna Rondino pour être conscrit, et il quitta son village, persuadé que son oncle avait organisé dans le tirage une supercherie dont il était la victime.

Arrivé à son régiment, il manquait souvent à l'appel, et montrait tant d'insubordination qu'on l'envoya dans un bataillon de discipline. Il parut extrêmement touché de cette punition, jura de changer de conduite, et tint parole. Au bout de quelques mois, il fut rappelé au régiment. Dès lors, ses devoirs de soldat furent remplis avec exactitude, et il mit tous ses soins à se faire distinguer de ses chefs. Il savait lire et écrire, il était fort intelligent. En peu de temps on le fit caporal, puis sergent.

Un jour, son colonel lui dit :

— Rondino, votre temps de service va finir; mais je compte que vous resterez avec nous ?

— Non, mon colonel, je désire retourner dans mon pays.

— Vous auriez tort. Vous êtes bien ici. Vos officiers et vos camarades vous estiment. Vous voilà sergent; et si vous continuez à vous bien conduire, vous serez bientôt sergent-major. En restant au régiment, vous avez un sort tout fait; au lieu que si vous retournez dans votre village, vous mourrez de faim ou bien vous serez à charge à vos parents.

— Mon colonel, j'ai un peu de bien dans mon pays...

— Vous vous trompez. Votre oncle m'écrit qu'il a fait pour votre éducation des dépenses dont vous ne pourrez jamais le rembourser. D'ailleurs, si vous saviez ce qu'il pense de vous, vous ne seriez pas pressé de retourner auprès de lui. Il m'écrit de vous retenir par tous les moyens possibles : il dit que vous êtes un vaurien, que tout le monde vous déteste, et que pas un fermier du pays ne voudra vous donner de l'ouvrage.

— Il a dit cela!

— J'ai sa lettre.

— N'importe! Je veux revoir mon pays.

Il fallut lui donner son congé : on l'accompagna de certificats honorables.

Rondino se rendit aussitôt chez son oncle le bailli, lui reprocha son injustice et lui demanda fort insolemment de lui rendre son bien, qu'il retenait à son préjudice. Le bailli répliqua, s'emporta, produisit des comptes embrouillés, et la discussion s'échauffa au point qu'il frappa Rondino. Celui-ci lui porta aussitôt un coup de stylet, et l'étendit mort sur la place. Le meurtre commis, il quitta le village et demanda asile à un de ses amis qui habitait une métairie isolée au milieu des montagnes.

Bientôt, trois gendarmes partirent pour l'y chercher. Rondino les attendit dans un chemin creux, en tua un, en blessa un autre, et le troisième prit la fuite. Depuis la persécution des carbonari, les gendarmes ne sont pas aimés en Piémont, et l'on applaudit toujours à ceux qui les battent. Aussi Rondino passa-t-il pour un héros parmi les paysans du voisinage. D'autres rencontres avec la force armée lui furent aussi heureuses que la première, et augmentèrent sa réputation. On prétend que, dans l'espace de deux ou trois ans, il tua ou blessa une quinzaine de gendarmes. Il changeait souvent de retraite, mais jamais il ne s'éloignait de plus de sept à huit lieues de son village. Jamais il ne volait; seulement, quand ses munitions étaient presque épuisées, il demandait au premier passant un quart d'écu pour acheter de la poudre et du plomb. D'ordinaire, il couchait dans les fermes isolées. Son usage alors était de fermer toutes les portes, et d'emporter les clefs dans la chambre qu'on lui avait donnée. Ses armes étaient auprès de lui, et il laissait en dehors de la maison, pour faire sentinelle, un énorme chien qui le suivait partout, et qui plus d'une fois avait fait sentir ses redoutables dents aux ennemis de son maître. L'aube venue, Rondino rendait les clefs, remerciait ses hôtes, et, le plus souvent, ses hôtes le priaient, à son départ, d'accepter quelques provisions.

M. A..., riche propriétaire de ma connaissance, le vit, il y a trois ans. On faisait la moisson, et il surveillait ses ouvriers, quand il vit venir à lui un homme bien fait, robuste, d'une figure mâle, mais point féroce; cet homme avait un fusil, mais, à cinquante pas des moissonneurs, il le déposa au pied d'un arbre, ordonna à son chien de le garder, et, s'avançant vers M. A..., il le pria de vouloir bien lui donner quelque aumône.

— Pourquoi ne travaillez-vous pas avec les ouvriers ? lui dit M. A..., qui le prenait pour un mendiant ordinaire.

Le proscrit sourit et dit :

— Je suis Rondino.

Aussitôt on lui offrit quelques pistoles.

— Je ne prends jamais qu'un quart d'écu, dit Rondino; cela me suffit pour remplir ma poire à poudre. Seulement, puisque vous voulez faire quelque chose pour moi, ayez la bonté de me faire donner quelque chose à manger, car j'ai faim.

Il prit un pain et du lard, et voulait se retirer aussitôt, emportant son dîner; mais M. A... le retint encore quelques moments, curieux d'observer à loisir un homme dont on parlait tant.

— Vous devriez quitter ce pays, dit-il au proscrit; tôt ou tard, vous serez pris. Allez à Gênes ou en France; de là, vous passerez en Grèce, vous y trouverez des militaires, nos compatriotes, qui vous recevront bien. Je vous donnerai volontiers les moyens de faire le voyage.

— Je vous remercie, répondit Rondino après avoir un peu réfléchi. Je ne pourrais vivre autre part que dans mon pays, et je tâcherai de n'être pendu que le plus tard possible.

Un jour, quelques voleurs de profession cherchèrent Rondino, et lui dirent :

— Cette nuit, un conseiller de Turin doit passer à tel endroit ; il a 40 000 livres dans sa voiture ; si tu veux nous conduire, nous l'arrêterons, et tu auras part de capitaine.

Rondino leva fièrement la tête, et, les regardant avec mépris :

— Pour qui me prenez-vous ? dit-il, je suis un honnête proscrit, et non un voleur. Ne me faites plus de semblables propositions, ou vous vous en repentirez.

Il les quitta, et alla au devant du conseiller. L'ayant rencontré à la tombée de la nuit, il fit arrêter la voiture, monta sur le siège, et ordonna au cocher de continuer sa route. Cependant, le conseiller tremblant s'attendait à chaque instant à être assassiné. Au milieu d'un défilé, les voleurs paraissent à l'improviste ; Rondino leur crie aussitôt :

— Cette voiture est sous ma protection ; vous me connaissez, et si vous l'attaquez, c'est à moi que vous aurez à faire.

Il avait son fusil levé, et son chien n'attendait qu'un signal pour s'élancer sur les brigands. Ils s'ouvrirent devant la voiture, qui bientôt fut en lieu de sûreté. Le conseiller offrit un présent considérable à son libérateur, mais Rondino le refusa.

— Je n'ai fait que le devoir de tout honnête homme, dit-il ; aujourd'hui, je n'ai besoin de rien ; toutefois, si vous voulez me prouver votre reconnaissance, dites seulement à vos fermiers de me donner un quart d'écu quand je n'aurai plus de poudre, et à dîner quand j'aurai faim.

Rondino fut pris, il y a deux ans, de la manière suivante. Il vint coucher une nuit dans un presbytère; il demanda toutes les clefs, mais le curé eut l'adresse d'en retenir une, au moyen de laquelle, le brigand une fois endormi, il put envoyer un jeune garçon qui le servait, avertir la brigade de gendarmerie la plus proche. Le chien de Rondino était doué d'un instinct merveilleux pour sentir de loin l'approche de ses ennemis. Ses aboiements éveillèrent son maître, qui essaya de sortir du village; mais déjà toutes les avenues étaient gardées. Il monte dans le clocher et s'y barricade. Le jour venu, il commença à tirer par les fenêtres, et bientôt obligea les gendarmes à gagner les maisons voisines, et à renoncer à donner l'assaut. La fusillade dura une grande partie de la journée. Rondino n'était pas blessé, et déjà il avait mis hors de combat trois gendarmes; mais il n'avait ni pain, ni eau, et la chaleur était étouffante; il comprit que son heure était venue. Tout d'un coup on le vit paraître à une fenêtre du dehors, élevant un mouchoir blanc au bout de son fusil. On cessa de tirer.

— Je suis las, dit-il, de la vie que je mène; je veux bien me rendre, mais je ne veux pas que des gendarmes aient la gloire de m'avoir pris. Faites venir un officier de la ligne, et je me rendrai à lui.

Précisément un détachement, commandé par un officier, entrait dans le village; on consentit à ce que demandait Rondino. Les soldats se mirent en bataille devant le clocher, et Rondino sortit à l'instant. Il s'avança vers l'officier, et lui dit d'une voix ferme :

— Monsieur, acceptez mon chien, vous en serez content; promettez-moi d'avoir soin de lui.

L'officier le lui promit. Aussitôt, Rondino brisa la crosse de son fusil, et fut emmené sans résistance par les soldats, qui le traitèrent avec beaucoup d'égards. Il attendit son jugement pendant près de deux ans; il écouta son arrêt avec beaucoup de sang-froid, et subit son supplice sans faiblesse ni fanfaronnades.

VARIANTES

LES AMES DU PURGATOIRE

1. — RM : don Juan
2. — Ms., RM : Elles se sont fondues en une seule.
3. — RM : Juan de Maraña
4. — Ms., RM : patriotisme d'antichambre.
5. — Ms., RM : chevalier Maraña
6. — Ms., RM : si l'on veut son orgueil
7. — Ms. : vous racontera comment
8. — Ms., RM : qui
9. — Ms. : Don Juan Maraña
RM, 1841 : du don Juan
10. — Ms., RM, 1841, 1842 : don Juan Tenorio
11. — Ms., RM : don Carlos Maraña
Ici le manuscrit porte en marge la date du 6 janvier 1834.
12. — RM : avec balafre
13. — Ms., RM : bon nombre d'enfants
14. — Ms., RM, 1841 : qu'il fit baptiser avec soin
15. — Ms., RM : Carlos Maraña
16. — Ms., RM : L'une
17. — Ms., RM : Elle lui racontait la légende
18. — Ms., RM : son mari lui apprenait
19. — Ms., RM : Bernard de Carpio
20. — Ms., RM : Construire
21. — Ms., RM : que l'imagination du peintre avait pu inventer
22. — Ms., RM : toute l'exactitude
23. — Ms., RM : qu'aurait pu donner le tortionnaire de l'Inquisition
24. — Ms., RM : un ange placé sur le bord du soupirail
25. — RM et sq : Huesca (*faute évidente pour* Huescar)
26. — Ms., RM : Les Morisques mirent le feu à la ville. « Dans leur révolte » *est ajouté en 1841.*
27. — Ms., RM : Le comte Maraña. *1841 donne par erreur* « Le comte de Moraña ».
28. — Ms., RM : Le petit Juan. *1841 ajoute* D'ordinaire,
29. — Ms., RM : Il ne pouvait surtout
30. — Ms., RM : gril
31. — Ms. : par ses côtes
32. — Ms., RM : Il tournait les yeux
33. — Ms., RM : Et semblait
34. — Ms., RM : pour l'arracher
35. — Ms., RM : comte Maraña
36. — Ms., RM : de laisser là la mère
37. — Ms., RM : comte Maraña
38. — Ms., RM : hache d'armes

39. — Ms. : que je ne lui : *Ici le manuscrit porte en marge la date du* 7 janvier 1834.
40. — Ms., RM, 1841 : sur mes armes
41. — Ms., RM : la lame entra
42. — Ms., RM : Le roi, pour rappeler
43. — 1842 : que ne le faisait
44. — Ms., RM : de cette maison.
Le manuscrit porte ici en marge la date du 8 janvier 1834.
45. — Ms., RM, 1841, 1842, 1845 : indisciplinable
46. — Ms., RM, 1841, 1842, 1845 : à l'un des professeurs
47. — Ms., RM, 1841, 1842, 1845 : et lui fit aussitôt
48. — Ms., RM, 1841, 1842, 1845 : celle-ci
49. — Ms., RM : de les gagner
50. — Ms., RM : avaient les yeux sur lui
51. — Ms., RM, 1841 : son siège
52. — Ms., RM : pas du tout
53. — Ms., RM : Ce don Garcia. *Le manuscrit porte ici en marge la date du* 10 de enero 1834.
54. — Ms : Il avait un pourpoint qui avait pu être noir
55. — Ms., RM : si vous voulez le permettre
56. — Ms., RM : don Juan Maraña. *Le manuscrit porte en marge la date du* 11 janvier.
57. — Ms., RM : le cours
58. — Ms., RM, 1841 : de son manteau rapiécé. *Le manuscrit porte en marge la date du* 13 janvier
59. — Ms., RM : qu'eux deux
60. — Ms., RM : dont il était l'objet. *Le manuscrit porte ici en marge la date du* 16 janvier.
61. — Ms., RM : l'on eût dit
62. — Ms., RM 1841 : nullement scandalisé
63. — Ms., RM, 1841 : leurs jupes. *Le manuscrit porte en marge la date du* 18 janvier
64. — Ms., RM : doña Fausta
65. — RM : Tout en courant (*erreur évidente*). *Le manuscrit porte en marge la date du* 26 février
66. — Ms., RM : C'était une chère
67. — Ms., RM, 1841 : provoquant la soieif
68. — Ms., RM : de l'Andalousie
69. — Ms., RM, 1841, 1842, 1845 : ou la gaieté
70. — Ms., RM, 1841, 1842, 1845 : désarma
71. — Ms., RM, 1841 : adopter
72. — Ms., RM : sectateurs
73. — Ms., RM, 1841, 1842, 1845 : Chacun se sépara. *Le manuscrit porte en marge la date du* 27 février
74. — Ms, RM, 1841, 1842, 1845 : la sieste. Don Juan accepta
75. — 1842 : *Ajoute* « dans son rêve »
76. — 1841, 1842, 1845 : s'expliquer
77. — Ms., RM, 1841 : et il rêva avec suite

78. — Ms., RM : trouble
79. — Ms., RM : que la première fois
80. — Ms., RM : livides ou teint de sang caillé
81. — Ms., RM : Ce spectacle le saisit d'horreur
82. — Ms : Il fut saisi d'horreur et il se réveilla en sursaut

La phrase manque dans RM.

83. — Ms., RM, 1841 : Marañas
84. — Ms., RM : domestique
85. — Ms., RM, 1841 : vous aussi les vôtres
86. — Ms. : *Le passage suivant a été rayé sur le manuscrit :*
« Bientôt les jalousies se soulevèrent légèrement et une petite toux se fit entendre. Cela voulait dire qu'on écoutait. Dⁿ Garcia, suivant l'usage des musiciens, cessa de chanter et entama une conversation à voix basse avec une [*sic*] femmes qui l'écoutaient. Dⁿ Juan en levant les yeux vit à la fenêtre au dessus de lui une femme qui paraissait le considérer fort attentivement. Il était jeune, timide encore et ne savait par où commencer. Enfin une petite voix douce se fit entendre : « Est-ce vous qui étiez aujourd'hui à l'église de St Pierre. — Oui et j'ai eu le bonheur de vous voir. — Pourquoi donc m'avez-vous tant regardée? » La glace était brisée. Don Juan qui savait par cœur toutes les romances morisques où la langue amoureuse est si riche, ne pouvait manquer d'être éloquent. »
87. — Ms., RM : à la trois ou quatrième. *Ici le manuscrit donne en marge la date du* 12 mai 1834 (*sic*).
88. — Ms., RM : de deux des fenêtres
89. — Ms., RM : à une fenêtre
90. — Ms : lui donnait
91. — Ms., RM, 1841 : qu'il y avait été
92. — Ms., RM : Dª Teresa
93. — Ms., RM, 1841, 1842, 1845 : échelle de cordes
94. — Ms., RM, 1841 : Une nuit très sombre
95. — Ms., RM, 1841 : manteaux, *Le manuscrit porte ici en marge la date du* 28 février 1834.
96. — Ms., RM : doña Teresa
97. — RM : à nos
98. — Ms., RM : targe en fer
99. — Ms : *Le manuscrit donne ici dans la marge la date du* 4 mars.
100. — Ms., RM, 1841, 1842, 1845 : D'un autre côté de la rue
101. — Ms., RM : Tous deux alors se mirent à courir
102. — Ms., RM, 1841, 1842, 1845 : *suppriment* « encore »
103. — Ms., RM : réflexion
104. — Ms., RM : Don Garcia
105. — Ms., RM : vous êtes auteur
106. — Ms., RM : mort qui avait été percé
107. — Ms, RM : Don Juan commençait à comprendre le dessein de Don Garcia. *Le manuscrit donne ici en marge la date du* 22 mars.
108. — Ms., RM, 1841, 1842, 1845 : Il les assura

109. — Ms : l'affaire ne fût connue.
Le manuscrit donne ici en marge la date du 24 mars.
110. — Ms., RM, 1841, 1842, 1845 : des deux jeunes gens
111. — RM : partit
112. — Ms., RM : rentra
113. — Ms., RM : et se jeta
La manuscrit donne ici en marge la date du 26 mars.
114. — Ms., RM : don Juan tomba comme de raison
115. — Ms., RM : qui entra
Le manuscrit donne ici en marge la date du 27 mars.
116. — Ms., RM : doña Teresa
117. — Ms., RM : doña Fausta
118. — Ms., RM, 1841 : qui ne me veut pas de bien
119. — Ms., RM : don Garcia
120. — Ms., RM : don Juan
121. — Ms., RM : don Garcia
122. — Ms : C'était un cavalier fameux
RM : Ce don Cristoval était
123. — Ms., RM : Il était redouté
124. — Ms., RM : *suppriment* « à les entendre », *correction de 1841.*
125. — RM : Bernard de Carpio
126. — Ms., RM : sur son cœur
127. — Ms., RM : je ne crois pas qu'il en eût fait usage
128. — Ms., RM : pour ne pas perdre
129. — Ms., RM : sa mort
130. — Ms., RM : *suppriment* « aux femmes », *correction de 1841.*
131. — Ms., RM : don Juan en sa qualité
132. — Ms., RM. 1841 : auraient pu faire
133. — Ms., RM : pour l'empêcher
134. — Ms., RM : doña Teresa
135. — Ms., RM, 1841 : porte à la première femme
136. — Ms., RM : et que s'il se conduisait
137. — Ms., RM : auxquelles il prenait part
138. — Ms., RM : doña Teresa
139. — Ms., RM : le regret qu'elle avait de ne pouvoir le recevoir la nuit.
1841 : le regret de ne pouvoir le recevoir la nuit
140. — Ms., RM : doña Teresa
141. — Ms., RM, 1841 : elle devait coucher
142. — Ms., RM : qui trouva bientôt
143. — Ms., RM, 1841 : pour un rendez-vous
144. — Ms., RM : *ajoutent :* et passèrent la nuit avec elles
1841 : et demeurèrent avec elles
1842 : *Supprime les phrases précédentes.*
145. — Ms : il continuait
146. — Ms., RM : Il le comparait tantôt. *Le manuscrit porte en marge la date du* 28 mars
147. — Ms., RM, 1841 : c'est parbleu la représentation

148. — Ms., RM : sortit enfin à l'aube
149. — Ms., RM : doña Fausta. *Le manuscrit porte en marge la date du* 8 avril.
150. — Ms., RM : c'est un enfant
151. — Ms., RM 1841 : et il n'y a pas à causer
152. — Ms., RM : pas d'idée
153. — Ms., RM : pardonnez
154. — Ms., RM : me céder doña Teresa
155. — Ms., RM, 1841, 1842, 1845 : à l'échange. *Le manuscrit porte ici en marge la date du* 12 avril
156. — Ms., RM : doña Fausta
157. — Ms., RM, 1841 : traitez-la à votre fantaisie. *Le manuscrit porte ici en marge la date du* 16 avril.
158. — Ms., RM : sans paraître fort chagrin
159. — Ms., RM : riait toujours et offrait
160. — Ms., RM, 1841, 1842, 1845 : de prendre sa revanche
161. — Ms., RM : doña Fausta
162. — Ms : Teresita
163. — Ms., RM : n'osera pas crier
164. — Ms., RM, 1841, 1842, 1845 : lui démontrait
165. — Ms., RM : doña Fausta
166. — RM : si elle consentait
167. — Ms., RM : à la Teresita
168. — Ms., RM : Il entra; la porte se referma aussitôt et don Juan
169. — Ms., RM : Don Juan n'ôta ni son manteau ni son chapeau, 1841, 1842, 1845 : sans ôter son manteau ou son chapeau
170. — Ms., RM : puis, ouvrant les bras elle s'avança vers lui pour l'embrasser
1841 : puis tout d'un coup elle s'avança vers lui pour l'embrasser
171. — Ms., RM, 1841 : manteau, et lui tendit les bras
172. — Ms., RM : Vous avez un air singulier
173. — Ms., RM : Don Juan pour s'épargner
Le manuscrit donne ici en marge la date du 17 avril.
174. — Ms., RM : il la voyait
175. — Ms., RM : pour qu'il n'échappât pas de ses mains
176. — Ms., RM : enfin elle se leva
177. — Ms., RM : Elle saisit un poignard suspendu à la muraille
178. — Ms., RM : hostilité
179. — Ms., RM : tantôt s'attachant
180. — Ms., RM : Don Juan avait d'abord reçu. *Le manuscrit donne ici en marge la date du* 24 avril
181. — Ms., RM : Faustita
182. — Ms., : s'il fallait le tuer
183. — Ms., RM : *ne donnent pas* « Jusque-là ». *Correction de 1841.*
184. — Ms., RM : le bruit alarmant de portes qui s'ouvraient se faisait entendre
185. — Ms., RM : mais elle se cramponnait à son pourpoint
186. — Ms., RM, 1841, 1842, 1845 : tout d'un coup

187. — 1841, 1842, 1845 : s'ouvrit
188. — Ms., RM : Elle glissa ou plutôt tomba
189. — Ms., RM : Il reçut d'abord
190. — Ms., RM : ne lui fit
191. — Ms., RM : Il mit l'épée à la main et chercha
192. — Ms., RM : *ne donnent pas* « et à éteindre le flambeau que portait le laquais ». *Correction de 1841.*
193. — Ms., RM : Le laquais eut peur de son air résolu et se retira
194. — Ms., RM : Mais don Alonso
195. — Ms., RM : Don Juan para quelques bottes
196. — Ms : dans un clin d'œil
197. — Ms : *Le manuscrit porte ici la date du* 25 avril [*sic*]
198. — Ms., RM : Don Garcia ne perdait pas
199. — Ms., RM : Il écouta
200. — Ms., RM, 1841 : des protestants
201. — Ms., RM, 1841 : autre part
202. — Ms., RM : Don Juan après s'être concerté
203. — Ms., RM, 1841 : il acheta
204. — Ms., RM : Juan Carrazo
205. — Ms., RM : et qui avait pris un autre chemin, le rejoignit
206. — Ms., RM : avoir lorgné quelques beautés aragonaises
207. — Ms., RM : et s'être pourvus
208. — Ms., RM : Les plaisirs que les deux amis trouvèrent en Italie leur firent négliger pendant quelques mois
209. — Ms., RM : Mais l'argent
210. — Ms., RM : *1841 ajoute :* fort accommodant d'ailleurs sur la discipline.
211. — Ms., RM : Le capitaine Gomare charmé de leur bonne mine
212. — Ms., RM : aux plus belles dames
213. — Ms., RM, 1841, 1842, 1845 : à les décrire
214. — Ms., RM, 1841, 1842, 1845 : accourut auprès de lui. *Le manuscrit porte ici en marge la date du* 26 avril 1834
215. — Ms., RM : je sens que je n'irai pas loin
216. — Ms., RM, 1841, 1842, 1845 : ajouta-t-il
217. — Ms., RM, 1841 : dans ce moment
218. — Ms., RM, 1841, 1842, 1845 : Tenez
219. — Ms., RM : un chemin malaisé
220. — Ms., RM : dans une grange
221. — Ms., RM, 1841 : On blâma, comme cela se pratique les dispositions
222. — Ms., RM : avec les cinquante écus
223. — Ms., RM : vous
224. — Ms., RM : *1841 ajoute :* facilement surmontées
225. — Ms., RM : quatre écus. Ils suivirent les premiers.
226. — Ms.. RM : jeta. *Le manuscrit porte ici la date du* 27 avril.
227. — Ms.. RM : un Roi
228. — Ms., RM, 1841 : Deux jours après

229. — Ms., RM : se hâtaient de marcher
230. — Ms., RM : s'étaient déformés
231. — Ms., RM, 1841 : raidis
232. — Ms., RM : Il était évident que ses
233. — Ms., RM : 1841 *ajoute :* Bien que familiarisé avec de tels spectacles
234. — Ms., RM, 1841 : semblaient se diriger
235. — Ms., RM : avec un air
236. — Ms., RM : *1841 ajoute :* Pourtant
237. — Ms., RM : à la hâte quelques prières
238. — Ms., RM : *1841 ajoute :* « On est brave quand on n'a plus le sou », disaient ses camarades
239. — Ms., RM : elle était déjà tellement rapprochée
240. — Ms., RM, 1841, 1842, 1845 : aucun homme
241. — Ms., RM : Il s'aperçut
242. — Ms., RM : en l'entendant, et
243. — Ms : *Ici le manuscrit a rayé le passage suivant :*
« mais j'aurais bien des reproches à vous faire, car vous m'avez ôté presque toutes mes vieilles croyances et vous n'avez pu parvenir à m'apprendre votre belle philosophie. Si bien que maintenant je ne sais plus trop à quoi m'en tenir » et j'envie...
244. — Ms., RM : qui regardait le camp
245. — Ms., RM : arquebusade qui tue
246. — Ms., RM, 1841, 1845 : rancuneux
247. — Ms., RM : qui m'a assassiné
248. — Ms : *Le manuscrit porte en marge la date du* 29 avril.
249. — Ms., RM : et en était
250. — Ms., RM, 1841 : Elles étaient maintenant
251. — Ms., RM, 1841, 1842, 1845 : le changer
252. — Ms., RM : Aujourd'hui le premier à l'assaut
253. — Ms., RM : Au milieu de ces honteuses occupations
254. — Ms., RM : Il avait depuis longtemps obtenu
255. — Ms., RM, 1841, 1842, 1845 : Alonso d'Ojeda
256. — Ms., RM : mais il ne s'y arrêta
257. — Ms., RM : Il n'y avait sorte de plaisirs qu'on ne trouvât dans son magnifique palais.
258. — Ms., RM : *1841 ajoute :* méthodiquement
259. — Ms., RM : Il le montra un jour
260. — Ms., RM : avant le Pape
261. — Ms., RM : les églises, s'agenouillant
262. — Ms., RM : des autres fidèles
263. — Ms., RM : en quel lieu et en quel temps
264. — Ms., RM : Il revint deux jours de suite dans l'église et se plaça toujours au même lieu,
265. — Ms., RM : Il apprit. *Ici le manuscrit porte en marge la date du* 1er mai.
266. — Ms., RM, 1841, 1842, 1845 : Le plus important et il semblait aussi le plus difficile

267. — Ms., RM : Pour faire lever les yeux de cette belle personne
268. — Ms., RM : se prosterna
269. — Ms., RM : figure dans mon catalogue
1841 : qu'elle doit figurer dans mon catalogue
270. — Ms., RM : qu'elle le regardait. *Dans 1841, la coquille* « regradait »
271. — Ms., RM : pensa-t-il, mais elle
272. — Ms., RM : Il pensait bien
273. — Ms., RM : auprès de la grille
274. — Ms., RM, 1841 : Dans le même moment
275. — Ms., RM : vous ne m'avez
276. — RM : une fois
277. — Ms., RM : Teresa de Ojeda
278. — Ms. : tous ceux de Séville
279. — Ms. : ordinaires, elle se chargeait
280. — Ms., RM : *1841 ajoute* « le lendemain »
281. — Ms., RM : La tourière revint
282. — Ms., RM, 1841, 1842, 1845 : des confitures
283. — Ms., RM, 1841, 1842, 1845 : de donner au couvent
284. — Ms., RM, 1841, 1842, 1845 : patronne du couvent
285. — Ms., RM : formel, et la laissa.
286. — Ms., RM, 1841 : Et elle sentait que, mourir
287. — Ms., RM : contenant des habits de femme
288. — Ms., RM : Une litière attelée de mules vigoureuses préparée à quelque distance
289. — Ms., RM : l'emmènerait
290. — Ms., RM, 1841, 1842, 1845 : cordes
291. — Ms., RM, 1841, 1842, 1845 : rien ne pouvait la rompre
292. — Ms., RM : pour éviter. *Le manuscrit porte ici en marge la date du* 2 mai 1834.
293. — Ms., RM : pour son château
294. — Ms., RM : sa table
295. — Ms., RM : Il lut quelques pages et se
296. — Ms., RM : il ne pouvait
297. — Ms., RM : avait tracé
298. — Ms. : ton
299. — Ms., RM : Il se remit alors
300. — Ms., RM : Il passa ainsi une nuit sans sommeil, en proie à une agitation indicible.
301. — Ms., RM : Il était un peu étourdi
302. — Ms., RM, 1841, 1842, 1845 : et il fut
303. — Ms., RM : de repentir pour
304. — Ms., RM, 1841 : et si elles allaient, suivant ses ordres, l'attendre
305. — Ms., RM, 1841, 1842, 1845 : Il distingua sans peine. *Le manuscrit porte en marge la date du* 3 mai.
306. — Ms., RM : deux autres files
307. — Ms., RM : et on eût dit
308. — Ms., RM : Les plis raides et longs

309. — Ms., RM : Don Juan, à ce spectacle
310. — Ms., RM : et piqua
311. — Ms. : Il se dirigeait
312. — Ms., RM : Don Juan Maraña
313. — Ms., RM : les cheveux à la tête
314. — Ms., RM : ou peut-être
315. — Ms., RM : Don Juan, malgré ses efforts
316. — Ms., RM : Juan Maraña
317. — Ms., RM : Juan Maraña
318. — Ms., RM : Juan Maraña
319. — Ms., RM : le comte Maraña
320. — Ms., RM : pas un homme ne l'aimait
321. — Ms., RM : un mot sur son état
322. — Ms., RM : de leurs mains
323. — Ms., RM : était devenu
324. — Ms., RM, 1841 : Après le récit
325. — Ms., RM : supplice
326. — Ms., RM : en proie à une indicible
327. — Ms., RM : l'abbesse
328. — Ms., RM, 1841 : en vain lui prodigua-t-on les secours de l'art et de la religion
329. — Ms., RM : par sa régularité et sa dévotion
1841 : par son austérité et sa dévotion
330. — Ms., RM, 1841 : Le danger de la contagion était tel
331. — Ms. : *Le manuscrit porte ici en marge la date du* 5 mai 1834.
332. — Ms., RM : Pedro Ojeda
333. — Ms., RM : Alfonso Ojeda
334. — Ms., RM : vous sont toutes acquises
335. — Ms., RM : et montra qu'il portait sous son bras
336. — Ms., RM, 1841 : je me pique un peu
337. — Après 1868 : *Les éditions postérieures à la mort de Mérimée corrigent :* et quelque nom que vous portiez
338. — Ms., RM : se mit de nouveau
339. — Ms., RM : crois-tu que je suis ta dupe
340. — Ms., RM : ta queue de diable
341. — Ms., RM, 1841 : contre une muraille
342. — Ms., RM : mais je ne me battrai pas
343. — Ms., RM, 1841, 1842, 1845 : La figure
344. — Ms., RM : et fondirent
345. — Ms., RM : mais il écarta
346. — Ms., RM : venait à se répandre. *1841 ajoute :* dans le public
347. — Ms., RM : Ensuite il enferma
348. — Ms., RM : ne fut plus interrompue
349. — Ms., RM : un nouveau retour
350. — Ms. : afin que chacun le foulât
351. — Ms., RM : toutes les dispositions que son excessive humilité lui avait dictées

LA VÉNUS D'ILLE

1. — Ms. : *Le manuscrit, sauf sur le titre,* reproduit ici en *fac-simile, donne partout Ill. A noter que dans ses* Notes d'un voyage dans le Midi de la France (*p. 421*) *Mérimée écrit* Ill.
2. — Ms : *Le manuscrit donne* M. J. de P. *Il s'agit de Jaubert de Passa.*
3. — RM, 1841 : me disais-je
4. — Ms. : excita
5. — RM, 1841, 1842, 1845 : l'on
6. — RM, 1841, 1842, 1845 : qu'il
7. — RM, 1841, 1842, 1845 : qu'il
8. — RM : ce sera quelque statue romaine
9. — RM : mieux fait
10. — RM, 1841 : quand patatras !
11. — Ms., RM : occupée des détails de son ménage
12. — RM : ouvrir
13. — RM : non plus qu'un terme
14. — RM, 1841 : journal des modes
15. — RM, 1841 : raide
16. — Ms. : Vous êtes chez moi, vous m'appartenez.
17. — RM : pas un mot de la Vénus.
18. — Ms., RM : observa
19. — Ms. : considérer
20. — Ms., RM : depuis assez de temps
21. — RM : tout ce qu'il disait
22. — 1842 : Casserai — « Casserais » *rétabli en 1845.*
23. — Ms. : puis tous les deux prirent la fuite
24. — Ms., RM : pas de signe de vie
25. — Ms. : sous le nom du Germanicus
26. — Ms. : donnent
27. — RM : un sentiment
28. — 1842 : M. Peyrehorade
29. — Ms. : de ce *cave amantem* là.
30. — RM, 1841, 1842 : « elle » *n'est pas en italiques.*
31. — Ms., RM : Il y en a eu plusieurs
32. — RM, 1841 : cabarets
33. — Ms. : ce me donne quelque peine
34. — RM, 1841 : Orelius
    1842, 1845 : Orellius
35. — Ms. : qui me les a donnés
36. — Ms. : la conversation qui s'ensuivit, l'un et l'autre m'excédèrent

37. — Ms. : *dans le manuscrit Mérimée avait d'abord écrit le passage suivant qu'il a entièrement biffé :*
« Sa figure était la plus régulière du monde, mais d'une immobilité désespérante. C'était incontestablement une personne parfaitement belle, mais nullement séduisante. Pour de l'esprit je ne sais si elle en avait, car je ne l'entendis prononcer d'autres paroles que oui et non. A cela près qu'elle savait dire ces deux mots, et qu'elle rougissait fort souvent, c'était une belle statue, et cette comparaison que je faisais mentalement, me rappela *la Vénus Turbulenta*. Je ne pus m'empêcher de penser que Mlle de Puygarrig gagnerait singulièrement à prendre une légère teinte de la malice si fortement empreinte aux traits de la déesse. On se retira fort tard. »
38. — RM : de toutes ses actions, de toutes ses réponses
39. — Ms. : on eût pris un autre jour
40. — Ms. : une partie qui attira sur-le-champ
41. — Ms. : reçu de plus vives félicitations.
42. — Ms. : *Le manuscrit avait d'abord écrit différemment :* « ... Je vous rendrai des points. Le géant espagnol ressentit profondément cette insulte. Je le vis pâlir sous sa peau basanée. Il serrait les dents et d'une voix étouffée il dit tout bas : *Me lo pagaras*. J'aurais voulu voir M. Alphonse plus modeste et je souffris un peu de l'humiliation de son rival. La voix de son père troubla son triomphe; celui-ci fort étonné... »
43. — RM : les joueurs de paume illois
44. — Ms. : à longueur de bras
RM : à longueur du bras
1841, 1842 : à la longueur du bras
45. — Ms. : et son embarras n'avait rien de gauche et d'affecté
46. — Ms. : celtiques
47. — RM : lorsqu'un coq chanta
48. — 1842, 1845 : des bruits confus
49. — Ms., RM : et sortis sur le corridor
50. — Ms., RM : les tempes d'eau de Cologne
51. — RM, 1841, 1842, 1845 : agitée d'horribles convulsions
52. — RM, 1841, 1842, 1845 : Bon Dieu
53. — Ms., RM : Les dents serrées et la figure noircie
54. — RM, 1841, 1842, 1845 : les plus horribles angoisses
55. — RM : Si les assassins s'étaient introduits
56. — RM : quelque chose froid
57. — Ms., RM : au moment qu'il allait entrer
58. — Ms. : immobile et sans parler
59. — RM, 1841, 1842, 1845 : bague en diamants
60. — Ms. : je prévoyais que bien que mon hôte ne partageât point les terreurs et la haine
61. — RM : n'existait plus

COLOMBA

1. — RM : L'épigraphe est la suivante :

Povera, orfana, zitella,
Senza cugini carnali ! —
Ma per far la to vindetta
Sta siguru, vasta anche ella.
(Complainte funèbre du Niolo.)

1841 : Pas d'épigraphe

2. — RM, 1841 : de retour
3. — RM : Fenwick
4. — RM, 1841 : qu'il faut apprendre
5. — RM : un cochon
6. — RM, 1841, 1842, 1845 : l'aspect sauvage du pays
7. — RM, 1841, 1842, 1845 : qui ne ressemble à aucun autre.
8. — RM, 1841, 1842, 1845 : bivouac
9. — RM : dans la Cannebière
10. — RM, 1841 : la pièce
11. — RM : ces braves gens s'étaient formés
12. — RM, 1841 : Orgagna
13. — RM : du lieutenant
14. — RM : Les imprécations
15. — RM : les menaces
16. — RM, 1841, 1842, 1845 : essayer de traduire
17. — RM, 1841 : *Rimbeccu*
18. — RM, 1841, 1842, 1845 : auprès d'elle
19. — RM : ne pouvait pas.
20. — RM, 1841, 1842, 1845 : par.
21. — RM, 1841, 1842, 1845 : fréquemment.
22. - 23. - 24. — RM : *rimbeccu*
25. — RM, 1841, 1842, 1845 : sauver son mari, par amour pour lui
26. — RM, 1841, 1842, 1845 : vous l'excusez
27. — RM : et disait
28. — RM, 1841 : deux ennemis
29. — RM, 1841, 1842, 1845 : le télescope
30. — RM : d'un long fusil
31. — RM : plus galant
32. — RM, 1841 : la vue de la baie de Naples
33. — RM : le second jour de son arrivée en Corse
34. — RM : il fut
35. — RM : sur un sofa
36. — RM : que de leur rappeler
37. — 1842, 1845 : voudrait le voir. « Les voir » rétabli en 1850.
38. — RM : de marquis
39. — RM : dans la pensée
40. — RM : plus tôt

41. — RM, 1841, 1842, 1845 : qui avait été se promener au bord de la mer avec sa femme de chambre, regagnait l'auberge
42. — RM, 1841 : dans la ville, suivie
43. — RM, 1841, 1842, 1845 : écouter
44. — RM, 1841, 1842, 1845 : une heure
45. — RM, 1841, 1842, 1845 : était mort
46. — RM : ne s'étaient salués
47. — RM : à la chute
48. — 1841 : ces cent jours. « Les » rétabli en 1842
49. — RM, 1841 : en grande pompe possession
50. — RM : le maire, ses deux fils
51. — RM : se présentèrent
52. — RM : d'un bandit
53. — RM : une femme
54. — RM, 1841, 1842 : surprenante
55. — RM, 1841, 1842, 1845 : aurait été le même
56. — RM, 1841, 1842, 1845 : de son meurtrier
57. — RM : son cigare
58. — RM : la cacheter
59. — RM, 1841 : qu'il avait été
60. — RM, 1841, 1842, 1845 : tué en se battant
61. — RM, 1841 : quelle ne vous avait
62. — RM : Elle comprend
63. — RM, 1841, 1842, 1845 : être adroit chasseur
64. — RM : atroce vengeance
65. — 1841, 1842, 1845 : de ce que. Corrigé en 1850.
66. — RM, 1841 : vous présenterait
67. — RM : poursuivit-elle
68. — RM, 1841, 1842, 1845 : son long monologue
69. — RM, 1841 : sept à huit hommes
70. — RM, 1841 : qu'elle tira des grandes poches
71. — RM : et de tes soupçons
72. — 1841 : pour faire *(faute évidente)*
73. — RM : mais, par tous les diables !
74. — RM, 1841, 1842, 1845 : on n'en pourra pas
75. — Toutes les éditions : Marbœuf *(faute évidente)*
76. — RM, 1841, 1842, 1845 : on y accède
77. — RM, 1841 : qu'il avait vécus
78. — RM, 1841, 1842, 1845 : lui mit
79. — RM, 1841, 1842, 1845 : une veste en velours
80. — RM, 1841, 1842, 1845 : Dans ses oreilles
81. — RM, 1841 : de la sorte M. Shandy se consola
82. — 1842, 1845 : Ah ! mon fils
83. — RM, 1841, 1842 : colère, paraissant
84. — RM, 1841, 1842, 1845 : Vous avez donc oublié
85. — RM, 1841, 1842, 1845 : Dame
86. — RM, 1841 : je ne sais trop

87. — RM : il se servit ensuite
88. — RM : qu'il se ferait
89. — RM, 1841 : lourde, il sait se faire obéir
90. — RM, 1841 : à mœurs simples
91. — RM, 1841 : me répond-il
92. — RM : il me remet
93. — RM : morale, religieuse
94. — RM : qu'on ne peut refuser
95. — RM : à la signora Colomba
96. — RM, 1841, 1842, 1845 : La date (1840) manque et a été ajoutée en 1850
97. — RM : Je suis repassé
98. — RM : suffisait d'ailleurs
99. — RM : *La phrase entière est incluse dans la* ballata, *après les mots* « insultant à sa douleur ».
100. — RM, 1841 : s'empressaient
101. — RM : connaissant bien les lois
102. — RM, 1841, 1842, 1845 : le substitut du procureur général
103. — RM : est-ce le moyen de savoir la vérité
104. — RM, 1841 : qui n'a à redouter qu'une condamnation assez légère
105. — RM, 1841, 1842, 1845 : du substitut
106. — RM, 1841, 1842, 1845 : bien de la peine
107. — RM, 1841, 1842, 1845 : votre fusil
108. — RM, 1841, 1842, 1845 : et le regard
109. — RM : un messager
110. — RM, 1841 : accompagnant chaque lecture
111. — RM, 1841 : puis il y fit
112. — RM, 1841, 1842, 1845 : soupçon
113. — RM, 1841, 1842, 1845 : répondit-elle
114. — RM : Ors 'Anton'
115. — RM, 1841 : étant assis
116. — RM, 1841 : et sa famille
1842 : et sa fille *(faute évidente)*
117. — RM, 1841, 1842, 1845 : Ce sera
118. — RM, 1841, 1842, 1845 : que je verrai
119. — 1842, 1845 : infamies de cachées (corrigé en 1850)
120. — RM, 1841, 1842, 1845 : qui en fait
121. — RM, 1841 : leur stylet
1842, 1845 : un stylet
122. — RM : j'aime à croire encore
123. — RM, 1841, 1842, 1845 : décidé la victoire
124. — RM, 1841 : votre domestique
125. — RM, 1841 : j'en suis sûr, vous les croyez
126. — RM, 1841, 1842, 1845 : peut-être ils tireraient
127. — RM : un coup
128. — RM, 1841 : l'instant d'avant
129. — RM : *La note n'existe pas. Elle ne paraît qu'en 1841.*

130. — RM, 1841 : redingote bien serrée
131. — RM : qu'il leur attribuait
132. — RM : insulte de la sorte
133. — RM, 1841, 1842, 1845 : de châtaigniers
134. — RM, 1841, 1842, 1845 : de ses ennemis
135. — RM, 1841 : de pierres sèches
136. — RM, 1841 : Le visage
137. — RM, 1841 : dont il découvrait à peine les yeux
138. — RM : *La note n'est pas complète.* « et qui lui sert comme de correctif » *est ajouté en 1841.*
139. — RM : qui avait achevé
140. — RM : éloges, on sait
141. — RM, 1841, 1842, 1845 : que ces gaillards aient la vie
142. — RM : l'un
143. — RM, 1841, 1842, 1845 : aussi périlleuse
144. — RM : devant des étrangers
145. — RM, 1841, 1842, 1845 : sa carnassière
146. — RM, 1841, 1842, 1845 : fait attention
147. — RM : C'était pourtant la troisième fois
148. — RM, 1841, 1842, 1845 : pour leur éviter
149. — RM : avaient
150. — RM : est venue
151. — RM, 1841, 1842, 1845 : d'un enfant
152. — RM : de vous voir
153. — RM : mêlé de grandes masses
154. — RM : il sera inquiet
155. — RM : et bientôt
156. — RM : elle lui reprit la main
157. — RM, 1841, 1842, 1845 : au bivouac
158. — RM, 1841, 1842, 1845 : pas encore partir
159. — RM : en tête-à-tête au milieu
160. — RM, 1841, 1842, 1845 : l'on
161. — RM : qui passait *(faute probable)*
162. — RM : les frères Gambini
163. — RM, 1841, 1842, 1845 : (comme disent les journaux)
164. — RM, 1841, 1842, 1845 : habitation voisine.
165. — 1841, 1842, 1845 : à l'un
166. — RM, 1841, 1842, 1845 : advenir
167. — RM : *La note est incomplète. Après* « responsabilité », *la phrase a été ajoutée en 1850.*
168. — RM, 1841 : vous voulez
169. — RM : nous trouverons
170. — RM : C'était gênant
171. — RM : sur son front
172. — RM : étendre la main

ARSÈNE GUILLOT

L'épigraphe est incorrecte dans toutes les éditions. La division en chapitres n'existe pas dans la Revue des Deux Mondes.

1. — RM.; 1847 : d'une personne aussi considérée
2. — RM.; 1847 : deviner déjà la position
3. — RM.; 1847 : Elle en réchappera
4. — RM.; 1847 : ce qui l'avait poussée
5. — RM.; 1847 : quand on n'a plus le sou
6. — RM.; 1847 : Sans doute de n'avoir pas fait
7. — RM : Bouillon, tisane, etc
8. — RM.; 1847 : deviner
9. — RM : Lorsqu'elle vit entrer Mme de Piennes
10. — RM.; 1847 : et puis le bruit... crah!
11. — RM. : Un cierge à saint Roch
12. — RM.; 1847 : je ne puis vous dire cela
13. — RM.; un cierge à saint Roch
14. — RM.; 1847 : sous un oreiller
15. — RM. : ce reproche
16. — RM. : toute rouge
17. — RM.; 1847 : l'un des attentifs
18. — RM. : ainsi loin de son pays — 1847 : aussi loin de son pays
19. — RM.; 1847 : d'être aimé de même
20. — RM. : ἔγυρίσε
21. — RM.; 1847 : Je compte toujours sur vous
22. — RM : à la trouver
23. — RM : et ce mot de *salut*
24. — RM.; 1847 : les mauvaises passions
25. — RM.; 1847 : aussi sérieuse
26. — RM : Elle avait beau compter
27. — RM : par des questions
28. — RM.; 1847 : lui avait demandé
29. — RM.; 1847 : Pour qui donc?
30. — RM.; 1847 : connaître
31. — RM.; 1847 : qui n'aperçoit point les détails
32. — RM.; 1847 : l'heure à laquelle il devait aller
33. — RM : Mme de Piennes se releva doucement

CARMEN

Dans la *Revue des Deux Mondes* (RM), les chapitres ne sont pas numérotés, mais séparés par une ligne de points.

1. — RM.; 1847 : quelque
1852 : quelques *(faute évidente)*
2. — RM. : la moindre incertitude
3. — RM. : qui tient encore l'Europe
4. — RM.; 1847 : en remontant le ruisseau je trouverais
5. — RM.; 1847 : qui avait dû être beau
6. — RM. : *Cette note n'existe pas. Elle paraît pour la première fois en 1847.*
7. — RM.; 1847 : me charmaient tellement
8. — RM.; 1847 : mais que m'importait ?
9. — RM.; 1847 : me demandais-je
10. — RM. : on voyait cinq ou six vieilles couvertures
11. — RM.; 1847 : Voilà donc tout ce qui reste, me dis-je, de la population de Munda Bætica.
12. — RM.; *La note n'existe pas. Elle paraît pour la première fois en 1847, mais 1852 ajoute :* « Le basque est la langue du pays. »
13. — RM.: par sa faute
14. — RM.; 1847 : abritée derrière une couverture
15. — RM.; 1847 : enjambant
16. — RM.; 1847 : il dort; c'est qu'il n'a pas peur
17. — RM. : de ne soupçonner personne, et de ne pas songer
18. — RM.; 1847 : j'avais mangé avec lui du jambon
19. — RM. : signer ma réclamation
20. — RM.; 1847 : écarquillant les yeux et ne voyant pas grand'chose.
21. — RM.; 1847 : dont les larges pétales
22. — RM.; 1847 : vous êtes sans doute de Cordoue ?
23. — RM.; 1847 : que je n'ai trouvée à aucun regard
24. — RM. : l'avoir laissé prendre
25. — RM.; 1847 : Ça finira, disait-il
26. — RM. : par quelques mots
27. — RM.; 1847 : de vouloir bien
28. — RM.; 1847 : le garrote est à l'usage des vilains.
29. — RM.; 1847 : de Séville
30. — RM. : s'en aperçussent et la mis
31. — RM. : ou à peu près
32. — RM.; 1847 : à carreaux rouge et blanc.
33. — RM. : Hélas ! qu'y deviendrai-je ?
34. — 1896 : Vous saurez, Monsieur, que
35. — RM. : mêmes les Maures et les Anglais les comprennent.
36. — RM. : tout à plein
37. — RM. : petite ville à deux lieues de Séville.

38. — RM.; 1847 : puis les bohémiens sortirent
39. — RM. : et la voiture les remmena
40. — RM. : on va en manger
41. — RM.; 1847 : s'en fut
42. — RM. : qu'ils parlaient ainsi
43. — RM. : Tu n'y pensais pas dans la rue du Candilejo.
44. — RM. : sa pièce
45. — RM. : Je restai immobile
46. — RM. : Il tira son sabre et me donna du plat d'abord. Alors je perdis la tête, et je dégainai.
47. — RM. : mieux que n'eût pu faire
48. — 1852 : Si je tiens jamais *(faute probable)*
49. — RM.; 1847 : répondit-elle
50. — RM. : J'avais de l'argent. Partout nous étions bien reçus.
51. — RM. : *Cette note n'existe pas. Elle ne paraît qu'en 1847.*
52. — RM. : elle m'avait même fait jurer
53. — RM. : de ma vie
54. — RM.; 1847; 1852 : Jette-le! Jette-le, me criait Carmen. 1861 et suivantes : Jette-le! me criait Carmen.
55. — RM.; 1847 : Elle sauta à bas
56. — RM. : elle ne l'en aimait que plus
57. — RM.; 1847 : Nous n'entendîmes plus
58. — RM.; 1847 : pour les vendre, surtout pour voir
59. — RM.; 1847 : par la rue
60. — RM.; 1847 : tout en soie
61. — RM.; 1847 : riait à cœur joie
62. — RM.; 1847 : On dirait d'un chat
63. — RM.; 1847 : L'Anglais retint ce mot et demanda : Maquila
64. — 1847 : un bien drôle mot *(erreur évidente)*
65. — RM. : Eh bien! apportez encore
66. — RM. : et je voyais
67. — RM : Or esorjié de or narnichilé; RM., 1847 *ne traduisent pas le proverbe.*
68. — RM.; 1847 : je ne pouvais jamais m'en aller
69. — RM. : J'avais déjà donné deux ou trois coups
70. — RM. : tous les deux
71. — RM.; 1847 : nous ne pouvions pas vivre ensemble
72. — RM. : Nous ne sommes que deux
73. — 1852 : nous nous étions associés *(faute évidente)*
74. — RM.; 1847 : je veux la voir
75. — RM. : de la maison
76. — RM.; 1847 : demandai-je
77. — RM.; 1847 : que je vous ai déjà vu
78. — RM.; 1847 : Je restai anéanti une bonne heure, assis devant ce cadavre.
79. — RM. : *Le texte de la Revue des Deux Mondes se termine ici.*
80. — 1847 : Ils s'appellent entre eux *Romané tchavé. (Cette phrase n'existe pas.)*

81. — 1847 : si l'on peut appeler ainsi
82. — 1847 : et ils en sont fort vains
83. — 1852 : périgrinations *(faute évidente)*
84. — 1847 : bien qu'il lui suffît

L'ABBÉ AUBAIN

Dans *le Constitutionnel* (C) et dans l'édition originale (1847) les lettres ne portent pas de numéro mais sont indiquées ainsi : PREMIÈRE LETTRE, DEUXIÈME LETTRE, etc. — Noirmoutier est toujours orthographié sans *s*.

1. — C. : diantre!
2. — C., 1847 : qu'il fait beau le voir!
3. — C., 1847 : qui me plaît assez.
4. — C., 1847 : Puis il m'a mené *(faute évidente)*
5. — C. : j'ai trouvé une occupation, une occupation intéressante
6. — C., 1847 : mars 1845; — 1852 : février 1845 *(erreur probable)*
7. — C., 1847 : étudiant sans autres ressources que
8. — C., 1847 ; 1852 : Il m'a remercié *(faute évidente)*
9. — C. : se prolongeant au-delà de la troisième
10. — C., 1847 : à force de lire ces méchants livres
11. — C. : des idées un peu bien étranges
12. — C., 1847 : sauté au second livre.
13. — C., 1847 : que je revins au premier livre, à la vie
14. — C., 1847 : à Héloïse sous le rapport de l'exaltation.
15. — C. : quelle race as-tu créée.
16. — C. : La citation correctement accentuée, devient incorrecte à partir de 1847.
17. — 1852 et suivantes : *Vae let me ama (faute évidente).*

NOTES

LES ÂMES DU PURGATOIRE

Page 9

* « *De la nature des dieux...* » « Ceux qu'on appelle théologiens comptent trois Jupiters, desquels le premier et le second sont nés en Arcadie. L'un a pour père l'Éther et pour enfants, raconte-t-on, Proserpine et Bacchus; l'autre a pour père le ciel et a, dit-on, engendré Minerve qui aurait fondé et inventé la guerre. Un troisième, fils de Saturne est né en Crète, île dans laquelle on montre son tombeau. » Traduction de Cicéron, *De Natura deorum,* III, 21. — Désiré Laverdant (*l. c.*, p. 106) écrit : « Mérimée, analyste sagace a parfaitement vu que don Juan est de la cuisse de Jupiter; et Castil-Blaze, passant gaiement en revue les hauts faits du grand seigneur effréné, conclut : « Il faut avouer que don Juan approche de bien près de la célébrité de Jupiter. »

* « *don Juan Tenorio...* » Héros de la comédie légendaire de Tirso de Molina (Gabriel Tellez, 1584?-1648) : *El Burlador de Sevilla y convidado de piedra* (Le Séducteur de Séville et le convive de pierre).

* « *... et don Juan...* » Il s'agit en réalité de don Miguel Mañara Vicentelo de Leca, chevalier de l'ordre de Calatrava, supérieur de l'hôpital de la Charité, né à Séville le 3 mars 1627; mort le 9 mai 1679. Le 31 août 1648, il épousa doña Jeronima Carrillo de Mendoza.

* « *... dans les pièces de Ducis...* » Ducis (Jean-François), né le 22 août 1733 à Versailles, où il est mort le 31 mars 1816. Il est surtout connu pour ses adaptations de Shakespeare et l'on dit que pour *Othello* il écrivit deux dénouements, l'un voisin de celui de Shakespeare, l'autre à l'usage des âmes sensibles.

Page 10

* « *Aqui yace el peor hombre que fué en el mundo.* » En réalité, dans son testament du 17 mars 1679, don Miguel Mañara avait demandé que fût gravé sur sa pierre tombale, ce qui fut fait : « *Aqui yacen los huesos y cenizas del peor hombre que ha habido en el mundo. Rueguen a Dios por él.* (Ici reposent les os et les cendres du pire homme qui a été dans le monde. Priez Dieu pour lui.)

* « *... se promenant, chaud de vin...* » Être chaud de vin = être ivre. Cf. Voltaire, *la Princesse de Babylone (Romans et Contes*, publiés par Henri Bénac, édit. Garnier, p. 361) : « Le roi d'Égypte, qui était chaud de vin, pour ne pas dire ivre... »

* « *... par les chefs-d'oeuvre de Molière...* » Molière. *Don Juan ou le Festin de pierre* (16 février 1665).

* « *... et de Mozart.* » *Il dissoluto punito, ossia Don Giovanni,* opéra en deux actes, paroles de l'abbé Da Ponte, musique de Mozart, représenté pour la première fois à Prague, le 4 novembre 1787, et pour la première fois à Paris, le 12 octobre 1811, sur le Théâtre-Italien.

* « *Le comte don Carlos de Maraña...* » Don Tomas Mañara, de Calvi, père de Don Miguel, mourut le 29 avril 1648.

* « *... la guerre contre les Morisques...* » Les Morisques sont les Maures qui sont restés en Espagne après la fin de leur domination (1492). On appelait ainsi ces chrétiens de fraîche date pour les distinguer des vieux chrétiens *(christianos viejos)* qui n'avaient pas cette tache originelle. Les édits impolitiques de Philippe II en 1565, *(el remedio de los Moriscos)* devaient provoquer leur révolte.

* « *Après la soumission des Alpuxarres...* » Le soulèvement de l'Alpujarra, dans la sierra Nevada, eut lieu de 1568 à 1570. Voir *Guerra de Granada que hizo el rei D. Felipe II contra los moriscos de aquel reino, sus rebeldes.* Escriviola D. Diego Hurtado de Mendoza, Valence, 1776; Charles Didier. « L'Alpuxarra ». *Revue des Deux Mondes,* 1er août, 1er septembre 1842. Ce soulèvement a été mis à la scène, par Calderon de la Barca, *Amar después de la muerte o el sitio de la Alpujarra* (1633); et par Martinez de la Rosa, *Aben-Humeya ou la Révolte des Maures sous Philippe II* (Porte-Saint-Martin, 19 juillet 1830).

Page 11

* « *... prétendants à sa main.* » Don Tomas Mañara avait épousé doña Geronima Anfriano Vicentelo, née à Séville. Morte à Séville, le 11 juin 1651.

* « *... les autres entrèrent en religion.* » Don Tomas Mañara aurait eu six enfants dont quatre filles, avant la naissance de don Miguel. Cf. Esther Van Loo, *le Vrai Don Juan,* Paris [1950], p. 44 et n. 1.

* « *... de n'avoir pas d'héritier de son nom...* » Molière dans son *Don Juan* (acte IV, sc. IV) fait dire à don Louis : « J'ai souhaité un fils avec des ardeurs nonpareilles; je l'ai demandé sans relâche avec des transports incroyables; et ce fils, que j'obtiens en fatiguant le Ciel de vœux, est le chagrin et le supplice de cette vie même dont je croyais qu'il devait être la joie et la consolation. »

* « *... les rosaires...* » Le rosaire est un grand chapelet que l'on dit à l'honneur de la Sainte-Vierge.

* « *... du Cid et de Bernard del Carpio...* » Héros légendaire, qui dans le cycle carlovingien de l'Espagne joue le rôle de Roland. Fruit des amours furtives du comte de Saldaña et de la sœur d'Alphonse le Chaste, roi de Léon, il est l'expression de la nationalité espagnole luttant contre les Francs. On trouve sept romances de Bernardo del Carpio, dans l'*Antologia de poetas liricos castellanos* de D. Marcelino Menéndez y Pelayo, Madrid, 1899, t. VIII, p. 15; et une étude du

même auteur, *ibidem,* t. XI, pp. 176-216. Lope de Vega a publié une comédie intitulée : *Mocedades de Bernardo del Carpio.*

* « ... *le style dur et sec de Moralès...* » Luis de Moralès, né à Badajoz vers 1509; mort en 1586.
Pareil tableau ne figure pas dans l'inventaire des biens laissés par Tomas Mañara, inventaire publié par Manuel Gomez Imaz (*l. c.*, pp. 213 et sq.).
L'idée de ce tableau a été sans doute suggérée à Mérimée par celui qui a été reproduit par Valdès Leal en arrière de son portrait de Miguel de Mañara, en costume d'*hermano mayor,* ayant devant lui la table, le pupitre et le livre qui se voient encore dans la salle capitulaire de la *Caridad.*

Page 12

* « ... *une église de Huescar...* » Toutes les éditions donnent « Huesca »; mais le manuscrit, dont on adopte ici la leçon, donne « Huescar ». En effet il ne peut pas s'agir de Huesca qui se trouve sur la route de Tardienta à Jaca, non loin de Saragosse. Il faut évidemment lire Huescar, dans la province de Grenade, au pied de la Sagrada Sierra (pic d'Huescar) où le Guadalquivir prend sa source. A l'est de la ville se trouve une sierra nommée « Huescar la Vieja » qui correspond à l'emplacement de la primitive Huescar dont les ruines se voient encore. Hurtado de Mendoza (*l. c.*, p. 239) parle des désordres de Galera, à une lieue de Huescar et de « Guescar Ciudad de los confines del Reino de Murcia i Granada... » Le fils aîné du duc d'Albe sera duc de Huescar. (*Corr. gén.*, t. V, p. 552.)

Page 13

* « ... *à l'assaut d'Alméria...* » Almeria, port d'Espagne, sur le golfe d'Almeria, était échue aux chrétiens en 1490.

* « ... *la montagne d'Elvire.* » La *Sierra de Elvira* où la tradition a longtemps placé le rocher témoin de la douleur de Boabdil *(le Soupir du More).* Cf. René Jasinski. *L'« España » de Th. Gautier.* Édition critique, Paris, Vuibert, 1929.

* « *Un alfaqui...* » Docteur de la religion musulmane.

Page 14

* « *des citrouilles de Rota...* » Rota, ville d'Espagne à l'extrémité S.-O. de la baie de Cadix. Elle est connue pour son vin rouge *(le tintillo)* et ses cultures maraîchères.

* « ... *c'est son honneur...* » Voir dans Molière (*Don Juan,* acte IV, sc. IV), les paroles de Don Louis à son fils : « Aussi nous n'avons part à la gloire de nos ancêtres qu'autant que nous nous efforçons de leur ressembler; et cet éclat de leurs actions qu'ils répandent sur nous,

nous impose un engagement de leur faire le même honneur, de suivre les pas qu'ils nous tracent, et de ne point dégénérer de leurs vertus, si nous voulons être estimés leurs véritables descendants. »

Page 17

* « ... *depuis le cèdre jusqu'à l'hysope...* » Mérimée aime cette citation qui vient de la Bible, I Rois, IV, 33, (« a cedro quae est in Libano usque ad hyssopum quae egreditur de pariete »). Il l'a plutôt lue dans Molière, *Impromptu de Versailles,* sc. v.

Page 19

* « ... *quelques menus suffrages...* » « Courtes oraisons surérogatives que les moines ou quelques gens dévots récitent à la suite de l'office en commémoration des saints. » Littré. Voir Rabelais. *Pantagruel,* XXII.

Page 21

* « ... *quelques jarres de* valdepeñas... » Valdepeñas, ville d'Espagne dans la Manche, au sud de Ciudad Real. Elle est célèbre par ses vins. On dit que ses vignes proviennent de plants apportés de Bourgogne. La récolte est considérable et faisait l'objet d'un commerce très actif.
* « ... *tout se permettre envers les* pillos... » Le mot *pillo* signifie, maraud, coquin, garnement sans éducation et sans mœurs. « Se dice del picaro que no tiene crianza ni modales. » *Diccionario de la Academia Española* (Madrid, 1837). Dérivé du verbe *pillar* employé par les classiques, le mot *pillo* ne semble pas avoir été employé avant le XVIIIe siècle.

Page 22

* « ... *comme les Hébreux à l'égard des Cananéens.* » Dieu avait donné aux Hébreux la terre de Chanaan (la Terre promise) et leur avait ordonné d'en exterminer les habitants.
* « ... *toutes les judiciaires...* » Faculté par laquelle on juge. Judiciaire se trouve dans Molière, *Pourceaugnac,* II, VI; *le Malade imaginaire,* II, v.

Page 23

* « ... *au bord de la Tormes...* » Plus correctement *du Tormes,* le rio Tormes est un affluent du Duero. Les noms de fleuve ou de rivière sont toujours du masculin en espagnol.

Page 24

* « ... *dans la rue de Valladolid...* » Valladolid se trouve entre Salamanque, Valencia et Burgos; au nord-est de Salamanque.

* « ... *ou quatrième seguidille...* » La forme *séguedille* est la plus courante. En espagnol *seguidilla.*

Page 25

* « ... *ne jouent jamais lorsqu'on les en prie ou qu'on les écoute.* »

> Omnibus hoc vitium est cantoribus, inter amicos
> Ut nunquam inducant animum cantare rogati
> Injussi nunquam desistant.
>
> Horace. *Satires,* I, III.

Page 27

* « ... *avait à la main gauche une targe...* » Espèce de bouclier.

* « ... *de la longueur d'une palme.* » Mesure de longueur, employée dans le Midi de l'Europe et variable suivant les pays.

Page 28

* « . . *comme son* Deus det... » « En moins de deux jours [Panurge] sceut toutes les rues, ruelles et traverses de Paris, comme son *Deus det.* » Rabelais. *Pantagruel,* XVI. — *Deus det nobis suam pacem,* formule des grâces après le repas.

Page 34

* « ... *au Cid et à Bernard del Carpio.* » Voir plus haut, la note de la page 11.

* « ... *fidus Achates...* » Virgile. *Énéide,* VI, 158.

Page 36

* « ... *la princesse...* » Dans un sens familier et de mépris.

Page 37

* « *Vous faut-il du retour ?* » Ce que l'on ajoute pour rendre un troc égal.

Page 38

* « ... *une bouteille de vin de Montilla...* » *Munda Baetica* des anciens, ville importante à 50 km au sud-est de Cordoue, non loin de Baena et de Cabra. Voir *Carmen,* p. 345.
Montilla est renommée pour ses vins très estimés, analogues à ceux de Xérès.

* « *Faisons une partie d'hombre.* » Jeu de cartes d'origine espagnole. Suivant G. Gendarme de Bévotte (*la Légende de Don Juan,* t. II, p. 33 et n. 1) : « On trouve dans une nouvelle des *Contes fantastiques* d'Hoffman, *Bonheur au jeu,* la première idée de la femme jouée à l'hombre.»

* « ... *prenez mon manteau...* » Dans les *Marrons du feu* de Musset Rafaël et l'abbé ont aussi l'idée de changer d'habits pour tromper la Camargo.

Page 41

* « *L'amour excuse tout...* » Même expression dans la *Chronique du règne de Charles IX*. Voir t. I, p. 157.

* « ... *laissez-moi être votre Bacchus.* » Bacchus a épousé Ariane, abandonnée par Thésée.

Page 42

* « ... *au lieu de son ravisseur.* » Voir p. 71.

Page 43

* « *Pour don Alonso de Ojeda...* » Ojeda est une ville espagnole de la province de Burgos. Il existe plusieurs personnages de ce nom, notamment le voyageur espagnol qui fit partie de la 2ᵉ expédition de Christophe Colomb, Alonso de Ojeda (1466-1515 ou 1470-1516).

* « ... *cinq cents hommes, tout habillés de blanc...* » Mérimée a lu le *Romancero del Cid* et *Las mocedades del Cid* de Guilhem de Castro.

Page 44

* « ... *après une semblable esclandre...* » *Esclandre,* qui a été employé autrefois au genre féminin, est de nos jours du genre masculin. Dans l'édition de 1842, on lit d'ailleurs « un esclandre ».

* « *On se bat en Flandre.* » Mérimée, n'ayant pas de données chronologiques précises, reste dans le vague.

Page 45

* « ... *Notre-Dame du pilier...* » Sur ce célèbre sanctuaire, voir plus haut, *les Sorcières espagnoles,* t. I, p. 433.

Page 47

* « *Prenez courage.* » Voir dans la *Chronique du règne de Charles IX* (t. I, pp. 228 et sq.) la mort du capitaine George.

Page 48

* « ... *une partie de pharaon...* » Jeu de cartes où le banquier d'ailleurs très favorisé joue seul contre un nombre indéterminé de joueurs.

* « ... *un legs sub pœnæ nomine...* » Le *legatum pœnæ nomine relictum* est fait dans le dessein de punir l'héritier s'il n'accomplit pas un certain acte et non pas de gratifier le légataire. Voir *Institutes de Justinien,* II, 20 (*De legatis,* 36).

Mérimée avait fait ses études de droit et soutenu en 1823 *De Matrimonio,* une thèse de licence qui n'a jamais été retrouvée et qui très probablement n'a pas été imprimée. (*Corr. gén.*, t. XIV, p. 561.)

Page 51

* « ... *le siège de Berg-op-Zoom...* » Il y eut plusieurs sièges de Berg-op-Zoom, mais aucun dont la date concorde avec la chronologie des *Ames du Purgatoire.* On a placé les événements de Flandre au début de 1644 (Esther Van Loo, *le Vrai Don Juan,* Paris, [1950], p. 74 et p. 79), mais Miguel de Mañara n'a alors que dix-sept ans, et Mérimée nous a dit qu'il avait dix-huit ans quand il partit pour étudier à Salamanque. En 1622, il n'est pas encore au monde et il est mort depuis longtemps en 1747.

* « ... *un avertissement d'en haut.* » « C'est un avertissement du ciel : se dit d'un événement de nature à servir d'enseignement. » (Littré) Même expression dans *Arsène Guillot* (p. 322).

Page 52

* « ... *l'âme leur rapporte de si beaux revenus...* » On pense ici à Chamfort : « La menace du rhume négligé est pour les médecins ce que le purgatoire est pour les prêtres : un Pérou. »

Page 53

* « ... *et deux braves...* » Dans le sens de l'italien *bravi,* assassins à gages.

Page 54

* « ... *un disciple doit l'être à l'égard de son maître.* » Ce passage est sans doute l'aveu de l'influence de Stendhal sur Mérimée.

* « ... *ne lui avait survécu que de quelques jours.* » En réalité la mère de Miguel Mañara mourut en 1651 trois ans après son mari. Celui-ci meurt en 1648 alors que don Miguel est âgé de 21 ans. La chronologie de Mérimée est fantaisiste.

* « ... *son adresse à piquer...* » Mérimée a écrit dans la première lettre d'Espagne (t. I, p. 398) : « J'ai vu à Séville un marquis et un comte remplir dans une course publique les fonctions de picador. »

Page 55

* « ... *une pluie de feu...* » Allusion à la destruction de Sodome et Gomorrhe : « Igitur Dominus pluit super Sodomam et Gomorrham sulphur et ignem a Domino de caelo. » Genèse, XIX, 24.

* « ... *une liste de toutes les femmes qu'il avait séduites...* » Inspiré par le *Don Giovanni* de Mozart, (acte sc. v, air de Leporello).

Page 56

* « ... *examina le catalogue...* » Le même mot dans le *Don Giovanni* :

Madamina il catalogo é questo
Delle belle ch'amo il padron mio
. . . .
Ma, in Ispagna son gia mille e tre.

Page 61

* « *Il avait cent braves...* » Voir plus haut, p. 43.

Page 64

* « ... *près de la tour del Lloro...* » La *Torre del Oro* (et non *del Lloro*) s'élève sur la rive gauche du Guadalquivir, non loin de l'hôpital de la Charité. Don Pèdre Ier y renfermait ses trésors sous la garde de Samuel Levi; plus tard on y entreposa les richesses d'Amérique apportées par les célèbres galions.

* « ... *par la porte de Triana...* » La *Puerta de Triana* conduit aujourd'hui au faubourg de Triana par le pont Isabelle-II. C'est l'entrée principale de la ville de Séville.

Page 65

* « *C'est le comte...* » Le thème du personnage qui assiste à ses propres obsèques est fort ancien. On le trouve notamment dans Antonio de Torquemada (1570) et dans Lozano (1663). Mérimée l'a utilisé dans *la Guzla* (Le Seigneur Mercure, strophe 19, p. 62). Stendhal l'a reproduit en 1831 dans sa nouvelle « San Francesco à Ripa ».

Page 67

* « ... *la miséricorde de Dieu était infinie.* » Mérimée a écrit dans la deuxième lettre d'Espagne (voir t. I, p. 409) : « Il disait, mais trop longuement, que la miséricorde de Dieu était infinie... »

* « ... *que la religion ne refuse pas aux plus grands criminels...* » Mérimée, dans *Arsène Guillot,* parle des « graves et consolantes paroles que la religion réserve pour de pareils moments. » P. 333.

Page 68

* « ... *à fonder un hôpital et à bâtir une chapelle...* » Don Miguel Mañara fut admis le 10 décembre 1662 dans la *Hermandad de la Santa Caridad,* et il en fut, depuis 1664, le *Hermano mayor*. Il fonda la chapelle et l'hospice « para el consuelo y refugio de peregrinos y pobres desemparados » dont le but était d'enterrer les pauvres défunts, d'assister les suppliciés, de recueillir les malades pauvres et de les transporter à l'hôpital.

Page 70

* « ... *qui voulussent ensevelir les morts.* » Souvenir du choléra de 1832. Mérimée avait été chargé de surveiller l'exécution des mesures sanitaires (4 avril 1832).

Page 71

* « ... *doña Fausta de Ojeda que vous avez tuée...* » En réalité doña Fausta a été tuée par son père qui voulait atteindre don Juan Maraña (voir p. 42).

Page 74

* « ... *de tendre l'autre joue...* » « Si quis te percusserit in dexteram maxillam tuam, praebe illi et alteram. » Matthieu, V, 39 et aussi Luc, VI, 29.

Page 75

* « ... *et un éloge de sa conversion.* » Dans son testament du 17 mars 1679, Don Miguel Mañara écrit qu'il désire être enterré, sans pompe et sans musique, à l'entrée de l'église de la Santa Caridad, « fuera de la puerta, para que todos me pisen y huellen, y alli sea sepultado mi sucio cuerpo, indigno de estar dentro del templo de Dios. » Pour l'inscription qu'il avait demandé que l'on gravât sur son tombeau, voir plus haut, p. 10.

* « ... *Le Retour de l'Enfant prodigue et la Piscine de Jéricho...* » *Le Retour de l'Enfant prodigue,* dérobé à la Caridad par le maréchal Soult, est parti pour Londres, dans la collection du duc de Sutherland, Stafford House, Saint James's.

— Quant à la *Piscine de Jéricho,* Mérimée fait une erreur. Il s'agit de *Jésus guérissant un paralytique à la piscine de Bethsaida.* La « *piscina probatica* » se trouve à Jérusalem, (Jean, V, 2). Ce tableau dérobé à la Caridad par le maréchal Soult fut acquis, en 1847, par George Tomline, 1, Carlton House Terrace, Pall Mall, à Londres. Cf. *Annals of the Artists of Spain,* by William Stirling, M. A. London, John Ollivier, 1848, 3 vol. in-8°, t. II, pp. 852 et sq., pp. 864-865 et III, p. 143. Sur Miguel Mañara, longue note, t. II, pp. 852-854 et III, p. 381. C. R. par Mérimée, *Revue des Deux Mondes,* 15 novembre 1848, pp. 639-645.

— Voir aussi le t. XXII des *Klassiker der Kunst. Murillo* par A.-L. Mayer, Stuttgart et Berlin, 1913, où les deux tableaux sont reproduits.

* « ... *dans la galerie de M. le maréchal Soult...* » Soult, duc de Dalmatie (1769-1851) est ministre de la Guerre et président du Conseil du 11 octobre 1832 au 18 juillet 1834. Il vient de quitter le ministère quand paraissent *les Ames du Purgatoire.*
Les deux tableaux qu'on admirait dans sa galerie ne figurent pas dans le *Catalogue raisonné...* (B. N. V, 53092) de sa vente qui eut lieu les 19, 21 et 28 mai 1852. C. R. par Mercey, *Revue des Deux Mondes,* 15 mai 1852.

LA VÉNUS D'ILLE

Page 87

* « ΛΟΥΚΙΑΝΟΥ ΦΙΛΟΨΕΥΔΗΣ. » « Que la statue, disais-je soit favorable et bienveillante, puisqu'elle ressemble tant à un homme. » Lucien. *L'Homme qui aime les mensonges,* chap XIX. Mérimée avait écrit dans ses *Notes d'un voyage dans le Midi de la France* (p. 128, note) : « [...] je me suis rappelé un passage de Lucien (Dialogue du Menteur), où il est question d'une statue difforme [...]. »

* « *... vers laquelle je me dirigeais.* » Le Canigou (2 785 m.) est la montagne la plus élevée des Pyrénées orientales. Mérimée écrit à Jaubert de Passa, en mars 1836 : « J'irai revoir votre beau Canigou qui, je l'espère, sera moins brumeux que la dernière fois que nous lui rendîmes visite. Vous souvient-il de la douce rosée qui nous reconduisit de Boule [ternère] à cette auberge d'Ille où il y a tant de jolies Catalanes. » (*Corr. gén.,* t. II, p. 17.)
Ille-sur-la-Têt, petite ville de la Catalogne, sur la route de Perpignan à Prades, à 15 km de cette dernière ville. Bouleternère est à 4 km de Ille, point de départ de la petite route qui monte au prieuré de Serrabona.

* « ... *M. de Peyrehorade?* » Mérimée a emprunté ce nom à une petite ville des Landes, sur la route de Bayonne à Orthez. Stendhal, passant à Peyrehorade, en avril 1838, écrira : « A Peyrehorade qui me rappelait la Vénus d'Ille de M. M[érimée] », *Voyage dans le Midi de la France.* Le Divan, 1930, p. 169.

* « *C'est à Puygarrig...* » Mérimée emprunte ici le nom de Pierre Puigarri. Voir plus loin p. 623, la note de la p. 90.

* « ... *mon ami M. de P.* » Le manuscrit porte J. de P. Il s'agit en effet de François Jaubert de Passa (*Corr. gén.*, t. I, p. 394; t. II, p. 13.) Voir aussi *Dictionnaire de biographies roussillonnaises,* par l'abbé J. Capeille, Perpignan, 1914. Mérimée avait écrit (*Notes de voyage dans le Midi de la France*, p. 407) : « A mon arrivée à Perpignan, j'avais été accueilli avec la plus grande cordialité par M. Jaubert de Passa, archéologue distingué, aussi instruit qu'obligeant. Il avait bien voulu non seulement me communiquer ses dessins et ses notes sur les monuments du Roussillon, qu'il a étudiés avec le plus grand soin, mais encore me tracer un itinéraire aux environs de Perpignan, et m'indiquer, parmi les localités les plus importantes, celles que la saison avancée et le temps dont je pouvais disposer me permettraient de visiter.

Il eut même la bonté de m'accompagner dans quelques-unes de mes excursions, doublement intéressantes pour moi par la compagnie d'un guide aimable et savant. »

Page 88

* «... *les saints de Serrabona.* » Mérimée avait écrit (*l. c.*, p. 427) : « Ma dernière excursion aux environs de Perpignan me conduisit au monastère de Serrabona, dans les montagnes, à deux lieues d'Ill [*sic*]. Le site est triste et sauvage. Les bâtiments qui dépendaient de l'ancienne abbaye s'élèvent à mi-côte sur une montagne aride au-dessus d'une vallée profonde et étroite qui l'entoure de trois côtés. Sur quelque point que la vue se porte, elle ne rencontre que des roches schisteuses d'une teinte sombre et verdâtre, parmi lesquelles quelques arbustes rabougris croissent comme à regret [...] »
Plus loin (p. 428, n. 1) Mérimée signale, au sujet des colonnes du portique : « Parmi une multitude de monstres bizarres, on remarque plusieurs singes, assez bien imités, de l'espèce des cynocéphales. »
Voir aussi (*Corr. gén.*, t. I, p. 395) la lettre à Jaubert de Passa où Mérimée parle des « bonhommes de Serrabona. »

* « ... *à Jean Coll...* » Sur le nom de ce personnage voir *les Sorcières espagnoles,* t. I, p. 442.

Page 89

* « *J'amassais...* » Forme du XVIIe siècle.

« L'un se baissait déjà pour *amasser* la proie. »

(La Fontaine, *Fables,* IX, 9.)

On dit plus ordinairement *ramasser*.

Page 90

* « ... *le nez rouge, l'air jovial et goguenard.* » Mérimée dépeint ici l'archéologue de Perpignan, Pierre Puigarri.
Puigarri, né à Perpignan le 27 janvier 1768, avait alors soixante-huit ans. Tout jeune il entra, comme novice au monastère des Bénédictins d'Arles, mais il fut détourné de sa vocation par la révolution de 1789; il passa en Espagne et se rendit à Madrid. De retour en France, il publia des *Leçons de langue espagnole,* réédita la *grammaire franco-espagnole* de Chantreau et se consacra à l'enseignement. Il fut professeur d'humanités et de rhétorique et plus tard principal du collège de Perpignan.
Dès 1821, il avait fait partie avec Jean-Baptiste Renard de Saint-Malo, sous-préfet de Céret, d'une commission chargée de rechercher les antiquités des Pyrénées-Orientales et le 1er janvier 1832, il avait créé avec les frères Renard de Saint-Malo, et quelques autres, un journal hebdomadaire, *le Publicateur des Pyrénées-Orientales,* qui parut jusqu'au 30 décembre 1837. Le journal était composé chez J.-B. Alzine, qui imprimait les œuvres de Puigarri, comme les

Notices sur la ville d'Elne (1836). Pierre Puigarri a inséré dans ce *Publicateur,* et disséminé dans d'autres recueils, un grand nombre d'articles dont on trouvera la liste dans la *Bibliographie roussillonnaise* dressée par Pierre Vidal et Joseph Calmette (Perpignan, 1906). A l'âge de quatre-vingt-quatre ans, cet infatigable polygraphe publiait une *Grammaire catalane-française à l'usage des Français* (Perpignan, J.-B. Alzine, 1852). Il mourut le 4 septembre 1854.

Cf. « Pierre Puigarri », par Morer. *Société agricole, scientifique et littéraire des Pyrénées-Orientales,* 10e vol., p. 520; — *Dictionnaire de biographies roussillonnaises,* par M. l'abbé J. Capeille, Perpignan, 1910-1912.

* « ... *frire des miliasses...* » Gâteaux de farine de maïs, que l'on fait surtout dans le Languedoc.

Page 91

* « ... *ne bougeait pas plus qu'un Terme.* »

> « Foi de peuple d'honneur, ils lui promirent tous
> De ne bouger non plus qu'un terme. »

La Fontaine. « Le Berger et son troupeau. » (*Fables,* IX, 19.)

* « ... *dernier numéro du Journal des modes* ». Il s'agit sans doute de *la Mode* fondée en octobre 1829 par Émile de Girardin, et à laquelle Mme Delessert donnait des dessins. La *Mode* du 28 février 1830 a publié un conte d'Hippolyte Auger, inspiré par la légende de la Vénus. Cf. *le Divan,* juillet-septembre 1949, p. 140.

* « ... *depuis le cèdre jusqu'à l'hysope.* » Mérimée a déjà fait cette citation dans *les Ames du Purgatoire* (p. 17).

Page 93

* « ... *aux plates figures de Coustou !* » Nicolas Coustou (1658-1733) auteur du *Berger chasseur* et de *la Seine et la Marne,* qui se trouvent au jardin des Tuileries. Son frère Guillaume (1677-1746) est l'auteur des *Chevaux de Marly.*

* « ... *Parle des dieux ma ménagère !* » Parodie de Molière. *Amphitryon,* acte I, sc. II.

> Comme avec irrévérence
> Parle des dieux ce maraud.

* « *Un chef-d'œuvre de Myron...* » Myron, sculpteur grec du Ve siècle, élève d'Agéladas, comme Phidias et Polyctète, mais plus âgé qu'eux, et d'un art plus archaïque. On vantait de lui le *Discobole* et une *Vache* célébrée par les poètes. M. de Peyrehorade pense à un de ses descendants imaginaire Eutychès Myron.

* « *Veneris nec praemia noris.* » Cf. Virgile. *Énéide,* IV, 33.

Page 95

* « *le joli air du Roussillon :* Montagnes régalades. » On lit dans l'*Histoire du Roussillon,* comprenant l'histoire du royaume de Majorque, par M. D.-M.-J. Henry, conservateur de la bibliothèque de Perpignan, Paris — A l'imprimerie royale, 1835, 2 vol. in-8°, introduction, p. XCVII : « Entre autres chansons appartenant à la localité, il en est deux qui sont dans la bouche de tous les Roussillonnais, de tout âge, de toute condition; elles sont aussi inhérentes au pays que le sol même et il n'est pas un seul habitant qui n'en chantât à l'instant l'air, à défaut des paroles. La musique de l'une de ces chansons intitulée *montanyas regalades,* véritable *ranz* roussillonnais que l'homme de cette province éloigné de sa patrie ne saurait entendre sans la plus vive émotion, se distingue par une suavité, une sorte d'ingénuité qui la mettent au-dessus de tous les autres chants nationaux. La musique de la seconde, qu'on appelle *lo pardal,* se fait remarquer par une facture originale toute particulière et par un changement continuel de mesure, qui se renouvelle huit fois dans le courant du couplet, sans nuire au charme de l'ensemble. »
Mérimée écrira en 1838 à Jaubert de Passa : « M. de Courmont ira visiter vos montagnes *regalades* et vos monuments qu'il est digne d'apprécier. » (*Corr. gén.*, t. II, p. 176.)

Page 96

* « ... *avoir ainsi la tête cassée !* » Mérimée est inspecteur général des Monuments historiques depuis le 27 mai 1834.
* « *Vraie contrebande...* » Le chocolat payait de forts droits de douane. L'excellent chocolat d'Espagne, venant de Barcelone, entrait en contrebande.
* « ... *sous le nom de Germanicus.* » Salomon Reinach (*Manuel de Philologie classique,* 2e édit., 1889, p. 64) écrit : « Le prétendu GERMANICUS de Cléomène le fils, au Louvre, statue d'homme un peu lourde, mais d'un dessin pur et admirablement conservée. Il est vêtu en Hermès, dans l'attitude de l'orateur. Peut-être Jules César? » Cette statue d'orateur romain, dit Germanicus, haute de 1 m 95, en marbre de Paros, est au musée du Louvre, marbres, 1207.
Le jeu de mourre consiste à montrer rapidement sa main avec une partie des doigts levés afin de faire deviner le nombre de ceux-ci. L'interprétation par Mérimée, du geste de la statue, est fantaisiste.

Page 97

* « ... *l'absence de toute sensibilité.* » Mérimée pense à la Vénus de Sainte-Colombe en face de Vienne, au sujet de laquelle il a écrit : « Jusqu'alors j'avais pensé que les anciens avaient toujours subordonné l'imitation de la nature à un certain type idéal du beau absolu [...] La statue que je vais décrire est faite dans un tout autre système, car il est évident que l'artiste n'a reculé devant aucun des détails

d'une imitation complète et exacte [...] » *Notes d'un voyage dans le Midi de la France*, pp. 127-128.

* « *C'est Vénus tout entière à sa proie attachée !* » Cf. Racine. *Phèdre*, I, III, 306.

Page 98

* « *Quid dicis, doctissime ?* » Cf. Molière. *Le Malade imaginaire*, acte II, sc. VI.

* « *... d'une bonne latinité.* » Dans ce sens en effet, et à l'époque classique, *cavere* se construit plutôt avec *ab* et l'ablatif.

Page 99

* « *... il m'aidait à monter.* » Au sujet d'une inscription sur le bandeau du front de la Vénus de Quinipili, Mérimée écrira : « Quelques-uns ont prétendu qu'au lieu de IIT, il y avait LIT, et alors on a cité une déesse Alitha, Litha, Lith, déesse arabe, phénicienne, etc. Bien certainement il y a IIT. Je m'en suis assuré en montant sur le piédestal. Un de mes amis y est monté après moi; tous les deux nous avons lu de même, et, je le répète, les lettres sont si distinctement tracées, qu'il est impossible de s'y méprendre. » *Notes d'un voyage dans l'Ouest de la France*, p. 217.

* « *A grand renfort de besicles...* » Cf. Rabelais. *Gargantua*, ch. 1; et Paul-Louis Courier (I, 24).

* « *Veneri turbul Eutyches Myro imperio fecit.* » Mérimée écrira à Éloi Johanneau, en 1847 : « La Vénus d'Ille n'a jamais existé et les inscriptions ont été fabriquées *secundum artem* avec Muratori et Orelli. » (*Corr. gén.*, t. V, p. 200.)
Eutychès, prénom répandu dans l'antiquité, est la traduction exacte en grec du prénom de Mérimée, Prosper.

Page 101

* « *... différences de prononciation.* » Ici Mérimée se raille de Puigarri et de ses essais sur l'étymologie phénicienne des noms de lieu du Roussillon, qu'il a connus soit dans la *Statistique générale des départements pyrénéens*, par Alexandre du Mège (Paris, 1829, t. II, pp. 86-92), soit plutôt dans *Notices sur la ville d'Elne*. (*Publicateur des Pyrénées-Orientales*, 1836, n°s 24-31), tirage à part, Perpignan, J.-B. Alzine, 1836, in-8°, 32 pp., petite brochure où l'auteur étudie l'étymologie d'Illiberis (nom latin de Elne). « Je résumerai d'abord en deux mots, écrit Puigarri, ce que j'ai établi ailleurs et perfectionné en dernier lieu, savoir : que les *Sordi, Sordones* ou *Sardones*, sortis, vers l'an 1100 avant J.-C., de la ville de Tyr, qui se nommait également *Sor* et même *Sar* (aujourd'hui *Sour*) étaient venus fonder des colonies sur nos côtes et que notre *Ruscinon* (Castel-Roussillon) avait son homonyme dans la Libye phénicienne dont certains peuples étaient

appelés en latin Sordo-Lybici ou Sardo-Lybici... Je me crois fondé à dire que le nom d'*Illiberis* se compose de deux mots phéniciens : *Ili* et *Beris,* pour Bérith [...] » et la démonstration continue de la sorte pour Collioure, le cap Béarn, Madaloch, etc.

* « ... *en l'honneur de Nera Pivesuvia...* » Mérimée rappelle le souvenir d'une méprise archéologique qu'il a commise dans ses *Notes d'un voyage dans le Midi de la France* (p. 453), en admettant l'authenticité d'un bas-relief trouvé à Nérac et qui « offre les portraits des deux Tétricus, de Nera Pivesuvia et de Claude le Gothique ». Voir *Corr. gén.,* t. I, pp. 448-451 ; t. XVI, pp. 84-87. — Soulé. « Le chevalier du Mège ». *Bulletin municipal de la ville de Toulouse,* n° 6, juin 1940.

Page 102

* « ... *Gruter ou bien Orelli.* » Les *Inscriptiones antiquae totius orbis Romani* de James Gruter (1616, in-folio ou 1707, 4 vol. in-folio); — et le recueil de Johan Caspar von Orelli; *Inscriptionum latinarum selectarum amplissima collectio* (1828-1856, 3 vol. in-8°) sont des classiques de l'épigraphie.

— Le 9 janvier 1839, Mérimée proposera au Comité historique des Arts et Monuments de publier les inscriptions romaines existant en France, proposition qui provoqua une réaction du Comité des Chartes et une réclamation de Philippe Lebas. (*Corr. gén.,* t. II, pp. 214-219, et 225-228.)

* « ... *changés en oiseaux blancs.* » Diomède, fils de Tydée (*Iliade,* chant V, 330) avait blessé Vénus au siège de Troie. Vénus se vengea en changeant en oiseaux blancs les compagnons de Diomède. (Ovide. *Métamorphoses,* XIV, 496 et sq; — Pline. *Hist. nat.,* X, 44, 126; — Strabon, VI, 3.)

Page 105

* « ... *vous faites un mariage un vendredi.* » Voir *Tamango,* t. I, p. 286.

* « *Manibus date lilia plenis.* » Cf. Virgile. *Énéide,* VI, 883.

« Tu Marcellus eris. Manibus date lilia plenis. »

* « ... *la charte est un vain mot.* » « Chacun professe sa religion avec une égale liberté, et obtient pour son culte la même protection. » *Charte constitutionnelle* (9 août 1830), article 5.

Page 107

* « ... *César ralliant ses soldats à Dyrrachium.* » Dyrrachium (Durazzo), port sur l'Adriatique où César, poursuivant Pompée, tenta vainement de l'encercler. Cf. Caesar, *De Bello civili,* III, LXIX.

* « ... *à l'ombre d'un micocoulier...* » Espèce d'orme que l'on trouve surtout dans le Midi de la France.

Page 108

* « *Quelle brioche !* » Expression aujourd'hui désuète. Populairement, bévue, sottise, boulette.

Page 109

* « ... *du vieux vin de Collioure...* » Collioure (Pyrénées-Orientales) petit port sur la Méditerranée qui produit des vins d'origine espagnole (grenache, rancio).

Page 111

* « ... *un mariage m'attriste toujours.* » Au sujet des idées sur le mariage, voir *Conversations with M. Thiers, M. Guizot and other distinguished Persons during the Second Empire,* by the late Nassau William Senior. London, 1878, t. II, pp. 154-155.
Mérimée écrira à Mistress Senior, le 1er janvier 1856 : « Je suis toujours fort triste de voir un mariage. » (*Corr. gén.*, t. VIII, p. 1.)

* « ... *ceux dont parlent Montaigne...* » Cf. Montaigne. *Essais,* livre I, ch. XXI, « De la force de l'imagination ».

* « ... *est plein d'histoires tragiques...* » Cf. la lettre à Mme de Grignan, du 8 avril 1671.
Une phrase de cette lettre et le passage de Montaigne sont cités dans le chapitre « Des fiascos » dans *De l'Amour* de Stendhal (édit. Lévy, 1853, p. 222.) Ce chapitre demeuré inédit du vivant de Stendhal était cependant composé dès l'origine.

* « ... *me dis-je à moi-même.* » Mérimée fait allusion à son propre cas. Cf. *Une expérience de Lélia ou le fiasco du comte Gazul.* Paris, le Divan, 1934.

Page 112

* « ... *qu'un mariage de convenance !* » Dans une conversation avec Senior, le 11 mai 1857 (voir plus haut p. 111) Mérimée dira : « I have known as great a proportion of the « mariages d'inclination » turn out well, as of « mariages de convenance ». The latter are generally made by the mothers, and often for selfish purposes. »

Page 113

* « ... *les monuments druidiques de l'arrondissement de Prades.* » Il s'agit des publications de Jaubert de Réart (1792-1836) sur les monuments celtiques des Pyrénées-Orientales dont le *Journal des Savants* (avril 1835) parle avec éloge. Cf. « Souvenirs Pyrénéens », par M. Jaubert de Réart. Deuxième bulletin de la *Société philomatique de Perpignan,* 1836, p. 187.

Page 115

* « ... *à Valence des braves...* » Voir *les Ames du Purgatoire* (p. 53).

Page 117

* « ... *un homme bien famé...* » Dans *Mateo Falcone* (t. I, p. 248), Mérimée écrit « *un particulier bien famé* ».

Page 118

* « ... *les vignes ont gelé deux fois.* » Cf. Rabelais. *Gargantua*, ch. XIX, qui parle de la qualité essentielle des cloches « pour extraneizer les halots et les turbines suz nos vignes. »

COLOMBA

Page 131

* « *Pè far... vasta anche ella.* » Ce sont les deux derniers vers du *Voceru di Niolo* (*Notes d'un voyage en Corse,* p. 208) que Mérimée tient de Capelle, conseiller à la cour de Bastia et qu'il donne ainsi :

Ma per far a to vindetta
Sta siguru, vasta anche ella.

Il traduit : « Mais pour te venger, sois tranquille elle suffit. » Fée : (*Voceri de la Corse,* p. 86) a publié ce *voceru* sous le titre : *Vocero di Maria-Felice di Calaccuccia in morte del fratello.*

* « ... *du mois d'octobre 181...* » Il est possible de dater l'action de *Colomba* de l'année 1819, deux ans après l'assassinat du père d'Orso della Rebbia (2 août 1817).

* « ... *officier distingué de l'armée anglaise...* » Mérimée pense ici au lieutenant-colonel George-Lionel Dawson Damer, frère du comte de Portalington (Irlande). Il était né le 28 octobre 1788 et mourut le 14 avril 1856. Très lié avec la comtesse Merlin qui lui a dédié une lettre de *La Havane* (t. III, lettre XXX), il appartenait à la Chambre des Communes pour Portalington (Irlande). Ancien lieutenant-colonel du 89e d'infanterie, George-Lionel Damer avait été l'aide de camp de lord Cathcart et l'avait accompagné en Russie, en 1812; attaché à sir Robert Wilson il est présent à la retraite de la Grande Armée à Moscou. En 1813 il prend part avec les alliés aux combats de Lutzen, Bautzen, Wurtzen et Ulm; attaché au comte Walmoden il est présent en 1813 aux opérations devant Hambourg et dans le Holstein. Lors de l'entrée des Alliés en France, en 1814, il est nommé assistant-quartier-maître général sous les ordres du prince d'Orange et en juin 1815 il assiste aux combats des Quatre-Bras et de Waterloo.

(Renseignements fournis par le lt. col. G.-A. Shepperd, bibliothécaire de *The Royal Military Academy*.)
Voir *Corr. gén.*, t. IV, p. 56; t. V, p. 303; t. XVI, p. 203, n. 4.

* « ... *descendit avec sa fille à l'hôtel Beauveau...* » L'hôtel Beauvau (et non « Beauveau », comme écrit toujours Mérimée) existe encore à Marseille, 4 rue Beauvau, du nom de Charles-Juste de Beauvau, maréchal de France, membre de l'Académie française (1720-1793), gouverneur de la Provence.
Mérimée était descendu à l'hôtel Beauvau en août 1839, avant de s'embarquer pour la Corse. Voir *Corr. gén.*, t. II, p. 282.

* « ... *le* nil admirari *d'Horace.* » Horace. *Épîtres,* I, VI.

* « *La Transfiguration...* » Ce célèbre tableau de Raphaël, d'abord dans l'église de San Pietro in Montorio, fut cédé à la France en 1797, par suite du traité de Tolentino. Transporté au Louvre il y resta jusqu'en 1815, date à laquelle il fut restitué au Pape et placé dans le Musée du Vatican.

* « ... *que je n'entends plus aujourd'hui.* » Mérimée écrira en 1840, dans l'avertissement de *la Guzla* : « Vers l'an de grâce 1827 j'étais *romantique* [...] Nous entendions par couleur locale ce qu'au dix-septième siècle on appelait les *mœurs;* mais nous étions très fiers de notre mot et nous pensions avoir imaginé le mot et la chose. »

* « ... avec les honnêtes gens, *comme dit M. Jourdain.* » Molière. *Le Bourgeois gentilhomme,* acte III, sc. III.

Page 132

* « ... *la porte pélasgique ou cyclopéenne de Segni...* » Segni, ancienne ville volsque de *Signia,* sur la route de Rome à Naples. Il s'agit ici de l'enceinte cyclopéenne et de la *Porta Saracena.*

Page 133

* « ... *histoire de vendette* transversale... » « La tradition a existé qui consistait à fixer dans la proclamation préliminaire *di guardarsi* le degré de parenté jusqu'où le groupe qui prenait l'offensive entendait exercer les ravages de la vendetta. » J. Busquet. *Le Droit de la vendetta et les Paci corses.* Paris, A. Pedone, 1920, p. 344.
« Sous tous les régimes en Corse jusqu'en 1789, la vendetta transversale a fait l'objet de mesures diverses et plus ou moins heureuses de répression. » *Ibidem,* p. 105. — Sur la vendetta transversale, voir aussi *ibidem,* p. 345 et sq.

Page 134

* « ... *entre la France et la Corse...* » On lit dans *le Globe* du 10 avril 1827 : « Enfin le gouvernement paraît avoir jeté sur la Corse un œil d'intérêt et de bienveillance : les bateaux à vapeur tant de fois demandés

ont, dit-on, été accordés aux puissantes sollicitations de notre préfet. Deux bâtiments doivent partir chaque semaine de Marseille, l'un pour Bastia, l'autre pour Ajaccio, et se charger du service des postes. » *Lettres sur la Corse* (n° VI), *le Globe*, t. V, n° 3, p. 13.

Page 135

* « ... *si l'Autre...* » Napoléon Ier.

Page 137

* « ... *je l'aime et l'admire.* » « J'arriverai enfin à ce nom qui éclipse tous les autres, à ce Corse fameux qui n'a guère fait à son pays d'autre honneur que celui d'y naître; et à l'orgueil que ce souvenir y excite encore chez ses concitoyens, on croirait volontiers que celui-là leur suffit. Il faut d'abord savoir que toute la Corse, ou peu s'en faut, est parente de Bonaparte [...] » *Lettres sur la Corse* (n° VII) (Souvenirs de Bonaparte). *Le Globe*, t. V, n° 27, mardi 5 juin 1827.

Page 138

* « ... *si je ne t'y trouvais pas, j'en sortirais.* » *Le Globe*, rendant compte de l'ouvrage de Robert Benson, *Sketches of Corsica*, publie et traduit quelques strophes d'une *Canzone d'un pastor di Zicavo* et donne :

S'intrassi in paradisu santu, santu
E nun truvacci a tia, mi n'esceria.

(*Le Globe*, t. III, n° 66, 25 mai 1826, p. 350. Première lettre sur la Corse, datée d'Ajaccio, 18 avril 1826.) On trouve en effet cette chanson dans l'ouvrage de Benson, pp. 151-153, sous le titre : *Canzone montanara Corsa d'un pastore di Zicavo.*

— Mérimée publie et traduit la *Serenata d'un pastore di Zicavo*, dans ses *Notes d'un voyage en Corse*, avec la note suivante : « L'usage des sérénades se passe. Il y a peu d'années encore elles étaient très fréquentes : on chantait avec accompagnement de guimbarde, et entre chaque couplet tous les musiciens faisaient une décharge de leurs armes à feu. »

Le texte de Mérimée présente quelques variantes avec celui de Benson qui donne pour les deux derniers vers

S'intrassi in Paradisu santu, santu
E nun truvacci a tia, mi n'esciria.

et traduit : « Si j'entrais dans le paradis saint, saint, — et si je ne t'y trouvais pas, j'en sortirais. »

* « ... *vous retournez dans votre pays en semestre?* » En congé de six mois.

* « *Ils m'ont mis en demi-solde...* » Balzac écrit dans *la Rabouilleuse*, éd. Garnier, p. 44 : « Toutes les anxiétés d'Agathe étaient alors pour son fils le lieutenant-colonel; elle le revit en 1816, tombé de neuf mille francs environ d'appointements que recevait un comman-

dant des Dragons de la Garde Impériale à une demi-solde de trois cents francs par mois... »

Page 139

* « ... *pour vous le jeter à la tête...* » « Il est impossible, en parcourant la Corse, de n'être point frappé à chaque pas de la hauteur des sentiments qui fait repousser même aux plus pauvres la main qui leur tend la pièce après un service rendu [...] » Valéry. *Voyages en Corse,* I, p. 264.

* « ... *des chefs qu'elles nommèrent* caporaux. » Voir *Mateo Falcone,* t. I, p. 241. « Les Caporaux furent institués anciennement pour défendre les pauvres et les opprimés contre les tyrans, et néanmoins lorsque le peuple prit les armes pour se débarrasser des tyrans susdits, les Caporaux restèrent de simples spectateurs de la lutte et refusèrent d'y prendre part. Il y eut plus tard quatorze familles de Caporaux, pensionnés par Vincentello d'Istria, tyran de l'île. » Filippini. *Histoire de la Corse* (trad. Letteron), t. I, p. 76.

Page 140

* « ... *Orso della Rebbia...* » Le 7 juin 1840, Mérimée n'avait pas encore trouvé le nom de son héros, et il écrit à Gregorj : « Ne pourriez-vous pas me donner un nom de famille Caporalizia ancienne, mais pas historique. Je ne trouve dans Filippini que des noms ou trop communs ou bien des prénoms [...] Je voudrais un nom gentil, car c'est pour mon héros et vous savez qu'on ne s'intéresse qu'aux noms agréables et doux à prononcer. Vous seriez bien aimable si vous pouviez m'envoyer cela bientôt. » *Corr. gén.*, t. XVI, pp. 455-456. La famille della Rebbia a existé réellement. Filippini écrit en effet : « [La *pieve de Bozio*] contient quatre cents feux répartis en onze villages; le plus connu aujourd'hui est celui de la Rebbia, où habitent les principaux personnages de la piève. » *Histoire de la Corse* (trad. Letteron), t. I, p. 37. « [Guglielmo Cortinco] eut à soutenir, lui aussi de longues luttes dans sa seigneurie contre plusieurs familles de gentilshommes qui étaient devenues fortes et puissantes; c'étaient celles de Tralonca, à Talcini; celles de Sermano, de la Rebbia et d'Alando di Bozio. » *Ibid.* p. 140.

* « ... *un bataillon corse à la bataille de Vittoria...* » Vittoria (ou Vitoria) petite ville en étage sur les pentes des monts cantabriques. Le 21 juin 1813, les Français commandés par le roi Joseph, furent battus par les Anglais, les Espagnols et les Portugais commandés par Wellington. Reille tint courageusement, eut deux chevaux tués sous lui, son habit percé de balles et son chapeau enlevé d'un éclat d'obus. Les deux fils du général Hugo assistèrent à la bataille.
Il n'y avait pas de bataillon corse à Vitoria, et le 18e léger n'y prit pas part.

Page 141

* « ... *Al capello bianco !* » « Au chapeau blanc ! » Mérimée a laissé imprimer *capello* qui signifie *cheveu* au lieu de *cappello,* chapeau.

Page 142

* « ... *elle est restée gravée dans ma mémoire.* » Il s'agit du *Triomphe de la mort* par André Orcagna, dans le Campo Santo de Pise. Mérimée écrira à Jenny Dacquin en 1842 : « Vous pourriez cependant, si vous passiez cinq ou six heures à Livourne, les employer mieux en allant à Pise voir le Campo-Santo. Je vous recommande *la Mort* d'Orcagna, le *Vergonzoso,* et un buste antique de Jules César. » (*Corr. gén.*, t. III, p. 171.)

Page 143

* « ... *la lune se jouait sur les flots...* » Souvenir possible de Victor Hugo. (X. « Clair de lune ». *Orientales.*)

La lune était sereine et jouait sur les flots.

* « ... *miel des sables...* » Même expression dans la *Ballata fatta sull' corpo morto da Maria R*** di Levie* que Mérimée a publiée dans son *Voyage en Corse* (p. 218, 8e stance).

O lu mio Zucchero canto	O mon sucre — mon miel
Lu mio miele della arena !	des sables — je le sens, voilà
Mi sento fuggé lu sangue,	que mon sang se retire,
Fratello, per ogni vena.	mon frère, de toutes mes veines.

Page 144

* « *C'est aujourd'hui un synonyme de traître.* » « Entre les jolis et pittoresques villages de Suarella et d'Eccica, une tradition certaine indique la place où périt Sampiero, le 17 janvier 1567, assassiné par derrière à l'âge de soixante-dix ans et en face de l'ennemi : le meurtrier était Vittolo, un de ses confidents, dont le nom est resté, en Corse, une injure et synonyme de traître à la patrie [...] » Valéry, *Voyages en Corse,* I, p. 184.

Sa femme, Vanina d'Ornano, ayant demandé sa grâce au Sénat de Gênes, il l'étrangla. Rosseeuw Saint-Hilaire a romancé cette histoire dans la *Revue de Paris,* 1831, t. XXIV. Jean-Charles Gregorj en a fait une tragédie (Paris, 1832) qu'il a offerte à Mérimée (*Corr. gén.,* t. XVI, p. 454).

* « ... *ma chemise sanglante.* » Voir plus loin p. 193.

* « ... *le coeur qui a pensé...* » Voir plus loin p. 274.

Page 145

* « ... *chante elle-même la complainte funèbre.* » Voir les *Notes d'un voyage en Corse,* p. 197, et plus loin p. 204.

* « ... *un cantique à la Vierge.* » Probablement le *Salve regina.*

* « ... *punissait très sévèrement l'auteur d'un* rimbecco. » Mérimée écrit à Gregorj, le 7 juin 1840 : « Dit-on *dar* ou *far* le Rimbecco? et comment traduisez-vous Rimbecco? N'est-ce pas reproche fait à quelqu'un de sa lâcheté, particulièrement de ne s'être pas vengé d'une offense? Il me semble avoir entendu dire : un tel a commis un meurtre parce que ses parents lui avaient fait ou donné le Rimbecco. » (*Corr. gén.*, t. XVI, p. 455.)
J. Busquet écrit : « Il est assez difficile de préciser le sens littéral du mot *rimbeccu.* Prosper Mérimée a cherché des lumières parmi les significations du verbe italien *rimbeccare* et il conclut que *rimbeccu* exprime l'idée de *renvoyer, riposter, rejeter.* Cette traduction ne nous semble pas exacte. Celui qui lance le rimbecco n'a rien à rejeter ni à renvoyer; aucune injure ne lui a été préalablement adressée, il n'est l'objet d'aucun grief qu'il ait à repousser. » *Le Droit de la vendetta,* p. 109.
Busquet propose de traduire par *remboquer* ou encore *repiquer.*

Page 146

* « ... *je ne me plaindrais pas d'en être mordu !* » Souvenir de Cervantes : « ... Hé, jarni, que toutes les puces de mon lit fussent ainsi faites !... » *Histoire de Don Quichotte de la Manche,* traduite de l'espagnol par Filleau de Saint-Martin, précédée d'une notice historique sur la vie et les ouvrages de Cervantes, par M. Pr. Mérimée, Paris, A.-Sautelet, 1826, t. II, livre IV, ch. XXX, p. 50.

Page 147

* « ... *on verrait* de la viande fraîche... »

> Je dis : — Quelle nouvelle y a-t-il
> Aujourd'hui dans le bas d'Orezza?
> — Elles me dirent : Aux Piazzole,
> Il y a boucherie de chair humaine.

« Lamentation de Béatrice de Piedicroce »; *Notes d'un voyage en Corse,* p. 213.
Mérimée reprend la même expression à la fin du chapitre IX, p. 185.

* « *Il n'y a pas de justice en Corse...* » « La justice se vend à Bastia comme tout le reste », avait dit Colomba à Valéry. Voir plus haut, p. 122.

* « ... *choisir entre les trois S.* » Mérimée écrira à Panizzi, le 12 juillet [1859] : « Savez-vous ce que cela veut dire à Sartène ? Stiletto, schiopetto, strada. » (*Corr. gén.*, t. IX, p. 163, n. 1.)

* « ... *aucun des sentiments qu'elle renferme.* » Réflexion personnelle caractéristique de l'âme de Mérimée.

Page 148

* « ... *la vendette est le duel des pauvres.* » « La passion de la vengeance paraît être encore aujourd'hui comme au temps de Petrus Cyrnæus

et de Filippini un des traits les plus prononcés des mœurs des paysans corses. » Robiquet, *l. c.*, p. 393.
Voir la longue note d'un *Voyage en Corse* (p. 41) : « [...] La vengeance corse n'est, à proprement parler, qu'une forme ancienne et sauvage du duel, que je crois parfaitement national et enraciné chez nous [...] Je le répète, l'usage, le préjugé atroce, qui porte un homme à s'embusquer avec un fusil pour tuer son ennemi à coup sûr, est une forme du duel, comme l'épée et le pistolet, et quelque détestable que soit ce préjugé, il ne faut pas le juger par ses effets, surtout lorsqu'il s'agit d'en faire le trait caractéristique d'un peuple : il faut plutôt remonter à sa cause et examiner si elle n'est pas un des vices de notre nature [...]. »
Mérimée a écrit dans sa deuxième lettre d'Espagne (Une exécution) : « Remarquez en passant que l'assassinat est ici le duel des pauvres gens. »

* « *Garde-toi, je me garde...* » Cette déclaration de guerre est l'invitation *di guardarsi* adressée à l'adversaire. « Garde-toi, dit ou fait dire à son ennemi celui qui entend exercer sa vengeance. C'est une proclamation d'ouverture des hostilités. » Cf. J. Busquet. *Le Droit de la vendetta et les Paci corses.* Paris, A. Pedone, 1920, pp. 102 et 333.

Page 149

* « ... *la satisfaction qu'elles...* » « Mânes » est un substantif masculin pluriel. On en trouve pourtant des exemples au féminin.

* « ... *moins par nécessité que par* galanterie... » Au sens du XVIIe siècle : belles manières, distinction, élégance.

* « ... *qu'on le compare à la baie de Naples...* » « Le golfe d'Ajaccio est un des plus magnifiques qui aient été créés par la nature. Afin de donner une idée de sa splendeur, il suffit de faire observer qu'il rappelle presque pour le ciel, la lumière et la forme, la baie de Naples : il a sa côte de Portici, moins les palais ; les îles Sanguinaires, rapprochées de quelque peu, seraient Caprée ; et la montagne de Pozzo di Borgo, une des plus hautes de la Corse, est son Vésuve. » Valéry. *Voyages en corse,* I, p. 152.

* « *La Punta di Girato...* » figure sur la *Carte géographique de l'Ile de Corse,* de Testevuide et Bédigis (Paris, 1824). C'est sans doute celle que Duchâtel a procurée à Mérimée à son retour de Corse.

* « *Au lieu de ces élégantes fabriques...* » Toutes constructions qui servent à l'ornement des parcs, des jardins.

Page 150

* « ... *des tombeaux de famille.* » « On remarque, sur les collines voisines d'Ajaccio, de petites chapelles où les familles des principaux habitants ont leur tombeau. Les plus petits propriétaires ont aussi leurs tombeaux et ceux de leurs amis dans leur vigne. Le nombre et le

luxe de ces monuments funéraires va croissant. » Robiquet, *l. c.*, p. 471.
— « Les hauteurs voisines d'Ajaccio sont couvertes de petites coupoles blanches qui se détachent et s'élèvent romantiquement au-dessus de la verdure des vignes... » Valéry. *Voyages en Corse*, t. I, p. 181.

Page 151

* « ... *faire une visite au préfet...* » En 1839, le préfet de la Corse était Jourdan (du Var). Mérimée, influencé par Étienne Conti, avait peu de sympathie pour lui. — Sur ce personnage voir Gustave Flaubert. *Voyages*, t. I, p. 63 (Société des Belles-Lettres, 1948).

Page 153

* « ... *il faut assurément que vous l'y ayez mis.* » Molière. *Les Précieuses ridicules*, sc. IX. C'est Cathos qui dit : « Pour voir chez nous le mérite, il a fallu que vous l'y ayez amené. »

Page 154

* « ... *une forme du duel.* » Voir plus haut p. 148.

Page 155

* « ... *les dents comme de l'émail.* » Valéry (*l. c.*, p. 203) donne le portrait de la fille de *Colomba* : « ... Catherine, jeune personne belle, blanche, forte, qui fait aussi bien le coup de feu que madame sa mère, et dont les habits de deuil rappelaient la funeste rencontre où son frère avait péri. » Mérimée, dans une lettre à Lenormant (*Corr. gén.*, t. II, p. 289) la décrit ainsi : « ... sa fille, héroïne aussi, mais de 20 ans, belle comme les amours, avec des cheveux qui tombent à terre, trente-deux perles dans la bouche, des lèvres de tonnerre de Dieu, cinq pieds trois pouces et qui à l'âge de seize ans a donné une raclée des plus soignées à un ouvrier de la faction opposée. On la nomme la Morgana et elle est vraiment fée, car j'en suis ensorcelé. »
Catherine Bartoli, née le 24 avril 1808, avait en réalité 31 ans en 1839. Mérimée insiste sur le teint clair des Corses des districts du centre et écrit à Lenormant (*Corr. gén.*, t. II, p. 284) : « En voyant les figures des montagnards blonds, à tête ronde, yeux bleus, grande bouche, teint hâlé, mais *blanc*, il me semble voir des Manceaux rôtis par le soleil. Je ne crois plus du tout à l'origine ibérique des Corses. »

* « *De longues nattes de cheveux châtains...* » Décrivant un montagnard corse, Mérimée écrit : « Son teint est clair, ses cheveux plus souvent châtains que noirs [...] Le montagnard de Coscione ou des environs de Corte est hâlé, noirci par le soleil; mais il a des couleurs carminées et la teinte de sa peau est claire. » (*Notes d'un voyage en Corse*, p. 58.)

Page 158

* « ... *c'était un excellent Manton...* » Joseph Manton, armurier anglais mort à l'âge de 69 ans, le 29 juin 1835, était renommé pour la fabrication des armes de chasse. Il s'était établi à Londres, en avril 1792. La perfection de sa fabrication était telle que la possession d'un de ses fusils fut alors l'ambition de tous les « sportsmen ». C'est avec un « pistolet anglais de Manton » que Saint-Clair, le héros du *Vase étrusque,* se bat en duel.

Page 159

* « ... *Francesca da Rimini...* » L'épisode célèbre de Francesca da Rimini se trouve à la fin du chant V de *l'Enfer* de Dante.

Page 160

* « ... *quand ils ne voient point eux-mêmes...* » Maladresse de style. G. Michaut a noté que « des malveillants se sont égayés au moins [de cette] phrase malheureuse [...] Il y a donc des oiseaux ont-ils demandé curieusement, qui mettent la main sur leurs yeux? » « La Mystification de Colomba ». *Annales de l'Université de Paris,* janvier-février 1933, p. 36, n. 1.

Page 161

* « ... *mangé aujourd'hui à la crapaudine ?* » « Manière d'accommoder les pigeons qui consiste d'abord à les fendre, les élargir et les aplatir, de telle sorte que, tout déformés, on a pu les comparer à des crapauds. » (Littré.)

Page 162

* « ... *in medias res.* » Horace. *Art poétique,* v. 148.

Page 163

* « ... *celle des Barricini...* » Mérimée a pu trouver ce nom dans Filippini (*Histoire de la Corse,* trad. Letteron, t. I, p. 156) : « Comme tous les membres de cette famille furent emportés morts de Castelnovo dans différentes bières *(bare),* on changea le nom du château et on l'appela Baricini. »

* « ... *officier au service de Naples...* » Il s'agit d'un frère de Colomba, Jean-Baptiste Carabelli, fils de Jean-Baptiste et de Marie Innocence. Né le 9 février 1782 à Fozzano (Corse); marié le 19 juin 1825 à Ange-Marie Bernardini; mort le 8 décembre 1862. Lieutenant au 4e bataillon d'infanterie légère corse organisé par le général Morand, le 27 septembre 1803; capitaine au régiment royal corse (ex-légion corse) au service de Naples, le 7 novembre 1806; capitaine aux grenadiers de la garde royale napolitaine, 6 mars 1813; démissionnaire

le 19 avril 1814; nommé commandant du 4e bataillon corse, le 18 mai 1815; en réforme du 1er juillet 1828 au 15 décembre 1830; capitaine au 60e régiment d'infanterie, le 16 décembre 1830; service arrêté (30 ans de service) le 6 août 1834 (Service historique de l'armée). Son frère Simon Carabelli servait dans un bataillon anglo-corse d'Hudson Lowe.

* « ... *ils ne se virent plus que rarement...* » « La vengeance est un bien de l'île; un attribut de la patrie; elle s'arrête au bord des flots. De l'autre côté de la mer, les deux hommes, qui ont promis la mort l'un de l'autre, ne seront que des compatriotes, unis par des souvenirs et des intérêts communs; mais le vaisseau qui les ramènera, rapportera, en même temps qu'eux, leurs ressentiments et leur haine [...] » *Claire Catalanzi ou la Corse en 1736*, par l'auteur du duc de Guise à Naples, le comte A. de Pastoret, Paris, Charles Gosselin et W. Coquebert, 1838 (2 vol.), t. II, p. 240.

* « ... en étiquette, *comme on dit dans l'île.* » Mérimée écrira au baron Pichon, le 8 juillet 1856 : « Je ne suis pas précisément en vendetta avec M. Abattucci, mais en étiquette comme on dit chez lui. » Abattucci était ministre de la Justice.

Page 164

* « ... *la chute de l'empereur, en 1814...* » Le 6 avril 1814, abdication de Napoléon Ier; départ pour l'île d'Elbe, le 20 avril; le 1er mars 1815 il débarque au golfe Juan.

Page 165

* « ... *comme Panurge...* » Rabelais. *Pantagruel,* ch. XXI : « Et ce dict, s'en fouit le grand pas, de peur des coups, lesquelz il craignait naturellement. »

Page 166

* « ... *les articles 86 et 91 du Code pénal.* » Article 86 : « L'attentat contre la vie ou la personne du Roi est punie de la peine du parricide. Toute offense commise publiquement envers la personne du Roi sera punie d'un emprisonnement de six mois à cinq ans et d'une amende. »
Article 91 : « L'attentat dont le but sera soit d'exciter à la guerre civile en armant, ou en portant les citoyens ou habitans à s'armer les uns contre les autres, soit de porter la dévastation, le massacre et le pillage dans une ou plusieurs communes sera puni de mort. » *Code pénal,* 1833.

Page 172

* « ... *et des fous...* » Oiseau palmipède, voisin du cormoran.

* « ... *le chemin qui mène à la chapelle des Grecs...* » La route qui longe toute la rive ouest du golfe d'Ajaccio conduit en une demi-heure environ à la chapelle des Grecs, dédiée à la Vierge des Carmes,

charmante construction élevée au XVIIIe siècle par la famille Pozzo di Borgo.

Page 175

* « *La vie est un combat.* » « Voltaire fait dire à son *Mahomet* (act. II, sc. III) : « Ma vie est un combat » et Beaumarchais s'adjugeant cet hémistiche pour devise, n'y changea rien, malgré sa manie de donner des variantes aux proverbes. » Édouard Fournier. *L'Esprit des autres*, 3e édit. Paris, 1857, p. 64.

* « ... *qui m'a expliqué ceux-là.* » Mérimée écrivait à Jenny Dacquin, en août 1832 : « Défaites-vous de vos idées d'optimisme et figurez-vous bien que nous sommes dans ce monde pour nous battre envers et contre tous. A ce propos je vous dirai qu'un savant de mes amis, qui lit les hiéroglyphes, m'a dit que, sur les cercueils égyptiens, on lisait très souvent ces deux mots : *Vie, guerre;* ce qui prouve que je n'ai pas inventé la maxime que je viens de vous donner. Cela s'écrit en hiéroglyphe de la sorte . Le premier caractère veut dire *vie;* il représente, je crois, un de ces vases appelés *canopes*. L'autre est une abréviation d'un bouclier avec un bras tenant une lance. *There's science for you.* » (*Corr. gén.*, t. I, p. 175.)
En 1819, Champollion n'avait pas encore fait la première de ses communications qui date de 1821.

Page 177

* « ... *par le roi Théodore.* » Théodore, baron de Neuhof (1690?-1756), aventurier, élu roi de Corse sous le nom de Théodore Ier (15 avril 1736), et forcé de s'enfuir au bout de huit mois. Cf. Varnhagen. *Théodore Ier, roi de Corse.* Traduit de l'allemand par P. Farinole. Bastia, 1894; — A. Le Glay. *Théodore de Neuhoff, roi de Corse.* Monaco, 1907.

* « ... *que celles du plus puissant monarque.* » Robiquet (*l. c.*, p. 279, n. 3), écrit : « Les pièces de cuivre portaient d'un côté un écusson entouré de palmes, et surmonté d'une couronne royale avec l'inscription T. R. *(Theodorus rex)*, et ces mots à l'exergue : *Pro bono publico regni Corsicae;* au revers était la valeur de la pièce, *cinque soldi*. Les pièces d'or et d'argent portaient d'un côté les armes de la Corse (une tête de Maure) et de l'autre l'image de la Vierge, avec cette inscription : *monstra te esse matrem*. Ces pièces ayant excité la curiosité en Italie, on en fabriqua de semblables à Naples; celles d'or se vendirent jusqu'à six sequins. » Voir *Corr. gén.*, t. II, pp. 287, 298, 331, t. III, p. 469.

* « ... *tout émerveillé de la politesse corse.* » « ... J'ai fait la conquête de cette illustre dame [Colomba] et en nous quittant nous nous sommes embrassés à la Corse, *id est* sur la bouche. Pareille bonne fortune m'est arrivée avec sa fille [...] » Lettre à Requien (*Corr. gén.* t. II, p. 289).

Page 178

* « ... *au galop de leurs petits ponies...* » Jusqu'en 1850 Mérimée a fait imprimer « poneys » à la française; ensuite il donne « ponies » pluriel du mot anglais « pony ».

* « ... *quelque chose entre un Conrad...* » Conrad est le nom du héros du *Corsaire* de lord Byron.
On a vu à tort ici une allusion au Conrad Wallenrod d'Adam Mickiewicz.

Page 179

* « ... *du nord au sud par une chaîne de montagnes.* » « Ajoutons que toute la partie de l'île comprise entre les Monts et l'extrémité du Cap-Corse s'appelle généralement *Deçà des Monts,* et qu'on appelle *Delà des Monts* la partie qui s'étend du côté de Bonifacio. Néanmoins les habitants de ces deux parties de l'île s'appellent réciproquement *Pomontinchi,* c'est-à-dire gens du delà des monts. »
Filippini, *Histoire de la Corse,* t. I, p. 4 (traduction de l'abbé Letteron).

* « ... *la vieille tour où Sambucuccio...* » Valéry (*l. c.,* t. I, p. 142) écrit : « [Alando] a donné son nom à deux grands hommes de la Corse, le célèbre Sambucuccio, plébéien, chef intrépide de l'insurrection contre les seigneurs en 1007, organisateur des communes, sorte de héros administrateur; et à son illustre descendant proclamé en 1466 vicaire (représentant) du peuple [...] » Filippini écrit : « Sambucuccio d'Alando, de la piève de Bozio, homme du peuple il est vrai, mais plein de bravoure et jouissant d'une grande réputation. » L'abbé Letteron, dans la traduction de l'*Historia di Corsica* (t. I, p. 221) écrit en note : « Les auteurs ne s'entendent en aucune façon sur l'époque à laquelle a vécu Sambucuccio d'Alando. G.-C. Gregorj le fait vivre vers 1002 (Introduction à l'*Histoire* de Filippini [XXIX-XXX]), Pietro Cirneo, quelque temps avant Giudice della Rocca, et Giovanni della Grossa, comme on le voit, un demi-siècle après la mort de Giudice. (M. S. de Ceccaldi, 1359. Édit. ital. 1495.) »

* « ... *du comte Henri le* bel Missere. » On écrit ordinairement *Bel Messer* ou Bel Messere. Mérimée suit ici l'*Istoria di Corsica* d'Anton Pietro Filippini, édit. de Gregorj, Pise 1827, II, 45 : « Questo conte Arrigo fu cognominato Bel Missere [*sic*] solamente per esser risguardevole, et dalla natura molto donato di belleza di corpo, coma di tutte l'altre qualitá. » (Le comte Arrigo, traduit Letteron, fut surnommé Bel Messere, parce qu'il était d'un extérieur remarquable et que la nature lui avait donné à un haut degré la beauté du corps aussi bien que toutes les autres qualités.)
Après la mort du comte Arrigo : « On prétend qu'on entendit alors dans l'air par toute l'île (c'était en l'an mille de la naissance de Jésus-Christ) une voix qui disait :

E morto il conte Arrigo Bel Messere
E Corsica sarà di male in peggio.

(« Il est mort le comte Arrigo, le beau Messire; la Corse ira de mal en pis). (*Histoire de la Corse,* traduction française de M. l'abbé Letteron Bastia. Ollagnier, 1888, t. I, pp. 119-122.)
Sur ce personnage légendaire, voir P. Aimès. « Le Beau Messire ». *Études corses,* nouvelle série, n° 10, 2e trimestre 1956, pp. 7-13.

Page 180

* « ... *qui avait été compère...* » Employé ici au sens propre, compère désigne le parrain par rapport à la marraine.

* « ... *qui aurait* fait un malheur... » « *Hacer una muerte* », même expression dans la 3e lettre d'Espagne, t. I, p. 426.

* « ... *avec une lunette d'approche...* » « L'habitude de se mettre en garde contre les surprises a rendu commun, en Corse, l'usage des lunettes d'approche. Presque tous les bandits en portent. » Note à la « Lamentation de Béatrice de Piedocroce », *Notes d'un voyage en Corse,* p. 225.

Page 181

* « ... *une casaque à capuchon, de drap corse...* » Mérimée avait acheté en Corse une veste à capuchon, en drap corse. Cf. *Corr. gén.*, t. II, pp. 292 et 299.

Page 183

* « ... *comme tous les villages de la Corse...* » La description de Pietranera correspond en réalité à celle de Fozzano. Valéry écrit (*l. c.*, t. I, p. 202) à propos de la vendetta qui divise le village : « L'aspect de guerre du village était affreux, misérable: les paysans marchaient armés; les maisons étaient crénelées, barricadées et les fenêtres bouchées par de grosses briques rouges. Un quart environ de la population est en inimitié; les hostilités existent principalement entre les habitants du village *di Sotto* et *di Sopra* [...]. — Dans ses *Recherches statistiques sur la Corse* (p. 427), P.-G. Robiquet contant les rivalités des principales familles de la Corse, cite la vendetta des Carabelli, Bartoli et Bernadini, et écrit: « Fozzano présentait l'aspect le plus sombre : les maisons étaient crénelées et barricadées : personne n'osait se montrer au dehors. » Et il renvoie à un acte d'accusation du 11 octobre 1831.

* « ... *Cargèse, bâti par M. de Marbœuf.* » « Cargèse, écrit Valéry (*l. c.*, t. I, p. 102), élevé régulièrement en amphithéâtre au-dessus de la mer, planté de beaux mûriers, est un agréable village. Il a été bâti par M. de Marbeuf, pour lequel il fut même érigé en marquisat et peuplé par la colonie grecque réfugiée en Corse vers 1676. » Mérimée a écrit, dans toutes les éditions, Marbœuf au lieu de Marbeuf.

Page 184

* « ... *on y arrive par un escalier fort roide.* » Mérimée, étudiant les donjons dans les *Instructions sur l'architecture militaire au Moyen-Age* (août 1843),

écrira : « Quelquefois encore un escalier étroit et raide conduisait à l'entrée, toujours fort élevée au-dessus du sol [...] On voit un exemple ancien de ces escaliers extérieurs dans le donjon d'Alluye (Eure-et-Loir). Ils sont encore très communs en Corse, et ils étaient même usités dans les constructions civiles du siècle dernier.. » *Études sur les Arts au Moyen-Age*, p. 264.

* « ... *comme un mâchecoulis...* » Mérimée avait d'abord écrit « mâchicoulis ». On emploie d'ailleurs les deux orthographes.

* « ... *un manoir du moyen âge en Corse.* » La maison de Sollacaro dont Mérimée donne le croquis (fig. LXXXIX) dans son cahier d'*Instructions*, correspond en tous points à cette description.
Mérimée a écrit dans son *Voyage en Corse*, p. 172 : « Je ne dois pas oublier une espèce de fortification que j'appellerais volontiers *domestique*, et qui n'est destinée qu'à défendre une famille contre les attaques de ses voisins. Ce sont des machicoulis, disposés en avant d'une fenêtre, au dessus de la porte d'entrée, laquelle est d'ordinaire assez élevée, et précédée d'un escalier étroit et raide. On voit à Sollacaro deux constructions de cette espèce, qui ont appartenu aux seigneurs d'Istria. A Fozzano, à Olmeto, dans beaucoup de villes et de villages de la Corse *au delà des monts*, on en trouve de semblables. Sur le plateau de Frasso [sur le chemin d'Ajaccio à Sollacaro] existe une petite maison bâtie de la sorte. On n'entrait que par la fenêtre et au moyen d'une échelle; en outre, la maison elle-même est perchée sur une roche si escarpée qu'il fallait, je pense, une autre échelle pour arriver seulement au pied du mur; ce n'est qu'en m'aidant d'un arbre qui avait poussé dans une fente du rocher que j'ai pu me guinder jusqu'à cette hauteur. »

Page 185

* « ... *qu'on y avait pratiqué des* archere. » Mérimée écrit dans son *Voyage en Corse*, p. 174 : « Je ne parlerais pas du système très simple des *fortifications domestiques* actuelles, si le nom qu'on leur donne n'annonçait une origine très ancienne. Elles consistent en épais madriers, dont on garnit la partie inférieure des fenêtres, en ménageant des trous assez larges seulement pour passer un canon de fusil. On nomme ces meurtrières des *archere*, ce qui indique que leur invention ou leur usage est antérieur aux armes à feu. A l'honneur des mœurs modernes, je dirai que je n'ai guère vu d'*archere* que dans le village d'Arbellera; mais on m'assure qu'on en tire un très grand parti. »

* « ... *de la viande de boucherie à bon marché dans Pietranera.* » Voir plus haut, p. 147.

Page 186

* « ... *aux Quatre-Bras...* » Hameau de Belgique où, le 16 juin 1815, Français et Anglais se livrèrent un violent combat au cours duquel fut tué le duc de Brunschwick.

Page 187

* « *La vie est un combat!* » Voir plus haut, p. 175.

Page 188

* « *Bandit n'est point... c'est* l'outlaw *des ballades anglaises.* » « Ce mot, écrit Mérimée, doit toujours se prendre dans le sens de proscrit. » *Notes d'un voyage en Corse* (Note B, p. 189). Voir aussi *Mateo Falcone*, t. I, p. 242.

Valéry (*l. c.*, t. I, p. 98) écrit : « Cette expression italienne *bandito* (banni, proscrit), a conservé son sens politique, et n'a rien d'infamant. »

Page 191

* « ... *la portiez dans le maquis.* » Mérimée écrit à Requien le 30 septembre 1839 : « Je ne parle pas des makis, dont le seul mérite est de sentir fort bon, et le défaut de réduire les redingotes en lanière. *Corr. gén.*, t. II, p. 288; et à Vogin, le 2 octobre 1839 : « Je suis tombé dans un précipice où j'ai déchiré ma redingote et endommagé mon nez. » (*Corr. gén.*, t. II, p. 291.)

* « *Carchera, ceinture... un pistolet à gauche.* » Voir *Mateo Falcone*, t. I, p. 242.

* « ... *le bonnet pointu,* barreta pinsuta. » Mérimée écrit à Conti, le 29 septembre 1839 : « Il est écrit que je quitterai la Corse sans avoir vu une barreta pinsuta. » (*Corr. gén.*, t. II, p. 286.)

Cf. Robiquet, *l. c.*, p. 443 : « Le bonnet pointu qui était encore en usage il y a vingt ans dans toute l'île, surtout dans les montagnes, commence à passer de mode. On dit qu'autrefois il n'y avait que les nobles et les Caporaux qui eussent le droit de le porter. Il est ordinairement de velours noir ou brun et est orné d'une espèce de retroussis de même étoffe et de même couleur, découpé, et brodé ou galonné sur les bords. Sa hauteur est celle des bonnets de prêtres. Il paraît que ce bonnet est une imitation d'un casque de même forme, que portaient autrefois les Corses. « Les uns, dit *Petrus* « *Cyrnæus,* portent en tête des casques élevés en pointe, et impé- « nétrables qu'ils appellent *Cerbelleras,* les autres des casques ronds. » C'était en effet l'origine que les Corses lui attribuaient au temps de Paoli. »

Le surnom de *pinsuti* fut donné d'abord aux chasseurs et ensuite à tous les Français du continent. Cf. J. Busquet, *Le Droit de la vendetta*, p. 380, n. 3.

* « *brave* » *:* brillamment mis, élégant. (Sens du XVIIe siècle.)

Page 193

* « ... *l'amas, le* mucchio *d'un tel.* » Il existe une aquarelle de Mérimée (hiver 1868-1869) offerte à Mme Dagault, née Granval, et qui représente cette scène. L'aquarelle a figuré à l'Exposition du 150e anniversaire de la naissance de Mérimée à la Bibliothèque Nationale,

en 1953 (nº 263). Elle est reproduite (en noir) dans les *Morceaux choisis,* par J. Mallion et M. Parturier, Paris, Didier, 1952 (fig. 39, p. 263).

* « ... *elle la jeta sur ses genoux.* » A. de Pastoret écrit dans *Claire Catalanzi,* p. 242 : « Monsieur, quand il y a dans une maison une chemise teinte de sang, il faut d'autre sang pour la blanchir; jusque-là elle reste suspendue au foyer, et les enfants la regardent en faisant leur prière. » Dans la *Lamentation funèbre du Niolo* on trouve :

Je veux acheter un pistolet
Pour montrer ta chemise *(sanglante)*
Aussi bien, personne n'attend
Pour se faire couper la barbe
Que la vengeance soit accomplie.

Et Mérimée écrit en note : « La chemise sanglante d'un homme assassiné est gardée dans une famille comme un souvenir de vengeance. On la montre aux parents pour les exciter à punir les meurtriers. Quelquefois, au lieu de chemise, on garde des morceaux de papier trempé dans le sang du mort, qu'on remet aux enfants lorsqu'ils sont d'âge à pouvoir manier un fusil. Les Corses se laissent pousser la barbe en signe de vengeance ou de deuil. « Personne n'attend pour se faire couper la barbe », c'est-à-dire, il n'y a personne qui se charge de le venger. » *Voyage en Corse,* p. 211, n. 1. Le peintre Alexandre-François Caminade (1783-1862) a exposé au Salon de 1859 un tableau intitulé : « Colomba présentant à son frère la chemise sanglante de son père et les balles qui l'ont frappé. » Cf. *Corr. gén.*, t. I, p. 462, n. 2.

Page 195

* « ... *M. Shandy se consola de la perte de son fils.* » « Quand Cicéron perdit sa chère fille Tullia, il n'écouta d'abord que son cœur et modula sa voix sur la voix de la nature [...] Mais dès qu'il eut ouvert les trésors de la philosophie, dès qu'elle lui eut appris la quantité de choses excellentes qu'il y avait à dire sur ce sujet, on ne saurait croire, dit ce grand orateur, combien, en un instant, je me trouvai heureux et consolé. » (Sterne, *Tristram Shandy*... Paris, Garnier, 1877, ch. CLXI, p. 386.)

* « *Et comme Chilina*... » Mérimée écrit à Gregorj, le 7 juin 1840 : « Quel est le nom dont l'abréviation est Chili? » (*Corr. gén.*, t. XVI, p. 455.)

Page 196

* « ... *aux Lucquois qui coupent le maquis.* » Habitants de Lucques, ville d'Italie, sur le golfe de Gênes. F.-G. Robiquet (*loc. cit.*, p. 511) écrit : « Je dirai un mot de ces bons ouvriers lucquois et parmesans qui viennent tous les ans exécuter dans l'île une partie des travaux de l'agriculture. Ils arrivent ordinairement vers le 15 novembre, et repartent vers le 15 avril. On les emploie particulièrement aux

défrichements, aux clôtures, et aux travaux des vignes [...] Ces gens, dit Paléologue, sont paisibles, obéissants et laborieux... » Voir aussi *Voceri, chants populaires de la Corse* précédés d'une excursion faite dans cette île en 1845, par A.-L.-A. Fée. Paris, Strasbourg, 1850, pp. 38-42.

Page 198

* « La scaglia, *expression très usitée.* » Dans son article sur « Ivan Tourguéniev » (*Le Moniteur universel,* 25 mai 1868), Mérimée écrira : « En parlant de quelque situation terrible, on dit en Corse : « *Si vuol la scaglia* ». Cela demande la pierre à fusil. Tel est le sentiment qu'on éprouve en lisant la première nouvelle de ce recueil, *la Fille du Cosaque* [de Marko Vovtchok]. » Il écrira aussi à Panizzi, à propos des affaires d'Italie, le 25 octobre 1867 : « C'est un cas dont on dirait en Corse : Si vuol la scaglia. La *scaglia,* vous l'ignorez peut-être, est l'antique pierre à fusil des temps historiques. » (*Corr. gén.,* t. XIII, p. 643.)

* « ... *sous le nom de Brusco...* » Le maréchal Vaillant donnera à sa chienne le nom de « Brusca ». Cf. *Un Anglais à Paris* (par Vandam), traduit de l'anglais par J. Hercé, Paris, Plon, 1894, t. II, ch. VIII.

* « ... *n'est pas un pays bien amusant pour un jeune homme...* » Mérimée écrit de Bastia à Esprit Requien : « Sans les punaises, la Corse serait un pays charmant, mais on en trouve partout. Il faudrait encore qu'il y eût des dryades ou des nymphes pour répondre aux soupirs des voyageurs, mais on y est horriblement moral. » (*Corr. gén.,* t. II, p. 289.)

* « ... *maxima debetur pueris reverentia.* » Juvénal. *Satires,* XIV, 47.

Page 199

* « ... *un supposé...* » Qu'on fait passer pour fils de quelqu'un qui ne lui est pour rien.

* « ... *je me promenais du côté d'Orezza...* » A 3 kilomètres de Piedicroce, sur les hauteurs du Fium'Alto. Établissement thermal réputé; eau ferrugineuse.

Page 200

* « ... *ac multa porrectum extendit arena.* » (Et d'un plomb qui a fondu en traversant l'air, il fend, au milieu, le front du jeune homme et l'étend mort sur le sable.) *Énéide,* IX, 588-589. Les anciens croyaient que les balles de plomb fondaient en traversant l'air (Lucrèce, VI, 177).

Page 201

* « ... accio *se prend d'ordinaire dans un sens de mépris.* » « En Corse, le suffixe « accio » n'a pas une valeur péjorative, mais marque la descen-

dance. » P. Aimès. « Talaventacci », in *la Jeune Corse,* 17 novembre 1942.

Page 202

* « ... *mais je ne veux rien autre chose.* » Voir plus haut, p. 139.

Page 204

* « ... *je chante ce qui me vient à l'esprit.* » « S'il y a homicide, la veillée funèbre présente en un point des caractères différents. Le chant, qui dans les cas normaux s'appelle le *lamento,* prend le nom de *vocero* [...] Aux louanges du mort se mêlent des excitations à la vendetta adressées aux hommes de la famille [...] » J. Busquet. Le *Droit de la vendetta,* p. 101.

Le début de la *ballata* pour Charles-Baptiste, qui n'est pas mort de la *mala morte,* est donc un *lamento,* que Colomba termine (p. 207) par un *vocero.*

Page 205

* « *Nous t'aurions vengé!* » Voir la note que Mérimée a placée en tête de ses « Poésies populaires Corses » (*Notes d'un Voyage en Corse,* p. 198 et reproduite en partie dans *Colomba.*) Elle se termine par les lignes suivantes : « Un homme mourut dernièrement de la fièvre à Bocognano; ses amis vinrent l'embrasser suivant l'usage de cette localité et l'un d'eux lui dit : *O che tu fossi morte della mala morte, t'avremmo vindicato !* O que n'es-tu mort de la malemort (c'est-à-dire assassiné) nous t'aurions vengé! — On le voit, la Corse est encore loin de ressembler au continent. »

Page 207

* « ... *sous l'amas de feuilles vertes.* » Mérimée s'inspire ici de la quatrième stance du *Buceratu di Beatrice di Piedicroce, alla morte d'Emmanuelli delle Piazzole, giudice di pace del cantone d'Orezza, 1813, voceru* qu'il a publié dans son *Voyage en Corse* (p. 212) :

Oggi, si, lu vostru sangue	Aujourd'hui, oui, votre sang
Si lu inghiotti lu terrenu.	La terre le boit.
Ma si eju mi c'era truvata	Mais si je m'étais trouvée là,
Mi lu vuglia pone in senu	Je l'aurais *(recueilli et)* mis dans mon sein.
Poi, spargelu pè le Piazzole	Pour le répandre ensuite dans les Piazzole,
Che fosse tantu velenu.	*(Tant)* qu'il devînt un poison *(pour vos meurtries).*

Cette stance, écrit Fée (*loc. cit.*, p. 218) reproduit l'idée renfermée dans la troisième stance d'un voceru qu'il publie (p. 90) :

Eju un gottu du so sangue	Je veux mettre sur mon sein
Mi lu vogliu mette in senu :	Une goutte de son sang,
Ind'u paese di Muru	Et jusqu'au pays de Muro
Ci ôgliu sparghie lu velenu.	Je veux répandre le poison.
Un sangue cusi ghientile	Un sang aussi précieux
Si l'ha betu lu teneru.	La terre a pu le boire !

Fée (p. 212) ajoute : « Les deux vocératrices veulent que le sang du mort devienne un poison pour les meurtriers, et il n'est pas extraordinaire que ce désir soit plusieurs fois exprimé dans ces chants de vengeance de forme très peu variée. Les circonstances étant toujours les mêmes, amènent nécessairement les mêmes pensées. D'ailleurs, si le vœu formé n'est pas réalisable au sens positif, il l'est au sens figuré. Le sang versé par un assassin devient tôt ou tard un poison qui le tue.

« M. Mérimée a dit, dans son charmant roman de *Colomba* (c'est son intrépide héroïne qui parle) : « L'orpheline pleure son père, surpris par de lâches assassins, son père, dont le sang est rouge, sous l'amas de feuilles vertes, ce sang noble et innocent; elle l'a répandu sur Piétranera, pour qu'il devînt un poison mortel. » L'imitation est heureuse, cependant *le sang rouge sous l'amas de feuilles vertes* appartient plutôt à la littérature française qu'à la littérature corse. »

Page 211

* « ... *les liens de famille sont si puissants en Corse...* » Mérimée écrira à Étienne Conti : « J'avais l'intention de peindre dans *Colomba* l'amour de la famille si puissant dans votre île... » (*Corr. gén.*, t. II, p. 463.) On lit dans Valéry (*l. c.*, t. I, p. 204) : « Le fond d'un Corse est l'amour de sa famille. »

Page 215

* « ... *by the bye...* » Soit dit en passant.

* « ... *ma solenne.* » Mais magnifique; exceptionnel.

* « ... *his best love.* » Ses meilleures amitiés.

* « ... *bas de soie, écharpe blanche...* » L'action se passe en effet sous la deuxième Restauration, avant l'adoption des trois couleurs.

Page 221

* « ... *et buvait du meilleur.* » C'est-à-dire du meilleur vin qu'il ait. L'expression, aujourd'hui désuète, se retrouve dans *Lokis* et dans *la Chambre bleue.*

Page 226

* « ... *pour garnisonner...* » Ce mot qu'on ne trouve dans aucun dictionnaire paraît forgé par Mérimée.

Page 228

* « ... *ils ont de bons* piloni... » Voir *Mateo Falcone,* t. I, p. 239.

Page 229

* « Palla calda u farru freddu, *locution très usitée.* » Locution citée dans une lettre à Mme de Montijo, le 3 février 1844 : « Nous ne sommes pas en Corse où l'on a *palla calda o ferro freddo.* » (*Corr. gén.*, t. IV, p. 20 n. 1.)

Page 230

* « ... *quelques moments avant qu'Orso ne parût.* » Sainte-Beuve écrira : « Est-il bien que Colomba, pour exciter son frère, aille couper de nuit l'oreille au cheval qu'il doit monter le lendemain, lui laissant croire que ce coup vient des Barricini?... Et puis pour accomplir son stratagème qu'elle est belle et féroce, se glissant sans bruit dans l'ombre le long de l'enclos, telle la Simétha de Théocrite opérant sous la lune ses enchantements. » *Revue des Deux Mondes,* 1er octobre 1841, p. 87. Parmi les causes particulières de la vendetta, J. Busquet (*le Droit de la Vendetta,* Paris, 1920) indique la mutilation des animaux domestiques, injure particulièrement atroce, et note le parti que Mérimée en a tiré.

Page 235

* « ... *n'irions-nous pas ensemble aux eaux d'Orezza?* » Voir plus haut p. 199. Un sentier qui conduit aux eaux d'Orezza est bordé par des châtaigniers énormes.
* « ... *la petite Chilina...* » Voir plus haut, p. 187.

Page 237

* « ... *de donner ou de recevoir la mort.* » Voir l'enquête personnelle de M. G. Roger. (*Prosper Mérimée et la Corse,* Alger, 1945, p. 277.)

Page 240

* « ... *et qui lui sert comme de correctif.* » Mérimée emploie souvent cette expression. Voir par exemple *Corr. gén.*, t. XI, p. 433; t. XII, p. 611. Il écrit dans son *Voyage en Corse* (p. 219, n. 2) : La mort. On ne la

nomme pas, pour éviter un mot néfaste. C'est par un motif semblable que les Grecs ont nommé les Furies, Euménides, et les paysans écossais, les fées *guid folk, les bonnes gens.* »
« Aujourd'hui même encore, il est rare qu'un Italien prononce le mot de *mort* sans y ajouter comme correctif salute a noi!... » *Études sur l'Histoire romaine,* Magen, 1844, t. II, p. 239, n. 2.

Page 242

* « ... *en leur adressant des bénédictions ou des éloges...* » Mérimée écrit dans ses *Notes d'un voyage en Corse* (Note B, p. 188) :
« La plus ordinaire [des superstitions populaires] est l'idée antique qu'on peut jeter un sort soit par le regard soit par des éloges. Cela s'appelle *innochiare, annochiare.* Tout le monde n'a pas le pouvoir de nuire par les yeux; il faut avoir le mauvais œil, et celui qui l'a fait souvent du mal sans le vouloir. L'*annochiatura,* par les éloges, atteint surtout les enfants. Plus d'une mère lorsqu'on loue la beauté de son fils vous dira : *Nun me l'annochiate,* ne me le fascinez pas. Et il n'est pas rare d'entendre des Corses dire d'un air de tendresse à un enfant : *che tu sia maladetto-scomunicato* etc., sois maudit, excommunié, parce que le charme opère en sens contraire. On fait ainsi un souhait heureux, sans compromettre celui à qui il s'adresse. »

* « ... *soit par les yeux, soit par la parole.* » « Beaucoup de femmes croient encore au *mauvais œil.* Elles supposent que le regard et les éloges de certaines personnes ont une influence funeste, particulièrement sur les enfants, qu'ils frappent subitement de maladies mortelles. » Robiquet, *l. c.,* p. 405.

* « ... *d'une position au moins aussi dangereuse.* » Mérimée écrira à l'helléniste George Grote le 26 septembre 1848 (*Corr. gén.*, t. XVI, p. 279) :
« J'ai parcouru les montagnes et les maquis dans l'arrondissement de Sartène en compagnie de M. Jérôme Roccaserra, en butte à une vendetta terrible pour avoir tué deux de ses ennemis d'une seule main en deux coups de fusil, dans des circonstances exactement les mêmes que j'ai décrites dans « Colomba ». Voir aussi *Corr. gén.*, t. II, p. 289, n. 1.

Page 243

* « ... *vers le maquis de la Stazzona.* » Dans son *Voyage en Corse* (p. 21) Mérimée écrit que *Stazzona* est le « nom générique de tous les dolmens » et « signifie forge dans le dialecte des paysans. » Il s'agit donc ici d'un des nombreux maquis où l'on trouvait une *stazzona.*

Page 245

* « ... *celle du choeur d'Othello : Il vit!* » *Otello,* opéra de Rossini, d'après

la tragédie de Shakespeare, représenté pour la première fois à Naples en 1816 et à Paris en 1821. Mérimée fait allusion au *finale* du 2e acte :

Le Chœur : *Che mai saper tu vuoi ?*
Desdémone : *Se vive il mio tesoro* (bis).
Le Chœur : *Vive, viva, serena il ciglio* (bis).

Page 247

* « ... *l'enquête du* coroner... » Magistrat anglais chargé d'enquêter sur les crimes.

Page 257

* « ... *couvert d'un pilone.* » Voir plus haut p. 228.
* « ... *avaient trop de couleur locale.* » Voir plus haut p. 131.

Page 264

* « ... *Gambini, Sarocchi et Théodore Poli...* » Théodore Poli, conscrit retardataire de la classe de 1819 fut arrêté, et conduit à Ajaccio. Il s'échappa, prit le maquis et le 14 février 1820 il tua le brigadier Guagno qui l'avait arrêté. Il fut tué lui-même le 5 février 1827. Robiquet écrit (*l. c.*, p. 435) : « Théodore tenait la campagne depuis huit ans, et il s'en disait le *commandant.* On trouva sur lui un ordre écrit de la veille où il prenait ce titre, et faisait connaître sa volonté à une famille qui était en procès avec un de ses protégés. »
Sur Théodore Poli, voir Gustave Flaubert. *Voyages,* t. I, p. 67 et sq. (Société les Belles-Lettres, Paris, 1948.)
Les noms de Sarocchi et de Gambini sont cités par Robiquet (pp. 432 et 436). Voir *le Globe* (5e lettre sur la Corse, t. IV, n° 88, 6 mars 1827, p. 466) qui publie l'ordre de Tiodoro Poli, signé du 4 février 1827 et signé « il commandante di campagna ».

Page 267

* « ... *se dirigea vers le village de Cardo...* » « A une demi-lieue de Bastia est le petit village de Cardo, où se trouve une des meilleures eaux des eaux si exquises de la Corse. Telle est la fraîcheur, la légèreté de ces eaux qu'il semble que l'on boive de l'air [...] Les habitants de Cardo trafiquent l'été de leur eau qu'ils vendent à Bastia deux sous la grosse bouteille *(flasco)* [...] La source pittoresque de Cardo sort des rochers entremêlés d'oliviers, de noyers, de châtaigniers : trop fraîche en été, tempérée en hiver, elle est abondante et ne tarit jamais. L'ancienne fontaine, pratiquée par M. de Marbeuf, est aujourd'hui à peu près abandonnée; l'eau se prend plus haut parce qu'un

de ces vastes noyers de Corse, dont l'industrie pourrait tirer tant de parti, embarrasse de ses racines le canal souterrain... » (*Voyages en Corse*..., par M. Valéry, *l. c.*, t. I, p. 31).

* « ... *un des gradins élevés du mont Quercio*... » Le mont Quercio figure sur la carte de Corse de Testevuide et Bédigis. Voir p. 149.

Page 269

* « ... *mourir dans ses souliers*... » « Le contraire de mourir dans son lit. » (Littré.)

Page 270

* « ... *en nos nécessités*... » Rabelais. *Pantagruel,* ch. XVII. Cf. Lettre à Francisque-Michel (*Corr. gén.*, t. VI, p. 364.)

Page 272

* « ... *peut-être de l'aleatico*... » *Aleatico* ou *leatico,* sorte de raisin dont on fait le vin du même nom.

Page 274

* « ... *le cœur qui a pensé*... » Voir plus haut, p. 144.

ARSÈNE GUILLOT

Page 285

* Homère, *Iliade,* XXII, 359-360. Paroles d'Hector mourant à Achille : « Pâris et Phébus Apollon te feront périr si brave que tu sois, devant la Porte Scée. » Louis Énault écrira dans *la Gazette de France* (12 janvier 1853) : « Tu marches dans la force », c'est Mme de Piennes; Pâris, c'est Max de Salligny; Phébus Apollon, c'est le diable; la Porte Scée, c'est l'occasion, l'herbe tendre, tout ce que vous voudrez! M. Mérimée en dit cent fois moins et se fait comprendre cent fois mieux. Ce que c'est que de parler grec. »

* ... *venait de finir à Saint-Roch*... » L'action de la nouvelle se passe environ 1828. L'église de l'Assomption, rue Saint-Honoré, devenue insuffisante, sera remplacée par l'église de la Madeleine,

alors en construction et achevée en 1843. L'église Saint-Roch servait alors de paroisse aristocratique du quartier Saint-Honoré.

* « *Madame de Piennes...* » Ce nom était porté par le duc de Piennes, qui devint duc d'Aumont, puis pair de France. Cf. *Corr. gén.*, t. XVI, p. 4, n. 1.

* « ... *attachée à Madame la Dauphine...* » Marie-Thérèse-Charlotte de France, née à Versailles le 19 décembre 1778, fille de Louis XVI, mariée le 10 juin 1799 à Louis-Antoine de France, fils de Charles X.

Page 286

* « ... *de souliers de prunelle...* » Sorte de drap de laine noire dont on faisait surtout des chaussons de femme.

* « ... *l'asphalte n'était pas encore inventé* ». Ce fut seulement en 1838 que furent établis à Paris les premiers trottoirs en asphalte. *Le Moniteur universel* écrit le 9 août 1838 (p. 2041) : « On fait [sur le pont Notre-Dame] un nouvel essai du système de passage bitumeux de la compagnie Dez-Manuel »; et le 24 septembre 1838 (p. 2246) : « Le bitume, l'asphalte se sont emparés des galeries du Palais-Royal. »

Page 288

* « ... *plus agréables à Dieu que les fastueuses aumônes des riches.* » Marc, XII, 41-44; Luc, XXI, 2 et 3.

* « *Celui-ci répondit qu'il était* concierge... » Mérimée met le mot « concierge » en italique, parce qu'il était alors dans sa nouveauté, pour remplacer le mot « portier » qui avait pris un caractère péjoratif.

Page 289

* « ... *laissant une petite fille sans secours...* » Mérimée avait écrit à Jenny Dacquin en 1832 : « Dans une maison de la rue Saint-Honoré, il y avait une pauvre femme qui ne sortait jamais d'une petite chambre sous les toits qu'elle louait moyennant 3 francs par mois. Elle avait une fille de douze ans toujours très bien tenue, très réservée et qui ne parlait à personne. Cette petite sortait trois fois la semaine dans l'après-midi, et rentrait seule à minuit. On sut qu'elle était figurante à l'Opéra. Un jour elle descend chez le portier et demande une chandelle allumée. On la lui donne. La portière surprise de ne pas la voir redescendre, monte à son grenier, trouve la femme morte sur son grabat, et la petite fille occupée à brûler une énorme quantité de lettres qu'elle tirait d'une fort grande malle. Elle dit : « Ma mère est morte cette nuit, et elle m'a chargée de brûler toutes ses lettres sans les lire. » Cette enfant n'a jamais su le véritable nom de sa mère; elle se trouve maintenant absolument seule au monde, et n'ayant d'autre ressource que celle de faire les vautours, les singes ou les diables à l'Opéra. » (*Corr. gén.*, t. I, pp. 173-174.)

Page 290

* « ... *sanctum sanctorum*... » *Cella* du temple de Jérusalem.

* « *Ça avait été à l'Opéra*... » Céline Cayot avait été figurante à l'Opéra.

Page 291

* « ... *le docteur K*... » Probablement le docteur Koreff, ami de Mérimée et de Stendhal.

Page 292

* *Otello*, opéra italien, tiré de la tragédie de Shakespeare, représenté pour la première fois à Naples en 1816; musique de Rossini. Mme Pasta débuta dans *Otello*, au Théâtre-Italien, le 5 juin 1821. Voir l'article de Stendhal dans le *Journal de Paris* du 15 décembre 1824. (*Mélanges d'art*, Le Divan, 1932, p. 285.)

Page 293

* « *Je ne l'ai pas* auscultée... » L'auscultation était alors une nouveauté. Le traité de Laënnec, *De l'auscultation médiate*, avait paru en 1819. La 2e édition est de 1826, année de la mort de Laënnec. La 4e édition, avec les notes d'Andral, est de 1837.

Page 294

* « ...*une protubérance qui indique l'exaltation.* » Mérimée s'était intéressé à la *phrénologie* de Gall. Cf. *Corr. gén.*, t. I, p. 94.

Page 295

* « ... *une prise de thridace.* » Suc épaissi de laitue, obtenu par expression et évaporation. Employé autrefois comme sédatif léger et calmant de la toux.

Page 296

* « ... *il m'écrit par un Y !* » Assonance évidente et volontaire entre Céline Cayot et Arsène Guillot.

Page 298

* « ... *trouver un homme pour se mettre avec lui.* » Charles Maurice, dans son *Histoire anecdotique du théâtre* (t. I. p. 298), raconte l'anecdote suivante : « Le mot que mademoiselle Bourgoin a dit hier au foyer des comédiens ne doit pas être perdu. Sa camarade, mademoiselle

D[upont?] lui conseillait d'imiter ce qu'elle venait de risquer en allant à Saint-Roch prier pour obtenir un terme à son veuvage. — « *J'ai si bien réussi,* lui dit-elle, *qu'avant d'être au bas de l'escalier, j'avais trouvé mon affaire. ON me suivait,* et c'est ce que J'AI. — *Tu prends donc le Bon Dieu pour un... entremetteur?*, répondit avec mépris l'actrice que cet entretien éloigna pour longtemps d'une camarade si étrangement dévote. (7 avril 1823.) »
Mérimée n'a donc pas inventé le cierge d'*Arsène Guillot* qui, suivant Taine, résume beaucoup de volumes sur la religion du peuple et sur les vrais sentiments des courtisanes. Il utilise une superstition de coulisses.

Page 299

* « *Quand on est riche, il est aisé d'être honnête.* » Mérimée écrivait à Jenny Dacquin en 1832 : « J'ai été à un bal [...] où étaient invitées toutes les figurantes de l'Opéra [...] Il n'y a qu'un seul vice qui les sépare des autres personnes : c'est la pauvreté. » Et plus loin : « Je le répète, rendez-les riches, et il ne leur restera plus que leurs bonnes qualités. » (*Corr. gén.*, t. I, pp. 172-173.)

* « *... fait souche d'honnêtes gens...* » Le Sage. *Turcaret*, acte V, sc. XIV et dernière. Frontin à Lisette : « Nous allons faire souche d'honnêtes gens. »

* « *... plus coupables que vous.* » On lit dans *Carmen* (cf. plus loin p. 402) : « Pauvre enfant! Ce sont les *Calé* qui sont coupables pour l'avoir élevée ainsi. »

Page 300

* « *Pourquoi, madame...* » Cette interlocutrice de Mérimée est Mme Delessert pour qui la nouvelle avait été écrite.

* «*... l'enfant prodigue...* » Luc, XV, 11-32.

Page 301

* « *... les barrières que vingt années...* » Inadvertance de Mérimée, puisque la pauvre Arsène a environ vingt-cinq ans.

* « *...cette actrice des Variétés...* » Céline Cayot avait joué au théâtre des Variétés en 1831 et 1832.

* « *Comment peut-on être Persan?* » Montesquieu. *Lettres persanes*. Ricca à Ibben, XXX.

* « *Un Grec dit quelque part...* » Homère, *Odyssée*, XVII, 322. Ce n'est pas Amyot, mais Boileau (*Traité du sublime,* de Longin, ch. XXXV) qui traduit par ces deux vers que Mérimée a pu lire dans Paul-Louis Courier, *Œuvres,* édit. Gaschet, Paris, Garnier, t. I, p. 111.

Page 303

* « ... *un des attentifs...* » « Être attentif auprès d'une femme, la courtiser », dit Littré. Cet adjectif ne s'emploie guère comme substantif.

* « ... *au demeurant le meilleur fils du monde.* » Marot, *Au Roy pour avoir été dérobé,* ép. XXIX; et Rabelais, *Pantagruel,* ch. XVI.

* « ... *quelque deux ans de plus que Madame de Piennes.* » Entre Mérimée (né le 28 septembre 1803) et Mme Delessert (née le 1er janvier 1806) il y a deux ans et trois mois de différence.

* « ... *la voir d'un œil fort doux.* » Réminiscence de Molière. *Le Misanthrope,* acte I, sc. 1, v. 216.

Page 304

* « ... *de Conrart le silence prudent.* » Boileau. *Épîtres,* I, v. 40.

Page 305

* « ... *cette barcarolle napolitaine...* » Mérimée cite le refrain d'une romance en vogue : *Addio Teresa,* chanson sicilienne d'Alexandre Dumas. Musique d'Hippolyte Monpou (pour voix de basse-taille ou contralto). A Paris, chez Bernard Latte, éditeur, 2, passage de l'Opéra. Cette romance a été publiée pour la première fois, comme supplément au *Monde parisien,* nº 2, le 5 novembre 1837 (B. N. musique, Vm7 82742). En même temps, Auguste Morel, dans un article intitulé « Souvenirs de Naples », donne le texte de la romance et écrit : « De retour de son pèlerinage poétique en Italie, M. Alexandre Dumas a senti bien des fois de vagues réminiscences de cette contrée arriver à son esprit sur l'aile blanche du souvenir [...] Ce sont ces réminiscences que M. Alexandre Dumas va nous donner dans trois romances réunies sous le titre de *Souvenirs de Naples* [...] La poésie de M. Dumas a trouvé un interprète, des plus intelligents, dans la musique de M. Monpou. *Addio Teresa* est sans contredit, dans un cadre étroit et sans trop de grandes prétentions artistiques, une des meilleures productions qui aient paru depuis longtemps. »

Cf. *A Bibliography of Alexandre Dumas père,* by F. W. Reed. London, 1963.

Cette romance a été traduite assez librement d'une romance italienne de Michel Carafa, publiée vers 1825, et dont le British Museum (Music Room) possède un arrangement en duo par un certain Dumon. Giuditta Pasta a noté dans un album d'autographes huit mesures de la publication italienne. (B. M. Add. MS. 35026, f. 24 b.)

Page 307

* « ... *le vieux Nibby...* » Antonio Nibby, archéologue romain, (1792-1839), surtout connu par son *Viaggio antiquario de contorni di Roma.*

Stendhal le cite à plusieurs reprises. C'est à Stendhal lui-même, archéologue amateur, que Mérimée pense ici.

* « *La prima donna pesait cent cinquante kilogrammes...* » Cf. *Corr. gén.*, t. XIV, p. 60.

* « *... un nez comme la tour du Liban.* » Cantique des Cantiques, VII, 4.

Page 308

* « *Aujourd'hui, Famin...* » Le nom de Famin était porté à l'époque où Mérimée publiait sa nouvelle. Outre un architecte de ce nom, il a existé un Famin (Stanislas-Marie-César) né à Marseille le 3 juillet 1799, mort le 23 décembre 1853. Ce Famin a été consul de France à Naples, à Gênes, puis à Jassy et à Saint-Sébastien.

* « *Othello ne dit-il pas quelque part...* ». Mérimée interprète avec raison le sens général de *Othello*. Mais le More dit seulement (acte III, sc. 3) : « Peut-être est-ce parce que je suis noir et que je n'ai pas le commerce agréable des jeunes galants, parce que je dévale la pente des années, qu'elle me délaisse. »

Page 309

* « *... des gens qui vous croiraient sur parole.* » Mérimée écrivait à Jenny Dacquin, en 1832 : « Un vieux diplomate de mes amis, homme très-fin, m'a dit souvent : « Ne dites jamais de mal de vous-même. Vos amis en diront toujours assez. » Je commence à craindre que vous ne preniez au pied de la lettre tout le mal que je disais de moi-même. » (*Corr. gén.*, t. I, p. 171.)

Page 310

* « *... au Rocher-de-Cancale...* » Restaurant célèbre de l'époque, 61, rue Montorgueil et 2, rue Mandar.

Page 312

* « *... la réconciliation...* » « Acte solennel par lequel un hérétique est reçu dans le sein de l'Église. » (Littré.)

Page 314

* « *Qu'est donc devenu ton Russe ?* » Quand sa liaison avec Mérimée fut rompue vers 1836, Céline Cayot dut accepter les hommages d'un Russe. Cf. *Corr. gén.*, t. I, p. 350.

Page 316

* « *... c'est-à-dire pour généreux.* » Voir plus haut p. 314.

Page 317

* « *J'ai vaincu les Cimbres!* » Cf. Plutarque. *Marius*, XXXVII. Mérimée avait écrit dans *la Guerre sociale* (Lévy, 1853, p. 139) : « Le vieux Marius, longtemps errant et fugitif, mais protégé par sa gloire et le respect que tous les Italiens portaient à l'homme qui les avait sauvés du sabre des Cimbres [...] »

Page 319

* « *... elle a son orgueil à elle...* » Mérimée écrira à Lise Przezdziecka, le 27 octobre 1866 (*Corr. gén.*, t. XIII, p. 265) à propos de Céline Cayot : « Avant de partir, elle m'avait écrit pour me demander de l'argent et me disait qu'elle ne m'en demanderait plus, car elle avait l'idée qu'elle ne reviendrait pas. »

Page 322

* « *... un avertissement d'en haut...* » Même expression dans *les Ames du Purgatoire*, p. 51.

Page 323

* « *L'enfer est pavé de bonnes intentions.* » Byron cite ce proverbe dans *Don Juan* (VIII, 25); avec la note : « The Portuguese says that hell is paved with good intentions ». Éd. Grasset le cite aussi dans ses *Souvenirs de Grèce* (« La Médaille d'Alexandrie », p. 128), et Mérimée dans sa correspondance (*Corr. gén.*, t. VIII, p. 162).

Page 326

* « *Je déteste les camellias...* » Mérimée connaissait l'abbé Berlèse, auteur d'une *Iconographie du genre camellia* (cf. *Corr. gén.*, t. IV, p. 455, n. 1). *La Dame aux camélias,* par Alexandre Dumas fils (Paris, Alex. Cadot, 2 vol. in-8°), ne paraîtra qu'en 1848.

Page 328

* « *... l'amiral de Rigny...* » Le 1er mai 1828, il fut ordonné à Édouard Grasset de rejoindre sans tarder le vice-amiral de Rigny de qui l'escadre croisait à Milo.

Page 329

* « *... laissant tomber son peloton.* » Répétition du mot avec « l'école de peloton » quelques lignes plus haut.

Page 330

* " Ζωή μοῦ σὰς ἀγαπῶ " Refrain du célèbre poème de Byron :

Maid of Athens, ere we part, dans les *Occasional pieces* from 1807 to 1816. Le vers est en grec moderne dans le poème. Byron en donne en effet la traduction, et cite Juvénal [VI, 195].

* « *Ce sont façons de parler... de ces pays-là.* » Molière. *Bourgeois gentilhomme,* acte IV, sc. IV.

Page 333

* « ... *consolantes paroles... pour de pareils moments.* » Voir plus haut, p. 67, dans *les Ames du Purgatoire :* « les consolations que la religion ne refuse pas aux plus grands criminels ».

Page 334

* « *J'ai aimé !* » On a voulu voir ici un écho du *Lac* de Lamartine.

Page 335

* « ... *tombeau du général Foy... une pierre de liais...* » Voir *la Double Méprise,* t. I, p. 519. Lorsque le général Foy mourut le 28 novembre 1825, Mérimée fut un de ceux qui portèrent le cercueil sur leurs épaules.

CARMEN

Page 345

* " .. τήν μίαν ἐν θανάτῳ. " « Toute femme est amère comme bile, mais elle a deux bonnes heures, une au lit, une à la mort. » *Anthologie grecque,* XI, 381 ; et traduction, Paris, Hachette, 1863, t. I, p. 445. Le latin reproduit bien le jeu de mots entre *thalamos* et *thanatos :*

Omnis mulier odiosa est, sed habet laeta duo tempora
Quum jacet in thalamo, quum jacet in tumulo.

* « ... *le champ de bataille de Munda...* » Ancienne ville d'Espagne (aujourd'hui Montilla) où Jules César remporta, le 17 mars 45 av. J.-C., contre les deux fils du grand Pompée, Cnaeus et Sextus Pompée, une victoire qui mit fin aux guerres civiles. Cf. *César,* par Jérôme Carcopino, Paris, t. II, 1943, p. 952.

* « ... *la moderne Monda... au nord de Marbella.* » Monda, petit bourg, entre Coin et le port de Marbella, sur la Méditerranée à 56 km à

l'ouest de Gibraltar. On y avait vu autrefois l'emplacement de l'antique Munda.

* « ... *auteur du* Bellum Hispaniense... » Mérimée écrit à Édouard Delessert, le 18 juin 1848 : « Le *Bellum hispaniense* n'est pas de César, ni même de son secrétaire Hirtius. Les érudits disputent sur la question de savoir si ce livre a été écrit par un Romain ou un espagnol. Ce n'en est pas moins un ouvrage fort curieux... » (*Corr. gén.*, t. V, p. 327.)

* « ... *du duc d'Osuna*... » Mariano Tellez Girón y Beaufort, 12e duc d'Osuna (1814-1882), second fils de don Francisco de Borja Téllez Giron, 10e duc d'Osuna, succéda à son frère aîné don Pedro de Alcantara Téllez Girón y Beaufort, 11e duc d'Osuna, à la mort de celui-ci, le 29 août 1844. Aristocrate, chargé de titres et possesseur d'une immense fortune qu'il dilapida en prodigalités incessantes, pour aboutir à la ruine de sa maison.
Sa riche bibliothèque à laquelle Mérimée eut certainement accès, passa après sa mort (2 juin 1882) à la Biblioteca Nacional, et il existe un *Catálogo abreviado de los manuscritos de la Biblioteca del Excmo. Señor Duque de Osuna é Infantado,* Recho por el Conservador de ella Don José María Rocamora. Madrid, Imprenta de Fontanet, 1881, in-8°. Mérimée recommandera à Sobolevski de la visiter. (*Corr. gén.*, t. V, p. 430.)

* « *Un mémoire que je publierai prochainement*... » Mérimée n'a pas publié de mémoire sur l'emplacement de Munda, mais dans son article intitulé « Inscriptions romaines de Baena » (*Revue archéologique*, première partie, juin 1844, p. 179), il écrit que « Montilla occupe l'emplacement de Munda » et il renvoie au *Diccionario geographico-historico de la España antigua,* por don Miguel Cortès y Lopez, Madrid, 1836, t. III, pp. 203-209, où le problème est discuté et clairement résolu en faveur de Montilla. — Sur les controverses au sujet du problème de l'emplacement de Munda, voir *Munda Pompeiana,* memoria escrita por D. José y Manuel Oliver Hurtado, Madrid, 1861. La question n'est plus discutée; voir Stoffel, *Histoire de Jules César,* Paris, 1887, t. II, p. 313; — J. Carcopino. *Histoire romaine*, t. II, p. 950.

Page 346

* « ... *la plaine de Cachena*... » Il faudrait lire *Carchena*. Mérimée a suivi l'erreur (ou la coquille) du dictionnaire de Cortès y Lopez dans lequel on lit p. 207 : « Mirando al norte de Montilla hay una llanura cruzada por un riachuelo que trae su origen de la sierra de Cabra; los naturales le llaman Cachena. » La petite rivière Carchena se jette dans le Guadajoz (Salsum), affluent du Guadalquivir (Baetis).

* « ... *les fils de Pompée*... » Cnaeus et Sextus Pompée.

* « ... *la prétendue pelouse était un marécage*... » « rivus, qui ad eorum accessum summam efficiebat loci iniquitatem : nam palustri et voraginoso solo currens erat ad dextrum. » *De bello hispaniensi,*

ch. XXIX. Il s'agit des marécages de la petite rivière Carchena qui séparait César des versants qui descendent de Munda (Montilla).

* « ... *la sierra de Cabra.* » s'étend à l'est jusqu'à la *Sima de Cabra*, gouffre mentionné par Cervantes dans *Don Quichotte*. Sur son versant nord se trouve la petite ville de Cabra, l'antique Igabrum, au sud de Montilla et de Baena, dans la province de Cordoue.

* « *Au pied des rochers... à la ronde.* » Plusieurs passages du *Don Quichotte* rappellent cette description. C'est ainsi que Cervantes écrit : « Ils arrivèrent, tout en causant ainsi, au pied d'une haute montagne qui s'élevait seule, comme une roche taillée en pic, au milieu de plusieurs autres dont elle était entourée. Sur son flanc coulait un ruisseau limpide, et tout à l'entour s'étendait une prairie si verte et si molle qu'elle faisait plaisir aux yeux qui la regardaient. Beaucoup d'arbres dispersés çà et là et quelques fleurs embellissaient encore cette douce retraite. » *Don Quichotte*, I, 25. Édition M. Bardon. Paris, Garnier, p. 217.
Paul Groussac, qui cite ce passage, écrit : « Dans le trajet d'Algésiras à Séville, par un beau jour d'été, quand le train file doucement le long d'un ruisseau étroit à travers la sierra de Ronda, on a, vingt fois en dix heures, l'impression exacte de ce tableau. C'est l'idéal du dessin au trait. » *Une énigme littéraire*. Paris, Alphonse Picard, 1903, p. 288.

* « ... *l'honneur d'avoir découvert un si beau lieu.* » L'ironie, évidente ici, peut viser Chateaubriand. Cf. *Itinéraire de Paris à Jérusalem,* préface de la 3e édition : « Enfin on a cru que je me vantais d'avoir découvert le premier les ruines de Sparte... »

Page 347

* « ... *une espingole de cuivre.* » Comparez avec le portrait de Roque Guinart, dans *Don Quichotte* : « C'était un homme de trente-quatre ans environ, robuste, d'une taille élevée, au teint brun, au regard sérieux et assuré... » Édit. M. Bardon. Paris, Garnier, p. 982.

* « ... *tant d'honnêtes fermiers...* » En 1830, Mérimée avait pris pour des voleurs « d'honnêtes fermiers attardés au marché d'Ecija ». Voir plus haut la 3e lettre d'Espagne, t. I, p. 420.

* « ... *les mauvais soldats de Gédéon.* » Livre des Juges, VII, 5, 6. Custine écrit : « Nos guides ont un tel besoin de boire, qu'à la moindre trace de ruisseau qu'ils rencontrent, ils se précipitent à plat ventre pour humer dans le sable ou dans la bourbe le faible reste d'eau que le soleil leur dispute. » (*L'Espagne sous Ferdinand VII,* t. IV, p. 79.)

Page 348

* « ... *on peut reconnaître un Andalou.* » Cervantes écrit dans *la Gitanilla* (édit. M. Bardon, Paris, Garnier, p. 132) : « Voulez-vous me donner des étrennes zeigneurs? » dit Preciosa, qui en sa qualité de Bohé-

mienne prononçait les *s* en *z*, ce que font les femmes de cette race, non de nature, mais par artifice. »

* « *... un véritable régalia de la Havane.* » Variété ou espèce de cigares de modules moyens dans le genre des *londrès*.

* « *... des relations d'hospitalité...* » Voir la lettre de Valence (*Une exécution*), plus haut, t. I, p. 414.

* « *... le partage du pain et du sel.* » « On sait que dans le Levant deux personnes qui ont mangé du pain et du sel ensemble, deviennent amis *(sic)* par ce fait seul. » (Note de Mérimée à « l'Aubépine de Veliko », dans *la Guzla*, p. 25.)

* « *... habitant du partido de Montilla....* » Le *partido* est une division administrative, district ou arrondissement. Un groupe de *partidos* constitue une province.

* « *... mon guide Antonio...* » Le guide de Borrow dans *la Bible en Espagne* (t. I, ch. VI, p. 78 et sq) se nomme aussi Antonio.

Page 349

* « *... mes amis de Montilla...* » A Montilla (province de Cordoue) se trouvait la demeure familliale des Alvear de qui Mérimée connaissait les filles Sabine et Candelaria, amies de la famille Montijo. Cf. *Corr. gén.*, t. VII, p. 185, n. 1.

* « *... la venta del Cuervo.* » C'est-à-dire à l'*auberge du corbeau*. « La *venta* est la vieille auberge espagnole, l'auberge de Don Quixotte, de Gilblas, des comédies, et c'est souvent un lieu amusant pour les étrangers. Cependant il faut faire une distinction entre les *venta* des grandes routes, qui sont des points de repos extrêmement fréquentés, et les *venta* des petits chemins détournés, tels que la route de Gibraltar à Ronda. Cette espèce de gîte est ordinairement un abominable coupe-gorge. On y manque de tout. » *L'Espagne sous Ferdinand VII*, par le marquis de Custine, t. VI, p. 64.

Page 350

* « *... un fameux bandit nommé José-Maria...* » Sur José-Maria, voir la 3e lettre d'Espagne, t. I, p. 423.

Page 351

* « *... avec du riz et force piments...* » Mérimée avait écrit à Sophie Duvaucel, le 8 octobre 1830 : « Souvent, j'ai porté en croupe un coq vivant dont je devais souper le soir [...] Le coq, au bout du voyage, est tué, plumé, mis en quartiers et jeté dans une grande poêle avec de l'huile, beaucoup de piments et du riz. » (*Corr. gén.*, t. I, p. 76.)

* « *... espèce de salade de piments.* » Le *gaspacho* n'est pas une salade de piments, mais une soupe froide que l'on mange à la cuiller. Voir t. I, p. 435.

Page 352

* « *Cela ressemble aux* zorzicos... » Plus exactement *zortziko*. Ancienne danse basque, dont le nom vient du nom basque *zortzi* qui signifie *huit*, parce qu'elle était dansée par huit hommes à la fois sans femmes. Son rythme de 5/4, plus rarement de 2/4, était marqué par le tambourin et le *tzistu*, sorte de fifre. C'était la troisième figure d'une danse basque appelée *Aurresku*.

* « *... et une partie de la Navarre.* » C'est pour le maintien de leurs *fueros* ou droits, que les provinces se soulevèrent. A la mort de Ferdinand VII, l'abolition des *fueros* grossit les rangs des légitimistes.

* « *... le Satan de Milton* » (*le Paradis perdu*, I, vers 591) était célèbre chez les romantiques.

Page 353

* « *... dans cette douce occupation.* » Mérimée a écrit dans *les Sorcières espagnoles* : « Cependant, Vicente frottait son cheval devant la porte... » Voir t. I, p. 435.

* « *... soigneusement enveloppé dans mon manteau...* » « Nous dormons enveloppés dans nos manteaux quand les punaises ne sont pas trop affamées. » (Lettre à Sophie Duvaucel. *Corr. gén.*, t. I, p. 76.)

Page 354

* « *... il y a deux cents ducats...* » Le ducat, monnaie d'or fin, n'est pas une monnaie espagnole.

Page 356

* « *... devant un alcade...* » Dans l'édition originale, Mérimée imprime *alcalde* suivant l'orthographe espagnole. En 1852 il revient à la forme française, *alcade*.

Page 357

* « *... de la bibliothèque des Dominicains...* » Il peut s'agir du couvent de San Pablo, où se trouvait une riche bibliothèque. Mérimée, qui n'a pas vu Cordoue depuis 1830, n'a que de vagues souvenirs sur cette ville.

* « *... craindre le sort d'Actéon.* » Dans son *Salon de 1853* (*le Moniteur universel*, 5 juin 1853), à propos des *Baigneuses* de Courbet, Mérimée conte cette petite histoire : « En été le Manzanarès est à sec. On fait des trous dans le sable et l'eau s'y amasse goutte à goutte par infiltration. Sur ces trous on élève des tentes en sparterie, où le soir les *manolas* de Madrid viennent se baigner à la lueur d'une lampe. Or dans ma jeunesse, il y a très longtemps, je rôdais, sans penser à

mal, dans le lit du Manzanarès, lorsque la directrice des bains, devinant que j'étais un étranger curieux de s'instruire, m'offrit moyennant une piécette (vingt et un sous), de regarder par un trou fait *ad hoc* dans la sparterie. Je fus assez sot pour accepter, et je vis le modèle de M. Courbet, c'est-à-dire la personne la plus propre à guérir d'une impertinente curiosité. » — On sait qu'Actéon, ayant surpris Diane au bain, fut changé en cerf et dévoré par ses propres chiens.

Page 358

* « *... à l'obscure clarté qui tombe des étoiles...* » Corneille. *Le Cid*, acte IV, sc. III.

* « *... des papelitos...* » Littéralement : *petits papiers*. C'est-à-dire papier à cigarettes et ici cigarettes qu'on nomme en espagnol *cigarro de papel* ou *cigarillo*. On les roulait alors uniquement à la main. En 1846, Mérimée demande à Mme de Montijo de lui envoyer « une douzaine de *librillos* [cahiers] *de papel de Alcoy para cigarritos*. » (*Corr. gén.*, t. IV, p. 432.)
Voir aussi Théophile Gautier. *Voyage en Espagne*, p. 100.

Page 359

* « *... comme un* Μιλόρδος Φραντζέσος ». Mérimée écrit à Mme de Montijo, le 26 février 1847 : « Je ne sais si je vous ai raconté ce qui m'est arrivé, auprès de Campillo de Arenas quand j'ai trotté par l'Andalousie à cheval. Mon guide me prenait pour un Anglais parce que je ne vendais rien, que je ne saluais pas les madones et que je m'arrêtais pour regarder les vieilles pierres. » (*Corr. gén.*, t. V, p. 36.)

* « *... du pays de Jésus...* » La *tierra de Jésus*.

* « *... Francisco Sevilla, picador bien connu.* » Sur Francisco Sevilla, voir la lettre d'Espagne sur les combats de taureaux, t. I, p. 399 et sq.

* « *... La bonne aventure* » Borrow consacre un paragraphe de son ouvrage à *la Bahi* (la bonne aventure). Cf. *The Zincali*, 2e partie, ch. VI, p. 314.

* « *En voyage il faut tout voir.* » Voir la 2e lettre d'Espagne, t. I, p. 403.

* « *... conjurer l'esprit de ténèbres.* » Dès sa jeunesse Mérimée avait étudié la sorcellerie et la magie. Il avait lu *le Monde enchanté* de Balthasar Bekker, le *Traité des apparitions* de Don Calmet, *la Magie naturelle* de Jean-Baptiste Porta. Il a utilisé ces ouvrages dans *la Guzla,* et dans le chapitre XII de la *Chronique du règne de Charles IX* qui s'intitule « Magie blanche ».

Page 360

* « *Voyez Brantôme pour le reste.* » « L'Espagnol dit que pour rendre une femme toute parfaicte et absolue en beauté, il luy faut trente beaux sis, qu'une dame espagnolle me dit une fois dans Tollède... » Cf. Brantôme, *Recueil des Dames.* Seconde partie (Sur le sujet qui contente le plus en amours). Édit. Mérimée-Lacour, t. XI, p. 282. Mérimée écrit à Requien en 1836 (*Corr. gén.*, t. II, p. 24) : « Lorsqu'on a un rapport monstre à écrire, des in-folio à lire, des épreuves à corriger de livres qu'on n'a point faits, qu'à tant d'embarras viennent se joindre ceux d'une grande passion, qu'après de longues et poignantes péripéties on se trouve possesseur d'une femme [Mme Delessert] ayant les trente-six qualités physiques recommandées par Brantôme et des qualités morales que ce cochon-là ne savait pas apprécier, alors on est bien excusable de négliger un peu ses amis, lors même qu'ils vous envoient des saucissons de Tarascon. »

* « *... à aucun regard humain.* » Dans son livre sur *George Borrow* (Paris, Didier [1956])M. René Fréchet écrit à juste titre que Mérimée s'est inspiré, dans son portrait de Carmen, de celui de la gitane de Séville, dont voici la traduction : « Son visage est ovale et ses traits réguliers mais quelque peu durs et grossiers car elle est née parmi les rochers, dans un hallier et a été battue par le vent et brûlée par le soleil pendant bien des années, ainsi que ses parents avant elle. Il y a plus d'une tache sur ses joues et peut-être une cicatrice, mais pas d'aimables fossettes. Son front est couvert de rides quoiqu'elle soit jeune encore. Son teint est plus que brun car c'est presque celui d'une mulâtresse; et ses cheveux qui pendent en longues mèches de chaque côté de son visage, sont noirs comme du charbon et rudes comme la queue d'un cheval de laquelle ils semblent avoir été recueillis. A Séville il n'existe pas un œil de femme qui puisse soutenir le regard des siens, si farouche et si pénétrant. Cependant l'expression de ses noires prunelles est rusée et sournoise. Sa bouche est fine, presque délicate et il n'y a pas une reine, sur le plus grand trône entre Madrid et Moscou, qui ne puisse et ne doive envier les rangées blanches et égales des dents qui la parent et qui semblent être, non de perles, mais du plus pur ivoire d'un éléphant de Multan. »

Page 361

* « *... aller au Jardin des Plantes...* » Mérimée avait beaucoup fréquenté le Jardin des Plantes. Il y a fait de fréquentes visites à Sophie Duvaucel, belle-fille de Cuvier, et il y conduisait Jenny Dacquin. Sur le milieu Cuvier, voir G. Petit et Jean Théodoridès. *Trois aspects peu connus de l'œuvre et des relations de Georges Cuvier.* Extrait de *la Biologie médicale,* mars 1961.

* « *... les cérémonies magiques commencèrent.* » Voir la lettre du 31 août 1848, dans la *Corr. gén.*, t. V, p. 388.

Page 362

* « *Le mot de payllo...* » Borrow indique dans son *Vocabulary : Paillo,* s. m. One who is not a Gypsy. El que no es Jitáno.

* « ... *et je syllogisais...* » Verbe désuet qu'on trouve dans Rabelais. *Gargantua,* ch. XLIV ; *Cinquième livre*, ch. VII. Mérimée l'emploie aussi dans une lettre à Francisque-Michel (*Corr. gén.*, t. VI, p. 454), et dans son compte rendu des *Mémoires de Villebois* (*Histoire du règne de Pierre le Grand,* Paris, 1947, p. 303).

Page 363

* « ... *je m'aperçus que ma montre me manquait.* » On lit dans Le Sage. *Le Bachelier de Salamanque,* ch. VIII, Paris, Étienne Ledoux, 1828, p. 33 : « J'avais appréhendé que les braves, en recevant mes adieux, ne vidassent mes poches. Aussi, dès que je les eus perdus tous deux de vue, je tirai ma montre, et la baisant comme une mère baise son fils échappé du naufrage : Ma chère montre, m'écriai-je en l'apostrophant, vous avez été dans un grand péril. J'ai cru, je l'avoue, que nous n'arriverions point ensemble à Tolède et que vous alliez reprendre le chemin de Madrid. J'avais en effet raison d'être surpris que ces vaillants ne m'eussent pas volé, puisque ces fripons ordinairement ne valent pas mieux que les Bohémiens... »
— Mérimée écrit à Mme de Montijo, de Barcelone, le 15 novembre 1846 : « Hier, on m'est venu prier à une *tertulia* à l'occasion de l'accouchement d'une gitana [...] J'ai retrouvé ma montre et mon mouchoir dans ma poche quand je suis rentré chez moi. » (*Corr. gén.*, t. IV, pp. 559-560.)

Page 364

* « ... *les vilains ont conquis le droit au* garrote. » Mérimée écrit dans son *Histoire de don Pèdre Ier* (édit. G. Laplane, p. 265) : « Il y a quelques années à peine que l'instrument du supplice n'était pas le même en Espagne pour le noble et pour le roturier. Au XIVe xiècle un riche homme castillan abandonnait sa tête à la masse ou au glaive d'un chevalier avec moins de regret qu'à la hache du bourreau. »

* « ... *il a encore un autre nom basque.* » Il s'appelle José Lizarrabengoa. Voir plus loin, p. 366.

* « .... *les coquins sortent de ce monde.* » Mérimée a écrit dans « Une exécution » (2e lettre d'Espagne) : « Il faut que je vous explique pourquoi j'ai assisté à une exécution. En pays étranger on est obligé de tout voir, et l'on craint toujours qu'un moment de paresse ou de dégoût ne vous fasse perdre un trait de mœurs curieux. »

* « *Il est en chapelle...* » Borrow (*Bible en Espagne,* t. II, ch. V, p. 80) raconte sa visite à la Carcel de la Corte : « Enfin, il y avait une petite *capilla* ou chapelle, où les condamnés à mort passaient leurs trois derniers jours en compagnie de leurs confesseurs. »

* « *...petit pendement pien choli.* » Molière. *Monsieur de Pourceaugnac,* acte III, sc. III.

Page 368

* « *Compère...* » Mérimée écrit dans son *Histoire de don Pèdre Ier* (édit. G. Laplane, p. 139, n. 1): « Le mot de compère était un terme d'amitié fort usité au moyen âge. On s'en sert encore fréquemment en Andalousie, sans y attacher le sens propre. »

Page 369

** «... *abreuvoirs à mouches...* » Oudin (*Curiositez francoises,* 1640) explique l'expression par « grande playe sur la tête où les mouches peuvent boire », et il ajoute qu'elle est vulgaire.

* « ... *à carreaux rouges et blancs.* » « Du temps de Cervantes, écrira Mérimée, ce n'était pas chose rare que de faire balafrer un homme à qui on en voulait. La bonne compagnie ne dédaignait pas ce moyen de vengeance. Aujourd'hui il n'existe plus en Espagne que parmi le bas peuple, qui se sert à cet effet d'une pièce de monnaie aiguisée et dentelée. On appelle cela *peindre un chebec;* la bande de ces petits bâtiments est ordinairement peinte en losanges, et telles doivent être les cicatrices d'une balafre bien exécutée. « (*Notice sur la vie et l'œuvre de Cervantes,* Paris, Hetzel [1878], t. I, p. 61.)
Jabeque, du turc *sanbequi,* signifie *balafre* en argot.

* « ... *dans la rue du Serpent.* » La *calle de las Sierpes,* rue étroite et très animée qui renferme les magasins et les cafés les plus renommés de Séville. Elle doit, dit-on, son nom aux « serpents » de l'enseigne d'une taverne.

Page 370

* « *Oui, monsieur.* » D'après F. Lécluse, *Dissertation sur la langue basque* (Toulouse, 1826, p. 29) : « Les étrangers qui, entrant dans le pays basque, entendaient sans cesse répéter *bai yauna* (qui signifie oui, monsieur) auront simplement donné le nom de Bayona à la principale ville de cette région. »

* « *Laguna, ene bihotsarena...* » Mérimée traduit exactement *Laguna* qui signifie *compagnon, camarade.* On trouve ce mot basque dans Rabelais. *Gargantua,* ch. v. *Ene* est le pronom possessif *mon, ma; Bihotzarena* vient de *bihotz* ou *biotz,* cœur.
Mérimée, dans sa jeunesse, s'était intéressé à la langue basque. (Cf. *Correspondance de Fauriel et Mary Clarke,* Paris, Plon, 1911, p. 282.); et il écrit de Bayonne, en octobre 1840 : « J'ai appris considérablement de basque des *chambermaids* de Vitoria... » (*Corr. gén.,* t. II, p. 455.)

Page 371

* « ... *et un petit* barratcea. » Il faudrait ici *baratz,* jardin. La terminaison *a* est un article enclitique signifiant *le, la.*

Page 372

* « ... *qui est un négro*... ». Ce mot désigne les libéraux *(liberales)* par opposition aux royalistes *(realistas)* que l'on appelait aussi les blancs *(los biancos)*. Stendhal dans *le Coffre et le Revenant* parle « d'un malheureux *negro* poursuivi par les volontaires royalistes ».
On trouve le nom de Chapalangarra frère d'armes d'Espoz y Mina et qui « tomba frappé de six balles dans le Valcarlos », dans *le Voyage en Navarre* d'Augustin Chaho (Paris, 1836).
Sur Espoz y Mina (1781-1836) voir *Corr. gén.*, t. XIV, p. 315, n. 1.

Page 375

* « ... *la* romalis, *c'est leur danse.* » Mérimée écrira dans son *Salon de 1853* : « M. Pierre Giraud a retracé un souvenir très vif et très original des danseurs espagnols [...] Je voudrais que M. Pierre Giraud allât à Séville et surtout à Triana, quartier général de la Bohême. Là il verrait danser la *romalis* sur des bonbons et des *yemas*, c'est-à-dire des jaunes d'œufs sucrés. C'est un luxe que les gitanas se passent volontiers quand on le leur paye. »

* « Agur laguna, *dit-elle.* » *Agur*, de *Gur* : révérence, salut. En guipuzcoan et en biscaïen, on dit *agur* quand on rencontre quelqu'un : « bonjour, je vous salue. »

* « ... *on en va manger à Triana*... ». « Le faubourg de Triana, à Séville, depuis un temps immémorial est connu comme la résidence favorite des Gitanos... » Voir Borrow. *The Zincali*, 2e partie, ch. II. « Sur une place qui avoisine la *puerta de Triana*, je vis un spectacle fort singulier. C'était une famille de bohémiens campés en plein air et qui composait un groupe à faire les délices de Callot [...] Le faubourg de Triana est fréquent en rencontres de ce genre car il contient beaucoup de gitanos qui ont les opinions les plus avancées en fait de désinvolture; les femmes font de la friture en plein vent et les hommes s'adonnent à la contrebande, à la tonte des mulets, au maquignonnage etc., quand ils ne font pas pis. » Théophile Gautier. *Voyage en Espagne*, pp. 326-327.

Page 376

* « *Proverbe bohémien.* » Ce proverbe se trouve dans Borrow (II, *126) et termine l'*Advertisement to the Vocabulary*. On le trouve aussi en anglais dans *The Bible in Spain*, ch. XLVII.

* « ... *une bouteille de manzanilla*... » Vin blanc très renommé provenant des vignes cultivées sur les collines de Manzanilla, à 55 km de Séville, entre cette ville et Huelva. Le centre d'exportation de ces vins est à San Lucar de Barrameda, à l'embouchure du Guadalquivir.

* « ... *quelques cuartos*... » Petite monnaie de cuivre qui avait cours en Castille et valait quatre maravédis. Elle correspond à peu près à notre ancien sou.

Page 377

* « *Espèce de nougat.* » Il faudrait écrire *turron,* qui signifie *nougat.*

* « *Le roi don Pèdre...* » On trouve un récit un peu différent de cette anecdote dans l'*Histoire de Don Pèdre Ier* (édit. Laplane, pp. 173-174 et notes 90 et 91). Sur l'origine de l'anecdote, voir *Corr. gén.*, t. V, p. 15, n. 2.
Le 9 mai 1845, Mérimée n'avait pas encore lu Zuñiga : « On m'a parlé, écrit-il à Mme de Montijo, d'une *Chronique de Séville* de Zuñiga, je crois, mais on me dit qu'elle ne contient que des anecdotes fausses. » (*Corr. gén.*, t. IV, p. 292 et n. 1.)

Page 378

* « *... avec la barre de bois.* » *L'Intermédiaire des chercheurs et curieux* du 20 février 1912 a publié la reproduction d'une aquarelle de Mérimée offerte à Mme Ferdinand de Lesseps, née Delamalle, à Barcelone en 1846. L'aquarelle représente Carmen et don José dans une scène de tendresse.

* « Rom, *mari;* romi, *femme.* » Borrow donne dans son *Vocabulary :* Rom, *s.m.* A husband, a married man, a Gypsy marido, hombre casado, un Jitáno. *Romi, s.f.* A married woman, a female Gypsy, Mujér casáda, Jitána.

« *C'est la loi des Calés !* » Borrow donne dans son *Vocabulary :* Caló, *s.m.* A Gypsy, a black. Jitáno, hombre negro.
Calli, *s.f.* A Gypsy woman. Jitána.
Calés, *s.pl.* The Gypsies. Jitános.

* « *... mangeant, buvant, et le reste.* » Cf. La Fontaine. « Les Deux Pigeons », IX, 2 : « Bon souper, bon gîte et le reste ».

* « *... des castagnettes d'ébène ou d'ivoire.* » Souvenir possible des *Nouvelles exemplaires* de Cervantes. Dans *Rinconète et Cortadillo* (traduction Louis Viardot, Paris, Hachette, 1867, p. 69) : « Monopodio cassa une assiette et fit deux palets qui ajustés entre les doigts et frappés rapidement par les deux bouts, faisaient l'accompagnement de la pantoufle et du balai. »

Page 379

* « *... puisque tu es un* payllo. » Borrow donne dans son *Vocabulary :* Paillo, *s.m.* One who is not Gypsy. El que no es Jitáno.

* « *... devant ta* majari. » « Majari, *s.f.* The beatic one, *i. e.* The Virgin. La Virjen. » (Borrow.)

* « *... une veuve à jambes de bois.* » « *Épouser la veuve,* être pendu. Ancienne métaphore à la fois jargonnesque et populaire. » L. Sainéan. *Les Sources de l'argot ancien,* t. II, p. 338. Il écrit aussi (*le Langage parisien au XIXe siècle,* p. 222) : « L'unique survivance du passé est *veuve,* potence ou gibet, terme appliqué à la guillotine après l'aboli-

tion de la pendaison. » Il donne encore, ainsi que Francisque-Michel, *Jambe en l'air* avec le sens de potence.

A. Oudin, dans ses *Curiosités françaises* donne : épouser une potence ou une roue, *se faire pendre ou rouer*, vulg.

* « *... c'est ainsi qu'ils appellent le Portugal.* » « Laloro, Portugal, « *The red land.* » Tiérra berméja, *i. e.* Portugal. » (Borrow.)

Page 380

* « *Veux-tu gagner un douro ?* » Le *peso duro* ou piastre valait 15 francs 43, en 1830.

Page 381

* « *...j'en veux faire un philtre.* » Jeu de mots sur dragon, animal fabuleux entrant dans la composition du philtre, breuvage destiné à inspirer l'amour, et sur dragon, soldat de cavalerie.

* « *...pour les affaires d'Égypte.* » « En Espagne, et je crois dans d'autres pays encore, les Bohémiens appellent *affaires d'Égypte* les occupations mystérieuses auxquelles ils se livrent... » etc. P. Mérimée. *Les Aventures du baron de Fæneste* (Paris, Jannet, 1885), p. 131, n. 4. L'expression se rencontre plusieurs fois dans Borrow.

Page 382

* « *... et je dégainai.* » On trouve une situation analogue dans *la Gitanilla* de Cervantes.

* « *... d'où est venu leur nom de* Flamands. » *Flamenca de Roma* se trouve dans les « Poesias de los Gitános » (LVII et LVIII) publiées par Borrow (*Zincali,* II, p. 34).

« Roma, *s. pl.* The Husbands ; the generic name of the nation or sect of the Gypsies. Los maridos *i.e.* nombre jenérico de la nación ó secta de los Jitános. » (Borrow.)

Page 383

* « *... une boisson assez agréable.* » C'est le *cyperus esculentus* ou *souchet.*

* « *... dérober sans violence.* » Mérimée suit ici *la Bible en Espagne* (I, ch. III, p. 99) : « de plus elle est très habile à voler *à pastésas.* » Dans *The Zincali* (I, 2e partie, ch. VI, p. 323) Borrow intitule son paragraphe des *Gypsy Practices : Ustilar pastésas.* Il y explique longuement cette manière de voler en recevant la monnaie, ou dans les grands magasins.

* « *Espèce de corps franc.* » *Miñones.* Du français mignon. Soldats de troupe légère destinés à la poursuite des voleurs et des contrebandiers et à garder les forêts du royaume.

Page 384

* « *... je crus m'assurer son amour.* » « J'avais perdu, à la vérité, tout ce que le reste des hommes estime; mais j'étais maître du cœur de Manon, le seul bien que j'estimais. Vivre en Europe, vivre en Amérique, que m'importait-il en quel endroit vivre, si j'étais sûr d'y être heureux en y vivant avec ma maîtresse ? » Abbé Prévost, *Manon Lescaut*, Garnier, p. 180.

* « *... jamais dans la montagne.* » *La Revue des Deux Mondes* et l'originale (1847) donnent : « Si je te tiens. »
« Si je tiens » est une faute probable en 1852.
On dit pourtant : « tenir la campagne ». Cf. Molière, *Don Juan,* acte III, sc. III.

* « *Pour le faire court...* » Tour vieilli que l'on trouve dans les auteurs classiques.

* « *... surnommé le Dancaïre.* » D'après le *Diccionario de la lengua Castellana por la Real Academia española,* Dancaïre, mot de la *germania* (argot espagnol) est celui qui joue pour un autre et avec l'argent de cet autre. « *El que juega por otro y con dinero de él.* »

* « *Nous partîmes pour Gaucin ...* » Gaucin, petite ville construite en amphithéâtre presque au sommet de l'une des montagnes de la *sierra del Hacho.* Elle est située à mi-chemin sur la route de Ronda à Gibraltar qui exige une journée de marche.
« La position de ce lieu, écrit Custine, est vraiment pittoresque et extraordinaire : une montagne presque inaccessible porte sur sa cime une ville riante, populeuse et dont les rues sont plus propres et plus soignées que celles de bien des endroits moins inconnus. » *L'Espagne sous Ferdinand VII,* t. IV, p. 22.

* « *... près d'Estepona...* » Estepona, port de pêche sur la Méditerranée, au pied de la sierra Bermeja sur la route de Malaga à Gibraltar. Deux chemins en partent au N. et au N.-O., l'un vers Ronda, l'autre vers Gaucin, sur la route qui conduit de cette ville à Gibraltar.

Page 385

* « *... au bas de Véger.* » Véger de la Frontera, petite ville située sur une colline à une petite distance de la mer, sur la route de Cadix à Algésiras. « A quatre lieues de Chiclana, écrit Custine, nous avons trouvé la venta de Vejer, coupe-gorge isolé et désolé... » *L'Espagne sous Ferdinand VII*, t. III, pp. 158-162.

Page 386

* « *... au presidio à Tarifa.* » Tarifa située à la partie la plus méridionale de l'Espagne, au centre du détroit de Gibraltar. La forteresse de Tarifa, nommée l'*Alcazaba,* enceinte formée de tours et de courtines

crénelées a servi pendant quelque temps pour loger le *presidio* (bagne) correctionnel.

* « ... *Garcia le Borgne*... » Le comte de Montijo était borgne. Il avait perdu l'œil droit dans un combat au service de la France. Son portrait par Vicente Lopez le représente avec un bandeau noir sur l'œil perdu. (*Lettres à la comtesse de Montijo*, t. I, pp. 8-9.)

* « ... *jusqu'à ce qu'on s'est avisé*... » *Jusqu'à ce que*, considéré par Voltaire comme « rude et raboteux » gouverne en général le subjonctif; mais on le rencontre parfois, comme ici, avec l'indicatif.

* « ... *un joli garçon d'Ecija.* » Ecija, sur la rive gauche du Genil, à 55 km au sud-ouest de Cordoue. Cf. Théophile Gautier. *Voyage en Espagne*, pp. 300-302.

* « ... *qui s'appelait le Remendado*... » Surnom qui signifie littéralement, en espagnol, « le raccommodé ».

Page 388

* « ... *un grand éclat de rire.* » Ce passage rappelle d'assez près *la Bible en Espagne*, I, ch. VII, p. 122.

* « ... *une femme comme il faut.* » Lipendi, lilipendi, *s.m.* Fool, ignorant person. Tonto, ignorante, *Mod. Gr.* λωλόπαιδω. » Le traducteur de *la Bible en Espagne* traduit à tort par « fou ». (Borrow, *Zincali*, II, *3.)

— « Erañi, *s.f.* Lady. Señora. » (Borrow, *Zincali*, II, *43.)

* « ... *dont nous avions grand besoin.* » Voir dans la 3e lettre d'Espagne (t. I, p. 421) l'anecdote du jeune élégant de Madrid dépouillé de ses chemises.

Page 389

* « ... *par Saint-Roc.* » San Roque, à 11 km d'Algésiras, à 6 km de Gibraltar.

* « ... *à tous les diables.* » On trouve le mot *finibusterre* dans *Rinconète et Cortadillo* de Cervantes. Viardot traduit ce mot par *finibus terrae.* Dans l'argot des Bohémiens (Germania) *finibusterre* signifie *potence* (en espagnol *horca.*)

Page 391

* « ... *ou plutôt mon caprice.* » « Minchoró, *s.m.* The bully of a prostitute. El querido ó rufián de una mujer publica. » (Borrow, *Zincali*, II, *70).

* « ... *chacun un maquila.* » Bâton ferré des Basques. Cf. plus haut, p. 366.

Page 392

* « ... *éclats de rire de crocodile.* » En espagnol *cocodrilo* désigne une personne trompeuse et fausse.

Page 393

* « ... *c'est de cracher loin.* » Dupouy propose de lire : *La prouesse* d'un nain c'est de cracher loin. Borrow (*Zincali*, II, *124) traduit ainsi ce proverbe : « The extreme + (The most he can do) of a dwarf is to spit largely. »

* « ... *le meilleur jaque*... » C'est le mot espagnol qui signifie : brave, mauvais sujet, fanfaron.

Page 394

* « ... *raide comme un pieu.* » Sainte-Beuve a écrit à ce sujet : « Quand Mérimée atteint son effet, c'est par un coup si brusque, si court que cela a toujours l'air d'une attrape. C'est comme cette garde navarraise et ce fameux coup de couteau par lequel son bandit tue le borgne. On reçoit cela... *Vlan !* On n'a pas le temps de voir si c'est beau. » *Mes Poisons,* 1845, ch. XIII, pp. 98-99.

Page 397

* « ... *Proverbe bohémien.* » Borrow (*Zincali*, II, 126) cite ce proverbe ainsi : Len son sonsi *bela*..., et traduit : The river which makes a noise has either water or stones. Dans la 1re partie, ch. II, il traduit ce proverbe : The river wich runned with sound bears along with it stones and water.

* « ... *1200 réaux*... » Il y avait le réal de 2, qui valait 1/5e de piastre ou 1 fr. 08; le réal de 1 qui valait 1/10e de piastre ou 0 fr. 54; le réal de veillon qui valait 1/20e de piastre ou 0 fr. 27.

* « ... *beaucoup de posséder.* » Voir *Corr. gén.*, t. II, p. 483, l'histoire d'une bague en bronze aux caractères cabalistiques; voir aussi *Corr. gén.*, t. XVI, p. 357, celle de la bague donnée à Mme Delessert : « C'était une bague étrusque à laquelle j'attachais une superstition ridicule. Je l'avais perdue si souvent et si souvent retrouvée miraculeusement, que je m'étais persuadé que ma destinée y était attachée. »

Page 398

* « ... *je vais à la place.* » C'est à dire à la *plaza.*

* « ... *déjà plus à sa place.* » Cf. le récit intitulé le *Picador et l'Alcalde* dans les *Excursions en Espagne* d'E. Magnien (1836) : La jolie Matéa qui a épousé l'alcalde Ortès, retrouve aux courses de Séville un picador de qui elle est éprise. A la dernière course, le picador est culbuté par le taureau qui franchit la barrière. Tandis qu'Ortès

détourne la bête, Matéa s'enfuit et rejoint le picador blessé. Le soir même, Ortès noie sa femme dans le Guadalquivir et se pend à l'anneau d'un pont voisin.

* « ... *près d'un petit ermitage.* » A deux heures environ à l'ouest de Cordoue, dans un site très pittoresque se trouvent *Las Ermitas de Cordoba,* groupe de petits ermitages situés sur le flanc de la Sierra de Cordoba. (Sur les ermites de Cordoue, voir Custine. *L'Espagne sous Ferdinand VII,* t. II, lettre XXI.)

Page 399

* « ... *c'est toi que je tuerai.* » Cervantes écrit dans *la Gitanilla* (éd. M. Bardon, Paris, Garnier, p. 155) : « Si une femme légitime ou une bonne amie commet la faute d'infidélité nous n'allons pas devant la justice, demander son châtiment; nous sommes nous-mêmes les juges et les bourreaux de nos épouses et de nos maîtresses; nous les tuons et nous les enterrons dans les montagnes et les déserts avec autant de facilité que si c'étaient des animaux nuisibles. »

* « ... *entre les pieds de ton cheval.* » Cf. Cervantes. *Don Quichotte*, 2e partie, LXXIII, édit. Garnier, p. 1068.
Montaigne. *Essais*, livre III, ch. VIII.

Page 400

* « ... *ces chansons magiques.* » Cette chanson qui accompagne les incantations de *la Bar Lachi* est citée, en anglais par Borrow (*Zincali*, I, VI, p. 327), et en langage bohémien (*Zincali*, II, *8) dans son *Vocabulary* au mot Bar lachi.
Sur Marie de Padilla, voir Mérimée, *Histoire de don Pèdre Ier*, édit. Laplane, pp. 144-148.
Suivant Angus M. Fraser (*Journal of the Gypsy Lore Society*, XXX, 1-2, p. 11), la Marie Padilla citée dans cette chanson bohémienne est sans doute Maria Pacheco, veuve de Juan de Padilla.

* « ... *la* Bari Crallisa. » Baro, *adj.;* pl. bareles; Great. Grande. *Hin.* Bura. » (Borrow.)
« Crallisa, *s.f.* Queen. Reyna. » (Borrow.)

* « ... *pour la malheureuse princesse.* » Mérimée écrira dans son *Histoire de don Pèdre Ier* (édit. Laplane, p. 157, n. 1 et 43) :
« L'ensorcellement de don Pèdre par la Padilla est la tradition populaire en Andalousie, où l'un et l'autre ont laissé de grands souvenirs. On ajoute que Marie de Padilla était une reine de Bohémiens, leur *bari crallisa,* partant consommée dans l'art de préparer les philtres. Malheureusement les Bohémiens ne parurent guère en Europe qu'un siècle plus tard. — L'auteur de la *Première Vie du pape Innocent VI* raconte gravement que Blanche ayant fait présent à son époux d'une ceinture d'or, Marie de Padilla, aidée d'un Juif, insigne sorcier, changea cette ceinture en serpent, un certain jour que le roi s'en

était paré. On pense aisément quelle dut être la surprise du prince et celle de toute la cour, lorsque la ceinture commença à s'agiter et à siffler, sur quoi la Padilla trouva facilement l'occasion de persuader à son amant que Blanche était une magicienne qui voulait le faire périr par sorcellerie. » Baluze. *Hist. des papes d'Avignon*, I, p. 224; Ayala, p. 95.

Page 401

* « ... *Carmen sera toujours libre.* » Cervantes dans *la Gitanilla* écrit : « ... pour mon âme qui est libre, et qui est née libre, elle doit rester libre autant qu'il me plaira. » *Nouvelles exemplaires,* édit. M. Bardon, Paris, Garnier, p. 157.

* « ... *calli elle mourra.* » « Calli, *s.f.* A gypsy woman. Jitána. » (Borrow.)

Page 402

* « *une fosse avec mon couteau...* » On lit dans *Manon Lescaut,* Garnier, p. 200 : « Je rompis mon épée, pour m'en servir à creuser [...] J'ouvris une large fosse [...] Je m'assis encore près d'elle. Je la considérai longtemps. Je ne pouvais me résoudre à fermer la fosse. » Voir aussi dans *la Gitanilla,* p. 90, n. 2 : « Nous les enterrons dans les montagnes et les déserts... »

* « *Ce sont les* Calé... » « Calés, *s. pl.* The Gypsies. Jitános. » (Borrow.) C'est le pluriel de « Calo », qui signifie aussi homme noir.

Page 403

* Ces pages ne figuraient pas dans le texte de la *Revue des Deux Mondes.* Mérimée y suit Borrow (*The Zincali)* de très près, et peut-être Pott. Cf. François de Vaux de Foletier. *Les Tsiganes dans l'ancienne France,* Connaissance du Monde, [1961].
  — Adolphe de Circourt a écrit : « La curiosité érudite qui accompagna [Mérimée] dans sa longue carrière littéraire ne se montra nulle part plus marquée que dans ses recherches sur les mœurs, les migrations et la langue des Bohémiens. Cette race étrange [...] avait singulièrement fixé l'attention de Mérimée. Il se proposait de lui consacrer un travail étendu dont les matériaux, recueillis avec un soin minutieux, ont péri [...] dans l'incendie de sa maison [23 mai 1871]... » *Bibliothèque universelle et revue suisse,* février 1874, n° 194, p. 336.

Page 404

* « ... naturellement les coups *comme Panurge.* » Rabelais. *Pantagruel,* ch. XXI. « De peur des coups, lesquelz il craignoit naturellement. »

* « *M. Borrow...* » Sur George Borrow, voir *Corr. gén.*, t. IV, pp. 139, n. 4; 140, n. 1; — « Mérimée and the Gypsies », by Angus M. Fraser. *Journal of the Gypsy Lore Society*, volume XXX, parts 1-2, January-

April 1951, pp. 2-16; — René Fréchet. *George Borrow* (1803-1881), *vagabond, polyglotte, agent biblique, écrivain.* Paris, Didier [1956].

* « *Casta quam nemo rogavit.* » Ovide. *Amores*, I, él. VIII, v. 43. Le vers est cité dans Brantôme (*Recueil des Dames*, 2ᵉ partie), édit. Mérimée-Lacour, t. XI, p. 234. Mérimée écrit à Mme de Montijo, le 16 mai 1845 : « La plupart de ces femmes sont horriblement laides, c'est une raison pour qu'elles soient chastes et des meilleures ». (*Corr. gén.*, t. IV, p. 295.)

Page 405

* « *... une fille d'auberge.* » Mérimée avait connu une bohémienne qui s'apprivoisait à la vue d'un douro. (*Corr. gén.*, t. IV, p. 295.)

* « *... il y a quelques mois...* » Souvenir de son voyage à Metz, en octobre 1845. « J'ai pourchassé, écrit-il, aux environs de Metz une horde de bohémiens [...] » (*Corr. gén.*, t. IV, p. 389.)
Une aquarelle de Mérimée, représentant le vieux bohémien mourant dans une hutte, comme il est décrit ici, est datée de la forêt de Bitche, 1845.

* « *Singo, singo, homte hi mulo.* » Borrow donne dans son vocabulaire : Singo, *adv.* Quick. De priesa; et Mulo, *s. m.* A dead man. Muérto.

Page 406

* « *... dans la rue d'Alcala...* » La *calle de Alcala* à Madrid, conduisant de la Puerta del sol aux grands *paseos*.

Page 407

* « *... parlent de l'Égypte ...* » Mérimée écrira dans son édition des *Aventures du baron de Fæneste* (p. 131, n. 4) : « On donna le nom d'*Égyptiens* aux premiers de ces vagabonds, au teint noir, qui parurent en Europe, et qu'on appelle aujourd'hui Bohémiens, avec aussi peu de raison. Leurs bandes arrivant en France au xvᵉ siècle, prétendaient venir d'Égypte et accomplir une pénitence en errant par le monde [...] Ils se nomment entre eux *Romé, Rommané,* quelquefois *calé, caloré.* Le premier de ces mots peut se traduire par « gens mariés », le second par « noirs » [...] »

Page 408

* « *... dans leurs longues pérégrinations...* » L'édition de 1852 porte « périgrinations », faute évidente qui a échappé dans l'édition des Belles-Lettres (1930).

Page 409

* « *Les Mystères de Paris...* » Le premier feuilleton des *Mystères de Paris,*

par Eugène Sue avait paru dans le *Journal des Débats* le 19 juin 1842; la publication se poursuivit jusqu'au 15 octobre 1843. Un des héros de ce roman se nomme « le Chourineur. »
Sur Eugène Sue, voir Jean-Louis Bory. *Eugène Sue, le roi du roman populaire,* Paris, Hachette [1962].

* « *... voulait dire couteau.* » Chourin est devenu « surin », sous l'influence de « suer » qui signifie « tuer ».

* « *M. Vidocq...* » Les *Mémoires* de Vidocq avaient commencé à paraître en 1828. Mérimée en parle à Albert Stapfer (*Corr. gén.*, I, 34, n. 2). Il s'agit ici de son livre *les Voleurs* (1837) qui renferme un dictionnaire argotique que L. Sainéan a publié dans *les Sources de l'argot ancien,* Paris, Champion, 1912, t. II, pp. 109-164. Sainéan écrit (*ibid.* p. 7), chapitre sur Fr.-E. Vidocq : « C'est aux Romanichels que le vocabulaire argotique moderne est redevable de ces termes cités par Vidocq : *berge* (année) [Berji], *chourin* (couteau), *grès* (cheval), ce dernier figurant déjà dans le vocabulaire des chauffeurs. »

* « *... le mot* romanichel... » *Romamichel* que donnent toutes les éditions est une coquille évidente que je remplace par *Romanichel.* Francisque-Michel, dans son *Dictionnaire d'argot* (1856) adopte *Romamitchel;* mais le mot *romanichel* figure dans le vocabulaire de Vidocq. Sainéan le donne avec le sens de bohémien français, spécialement du centre et du nord de la France. Il traduit *romanitchel* par fils de Bohémien.

* « *Observez d'abord que Oudin ...* » Oudin (Antoine), *Curiositez francoises pour servir de supplément aux Dictionnaires...* (1640) donne (p. 226) : « La Firlimousse, *la mine : mot fait à plaisir.* » Mérimée a mis à profit plusieurs expressions de ce vieux dictionnaire, par exemple : ferrer la mule, p. 218; on ne saurait faire boire un asne, s'il n'a soif, p. 19.

* « *... comprise par un Bohémien puriste...* » L'étymologie de *frimousse* paraît fantaisiste et comme une plaisanterie à la manière de Mérimée. On rattache ordinairement le mot à *frime.* Francisque-Michel écrit pourtant : « Quoique en dise Oudin, qui déclare ce mot fait à plaisir, il n'est pas invraisemblable qu'il ne soit formé de *fila* et de *mui,* auxquels Borrow donne la même signification » ; et il ajoute plus loin : « Je dois également dire que nous avions antérieurement au XVIe siècle, le mot *frume,* que du Cange tire du bas-latin *frumen* [...] Aujourd'hui *frime* a remplacé *frume* et se dit dans le langage populaire. » *Dictionnaire d'argot*, p. 173.

L'ABBÉ AUBAIN

Page 419

* « ... *et qui venait comme de cire...* » C'est-à-dire fort à propos. Ou bien, une chose bien faite. » Leroux, *Dictionnaire comique* (1786). Mérimée aime cette expression qu'il a employée à plusieurs reprises. Cf. *Corr. gén.*, t. VIII, p. 446, n. 1.

* « ... *je veux être une Philaminte.* » Personnage des *Femmes savantes* de Molière.
Mérimée écrit à Jenny Dacquin : « En vous voyant si savante en grec et en allemand etc., je conclus que vous vous ennuyiez fort à ***, et que vous passiez votre vie avec des livres et quelques savants professeurs pour vous les commenter. » *Corr. gén.*, t. II, p. 481 ; et le 11 mai 1843 : « Je veux vous montrer lundi des vers latins, que vous traduirez vous-même et qui viennent comme de cire à propos de nos disputes ordinaires. Vous verrez que l'antiquité vaut mieux que votre Wilhelm Meister. »
Née le 25 novembre 1811, Jenny Dacquin a trente-trois ans en 1844.

* « ... *agréable de lire Wilhelm Meister...* » *Wilhelm Meisters Lehrjahre* de Gœthe, venait d'être traduit par la baronne A. Carlowitz (1843). Mérimée relira le livre en octobre 1853 et en novembre 1868.
— Les *Contes fantastiques* de Hoffmann étaient célèbres en France depuis la traduction de Loève-Veimars. Cf. Pierre-Georges Castex. *Le Conte fantastique en France, de Nodier à Maupassant.* Paris, José Corti, 1962. — « Hoffmann en France » par Marcel Breuillac. *Revue d'histoire littéraire de la France,* 13e année, 1906, p. 427 et 14e année, 1907, p. 74. — Élisabeth Teichmann. *La Fortune d'Hoffmann en France.* Genève-Paris, 1961.

Page 421

* « ... *il en est au premier volume.* » *Mauprat,* roman de George Sand, a paru en 1837 (Paris, Félix Bonnaire, 2 vol. in-8o.)

* « ... *j'ai lu le chant des pirates dans le* Giaour. » Mérimée a déjà cité *le Giaour* de Byron, dans *la Double Méprise* (cf. t. I, p. 480). C'est dans *le Corsaire* (1814), que se trouve le chant des pirates (I, 14).

Page 422

* « ... *s'il y a place dans le vers.* » Le vers alexandrin, disait Stendhal, n'est souvent qu'un cache-sottise. » (*Racine et Shakspeare,* édit. Calmann-Lévy, p. 2 et p. 166.)

* « *... parler des choses avec les honnêtes gens.* » Molière. *Le Bourgeois gentilhomme*, acte III, sc. III.

* « *... comme je réparerais tout cela !* » Mérimée est inspecteur général des monuments historiques.

* « *... un coffret en émail de Limoges...* » Dans ses *Notes d'un voyage en Auvergne* (p. 102) Mérimée écrit qu'il a visité chez Maurice Ardant (*Corr. gén.*, t. II, p. 154, n. 1) sa collection d'émaux de l'école limousine.

* « *... j'ai surpris* Jocelin. » *Jocelin*, poème de Lamartine, paru en 1836.

Page 424

* « *Je me suis rappelé les Lettres de Rousseau...* » Allusion aux huit lettres de Jean-Jacques Rousseau sur la botanique, adressées à Mme Delessert, née Madeleine-Catherine Boy de la Tour, mère des frères Delessert, Benjamin, François et Gabriel.

* « *... mon vieux Plutarque à mettre des rabats.* » Molière. *Les Femmes savantes*, acte II, sc. VII, v. 562.

Page 425

* « *... les* cryptogames, *mariages secrets.* » Boissonade écrit à Mérimée pour discuter la traduction des mots *phanérogames et cryptogames*. Cf. *Revue d'Histoire littéraire de la France*, 1901, p. 475 ; et la notice p. 413.

Page 432

* « *Es-tu content, Coucy ?* » Hémistiche souvent cité de l'*Adélaïde du Guesclin* de Voltaire, acte V, sc. VI.
On le trouve dans une des lettres de Mérimée à Pierre Jannet. (*Corr. gén.*, t. VII, p. 497, n. 3.)

Page 433

* « *... deus nobis haec otia fecit.* » Virgile. *Bucoliques*, I, v. 6.

Page 434

* « *Horresco referens...* » Virgile. *Énéide*, II, v. 204.

* « Abeilard, *par M. de Rémusat.* » *Abélard* par Charles de Rémusat (Crapelet, 1845, 2 vol. in-8°) avait paru en mai et juillet 1845. Cf. *Corr. gén.*, t. IV, p. 220, n. 3.

Page 435

* « ... ὤπασας γένος » Eschyle. *Sept contre Thèbes*, v. 256. Voir la remarque de Boissonade sur ce vers dans la *Revue d'Histoire littéraire de la France*, 1941, p. 476.

* « *Quelque sot !* » Molière. *L'Étourdi,* acte II, sc. VI; *la Comtesse d'Escarbagnas,* sc. III.

* « *... n'accepta-t-il pas les châteaux de Henri II ?* » Thomas Becket, chancelier de Henri II, archevêque de Cantorbéry, né à Londres le 21 décembre 1117, assassiné dans la cathédrale de Cantorbéry. Allusion à ses démêlés avec Henri II. Cf. Augustin Thierry. *Histoire de la conquête de l'Angleterre par les Normands,* Paris, Firmin-Didot, 1825; — *Vie politique et religieuse de Thomas Becket,* par C. Bataille, Paris [1842].
Mérimée avait vu à Sens « la défroque (la serpillière de ratichon) de Thomas Becket » (*Corr. gén.*, t.VI, p. 63); et il avait visité Cantorbéry en 1856. (*Corr. gén.,* t. VIII, p. 138.)

LOKIS

Page 445

* « *Lokis.* » Dans la *Revue des Deux Mondes* la nouvelle est intitulée : « Le Manuscrit du professeur Wittembach »; mais le titre véritable, adopté par Mérimée, est *Lokis.* Il écrit en effet à Ivan Tourguéniev, le 11 septembre 1869 : « Le successeur de M. de Mars [Charles Buloz] est venu hier m'apporter les épreuves et me dire qu'il était impossible de mettre *Lokis* en titre courant parce que ce mot était trop court. Après avoir ri de la prétention typographique de l'imprimeur, je suis rentré dans une colère bleue et j'ai voulu reprendre mon manuscrit. Je suis presque fâché de ne l'avoir pas fait. » (*Corr. gén.*, t. XIV, p. 608.)
Cependant dans la *Revue des Deux Mondes* le titre courant est *Lokis* et ce nom figure à la table.

* « *... dit M. le professeur Wittembach...* » Mérimée a connu à Trèves, en 1836, un historien et professeur du nom de Wyttembach (Johan-Hugo) né en 1767, mort à Trèves en 1848, auteur d'une *Histoire de Trèves.* (*Corr. gén.*, t. II, p. 71, n. 5.)
On trouve aussi dans le *Guia de Forasteros en Madrid*, en 1864 et en 1868, le nom d'un Dr Wittembach, de Trèves, collègue de Mérimée, comme correspondant étranger de la *Real Academia de la Historia.*

* « *... qui se rapportent au comte Szémioth.* » Il existait un François Szémioth, né en 1802, mort à Dresde en 1882, que M. Schmittlein donne comme le modèle du comte Szémioth de la nouvelle. Mérimée croyait cette famille éteinte, mais Alexandre Przezdziecki le détrompa et Mérimée lui répondit, le 14 octobre 1869 : « Je suis particulièrement mortifié de ce que vous me dites des noms propres. Un de vos compatriotes qui a été mon guide [Charles Edmond] me disait que les Szémioth n'existaient plus [...] Lorsqu'on mettra ma

nouvelle dans quelque volume, je changerai les noms, et je vous serai même fort obligé de m'en donner. » (*Corr. gén.*, t. XVI, p. 448.) Le même jour Mérimée écrit à Charles Edmond : « Je suis bien fâché d'avoir pris ce nom de Szémioth que je croyais éteint depuis Jagellon » ; et le 17 octobre : « Ce qui me faisait de la peine, c'était d'avoir traité d'ours un homme peut-être fort aimable. [...] Cependant, lorsque je reviendrai à Paris, il faudra que vous me donniez un nom lithuanien autre que Szémioth (que d'ailleurs tout le monde prononce Sémiotte), une famille éteinte. » (*Corr. gén.*, t. XIV, pp. 638-640.)

* « ... *avec ce proverbe lithuanien...* » Ce proverbe, sous sa forme samogitienne, a été fourni en novembre 1868 à Mérimée par Tourguéniev qui lui avait envoyé la lettre d'un certain M. Berg. « *Lokis* est un très joli mot et ce sera le titre de la chose, si jamais je la retouche. » (*Corr. gén.*, t. XIV, p. 302.) Le 3 décembre il revient sur la question : « Cela s'appellera *Lokis,* comme vous me le conseillez avec cette épigraphe *Michka su lokiou abou dou tokiou.* Le sens n'est-il pas : Blanc bonnet ou bonnet blanc? Votre correspondant traduit : Мишка и Топтыгинъ одно и тоже [...] Mr Berg qui me paraît savoir beaucoup de langues, cite comme équivalent du proverbe jmoude, ce dicton petit russien обое рябое. » (*Corr. gén.*, XIV, p. 311 et notes.) Schleicher (*Handbuch...*, t. II, p. 89) cite ce proverbe d'après Brodowski : « Meszká sù lukiu, abùdu tókiu » ; et dans son glossaire *(Ibidem)* il donne pour le nom de l'ours, *meszkà* (p. 290) et *lukys* (p. 288). Il donne aussi *sù* (mit) ; *abù* (beide) ; dù (*zwei*) ; *tóks, tókie* (solcher, solche).

* « ... *pieuses intentions de la Société biblique ...* » La Bible avait été traduite depuis longtemps en lithuanien. Sans parler de la Bible fort rare de Samuel Boguslas Chylinski, (1660) celle de Jean Jacob Quandt en 1735, L.-J. Rhesa en avait donné une nouvelle édition en 1816, sous les auspices de la Société biblique. Cette édition a été plusieurs fois réimprimée. Cf. *Historical Catalogue of the Printed editions of Holy Scripture, in the librairy of The Bristish and Foreign Bible Society,* compiled by T. H. Darlow and H.-F. Moule. London, 1903, 2 vol. Sur la *Société biblique britannique et étrangère,* fondée en 1844, voir René Fréchet : *George Borrow,* p. 54.

Page 446

* « ... *dans le palatinat de Samogitie...* » « La Samogitie appelée *Szamaïte* par les indigènes et *Zmudz* en polonais (jmoude) est une contrée située entre la mer baltique, la Kourlande, la Lithuanie proprement dite. Le mot *Szamaïte* signifie *pays-bas* en langue lithuanienne. » (*Tableau de la Pologne ancienne et moderne* par Malte-Brun... nouvelle édition par Léonard Chodzko, Paris, 1830, t. I, p. 316.)
Pour Mérimée qui suit Max Müller : « Le lithuanien est un dialecte slave, division wendique. C'est ce qui ressemble le plus au sanscrit parmi les langues européennes. » (*Corr. gén.*, t. XIII, p. 505 et n. 2.) Il est vrai que le 25 mai 1867 il écrit à Alexandre Prezezdziecki :

« Je crains fort que vous n'ayez raison et que Max Müller n'ait tort. » (*Corr. gén.*, t. XVI, p. 441.) A. Schleicher (*Handbuch,* t. I, p. 4) distingue le haut-lithuanien ou lithuanien proprement dit, et le bas-lithuanien (*zemaitish,* de *zemas*, bas.)

* « ... *l'Évangile de saint Matthieu en samogitien.* » Le Nouveau Testament avait déjà été traduit en samogitien. Cf. *Naujas testamentas,* revised by L.-J. Rhesa, 1816, 8°. Mérimée pense à George Borrow, agent de la Société biblique.

* « ... *les récits ou légendes,* pasakos. » Les *Daïnos* sont des chants populaires lithuaniens. Les principaux recueils sont celui de L.-J. Rhesa. *Daïnos, oder littauische Volkslieder*... Berlin, 1843 ; et celui de Georg-Heinrich-Ferdinand Nesselmann, *Littauische Volkslieder*... Berlin, 1853.

Nesselmann avait déjà publié un *Worterbuch der littauische Sprache,* Kœnigsberg, 1851.

A. Schleicher (*Handbuch*... t. II, pp. 3-52) a reproduit un certain nombre de ces *Daïnos,* ainsi que des *Pasakos* (Contes), pp. 114-249.

* «... *le fameux* Catechismus Samogiticus, *du père Lawicki*... » Lawicki est une erreur typographique pour Sawicki. Contrairement à Léon Lemonnier, suivi par Schmittlein, le père jésuite qui a accompagné à Moscou le faux Démétrius ne s'appelait pas Lawicki mais Sawicki. (Cf. René Fülop-Miller. *Macht und Geheimnis der Jesuiten.* Leipzig-Zurich [1929], p. 387, ouvrage traduit en français par Gabriel Guidau (Paris, Plon, 1933). Le nom de Lawicki ne figure pas dans *Bibliothèque de la Compagnie de Jésus.* Nlle édit. par Carlos Sommervogel, 1896; mais on y trouve celui de Gaspar Sawicki, né à Wilna en 1552, mort le 19 janvier 1620; aucun catéchisme ne figure dans ses œuvres.

Il est peu probable que Mérimée, comme le suggère Schmittlein, ait utilisé le nom de Joan Lasicius (Lasicki) qu'il a trouvé dans Malte-Brun (*l.c.,* pp. 279 et 317). Ce prétendu *Catechismus* est sans doute une invention de l'auteur de *Lokis* qui a pu en trouver l'idée dans une phrase de Max Müller : « Le plus ancien monument écrit du lithuanien est un petit catéchisme composé en 1547. » Ce catéchisme est cité par Schleicher dans *Beitrage zur vergleichenden Sprachforschung*... Berlin, 1850, t. I, p. 19.

* « ... *par le professeur de Dorpat*... » Ville de Russie (Livonie).

Page 447

* « ... *il professait la religion évangélique*... » La noblesse lithuanienne est en majorité catholique. Si quelques-uns de ses membres appartiennent à la religion réformée, ce sont alors des calvinistes et non des luthériens.

* « *Je partis donc pour Médintiltas.* » Selon Schmittlein, ce nom qui signifie « pont de bois » aurait été forgé et ne correspondrait pas aux lois de la toponymie lithuanienne.

* « ... *il dînera avec M. le docteur Froeber...* » Ce nom fait penser à celui de Froehner. Froehner (Christian-Edouard-Louis-Wilhelm) né à Karlsruhe (Bade) le 17 août 1834, mort le 22 mai 1925. Il vint à Paris, le 30 novembre 1859, fut naturalisé français le 23 juin 1866 et nommé conservateur adjoint par intérim des antiques et de la sculpture moderne au Musée du Louvre. Il aurait collaboré avec Napoléon III, pour l'*Histoire de Jules César.*
Cf. *Souvenirs de Froehner,* recueillis par la comtesse de Rohan-Chabot. Préface et notes de Franz Cumont. S.l.n.d. [Paris, 1933. Édition privée.]
Froehner est très connu par son article de la *Revue contemporaine* (31 décembre 1862) où il a vivement critiqué la *Salammbô* de Gustave Flaubert.

Page 448

* « *Auriez-vous pour agréable...* » Trouver bon. Tournure désuète qu'on trouve chez les classiques, par exemple dans Molière, *le Misanthrope*, I, 1. Mérimée l'emploie de nouveau plus loin (p. 453).

* « ... *un verre de cette* starka ». C'est-à-dire *stara wodka,* vieille vodka.

* « *Prenez un anchois de Drontheim* ... » Ville de Norvège sur la Nid.

Page 449

* « *Lorsqu'il va sur la route de Rosienie...* » Malte-Brun (*l. c.*, p. 323) donne « Rossienie, à treize milles et demi de Kowno, chef-lieu du district du même nom ».

Page 450

* « ... *où je mange et bois du meilleur...* » c'est-à-dire du meilleur vin qu'on ait. Cette expression qui a beaucoup vieilli se retrouve dans *Colomba* et dans *la Chambre bleue.*

* « ... *dans le* Journal médical de Saint-Pétersbourg. » Dans une lettre à la Princesse Julie (*Corr. gén.* t. XIV, p. 618), Mérimée renvoie « à l'article du Dr Froeber dans la *Severnaïa Gazeta* [Gazette du Nord] ».

* « *Nous descendons, nous, de Gédymin.* » Gédymin, grand-duc de Lithuanie, eut trois fils, Olgerd, Skirgtello et Keystut. Mérimée parlant de Lise Troubetzkoï écrit à Mme de Boigne, le 19 janvier 1861, qu'elle est « alliée au sang de Rurik et de Jagellon, ce qui ne l'empêche pas d'être une très bonne princesse ». (*Corr. gén.*, t. X, p. 189.) Les princes Troubetzkoï descendaient d'Olgerd, fils de Gédymin et père du célèbre Jagellon. Cf. *Notice sur les principales familles de la Russie,* par le prince Pierre Dolgorouky. Berlin, 1858, p. 34.

* « ... *ces animaux-là sont sur leur bouche.* » « Être sur sa bouche, être gourmand. » (Littré.)

Page 451

* « ... *qui en vendent à juste prix* ... » Voir *le Fusil enchanté* et *les Sorcières espagnoles.*

Page 452

* « ... *ces animaux ne mangent pas les cadavres.* » « C'est, dit-il, un cadavre; ôtons-nous, car il sent. » La Fontaine. « L'Ours et les Deux Compagnons » *Fables,* livre V, fable XX.

* « ... *laissez-moi vous conter une histoire de Sévastopol.* » Mérimée a lu les souvenirs de Tolstoï, intitulés *Récits de guerre,* sur le siège de Sébastopol (1856). Notons que Césaire-Ernest Mérimée, frère de Henri Mérimée, a été chirurgien militaire à Sébastopol en 1854 (*Corr. gén.,* t. XVII, p. 115); mais il est douteux que Mérimée ait été en rapport avec lui.

Page 453

* « ... *je rencontre le capitaine Ghédéonof.* » Le nom de Ghédéonov était porté par Stepan-Alexandrovitch (1816-1877) et surtout par Alexandre Michaïlovitch (1790-1867), directeur général des Théâtres impériaux de Russie, de qui Auger parle longuement dans ses *Mémoires* (1810-1859), Paris, 1891.

* « ... *la Jdanova...* » féminin de Jdanov, nom fréquent en Russie.

* « ... *si vous l'aviez pour agréable...* » Voir plus haut, p. 448.

* « ... *à la* préférence *ou aux* douratchki *?* » Jeux de cartes courants en Russie. *Douratchki* signifie « *la dupe* ».

Page 456

* « ... *c'est le titre qu'on donne à un comte.* » *Siiatelstvo,* mot russe qui signifie Excellence et vient de *Siiat',* briller, rayonner.

* « ... *le* prussien *n'est plus qu'une langue morte.* » M. Muller écrit dans ses *Lectures on the science of langage* (1861) : « *L'ancien prussien,* qui se rapprochait beaucoup du lithuanien, s'est éteint au dix-septième siècle, ne nous laissant d'autre monument écrit qu'un vieux catéchisme. » *La Science du langage,* traduit de M. Muller par G. Harris et G. Perrot, Paris, 1867, p. 248.

* « ... *qui savait le* cornique *est morte l'autre jour...* » M. Muller écrit *(ibid.)* : « Tant qu'une langue est parlée, ne fût-ce que par une seule personne, elle vit et a son existence propre; la dernière femme qui parlait le cornique et à la mémoire de laquelle il est maintenant question d'élever un tombeau, représentait à elle seule l'ancienne langue de la Cornouaille ». (*Ut supra,* p. 87.)

Page 457

* « *Alexandre de Humboldt...* » Mérimée avait connu le baron Alexandre von Humbolt chez Cuvier au Jardin du Roi. De 1799 à 1804, Humboldt avait effectué un grand voyage en Amérique Latine. Cf. *Trois aspects peu connus de l'œuvre et des relations de Georges Cuvier*, par G. Petit et J. Théodoridés. Extrait de la *Biologie médicale*, mars 1961.

* « *... des daïnos de Lessner ?* » Erreur typographique évidente. Il s'agit de l'ouvrage suivant : Lepner (Theodorus). *Der Preusche Littaüer, oder Vorstellung der Nahmes-Herleitung, Kind-Tauffen, Hochzeit... und andere der gleichen Sachen der Littauer in Preussen,* Danzig, 1744, in-8°, 152 pp. [B.M. 10240, aa. 12].
Schleicher (*Handbuch...* t. II, p. VII) a utilisé cet ouvrage et cite une nouvelle édition, avec une préface de Jordan, remarquablement imprimée à Tilsit, en 1848.

* « *Les trois fils de Boudrys.* » Cette ballade *Trzech Budrisov,* est du poète polonais Adam Mickiewicz. Elle a été traduite en russe par Pouchkine en 1833 sous le titre *Boudrys i ego synovyia;* recueillie en 1835, sans mention d'origine, dans les *Poésies d'Alexandre Pouchkine* et en 1838, dans les *Œuvres complètes* (t. VI). Mérimée, qui croit Pouchkine l'auteur de ce poème, s'amuse à le traduire, et en cite un passage dans *les Faux Démétrius* (p. 79) à propos de Marine, fille cadette de Mniszek, remarquable par sa grâce et sa beauté. Revenu de sa méprise il offre à Bixio le manuscrit de sa traduction. Celle-ci figure désormais à la Bibliothèque nationale (N. acq. fr. 22739, f. 125). Il en donne ici une traduction nouvelle, beaucoup plus proche du poème de Mickiewicz.
Cf. Henri Mongault. *Études de littérature russe,* Paris, A. Champion, 1931, t. I, pp. 107-108.

Page 459

* « *... chez la princesse Katazyna Paç.* » Lire *Katarzyna* et voir plus loin p. 471.

Page 460

* « *... la daïna des fils de Boudrys !* » Allusion à la mystification de Pouchkine, à propos de *la Guzla.*

* « *Je me rappelle un ghazel persan...* » Le *Gazel* est une ode d'une douzaine de vers, appartenant aux littératures arabe, persane, turque.

* « *La* panna... » Mérimée écrit à Charles Edmond, le 20 septembre 1868 (*Corr. gén.,* t. XIV, p. 246) : « En parlant à une femme en Pologne, lui dit-on, comme en Russie N. fille de N. ? ou bien Madame, *pana*, je crois. »

Page 461

* « ... *ses yeux brillent comme deux étoiles...* » Mérimée cite volontiers la traduction de ces vers par Pouchkine. On les trouve dans *les Faux Démétrius* et dans sa correspondance. Le 11 janvier 1861, il écrit à Edward Lee Childe : « Nous avons ici une Princesse Troubetzkoï, fort jolie qui est plus blanche que Mad. de Longhinof. И какъ роза румяна, а бѣла что сметана. » (*Corr. gén.*, t. X, p. 181); le 9 mars 1866, à Tourguéniev, à propos de Mme Jablonovska (*Ibid.*, t. XIII, p. 58); il cite aussi (*Ibid.*, t. XIV, p. 261) le vers qu'il a traduit : Comme une petite chatte près du poêle.
* « *Il s'agissait de visiter un* kapas... » Schleicher, dans son glossaire, (t. II, p. 278) donne *Kapas,* grabhügel, qui signifie en effet tertre ou tumulus.
Mérimée avait écrit à Charles Edmond : « Y a-t-il un terme jmoude correspondant à Kourgâne ? »

Page 462

* « *Le staroste de Zorany...* » Nom polonais de la bourgade de Zarénaï, chef-lieu de canton du district de Siauliaï.

Page 463

* « ... *jamais un chat ne m'a griffé.* » Mérimée avait une affection particulière pour les chats. Voir la lettre à Olga de Lagrené (*Corr. gén.*, t. VIII, p. 93); sur son chat Matifas (*Corr. gén.*, t. XVI, index). Il écrivait à Champfleury (*Corr. gén.*, t. XIV, p. 445, n. 2) : « Je n'ai rien écrit sur les chats, mais j'en ai élevé un très grand nombre et je crois les connaître assez bien, je les estime beaucoup... »
* « ... *la* matecznik. » Mot polonais signifiant matrice. Mickiewicz écrit dans *Messire Thaddée :* « Cette mystérieuse capitale des forêts, inconnue aux hommes, le Lithuanien l'appelle dans son langage de chasse, le *mateczník,* ou le paradis des animaux. » (Trad. Ostrowski, 1859, t. II, p. 227).
* « ... *je ne saurais dire lequel des deux.* » On lit aussi dans *Messire Thaddée* (*l. c.*, ch. IV, p. 225) : « Qui serait en état de scruter les profondeurs infinies des forêts lithuaniennes [...] on ne sait ce qui s'y passe que par des contes, des traditions [...] Enfin derrière ces vapeurs, une tradition populaire le raconte, s'étend une contrée belle et fertile, la capitale du règne végétal et animal [...] On dit que dans cette république, les bonnes mœurs règnent parmi les animaux, car ils se gouvernent eux-mêmes; ils ne sont pas encore corrompus par la civilisation humaine [...] »
* « ... *les ours, les élans, les* joubrs. » En polonais *Zubr,* qui signifie, aurochs, bison, urus.

Page 464

* « La Pologne captive, *de M. Charles Edmond.* » Le 20 septembre 1868, Mérimée a écrit à Charles Edmond : « J'ai lu avec grand plaisir votre petit bouquin noir qui m'a appris bien des choses. Votre traduction du *Roi esprit* est un tour de force dont peu de Français seraient capables, mais je n'aime pas le sombre et je m'en tiens à Mickiewicz. » (*Corr. gén.*, t. XIV, p. 245). Il s'agit de *La Pologne captive et ses trois poètes. Mickiewicz, Krasinski, Slowacki.* 1864. Leipzig, Londres. A Paris chez tous les libraires [par Edmond Choieçki (Charles Edmond)].
Quant au poème de Mickiewicz, *Pan Tadeusz* paru en 1834, il a été traduit par Christien Ostrowski dans les *Œuvres poétiques complètes de Adam Mickiewicz*, Paris, Didot, 1859, t. II, p. 127, sous le titre de *Thadée Soplica.*

* « ... *César a décrit dans ses* Commentaires. » Caesar. *De bello gallico,* VI, 28 : « Tertium est genus eorum, qui uri adpellantur. Hi sunt magnitudine paullo infra elephantos; specie et colore et figura tauri. Magna vis eorum... » etc.

* « ... *ainsi que je l'ai ouï dire?* » Mérimée écrit à Charles Edmond le 20 septembre 1868 (*Corr. gén.*, t. XIV, p. 246) : « Quant à l'urus, Туръ, je le crois défunt. »
Malte-Brun écrit (*l. c.*, p. 317) : « Les élans et les *urus* y erraient autrefois par groupes, aujourd'hui on ne voit plus d'*urus* mais on y rencontre encore beaucoup d'ours, de loups, et autres animaux sauvages. Les grandes couleuvres qu'on trouve dans les forêts, étaient adorées par les anciens Samogitiens ». (Cf. Joan Lasicius. *De Diis Samogitarum,* p. 55, éd. de Bâle.)

* « ... *cheval et cavalier disparaîtraient à jamais...* » On lit dans Mickiewicz (*l. c.* t., II, p. 225) : « Car s'il osait s'engager dans ces forêts séculaires, dans ces bois touffus, le voyageur trouverait dans leurs méandres, des remparts de troncs, de branches, de racines, défendus par des marais, par mille ruisseaux, par des palissades de plantes entrelacées, par des fourmilières, des nids de guêpes et de taons, des monceaux de serpents [...] A chaque pas, comme des fosses à loups, de petits lacs tendent leurs pièges sous les pieds de l'imprudent visiteur. »

Page 465

* « ... *qui était rempli de champignons.* » On lit dans Mickiewicz (*l. c.*, t. II, ch. III, p. 193) : « Il y avait dans ce bois force champignons. Les jeunes gens ne cueillaient que les plus beaux, les mousserons, si célèbres dans les chants lithuaniens [...] les demoiselles courent après le ceps élancé, que les poètes appellent le capitaine des champignons. Chacun tâche de trouver l'oronge, qui, d'une taille plus modeste, est aussi moins chantée [...] L'autre famille de champignons, quoique méprisée comme nuisible et mauvaise au goût, n'est pas cependant sans utilité [...] plus loin encore les agarics, ronds, blancs, larges et plats comme des tasses de porcelaine remplies de lait [...]. »

Page 466

* « *... c'est le Jupiter* tonans *des Slaves.* » Mérimée écrit à Charles Edmond (*Corr. gén.,* t. XIV, p. 247) : « Je vois que les Lithuaniens ont un Dieu Perkunas, n'est-ce pas le même que les Russes appellent Peroün ? »
On lit dans *la Pologne captive* de Charles Edmond (Choieçki), p. 6 : « Dans la religion des Lithuaniens, tout respirait une nature animée; les dieux armés de la foudre habitaient les forêts. Chaque source était remplie de nymphes et d'ondines; chaque rivière possédait un céleste protecteur; toute fleur presque avait sa place au *Doungouss,* l'Olympe des divinités lithuaniennes. Il y avait bien encore un dieu terrible l'impitoyable *Perkounas* qui déchaînait les orages, lançait les foudres, punissait les méchants et surtout les sacrilèges de la terre... »
Mérimée a écrit en janvier 1868, dans son article sur « Alexandre Pouchkine » : « les plus amoureux des fables nationales, se représentent plus distinctement Jupiter et Mercure que Tchernobog ou Péroun. » Schleicher (*l. c.*, p. 303) donne *Perkunas* (donnergott; jetz donner).
Malte-Brun écrit : « Le Dieu du tonnerre était *Perkunas* ce qui revient à peu près au *Perun* des peuples slavons. » *L. c.*, p. 320.

* « *... et s'éleva d'un pied au moins hors du panier.* » Mérimée écrit à Tourguéniev, le 22 novembre 1868 (*Corr. gén.*, t. XIV, p. 302) : « J'avais mis le serpent comme couleur locale. Au 17e siècle, il y avait en Lithuanie de grandes couleuvres noires, vivant dans les isbas et traitées par les paysans comme des pénates. » — Il a pu lire dans *la Pologne captive* (p. 8) : « Le Lithuanien considérait l'hospitalité comme la première loi des dieux. Dans un coin de la cabane, il plaçait ses divinités tutélaires, et nourrissait des serpents apprivoisés qui souvent à l'heure des repas, rampaient tranquillement sur la table, et enlaçant les coupes, s'abreuvaient de miel et de lait. »

* « *... le comte cracha par-dessus son épaule...* » Dans *le Hussard,* le héros crache quand il voit marier un juif à une grenouille. Cf. *Corr. gén.*, t. XV, p. 30.

* « *... et d'un ignorant gentilhomme lithuanien.* » Mérimée écrit à Tourguéniev, le 22 novembre 1868 (*Corr. gén.*, t. XIV, p. 300) :
« Vous avez bien raison au sujet de la sorcière. J'avais déjà songé à changer cela, et si je fais une nouvelle édition pour la belle dame que vous savez [l'Impératrice], je remplacerai cette scène par une rencontre de Bohémiens, avec lesquels je suis plus familier; ils mènent avec eux un ours apprivoisé. Cela fera la contrepartie du chien; l'ours est le cousin de M. le Comte. »

Page 467

* « *...pour votre compatriote Knauss.* » Ludwig Knaus, né à Wiesbaden, le 5 octobre 1829; mort à Berlin le 7 décembre 1910. Il séjourna

à Paris de 1852 à 1860; devint professeur de l'Académie de Berlin en 1865 et fut fait chevalier de la Légion d'honneur en 1867. Peintre de genre, il a été à Dusseldorf un des promoteurs du mouvement moderne en art. Il a la couleur factice, mais son esprit, sa gaieté et ses dons d'observation lui ont valu une grande réputation. Cf. Castagnary. *Salons* (t. I, p. 49), Paris, Charpentier, 1892. Son tableau *La Promenade* au salon de 1855 a été acquis pour le Musée du Luxembourg. *Les Beaux-Arts illustrés* (n° 36; 1879) reproduisent son tableau *Une bonne affaire,* à l'Exposition universelle de 1878.

* « ... *les bardes lithuaniens* ». Dans *Konrad Wallenrod,* de Mickiewicz (1828), un vieux barde, *vaïdelote,* chante une chanson (*l. c.*, t. II, p. 26).

Page 468

* « ... *sur un manche à balai.* » Voir *les Sorcières espagnoles,* plus haut, t. I, p. 440.

Page 469

* « ... *je ne donne jamais de conseil.* » « Je ne sais pourquoi, écrit Mérimée dans *la Vénus d'Ille,* un mariage m'attriste toujours. » Cf. p. 111.

* « ... *tomba dans une route ferrée...* » « Chemin dont le fond est ferme et pierreux et où l'on n'enfonce point. » (Littré.)

Page 470

* « ... *elle a toutes les qualités solides.* » Qui est sérieux, par opposition à ce qui est agréable ou plaisant. Cf. *le Français classique,* par Gaston Cayrou. Paris, Didier, [s.d.], 6ᵉ édit. p. 805.

Page 471

* « ... *chez la princesse Katazyna Paç.* » Il faut lire *Katarzyna,* Catherine en polonais. Les membres de cette famille très puissante n'étaient pas princes, mais comtes; ils étaient alliés aux Sapieha et aux Szémioth. Le dernier du nom, le comte Louis-Michel de Paç, est né à Strasbourg en 1780 et mort à Smyrne en 1835. Il fut nommé général de brigade en 1813, et commandait des lanciers polonais de la garde impériale, dans l'état-major de Napoléon. Il avait un hôtel à Vilna, et le domaine de Dospuda. Il émigra de Pologne quand ce pays fut rattaché à la Russie. Il était officier de la Légion d'honneur.

* « *Oh! la roussalka!* » Mérimée demande à Charles Edmond, le 20 septembre 1868 : « Les Roussalkas sont-elles seulement russes? » La *roussalka* est inconnue en Lithuanie.

Page 472

* « ... *il me faudrait un sarafane.* » *Sarafane* est un mot russe masculin.

Page 473

* « ... *le général et la princesse Véliaminof.* » Il ne s'agit pas, comme le suggère M. Schmittlein, d'Alekej Aleksandrovitch Véliaminof, lieutenant général mort en 1837. Le nom a été fourni par un M. Véliaminof de Zernof qui en août 1866 apportait à Mérimée, les quatre premiers volumes de l'*Histoire de Pierre le Grand* par M. Oustrialov, ainsi que des épreuves de *Pétouchkof* et du *Juif,* par Tourguéniev. (*Corr. gén.*, t. XIII, p. 188, n. 6.)

* « ... *le quartier de son soulier.* » « La pièce ou les deux pièces de cuir qui environnent le talon. » (Littré).

Page 474

* « *Mon excellent ami, don Fructuoso Rivera...* » La *Revue des Deux Mondes* donne par erreur *Rivero.*
Fructuoso Rivera (1778-1854), brigadier général, est nommé, le 24 octobre 1834, président de la République orientale de l'Uruguay, définitivement constituée en Etat.

* « ... *un* chupon, *une sucée...* » Cette coutume, très ancienne, se trouve déjà chez les Scythes :

Venit et epoto Sarmatus pastus equo.
Martial, *Spectacula,* III, 4.

Citée par Montaigne, *Essais,* livre I, ch. XLVIII, elle est mentionnée dans presque tous les récits de voyage aux pays de la soif.

* « ... *surtout le* charrua... » « Les *minuanes* et les *charruas* ont une langue un peu différente de celle que parlent les tribus de la nation güenoa... » Les *charruas* vivent en nomades dans le grand espace qui se trouve entre les rivières Uruguay et Pieranà. Cf. *Catalogo de las lenguas de las naciones...* por El abate don Lorenzo Hervas, t. I, p. 197; — *Historia de los Charruas y demas tribus indigenas del Uruguay,* por Orestes Araújo, Montevideo, 1911, (ch. V. De la lengua que hablaban los Charruas.); — *le Moniteur universel,* avril-juin 1833, p. 1605.

Page 476

* « ... *la* panna *Iwinska.* » Nom célèbre en Lithuanie. Voir plus haut, p. 459.

Page 477

* « ... *j'étais aux hussards de Grodno...* » Il existait un régiment de hussards de Grodno, mais « il paraît tout à fait invraisemblable, dit M. Schmitt-

lein (p. 72) qu'un noble samogitien ait été vers 1866 officier dans un régiment russe ».

Page 478

* « *Contractum genibus tangas caput.* » Horace, *Satires,* II, 7, v. 60-62 :

an turpi clausus in arca,
Quo te dimisit peccati conscia erilis
Contractum, genibus tangas caput?

Enfermé ignoblement dans un coffre où t'a déposé une servante complice de la faute de sa maîtresse, tu y restes replié sur toi-même touchant tes genoux de la tête?
Mérimée connaissait bien cette satire, dont il parle à Lecourt. (*Corr. gén.*, t. XIV, p. 101 et p. 123.)

Page 479

* « ... *un Hercule a besoin d'une Hébé.* » Déesse de la jeunesse qui devint l'épouse d'Hercule. Homère en parle dans la descente aux enfers : « Ce n'est qu'une ombre; car lui-même se réjouit aux festins des dieux immortels et possède Hébé aux jolis pieds. » *Odyssée,* XI, 601, citée par Diodore de Sicile, *Bibliothèque historique,* IV, 39.

Page 480

* « ... *en se combinant avec une préposition...* » Mérimée a écrit à Tourguéniev, le 17 août 1867 : « On m'a chargé, quoique indigne, d'examiner une grammaire paléoslave de M. Chodzko. Je lui ai demandé s'il y avait quelque règle pour la formation d'un futur par le moyen d'une préposition, par exemple *diélaiou, cdélaiou,* etc. Il n'y avait jamais pensé, mais comme il est fort docte, il m'a apporté une grande tartine à ce sujet. » (*Corr. gén.*, t. XIII, p. 577.)
La *Grammaire paléoslave* de Chodzko sera enregistrée à la *Bibliographie de la France,* le 30 octobre 1869 (n° 9753).

Page 481

* « ... *toujours prêt au combat...* » Saint Paul. *Épîtres à Timothée.*

* « ... *sans cesse contre nos passions nous acquérons...* » La *Revue des Deux Mondes* imprime « acquérions », faute probable. La phrase est caractéristique de la psychologie de Mérimée.

Page 482

* « *De cervelle, point.* » La Fontaine. « Le Renard et le Buste », *Fables,* IV, 14. Mérimée a employé la même expression au sujet du prince Pierre Bonaparte. (*Corr. gén.*, t. XV, p. 11.)

Page 483

* « *Jupiter se rit des serments des amoureux.* »
Jupiter ex alto perjuria ridet amantum.
Ovide. *L'Art d'aimer,* I, 633.
Perjuria ridet amantum Jupiter.
Tibulle, III, *elégie,* VII, vers 17.
At lover's perjuries.
They say, Jove laughs.
Shakespeare. *Romeo and Juliet,* acte II, sc. II, v. 92-93.

Page 484

* « *Une mariée un peu* chic. » Mot du style très familier. Ce mot qui fait partie de l'argot des ateliers de peintres, était en usage dès le XVIIe siècle. Le mot, dans le sens de « élégant », était très à la mode en 1866, année où le Palais-Royal donnait *le Chic,* par T. Barrière et Lambert-Thiboust (10 mars). Voir *Corr. gén.*, t. XIII, p. 285, n. 2.

Page 485

* « *... une salve de boîtes...* » Petit mortier de fer qu'on tire dans les fêtes publiques.

Page 486

* « *... un soufflet sur la joue de sa nièce...* » Alexandre Prezezdziecki avait reproché à Mérimée le soufflet donné par Mme Dowghiello. Cette coutume n'est en effet pas connue en Pologne.
Mérimée écrit à ce sujet (*Corr. gén.*, t. XVI, p. 448) : « Un parent à moi, officier de la grande armée, a vu un soufflet donné dans des circonstances analogues à celles que je décris. J'étais alors bien jeune il est vrai, mais je ne suis pourtant pas contemporain du roi Auguste. »

Page 487

* « *... un vieux* pane... » Mérimée emploie le mot dans *les Faux Démétrius* (Michel Lévy, 1854, p. 243) avec la note : « Seigneur, monsieur, titre dû à tout gentilhomme polonais. »

Page 490

* « *... le nom générique, lokis.* » Mérimée écrit à Ivan Tourguéniev, le 29 novembre 1868 : « Michka est je crois le nom de l'ours. Vous l'appelez Michel et nous Martin. Nos ancêtres l'appelaient Dam Brun. » (*Corr. gén.*, t. XIV, p. 311.)

LA CHAMBRE BLEUE

Page 499

* « ... *pour dîner dans leur maison de campagne.* » Comme faisaient les Delessert, quittant leur banque pour leur maison de Passy.
* « *Pourtant toutes les fois qu'une femme...* » L'édition de 1873 (Michel Lévy) dont les corrections sont souvent maladroites, donne ici « un homme », comme elle donne plus loin « faire la noce » pour « finir la noce » (p. 506), etc.
* « ... *toutes les fois qu'une voiture s'arrêtait à la porte.* » Ce membre de phrase a été omis dans l'édition de Léon Lemonnier (H. Champion, 1929, p. 41.)

Page 501

* « ... *s'élança dans une diligence...* » « Dans les chemins de fer, on nomme diligences des wagons de première classe qui, devant recevoir moins de voyageurs, ont en effet la forme d'une caisse de diligence. » (Littré.)
* « *Celui-là avait une figure de Jud.* » Le 6 décembre 1860, à l'arrivée du train-poste de Bâle, on découvrit le cadavre de M. Poinsot, président de la 4e chambre à la Cour impériale. Charles Jud, l'assassin demeura insaisissable. Cf. « La Vraie histoire de Jud », par Maurice Garçon. *Mercure de France,* 15 juillet 1937, pp. 246-266.
* « ... *s'il trouverait à changer des banknotes à...* » Dans *la Chambre bleue,* comédie en un acte, tirée d'une nouvelle de Prosper Mérimée par Charles de la Rounat (1873), l'auteur a placé le lieu de l'action à Ailly-sur-Somme à dix minutes de Picquigny « situé lui-même à une demi-heure du petit village de Saint-Aubin. »

Page 502

* « *Leave me alone, you wretch !* » Laissez-moi tranquille, misérable!
* « *Don't drive me to despair.* » Ne me poussez pas au désespoir.

Page 503

* « ... *l'histoire tragique de Pyrame et de Thisbé.* » L'histoire tragique de ces deux amants qui se donnèrent la mort a été contée par Ovide,

Métamorphoses, IV, 55. Théophile de Viau en a fait une tragédie (1617).

* « *Louis-Philippe prêtant serment à la Charte de 1830.* » D'après le tableau d'Eugène Devéria (Musée de Versailles). Bibliothèque nationale. Estampes. Histoire de France, 961.)

* « ... *la Première entrevue de Julie et de Saint-Preux...* » Cet épisode de *la Nouvelle Héloïse* a été souvent reproduit par la gravure et la lithographie.

* « ... *l'*Attente du bonheur *et les* Regrets, *d'après M. Dubuffe.* » Claude-Marie Dubufe, né en 1790, mort le 23 avril 1864, père de Louis-Édouard Dubufe (1820-1883). Ses deux tableaux *Souvenirs* et *Regrets* (1827) lui ont valu une grande popularité. Ils ont été fréquemment reproduits par la gravure et la lithographie.

Page 504

* « ... *se croient isolés du monde dans un fiacre.* » Mérimée peut avoir pensé au fiacre de *Madame Bovary* (édit. des Belles-Lettres, 1945, t. II, p. 90) On y lit « : ... Une voiture à stores tendus, et qui apparaissait ainsi continuellement, plus close qu'un tombeau et ballottée comme un navire. »

Page 505

* « *Johnson...* » Il s'agit de Samuel Johnson, le célèbre moraliste et critique anglais (1709-1784), « le respectable et insupportable Samuel Johnson », comme dit Taine (*Histoire de la littérature anglaise,* t. III, p. 344.)
On lit en effet dans *The Rambler,* l'histoire du roi Seged qui, voulant se reposer dix jours des fatigues de la guerre, vit sa fille mourir le 10e jour. « C'est lui-même qui en a fait le récit qu'il a légué à la postérité pour exciter à l'avenir les réflexions de tout homme assez présomptueux pour dire : Demain, je serais heureux. » Le Rôdeur (*The Ramber)* traduit de l'anglais du docteur Samuel Jonhson [*sic*] par C. G. Lambert. Paris, 1827, ch. CCV, t. V p. 343. Mérimée pense ici à l'adage attribué à Solon : Pour dire d'un homme qu'il a été heureux, il faut attendre sa mort. Cf. Montaigne. *Essais,* livre I, ch. XIX : Qu'il ne faut juger de nostre heur qu'après la mort. En 1855 Mérimée a lu *Life of Samuel Johnson,* par Boswell.

Page 507

* « *La victoire est à nous !* » Air très connu et très populaire tiré de *la Caravane du Caire,* opéra en trois actes, musique de Grétry, représenté à Fontainebleau le 30 octobre 1783 et à l'Académie royale de musique, le 15 janvier 1784. Cet air éclatant, pour trompette, cors et trombones

« a entraîné à la charge les escadrons de Murat, de Caulaincourt; il a retenti sur tous les champs de bataille, aux parades et aux revues du Consulat et de l'Empire. » Cf. G. Jouvin, Gillet et J. Vidal, *Marches et Chansons des soldats de France.* [1919.]

Page 510

* « ... *carillonner les gens de l'hôtel.* » Carillonner est un verbe neutre et ne s'emploie guère avec une personne pour complément d'objet direct.

* « *J'en donne en dix...* » « Le donner en dix, en cent, donner quelque chose à deviner, ou à faire, ou à supporter. » (Littré.)

Page 512

* « ... *et qu'en termes techniques on appelle* la Botte. » La distribution du fourrage pour les chevaux.

Page 513

* « *Il lui faut toujours du meilleur.* » Voir plus haut, pp. 221 et 450.

IL VICCOLO DI MADAMA LUCREZIA

Page 521

* « *Il viccolo.* » Il faudrait écrire correctement : *Il vicolo.*

* « ... *quand je partis pour Rome.* » En réalité Mérimée, quittant la Corse, s'embarqua pour Livourne le 7 octobre 1839. Il rejoignit Beyle à Civita-Vecchia pour se rendre en sa compagnie à Rome, où les deux amis arrivèrent le 9 octobre. Mérimée passa douze jours à Rome. En 1841, il retournera en Italie, pour aller en Grèce et en Asie Mineure.

* « *A la marquise Aldobrandi.* » Léonor Mérimée avait passé plusieurs années à Rome (Cf. G. Pinet. *Léonor Mérimée,* Paris, H. Champion, 1913). Dans sa notice de la *Biographie universelle* (Michaud, t. XXVIII) inspirée souvent par Mérimée, Paul Lacroix écrit en 1859 : « Léonor Mérimée se trouvait à Rome, en 1793, lorsque l'envoyé de la république française, Hugon de Basseville, fut assassiné dans une émeute populaire suscitée par le gouvernement pontifical. Le jeune peintre serait tombé aussi sous le poignard s'il n'eût été sauvé par le dévouement d'une belle dame romaine qui lui portait un vif intérêt. Ce n'est pas la seule aventure romanesque

qui ait signalé son séjour en Italie et surtout à Rome, où il laissa des affections profondes et solides. » Cf. *Corr. gén.*, t. IX, p. 5, n. 1. Le nom d'Aldobrandi paraît l'abréviation d'Aldobrandini, nom d'une noble famille florentine, dont la villa est célèbre à Rome.

Page 522

* « *... qui me parut être un Léonard de Vinci.* » On ne connaît pas de portrait de Lucrèce Borgia par Léonard de Vinci.

Page 523

* « *... on ne peut plus affectueusement.* » Mérimée écrira à Paul Lacroix, le 3 janvier 1859 : « Il [Léonor Mérimée] fut sauvé par une dame romaine que j'ai retrouvée fort vieille et qui m'a reçu à Rome avec beaucoup d'attendrissement. » (*Corr. gén.*, t. IX, p. 6.)

Page 525

* « *... don Ottavio, suivi de l'abbé Negroni...* » Ce n'est pas sans malice que Mérimée a donné à son abbé le nom de la princesse Negroni, de qui le rôle dans *Lucrèce Borgia* (3 février 1833) était tenu par Juliette Drouet, maîtresse de Victor Hugo.

* « *Rien dans ses discours ne sentait le prêtre.* » L'anticléricalisme de Mérimée est bien connu. Dans un article, souvent conjectural, sur *Il Viccolo di Madama Lucrezia,* (*Revue d'histoire littéraire de la France,* oct.-déc. 1964, p. 589), M. J. Decottignies considère que ce conte peut être un défi lancé aux dévots, revanche de Mérimée sur le scandale d'*Arsène Guillot.* Sa note 2 de la page 601 contient plusieurs erreurs. Ernst Falke (*l. c.,* p. 80) cite deux contes d'Hoffmann, *Der unheimliche Gast* et *Das öde Haus.*

* « *... qui prenait pour antique une statue de Bernin.* » Bernini (Giovanni-Lorenzo) dit le cavalier Bernin, né à Naples, le 7 décembre 1598, mort à Rome, le 28 novembre 1680. Il a joui d'une immense réputation, mais il personnifie aujourd'hui le mauvais goût de la décadence.

Page 526

* « *... Julius de Katzenellenbogen.* » Katzenelnbogen est un ancien comté allemand sur le Rhin et le Main. Le village de ce nom appartient au district de Wiesbaden.
La famille des comtes de Katzenelnbogen qui descend de Henri Ier, était éteinte depuis 1479 environ.

Page 527

* « *... dans la division du général Kleist.* » Kleist (Friedrich-Heinrich-Ferdinand-Emil), comte de Nollendorf, général prussien, né à Berlin le 9 avril 1762, mort à Berlin le 17 février 1823. A la bataille

de Leipzig, il commandait l'aile gauche de l'armée de Bohême. Avec Wittgenstein, il attaqua de front Napoléon.

* « *Le 13 septembre 1813...* » Le manuscrit porte très distinctement : Le 13 septembre 1813. Mérimée se trompe indiscutablement sur les dates. Voir la note suivante.

* « ... *la sanglante bataille de Leipzig.* » La bataille de Leipzig, qui met fin à la toute-puissance de Napoléon, eut lieu du 16 au 19 octobre 1813. Julius ne pouvait donc pas être entré à Leipzig le 13 septembre, et avoir été tué ce jour-là.
Le manuscrit porte très distinctement : *un billet daté du 13.*

Page 528

* « ... *au-delà de l'Elster* ... » Le 19 octobre on avait fait sauter le pont de l'Elster. Une partie des troupes françaises fut ainsi coupée du reste de l'armée. Le prince Joseph Poniatowski qui venait d'être fait maréchal périt dans les flots.

* « ... *si vous alliez à Dessau...* » Ville d'Allemagne, capitale du duché d'Anhalt, sur la rive gauche de la Mulde, à 3 km en amont de son confluent avec l'Elbe.

* « ... *il en devint fou.* » Cette anecdote au sujet de laquelle on a évoqué *la Vénus d'Ille,* fait penser beaucoup plus au mythe de Pygmalion.

Page 529

* « ... *je pris une petite ruelle tortueuse...* » Le *vicolo di Madama Lucrezia,* ruelle sordide et mal famée qui reliait la *Via degli Astalli* à la *Piazza San Marco.* Le nom de *Madama Lucrezia* viendrait d'une certaine Lucrezia d'Alagno, favorite d'Alphonse d'Aragon, roi de Naples (1442-1458). Voir *Corr. gén.*, t. XIV, p. 379, n. 1.

Page 530

* « ... *comme le Bartolo de Rosine.* » Bartholo, médecin, est le tuteur de Rosine dans *le Barbier de Séville,* de Beaumarchais.

* « *Mauvais augure...* » Mérimée est superstitieux. Le mariage, dans *la Vénus d'Ille,* a lieu un vendredi.

Page 531

* « ... *me donnerez-vous un paul...* » Monnaie d'argent des états Romains, qui valait à l'époque 54 centimes.

Page 532

* « *... et quantité de broccoli.* » Sorte de choux d'Italie. Mérimée a écrit au maréchal Vaillant, le 26 janvier 1862 : « Je suppose que tout en prenant Rome, vous n'avez pas négligé de manger des *Broccoli Strascinati...* » (*Corr. gén.*, t. XI, p. 25.)

Page 533

* « *Alexandre...* » Roderic Borgia (1431-1503), pape sous le nom de Alexandre VI, père de Lucrèce Borgia. Cf. Stendhal, *Promenades dans Rome,* Michel Lévy, 1858, t. II, pp. 192-199.

* « *... qui s'appelait Sisto Tarquino...* » Sextus Tarquin, fils de Tarquin le Superbe, qui viola la chaste Lucrèce, laquelle se donna la mort. F. Ponsard a écrit sur ce sujet sa tragédie de *Lucrèce* (22 avril 1843) qui fut un événement littéraire.
La vieille, comme dit Mérimée, « confond ainsi tous les temps, mêlant les Tarquins aux Borgias ».

Page 534

* « *... le jardinier de M. Vanozzi...* » Ce n'est pas au hasard que Mérimée a choisi ce nom de Vanozzi. Rosa Vanozza, courtisane fameuse, était la mère de Lucrèce Borgia.

Page 535

* «*... depuis le cèdre jusqu'à l'hysope...* » Mérimée aime cette expression qu'il a employée souvent.

Page 536

* « *... qui portaient un mort en terre.* » On pense ici aux *Ames du Purgatoire*, p. 64.

* « *Nous étions à la place du Peuple...* » La *Piazza del Popolo* à l'extrémité nord du Corso, près du Pincio.

Page 542

* « *... ma vie se joue à croix ou pile.* » Sorte de jeu de hasard avec une pièce de monnaie. On dit aujourd'hui pile ou face.

* « *...j'allais entrer dans le Corso.* » Le *vicolo* débouche en réalité sur la place Saint-Marc.

Page 543

* « *... je l'ai mis sur la vache.* » Panier revêtu de cuir que l'on plaçait

dans les voitures de voyage ou tout simplement couvercle de cuir qui fermait le grand coffre de l'impériale.

* « *... m'était revenue à la mémoire.* » Allusion à un épisode du roman de Lewis, *The Monk,* intitulé *The bloody Nun.*

DJOUMANE

Page 553

* « *Djoûmane* » mot arabe d'origine persane qui signifie *perle.* Donné parfois comme prénom à des jeunes filles. Cf. *Lisan al-Arab* par Ibn al-Manzur. V° *Djmn.*

* « *Tlemcen.* » Ville d'Algérie, chef-lieu de la subdivision militaire de la province d'Oran, commandée par le général de division Édouard-Jean-Étienne Deligny. La ville avait été conquise, par les Français, le 30 janvier 1842.
L'allusion à une répression d'un soulèvement dirigé par Sidi-Lala, situe l'action de la nouvelle entre le 8 avril 1864 et le 1er février 1869.

Page 554

* « *... on aurait cru de loin qu'il avait un colbak.* » Bonnet de fourrure ayant la forme d'un cône tronqué.

* « *Il disait qu'il avait reçu d'un marabout...* » *Marabout* vient du mot *mrabeth,* lié. C'est la traduction littérale de celui de religieux. Le marabout personnifie la noblesse religieuse.

Page 556

* « *Un serpent très gros venait de s'échapper du panier...* » Voir dans *Lokis* (plus haut, p. 466) la tête noire du serpent sortant hors du panier.

Page 557

* « *... je veux faire connaissance de leur cheyk.* » *Cheik,* chef d'une fraction de tribu. Ce mot s'applique aussi aux hommes âgés et considérés.

* « *Sidi-Lala...* » Ce nom, comme écrit Lemonnier, suivi par H. Martineau, n'a pas été inventé par Mérimée. Sidi-Lala, personnage ambitieux et fanatique, fut l'âme du mouvement insurrectionnel en Algérie, depuis le 8 avril 1864 (mort du colonel Beauprêtre) jusqu'au 1er février 1869 (victoire du colonel de Sonis à Aïn-Mahdy.) Voir *Histoire de l'insurrection dans le sud de la province d'Alger en 1864,* par le colonel C. Trumelet (1re partie). Alger, 1879; — *His-*

toire de l'insurrection des Oulad-Sidi-Ech-Chékh (Sud-Algérien) de 1864 à 1880 (seconde partie), par le colonel C. Trumelet. Alger, 1884. Trumelet écrit, à la date du 1er janvier 1881 : « Sid El-Ala-ould-Abou-Bekr [Si-Lalla], âgé de soixante ans environ, et frère de l'ancien khalifa Sid Hamza, a été et est encore l'individualité la plus marquante du personnel insurrectionnel : instigateur de la révolte en 1864, homme de guerre d'une certaine valeur et d'une rare audace, nous l'avons toujours trouvé devant nous dans les combats que nous avons livrés dans le Sud Algérien pendant ces seize dernières années. Il a exécuté sur notre territoire, et jusque dans le Tell, des pointes d'une témérité inouïe, et qui eussent suffi pour illustrer un général européen, et les hardies et sanglantes journées de Sidi-Ali-ben-Youb, de Haci-Ben-Aththab et d'Aïn-el-Beïda, en 1864, sont là pour attester que nous avions en Sid-El-Ala un adversaire qui n'était certes pas à mépriser, bien qu'en définitive, nous lui ayons fait quelquefois la partie belle. » (*Loc. cit.*, 2e partie, p. 490.)

* « *... en passant à gué la Moulaïa...* » Ce nom de « gué de la Moulaïa » communiqué par Charles Edmond (voir notice p. 550) n'existe pas en Algérie.

* « ... *plusieurs cavaliers du Maghzen...* » Le *maghzen* ou *magzem* désigne l'entourage du sultan du Maroc. Nom donné aux groupes de cavaliers arabes combattant sous les ordres d'officiers du bureau arabe. Le 2 mars 1870, Mérimée écrit à Hetzel (*Corr. gén.*, t. XV, p. 47) : « Je lisais il y a peu de temps dans un journal que « le goum de Tlemcen réuni au maghzen avait fait une razzia sur les... à la suite de quoi une diffa avait été offerte au Kaïd... » Franchement il faut être un peu arabisant pour comprendre ce français-là. » Le *goum* est le rassemblement armé de cavaliers de la tribu; la *difa* est un repas donné à des hôtes.

Page 558

* « ... *cardes de coton.* » Flocons du coton cardé.

Page 559

* « *A son chapeau de paille surmonté de plumes d'autruche...* » Le colonel C. Trumelet (*l. c.*, seconde partie, p. 309) cite en 1865 « un des chefs de goum des rebelles, de taille élevée que grandissait encore le *medhol* orné de plumes d'autruche des guerriers du Sud de la province de Constantine, et montant une magnifique jument superbement harnachée ».

* « *... d'où pendait une djebira...* » Mérimée écrit à Jenny Dacquin qui est en Algérie, le 20 janvier 1861 : « Je vous autorise à acheter une *gebira* au prix que vous voudrez, pourvu qu'il y ait de l'or non pas à l'extérieur, mais à l'intérieur, comme je l'ai vu dans quelques unes. » (*Corr. gén.*, t. X, p. 191.)

Il lui avait écrit, le 28 décembre 1860 : « Vous vous êtes bornée à me donner des renseignements superficiels, sans même me dire ce que vous en pensiez. Y a-t-il à Alger des espèces de sacoches (elles viennent de Constantine, je crois) qui ressemblent à nos sabretaches et qui sont merveilleusement brodées ? Combien cela coûte-t-il à peu près ? Je dis tout ce qu'il y a de plus beau. » (*Corr. gén.*, t. X, p. 150.)

Page 562

* « *... la petite fille qui avait joué le rôle d'Eurydice...* » Femme d'Orphée qui fut piquée par un serpent en fuyant les poursuites d'Aristée, dont elle mourut.

Page 564

* « *Longue comme un manteau de roi.* » Référence à découvrir.

Page 565

* « *... tous les parfums de l'Arabie...* » « All the perfumes of Arabia will not sweeten this little hand. » Shakespeare. *Macbeth,* V, 1, 57.

* « *Est-ce que nous ne tuons pas le ver, mon lieutenant ?* » Cette phrase a été omise dans l'édition des *Dernières Nouvelles,* par Léon Lemonnier.

ÉPISODE D'UN ROMAN INÉDIT

Page 570

* « *Romeo and Juliet.* » Shakespeare, *Roméo et Juliette,* acte III, sc. 1 : « Toi ! Mais tu iras te quereller avec un homme qui a un poil de plus, ou un poil de moins dans sa barbe que toi... Un drôle qui se bat avec un livre d'arithmétique. »

* « *... je me présentai chez Mad. d'Étanges.* » Dans *la Nouvelle Héloïse* l'héroïne se nomme Julie d'Étanges.

Page 572

* « *... que quelque malheur ne fût arrivé à Auguste.* » Mérimée change le nom de son héros qui au début, s'appelle Jules, Auguste étant le nom du narrateur.

Page 575

* « ... *car je devinais que Tourville...* » Il faudrait évidemment Fleury. Lapsus de Mérimée qui écrit au courant de la plume.

LA BATAILLE

Page 579

* « ... *la guerre entre les États-Unis et l'Angleterre...* » Le 18 juin 1812, le Sénat américain adopte, par 19 voix contre 15 la résolution de la Chambre des représentants de déclarer la guerre à l'Angleterre. Cf. *le Moniteur universel,* 29 juillet 1812, p. 827.

* « ... *l'armée du général Wayne...* » Erreur probable de Mérimée ; le major général américain Anthony Wayne, né le 1er janvier 1745, était mort le 15 décembre 1796. On trouve le nom de James Moore Wayne (1794-1867) qui fut officier (et non général) au début de la guerre de 1812.

* « ... *une tragédie de* Guillaume Tell... » Le drame de Schiller fut représenté pour la première fois en 1804. Il a été traduit par le baron de Barante. Mérimée aurait utilisé quelques éléments de ce drame dans *la Jaquerie* (1828). Cf. Edmond Eggli. *Schiller et le Romantisme français,* J. Gamber, 1927, t. II, p. 379.

* « *De même que Alonzo de Ercilla...* » Don Alonso de Ercilla y Zuñiga (1533-1594). Il a publié *la Araucana* où il décrit la conquête du Chili, ayant fait partie de l'expédition envoyée pour réprimer la révolte des Araucans.

Page 581

* « ... *comme Platon, de jeter ses vers au feu.* » Diogène Laërce, III, 8, 14.

Page 582

* « ... *sur les bords de la Delaware...* » Rivière des États-Unis qui marque la limite entre l'État de New York et la Pennsylvanie, puis passe à Philadelphie.

TABLE DES MATIÈRES

ROMANS ET NOUVELLES

Achevé d'imprimer par Corlet,
Condé-en-Normandie (Calvados),
en Décembre 2023
N° d'impression : 183232 - dépôt légal : Décembre 2023
Imprimé en France